U0512278

法律职业的伦理规范

国别区域法律职业伦理研究动态

张海斌 主 编
沈志韬 副主编

上海人民出版社

序言

本书系上海外国语大学国别区域法治动态追踪与研究的系列成果之一，旨在利用我校法学院多语种涉外法治人才培养与国别区域法治研究之优势，多维度介绍各国在法律职业伦理领域内的最新研究成果、规范建设及相关实践动态，以期对我国相关领域的建设提供有益借鉴。

众所周知，在西方的语境里，职业伦理之理念是渊源于西方宗教的天职观念。法国著名社会学家埃米尔·涂尔干（Émile Durkheìm）在《职业伦理与公民道德》（*Leçons de Sociologie*：*Physique des Moeurs et du Droit*）一书中指出，“有多少种天职，就有多少种道德形式”，各种职业伦理道德“各自有别，某些类型甚至势不两立”。他认为，作为一种职业伦理，有别于社会公德与大众伦理，应当具有某种独立性，甚至可以“无视公众意识对它的看法”。可见，职业伦理概念的提出，显然是在确立一种职业的责任伦理，相应地，它界分了一种职业的独立性与独特性，颇为符合马克斯·韦伯（Max Weber）对于现代社会理性化的基本判断。无疑，法律职业伦理的提出亦契合此种旨趣。

所谓法律职业伦理，指法官、检察官、律师、公证员等法律职业人员在与其职业身份有关的活动中应遵守的行为规范之总和。法律职业伦理是一国法律制度的重要组成部分，亦是法律职业发展的重要保障。法律职业伦理与法律职业具有良性互动关系，法律职业伦理伴随着法律职业发展而不断完善，同时通过规范法律职业者的行为促进法律职业的发展。从法治社会的实践来看，公众对于法律职业的信赖，不仅仅取决于法律人的专业知识，亦决定于法律人的独立人格和高尚品格，而后者的塑造端赖法律职业伦理规范的体系化建构与实践。当然，不同的法律职业类型，在遵守社会元伦理及法律职业伦理一般原理的前提下，其主要特征、具体内容与实施机制上会呈现不同的职业化和语境化特征，导致法律职业伦理规范的建设具有某种多元与复杂的特色。需要指出的是，本书书名使用的是“法律职业伦理”一词，但其内容很大程度上涵盖了法律职业道德之范畴，这自是显而易见的。至于两者之间的区别与联系，学界见仁见智，此处囿于篇幅，姑不赘述。

在全面依法治国的背景下加强法律职业伦理规范建设，对于保障特定法律职业主体行为的合法、正当，塑造良好的法律职业形象，维护法治尊严和社会公平正义，进而在全社会树立法治信仰、推进社会主义法治建设等，无疑具有重要而深远的意义。但毋庸讳言，由于历史的和现实的种种原因，我国当下法律职业伦理规范建设在实践中面临着诸多困难，如法律职业伦理规范体系建设尚待进一步完善、法律职业伦理规范的标准化有待加强、法律职业伦理监管机制与宣传教育机制有待健全、数字时代及全球化对法律职业伦理规范建设提出的全新挑战尚需有效应对，等等。同时，近年来法律职业伦理相关学术研究及学科建设虽然取得了令人欣喜的成效与进步，但离建设德才兼备的高素质法治工作队伍，离培养德法兼修的社会主义法治人才，离全面推进依法治国、建设中国特色社会主义法治国家的要求，尚具有一定距离。因此，在国别区域视野下加强对各国法律职业伦理规范的比较研究与合理借鉴，以期进一步完善我国相关领域的研究与实践，无疑具有独特意义。

有鉴于此，本书依托上海外国语大学法学院多语种涉外法治人才培养与国别区域法治研究之优势，从法律职业的伦理规范建设的角度，编译了美国、英国、法国、德国、俄罗斯、西班牙、荷兰、匈牙利、阿根廷、巴西、突尼斯、巴勒斯坦、印度尼西亚、韩国、日本等十余个国家和地区法律人公开发表的相关代表性论文，结集出版，俾呈现域外法律人对于法律职业伦理规范建设领域的智识思考与实践智慧，文献涉及十余个语种，主题包括法律伦理规则的理性决策、司法伦理的本质与结构、司法伦理与法律良知的关系、法律职业伦理的教育理念与路径、律师的勤勉义务及道德行动主义等，论述涉及理念、价值与制度诸层面，意义殊甚。值得注意的是，法律职业伦理规范之建构虽有其普遍性，但又与一国特定的道德观念、法律理念、法律实践与法律职业主义传统休戚相关，自然无可避免地具有某种“地方性”与特殊性，这是吾人在作比较与借鉴时需认真对待之处。

值得一提的是，本书的编译是上海外国语大学法学院多语种涉外法治人才培养的科研实践内容。在确定好选题后，二十多个语种的法律硕士生在各自法律导师和外语导师的指导下，结合法律职业伦理领域的热点与前沿问题，运用数据库检索并确定拟翻译的文本，再与原作者联系，获得其明确授权，才着手翻译。译文初成，复经导师审定，提出修改意见，反复推敲完善，最后成稿。无疑，此过程作为一种独特的科研实践，既是对学生外语能力的历炼，亦是对其法律素养的检验，可谓善莫大焉。

最后，需要指出的是，尽管本书业经编者几轮的审校和译者反复的修订，仍难免存在疏漏或错译之处，欢迎读者指正，相关责任自由译者和审校者承担。

2024 年 8 月 7 日于五祺斋

目录 CONTENTS

序言 / 1

司法伦理的本质/1

司法伦理的结构/17

法律伦理规则的理性决策/65

法律与伦理冲突困境的分析和解决原则/90

法律实践中的伦理导向/106

以职业道德准则作为法律职业执业规范/117

职业道德、法律良知和司法伦理/129

司法伦理与身份影响/143

法律、个人与职业伦理/158

民事诉讼中法官独立原则与律师独立原则的相互作用/173

注重权力的职业责任:布莱克大法官未公布的异议意见书及处理公益诉讼伦理的替代性方法(节选)/181

“见习司法官”的法律职业伦理教育/202

欧洲检察官办公室制度的外部效应/212

检察官的职业伦理与检察制度
——好人能成为优秀检察官吗？/225
协商合意制度的价值与检察官的自由裁量权/236
你有胆识成为具有法律职业伦理道德的学者吗？/253
突尼斯律师：一个政治性职业/270
德国《联邦律师法》重大改革：利益冲突3.0/289
律师作为受托人的职业伦理、勤勉义务和道德行动主义/299
当前日本律师伦理问题/323
律师的言论自由/335
对律师职业保密原则历史演变的思考
——以西班牙为例/348
律师职务上的秘匿特权以及围绕通信秘密的比较法律研究/373
道德趋同：职业责任规则应适用于商业伦理中的律师/386
庇护法的道德实践：庇护法律援助律师在“无胜诉可能案件”中的道德推理方法/403
忠诚、良心与回避：政府律师与众不同吗？/418
律师惩戒制度研究
——以2003年日本《律师法》修改为视角/434

司法伦理的本质

[阿根廷]费德里科·德法齐奥(Federico De Fazio)*

曾银海　陈伟佳**　译

一、引　言

本文旨在探讨现代西方法律体系中“司法伦理”的制度性特征,并对其属性进行精确界定。在此过程中,需明确两个关键点:

第一,本文的重点不在于深究“司法伦理”这一术语的语义层面(无论是对普通公民还是法律专业人士而言),而在于分析司法伦理的制度性构成。这样做的目的是明确界定该制度的范畴,从而能够将其与其他相关制度区分开来。这一点至关重要,因为在实践中人们往往会引用司法伦理规范中的特定术语来阐释司法伦理的本质。然而,这种做法可能引起误解,因为法学家在制定这些规范时,往往会将个人对司法伦理本质的理解融入其中,而这种理解未必总是准确无误的。因此,为了确保对司法伦理的准确把握,本文将侧重于有关其制度性内容的分析,而非单纯针对规范性文件进行术语解释。

第二,本文将不从一般意义上探讨司法伦理的性质,而是超越现代西方的时空

* [阿根廷]费德里科·德法齐奥,律师,布宜诺斯艾利斯大学法律哲学硕士、博士,第36届阿根廷国家科学技术研究委员会助理研究员,布宜诺斯艾利斯大学法学通论、认识论和方法论教授。本文原载于《阿根廷法学理论期刊》2022年12月,第1期,第23卷。

** 曾银海、陈伟佳,上海外国语大学2022级法律硕士研究生。

背景进行分析。例如，本文将考察罗马共和国时期法官的职业伦理，并反思将古罗马法学家的观点作为确立当代法官职业伦理之基础的合理性。鉴于罗马共和国时期的司法体系与现代司法体系存在显著差异，将罗马法官的职业伦理直接纳入现代法官伦理范畴的合理性值得进一步商榷。

本文将阐述以下立场：在当代西方法律体系内，司法伦理构成了一套适用的道德准则，这些准则要求法官在裁判时依据法律框架，运用伦理规范，独立、公正、合理地作出判决。这一立场看似简单直接，但其实质上涉及一系列尚未得到完全解决的哲学问题。例如，司法伦理原则是否应被归入应用伦理学领域？这些原则是否构成了一个独立于一般正义观念之外的规范伦理体系？司法伦理是否由一系列原则构成，或者是否应当被视为一系列司法美德的集合？若司法伦理由原则组成，那么这些原则是否规定了法官在裁判时应履行的特定义务？司法伦理是否应作为界定法官身份或其司法行为的标准？此外，独立性、公正性和合理性这些原则的具体内涵是什么，它们之间又有何区别？本文将致力于对这些问题进行深入探讨并尝试给出解答。

二、司法伦理是一种排他性应用伦理

在道德哲学领域，伦理学被细分为三个主要分支：元伦理学、规范伦理学，以及应用伦理学。

首先，元伦理学作为最抽象的分支，其核心任务在于对道德判断和道德语词的含义进行深入分析。①具体而言，元伦理学致力于探究道德陈述和术语的本质，分辨它们是否仅承载情感性或规范性意义，抑或是否同时具备认知性内容。换言之，元伦理学试图澄清道德话语是否指向特定的道德事实，若确有指向，那么这些道德事实具体为何，以及它们如何与我们的道德认知和实践相联系。②

其次，介于元伦理学与应用伦理学之间的是规范伦理学，其主要目的是确定哪

---

① Nino C., *Introducción al Análisis del Derecho*, Buenos Aires: Astrea, 1980, p.354.

② 有关这些讨论的详细概述，请参考 Hospers J., *Introducción al Análisis Filosófico*, Buenos Aires: Macchi, 1962, c.7。

些行为或制度是公平的。下一节将详细介绍如何区分规范伦理学的三个基本概念，分别侧重于道德主体的美德、行为（或制度安排）的后果或其与某些道德原则或义务的一致性。①

最后，应用伦理学注重在特定研究领域（例如技术伦理、生物伦理等）适用特定伦理规范概念下的标准。②

司法伦理作为应用伦理的一部分，其内容和框架是由规范伦理学所预先设定的。简而言之，要深入理解司法伦理学，必须先掌握为其提供理论支撑的规范伦理学原则。③因此，专注于研究法官职业道德的学者们实际上是在遵循更高层次的理论指导原则进行研究工作，这与自动化机械工程师在特定技术领域内应用力学定律的情况颇为相似。

这一立场初看似乎直接明了，但它实际上遭遇了一个复杂的问题：在某些特定情形下，司法伦理不仅可能与普遍正义原则相悖，甚至可能被认为高于普遍正义（尤其是当这些原则直接应用于具体案件时）。为了阐释这一问题，我们可以假设一种所谓的“完美犯罪”场景：某人犯下了谋杀罪，却没有留下任何可被追查的犯罪证据。假设法官（无论基于何种信息）确信该人即真凶，却缺乏足够的证据来支持这一认定。在这种情况下，法官将面临一个典型的实践困境：一方面，普遍正义原则倾向于对所有杀人犯施以惩罚；另一方面，司法伦理严格禁止在缺乏充分证据的情况下对任何人施以惩罚。在这种情况下，法官往往判决所谓的“凶手”无罪释放。也就是说，为了恪守职业伦理和专业职责，法官有时不得不将缺乏证据支持的正义排在司法伦理之下。然而，如果司法伦理本质上属于应用伦理学范畴，那么它为何有时与普遍正义原则相冲突，甚至被认为更重要？司法伦理难道不应该与普遍正义原则保持一致性吗？针对这一问题，本文认为可以从两个角度来寻求解答。

---

① Sandel M., *Justice. What's the Right Thing to Do*? London: Penguin, 2011, p.16.

② Farrell M., "La Ética de la Función Judicial", in Malem J., Orozco J. y Vázquez R. eds., *La Función Judicial. Ética y Democracia*, Barcelona: Gedisa, 2003, p.148.

③ 正如法雷尔指出：“……如果规范伦理学为应用伦理学提供理论支持，那么认识应用伦理学最好的方式就是首先了解规范伦理学的各种理论，以此来确认哪一种理论更符合司法伦理的本质。”参见 Farrell M., op.cit.(同前文引文), No.4, 2003, p.149。

第一种解决上述问题的方法是不将司法伦理视为应用伦理学的一部分，并转而确认司法伦理是法律职业内部独有的规范体系。具体来说，司法伦理并非由更高层次的法律理念所预先设定，而是一种自成一体的规范体系，它独立于普遍正义原则之外。这种自主的规范伦理体系的唯一宗旨在于促进法律职业的技术和道德发展。①本文认为该观点是错误的，原因有二：

第一，显而易见，职业伦理（以及其他社会制度）的合理性评估不能仅仅基于纯粹的技术考量，而应当结合伦理规范或普遍正义原则进行综合考量。因此，在普遍正义观念的指导下，我们往往对专业技术的发展设定了某些界限。举例来说，即便某些生物学研究可能推动科学知识的拓展，我们仍然禁止生物学家将人类作为实验对象，这种做法虽然可能阻碍生物学的进步，却是对伦理原则的坚守和对人类尊严的维护。

第二，该观点还有一个更深层次的缺陷。虽然将司法伦理视为独立的规范伦理体系可以解释司法伦理和普遍正义可能发生冲突的情况，但仍然无法解释为什么司法伦理通常会优于普遍正义。而无法解释的原因就在于：根据司法伦理本身就是规范伦理的观点，实践推理被分为数个部分，每个部分紧密相关。如果该观点正确，那么实践推理就无法解决任何形式的规范冲突，当然包括司法伦理与普遍正义的冲突。实际上，恰恰相反，正如"完美犯罪"所表明，司法伦理与普遍正义的冲突似乎可以解决，即前者通常取代后者。事实上，法官是否有理由偏离独立性、公正性和合理性职责似乎尚无答案。

依据上述两点，笔者推翻了第一种解决方法，并思考更合理的第二种方法。第二种解决问题的方法是承认司法伦理是一种应用伦理，但具有排他性。

要深入理解应用伦理学与排他性原则如何在司法伦理领域内相互融合，需要先明确区分"司法伦理"作为一项整体制度的基础框架与其适用主体——法官——在采纳内部视角时所持有的态度。②因此，司法伦理作为应用伦理学的一个分支，

---

① 参见 García Amad J., "Deontología Judicial. ¿Hay una Ética Especial para los Jueces?", *Nuevos Paradigmas en Ciencias Sociales Latinoamericanas*, No.14, 2016, pp.7—38。

② 本文此处的"内部观点"与哈特所言一致。参见 H.L.A. Hart, *The Concept of Law*(3° ed.第三版), Oxford: Clarendon, 2021, p.55 y ss。

其合理性源于该制度建立时的基本原则，这些原则通常包括对普遍性伦理规范的遵循，如法官在其职业行为中追求平等、公正等不可动摇的伦理基础。与此同时，司法伦理之所以具有排他性，是因为其适用者——法官——将司法伦理的规范视为一种“受保护的理由”。①根据拉兹的分类，一方面，它为法官提供了直接行动的法律基础，即法官有义务根据独立性、公正性和合理性的法律规则来作出裁决。另一方面，它构成了一种次级的、具有消极或排他性的理由，用以排除那些可能与初级理由相冲突的情形，例如当更普遍的正义原则介入时，法官应当将这些情形排除在裁决过程之外。

笔者认为第二种方法可以结合“完美犯罪”的例子来解释上述观点。司法伦理仍是一种应用伦理，尽管其可能在某些情形下与普遍正义相矛盾，甚至可能高于普遍正义，也只是因为其具备排他性。

三、司法伦理的道义论性质

确认司法伦理属于应用伦理的范畴后，我们面临一个新的问题：在众多规范伦理学理论中，哪一种最能恰当地阐释法官职业伦理的本质？重点并非在于探讨哪种正义观念更为精确，而在于寻找哪种伦理概念最能适应司法伦理领域，换言之，即寻求最能反映法官从职业内部视角出发的伦理观念。在此基础上，我们可以理解三个基本的伦理学理论：美德伦理学、后果主义和道义论。

在这些理论中，美德伦理学占据主导地位，并在专业文献中得到了广泛的引

① 众所周知，拉兹提出了“受保护理由”这一概念，以解释来自合法权威的理由的性质。拉兹认为，实践推理是由不同阶层的理由构成的。一阶理由直接指向行动，即表达对行动的支持或反对。二阶理由则直接指向一阶理由（间接指向行动），即表达赞成或反对使用一阶理由作为行动指南。反过来，这些二阶理由可以是积极的，也可以是消极的（或排斥性的）。当二阶理由表达赞成使用某个一阶理由时，它们就是积极的；而当它们表达反对使用某个一阶理由时，换句话说，当它们下令将某些一阶理由排除在实践推理之外时，它们就是消极的。“受保护理由”是一种特殊理由，因为它结合了上述两阶层的理由。一方面，它包含一个一阶理由，表达对某一行动支持或反对；另一方面，它包含一个否定性的二阶理由，要求排除本可适用于该情形的其他一阶理由。参见 Raz J., *Razón Práctica y Normas*（trad. J. Ruiz Manero). Madrid: Centro de Estudios Constitucionales, 1991, p.55 y ss。然而，与拉兹所认为来自合法权威的理由不同，我认为司法伦理提供的理由不是浅显的或可推翻的，其适用者认为这些理由是决定性和终局性的。

用。[①]顾名思义，美德伦理学着重于道德主体所具备的美德，即那些稳定的品格特质。据此理论，如果一位法官的行为体现了其善良的性格，那么在司法伦理的视角下，该行为便是正当的。也就是说，法官的稳定品格特征引导其实现职业的内在目标，即所谓的"内部目的"或"定义功能"。该观点的支持者认为，法官应当以公正的方式将法律适用于具体个案[②]，而不能出于其他"外部目的"作出判决，例如金钱或声望。因此，坚持规范伦理立场的人认为法官必备的美德之一便是谨慎。[③]谨慎是一种稳定的性格特征，它代表了形式主义和个人主义的完美折中。

尽管这种观点非常受欢迎，笔者还是认为美德伦理并不能完全准确地解释司法伦理的本质。下文将提出三点理由。

第一，美德伦理学中司法职业具有"内部目的"或定义功能。此观点认为，当法官习惯性地以确保个案公正的方式解释和适用法律时，他就履行了职业道德，因而具备美德。但该观点导致了理论上的不合理后果。例如，假设法官必须根据判决时的法律制度解决案件，则他可能会把明显不公平的法律规范适用于该案。根据美德伦理学，若法官按照该规则作出裁判，就会违反职业伦理。但这是不恰当的，在此情况下，我们确实可能会批评法官麻木不仁，甚至认定其是坏人，然而我们不会说他是一个"不称职的专业人士"。相反，若法官不根据法律规范，而直接根据道德标准作出裁判，我们不会指责他渎职吗？不会认为他是"不称职的专业人士"(即使他在道德上是正确的)吗？

第二，我们对美德伦理学所提倡的法官应具备的主要美德——谨慎性——提出质疑。根据美德伦理学的观点，法官在处理案件时应当始终保持谨慎，不仅在解决具体的个案纠纷时应注意(这一点尚待深入讨论)，处理其他次级冲突时亦应注意，例如由所谓的"完美犯罪"引发的冲突，尤其是那些涉及司法伦理与普遍正义原

---

① Los principales trabajos en defensa de esta concepción son：Amaya Navarro M.，*Virtudes Judiciales y Argumentación*，*Una Aproximación a la Ética Jurídica*，Ciudad de México：Tribunal electoral del poder judicial de la federación；Cortina A.，"La Ética de los Jueces"，Tribuna abierta，2007，pp.7—13；Lariguet G.，*Virtudes*，*Ética Profesional y Derecho*，Buenos Aires：BdeF，2012.

② Cortina A.，op.cit.，No.8，2007，p.11.

③ Lariguet G.，op.cit.，No.8，2012，p.51.当然，谨慎并不是法官应当具备的唯一美德，诸如勇气、清醒、礼仪、法律知识等也是常常被提及的重要品质。然而，根据这一观点，谨慎融合了所有其他美德，是司法职业的主要美德。参见 Lariguet G.，op.cit.，No.8，2012，p.41。

则冲突的情况。然而，该理由的问题在于，它似乎与前文所强调的司法伦理的排他性质有所不符。如果司法伦理的实践者，即那些受人尊敬的法官确实将司法伦理的要求视为“受保护理由”，则他们可能会认为，自己不应在所有情况下都采取谨慎行事的态度，至少在面对二级冲突时不应如此。

第三，在对法官职业伦理进行评估时，反对将美德伦理作为核心概念的观点认为，评估的焦点不应仅仅集中在法官的稳定品格或习惯性气质上。这种观点认为，判断法官是否违反职业伦理的标准，不应仅仅基于其个人品德的总体评价，而应关注其在具体案件中的行为表现。也就是说，在试图证明法官作出不公正判决的过程中，我们无需过度强调其性格上的习惯性倾向，而应关注其在处理特定案件过程中的具体行为，例如是否存在接受案件利益相关方的礼物、与诉讼当事人建立不当的私人或商业关系等违反职业规范的行为。接下来的文章将通过实例进一步阐述这一立场。①下文将举例说明这一点。

在 2022 年年初，阿根廷马德普拉塔市的一位法官发布了一项裁决，命令一家勘探公司暂停其在该市海岸线大约 200 公里外进行的海上石油勘探活动。然而，在该裁决宣布的次日，该法官被目睹与一位提起宪法保护诉讼的环保律师在咖啡馆会面，并共同参与了庆祝性合影。随后，这张照片被一位知名的宪法律师在社交媒体上公开发布。②该事件在社交网络上引发了广泛的争议，导致该法官面临回避的要求。公众可能会感到困惑，因为从表面上看，该照片似乎只是朋友间的普通合影。如果对法官进行心理评估或询问那些与他关系密切的人，我们可能会得出他性格良好的结论。尽管这可能是事实，但与本案并不相关。该起事件的关键在于法官的行为本身揭示了他在裁决宣布后不久便与一方诉讼代表人及另一位与案件结果有利益关系的律师进行了会面，他们之间的拥抱和微笑表明了一种亲密关系。这种在敏感时间点的会面和庆祝行为被认为是不恰当的。这与美德伦理学的观点

---

① 这不意味着法官的个人品格和他的行为之间没有任何关联，相反，二者通常是有关联的，我们可以通过法官作出的行为推断他的品质。然而，这种关联不是必然的，而是偶然的。

② Redaccion Econo Journal, “Polémica por una foto del juez que frenó la exploración offshore junto a uno de los ambientalistas que presentó un amparo”, *Econo Journal*, https://econojournal.com.ar/2022/02/polemica-por-una-foto-del-juez-que-freno-la-exploracion-offshore-junto-a-uno-de-los-ambientalistas-que-presento-un-amparo/, Revisado por última vez el día 1/8/2022.

不符，因为重点不在于法官的个人品格，而在于他在特定司法情境下的行为是否适当。

据此，我们可以推断出司法伦理的核心作用，这一点具有重要的启示意义：司法伦理的主要目的并非在于确保法官个人具备特定的品格特质，而在于维护公众对司法系统的整体信任，前者可能是一个次要或辅助性的目标。因此，司法伦理规范通常要求即使是品行端正的法官，在处理特定案件时也应避免采取可能引发公众对其职业判断力质疑的行为。这样的规定有助于确保法官的行为不会损害司法系统的公信力，从而保障法律的公正执行和公众的合法权益。①

鉴于前述的三项反对理由，对美德伦理学的观点持否定态度似乎是合理的，即在评估法官职业伦理时，重点不应放在道德主体的品格特质上，而应关注其具体行为及其后果。接下来，本文将继续探讨另外两种伦理学解释方法，即后果主义和道义论，以进一步分析法官职业伦理的适用理论框架。

众所周知，后果主义伦理学理论主张“正确”的行为取决于其产生的“好结果”。②行为或制度本身并不具备固有价值，其道德评价取决于是否有助于实现某种被视为“好”的状态。在这种伦理立场中，存在多种可能的“好”状态，具体取决于追求哪种利益的最大化。然而，在评估后果主义是否能有效阐释司法伦理的本质时，我们可以选择其中一个具体的变量进行分析。杰里米·边沁（Jeremy Bentham）提出的功利主义是一个广为人知的例子，因其概念的明晰性，本文将以之为例进行探讨。③根据功利主义的效用原则，“好”被定义为正向的总体效用或净效用，即在所有情况下产生的幸福超过痛苦的总量。将这一原则应用于法官职业伦理的领域，我们可以得出以下结论：从司法伦理的视角出发，只有当司法行为能够实现总体效用或净效用的最大化，即产生的幸福超过痛苦时，该行为才被认为是正当的。

---

① 笔者认为伊比利亚美洲司法伦理准则的“法官不仅应……而且应……”部分提及过司法伦理功能的概念。Gobi-erno de Argentina，“Código Iberoamericano de Ética Judicial”，https://www.argentina.gob.ar/justicia/voces/justicia-comunidad.，Consultado por última vez el día 1/11/2022.

② Rawls J.，*A Theory of Justice*，Oxford：OUP，1971，p.25.

③ Bentham J.，*Introduction to the Principles of Morals and Legislation*，London：Burns & Hart，1970，cap.1.

笔者认为后果主义是最不适合用于解释司法伦理的理论，是最容易被反驳的。[①]以下例子足以证明这一点。假设法官因为害怕受到公众指责或因为对被告有偏见而判罚一个被多数人憎恨的无辜者，在此情况下，多数人会认为法官未能履行其职业伦理义务（无论是缺乏独立性还是公正性），尽管净效用是增加的，但这一论断不会因判决带来良好后果而改变。该例似乎表明，司法伦理不关心司法行为的后果，换句话说，作出判决的后果对于确定法官是否遵守司法伦理要求而言既不是必要条件，也不是充分条件。

根据以上分析，似乎在道义论的框架内解释司法伦理的本质更为适宜。与后果主义形成鲜明对比的是，道义论坚持"正确"的概念是独立存在的，并且其优先级高于"好结果"。[②]这表明，行为或制度的正确性并非由其产生的结果所决定，而是由其内在的道德价值所决定，更具体地说，是由其遵循的特定道德原则或义务的实例所决定的[③]。因此，在道义论的视角下，只有当司法行为符合某些既定的道德原则时，它在司法伦理上才被认为是正确的。特别是，这些原则要求法官在作出判决时必须保持独立性、公正性和合理性，这一要求不受判决结果的好坏或法官个人品格特征的影响。

本文主张，从法官的内部视角来看，道义论与司法伦理的本质最为契合。换句话说，司法伦理的核心在于其道德性。尽管存在一些反对意见，主张在司法伦理的讨论中不宜采用道义论的概念，但本文将在后续部分展开论证，指出这些反对意见并未充分站得住脚。

第一项针对道义论的批评意见认为，该理论过于刻板，因为它在应用司法伦理原则时，往往不加区别地或过于明确地强调这些原则，而忽略了其他可能相关的因素。[④]

---

① 这一观点甚至被持后果主义观点（尤其是功利主义）的学者所承认。参见 Farrell M., op.cit., No.4, 2003, p.151。

② Rawls J., op.cit., No.14, 1971, p.26.

③ 可以提供几个具有道义论性质的规范伦理理论的例子。众所周知，最著名的版本是康德（Immanuel Kant）的版本。参见 Kant I., *Fundamentación de la Metafísica de las Costumbres*, Buenos Aires: Losada, 2015。也有当代的理论，例如罗尔斯 J.的"正义即公平"理论或尼诺 C.的"伦理建构主义"理论。参见 Rawls J., op.cit., No.14, 1971; Nino C., *Ética y Derechos Humanos*, *Un Ensayo Defundamentación*, Buenos Aires: Astrea, 1989。

④ Lariguet G., op.cit., No.8, 2012, p.27.

然而，这种特性并非缺陷，反而体现了道义论的优势，因为它与司法伦理的“排他性”特质相吻合，确保了法律原则的优先适用。

第二项批评意见提出，道义论在处理某些所谓的“悲剧性”案件时显得无能为力。①根据这一观点可知，存在一些司法伦理原则之间的冲突，这些冲突反映了普遍正义与具体案件事实之间的矛盾，即规范性问题与实际情况之间的冲突。在这种情况下，无论法官如何裁决，都不可避免地会带来一定的道德损失，因而此时难以断言存在一个正确的答案。在这个意义上，拉利盖特·G.(Lariguet G.)引用了所谓的“完美犯罪”②案例作为典型的“悲剧性”案件。

然而，笔者持相反观点，认为所举的“完美犯罪”案例并不支持批评者的看法。正如前文所述，该问题似乎并不缺乏明确的解决方案。事实上，一切都指向了一个相对简单的答案：法官应当坚守其职业伦理准则，即在没有罪证的情况下释放被告。为了进一步反驳这些反对意见，我们可以探讨一个更为复杂的案例，即阿根廷军事法庭审判中的法官言论事件。在审判前军政府领导人时，法官是否可以违背其职业道德规范，以便适当地惩处那些犯下严重罪行的人？笔者对此持否定态度。即便在这种特殊情况下，法官仍有责任避免任何可能引起公众对其独立性或公正性怀疑的行为，并且应当根据适用的法律规则来证明其判决的合理性。因此，在司法伦理的范畴内，似乎并不存在所谓的“悲剧性”或“困难”案件；相反，由于司法伦理的排他性，所有案件都应当被视为“简单”的案件，即便这意味着必须承担一定的道德代价。

第三项针对道义论的批评意见认为该理论过于表面化，因为它仅仅关注高度抽象的道德原则或责任，而忽略了司法美德这一核心要素。③然而，笔者认为这种批评并不完全准确。道义论并不否认司法美德的重要性，也并非认为这些美德不值得深入研究或推广；相反，道义论认为道德原则或义务构成了美德的核心要素。换句话说，美德应当在某些基本原则或义务的框架内被理解。④实际上，我们通常

---

① Amaya Navarro M., op.cit., No.9, p.17; Lariguet G., op.cit., No.8, 2012, p.84.

② Lariguet G., op.cit., No.8, 2012, p.84.

③ Atienza M., “Ética Judicial”, *Jueces Para la Democracia*, No.40, 2001, p.17.

④ 持司法道义论观点的杰出作家康德，在其著作中的整个章节中致力于分析伦理美德。参见 Kant I., *La Metafísica de las Costumbres*, Madrid: Tecnos, segunda parte, 1989。

讨论的大多数司法美德，例如勇气、清醒和法律专业知识，都与独立性、公正性和合理性这些原则紧密相连，或者可以被归纳为这些原则的一部分。

四、是规则还是定义？

司法伦理由一系列伦理原则组成，具有道义论性质，围绕这些原则又产生了新问题：它们本质上是规则还是定义？①

假设这些司法伦理原则就是规则，那么这些规则就是法官审理案件时应当遵守的职责和义务，即独立、公正和合理地作出判决。然而，这个看似正确的观点似乎仍有争议。有人认为这些规范法官职业伦理的原则不能被视为规则，而应被视为定义，即一种确定法官身份或确定司法行为的标准。阿吉洛·雷格拉·J.(Aguiló Regla J.)就持此观点："……这三项职责(独立、公正和合理)是……法官身份的标准。……行使法定权力的人……如果服从大众意志或偏袒某一群体(不独立)，或与诉讼有利益关联(不公正)，人们就可能认为他不是法官或他不能胜任法官职位。或许令人诧异，但这无非是因为人们把一直以来认可的普遍职业伦理规范投射到法官职业上，即专业人员不能偏离其职业目的……因此，如果一个职业人士背叛了其职业目的，就不再是一名职业人士了。"

笔者认为不应当用这种方式理解司法伦理，原因如下：

阿吉洛·雷格拉的说法自相矛盾，不是法官的人无法行使法定权力(例如宣布判决)。同样，不是法官的人也不会因违背法官职业伦理而道歉、受到质疑和惩罚。一个人行使法定权力、进行辩解、受到质疑或受到惩罚的前提是承认其法官身份。

---

① 此处采用了 Alchourrón 和 Bulygin 提出的区分方式。据其所言，规则规定了某事物是被禁止的、强制性的或可选的，而定义并未对此有所规定，定义只是确定某种行为活动的构成方式。参见 Alchourrón C. y Bulygin E., "Definiciones y Normas", in *Análisis Lógico y Derecho*, Madrid: Trotta, 2021, p.459 y ss。假设这两种标准是相互排斥的，从某种意义上说，一个标准不能既是规则又是定义(或者可以理解为不能同时实现这两个功能)，参见 Bulygin E., "Sobre las Normas de Competencia", en *Análisis Lógico y Derecho*, Madrid: Trotta, 2021, p.510。相关文献显示还有其他术语可用来区分"准则"或"标准"自身之间的差异。例如，赖特·H.(Wright H.)区分了"规定"和"决定性规则"，塞尔·J.(Searle J.)在谈到"调节性规则"和"构成性规则"时也作了同样的区分。参见 V. Wright H., *Norma y Acción, Una Investigación Lógica*, Madrid: Tecnos, 1970, pp.16 y 17; Searle J., *Speech Acts, An Essay in the Philosophy of Language*, Cambridge: Cambridge University Press, 1969, pp.33 y 34。

因此，为了更符合逻辑，笔者认为应当以其他方式解释阿吉洛·雷格拉的观点。笔者相信阿吉洛·雷格拉想表达的是：一个人可以实际上具备法官身份，但可能由于未能遵守法官职业伦理而无法作出判决。笔者理解其想法，但仍认为这是错的。

究其本质，一种行为是否属于司法行为不是由司法伦理决定的，而是由程序规范决定的。实际上，许多程序法以多种方式规范法官的职业伦理。例如，诉讼法规定某些判决是无效的，某些判决是可撤销的，有些则只能追究法官的责任。《阿根廷国家民商事诉讼法典》第 30 条①和第 32 条②对此有所规定，这两个条款共同规定了司法不公正的情形及相应的法官义务：一是法官有义务在与当事人一方有亲属、朋友或商业关系等情况下进行解释；二是惩罚不遵守上述条款的法官。然而，这两款法条没有提及在此情况下作出的判决的无效性或可撤销性。这表明，与阿吉洛·雷格拉所言不同，是否遵守法官职业伦理与判决有效与否不存在必然联系，二者的关系只是偶然的，判决的有效性完全取决于程序法规定。换言之，法官违反职业伦理作出的判决并不当然无效。

此外，人们对法官在缺乏独立性、公正性、合理性时作出判决的评价也反映出司法伦理原则是规则而非定义。在此情形下，人们通常不会说相关人员不是法官或不能胜任法官，而是认为法官行使了法定权力作出判决，尽管法官并未遵守其职业行为准则。

实际上，与阿吉洛·雷格拉所想不同，这些原则也适用于其他职业。例如，当人们评价一个医生违背希波克拉底原则公开患者个人隐私时，我们不会说此人不是医生或没有医生执业资格，而是通常会说这名医生在执业过程中未履行其职责。另外，希波克拉底原则也存在例外情况（例如，当保密行为可能隐瞒严重罪行或使他人处于危险境地时），医生违反职业伦理并不会丧失医生职业身份。

五、独立、公正与合理

本部分解释司法伦理原则中的典型职业伦理，即独立性、公正性和合理性。有

① “任何法官应当在出现第 17 条规定提及的情形时回避。”

② “根据《法官法》，如果证明法官不了解案件事实并故意作出有关事实的裁判，法官将被追究失职的责任。”

时人们将独立、公正和合理作为同义词使用，这是一个严重错误。独立、公正、合理是法官职业伦理的不同方面，下文将说明这三个词语在内涵和外延方面的区别。

这三项职业伦理并不是法官的全部职责，还有许多其他伦理，例如诚实、得体、礼貌、勤勉、透明或尽责。①然而，这些伦理道德同样适用于其他职业，如医生、警察或建筑师等。本文认为独立性、公正性和合理性的义务是司法职业的独特之处，因为它们与司法职能紧密联系。法律规定，法官审判时应依据法律规定的职责范围适用正确的法律规则作出裁判。②换言之，独立、公正和合理的职业伦理旨在保障司法权。

从裁判依据来看，独立性和公正性要求法律规则是法官作出裁判的理由，以保证法官按照法律规范进行裁判。③

独立性要求裁判者根据自己对法律条文以及案件事实的理解，而不是根据别人的意见来作出裁判。④据此，人们通常会区分司法机构的外部独立性和内部独立性。尽管人们针对外部独立性已经有颇多论述，但对于内部独立性知之甚少。要理解内部独立性需要明确司法伦理和独立性的约束对象。如前所述，该对象是自主思考、理解并解决具体争议的法官。人们常说必须保证司法权独立，但这种说法可能有歧义。司法权是否独立取决于司法权的定义，如果司法权单指独立思考的法官，则可以充分体现司法独立的精神。但如果指具有组织结构和集体利益的集

---

① 参见 Böhmer M.，“Ética Judicial”，2015，Peritaje en el Caso López Lone y Otros c/Honduras ante la Corte Interamericana de Derechos Humanos：https://www.academia.edu/18647431/Etica_Judicial_Peritaje_en_el_caso_Lopez_Lone_y_otros_c_Honduras_CID H，Consultado por última vez el día 5 de agosto de 2022；Vigo R.，“Ética Judicial e Interpretación Jurídica”，in *Doxa. Cuadernos de Filosofía del Derecho*，no.26，2006，pp.273—294。

② 从此意义上讲，法官并非一定要按照现有法律或判决时有效的法律进行判决。实际上，法官必须依据适用性标准，根据个案适用规则进行裁判，这些标准的确属于适用法律体系，但已不再属于以供参照的法律体系或现已生效的法律体系。例如，当法官必须适用较宽松的刑法时，就会出现这种情况。关于适用性理论，可参考 Bulygin E.，“Tiempo y validez”，in Alchourrón C. y Bulygin E. eds.，*Análisis Lógico y Derecho*，Madrid：Trotta，2021，p.229 y ss。

③ Aguiló Regla J.，“Independencia e Imparcialidad de los Jueces y Argumentación Jurídica”，*Isonomía. Revista de Teoría y Filosofía del Derecho*，No.6，1997，p.71；Schedler A.，“Argumentos y Observaciones：de Críticas Internas y Externas a la Imparcialidad Judicial”，*Isonomía. Revista de Teoría y Filosofía del Derecho*，No.22，2005，p.66.

④ 恩斯特・C.(Ernst C.)在一个非常相似的意义上将司法独立定义为“……当他们能够抵制或拒绝……任何外来干涉或压力……时，在这种状态下对司法案件朝某个方向作出裁判(或不作出裁判)”。Ernst C.，“Independencia Judicial y Democracia”，in Malem J.，Orozco J. y Vázquez R.，*La Función Judicial. Ética y Democracia*，Barcelona：Gedisa，2003，p.235.

体独立，则不能很好地体现司法独立的理念，甚至如阿特里亚·F.（Atria F.）所言①，会起相反作用。如果司法伦理的约束对象是集体司法权，就很难谈及内部独立性，只有认为司法伦理是针对每一位法官的伦理，这一理念才可实现。

公正性要求法官在不与个人利益关联的情况下作出裁判，这与诉讼主体相关。②如果法官与诉讼标的存在利益相关，诉讼结果可能使诉讼主体受益或遭受损失。当法官主观上厌恶或偏爱一方诉讼主体时，他与诉讼标的也存在利益相关。因此，需要查明法官对诉讼主体存在主观厌恶或偏爱的原因（例如，与一方诉讼当事人存在朋友或敌对关系），特别是基于种族或性别等歧视性原因。③

与独立性和公正性不同，合理性旨在确保法官按照法律规范从合理的角度出发作出裁判，要求法官能论证判决是根据法律规范通过合理推理得出的。这涉及以下要求：

首先，合理性要求明确观点。法官要尽量避免使用不必要的复杂词语或表达方式。当然，这不意味着法官必须放弃某些专业的法律、科技术语，而指法官在使用术语时不能想当然地认为这些术语为人熟知，而应当对其进行阐释以便公众理解。

其次，合理性要求法官能为其论点提供论据④，即法官适用的规则与认定事实之间具备已经证实的关联性。当然，此处仍值得讨论，但本文只想探讨一个具体问

---

① 因此，阿特里亚说："……司法权本应是每个法官拥有的权力，而不是由一个被称为'法官'的官员行使一项源于某组织的权力。司法机构本身缺乏统一的代理权，它不是一个集体代理机构……如果司法机构认为自己是一个集体代理人，有自己的利益需求……法官很可能被理解为上级官员的委托人，其职责是以最符合组织利益的方式作出决定。"Atria F., *La Forma del Derecho*, Madrid: Marcial Pons, 2016, pp.216—218.

② Aguiló Regla J., op.cit., No.29, 1997, p.77.

③ 根据阿雷娜·F.（Arena F.）的观点，规范性刻板印象是一种社会规范，其目的是以某人属于某社会群体为基础，对其行为或角色作出规定。因此，它们的契合方向是"社会群体刻板印象"。相反，当这类刻板观念在历史上对受歧视群体产生负面影响时，它们就是负面的或代表"可疑类别"的。Arena F., "Los Estereotipos Normativos en la Decisión Judicial. Una Exploración Conceptual", *Revista de Derecho*, No.1, 2016, pp.51—75.关于使用歧视性刻板印象规范与公正性义务之间的关系，可参考Clérico L., "Hacia un Análisis Integral de Estereotipos: Desafiando la Garantía Estándar de Imparcialidad", *Revista Derecho del Estado*, No.41, 2018, pp.67—96。克莱丽科分析了美洲人权法院在"Atala Riffo诉智利"一案中的判决，发现了一个重要矛盾。法院根据刻板观念宣布平等权和不受歧视权受到侵犯，但在评估司法保障权是否受到侵犯时却没有使用这一概念。作者的中心论点是"使用刻板观念必然影响公正保障权"。Clérico L., op.cit., 2018, p.70.

④ 关于"固有论据"的概念，可参考Copi I., *Introducción a la Lógica (4° ed)*, Buenos Aires: Eudeba, 1999, p.35。

题——司法推理规范前提的外部正当性。显然，在法律不存在的情况下，法官无法引用既存规则来解决个案。那么这是否意味着依据合理性原则，法官应中止审理案件？笔者不这么认为。尽管在此类案件中，法官确实必须制定新规则并将其适用在个案中①，但他仍需说明制定该规则的理由。正如布利金·E.（Bulygin E.）所说，合理性禁止法官无中生有地制定在同一法律制度下与其他规则毫无关联的新规则。②如果承认这个观点，那么可以得出结论，当法官必须创立新规则时，其有责任证明该规则与其他规则之间具有关联性。或者用麦克科米克·N.（MacCormick N.）的话来说，该规则在法律体系下是有意义的。③

最后，合理性还要求法官在推理中提炼争议焦点。这并不意味着法官必须完全采纳各方观点，但也不能对某些观点完全忽略。如果法官决定不采纳案件相关人提出的观点，则必须解释原因，并提供能够反驳该观点的理由。

司法伦理原则规定：一项判决应当同时在内容和说理方面都是正确的。独立性、公正性与合理性不能互补，缺一不可。如果能够证明法官根据另一人的意见作出裁判，或者明显偏袒一方当事人，则不能以法官作出的判决有充分论据为由免除其责任。从司法伦理的角度来看，即使法官已经说明了判决理由，该判决仍有缺陷，因为法官没有遵守独立和公正的职业伦理，反之亦然。④

六、结　　语

本文旨在解释司法伦理的本质，它是现代西方法秩序孕育的产物。笔者认为，

---

① 本文遵循布利金对“创立一般规范”这一表述的理解。他认为，“……当局制定的规范若要被视为是由其所‘创设’的，则该规范的内容不得与同一法秩序下的其他规范相同，也不得是其他规范的逻辑推理结果（可推导的）”。Bulygin E.，“Sentencia Judicial y Creación de Derecho”，in Alchourrón C. y Bulygin E.，*Análisis Lógico y Derecho*，Madrid：Trotta，2021，p.387.

② Bulygiz E.，op.cit.，No.36，2021，p.389.

③ MacCormick N.，*Legal Reasoning and Legal Theory*，Oxford：Clarendon，1978，p.103.

④ 为了说明独立、公正和合理义务之间的不互偿关系，阿吉洛·雷格拉在司法伦理学和康德规范伦理学之间作了一个有趣的对比。在康德哲学中，当一种行为既符合义务又出于义务时，则此行为就是正确的。就司法伦理而言：“履行义务既是对裁判的解释，又是裁判的理由；换句话说，‘法官’作出裁判的动机与裁判的理由是一致的。”Aguiló Regla J.，“Dos Concepciones de la Ética Judicial”，*Doxa，Cuadernos de Filosofía del Derecho*，No.32，2009，p.529.

在这些法律秩序中，司法伦理由一套应用伦理原则组成，这些原则规定了法官审判制度，要求法官以独立、公正和合理的方式依据法律规则作出裁判。然而，正如前文所言，此观点尚有待讨论。

第一个问题是确定司法伦理是否属于应用伦理的范畴，若是如此，为何司法伦理有时会与一般意义上的正义相矛盾，甚至凌驾于一般正义之上？司法伦理难道不应与一般意义上的正义相一致并从属于它吗？本文认为司法伦理学是应用伦理学的一部分，尽管如此，它仍可能与一般正义相矛盾，甚至处于优先地位，因为司法伦理具有排他性。

若承认了这一点，就会出现第二个问题：哪种伦理规范概念最能解释司法伦理的本质。笔者认为司法伦理本质上属于道义论。从司法伦理的角度来看，仅依照某些原则作出的司法行为才是正确的，特别是要求法官以独立、公正和合理的方式作出裁判的原则，完全独立于判决结果的好坏或法官的性格特征。

在确定司法伦理具有道义论属性并由一系列原则组成之后，围绕这些原则的性质又出现了一个新问题：司法伦理原则的本质是规则还是定义？本文认为，这些原则不是定义而是规则，因为这些原则不决定谁是法官或什么是司法行为，而是赋予法官某些职责和义务（独立、公正和合理裁判）。

最后，本文试图进一步阐释上述三项职责的内容。这些职责是司法职业的独特之处，因为它们与司法的职能具有功能性联系：根据审判时的法律制度选择合适的法律规范作出判决。然而，更重要的是这些原则试图以两种截然不同的方式来保障司法权。独立性和公正性旨在保证法官按照法律规则进行裁判，法律规则是法官作出裁判的依据。独立性要求法官根据自己的观点理解法律内容及案件事实，公正性要求法官在作出裁判时与争议主体和诉讼标的之间不存在利益关联。与独立性和公正性不同，合理性旨在确保法官从判决正当性角度出发，按照适用的法律规则进行判决，要求法官说明其观点所依据的法律规范，通过逻辑推理得出结论。据此，裁判者应当做到：第一，提供清晰的论据，使其论点能够被证实；第二，进行严谨的推理；第三，在推理中参考争议各方论点。

司法伦理的结构

[美]查尔斯·加德纳·盖伊(Charles Gardner Geyh)*

[美]约翰·F.杰克·金伯林(John F. Jack Kimberlin)**

张海斌　施康宁***　译

一、引　　言

1999年，史蒂夫·B.伯班克(Stephen B. Burbank)撰写了一篇名为《司法独立的架构》(*The Architecture of Judicial Independence*)①的文章。这一开山之作无疑为该项缺乏研究的领域搭建了框架。该文章的核心观点展现了作者敏锐的洞察力：稳定而持久的司法体系是建设性冲突的产物。因此，在法律治理的背景下，伯班克将司法独立与司法问责制度联系起来，同时指出二者之间的关键问题是取长补短而非针锋相对；在后续作品中，他也对法律和政策在司法决策中的相互作用提出了类似的观点。本文是为了纪念史蒂夫的学术贡献，并通过沿用他的研究方法

* [美]查尔斯·加德纳·盖伊，印第安纳大学特聘教授。

** [美]约翰·F.杰克·金伯林，印第安纳大学莫瑞法学院教授。谨以此文献给史蒂夫·伯班克——一位学者中翘楚，也是我三十余载的恩师。是他的鼓励和支持让我在这个行业取得了成功。此外，也要感谢吉姆·阿尔菲尼、已故的马克·哈里森、格雷格·西斯克和基思·斯威舍等人对初稿提出的见地。我同样要感谢玛露克·阿里、丽贝卡·法德勒、亚历克斯·迈耶斯、侯赛因·穆罕默德、普贾·帕特尔、查尔斯·赖斯和哈德利·斯密斯希斯勒等人，感谢他们在我的研究中作出的巨大贡献。本着充分披露的精神，我参与了本文所述的几个项目和活动，并在脚注中阐明了所担任的角色。

*** 张海斌，上海外国语大学法学院教授。施康宁，上海外国语大学法学院2023级法律硕士研究生。

① [美]史蒂夫·B.伯班克：《司法独立的架构》，载《南加利福尼亚法律评论》1999年第72期，第315页。

来阐释司法独立与司法问责制度中鲜为人知的一部分：司法伦理的内在架构。

在法律伦理的掩映下，司法伦理通常被视作专业责任研究领域中一个较少为人所知的部分，三重效应随之产生。第一，专业责任领域的学者通常会将他们的研究重心摆在法律伦理和律师法上，相对较少地关注司法伦理。第二，司法伦理总是被归入专业责任范畴之内，因而常常被视作一系列职业行为准则。其结果便是，司法伦理学术研究通常仅聚焦于特定的伦理困境或规范适用的相关问题，很少尝试进行更广泛的理论探讨。第三，将司法伦理限定在专业责任范畴内，导致其与邻近领域主题的关联性被忽视。

由于地位受限，司法伦理在关于司法独立和司法问责制度的讨论中并没有受到重视。然而，它们之间的关系密切而清晰。司法行为准则推动司法独立具备实质性价值，并敦促法官在决策过程中避免接触那些会损害独立判断的潜在影响源。同样的准则也被用于描述不当的司法行为，后者通常是各种问责机制和特定纪律程序的监管对象。因此，了解司法伦理的运作方式对于理解司法独立和司法问责制度的运作方式而言至关重要。

迄今为止，尽管司法伦理在司法独立和司法问责领域中的学术研究相对较少，但由于试图追究法官在涉嫌伦理失职时的责任，联邦和州级体系中还是存在一系列争议。

联邦体系中的争议有：(1)关于联邦法官成为联邦主义协会、美国宪法协会和美国律师协会成员是否会违反伦理规定，法官内部爆发了一场备受瞩目的争论。(2)国会成员和其他群体曾呼吁美国最高法院制定针对自身的伦理准则，首席大法官则对此作保留意见。他们认为这样的准则并非必需，并警告称关于最高法院遵守回避规则和定期进行财务披露这一要求本身的合宪性也有待商榷。(3)由于曾对当时的总统候选人唐纳德·特朗普(Donald Trump)进行指摘，最高法院法官露丝·贝德尔·金斯伯格(Ruth Bader Ginsburg)被指控违反了《美国法官行为准则》而遭到批评。该准则同样适用于联邦下级法院的法官。(4)安东宁·格雷戈里·斯卡利亚(Antonin Gregory Scalia)和克拉伦斯·托马斯(Clarence Thomas)两位大法官因在联邦主义协会的筹款活动中担任特邀发言人而受到媒体的批评，上述行为同样违反了《美国法官行为准则》。(5)美国司法会议修改了其行为准则(和纪律程序),以回应广受关注的性骚扰丑闻。(6)众议院司法委员会主席提出了一项法案,旨在设立一名监察长来监督联邦法院,以应对《司法行为及无能力履行义务法案》(以下简称《法案》)落实不力的问题,该问题尤其体现在第九巡回上诉法院对地方法官曼努埃尔·雷尔(Manuel Rael)滥用职权、不当单方面沟通等伦理失职一案的漫长调查中。(7)媒体报道了一些备受关注的案例,其中包括最高法院法官斯卡利亚、托马斯和金斯伯格没有对有关案件进行回避,尽管批评者敦促他们这样做。这同样涉及法官的道德义务问题,也即法官在中立性存疑时,有义务回避相关案件。(8)对于联邦法官在豪华度假胜地参加由企业赞助的免费教育研讨会这一现象,尤其是在研讨会涉及相应企业的未决诉讼时,国会和媒体也对其伦理问题提出了质疑。(9)因受到性侵指控并在参议院的确认程序中对其控告者进行猛烈抨击,最高法院的大法官候选人布雷特·卡瓦诺(Brett Kavanaugh)成为多项纪律投诉的对象。超过两千名法学教授签署了一封反对其就职的联名信,理由是他的过激反应无疑使其司法品格存疑。

州级体系中的争议有:

(1)关于法官是否应该因违反避免"不当行为表现"这一道德责任而受到纪律处分,同样存在激烈的争论。(2)司法候选人曾向联邦法院提起诉讼,对禁止他们公开表达针对争议法律问题的观点、禁止对可能被呈递至他们面前的案件作出许诺或承诺、禁止发表虚假或误导性的竞选声明、禁止直接进行竞选募捐、禁止参与其他形式的政治活动等道德规定的合宪性提出了质疑,尽管裁判结果参差不齐。(3)美国最高法院以程序正当性为由撤销了宾夕法尼亚和西弗吉尼亚两个州的最高法院的两项裁决,因为上述两个法院的法官在公正性存疑的情况下拒绝作出回避。(4)长久以来,美国律师协会呼吁制定改革回避程序,要求法官在与竞选支持力量相关的中立性存疑案件中自行作出回避。然而,来自美国律师协会司法分会的反对意见使该项倡议最终未能实现。

上述新现象也引发了一系列学术研究,通过参考司法行为准则、法典、宪法、咨询意见和司法裁决中蕴含的规则和原则,对孤立的伦理问题作出分析。然而,迄今为止,对于司法伦理问题的概念性思考仍然较少。也鲜有人退一步,从更为概念化的维度,参考那些具有建设性冲突的因素,以类似于伯班克对司法独立和司法问责制的开创性分析来思考这些问题。因此，那些看似不相关的伦理问题之间具备的共同点在很大程度上都未能被察觉，这也模糊了它们之间的共同解决方案。

本文第二章从三个维度概括了司法伦理的结构，即宏观、微观和关系伦理。宏观伦理涉及定义一个优秀法官必备属性的核心原则。微观伦理则指更为具体的法规和规则，在宏观伦理原则的指导下，通过制定和完善具体规则，以勾勒出伦理和非伦理司法行为更为实际的轮廓。关系伦理指法官在职业价值观与其他价值观的相互关系中应承担的伦理责任，这些价值观会限制微观伦理和宏观伦理的应用。因此，关系伦理代表了法官在职业价值观与其他价值观产生冲突时应承担的伦理义务的外部界限。这些价值观包括法官不因过度模糊或烦琐的规定而受限的言论权、结社权和行事权；还包括法官作为法院和司法系统的一部分，其集体权益能够得到有效实现，并具备合法性的假设。

中立性是宏观伦理的价值观，强调了不偏不倚和深明大义对一名优秀法官的重要性。当某项行为规范禁止法官或法官候选人就其可能成为裁判者的争议问题阐释他们的观点时，就会涉及微观伦理，这一行为旨在通过禁止法官对相应问题公开表态从而导致其在日后的裁定中受到影响，以期促使司法中立的实现。然而，法官基于《美国1789年宪法第一修正案》所拥有的自由权被视为一种关系利益。除非该规则是维护宏观伦理中立性原则中限制性最小的手段，否则该关系利益将使得微观伦理规则失去效力。在“明尼苏达州共和党诉怀特案”中，最高法院裁定这一限制言论的规则违宪。①

在涉及微观伦理和宏观伦理的界定，以及关系伦理在二者权衡中具备的竞争价值时，可化用伯班克在描述司法独立与司法问责之间关系时所采用的“硬币两面性”这一隐喻。②一方面，由宏观伦理原则引导的微观伦理规则体系，以伦理标准勾勒出法官的行为；另一方面，相互竞争的关联价值观限定了伦理规制在外部的可接

---

① 《美国联邦最高法院判例报告》2002年第536卷，第765条、第788条。

② 史蒂夫·B.伯班克在其著作中，描述了双面硬币的比喻及其在司法问责理论中的应用；参见［美］史蒂夫·B.伯班克：《论司法行为：法律、政治、科学与谦逊》，［美］查尔斯·加德纳·盖伊主编：《法律与此何干？》，斯坦福大学出版社2011年版，第41—51页。在该文献中，作者阐释了硬币的两面是相辅相成而非对立的观点。参见［美］史蒂夫·B.伯班克：《司法独立的过去与现在》，载《司法》1996年第80期，第117—118页。该文献主张司法独立和问责“无需且不应相互对立”，并且“在考虑其中一个的同时不应忽视另一个”。

受度。正确的理解应是将其视作硬币的两面，即既不互相矛盾又不否定对方，而是相辅相成，在建设性冲突中共存。

本文第三章将文章开头概述的伦理纠纷置于第二章描述的三维体系之下。这些争议将在两种情况下进行分别讨论：一种是在共识达成时，另一种则是在共识未达成时。在共识达成时，这些争议源于对微观伦理改革的普遍认同（或不认同）。当有争议的司法行为被认为与宏观伦理原则相悖，无法得到微观伦理规则的足够监管，且无关联利益支持时，改革将会随之而来，反之则不会。当共识未能达成时，针对有争议的司法行为所提出的微观伦理改革会遭到抵制，理由是这种行动在宏观伦理原则下看来并不合理，并且会受到对立关联利益的影响。第一种情境涵盖了传统的伦理改革场景，第二种情境则描述了近期产生的一系列争议，呈现出一种新的态势：针对合理伦理规制限度的共识正在逐渐消失。

最近的发展表明，伦理规制正在被规避或受到挑战，使得当前的宏观和微观伦理体系的持续有效性受到质疑。随着司法界对于微观和宏观伦理合理界限的共同认知出现分歧，不同价值观之间的对立也在加剧。本文第四章考虑到现代司法政治的性质，以及一个相对于首次颁布行为准则时更为多元化的司法体系（包括在种族、性别、族裔等方面的差异，从而导致生活经验的不同），认为这一发展是不可避免的。然而最终的结论是，通过加强纪律章程中行为准则的作用，并重新确立由于受疏忽、党派政治或法官个人利益等因素影响而受损的核心伦理规范共识，我们仍然能够更有效地管理伦理冲突，体现司法对宏观和微观伦理的重视。

二、司法伦理的三重结构

司法问责是一个繁忙而多元的领域。法官可能会受到弹劾（以及在州体系中的其他罢免形式）、纪律处分、回避、普选（在大多数州体系中）、上诉审查及立法监督等多种程序，从而共同促进法官的问责制度的完善。在司法问责制度的完善过程中，司法伦理扮演着一个无处不在却又悄无声息的伙伴角色。几乎所有的司法弹劾程序和纪律处分都会涉及道德失职，通常也会体现为违背司法独立性、公正性与合理性的不端行为。伦理失职的问题同样会在司法回避程序中凸显：法官在持有明显偏见或利益冲突的情况下裁判案件;法官候选人的伦理(包括竞选伦理),在选举中成为一个焦点;在上诉审查,特别是在那些首次颁布的与司法越权问题相关的法令中出现;在对司法行为的立法监督,包括对司法纪律和回避程序的监督中出现。

司法伦理的结构包括三个明确的要素:司法伦理的总体原则、司法伦理的具体规则,以及司法伦理在对立价值观或对立目的范围内受到的限制。本文分别称这些要素为宏观伦理、微观伦理和关系伦理。

(一) 宏观伦理

宏观伦理,依此处所使用的术语而言是首要原则,涵盖了与成为一名优秀法官有关的实用性价值,以及这些价值所服务的目标。在跨越数千年的文献中,在形容一位优秀法官的品质时,有四个字眼反复出现:诚信、公正、独立和精干。①

长久以来,文学作品中一直强调诚信或正直是一名优秀法官的必备品质。那些不诚信的法官,通过受贿、索贿或其他方式以权谋私,在数千年的历史长河中始终都是受到关注的对象。②

同样源于古代,公正是一名优秀法官所需要具备的第二个基本品质。公正的范畴包括许多方面:不因当事人的经济状况、种族、性别或民族而持有偏见或以权谋私;在庭审前不对任何问题作出事先承诺。③

---

① [美]查尔斯·加德纳·盖伊:《冒险法庭:美国司法的政治转变》,牛津大学出版社 2016 年版,第 63—69 页。该文献在案例描述中反复提及上述四种品质。

② 参见[印]舒德拉卡:《小泥车》,载[美]查尔斯·洛克韦尔·兰曼编辑,[英]阿瑟·威廉·赖德尔翻译:《哈佛东方丛书·第 9 卷》,哈佛大学出版社 1905 年版,第 1—134 页。该篇描绘大约发生在公元前二世纪的故事,据称由一位印度国王创作,以警告法官"远离贪婪"。[美]凯瑟琳·E.肯尼迪:《中世纪英国文学中的维护、酬报和婚姻》,帕尔格雷夫·麦克米伦出版社 2009 年版,第 92、96 页。作者在文中表达了对 14 世纪英格兰受贿和索贿普遍性的担忧。

③ [美]马克·吐温:《圣女贞德的个人回忆》,哈珀兄弟出版社 1896 年版,第 114—115 页。该篇讲述了在圣女贞德的审判中,法官因对她持有偏见而在纪传体作品中受到批评。"这位拟定的法官公然作为被告的敌人,他没有资格对圣女做出审判"。[荷]狄奥·梅德:《诡计、贪婪与震惊:荷兰口述中的法律观点》,载《幽默》2008 年第 21 期,第 435—438 页。作者描述了中世纪的诗人谴责"阶级司法"的偏袒,"(一个)穷人几乎永远无法战胜富人或贵族,无论他的案子有多公正……"[英]罗伯特·路易斯·史蒂文森:《赫米斯顿的韦尔》,[美]凯瑟琳·克里根编辑,爱丁堡大学出版社 1896 年版,第 25 页。该篇描述了作家们批评十九世纪的绞刑法官在与死刑问题有关的意识形态偏见上,"(他)并没有表现出公正的美德;这不是精致的案件;有一个人要被绞死,他却会说,他只是在执行这个任务"。

独立性作为第三种工具性价值，其历史渊源更为复杂。一方面，《圣经新约》（*New Testament*）中提到本丢·彼拉多（Pontios Pilatos）的故事：尽管他最初宣判耶稣无罪，但基于一群怒汉的警告，其释放耶稣的行为无异于“成为凯撒的敌人”，彼拉多最终同意将耶稣钉在十字架上，从而被基督徒憎恶。这也是司法独立得到长久关注的历史写照之一。①另一方面，由于法官在历史上常被视为君主的附庸，因此即便能够免于政治干预和控制的司法独立，也并非成为一名“好法官”的最基本的特质。②在盎格鲁—美国法律体系中，始于英国的《1701年定居法案》中的这一价值的确立相对较晚。该法案确保了英国法官在履职情况良好时享有终身任职的权利。③美国宪法在1789年确立批准制，也为美国联邦法官的任命确立了同样的制度。④需要明确的是，司法独立可以从结构和行为两个层面进行概念化。⑤结构独立指形式结构的独立，比如宪法规定了法官在履职良好时的任职保护性条款，该结构可以阻止外部因素对法官裁决产生干预。⑥行为独立指法官这一个体在作出决策时能够独立于外部压力，而这可以通过结构独立的支持来实现。⑦在宏观伦理的背景下，行为独立是首要问题。

第四种价值是法官应该精干，即至少能够涵盖与司法适格性相关的三种品质，具备胜任能力，足够勤勉，并符合相应的法官风度。就长期的观点看来，法官应该精通案件事实处理和法律适用这一能力。⑧勤勉这一品质则触及一个根深蒂固的观点（由于二者之间的关联性，懒惰会催生无能），即法官在干练地履行职责、处理

---

① 《圣经·约翰福音》，第19章第12节。

② 例如，在《小泥车》第134页中，舒德拉卡描述了法官的角色及其局限性：“他的心必须紧紧依附真理的大门……但要避免一切可能激怒国王愤怒的做法。”（见［印］舒德拉卡：《小泥车》，［美］查尔斯·洛克韦尔·兰曼编辑，［英］阿瑟·威廉·赖德尔翻译：《哈佛东方丛书·第9卷》，哈佛大学出版社1905年版，第134页。）。

③ ［澳］威尔弗里德·普雷斯特：《近代英格兰的司法腐败》（1991年），载《过去与现在·第133卷》，第67—82页。作者在文中解释了威廉三世时期的法官是在“良好行为”期间被任命的。

④ 《美国1792年宪法第三修正案》第1节。

⑤ ［美］查尔斯·加德纳·盖伊：《司法独立作为组织原则》，载《年度法律与社会科学评论》2014年第10期，第185—190页。作者在文中主张“司法独立研究的主要部分致力于有条件的独立，可被自然地分为结构（或关系）和行为形式”。

⑥ 同上书，第190—191页。

⑦ 同上书，第191、193—196页。

⑧ ［英］亨利·菲尔丁：《阿米莉亚》，浮动出版社2010年版，第27页。该篇描述了“治安官的职责要求其对法律有一定的了解，原因很简单，因为在面前的每个案件中，他都必须根据法律来判断和行动……我无法想象在不阅读法条的情况下如何获得这种知识；然而可以确定的是，特拉舍先生对此却一点了解都没有”。

案件并执行审判时，应保持警惕。[①]法官风度则关乎法官在裁决案件时所需的耐心和审慎，不能武断决策。[②]

作为工具性价值观，诚信、公正、独立和精干并非该价值观自身所追求的终极目标，而是为实现其他目的所提供的手段。具体而言，包括推动法治建设、实现高效的司法管理和机构的合法性。对于司法公正和独立作为工具性价值观的内核，人们很容易理解，但公正本身并不是一种既存的美德。例如，在一个民主共和国中，立法者被期望其所制定的法律能够符合选民的偏好。对于法官而言，公正之所以能够成为一种美德，就在于其工具性价值，这使得法官能够在没有冲突利益或偏见的干扰下，应用其他主体（无论是立法者、政府机构还是更高级别法院）制定的法律，从而在此过程中增强公众对司法管理的信心，以及保证司法体系的必要公平。司法独立同样如此：脱离多数派的影响，看似与民主选举中立法者的角色相悖，但这对于法官而言却是至关重要的。法官被期许在无所畏惧的情况下查明事实并维护法律，从而免受恐吓或偏见的干扰。

美国律师协会（American Bar Association，ABA）的《法官行为准则》（2007年）——每个州的高等法院和美国司法会议都采纳了其中某个版本——在其序言中描述了这些工具性价值观与它们所服务的目标之间的关系：

> 美国的法律体系基于这样一个原则：由正直、独立、公正且精干的法官组成司法体系，并由他们通过对法律的解释和适用来治理我们的社会。因此，司法在正义维护和法治建设方面发挥着核心作用。贯穿此法典中的内在原则是：法官，无论是作为个体还是整体，都必须尊重和视司法职责为公共信托，并努力维护和提升对法律体系的信心。[③]

这些宏观伦理原则贯穿法典规则体系本身，进而过渡到司法伦理结构的第二重要素：微观伦理。

---

① ［英］亨利·菲尔丁：《阿米莉亚》，浮动出版社2010年版，第27页。主要描述了法官因在卷宗阅读中不够勤勉而无法在法律问题上胜任。

② ［美］富兰克林·皮尔斯·亚当斯：《FPA名言集》（1952年），芬克和瓦格诺出版公司1952年版，第466页。文章引述了苏格拉底的观点，即一位良好法官的品质包括“彬彬有礼地倾听，明智地回答，慎重地考虑”。

③ 美国律师协会：《法官行为准则》（2007年）序言。

（二）微观伦理

微观伦理规则是司法体系在其职业准则中蕴含的具体行为准则，这些准则受到宏观伦理价值观和目标的引导。与有着数个世纪渊源的宏观伦理原则不同，微观伦理中细致入微的具体规则大多还比较新颖。①

在美国，建立司法行为规范的曲折过程始于20世纪初。1908年，美国律师协会颁布了《专业道德规范》，以规范律师的道德责任。②美国律师协会曾考虑为法官制定一个附随项目，但最终未能实现。由于在正当程序的基础上废除了进步时代的工作场所改革，州和联邦法院长时间以来备受批评。法律界的领袖担心，在当时推进司法伦理倡议可能会被误解为对法官和法院的又一次攻击。③

改革的契机在十多年后以一种不太可能的形式出现——“黑袜子”丑闻。在该事件中，芝加哥白袜队的成员收受贿赂，故意输掉了1919年的世界系列赛。作为回应，美国棒球大联盟聘请了一位联邦法官（兼前小联盟棒球运动员）肯尼索·蒙特·兰迪斯（Kenesaw Moutain Landis）为第一任专员。④具有讽刺意味的是，聘请兰迪斯原本是为了平息棒球界的丑闻，未曾想给司法界带来了一场更为严重的负面影响。当兰迪斯担任专员（并开始领取4.25万美元的薪水）后，他也并未放弃他的法官职务（以及7 500美元的薪水）。⑤众议院司法委员会随即对他启动了弹劾调查程序，但初审报告中就其所犯之罪是否足以被弹劾却存在激烈分歧。⑥尽管委员会的多数成

① 17世纪存在一个例外，可参见［英］陆德·坎贝尔勋爵：《英格兰首席法官列传·第2卷》，埃斯特斯·劳瑞特出版社1873年版，第207—209页。其中复述了马修·黑尔爵士为自己的司法裁判制定的十八条自律准则：“需要时刻铭记的事项。”

② 美国律师协会：《职业伦理规范》，载http://minnesotalegalhistoryproject.org/assets/ABA%20Canons%20(1908).pdf，最后访问时间：2024年5月14日。

③ 参见［英］约翰·P.麦肯齐：《正义的外观》（1974年），斯克纳出版社1974年版，第182页。作者在文中表达了一个主要的担忧，即该项目将与“针对被认为是司法压迫的大众运动”相关联。［美］威廉·G.罗斯：《沉默的愤怒：民粹主义者、进步主义者和工会对峙法院，自1890年至1937年》（1994年），普林斯顿大学出版社1994年版，第23—25、41—44页。

④ ［美］安德鲁·J.利文斯、［美］阿文·科恩：《联邦司法和ABA模型法典：道路分歧》，载《司法体系杂志》2007年第28期，第271—273页。

⑤ ［美］查尔斯·加德纳·盖伊：《在个人权利和公众怀疑时代维护法院的公信力》，载［美］基思·J.拜比主编：《法庭、政治和媒体的碰撞》，斯坦福大学出版社2007年版，第21、27页。

⑥ 参见美国众议院1921年第66—1407号报告，第2页。“通过仔细考虑对兰迪斯法官提出的指控和其所提供的证据，我们认为前述报告的调查结果毫无依据，因此认为进行更进一步调查的建议完全不合理”。

员认为兰迪斯的行为不当，但也有相当一部分人认为他没有犯下可被弹劾的罪。这也凸显出，在处理不符合弹劾条件的轻重罪名所引起的伦理问题时，弹劾程序的效力不足。①最终，在弹劾调查结束之前，兰迪斯辞去了他的法官职务。此次事件也促使美国律师协会召开了一次委员会会议，由时任美国首席大法官威廉·霍华德·塔夫脱（William Howard Taft）担任主席，协会于 1924 年批准颁布了《司法伦理规范》。②

尽管大多数州的司法机构可能会采纳《司法伦理规范》，这些规范仍然注定会黯然失色。③这些规范通常由劝导性声明构成，仅仅旨在成为美国律师协会向个别法官提供指导的建议。④因此，作为一种较为温和的警告，它们在设计之初就是在幕后发挥作用，对法官们而言甚至可以无须惧怕招致的后果。⑤

1960 年，加利福尼亚州设立了一个司法资格委员会，该委员会有权审查法官的行为，并对其不当行为进行纪律处分。⑥截至 1980 年，全美的五十个州均建立了类似司法资格委员会的组织。⑦随着这场运动势头的增长，一系列备受关注的伦理争议也在冲击充斥着自由主义的沃伦法院[厄尔·沃伦（Earl Warren）担任首席大法官期间的美国最高法院]。因被指控存在伦理不当行为，众议院中的共和党人试图弹劾并罢免威廉·O.道格拉斯大法官（William O. Douglas）。⑧艾布·福塔斯大

① 参见美国众议院 1921 年第 66—1407 号报告，第 3 页。“没有任何违法行为引起了委员会的注意，该法官也没有犯下任何可能构成道德败坏的行为。在启动弹劾程序之前，必须明确上述两项理由中的至少一个。”

② [英]约翰·P.麦肯齐：《正义的外观》，斯克纳出版社 1974 年版，第 182—183 页。“塔夫脱，美国前总统和美国律师协会的前任主席，作为公共正确性的象征，是此任务的合适人选，他将以一名法官和协会成员的声望确保《司法伦理规范》能够得到广泛认可。”另见美国律师协会：《司法伦理规范》（1924 年）。其中列举了司法伦理中需要遵守的 34 条规范。

③④ 参见[美]罗伯特·J.马丁诺：《法官行为规范的执行》，载《犹他法律评论》1972 年第 3 卷，犹他大学法学院 1972 年版，第 410、411 页。“尽管如此，在大多数州，州最高法院已经‘采纳’了司法伦理规范或类似的道德标准，或是作为建议性的指南，或是作为具有约束力的行为规则。”

⑤ 最终的结果是，约束法官伦理的任务被归属于更为烦琐的程序之中，即臃肿的弹劾机制，以及在各州体系中的立法机关处理、重新选举或以重罪定罪。

⑥ 参见[美]爱德华·J.舒恩鲍姆：《司法纪律的历史回顾》，载《芝加哥—肯特法律评论》1977 年第 54 期，第 1、20 页。“这种通过设立一个永久性的司法纪律委员会来处理法官不当行为和无力胜任的新方法，首次由加利福尼亚选民在 1960 年通过该州宪法修正案的方式而被采纳。”

⑦ 参见[美]艾莉森·孔布斯：《司法纪律委员会：背景研究》（1995 年），95-5 号，第 1 页，载 https://www.leg.state.nv.us/Division/Research/Publications/Bkground/BP95-05.pdf[https://perma.cc/YQL6-KC9X]，最后访问时间：2024 年 5 月 14 日。

⑧ 参见美国第 91 届国会第 2 次会议：道格拉斯大法官弹劾案（1970 年），载《国会季度年鉴》，第 1025—1027 页。

法官(Abe Fortas)也因伦理问题而引咎辞职。①因在肯尼迪总统(John Fitzgerald Kennedy)的遇刺案中兼任调查委员会主席，首席大法官厄尔·沃伦也为此遭受非议。②尼克松总统(Richard Milhous Mixon)任期内的大法官候选人克莱门特·海恩斯沃斯(Clement Haynsworth)在担任巡回法官期间，因在利益冲突的情况下主持案件而受到指控，最终未能就职。③在律师协会的领导者看来，上述纷争凸显了《司法伦理规范》的不足。④1969 年，美国律师协会主席伯纳德·塞加尔(Bernard Sehgal)成立了一个特别委员会，负责制定《法官行为准则》，并于 1972 年被美国律师协会采纳。⑤

纯粹建议性被认为是《司法伦理规范》存在的主要缺陷之一。⑥为了解决这一问题，1972 年版《法官行为准则》的序言中宣布“除另有规定外，本文的准则及文本应当具备强制性标准”，并补充说明“(希望)所有司法管辖区均采纳这一准则，并建立有效的纪律程序来执行它”。⑦实际上，1972 年的《法官行为准则》对旧版进一步强化，以树立这一新兴司法组织行为纪律条文的权威。相较旧版中三十四条措辞

---

① 参见[美]艾伦·普西:《1969 年 5 月 14 日:艾布·福塔斯的陨落》，载《美国律师协会期刊》2020 年 4 月 1 日，https://www.abajournal.com/magazine/article/the-spectacular-fall-of-abe-fortas[https://perma.cc/9VR4-MSHT]，最后访问时间:2024 年 5 月 14 日。作者在文中指出福塔斯辞职是因为被指控从一位犯有诈骗罪的前华尔街委托人处收受了贿赂。

② 参见[美]沃伦·韦弗:《为联邦法院法官制定严格的道德准则》，载《纽约时报》1973 年 4 月 7 日，第 1 页。“这一新法典反映了法律界对首席大法官厄尔·沃伦同意担任调查肯尼迪总统遇刺案的委员会主席以及前大法官阿贝·福塔斯在最高法院任职期间收受律师费的指责。”

③ 参见[美]芭芭拉·马兰扎尼:《最高法院的六场提名之战》，载 History 网，https://www.history.com/news/a-brief-history-of-supreme-court-battles[https://perma.cc/H7FQ-3K8K]，最后访问时间:2024 年 5 月 14 日。作者在文中指出:在此之前，海恩斯沃斯曾判决一家自动贩卖机公司胜诉，而其本人在这家公司中持有股份，导致多位高级别共和党参议员与民主党人一道拒绝了他的提名。另见《克莱门特·F.海恩斯沃斯，被拒绝的 1969 年最高法院提名人》，载《洛杉矶时报》1989 年 11 月 23 日，第 A32 页，https://www.latimes.com/archives/la-xpm-1989-11-23-mn-3-story.html，最后访问时间:2024 年 5 月 14 日。文中指出，该事件中最有力的指控集中在克莱门特参与的一起案件上，该案件涉及一家拥有七分之一股权的公司和另一家公司的广泛业务往来。

④⑤ 参见[美]惠特尼·诺思·西摩:《从律师的角度看〈法官行为准则〉》，载《犹他法律评论(1972 年)》，犹他大学法学院 1972 年版，第 352 页。“在对福塔斯大法官和道格拉斯大法官的争议案及对海恩斯沃斯法官是否适合被任命为最高法院大法官的调查中，该准则的不足尤为显著。”

⑥ 参见[美]罗伯特·J.马丁诺:《法官行为规范的执行》，载《犹他法律评论》第三卷，犹他大学法学院 1972 年版，第 411 页。“即使在那些不认为《法官行为准则》具备约束力的司法管辖区，这些准则也被赋予了指导性的地位，或者是作为发布司法行为咨询意见时的参考。”

⑦ 美国律师协会:《法官行为准则》(1972 年)序言。

宽泛的条文，1972 年的《法官行为准则》将这些内容缩减至七条。每个条文中都包含一系列更为特定、言简意赅的内容，使它们较旧版而言更适合执行。

尽管 1972 年的《法官行为准则》具有“强制性”特征，但准则本身的措辞采用了劝导性的话语：它没有使用“应当”或“必须”，而是使用了“可以”。对于像联邦司法系统这类选择采纳新版《法官行为准则》，但还没有正式宣布执行的司法机关而言，这样的措辞方式是有道理的。然而，随着该准则的普及，其措辞也引发了误解。尤其对于某些州而言，由于其尚未决定是否采纳这一具有强制性特征的准则，其实用性也受到削弱。①

1990 年，美国律师协会再次对《法官行为准则》(1972 年版)进行修订。②该版本再次删减了整体性、总览性的条文数量，由七条减为五条，并将大部分措辞由劝告性的“可以”替换为强制性的“应当”。③在序言中，1990 年版《法官行为准则》的制定者明确表达了他们的意图。第一，他们强调了该准则的双重目的：“该准则旨在为法官和法官候选人提供指引，并为纪检机构的监管行为提供框架。”④第二，制定者强调了“应当”这一措辞的重要性：“当文本使用‘应当’或‘不得’时，意在赋予其约束力，而违反相应的义务可能会引发纪律检查。”⑤“可能引发纪律检查”这一表述也是经过慎重考虑的，起草者提及，“并非每一次违规都会必然引发纪律检查”⑥。更确切地说，“是否采取纪律检查应取决于违规行为的严重性、采取的模式，以及他人对司法体系产生的影响等因素”⑦。

2007 年，美国律师协会通过了又一版《法官行为准则》(2007 年版)。⑧与 1990 年的版本一样，这一版本的前言部分重申了该《法官行为准则》的双重目的。⑨然而，从微观伦理学的视角看，该版本的特征由最初的指导性逐渐演变为强调纪律性

---

① 参见[美]丽萨·L.米罗德：《美国律师协会司法准则的发展》(1992 年)，美国律师协会职业理论中心 1992 年版，第 8 页。

② 美国律师协会：《法官行为准则》(1990 年)序言。1990 年 8 月 7 日，美国律师协会的代表大会通过了《法官行为准则》，在该版本中，增加了序言和术语部分，紧接着是规范部分，之后是应用部分。

③ 美国律师协会：《法官行为准则》(1990 年)。该文件在目录和序言部分指出，序言仅列举了五项准则，并以“必须”而不是“应该”描述。

④⑤⑥⑦ 美国律师协会：《法官行为准则》(1990 年)序言。

⑧ 美国律师协会：《法官行为准则》(2007 年)。本文作者查尔斯·加德纳·盖伊以美国律师协会委员会联合报告人的身份参与了该版本的制定。

⑨ 美国律师协会：《法官行为准则》(2007 年)序言。

和可执行性。通过模仿美国律师协会的《职业操守准则》，这一版本中的规范数量由五条减少到四条，并将其具体条款重构为序列化规则。①此外，以强制性措辞表达条文，明确展现了规则的纪律性取向。②尽管多次修订的《法官行为准则》仍强调纪律性，但2007年版本的序言中，也省略了前任版本的部分内容，即并非所有违规行为都会引发纪律检查。③

微观伦理规则是通过对宏观伦理原理的解释、阐述和证明来形成的。某些微观伦理规则进一步深化了特定的工具性价值观，例如，法官“不得滥用司法职权为本人或他人谋取私人或经济利益”这一规定④，用以维护法官信誉；在法官存在现有或潜在的偏见和利益冲突等情况下，引入促进司法公正的法官回避制度；⑤排除家庭、社交、政治、财务及其他利益或人际关系对法官司法行为的影响⑥，以鼓励法官独立行使司法权。此外，还包括对法官司法能力⑦、勤勉度⑧和工作态度⑨的规定，从而确保法官足以胜任裁判者的角色。其他微观伦理规则旨在进一步推动实现宏观伦理的总体目标。例如：法官应“维护和应用法律”⑩，以促进实现法律之治；法官应“在任何时候都以促进公众对司法独立性、正义性和公正性的信心”的方式行事⑪，从而维护司法机构的合法性（除了在追求特定工具性价值观实现的情况下）。

（三）关系伦理

结合纪律体系，宏观伦理原则和微观伦理规则共同确立并成为评定优劣司法行为的标准。然而，恰当的伦理规范界限并不仅仅是由宏观和微观伦理本身来划定的，因为微观伦理规则的要求和宏观伦理原则的影响也会受制于价值观冲突。

---

① 参见[美]查尔斯·加德纳·盖伊、[美]W.威廉·霍德斯：《〈法官行为准则〉报告员注释》（2009年）。

② 参见美国律师协会：《职业规范准则》（2007年）。其中第3条规定：“其中的部分条文是以命令性的，例如‘应当’或‘不得’等措辞表述，这些规定也为律师的职业伦理提供了准则。”

③ 美国律师协会：《法官行为准则》（2007年）序言。

④ 美国律师协会：《法官行为准则》（2007年），第1.3条。

⑤ 美国律师协会：《法官行为准则》（2007年），第2.11条。

⑥ 美国律师协会：《法官行为准则》（2007年），第2.4条。

⑦⑧ 美国律师协会：《法官行为准则》（2007年），第2.5条。

⑨ 美国律师协会：《法官行为准则》（2007年），第2.8条。

⑩ 美国律师协会：《法官行为准则》（2007年），第2.2条。

⑪ 美国律师协会：《法官行为准则》（2007年），第1.2条。

因此关系伦理包含了测试、界定伦理体系运作范围的对抗性限制。由此，由于在体系中施加了一种看似负面的、限制性的力量，“关系伦理”可能在很大程度上被认为是有悖伦理的。然而，作为浩瀚司法伦理宇宙中的黑洞，在关系伦理价值缺失的情况下，司法伦理将丧失评定优劣行为的参考边界。构成关系伦理的竞争价值将在第三章通过示例进行详细阐述，在此仅需概要介绍其主要类别。

1. 防止违宪

伦理性规范同样受宪法限制。法官和普通公民一样，也享有《美国1789年宪法第一修正案》规定的言论和结社自由。①首先，在边际领域对法官的言论和结社自由进行限制时，我们需要将微观伦理规则所服务的宏观伦理原则和法官享有的抗辩权进行权衡。其次，对于因伦理违规而受到纪律处分的法官来说，规则的制定需要具备足够的精确性和清晰性，以便他们知晓规则提出的要求，从而使其能够避免违规。②当涉及微观伦理规则的制定时，在内容的明确性和准确性与运用足够宽泛的措辞来涵盖和落实宏观伦理原则之间，无疑存在冲突。最后，立法机构在对法官适用微观伦理法规时，也可能会引发权力分立方面的担忧。即使未经诉讼，这也可能成为对抗性关系利益在政治辩论中所带来的一种影响。尤其是在立法机关提出罢免案时，法官会对其合宪性提出质疑。

2. 鼓励外部参与

法官有权追求他们的业余爱好，例如享受教育机会，加入公民、慈善组织、同盟会，参与教学，撰写文章和公共演讲等。《法官行为守则》鼓励法官以公民的身份积极参与所在社区的活动，从而帮助他们变得更为博学、更具参与度及更富有同情心。③就宏观伦理原则中限制法官的社会参与而言，上述规定也存在争议。例如，某些外部活动的参与很可能会使公众对法官的公正性产生质疑。因此必须在竞争性利益关系之间进行权衡。

---

① 明尼苏达州共和党诉怀特案，载《美国法律解释》2002年第536卷，第765、788页。

② 参见[美]莱斯利·W.艾布拉姆森：《〈法官行为准则〉第2款》，载《马凯特法律评论》1996年第79期，第949、955页。“对于什么不当行为易使法官容易受到指控，如果缺乏具体规定，则可能会引起严重的正当程序问题。在期望法官合规但规则不定的情况下，这势必会给法官带来不确定性。”

③ 参见美国律师协会《法官行为准则》(2007年)，第1.2条，注释6。“法官应发起并参与社区拓展活动，以加深公众对司法机关的理解和信任。”另见[美]查尔斯·加德纳·盖伊、[美]詹姆斯·J.阿尔费尼、[美]詹姆斯·萨普尔：《司法行为和伦理》(2020年第6版)，LexisNexis出版社2020年版，第1.02节。作者在该部分论证了法官与外界互动的重要性和合理性，以避免受到公众孤立。

3. 提高司法效率

就法院的高效和快速运转来看，法官也能从中获益。①通过对司法行为施加限制，伦理规则也会给法院的运作带来负担。而这些限制的产生，就在于法官认为会潜在一些对其附加的宏观道德要求。这就要求我们评估特定微观道德规则所带来的收益与降低司法效率后所造成的损失是否匹配。

4. 保障机构合法性

对维护机构合法性而言，司法机构存在既定利益，而这也是一把双刃剑。伦理制度追求的是提升公众对司法的信心，但是过于激进的监管可能会适得其反，使人错误地认为非道德行为更盛行于现状。②

值得注意的是，这里所列举的关系利益并不包括简单的自我利益。尽管法官可能通过收取贿赂来支付房款，或通过一切手段来赢得选举，但在宏观伦理中，对于一名品行良好的法官来说，单纯的自我利益并没有衡量的必要。③相反，微观伦理规则存在的目的是管理和控制与宏观伦理价值相对立的法官自我利益的潜在表现形式。一个持续性挑战也随之产生：如何区分合法的关系性利益（有时可能与司法者的自我利益保持一致）和作为幌子的伪关系性利益。

简而言之，关系伦理对微观伦理和宏观伦理的优先性进行对比，以便界定适当的伦理规范边界。由此，讨论也开始变得“伯班克式”。在他的作品中，伯班克探讨了司法监督中司法独立性与司法问责制度之间，以及司法决策中法律与政策之间的紧张关系。④他强调，这些相互制约的原则并非相互对立，而是同一硬币的两面：司法独立的合理界限受到司法责任承担的制约；在司法决策中，法律会限制政策，

---

① 例如，在联邦体系中，根据《司法行为及无能力履行义务法》（即《美国法典・第 28 卷》，第 351 节第 a 款）可知，司法不端被定义为对法院的司法工作“造成延误及不利影响”的行为。

② 参见美国联邦最高法院第 556 号案例：卡珀顿诉 A. T. 梅西煤炭公司案（2009 年），第 868、890—891 页。以下是首席大法官约翰・格洛韦尔・罗伯茨（John Glover Roberts）给出的辩护意见：“（将正当程序条款解释为要求潜在偏见下的法官回避）将不可避免地导致更多关于法官具有偏见的指控，无论这些指控有多么荒谬。超过特定案件中法官未能有效回避所带来的影响，公众对司法公正信心的丧失最终会造成更大的破坏。”

③ 法官参与的关系利益超越了自我利益，因为它关注的问题是法官如何更好地履职。

④ 参见［美］史蒂夫・B.伯班克：《司法独立的架构》，载《南加利福尼亚法律评论》1999 年第 72 期，第 339—340 页。另见［美］史蒂夫・B.伯班克：《论司法行为》，［美］查尔斯・加德纳・盖伊主编，《法律与此何干?》，斯坦福大学出版社 2011 年版，第 41 页。“法律与司法政治之间并不存在所谓的二元对立，它们是互补的，每一个都需要（或依赖于）另一个”。

政策也会影响法律。[①]总的来说，它们并不是相互矛盾的，而是正如关系伦理学所说，是相互影响的。关系伦理引入的优先性对比关系并不与微观伦理和宏观伦理的内容相矛盾，而是与后两者相辅相成，并对其加以进一步界定。

三、争议性伦理在伦理体系中的定位

在描述了司法伦理的三维架构之后，我们可以重新审阅本文开头提及的伦理争议，并将其置于该架构的背景下。这样做的原因是，在上述模式中，我们看到当代司法伦理分析不断遭遇挑战，从而对未来伦理规范的构成带来了严峻的考验。

由于这些所谓正当或不当的司法行为因规范过度或规范不足而受到指责，本文第一章中概述的伦理争议也随之浮现。由此，前文提及的争议衍生出并行发展的态势。

一方面，就普遍共识看来，宏观伦理原则与有争议的司法行为相冲突，微观伦理规则则对其监管不足，对抗性利益关系又无法证明其合理性，因此该争议行为应按照不当行为加以监管，或者是，在相关行为尚未引发担忧前，放松监管或是不予追究。

另一方面，在缺乏共识的情况下，对所谓的不当司法行为采取或提出尚有争议的纠正措施并非必要，理由是该行为与宏观伦理原则与微观伦理规则之间的矛盾并不足以消弭该对立关系所能产生的利益。

（一）当就争议行为的伦理正当性达成共识时

传统的司法伦理争议通常有章可循，这也是法律改革普遍采用的方式：出现了一个监管不足的问题——该问题亟待解决——该问题得到了解决。微观伦理规则的诞生和演进也是由这种争议催生的：兰迪斯风波揭露了弹劾无法解决罪行较轻的非道德行为的现实，并促成了美国律师协会颁布《法官伦理准则》。[②]但随后的伦理丑闻再次凸显了这一建议性《法官伦理准则》的无力，并促使美国律师协会于1972年颁布了具备强制效力的《法官行为准则》。

---

① 参见[美]史蒂夫·B.伯班克：《司法独立的架构》，载《南加利福尼亚法律评论》1999年第72期，第339—340页。另见[美]史蒂夫·B.伯班克：《论司法行为》，[美]查尔斯·加德纳·盖伊主编，《法律与此何干？》，斯坦福大学出版社2011年版，第51—58页。

② 参见美国律师协会：《关于委员会的背景信息：美国律师协会在司法伦理方面的活动》，载《美国律师协会杂志》1921年第7期，第87页，https://www.jstor.org/stable/25700788[https://perma.cc/6QMN-2BSC]，最后访问时间：2024年5月14日。

第一章所提及的近期道德争议中，联邦司法机构中的性骚扰丑闻无疑属于“传统类别”。美国律师协会《法官行为准则》的演变则反映了公众对司法机构性骚扰问题的认识和关注在不断提高。1972年版的《法官行为准则》中并未提及偏袒、成见或骚扰；[①]1990年版的《法官行为准则》中包含对法官在履行职责时“带有偏袒或成见”的明文禁止，并附加了评论，以指导法官避免实施“有理由被视作性骚扰”的行为；[②]2007年版的《法官行为准则》更是明文规定了有关性骚扰的禁令；[③]然而，美国司法会议拒绝以1990年或2007年的版本为模型修改其《法官行为准则》，理由是：这些准则本身既未涉及性别偏见，又未涉及骚扰问题；相反，联邦制定的《美国法官行为守则》将这一问题合并考虑，指出“尊重他人的义务”已经涵盖了“避免可能被理解为骚扰、偏袒或成见的评论或行为”。[④]

这部过时的《美国法官行为守则》，加上严格的保密规定和对投诉人不友好的程序，导致性别偏见和性骚扰等问题缺乏报道和调查。[⑤]被忽视的性骚扰事件随着

---

① 参见[美]丽萨·L.米罗德：《美国律师协会司法准则的发展》(1992年)，美国律师协会职业伦理中心1992年版，第17—18页。作者指出在1990年版的《法官行为准则》中新增了涉及偏袒、成见以及性骚扰的条文和评论。

② 同上书，第18、75页。

③ 参见[美]查尔斯·加德纳·盖伊，[美]W.威廉·霍德斯：《〈法官行为准则〉报告员注释》(2009年)，美国律师协会职业伦理中心2009年版，第28—29页。“1990年版的《法官行为准则》正文中虽没有包含关于骚扰的内容……(但是)委员会认为骚扰作为一种偏见或成见的形式，应该由规则明确禁止……(因此)决定在正文中载入有关骚扰的内容。”

④ 参见《司法政策指南》(2014年)，第A部分第2章，第10页，载美国法院网，https://www.uscourts.gov/sites/default/files/vol02a-ch02_0.pdf[https://perma.cc/9L4W-GB6A]，最后访问时间：2024年5月14日。

⑤ 参见[美]艾比·梅勒、[美]乔伊·巴格威尔：《司法体系中的性骚扰》，载美国进步中心网法院板块，https://www.americanprogress.org/issues/courts/news/2018/10/25/460038/sexual-harassment-judiciary[https://perma.cc/7S2S-WZLG]，最后访问时间：2024年5月14日。作者讨论了在确认听证会期间贝尔特·卡瓦诺大法官(Brett Kavanaugh)所面临的性侵指控及前总统特朗普在任命联邦司法部门的法官时主要选择男性，从而被视作对妇女权利的威胁。另见[美]琼·比斯库比奇：《CNN调查：法官被掩盖的不端性行为》，载CNN网政治板块，https://centerforjudicialexcellence.org/2018/01/26/cnn-investigation-sexual-misconduct-by-judges-kept-under-wraps/[https://perma.cc/WXF4-9MF6]，最后访问时间：2024年5月14日。作者在文中揭露了有关司法机构掩盖司法不当行为指控的程度。另见美国第116届国会司法委员会下设法院、情报产权和互联网子委员会关于保护联邦司法机构雇员免受性骚扰、歧视和其他工作场所不当行为的听证会(2020年)。此次听证会主要涉及一位前联邦法院法官助理奥利维亚·沃伦(Olivia Warren，在听证会中出证)在控诉她所经历的性骚扰时面临的困境。另见[美]达丽亚·利特威克：《他让我们所有人成为受害者和同谋》，载SLATE网，https://slate.com/news-and-politics/2017/12/judge-alex-kozinski-made-us-all-victims-and-accomplices.html[https://perma.cc/HNG2-AWET]，最后访问时间：2024年5月14日。作者在描述该问题时引用了法官助理与法官之间的“崇拜”关系。

对第九巡回上诉法院法官亚历克斯·科辛斯基(Alex Kozinski)的多项指控达到临界点，并在“我也是”运动的推动下演变为一场丑闻。①

针对这一丑闻，司法大会成立了联邦司法机构工作场所行为工作组。②工作组在审查了联邦司法机关的《美国法官行为守则》及投诉程序后举行了听证会，并提出了一系列修改建议(包括处理性骚扰问题的《美国法官行为守则》修正案)，司法大会表决通过了这些建议。③在修订后的《美国法官行为守则》中，不得骚扰的义务被写入正文第3条和第3B(4)条规定中，并在评注中被多次提及。④以更严格的规范来防范性骚扰的决定并未遭到广泛反对，虽有个别法官对这一问题可能带来的影响认识不深，但并未对该项修改造成阻碍。

为回应司法大会和巡回法庭理事会在纪律程序中就道德不端行为提出的指责，同样的处理方式在2006年被效仿。国会批评的声音主要聚焦于加利福尼亚的

---

① 参见[美]马特·扎波托斯基:《知名上诉法院法官亚历克斯·科辛斯基被指控不端性行为》，载《华盛顿邮报》2017年12月8日版，https://www.washingtonpost.com/world/national-security/prominent-appeals-court-judge-alex-kozinski-accused-of-sexual-misconduct/2017/12/08/1763e2b8-d913-11e7-a841-2066faf731ef_story.html[https://perma.cc/256L-RRDQ]，最后访问时间:2024年5月14日。另见[美]马特·扎波托斯基:《另有九名女性表示法官对她们实施了不当行为，其中包括对四名女性的触摸或亲吻》，载《华盛顿邮报》2017年12月15日版，https://www.washingtonpost.com/world/national-security/nine-more-women-say-judge-subjected-them-to-inappropriate-behavior-including-four-who-say-he-touched-or-kissed-them/2017/12/15/8729b736-e105-11e7-8679-a9728984779c_story.html[https://perma.cc/7Q23-F9XD]，最后访问时间:2024年5月14日。[印]尼拉杰·乔克希:《性骚扰指控后，联邦法官亚历克斯·科兹因斯基的突然退休》，载《纽约时报》2017年12月18日版，https://www.nytimes.com/2017/12/18/us/alex-kozinski-retires.html，最后访问时间:2024年5月14日。

② 美国联邦法院联邦司法机构工作场所行为工作组:《联邦司法机构工作场所行为工作组提交美国司法大会的报告》(2018年)，第1页。

③ 本文作者查尔斯也曾被邀请作为听证会的参与人员之一。有关拟议更改的详细信息，请参阅美国联邦法院:《美国法官行为准则及司法行为和无能力履行法的拟议更改》，载美国法院网，https://www.uscourts.gov/rules-policies/judiciary-policies/proposed-changes-code-conduct-judges-judicial-conduct-disability-rules[https://perma.cc/7EYG-2V4S]，最后访问时间:2024年5月14日。另见《联邦司法机关工作场所行为工作组报告》(2018年)，第1页。《司法大会批准了一系列工作场所行为改革方案”》，载美国法院网，https://www.uscourts.gov/news/2019/03/12/judicial-conference-approves-package-workplace-conduct-reforms[https://perma.cc/6XQH-82S9]，最后访问时间:2024年5月14日。应工作组的邀请，本文作者查尔斯也参与了草案的修订。

④ 《司法政策指南》(2019年)，第A部分第2章，第4—5、7、10—11页，载美国法院网，https://www.uscourts.gov/sites/default/files/guide-vol02d.pdf[https://perma.cc/E38A-6X2H]，最后访问时间:2024年5月14日。

地区法官曼纽尔·L.里尔(Manuel L. Real),因以其为对象的投诉多年来一直进展缓慢。①国会的领导者们提出了一项议案,在联邦司法系统内设立一名监察长,并启动了对里尔法官的弹劾程序。②这些有争议的提案(其中包括设立监察长的提案)引发了人们针对国会是否会侵犯司法独立性的担忧。最终,在由首席大法官约翰·格洛韦尔·罗伯茨任命、大法官斯蒂芬·布雷耶尔(Steven Breyer)担任主席的委员会牵头下,这些法案在改革中被采纳。③布雷耶尔委员会发现司法大会和巡回法庭法官理事会用于调查纪律投诉的程序存在系统性问题,并提出了有限的改革建议,随后被司法大会所采纳。④后续的国会会议再次提出设立监察长的议案,但因缺乏动力而被搁置。⑤尽管将布雷耶尔委员会的议案作为替代方案的共识仍然是粗略和不完整的,但对于司法机构及其完整的纪律程序而言,该种方案已经足以阻止一场没有必要的改革。

(二)当就争议行为的伦理正当性无法达成共识时

第一章强调的大多数司法伦理争议并非都源自因循守旧,采取以共识为驱动的改革模式;相反,近期的道德争议往往在法官、律师和学术界内部发生,其特征是在相关司法行为的正当性及监管的必要性之间产生严重分歧。这些发生在21世纪的情景,凸显了争议性司法行为是否会与宏观伦理原则相冲突的分歧,以及关系伦理产生的收益能够在多大程度上抵消宏观伦理产生的担忧。

第二章指出在宏观伦理价值观指导下制约微观伦理规则运作的四种关系利益:防止违宪、鼓励外部参与、提高司法效率和保障机构合法性。下文将探讨与上

---

① [美]亨利·温斯坦:《对法官的弹劾调查请求》,载《洛杉矶时报》2006年7月18日,https://www.latimes.com/archives/la-xpm-2006-jul-18-me-real18-story.html[https://perma.cc/V82Q-G3S4],最后访问时间:2024年5月14日。作者探讨了时任众议院司法委员会主席F.詹姆斯·森森布伦纳(F. James Sensenbrenner)就调查曼纽尔·L.里尔法官(Manuel L. Real)的弹劾案是否可行所作的努力。

② 参见2006年美国众议院第916号议案。本文作者查尔斯在众议院司法委员会出席,并在设立监察长和对里尔法官进行弹劾的议案中投了反对票。

③ 参见司法行为和无能力履行法案研究委员会:《1980年司法行为和无能力履行法案的实施:向首席大法官的报告》(下文简称《布雷耶尔委员会报告》)(2006年)。

④ 同上书。另见《司法政策指南》(2019年),第E部分第3章,载美国法院网,https://www.uscourts.gov/sites/default/files/guide-vol02e-ch03.pdf[https://perma.cc/KZE8-F53U],最后访问时间:2024年5月14日。主要记载了司法会议对《布雷耶尔委员会报告》的实施情况。

⑤ 参见美国2015及2017年《司法透明度及伦理加强法案》。

述关系利益有关的最新争论，以展示在司法伦理规范中，关系利益逐渐占据了主导地位。此外，学界针对微观伦理规则的宏观伦理依据出现了质疑的声音，伦理分析也因存在党派分歧和司法自身利益而产生混淆。对某一微观伦理提案持批评态度的人而言，上述发展无疑是一套组合拳：一是对该措施的宏观伦理依据提出质疑；二是认为导致该措施的边缘化原因，会被一种或多种关系利益抵消。

1. 防止违宪

就持有微观伦理规则违宪观点的反对者们看来，这套组合拳在一些事件中得到了很好的阐释。在 21 世纪，这种对立关系的产生可以追溯到最高法院于 2002 年就明尼苏达共和党诉怀特案作出的判决。①在该案件中，安东宁·斯卡利亚大法官在参考五名法官的多数意见后，废除了《明尼苏达司法行为准则》中的一项规定：禁止司法选举活动中的候选人就某项争议性法律问题公开发表观点（也被称为“公告条款”）。该州则主张这项规定对于维护和促进司法中立性而言是必要的。②法院表示，该项规定是对受到宪法保护的言论自由的限制，只有证明它对国家利益的实现是限制性最小的手段时，才能在宪法审查中令人信服。③这也为法院的一套组合拳埋下了伏笔：多数法官认为，该条款“勉强”实现了国家在追求公正方面的利益（因其涵盖范围不足，只禁止当事人在司法竞选期间公开发表某些观点，在非竞选期间则未作出禁止），这使得该条款的宏观伦理依据不足以抵消《美国 1789 年宪法第一修正案》中规定的重大利益。④

怀特案的裁决激励了其他司法候选人就对其言论的一系列伦理限制提出争议，并取得了不同程度的成功。在另一起五比四的裁决中，最高法院驳回了另一项上诉请求：禁止司法候选人亲自参与竞选募捐活动。⑤下级法院宣布了禁止

① 明尼苏达州共和党诉怀特案，载《美国法律解释》2002 年第 536 卷，第 768 页。

② 同上书，第 788 页。

③ 同上书，第 774—775 页。

④ 同上书，第 776、777 页。“经过深思熟虑，我们认为‘公告条款’‘勉强符合’（促进公正）的利益……然而，根据我们的严格审查，问题并不在于该条款是否服务于这一利益，而在于它在维护该利益时是否被限制在严格的范围内。但事实并非如此。”

⑤ 参见美国联邦最高法院第 135 号案例：威廉姆斯·尤利诉佛罗里达州律师协会案，第 1656、1659 页。“与政客不同，法官不应顺应支持者的偏好，他在裁决案件时不应考虑其支持者的偏好，也不得对其竞选捐赠者给予任何特殊关照。”

司法候选人发表误导性竞选声明这一规定无效①，还取消了禁止候选人宣称与其党派存在附属关系的规定。②但在道德性规定是否可以禁止司法候选人作出保证、许诺或承诺③，或参与其他形式的党派政治竞选行为的问题上仍存在分歧。④

在联邦体系中，《美国1789年宪法第一修正案》以一种更为不正式的方式管理关系伦理利益。2001年，社区权利委员会发布了一篇文章，揭露受指控的联邦法官在法院受理案件期间，于豪华度假胜地参加了由涉案公司赞助举办的教育研讨会，并导致其立场可能会在诉讼中向该赞助企业倾斜。⑤参议员约翰·克里(John Kerry)和拉斯·费恩戈尔德(Lass Feingold)提出通过立法排除这些所谓的“害群之马”。⑥那些对参加研讨会持支持观点的联邦法官对宏观伦理问题并不能产生共鸣，在他们看来，法官会因其参加的教育项目受到某主体的资助而遭受不当影响这

① 参见美国联邦第十一巡回上诉法院：韦弗诉邦纳案(2002年)，载《联邦报告》系列三第309卷，第1312、1319页：“禁止因疏忽发表的虚假陈述……正如剥夺必要的‘呼吸空间’一样，(因为)……‘在自由辩论中，某些错误的陈述是不可避免的……’”(引自最高法院第456号案例：布朗诉哈特拉奇案(1982年)，第45、60、61页；肯塔基州东区联邦地区法院：温特诉沃尔尼茨克案(2014年)，载《联邦补充案例》系列三第56卷，第884、889页。法院认为禁止司法候选人发表误导性言论的规定违反了《美国1789年宪法第一修正案》)。

② 参见美国第六巡回上诉法院：温特诉沃尔尼茨克案(2016年)，载《联邦报告》系列三第834卷，第681、689页。在该案中，法官认为不能阻止法官作为政党成员参加竞选活动或发表对政治组织或候选人的支持或反对演说。另见美国第八巡回上诉法院：明尼苏达州共和党诉怀特案(2005年)，载《联邦报告》系列三第416卷，第681、689页。该案件判决推翻了明尼苏达州的党派活动条款，该条款禁止法官和司法候选人参加政治集会，寻求、接受或利用政治组织的支持。

③ 参见印第安纳州北区联邦地区法院：鲍尔诉谢帕德案(2009年)，载《联邦补充案例》系列二第634卷，第912页。(该案经上诉后仍维持原判)参见美国第六巡回上诉法院：鲍尔诉谢帕德案(2010年)，载《联邦补充案例》系列三第620卷，第704页。在该案中，法院判决印第安纳州禁止候选人做出保证、许诺和承诺的规定无效。对比宾夕法尼亚州东区联邦地区法院：宾夕法尼亚家庭研究所诉瑟鲁奇案(2007年)，载《联邦补充案例》系列二第521卷，第351、383页。在该案中，法院支持了宾夕法尼亚州的“自认”条款。

④ 参见美国第七巡回上诉法院：西弗特诉亚历山大案(2010年)，载《联邦报告》系列三第608卷，第974、978、990页。法院判决一项指导法官和司法候选人应“回避不当政治活动”的规定无效。

⑤ [美]道格拉斯·肯德尔、[美]埃里克·索尔金：《天下没有免费的午餐：私人司法研讨会如何损害环境保护及动摇公众对司法的信任》，载《哈佛环境法律评论》2001年第25期，第405页。

⑥ 参见美国2000年《2000年司法教育改革法案》。另见[美]布鲁斯·A.格林：《法官是否可以参加由私人资助的教育项目？司法教育是否应该私有化？关于司法伦理和政策的问题》，载《福特汉姆城市法律杂志》第29期，第941、942—943页。讨论了法官中的“害群之马”和凯里·费恩戈尔德法案的有关问题。

一说法是愚蠢的。[①]2001 年，首席大法官威廉·H.雷恩奎斯特(William H. Rehnquist)强调了本次事件涉及的关系性问题，并直言不讳地宣称“克里·费恩戈尔德法案的方法与美国体制内有力的言论自由保护传统背道而驰”[②]——这清楚地表明了如果该法案被通过并受到质疑时，最高法院将会如何行事。2004 年，司法会议法官行为准则委员会发布了一份经修订道德咨询意见稿，敦促法官在出席此类研讨会时，应注意与之相关的潜在宏观道德问题，并指出法官在接受出席邀请之前应进行充分的调查。[③]然而，深刻的分歧依然存在。费恩戈尔德参议员就一直在尝试通过一项提案来禁止这些研讨会。[④]2010 年，围绕联邦法官是否可以在主持此类研讨会的公司董事会中任职，爆发了一场新的争议，并在持赞成意见的激进派和反对意见的保守派间愈演愈烈。[⑤]

2016 年，大法官露丝·贝德·金斯伯格在多个新闻媒体上批评当时的总统候选人唐纳德·特朗普。尤其是在接受 CNN 采访时，她形容他为“伪君子”，并补充说：“他毫无诚信，随时准备信口开河，他也很自负……他为什么能在偷漏税时仍道

---

① 参见[美]A. 雷蒙德·伦道夫：《私人司法研讨会：回应阿布纳·米克瓦法官》，载 LITIGATION 杂志 2002 年秋季刊，第 3、6 页。作者认为米克瓦法官(Abner Mikva)对部分法官的荣誉和信誉进行了毫无依据的攻击。

② 参见美国联邦最高法院首席大法官威廉·H.雷恩奎斯特于 2001 年 5 月 14 日在美国法律学会年会上的发言，载美国法院网，https://www.supremecourt.gov/publicinfo/speeches/viewspeech/sp_05-14-01[https://perma.cc/EFT8-JEUU]，最后访问时间：2024 年 5 月 14 日。

③ 参见美国司法会议行为准则委员会：《第 67 号咨询意见：参加独立教育研讨会》(2009 年)(下称《第 67 号咨询意见》)。该份咨询意见认为，在决定是否出席存在利害关系的特定研讨会时，法官应遵循《法官行为准则》第 2 条及第 3C(1)条规定的附随回避义务。另见《司法政策指南》，第 2B 卷第 2 章，第 67-1、第 67-2 条，载美国法院网，https://www.uscourts.gov/sites/default/files/guide-vol02e-ch03.pdf[https://perma.cc/9GR7-5RLC]，最后访问时间：2024 年 5 月 14 日。

④ [加]布伦丹·史密斯：《讽刺的“豪华旅行”司法研讨会将受到审查》，载 BLT 网，https://legaltimes.typepad.com/blt/2008/01/judicial-semina.html[https://perma.cc/P2MN-DNE4]，最后访问时间：2024 年 5 月 14 日。

⑤ 美国宪法问责中心：《宪法问责中心要求三名联邦法官辞去弗利公司董事会的职务》，载《伦理评论》2010 年 12 月 9 日，https://www.theusconstitution.org/blog/cac-asks-three-federal-judges-to-resign-from-frees-board-of-directors-citing-ethics-opinion/[https://perma.cc/48C5-6R4W]，最后访问时间：2024 年 5 月 14 日。该机构认为法官参加党派会议的行为违反了职业伦理规定。另见[美]乔纳森·H.阿德勒：《法官的豪华旅行》，载国家评论网，https://www.nationalreview.com/2005/06/junkets-judges-jonathan-h-adler/[https://perma.cc/UBY8-5PAY]，最后访问时间：2024 年 5 月 14 日。在法官参与研讨会对其构成伦理威胁的问题上，作者认为宪法问责中心被误导。

遥法外？媒体在这方面似乎对他很宽容。”①对于金斯伯格法官的行为，传统派主要持否定态度，并认为她的言论违反了美国《法官行为准则》第5(A)(2)条规定，即“法官不应该……公开支持或反对公职候选人”。该事件使她卷入了一场没有必要的党派斗争，也让公众降低了对她公正性的信任。②尽管最高法院的大法官既不受《法官行为准则》的约束，又不受纪律程序的约束，金斯伯格法官仍然立即公开承认了错误、表达了悔意，并发誓不会再犯同样的错误。③

然而，将这种行为视作共识性的解决方法是错误的。针对谴责公开性言论的宏观伦理学，诺亚·费尔德曼教授(Noah Feldman)在她的专栏文章中提出质疑，她认为：“宪法中没有要求法官必须是，甚至只是伪装成无党派人士。”由此，金斯伯格法官无需将这一“不攻自破”的谬论奉为圭臬。④此外，欧文·切梅林斯基(Erwin Chemerinsky)提出了另一种关系利益说，认为让金斯伯格法官保持沉默的做法与“《美国1789年第一修正案》蕴含的最基本原则之一”相悖，在民主政治中，此类言

---

① [美]琼·比斯库皮奇：《贝德·金斯伯格大法官称特朗普为“伪君子”，对方回应她应该辞职》，载CNN网政治板块，https://edition.cnn.com/2016/07/12/politics/justice-ruth-bader-ginsburg-donald-trump-faker/index.html[https://perma.cc/FQP2-A4MZ]，最后访问时间：2024年5月14日。

② 参见《司法政策指南》(2014年)，第A部分第2章，第5条，载美国法院网，https://www.uscourts.gov/sites/default/files/vol02a-ch02_0.pdf[https://perma.cc/9L4W-GB6A]，最后访问时间：2024年5月14日。另见[美]劳伦斯·H.希尔伯曼：《令金斯伯格和科米“臭名昭著”的2016年》，载《华尔街日报》2017年2月24日，https://www.wsj.com/articles/a-notorious-2016-for-ginsburg-and-comey-1487978570[https://perma.cc/6LKX-E3Y7]，最后访问时间：2024年5月14日。[美]丹尼尔·W.德雷兹纳：《贝德·金斯伯格法官已经严重越过了底线》，载《华盛顿邮报》2016年7月12日，https://www.washingtonpost.com/posteverything/wp/2016/07/12/justice-ruth-bader-ginsburg-has-crossed-way-way-over-the-line/[https://perma.cc/ZNX9-C5PM]，最后访问时间：2024年5月14日。[美]里克·哈森：《金斯伯格法官是否需要因对唐纳德·特朗普的评论而在克林顿诉特朗普案中回避?》，载Election Law博客2016年7月10日，https://electionlawblog.org/?p=84177[https://perma.cc/P8JG-8RWN]，最后访问时间：2024年5月14日。

③ 参见[美]罗伯特·巴恩斯：《金斯伯格因批评特朗普的言论表达“悔意”》，载《华盛顿邮报》2016年7月14日，https://www.washingtonpost.com/politics/ginsburg-expresses-regret-over-remarkscriticizing-trump/2016/07/14/f53687bc-49cc-11e6-bdb9-701687974517_story.html[https://perma.cc/97Y4-F6CE]，最后访问时间：2024年5月14日。作者作了如下报道：“深思熟虑后，我认为本人在最近回应新闻询问时所采用的言论是不当的，并对我的行为感到后悔……法官应该避免对公职候选人做出评论。未来我一定会更加慎重。”(引自金斯伯格法官)

④ [美]诺亚·费尔德曼：《最高法院的大法官可以畅所欲言》，载彭博社观点板块2016年7月12日，https://www.bloomberg.com/view/articles/2016-07-12/it-was-fine-for-justice-ginsburg-to-speak-her-mind[https://perma.cc/77NC-3WZ2]，最后访问时间：2024年5月14日。

论无疑是多多益善，因为能够加深公众（对政府运作）的理解。①切梅林斯基对司法言论的关注主要聚焦在听众的角度，以及他们是如何审视《美国1789年第一修正案》对于司法言论的价值。作为联邦主义协会活动的特邀演讲嘉宾，安东宁·斯卡利亚和克拉伦斯·托马斯法官的争议行为也同样得到了关注。②就此类活动是否具有筹款性质而言，法官的行为很可能涉及美国《法官行为准则》（美国联邦司法会议于2019年修订）第4C条款的规定，即"法官不应亲自参与筹款活动"，并在评注中具体阐述了"法官虽可以参加筹款活动……但不得作为演讲人、贵宾或主嘉宾参与此类活动"③。虽然《法官行为准则》仅适用于联邦下级法院的法官，但随着该事件的发生，要求通过立法在最高法院内部建立类似准则的呼声也得到了加强。④与之相反，斯卡利亚和托马斯的支持者试图淡化有关此类言论的宏观伦理担忧。例如，巡回法官劳伦斯·席尔伯曼（Laurence Silberman）针对该事件中的批评者表示，"这些人不过是一群虚情假意的伪君子"⑤。此外，由于考虑到法官在法律界扮演的领导角色，对于了解何为法官的必要言论，民众们则存在着截然相反的关系利

---

① ［美］欧文·切梅林斯基：《鲁斯·贝德·金斯伯格无需为批评唐纳德·特朗普道歉》，载《洛杉矶时报》2016年7月18日，https://www.latimes.com/opinion/op-ed/la-oe-chemerinsky-ginsburg-trump-comments-20160718-snap-story.html[https://perma.cc/BG5M-Z56V]，最后访问时间：2024年5月14日。另见［美］德米特里·巴姆：《所见及所闻：为司法言论辩论》，载《自由大学法学评论》第11期，第765、768—769页。［英］保罗·巴特勒：《金斯伯格明白，如果特朗普获胜，法治将面临风险》，载《纽约时报》2017年1月17日，https://www.nytimes.com/roomfordebate/2016/07/12/can-a-supreme-court-justice-denounce-a-candidate/ginsburg-knows-if-trump-wins-the-rule-of-law-is-at-risk[https://perma.cc/6LK9-K8Y5]，最后访问时间：2024年5月14日。

② ［美］缪斯：《托马斯法官和斯卡利亚法官主持右翼筹款活动的行为违反了司法伦理》，载POLITICORUSUSA网，https://www.politicususa.com/2013/11/16/justices-thomas-scalia-violate-judicial-ethics-headlining-wing-fundraisers.html[https://perma.cc/6AB3-VMTE]，最后访问时间：2024年5月14日。

③ 《司法政策指南》（2014年版），第A部分第二章，第12、15—16页，载美国法院网，https://www.uscourts.gov/sites/default/files/vol02a-ch02_0.pdf[https://perma.cc/9L4W-GB6A]，最后访问时间：2024年5月14日。

④ 参见［美］安德鲁·罗森瑟尔：《由此进，购买与法官共进晚餐的机会》，载《纽约时报》评论板块，https://archive.nytimes.com/takingnote.blogs.nytimes.com/2011/11/10/step-right-up-buy-dinner-with-a-justice/[https://perma.cc/6FZL-JBE3]，最后访问时间：2024年5月14日。

⑤ ［美］尼娜·托滕伯格：《法案的出台将最高法院法官的伦理问题置于聚光灯下》，载美国国家公共广播电台网，https://www.npr.org/2011/08/17/139646573/bill-puts-ethics-spotlight-on-supreme-court-justices[https://perma.cc/BQ84-RT94]，最后访问时间：2024年5月14日。

益考虑。这也导致美国律师协会修改了其于 2007 年颁布的《法官行为准则》，以授权法官参加与法律相关的筹款活动，而这在美国《法官行为准则》中是被禁止的。①

某些司法伦理争议也引发了其他宪法性担忧，批评者称之为关系利益，以限制某项微观伦理规则的适用范围。在州政府体系中，要求法官“避免出现不当行为”的基本伦理要求也面临又一次双重挑战，尤其是出现了一些针对程序正当性的反对声音。首先，反对者们对这一规则的宏观伦理理据提出质疑，主张其并不适用，因为它本身的出发点就很值得怀疑，也即，仅仅通过表象来证明法官不当行为的实际实行，会让那些狡诈的批评者们趁机落井下石，并借此来映射法官的不端。且该规则把注意力集中在臆想的不当行为上，从而分散了更为明智的对实际不当行为的关注：它通过指导法官避免（实际上是掩盖）臆想中的不当行为，使实际发生的不当行为更难被发现和预防。②其次，仅通过不当行为的外观追究法官的责任也引发了反对者们对关系伦理的担忧，也即，是否会因为给人留下该标准过于模糊的负面印象，而导致其变得毫无意义。尤其那些对违规者进行纪律处分的规则本身也违反了程序的正当性。③负责 2007 年《法官行为准则》修订的美国律师协会委员会最初向反对者作出让步：将“避免出现不当行为”从一项可执行性规则，修改为一项不可执行的准则（一个被美化的标题）。④但是，媒体对委员会的行为提出了严厉批评。此外，最高法院首席大法官会议也警告称，州司法机构不会通过法案将准则削弱为一项不具备执行性的原则。因为就维护公众对法院信心而言，严格执行这一

① 美国律师协会：《法官行为准则》（2007 年），第 3.7（A）（4）条。另见［美］查尔斯·加德纳·盖伊、［美］W.威廉·霍德斯：《〈法官行为准则〉报告员注释》（2009 年），第 70 页。

② 参见［英］彼得·W.摩根：《合理外观：伦理改革与布里非尔悖论》，载《斯坦福法律评论》1992 年第 44 期，第 593 页。另见［美］亚历克斯·科津斯基：《合理外观》，载《法律事务》2005 年第 1—2 月刊，第 1 页。

③ 参见［美］雷蒙德·J.麦考斯基：《司法纪律与不当外观：公众所见即法官所得》，载《明尼苏达法律评论》2010 年第 94 期，第 1914、1919—1920 页。［美］罗纳德·明科夫（时任专业责任律师协会主席）：《代表专业责任律师协会下设〈法官行为准则〉委员会向美国律师协会〈法官行为准则〉委员会的致信》（2004 年 6 月 30 日），载 https://www.americanbar.org/content/dam/aba/administrative/professional_responsibility/judicialethics/resources/comm_rules_minkoff_063004.pdf［https://perma.cc/KHU8-23NG］，最后访问时间：2024 年 5 月 14 日。

④ 参见［美］亚当·利普塔克：《美国律师协会委员会将弱化〈法官行为准则〉》，载《纽约时报》2007 年 2 月 6 日，https://www.nytimes.com/2007/02/06/us/06aba.html［https://perma.cc/73NW-TTTY］，最后访问时间：2024 年 5 月 14 日。

规则是至关重要的。[①]在《法官行为准则》获批前不久，美国律师协会再次让步并重新恢复了该条款的可执行性。[②]

在联邦体系下，首席大法官罗伯茨提出了对权力分立的担忧。作为对国会的一次温柔警告，他指出：国会在凭借其权威对联邦法院强加某些微观伦理性的举措时，很可能会受到关系性（司法权）的限制。在其2011年的年度报告中，这位首席大法官强调："出于礼貌，最高法院的法官们遵守了财务披露和回避义务的规定，但这些条款的合宪性从未接受过检验。"[③]在这份报告中，罗伯茨大法官还对最高法院内部制定《法官行为准则》的提议作了重点讨论。[④]他主要从"改革缺乏宏观伦理方面的需要"的角度对该提议作出评论，他认为："最高法院的法官们早已在按照美国《法官行为守则》行事，而无需额外再制定内部准则。"[⑤]此外，由于国会尚未对法院作出相应的立法指示[⑥]，首席大法官也没有机会就该条款的合宪性发表意见。但是，对于细心的观察者来说，罗伯茨大法官在无端提到相关法规的合宪性具有不确定性时，也掺杂了对国会的警告：如若国会希望通过立法将该准则强加于最高法院，则一定会以法院对国会的限制为前提。[⑦]

2. 鼓励外部参与

在某些情况下，限制法官外部活动的微观伦理规则也会受到质疑，理由是该规则背后的宏观伦理原则会被一种相反的关系利益抵消，即让法官通过接触各种经验和思想，成为更博学、更有参与度的法学家。在一篇有关司法行为和道德的论文

---

① 《对〈法官行为准则〉的削弱》，载《纽约时报》2004年5月22日，A16版。美国联邦最高法院首席大法官会议下设律师职业素养与能力委员会：《鉴于其未能在〈法官行为准则〉中就"避免出现不当行为"的条款做出具备可执行性的规定，我方将对美国律师协会联合委员会的报告不予批准》（2007年），载 https://ccj.ncsc.org/__data/assets/pdf_file/0013/23710/02072007-opposing-report-aba-joint-commission-judicial-conduct-provide-enforceability.pdf[https://perma.cc/NNU9-A9TQ]，最后访问时间：2024年5月15日。

② 参见[美]查尔斯·加德纳·盖伊、[美]W.威廉·霍德斯：《〈法官行为准则〉报告员注释》（2009年），第17—18页。

③ 参见《2011年联邦司法年度报告》，第6—7页，载 https://www.supremecourt.gov/publicinfo/year-end/2011year-endreport.pdf[https://perma.cc/RZ3KSXMT]，最后访问时间：2024年5月14日。

④⑤ 同上书，第3—5页。

⑥ 参见美国2013年《联邦最高法院伦理法案》。

⑦ 参见[美]凯文·M.刘易斯：《何为最高法院行为准则？法律问题与考虑》，2019年美国国会研究服务第LSB10255号报告，第3页。

导言部分，阿尔费尼教授(Alfini)、萨普尔教授(Sample)和笔者对外部参与和司法人物之间的关系作了如下解释：

> 人们常说，公正的法官应保持中立和超然，但这并不意味着法官必须与世隔绝……将法官置于修道院或象牙塔中会削弱他们的司法能力……参与外部世界则可以提高法官的风度，加强其作出艰难决定的能力。霍姆斯大法官曾说过“法律的生命不在于逻辑，而在于经验”。①

在特定情况下，此类关系利益通过向法官的观点和判断提供思想和经验，也可以回击所谓“外部参与”会威胁到司法公正性、廉洁性或独立性的担忧。

2020年，司法会议法官行为守则委员会向其他联邦法官分发了一份道德咨询意见草案，该草案涉及联邦法官是否适合成为美国宪法协会、联邦主义者协会和美国律师协会成员的问题，并向公众进行了披露。②该草案指出，联邦主义者协会将自己描述为“一个致力于改革当前法律秩序的保守派和自由主义者团体”，而美国宪法协会则将自己描述为“一个进步性的法律组织”，并得出如下结论：“法官加入致力于此类志同道合的组织，会削弱公众对司法公正的信心。”③与此相反，该草案对美国律师协会的成员持有更为谨慎的态度，认为美国律师协会的使命“与美国宪法协会或联邦主义者协会不同，它关注的是法律的整体改进和对整个法律职业的宣传”。虽然美国律师协会代表院有时也会将宣传个别政策提上议程，但这种宣传“附属于美国律师协会的核心、中立和适当的”目标。④当保守派法官和评论家对该草案中有关联邦主义者协会和美国律师协会的建议提出异议时，争议便随之爆发。⑤

---

① [美]查尔斯·加德纳·盖伊、[美]詹姆斯·J.阿尔费尼、[美]詹姆斯·桑普：《司法行为和伦理》(2020年第6版)，第1.02节。

② 美国司法法官会议行为准则委员会：《咨询意见第117号：法官参与美国宪法学会、联邦主义学会和美国律师协会》(征求意见稿)(2020年1月)，载https://eppc.org/wp-content/uploads/2020/01/Guide-Vol02B-Ch02-AdvOp11720OGC-ETH-2020-01-20-EXP-1.pdf[https://perma.cc/WS56-SKHP]，最后访问时间：2024年5月15日。

③ 同上书，第5—6页。

④ 同上书，第11页。本文作者查尔斯也是司法伦理学者中支持该委员会结论草案的签署者之一。

⑤ 参见[美]杰丝·布拉文：《克拉伦斯·托马斯大法官对禁止法官加入意识形态团体的提案提出质疑》，载《华尔街日报》2020年2月2日，https://www.wsj.com/articles/justice-clarence-thomas-questions-proposal-to-bar-judges-from-membership-in-ideological-groups-11580664462?mg=prod/com-wsj[https://perma.cc/D9AV-7NVE]，最后访问时间：2024年5月14日。[美]埃德·惠兰：《司法(转下页)

一封由200多名联邦法官签署的联名信详细论证了委员会禁止法官成为联邦党人协会会员的宏观伦理理由过于夸张，而委员会对美国律师协会会员资格的忽视无疑是一种“双标”。①在这封长达八页的联名信的第一页中，最显眼的是其中提出的关系伦理准则：“《法官行为准则》敦促我们‘不要与我们所生活的社会隔绝’……当接触到广泛的法律思想时，我们才能更好地履职。”②

“法官的垃圾邮件”这一事件曾因作为法官抵制改革的一个插曲而受到关注，他们辩称《美国1789年宪法第一修正案》规定的言论自由作为一种关系利益，能够与因宏观伦理问题而产生的担忧相抵。通过四处游说，利益集团仍试图阻止联邦法官参加那些与未决案有利害关系的公司赞助的研讨会。但是，鼓励外部参与的第二种关系利益也在发挥作用：巡回法官雷蒙德·伦道夫（Raymond Randolph）在为研讨会进行激烈辩护时，还将大部分精力用于质疑关于禁止法官参加教育项目的宏观伦理理由，并认为参加研讨会并不会导致法官不当行为的出现。③但在批判开始时，他还指出：“教育对律师的益处是众所周知的，但教育对法官也是有益的，这一点却鲜为人知。”④随后，他引用了司法会议第67号咨询意见中的一段话，认为“对法官进行各种学科教育也符合公众的利益”，并补充说这一说法“应被载入智慧的殿堂”。⑤同样，乔治梅森大学法律与经济学中心（该中心主办了许多有争议的

（接上页）伦理意见书草案支持美国律师协会而非联邦主义者协会和宪法学会》，载国家评论网2020年1月21日，https://www.nationalreview.com/bench-memos/draft-judicial-ethics-opinion-favors-aba-over-federalist-society-and-acs/[https://perma.cc/Q653-U8DZ]，最后访问时间：2024年5月14日。《华尔街日报》编辑委员会：《司法政治恶作剧》，载《华尔街日报》2020年1月21日，https://www.wsj.com/articles/judicial-political-mischief-11579652574?st=n9h48xzggtrrt0u[https://perma.cc/N9G2-U8XG]，最后访问时间：2024年5月14日。《华尔街日报》编辑委员会：《司法人员不当行为守则》，载《华尔街日报》2020年5月5日，https://www.wsj.com/articles/judicial-code-of-misconduct-11588721293[https://perma.cc/29FM-7NNQ]，最后访问时间：2024年5月14日。

① 《联邦法官致美国联邦法院行政办公室助理及总法律顾问罗伯特·P.戴林的信》，载https://s.wsj.net/public/resources/documents/ResponsetoAdvisoryOpinion117.pdf?mod=article_inline[https://perma.cc/Z98X-MEG9]，最后访问时间：2024年5月14日。

② 同上书，第1页。

③④ 参见[美]A.雷蒙德·伦道夫：《私人司法研讨会：回应阿布纳·米克瓦法官》，载LITIGATION杂志2002年秋季刊，第3页。

⑤ 参见美国司法法官会议行为准则委员会：《第67号咨询意见》（2009年）。另见《司法政策指南》，第2B卷第2章，第67-1条，载美国法院网，https://www.uscourts.gov/sites/default/files/guide-vol02e-ch03.pdf[https://perma.cc/9GR7-5RLC]，最后访问时间：2024年5月14日。

研讨会)也提出,“社会中自由和公正的基本原则能否实现,取决于是否有博识和受过良好教育的司法机构”。①

3. 提高司法效率

就本质来看,微观伦理规则是为了指示法官为符合宏观伦理原则之事,而不为不符合宏观伦理原则之事。当要求法官走所谓的“道德高路”会妨碍法院正常运作时,就会引出一个问题:在道德上获得的收益是否及何时才能抵消其对法院运行造成的损失?

在有关司法人员回避问题的争议中,道德问题对业务效率这一关系性利益的影响表现得最为突出。在某种程度上,回避程序与业务效率之间的矛盾已经融入微观伦理规则本身:《法官行为准则》(2020 年版)指导法官在其“公正性可能受到合理质疑”时作出回避。②与此同时,《法官行为准则》还告诫法官应“审理和裁决被分配的事项,除非需要回避”③,以示“对履行司法职责的尊重,以及对法官同事可能承受额外负担的适当关切”,以及要求法官避免“无故作出回避”④。

关于司法回避的必要性何时应让位于法院运行效率这一关系利益的争议,引言部分已经作了总结。⑤对于拒绝作出回避的法官来说,分析的第一步,也即现在已经司空见惯的一步,就是根据微观伦理下的回避规则,于宏观伦理的维度提出质疑。例如,在卡珀顿诉梅西煤炭公司案中,西弗吉尼亚州法官布伦特·本杰明(Brent Benjamin)拒绝进行回避,理由是他在事实上并没有偏袒被告,即使被告的

---

① 美国法律与经济学中心:《法官教育项目》,载 https://masonlec.org/divisions/mason-judicial-education-program/[https://perma.cc/KZ4R-DA7Y],最后访问时间:2024 年 5 月 14 日。

② 美国律师协会:《法官行为准则》(2020 年),第 2.11(A)条。另见《美国法典·第 28 卷》,第 455(a)条。上述两个条款都就法官的回避问题规定了相同的内容。

③ 美国律师协会:《法官行为准则》(2020 年),第 2.7 条。

④ 美国律师协会:《法官行为准则》(2020 年),第 2.7 条注释部分。

⑤ 参见美国律师协会“法官回避项目”:《严肃对待法官回避》,载 JUDICATURE 杂志 2008 年第 92 期。法官在不够公正或在有合理理由被认为不够公正时有责任进行回避,这已作为一项道德规则载入《法官行为准则》,每个州和联邦司法系统都以不同形式对其进行了采纳。除了是对法官施加的道德责任外,回避还是一种手段,用于诉讼当事人在《美国 1868 年宪法第十四修正案》中规定的正当程序条款或《美国法典·第 28 卷》第 455(a)条等程序法规规定的获得公正审判的权利。另见[美]查尔斯·加德纳·盖伊:《法官回避制度:对联邦法律的分析》,美国联邦司法中心 2020 年第 3 版。作者在道德和程序的维度就回避程序问题进行了讨论。

首席执行官在上诉待决期间花费了300万美元支持本杰明的选举。①法院在五比四的裁决中认为，本杰明在主观上是否存在偏见并非必须有待确定的，因为客观情况导致其有存在偏见的可能，而他没有作出回避，这已经足以侵犯原告的正当程序权利。②同样，在威廉姆斯诉宾夕法尼亚州一案中，该州的大法官罗纳德·卡斯蒂利亚(Ronald Castille)拒绝在该案中作出回避，尽管他在担任大法官之前，曾作为地区检察官对该州被判处死刑的被告进行复核。③卡斯蒂利亚以他在相关起诉中起到的作用有限为由，为自己没有作出回避进行辩护。但最高法院得出结论认为，卡斯蒂利亚在可能存在偏见的情况下仍主持了庭审，因此侵害了威廉姆斯享有的在《美国1868年宪法第十四修正案》中规定的正当法律程序权利。④

在其他情况下，法官回避的相关争议是有关宏观伦理要求的更有力的回避制度的怀疑。与之相应的是，关系利益要求提高法庭运行效率，而过于激进的回避要求却导致法官群体人手不足，从而影响了效率。在一起备受瞩目的案件中，最高法院大法官安东宁·斯卡利亚与副总统理查德·布鲁斯·切尼(Richard Bruce Cheney)一起乘坐空军2号飞机前往路易斯安那州参加周末的猎鸭活动，而切尼是当时最高法院正在审理的一起案件中的指定被告。⑤在此案中，斯卡利亚大法官拒绝作出回避。⑥首先，他对回避原则背后的宏观伦理必要性提出了质疑：根据联邦体系中有关法官回避的条款，他的公正性不可能有理由受到质疑，因为自美国建国以来，最高法院的大法官们与政府部门那些与法院有业务往来的公职人员向来交好。⑦他还认为，其在本案中的回避也并非必要，因为切尼是以官方而非个人的身份被起诉的。⑧但也有人认为，从宏观伦理学的角度来看，斯卡利亚需要保持“表面上”的公正，因此建议他谨慎行事并主动回避。斯卡利亚则拒绝了这一提议，他承

---

① 美国联邦最高法院2009年第556号案例，第868、872—873页。

② 同上书，第886页。

③ 美国联邦最高法院2016年第136号案例，第1899、1903页。

④ 同上书，第1907页。

⑤⑥ 美国联邦最高法院2004年第541号案例：切尼诉哥伦比亚特区地方法院案，第913、914—915页。

⑦ 同上书，第916—917页。

⑧ 同上书，列举了前任大法官和行政官员中以“友人”相称的案例，并以此强调“禁止交友”这一规则缺乏历史实践基础。

认这种做法对下级法院的法官来说可能是明智之举，但他的结论是：在该案件中，出于对最高法院运作效率的关系利益的考虑，以及避免4—4平票结果的出现，足以抵消这种担忧。①

令人啼笑皆非的是，斯卡利亚事件中还隐含着另一种讽刺，也即在法官回避的问题上，法官往往过于强调关系伦理会在多大程度上压制宏观伦理。最初的回避规则自17世纪以来就根植于英国的普通法②，自20世纪20年代以来，在美国最高法院的有关正当程序的判例中变得根深蒂固③，即任何法官不得成为自己的法官。然而，当诉讼当事人声称其主审法官不够公正时，各州和联邦的常规做法仍然是：对相关法官的公正性提出质疑。④若要从宏观伦理学的角度为这一准则进行辩护，虽然并非不可能，但也足够困难。考虑到当事人期望达到的策略性效果，只能说大多数回避请求都是毫无根据的，毕竟仅仅是为了避开一位虽没有明显偏袒，但不太可能判其胜诉的法官。因此，当证明了将同一案件移交给不同法官的回避申请会给法院系统带来过重的运行负担时，关系性论证就完成了重任。⑤为避免出现要求法官“为自己的作业打分”的讽刺情况，而允许当事方行使一次性的法官替换权（类似于强制性回避），这种做法也遭遇了类似的命运。⑥在尚未建立这些机制的司法管辖区，这些提议遭到了法官的抵制，理由是这些提议也会给法院系统，尤其是农

---

① 美国联邦最高法院2004年第541号案例：切尼诉哥伦比亚特区地方法院案，第916页。

② 参见英国国王法庭1610年第77号案例：博纳姆博士案，第646、653页。

③ 参见美国联邦最高法院1927年第273号案例：图米诉俄亥俄州案，第510、524页。“很明显，任何官员，无论是司法官员还是准司法官员，只要在裁判案件时涉及任何的金钱利益，就会使裁决失去效力。”

④ 参见［美］阿曼达·弗罗斯特：《不变的表象：关于法官回避的过程导向方法》，载《堪萨斯法律评论》2005年第53期，第531、583—584页。“尽管法律允许申请回避的法官将案件转交给另一位相对公正的法官，但通常情况下该受到质疑的法官会自行作出回避。”

⑤ 参见［美］黛博拉·戈德伯格、［美］詹姆斯·萨普尔、［美］大卫·E.波森：《最佳策略：为什么选举出的法院应主导回避制度改革》，载《华伯恩法学》2007年第46期，第503、531页。“虽然独立裁决中的回避申请确实会增加效率成本，但如果裁决是基于书面证词和口头辩论进行，而不是基于全方位的对抗性听证，那么这些成本应该不会很高。一个中立的裁决者所能带来的程序完整性和公众信任度很可能是物有所值的。”

⑥ 参见［美］查尔斯·加德纳·盖伊：《为什么法官回避再次变得重要》，载《复审与诉讼评论》2011年第30期，第671、683—684页。作者的观点主要概括自《美国法典·第28卷》第144条。也即，允许当事人通过提交保证书的方式来证明法官存在偏袒或成见，以确保法官作出回避。但由于法院对该保证书的审核施加了严苛的要求，导致该法规最终过时。

村地区的法院系统带来巨大的业务负担。①

启动于2007年的美国律师协会"法官回避项目"②长期受困,凸显了法院运行效率这一关系性利益将战胜宏观伦理原则的命运。在第一阶段,一份讨论稿将提议的重点放在回避程序上,并敦促各州摒弃对司法人员自我回避这一传统依赖。但在美国律师协会司法分会的反对下,该草案被悄然撤回。紧接着,在卡珀顿案之后,第二阶段的提议重点转向了对《法官行为准则》(2007年版)的修订,以解决涉案当事人或律师通过赞助独立竞选的方式支持法官选举,从而导致法官必须回避案件的问题。③司法分会却再次表示反对,并以一种虽已司空见惯但效果显著的方式扼杀了这一项目。一方面,法官们试图将宏观伦理问题最小化,认为该项改革措施不适合《法官行为准则》(2007年版),因为它涉及法官以外的第三人不可控行为,因此最好将其作为程序问题而非伦理问题加以规范。④但美国律师协会道德和职业责任常设委员会主席将这一反对意见称作一种"搪塞"。⑤因为现行的《法官行为准则》,已经规定了法官的道德义务。也即,如果政党或律师提供的直接竞选捐款超过了各州规定的数额,法官就必须回避。⑥另一方面,司法分会表达了有关关系利益的担忧,即如果要求获得竞选支持的法官必须回避,也会给司法工作队伍带来负担。⑦

4. 保障机构合法性

当一个机构以直率和透明的方式揭露和处理其内部的不良行为时,它所传递的信息却是复杂的。一方面,该机构对外表明,它在认真整顿内部并解决问题;另一方面,这一过程会向公众留下它有严重的问题需要解决的印象。如果我们的目

---

① [美]查尔斯·加德纳·盖伊、[美]约翰·F.杰克·金伯林:《司法透明度和道德操守》。2017年司法委员会下设法院、情报产权和互联网子委员会于第115届国会第7次会议举行的听证会上所作的证词。

② 美国律师协会"法官回避项目":《严肃对待法官回避》,载《审判》2008年第92期,第12页。本文作者查尔斯是该项目的第一阶段负责人和顾问。

③ [美]查尔斯·加德纳·盖伊、[美]迈尔斯·林克、[美]罗伯特·S.佩克、[美]托尼·克拉克:《回避制度改革的现状》,载《纽约大学立法与公共政策杂志》2015年第18期,第515、520页。

④ 同上书,第525—526、530页。

⑤ 同上书,第525页。

⑥ 美国律师协会:《法官行为准则》(2007年),第2.11(A)(4)条。

⑦ [美]查尔斯·加德纳·盖伊、[美]迈尔斯·林克、[美]罗伯特·S.佩克、[美]托尼·克拉克:《回避制度改革的现状》,载《纽约大学立法与公共政策杂志》2015年第18期,第540页。该部分提及金钱、时间损失以及在法官必须回避时寻找新法官主审案件等现实问题。

标是维护公众对司法机构的信心，那么机构对问题作出的激进反应可能会适得其反，因为这会让人误以为它的问题比实际要严重得多。因此，在司法伦理及其规制方面，我们在运用微观伦理规则弥补宏观伦理原则中的必要问题时，也会受到关系性伦理所能产生收益的制约，即确保对症下药——确保特定规则的执行能够为司法机构的合法性带来“净收益”。

卡珀顿案的核心争议也可以论证这一观点。[①]在该案中，美国最高法院的大法官们以微弱的人数优势裁定：诉讼当事人享有正当程序的权利，可以要求可能存在偏袒的州法官回避。在作出该裁决时，法院也考虑到了这样一种担忧，即可能会打开诉讼当事人动辄质疑法官的公正性的“潘多拉魔盒”，因此不厌其烦地强调最高法院极少作出此类裁决。[②]首席大法官罗伯茨却不以为然，他代表四名持反对意见的法官撰写了判决书。他认为，法官有权得到合法性推定：“所有法官都宣誓维护宪法并公正地适用法律，我们相信他们会履行这一承诺。”[③]在罗伯茨看来，一项允许对法官的公正性提出正当程序质疑的微观伦理规则（不亚于宪法层面的规则），并不会如预期那样保障司法机构的合法性，反而会对其造成损害。因为该规则“不可避免地会催生更多与法官偏见有关的指控，无论这些指控是多么荒谬。与在某些案件中仅因未能回避造成的结果相比，上述行为（将）会更大地削弱公众对司法公正的信心”。[④]最后，罗伯茨认为，这是一个“治标不治本”的规则，因为“单纯根据正当程序条款，为本就不存在的‘潜在偏见’敞开回避申请的大门，本身就会使我们的司法系统蒙受不应有的耻辱，并削弱美国人民对法院公正廉洁的信心”。[⑤]

四、伦理争议的经验教训和未来的改革方向

本文第二章将宏观伦理学原则指导下的微观伦理学规则，以及与其对立的关

① 美国最高法院2009年第556号案例：卡珀顿诉A.T.梅西煤炭公司案，第868页。

② 同上书，第887页：“我们今天的裁决涉及宪法要求回避的特殊情况……无论从哪个角度来看，我们面前的事实都是十分极端的。双方当事人均指出，没有任何其他涉及司法竞选捐款的案例会产生与本案情况类似的潜在偏袒。”

③ 同上书，第891页（首席大法官罗伯茨的反对意见）。另见第891—892页。“正当程序条款仅在两种情况下要求法官回避，一是当法官在案件中有经济利益时，二是当法官主持某些藐视（法庭）刑事案件时。”

④ 同上书，第891页。

⑤ 同上书，第902页。

系伦理学利益之间的固有冲突概念化为一枚硬币的正反两面。伯班克教授曾用这一例子来描述司法独立与问责制之间的关系：司法独立的范围由硬币这一面的轮廓划定(例如，由司法独立所服务既定目的所限定)，并受到另一面即问责制度的制约。同样，微观伦理规则的轮廓，是由硬币一面的宏观伦理原则和另一面的关系伦理利益所决定的。

第三章则强调，在揭示如何在司法伦理学这枚硬币中找到平衡这一问题上，最近的事态发展已经使分歧加深到了何种程度。按照传统的改革套路，出现问题——就改革的必要性达成共识——进行改革(如果未达成改革必要性的共识，则不进行改革)，是无法对近期出现的众多道德争议进行阐述的。传统的、由共识驱动的改革模式依赖于一种共同理念，即争议性行为与宏观伦理学价值观的关联，并探究应如何抵消关系性伦理产生的收益，再由微观伦理学规则加以规范。在当下的 21 世纪，这种共识被证明是难以实现的。伦理争议越来越频繁地在司法机构和法律界引发分歧，争论的焦点在于微观伦理学规则的改革是否有明显的宏观伦理需求，以及在饱受各方的反对意见后，该需求还能否与关系利益产生的收益相抵。

有以下几点原因可以解释为什么共识越来越难达成。第一种解释是，党派和意识形态的分歧——尤其是关于联邦法官任命、州法官选举和法官决策的公开辩论——已经渗透法官伦理的讨论。2018 年，最高法院大法官布雷特・卡瓦诺在确认程序中受到的道德争议就是一个有力的例证。作为最高法院的提名人，巡回法官卡瓦诺受到了两项涉及道德问题的指控。第一项指控是，卡瓦诺在高中时代曾犯有性侵罪，批评者认为，这体现了他诚信的不足和品格的严重不端，因而他无法满足在最高法院任职的资格。①第二项指控，即卡瓦诺在证人席对性侵指控作出否认时，用了党派之争的言论对参议院的指控者恶语相向，这一行为无疑让人们对他担任大法官的风度提出了质疑，这一指控也得到了 2 400 余名法学教授联名信的

① 参见[美]本杰明・维特斯：《我认识布雷特・卡瓦诺，但我不会把票投给他》，载 ATLANTIC 网，https://www.theatlantic.com/ideas/archive/2018/10/why-i-wouldnt-confirm-brett-kavanaugh/571936/[https://perma.cc/3JUP-96KZ]，最后访问时间：2024 年 5 月 14 日。作者在文中指出因性侵指控而反对卡瓦诺的就职。[英]埃米莉・斯图尔特：《在受到性侵指控后，布雷特・卡瓦诺的支持率在选民中逐渐下降》，载 VOX 网，https://www.vox.com/policy-and-politics/2018/9/23/17892530/brett-kavanaugh-confirmation-poll-christine-blasey-ford[https://perma.cc/5JQ2-ZW46]，最后访问时间：2024 年 5 月 14 日。作者讨论了因性侵指控而对卡瓦诺产生的反对声音。

支持。①在卡瓦诺的提名悬而未决且其仍担任巡回法官期间，与上述指控有关的针对该名法官的纪律问题的申诉可谓纷至沓来。在卡瓦诺最终被任命为最高法院法官后，这些申诉被移交给巡回司法委员会，该委员会以缺乏（实际）管辖权为由驳回了这些申诉，但在此之前却将这些指控定性为“严重”级别。②卡瓦诺是否实施了性侵行为？如果他确实实施了，他是否会因此丧失在法院任职的资格？他在证人席上表现出的法官气度缺乏是否到了令人无法接受的程度？这些问题在党派之间产生了分歧，同时反映在参议院的投票情况和民意调查中。③

意识形态和党派纷争加剧了本文其他部分提及的道德分歧。金斯伯格大法官公开批评唐纳德·特朗普的做法受到不同党派中传统人士的质疑，对此事极为狂热的批评者和辩护者之间，则于意识形态上产生分歧。④法官参加由意识形态保守

---

① 2 400 余名法学教授递交给参议院的联名信中提到：“我们对卡瓦诺法官的其他资质意见不一。但作为法学教授和司法领域的学者，我们一致认为，他没有表现出担任联邦最高法院法官所需的公正性和风度。”本文作者查尔斯也是这封信的签署者之一。

② 参见 2018 年 10 月 4 日联邦第十巡回法院司法委员会：*Order*，第 9 页，载美国法院网，https://www.uscourts.gov/courts/ca10/10-18-90038-et-al.O.pdf[https://perma.cc/38XL-KPRU]，最后访问时间：2024 年 5 月 14 日。该委员会在文件中认为，针对卡瓦诺法官的指控虽已十分严重，但司法委员会有义务遵守相关法案（《美国法典·第 28 卷》，第 351 至 364 条）。由于缺乏法定授权，有关申诉必须被驳回，因为在此之前，卡瓦诺法官已经被确认为最高法院的法官，使得对其的指控不再适用上述法案的有关规定进行审议。

③ 参见[美]史蒂文·谢泼德：《民意调查：卡瓦诺的支持在各党派间下降》，载 POLITICO 网，https://www.politico.com/story/2018/09/04/kavanaugh-confirmation-support-poll-806300 [https://perma.cc/6G9S-5U9S]，最后访问时间：2024 年 5 月 14 日。该文章指出：“在共和党中，三分之二（67%）的人支持卡瓦诺就职……大多数民主党人（53%）则认为参议院不应该对卡瓦诺的就职作出确认。”

④ 为金斯伯格的言论作出辩护的自由派评论家包括诺亚·费尔德曼和埃尔温·切梅林斯基。[美]诺亚·费尔德曼：《最高法院的大法官可以畅所欲言》，载彭博社：观点板块 2016 年 7 月 12 日，https://www.bloomberg.com/view/articles/2016-07-12/it-was-fine-for-justice-ginsburg-to-speak-her-mind [https://perma.cc/77NC-3WZ2]，最后访问时间：2024 年 5 月 14 日。费尔德曼认为：“如果最高法院的现任法官表达的个人政治观点不涉及法院正在审理的任何案件，那么这些观点就没有任何问题。”[美]埃尔文·切梅林斯基：《法官也享有言论自由》，载《纽约时报》2016 年 7 月 12 日，https://www.nytimes.com/roomfordebate/2016/07/12/can-a-supreme-court-justice-denounce-a-candidate/justices-have-free-speech-rights-too[https://perma.cc/UNF3-UEGA]，最后访问时间：2024 年 5 月 15 日。埃尔文认为：“根据《法官行为准则》的规定，法官不得支持或反对民选的公职候选人，而这些规定不适用于最高法院的法官，我不认为这种规定是合理或合宪的。”批评金斯伯格言论的人包括保守派评论家埃德·惠兰和劳伦斯·西尔伯曼。[美]亚伦·布莱克，《在抨击唐纳德·特朗普时，有人说露丝·巴德·金斯伯格越过了红线》，载《华盛顿邮报》2016 年 7 月 11 日，https://www.washingtonpost.com/news/the-fix/wp/2016/07/11/in-bashing-donald-trump-some-say-ruth-bader-ginsburg-just-crossed-a-very-important-line/[https://perma.cc/3GLS-VHNG]，最后访问时间：2024 年 5 月 14 日。通过引用埃德·惠兰的评论，亚伦认为金斯伯格此次发表的评论“在不检点方面已经超过了（她以往的公开评论）”。西尔伯曼认为：“（金斯伯格大法官）在去年夏天接受了《纽约时报》的采访（还能是在哪里？）在我的记忆中，这也许是有史以来，任何一位大法官都未曾公开发表过的政治性言论。”

的组织主办的免费研讨会这一问题，受到了来自保守派的辩护和来自自由派的抨击。[①]一份道德咨询意见草案建议法官不要担任保守派联邦党人协会成员，却遭到主要由共和党任命的一批法官的反对。[②]对于保守派大法官安东宁·斯卡利亚和克拉伦斯·托马斯在联邦党人协会主办的筹款活动中担任特邀演讲人一事，自由派的利益集团表示了反对。[③]由自由派评论家主导，来自公众的呼声要求保守派大法官安东宁·斯卡利亚在切尼案中作出回避；同样，在保守派评论家的主导下，自由派大法官露丝·巴德·金斯伯格也被要求因对唐纳德·特朗普的批评而进行回避。[④]与之相似，在最高法院审查奥巴马政府的《平价医疗法案》（*Patient Protection and Affordable Care Act*）的前几个月里，保守派评论家要求自由派大法官埃莱娜·卡根（Elena Kagan）作出回避，因为她在担任奥巴马政府的副检察长时期曾就该法案发表评论；而自由派评论家则要求保守派大法官克拉伦斯·托马斯回避，因

① 参见[加]布伦丹·史密斯：《司法研讨会被讥为“审查中的垃圾”》，载BLT网，https://legaltimes.typepad.com/blt/2008/01/judicial-semina.html[https://perma.cc/P2MN-DNE4]，最后访问时间：2024年5月14日。作者阐述了具有自由主义倾向的“社区权利顾问”对此类研讨会提出的反对意见，而“自由主义组织经济与环境研究基金会”则表示支持。

② 参见[美]卡罗琳·弗雷德里克森、[美]埃里克·J.塞加尔：《特朗普任命的是联邦法官还是联邦党人协会的法官？不如都试试》，载《纽约时报》观点板块，https://www.nytimes.com/2020/05/20/opinion/trump-judges-federalist-society.html[https://perma.cc/PQ5B-CRHA]，最后访问时间：2024年5月14日。文中描述了200多名联邦法官（占联邦司法人员的近四分之一）如何通过联名信的方式反驳法官不应成为“联邦党人协会”成员的观点。

③ 参见正义联盟（Alliance for Justice）：《诚信问题：政治、伦理和最高法院》，载YouTube平台，https://www.youtube.com/watch?v=GMoawSfR-No[https://perma.cc/QX3JTBAY]，最后访问时间：2024年5月14日。作者对斯卡利亚大法官和托马斯大法官在联邦主义者协会筹款活动上的发言提出指责。

④ 参见[美]马克·谢尔曼：《金斯伯格为对特朗普的“不慎言论”道歉》，载美联社网，https://apnews.com/united-states-government-supreme-court-of-the-united-states-9258b1e65517469fa0b011f1cb532a8e[https://perma.cc/72X7-TRFB]，最后访问时间：2024年5月14日。该报道称：“肯塔基州参议院的多数党领袖米奇·麦康纳称，金斯伯格的言论‘完全不恰当’，参议院司法委员会主席查克·格拉斯利则认为‘她应该置身事外……她的做法会损害法院’。”另见《纽约时报》观点：《斯卡利亚大法官和切尼先生》，载《纽约时报》2004年2月28日，https://www.nytimes.com/2004/02/28/opinion/justice-scalia-and-mr-cheney.html[https://perma.cc/PNG9-YYKU]，最后访问时间：2024年5月14日。该文认为：“斯卡利亚大法官与切尼先生组成一个小度假团体，并带走了一些有价值的东西，这在表面上会造成对切尼先生（在审判中）的偏袒……回避规则不仅用于保护诉讼当事人，也同样用于保护法院自身……如果斯卡利亚大法官继续审理此案并选择支持切尼先生，法院无疑将面临更多批评。斯卡利亚大法官应该主动或在同事的规劝下选择回避。”

为他的妻子曾为一个反对《平价医疗法案》的组织工作。①

第二种就伦理领域冲突的不断加剧所作的解释，也与第一种存在关联：在过去的一个多世纪里，公众对司法政治的极高关注催生了对公正司法的日渐怀疑。一些实证研究记录了意识形态对联邦法官，尤其是最高法院法官决策产生的影响。这些研究在媒体报道中得到了回应，并被公众所接受，有可能使得法官的公正、开明成为神话。②这一事态发展的自然结果便是，质疑在通常或特定情境下要求法官具备公正外表的规则，认为这种规则是天真或虚伪的，甚至禁止法官表达其观点、加入志同道合的组织或参加由他人付费的研讨会。

第三种解释是，近期有关司法伦理的一些争议随着有关司法人员个人利益的讨论而加剧。当法官联合起来反对限制其自主权的立法提案时，看似是基于分权和司法独立这些原则的反对意见可能会与避免受到问责的私利愿望交织在一起，例如美国司法会议对联邦司法机构中设立监察长这一法案的反对。同样，当法官和司法机构以这些提案的实施会增加工作量而反对这些提案时（如在回避申请后将案件分配给不同法官的提案），也很难将法官对司法机构运作效率的崇高理想与最大程度地享受其闲暇时间的低俗愿望相区分。

当法官之间就道德改革提议是否明智存在分歧时，法官的自身利益同样可能

---

① 来自得克萨斯州的共和党代表拉马尔·史密斯说："美国国家橄榄球联盟（NFL）不会允许一支球队吹罚自己的比赛。如果作为首席检察官，卡根确实就总统医保法的合宪性向政府官员提出过建议，那么当最高法院审理此事时，她就不应该担任主裁判法官。"［美］拉马尔·史密斯：《白宫需要就埃琳娜·卡根在〈平价医疗法案〉的问题上作出澄清》，载《华盛顿邮报》2011年12月1日，https://www.washingtonpost.com/opinions/the-white-house-needs-to-come-clean-on-elena-kagan-and-the-affordable-care-act/2011/11/30/gIQAUUOPIO_story.html[https://perma.cc/VP67-L45M]，最后访问时间：2024年5月14日。另见［美］迈克尔·奥布莱恩：《民主党人：托马斯大法官应在医疗改革案中自行回避》，载Hill网，https://thehill.com/blogs/blog-briefing-room/news/82163-democrats-justice-thomas-should-recuse-himself-in-health-care-reform-case/[https://perma.cc/9Y4G-QDQJ]，最后访问时间：2024年5月14日。该文指出："一群由73名众议院民主党人组成的团体在周三要求美国最高法院大法官克拉伦斯·托马斯回避任何与审查医疗改革案合宪性有关的案件……理由是托马斯的妻子曾为反对该医疗保健法（的组织）工作。"

② ［美］诺亚·费尔德曼：《最高法院的大法官可以畅所欲言》，载彭博社：观点板块2016年7月12日，https://www.bloomberg.com/view/articles/2016-07-12/it-was-fine-for-justice-ginsburg-to-speak-her-mind[https://perma.cc/77NC-3WZ2]，最后访问时间：2024年5月14日。费尔德曼认为："对金斯伯格的坦率提出的批评几乎都归结于她本应尊重礼节，维护司法中立的神话。但在2016年，又有谁会相信这个神话呢？"

发挥作用，尤其当反对者是那些受到直接影响的人时。在某种程度上，这一点是显而易见的：一些法官可能反对禁止"法官收受贿赂"的提议，因为他们想受贿；而一些法官可能反对禁止加入联邦党人协会的提议，因为他们想成为该协会的成员。但是，法官的自身利益也可能以更微妙的方式发挥作用。例如，事实证明，围绕州法官竞选伦理规定在受到《美国1789年宪法第一修正案》的挑战后引发的争议，怀特及其后人也并未从足够深的程度上改变司法竞选的特点。①州法官似乎拒绝秉承怀特的精神，也没有以改变游戏规则的方式在竞选活动中大肆宣扬他们针对法律问题的观点。我们可以将这种停滞不前解释为所谓的原则性：法官不在竞选演说中表明自己的观点，是因为他们这样做的关系性"权利"会被一种根深蒂固的宏观伦理原则所抵消，这种规范认为公开表明观点的行为与维护法官公正性的愿景背道而驰（尽管最高法院的判决与此相反）。②然而，从司法自身利益的角度来解释这一发展至少也是相对容易的，现任法官享有选举优势，通过不发表观点来避免引发争议，他们便可以保持这种优势。除了极少数例外，这也很可能是一直以来都是由挑战者而非在任者试图将对其竞选言论有所限制的微观伦理规则予以废除的原因。③反过来，挑战者同样可以被指责因怀有私利而不择手段赢得选举，最明显的例子是他们试图将限制其发表误导性竞选声明"权利"的规则废除。④

① 参见[美]克里斯·W.博诺、[美]梅琳达·甘恩·霍尔、[美]马修·J.斯特雷布：《怀特案的争议：明尼苏达共和党诉怀特案未能对司法选举产生影响》，载《司法制度杂志》2011年第32期，第247页。作者认为："我们的主要假设是，如果怀特案能够产生假定的效果，我们就应该能够看到司法选举的关键特征发生了足够的变化：竞选者对于登上选举舞台的意愿增强，对现任者的支持减少，竞选成本上升，选民参与度下降。总体而言，从统计学的角度看，我们发现州的最高法院或中级上诉法院的选举在这些方面并没有发生明显的变化……"

② 参见查尔斯·加德纳·盖伊：《司法选举为何令人作呕》，载《俄亥俄州法律杂志》2003年第64期，第43、66—67页。作者提到，斯卡利亚大法官在怀特案中以意见书撰写人的身份驳斥了"明示条款"能够促进司法公正的说法。然而，他仍以最高法院候选人的身份拒绝向参议院司法委员会告知他的观点，理由是这样做会损害他的公正性。

③ 参见[美]C.斯科特·彼得斯：《法官选举的规范：评估各州的法官行为守则》（2018年）。该文用于研究有关竞选行为的司法道德规则及其与司法人员自身利益的关系。

④ 参见联邦第十一巡回法院：《韦弗诉邦纳案（2002年）》，载《联邦报告》系列三第309卷，第1312、1319页。法院认为佐治亚州关于误导性竞选声明的司法道德规则没有提供必要的"喘息空间"来保护言论自由[引自美国最高法院第456号案例：《布朗诉哈特拉奇案（1892年）》，第45、60页]。另见肯塔基州东区地方法院：《温特诉沃尔尼茨克案（2014年）》，载《联邦报告》系列三第56卷，第884、889页。法院认为禁止司法候选人作为政治组织成员参加竞选活动的规定以及禁止司法候选人发表误导性言论的规定违反了《美国1789年宪法第一修正案》。

司法机构内部就道德争议达成的共识日益减少，关于该现象的各种解释可以归纳为：司法机构正在成为一个政治性更强的场所，在何时需要监管以维护公众对司法机构公正性、廉洁性和独立性的信心的问题上，各方持有越来越多的分歧。这些分歧也扩大了关系利益、党派利益和自身利益的运作空间。与半个世纪前相比，司法机构变得规模更大、事务更忙、更多元，这也使得对上述分歧的解决，从维护法官伦理规范的内部一致性，变成一项更加复杂的任务。①

人们很容易将双面硬币比喻过度，并发出所谓司法伦理这枚硬币将失去平衡的警告。这是因为在微观伦理规则何时才能得到宏观伦理原则的充分支持这一问题上，共识已经开始变得稀缺，硬币越来越倾向于关系利益。但以这种方式思考问题是错误的，原因有如下两点。

第一，这种方法意味着，在司法伦理问题上，存在某种完美的、“真正的”平衡，在这种平衡中，各种处于紧张状态的力量权重相当。但相应地，这只不过又是一种天真的解决方案，旨在让我们回到一个更早、更简单的时代。在那个时代，司法政治不被认可，公众对宏观伦理价值的看法也没有那么颓废，关系伦理也影响甚微。然而，无论好坏，法律现实主义已是现实，而在宏观伦理的价值范围与微观伦理的制约需求之间，分歧很可能会在可预见的未来中持续存在。

第二，本文对于有关微观伦理规则的宏观伦理需求，以及相应的关系伦理利益抵消论的兴起之间的分歧的讨论不应引起过度的关注。事实上，除了少数例外，这些分歧虽有可能主导公众和学术界对当代司法伦理的讨论，但也仅仅是关于边缘问题的争论。正如本文在第一部分所强调的，美国五十个州的高等法院及美国司法会议都采用了大致相似的行为准则，这些准则源自美国律师协会的三种模式之一。在一篇关于司法行为和道德的论文中，阿尔费尼、桑普和我分别记录了即使在不同的司法管辖区，道德规则的解释和应用仍在一定程度上具备一致性。②本文所提及的分歧不能且不应该被解读为司法体系崩溃的前兆，因为核心的司法伦理规

---

① [美]格雷格·戈尔扎豪泽：《州最高法院的跨部门代表》，载[美]罗里·斯皮尔·索尔贝格、[美]珍妮弗·西格尔·迪亚斯克罗、[美]埃里克·瓦尔特伯格主编：《司法公开政策》，俄勒冈州立大学出版社 2019 年版，第 65、71—75 页。该文讨论了司法多样化及其对法院的影响。

② [美]查尔斯·加德纳·盖伊、[美]詹姆斯·J.阿尔费尼、[美]詹姆斯·桑普：《司法行为和伦理》，LexisNexis 出版社 2020 年版，第 1.02 节。

范仍然相对稳定且坚固。相反，这些分歧表明了一个完备的伦理体系开始在边缘处出现漏洞。基于“未雨绸缪”的精神指导，这些漏洞需要被填补，但危机之说则是言过其实。

21 世纪大多数伦理争议的共同点是，就宏观伦理原则对微观伦理规则提出的要求是否足以与对应的关系利益相抵，各方无法达成一致。最高法院在怀特案中所作的判决可能是个例外，该判决为限制法官言论的伦理规则带来了来自《美国 1789 年宪法第一修正案》的新的、实质性挑战，但这些争议的出现并非因为关系伦理利益的愈演愈烈，而是因为宏观伦理利益逐渐式微。正如本文第三章中所体现的，在一个又一个的案例中，宏观伦理原则对微观伦理规则提出的要求在必要性上受到了质疑。而当对特定规则的要求有所降低时，能够产生相抵作用的关系利益就会变得相对更为重要。因此，我们面临的挑战在于重新审视宏观伦理原则和微观伦理规则的范围，以解决共识逐渐减少的问题，并排除受法官私人利益、党派主义和对宏观伦理原则无事实依据的怀疑等驱使的荒谬障碍。反过来，这也意味着需要加强行为准则的两个主要作用：纪律的基础和理想的指南。

（一）行为守则在司法纪律中的作用

要重新激发追求道德规范之共识的热情，就必须有足够大的利害关系来吸引参与者的注意力。如果司法系统对道德规范的重视程度不足或是违反共同规范的行为无需承担后果，那么制定和遵守这些规范的动力就会被削弱。在大多数情况下，州法院系统至少在原则上采纳了这一点。他们普遍将行为守则中的规则视为强制性标准，违反的法官将受到纪律处分。①即便如此，因为未能经常性或有力地落实上述规则，州司法机构近年来还是受到批评。②

---

① ［美］查尔斯·加德纳·盖伊、［美］詹姆斯·J.阿尔费尼、［美］詹姆斯·桑普：《司法行为和伦理》，LexisNexis 出版社 2020 年版，第 1.06 条。

② 参见［美］迈克尔·贝伦斯、［美］约翰·希夫曼：《数以千计违背法律或誓言的美国法官仍逍遥法外》，载路透社，https://www.reuters.com/investigates/special-report/usa-judges-misconduct/［https://perma.cc/9WAV-C8RC］，最后访问时间：2024 年 5 月 14 日。［美］迈克尔·贝伦斯、［美］约翰·希夫曼：《有了“法官审判法官”，旁听席上的流氓也就不再可畏了》，载路透社，https://www.reuters.com/investigates/special-report/usa-judges-deals/［https://perma.cc/HYX2-XGPL］，最后访问时间：2024 年 5 月 14 日。另见［美］迈克尔·贝伦斯、［美］约翰·希夫曼：《阻止“糖爹”（色迷）法官性侵指控的漫长努力》，载路透社，https://www.reuters.com/investigates/special-report/usa-judges-commissions/［https://perma.cc/G3AV-WRJK］，最后访问时间：2024 年 5 月 14 日。

相比之下，数十年来，联邦司法机构一直抵制在其纪律处分程序中使用《法官行为准则》。1973 年，司法会议通过了 1972 年的《法官行为准则》，“仅做了几处改动”①。其中一处改动是删除了《法官行为准则》的序言，该序言强调“本文的规定和内容具有强制性”，并将通过纪律程序予以执行。②此处的删改是有依据的，因为在当时的联邦司法系统中并没有正式的纪律程序。直至 1980 年，国会才授权巡回法院司法理事会对“有损于高效、高速地管理法院事务”的联邦法官进行纪律处分。③附加于该法案的参议院委员会报告指出：在根据新标准实施纪律处分时，司法委员会可以参考美国《法官行为准则》(1972 年版)的有关内容，但不作强制要求。④此种规定同样不无道理，《司法行为及无能力履行义务法》为司法机构规定了一项自律制度，而司法机构通常对该规定抱有敌意，将其视作对自主权的侵犯，甚至对其持质疑态度。⑤将该法在纪律程序中能够发挥何种作用的自主权交由联邦司法体系决定，也符合国会维护机构间友好关系的精神。

1990 年，美国律师协会修订了《法官行为准则》(1972 年版)，将“可以”改为“应当”，以突出《法官行为准则》的强制性及纪律性。⑥然而，司法会议拒绝对美国律师协会的做法进行效仿。1992 年，司法会议根据 1990 年的版本对《法官行为准则》进行了一定的更新，但仍保留了“可以”一词，并在附于第 1 条规定的注释中进行了如下解释，“并非对每项违反《法官行为准则》的行为都需要采取相应的纪律处分”，因为“《法官行为准则》中的许多禁止性规定一定会是笼统的，如果法官无法确定其是否合理，那么就不建议对该主体施加纪律处分”。⑦

---

① [美]沃伦·韦弗：《为联邦法院法官制定严格的道德准则》，载《纽约时报》1973 年 4 月 7 日，第 1 页。

② [美]沃尔特·P.阿姆斯特朗：《法官行为守则》，载《西南法律杂志》1972 年第 26 期，第 708、715 页。该文引自美国律师协会：《法官行为准则》序言(1972 年)。

③ 《美国法典·第 28 卷》第 351(a)条规定：任何人认为法官实施了对法院的司法工作“造成延误及不利影响”的行为，或认为该法官因精神或身体残疾无法履行职责，都可以向上诉法院的书记官提交一份包含该行为事实陈述的书面投诉。

④ 美国参议院 1979 年第 96-362 号报告，第 9 页。

⑤ 参见[美]欧文·考夫曼：《司法独立的本质》，载《哥伦比亚法学评论》1980 年第 80 期，第 671 页。作者认为拟议的《司法行为及无能力履行义务法》会对司法独立产生威胁。

⑥ 参见美国律师协会：《法官行为准则》(1990 年)。

⑦ [美]贝思·诺兰：《司法伦理对纪律的作用》，载《美国国家司法纪律与免职委员会研究报告集》，美国政府印刷局 1992 年版，第 867、881 页。本文引自《美国法官行为准则》(1992 年)第 1 条注释部分的第 3 段。

1993 年，全国司法纪律和免职委员会得出类似的结论，但理由略有不同。鉴于法定纪律标准的“不确定性”，该委员会认为“可以期待首席法官和巡回委员会将会在《法官行为准则》(1990 年版）中作出更具体的指导”。①“然而”，该委员会补充说，“《法官行为准则》并非旨在起到纪律规则来源的作用，而且根据《司法行为及无能力履行义务法案》，并非所有的规定都会被当然地视为具有强制性。”②

2006 年，由大法官斯蒂芬·布雷耶尔担任主席的一个委员会发布了一份关于联邦纪律处分程序现状的报告。③委员会认为，纪律处分的法定标准“似乎无法被精确定义”④，此外，“这一标准假定美国《法官行为准则》和各巡回法院积累的先例具备连贯性”⑤。在至少两份案例的摘要中，委员会对巡回司法委员会在纪律处分程序中没有充分考虑到《法官行为准则》的行为提出了批评。⑥司法会议根据布雷耶尔委员会的报告修订了其纪律程序，并更加坚定了其先前的观点：尽管在内容上几乎相同，但与各州的最高法院在其管辖范围内通过的司法行为守则相比，《法官行为准则》既不具有强制性，又不可被强制执行。理由如下：

尽管美国《法官行为准则》可能具有一定的参考价值，但其主要规定却太过笼统；在许多潜在的应用情境中，《法官行为准则》只是一种美好的愿望，而非一套纪律规则。归根结底，确定何种不当行为是违反规定的，仍旧是巡回法院司法委员会的职责……⑦

在当前版本的《司法政策指南》中，司法会议对有关纪律处分程序的规则进行了重申，《法官行为准则》在纪律处分程序中可能会具有一定的“指导性”，但“最终”仍是由司法委员会根据《法案》来酌情决定“什么行为会被认定为不当”。⑧现行的

---

①② 《美国国家司法纪律与免职委员会的报告》，载《联邦规则裁定》1994 年第 152 卷，第 265、344 页。本文作者查尔斯曾担任该委员会的顾问。

③ 司法行为和无能力履行法案研究委员会：《布雷耶尔委员会报告》(2006 年)。

④ 同上书，附录 E，第 147 页。该附录是供布雷耶尔大法官自行使用的。

⑤ 同上书，附录 E，第 147 页。

⑥ 同上书，第 78、86 页。

⑦ 美国司法会议：《司法行为及无能力履行义务法》(2008 年)，第 5 条。

⑧ 《司法政策指南》(2019 年)，第 E 部分第 3 章，第 9 页，载美国法院网，https://www.uscourts.gov/sites/default/files/vol02a-ch02_0.pdf[https://perma.cc/9L4W-GB6A]，最后访问时间：2024 年 5 月 14 日。

美国《法官行为准则》在其评注中指出，《法官行为准则》（美国联邦司法会议于2019年修订）“可……提供行为标准，以适用于”纪律处分程序，但也重申了司法会议中的一贯观点，即“并非每项违反《法官行为准则》的行为都必然会受到纪律处分”，因为“《法官行为准则》中的许多规定的措辞是笼统的”，“法官可对其作出不同的合理解释”。①

自《司法行为及无能力履行义务法》实施以来的四十余年间，司法会议及其追随者们一直对《法官行为准则》在纪律处分过程中的作用敬而远之。②在“但是”之前，司法会议首先解释了为什么《法官行为准则》的实用性会受到极大的限制。联邦司法机构在纪律处分程序中对《法官行为准则》的束之高阁是可以用数据衡量的，各州最高法院和司法行为委员会通常会对各自的行为守则进行分析和应用，以为其在纪律处分程序中的决定提供解释和依据，但在同样的程序中，《法官行为准则》只会在3%到4%的情况下被适用。③

针对联邦司法系统长期以来未能在纪律程序中采纳《法官行为准则》的各种解释是站不住脚且不具有说服力的。关于“《法官行为准则》并非旨在起到纪律规则来源的作用”的说法在超技术层面上是正确的，因为在建立纪律程序之前，司法会议就已经采纳了该行为准则；但在实际意义的层面上，这一说法却是错误的，因为美国律师协会的《法官行为准则》（1972年）——得到了司法会议的整体采纳——是为了明确建立强制性的行为标准并适用于纪律程序。事实证明，认为美国《法官行为准则》过于笼统而无法作为纪律依据的说法是错误的。因为自1972年以来，几乎相同的准则已适用于五十个州的司法体系中的纪律程序中。“法官是否违反

---

① 《法官行为准则》（2019年）第1条注释，载美国法院网，https://www.uscourts.gov/sites/default/files/code_of_conduct_for_united_states_judges_effective_march_12_2019.pdf[https://perma.cc/H6KF-AFNZ]，最后访问时间：2024年5月14日。

② 参见美国司法会议：《司法行为及无能力履行义务法》（2008年），第5条。“美国《法官行为准则》明确涵盖了广泛的职务外活动，其中的一些可能构成不当行为。”

③ 参见[美]杰弗里·N.巴尔、[美]托马斯·E.威灵：《1980年〈司法行为及无能力履行义务法〉规定的分权自治、问责和司法独立》，载《宾夕法尼亚大学法学评论》1993年第142期，第25、84页。该文指出：“在对首席法官的命令进行抽样调查后，只有13份（3%）援引了《美国法官行为准则》。”[美国法院管理办公室：《美国联邦法院法官会议议程报告》（1992年），第62页。司法行为和无能力履行法案研究委员会：《布雷耶尔委员会报告》（2006年），第35页；“他们很少引用《美国法官行为准则》（占比仅为4%）……”]

了《法官行为准则》具有不确定性”，对于这种言之凿凿的说法，通过几十年来在五十个司法管辖区内对内容几乎相同的条款所作的解释，已经能够大大减少这种不确定性。

总的来看，司法会议为其长期持有的观点所作的辩护可以说是语无伦次。毫无疑问，关于法官因做出“有损于高效、高速地管理法院事务”①的行为而受到纪律处分的联邦法定标准是“德尔斐式”（模棱两可）的。司法会议得出结论，认为即使《法官行为准则》的起草者设计该条款是为了在纪律处分程序中使用，在适用这一模糊的标准时，对于联邦司法委员会而言，也最好在未受其指引的情况下行使自由裁量权，而非默认适用《法官行为准则》中的具体规定，因为《法官行为准则》中的措辞有时太过笼统。笔者并不认同这种结论。

联邦司法机构虽未表示接受，但并未明确拒绝参照《法官行为准则》实施纪律处分，由此也产生了三个后果。首先，由于司法委员会不愿意将其对司法行为的分析与《法官行为准则》中已作明确阐述的规范联系起来，而只愿意在《法案》（以及过去的实践）缺乏指导性内容的情况下行使自由裁量权。这种在纪律处分程序中将《法官行为准则》边缘化的行为，无疑会导致更多从表面看来很武断的决策。其次，《法官行为准则》解放了司法委员会，使其可以在《法案》对司法机关及法官不道德或不当行为的规定缺位时，对他们作出纪律处分。正如第九巡回区司法委员会所作的一项合理解释所言：“国会就纪律问题制定的标准明显低于《法官行为准则》所期望达到的程度，而且二者在概念上也有所不同。”②令人遗憾的是，法官委员会对有关不当行为的投诉置之不理，而将司法会议制定的行为准则描述为“不道德”。最后，《法官行为准则》的效力会变得局限。《法官行为准则》中的“可以”条款为纪律处分程序提供了行为标准，但大多数情况下并非如此。因为普通法官无法确定纪检机构是否或者何时会对这些规范熟视无睹，何时又会把它们拿来适用。

改革的进行伴随着对如下几个命题的承认。一方面，不道德的司法行为指《司法行为及无能力履行义务法》中所规定的有损法院有效运转的行为。另一方面，美

---

① 参见《美国法典·第 28 卷》，第 351(a)条规定。

② 联邦第九巡回法院：《关于司法不当行为的指控》（1995 年），载《联邦报告》系列三第 62 卷，第 320 页。

国《法官行为准则》界定了不道德司法行为的范围。如果《法官行为准则》认定特定的行为是不道德的，则即可推定该行为应按照《法案》受纪律处分。但由于使用的措辞过于宽泛，有时无法确认某行为是否违反《法官行为准则》，在这些模棱两可的情况下，作出纪律处分是不恰当的。但是，几十年来，随着各州和联邦系统对各自行为守则（改编自美国律师协会制定的条款）作出解释的不断增加，这些模糊的表述已大大减少。

因此，笔者的建议是，将《法官行为准则》中规定的违规行为，默认为对法院的高效、高速运转有损害的行为，从而受到《司法行为及无能力履行义务法》的违纪处分。联邦司法机构应像几乎所有州的司法系统一样，用"应当"取代《法官行为准则》中的"可以"。但如果《法官行为准则》中规定的违规行为虽不可取，但过于轻微，不足以对其进行纪律处分，则也可保留"不可"这一添加了限定条件的表述，或将该条从《法官行为准则》中删除。①"默认机制"也允许某些情况下的例外，例如，当法官的行为仅违反了《法官行为准则》的字面规定，并未构成道德失职时，违纪处分就不会适用。然而，当法官对《法官行为准则》的轻微违反现象变得越来越普遍时，最好通过首席法官的纠正性指导或私下训诫等方式（如《法案》所授权的）来处理，而非袖手旁观。

（二）《行为准则》作为理想指南的作用

在某种程度上，联邦司法机构在纪律处分程序中长期缄默不语，不愿执行其行为准则（与州司法系统形成鲜明对比），可归因于其对第三条"例外原则"的错误理解，以及出于其自身利益的考虑，希望尽可能少地受到道德监督的问责。然而，其中也蕴含了相对更为合理的担忧。《法官行为准则》在纪律程序中的滥用会产生如下的危险：尽管强化了行为准则在纪律方面的作用，却削弱了其作为鼓舞性和指导性源泉的第二作用。

如果将《法官行为准则》理解为纪律处分的辅助手段，那么它就会从一套原则变为一套规则。这种情况下，探究的重点就有可能从好法官应该怎么做，转变为坏法官必须做什么才能避免被制裁。奥利弗·温德尔·霍姆斯（Oliver Wendell

① 例如，有关回避制度的规定明确指出，在适用回避条款时出现的失信问题，不应被认定为构成纪律处分要件的"非道德"行为。

Holmes)认为：

> 如果你只想了解法律，而不想了解其他东西，那么你就必须像一个坏人而不是像一个好人那样去看待法律，因为坏人只关心法律所能预测的物质性后果，而好人则会从更隐晦的内心制裁中寻找自己行为的依据，无论是在法律之内还是之外。①

但就司法伦理而言，我们希望了解的不仅仅是"法律"。纪律导向型准则的危险性在于，它可能鼓励受其权威约束的法官运用福尔摩斯式的"坏人"眼光来看待行为准则，却将个人抱负抛诸脑后，并按照避免受到纪律处分所需的最低标准来构建他们的行为。这无疑会引发一场底线竞赛，并让所有受《法官行为准则》约束的人都成为"坏人"。②在为我们的论文撰写前言时，印第安纳州前首席大法官、首席大法官会议前任主席兰德尔·谢泼德（Randell Shepherd）也踌躇满志地提出这一点：

> 虽然"准则"一词仍出现在今天的司法规则中，但它们现在读起来更像一部"法典"，几乎每一处"可以"都变成"应当"或"必须"。这种法典化的转变无疑给那些违纪案件的起诉人或辩护人带来了慰藉，这可能也是司法机构在法官人数发展到数万名后的必然产物。我可以接受这一切，但仍然感到我们在从期望到规定的转变过程中失去了一些有价值的东西。③

这种情况绝非不可避免。勉励法官做正确的事和在他们做错事时对他们进行纪律处分最终是相容的。对于将《法官行为准则》在执行过程中的作用放在首位的司法管辖区而言，他们面临的挑战是如何重新实现《法官行为准则》中的理想宗旨，并使该宗旨与纪律处分的重点齐头并进。

《法官行为准则》的精神和宗旨体现在宏观伦理原则中，而微观伦理规则负责将其付诸实施。正如《法官行为准则》的序言部分所述，这些价值观（最主要的是公

---

① ［美］奥利弗·温德尔·霍姆斯：《法律之路》，载《哈佛法律评论》1897年第10期，第457、459页。

② ［美］大卫·卢班：《坏人与好律师：关于福尔摩斯中法律之路的百年纪念文》，载《纽约大学法律评论》1972年第72期，第1547、1572页。大卫表达了类似的担忧，即如果律师在向委托人提供建议时，假定其委托人是福尔摩斯式的"坏人"，"律师将按照其假设的方式来完成法律代理"。

③ ［美］查尔斯·加德纳·盖伊、［美］詹姆斯·J.阿尔费尼、［美］詹姆斯·桑普：《司法行为和伦理》（2020年第6版），前言部分。

正、独立和廉洁）是司法机构的核心使命。[1]但是，在这个两极分化、政治化的时代，宏观伦理价值观即使没有受到攻击，也会受到严格的审查。针对政治意识形态影响司法决策的怀疑，已经使司法的公正性受到质疑。如果法官不再被视为中立的裁判者，而被看作披着法袍、受意识形态驱使的立法者，那么司法独立、不受民众和政治干预就不再是美德，而是恶习。并且公众会认为司法机构中充斥着佯装公正、滥用独立性的"积极分子"，这更会让人们对司法的公正性产生怀疑。

当法官无法就上述价值观（公正、独立和廉洁）的适用范围达成一致而渐渐陷入虚无主义时，司法机构也无法消除公众对法官的不信任感。要重新实现对其行为准则及背后的宏观伦理价值观的期待达到的效果，就需要司法机构更广泛、更深入地参与《法官行为准则》的审查和修订过程中去。

虽然程序各不相同，但很少有普通法官能够在颁布和审查作为其行为规范的道德准则中发挥积极作用。相反，通常情况下，首席大法官会像对待有关执业、程序、管理和律师的行为规则那样，把这项任务委托给委员会。[2]这些委员会可能会举行公开听证会，或邀请公众就拟议规则发表意见，这无疑为该领域参与积极性很高的法官提供了机会。[3]如果唯一的目标是确保经过修订的行为准则是合理的、精心起草的，那么其实已经足够了，因为各州的委员会在审查开始时，使用的正是已经经过多年仔细审核的美国律师协会范本。

然而，如果目标是让某一司法管辖区内成百上千的法官重新实现《法官行为准则》期待达到的效果，则可能需要更多的支持。有大量心理科学研究证实，让群体

---

① 参见美国律师协会：《法官行为准则》（2007年）序言。

② 《新的司法行为准则正在审查中》，载《印第安纳法院时报》2008年2月29日，https://perma.cc/TA87-LU6L。该文指出："2007年，最高法院任命了道德和职业委员会的小组委员会，由玛丽安・沃里斯法官担任主席，马克・R.凯拉姆斯法官、玛格丽特・G.罗伯法官、埃文・S.罗伯茨法官、迈克尔・P.斯科佩利蒂斯法官以及迪安・A.索贝奇法官担任委员，以研究最新版的美国律师协会《法官行为准则》，并起草新版的《印第安纳法官行为准则》。"另见［美］霍华德・W.布里尔：《阿肯色州司法行为守则》（2009年），载2009年《阿肯色法学评注》，第1、3页。

③ ［爱尔兰］凯瑟尔・康尼利：《最高法院通过对〈法官道德准则〉的修改》，载加利福尼亚法院官网，https://www.courts.ca.gov/19892.htm[https://perma.cc/FCD6-EJBR]，最后访问时间：2024年5月14日。该文指出："委员会两次邀请公众就其修订建议发表意见，并仔细审查了来自众多个人和团体的意见。加州法官协会和司法绩效委员会提交的意见对委员会也十分有帮助。部分司法官员和律师、美国律师协会、洛杉矶高等法院、加州法官联盟等也提供了有用的建议。"

成员积极参与表达对共同目标的支持和认可，是实现“买入”（大量认可）的重要手段。[①]但对于忙碌的法官们而言，他们不太可能放下手头的工作，而集体参与到行为准则的审查、修订和认可这一漫长的过程中去。但是，对于州司法会议和法官继续教育者来说，在解决法官们面临的一些更具挑战性的伦理困境时，通过围绕核心原则开展共识建设工作却是十分现实的。[②]远程会议技术可以将大型的集会划分为若干小组，以较低的成本实现各方的普遍参与。将这一技术加以应用，以重新实现《法官行为准则》期望对法官起到的效果，无疑值得一试。

五、结　论

通过类似于伯班克教授对司法独立的开创性研究方式，本文对司法伦理的框架进行了综合。对司法伦理的宏观、微观和关系要素的区分，揭示了现代伦理争议中正在出现的一种新模式，即微观伦理规则背后的宏观伦理原则得到的共识正在减弱，导致对立的关系性利益日渐占据主导地位。这种因受到党派和司法人员自身利益的影响而剧增的共识的减少表明，有必要重新审视司法伦理的惩戒目标和理想目标之间的关系，以寻求伦理规则约束下法官必须实现的共识。只有这样，这些规则才能继续服务于其宗旨。

---

① 参见[苏格兰]凯文·汤姆森等:《购入基准：员工的理解和认可如何影响品牌和业务绩效》，载《市场管理杂志》1999 年第 15 期，第 819 页。该文详细介绍了一项针对 350 名员工和管理人员的研究，该研究发现了心智和情感上的认同与绩效表现之间的联系。另见[美]萨拉·E.平克尔曼:《校内鼓励及积极干预行为对感知促进与阻碍的可持续性研究》，载《行为障碍》2015 年第 40 期，第 171、175 页。作者讨论一项关于实施积极行为干预和鼓励(PBIS, Positive Behavioral Interventions and Supports)计划，该研究发现员工的认同是最有力的影响因素。

② 司法系统通常会将道德问题纳入其教育计划，但笔者在此提出建立共识的“认同”则是一个不同类型的项目。

法律伦理规则的理性决策

[美]约翰·S.杰恩科夫斯基(John S. Dzienkowski)

[美]约翰·M.戈登(John M. Golden)*

崔希灵　曾文涛**　译

一、引　言

美国法律界依赖一个包含起草、审议及通过律师伦理规则的体系,该体系既有集中的方面,又有分散的方面。美国律师协会成立至今已有一百多年,一直认为自身是伦理规则的集中制定者。①虽然美国律师协会在执行职责的过程中遭遇过一些批评,然而,其所制定的《职业伦理准则》对于联邦及各州法院及相关机构在制定

* [美]约翰·S.杰恩科夫斯基,得克萨斯大学奥斯汀分校法学院约翰·萨顿讲席教授,研究方向:律师职业和法律程序。[美]约翰·M.戈登,得克萨斯大学奥斯汀分校法学院爱德华·奈特讲席教授,研究方向:律师职业、企业经营和创新。本文是为《福特汉姆法律评论》和斯坦因法律与伦理中心于2020年10月9日在福特汉姆大学法学院举办的题为“司法在专业监管中的角色”的研讨会而作。我们对布鲁斯·格林教授,路易斯·斯坦法律主席和斯坦法律与伦理中心主任,以及《福特汉姆法律评论》编辑们为此次研讨会的成功举办所付出的辛勤努力表示诚挚的感谢。我们还要感谢布莱恩·菲茨帕特里克、布鲁斯·格林、蕾妮·克纳克·杰斐逊、莱斯利·莱文、汤姆·利宁格、保罗·帕顿、艾米莉·泰勒·波普和伊莱·瓦尔德对本文初稿提出的意见。

** 崔希灵,上海外国语大学2022级法律硕士研究生;曾文涛,上海外国语大学2022级法律硕士研究生。

① See Canons of Pro. Ethics(Am. Bar Ass'n 1908); Model Code of Pro. Resp.(Am. Bar Ass'n 1980); Model Rules of Pro. Conduct(Am. Bar Ass'n 2020).

议程方面产生了深远的影响。①每当美国律师协会代表大会审议并通过《职业伦理准则》，诸多州及联邦法院及相关机构，便会审慎评估并在其管辖领域内考虑是否采纳该准则。此外，一旦示范准则具有正式的法律效力，联邦和各州政府通常会依赖于美国律师协会或其州级协会的撰写委员会所提供的权威性解释和指导。

新制定程序或对解释的异议，通常揭示了对决策合理性的疑虑。律师协会、法院或相关机构在提出拟议规则时，给出的理由与意见往往显得不够充分或缺乏有力的支撑。因此，可以预见，这些规则或其解释的质量将不可避免地受到影响。在此，我们观察到，行政法的模式为法院在处理这些问题时提供了借鉴——联邦与州法院在引导并强化行政机构作出理性决策的过程中，已充分遵循了这种模式。

在审议伦理规则的制定和解释时，我们建议法院采纳已在行政法领域广泛运用的两种规则制定方法。第一，尽管法院在特定领域的专业知识可能不及相关行政机构，但仍需对行政机构制定的规则进行"严格审查"。此类审查旨在确认行政机构在制定规则时，是否已充分论证其合理性②，是否给予相关利益方发表意见和建议的机会③，以及是否全面考察了这些意见和所有提交的证据。④第二，在涉及法律解释等问题时，法院应审慎考量行政机构的意见，其重视程度应与机构在制定此类解释时所遵循的程序性质成正比。⑤在伦理规则方面，法院可以采用相似方式促进理性决策：一是对律师协会提出的规则进行类似的"严格审查"后予以采纳；二是

① 随着时间流逝，从《职业伦理准则》到《职业责任示范守则》再到《职业行为示范规则》，各州在地方版本中融入了与美国律师协会语言存在差异的内容。这种差异的出现，可以理解为源于地方实践与全国规范的差异，同时反映出各州强调自身判断而非全国统一目标的态度。

② See Motor Vehicle Mfrs, Ass'n of the U.S., Inc. v. State Farm Mut. Auto. Ins. Co., 463 U.S. 29, 43(1983)(解释说，即使在遵循"审查的'武断和随意'标准"过程中，"机构仍需对相关数据进行审查，并针对其采取的行动给出令人满意的解释")。

③ See United States v. N.S. Food Prods. Corp., 568 F.2d 240, 252(2d Cir. 1977)(要求披露机构所依赖的数据，以便就规则制定通知提出"具有实质性的意见")；Emily S. Bremer, "The Exceptionalism Norm in Administrative Adjudication", *2019 Wis. L. REv. 1351*, 1363—1364("法院要求机构的最终规则应是其提议规则的'逻辑延伸'，旨在确保通知和评论过程的正常运作及完整性")。

④ See David L. Franklin, Legislative Rules, "Non Legislative Rules, and the Perils of the Short Cut", *120 YALE L.J. 276*, 2010, 318(将"严格审查"定义为"要求机构为其制定的规定提供充分解释，涵盖在评论阶段针对相关规定所提出的任何具有实质性的异议或替代方案的回应")。

⑤ See United States v. Mead Corp., 533 U.S., 2001, 218, 228("在衡量一个机构对其自身法规管理的公正性时，需考虑具体情况，法院在衡量时，会综合考虑该机构的审慎程度、一致性、正式性和相对专业性，以及其立场的说服力")。

仅对律师协会的伦理规则意见给予适当重视，其重视程度取决于律师协会所遵循的程序及其记录在案的推理质量。

本文第二章概述了法律职业伦理规则制定的性质及其在美国的历史。鉴于该概述可能导致人们更倾向于进行激进的改革，因此在第三章中，我们认为有必要阐明论证分析的局限性，以确保对改革措施有全面的理解和准确的评估。在这两部分中，我们假定伦理规则的起草和意见撰写工作仍将由律师协会或法院指定的委员会承担，而协会提出的规则或立场最终需经法院通过方可生效。我们的研究重点在于如何优化这种司法与协会协同的程序。

尽管我们有理由怀疑将自我监管的责任交给律师协会是否正确，毕竟律师协会在为自己制定规则①，我们还是认为：(1)此方法具有若干直接优势；②(2)鉴于其当前稳定的表现，我们应该考虑如何对其进行改进，而非简单地跳过并寻求替代方案；(3)作为过渡性措施至少是具有一定价值和意义的。

此外，美国律师协会在规则起草、通过及意见撰写方面，或可受益于一项重要的共识：即美国律师协会的规则和意见将在类似于行政法所使用的程序和审查步骤下进行审议。③同时，我们也意识到，近年来美国律师协会无法在某些领域通过

---

① See Lester Brickman, "ABA Regulation of Contingency Fees: Money Talks, Ethics Walks", *65 FORDHAM L. REV.*, 1996, 247, 257—258(注意到原告律师与被告律师之间，在美国律师协会伦理准则方面存在潜在的勾结行为。这是因为，"侵权制度扩张所带来的经济利益，并不仅仅使原告律师受益"); See also Benjamin H. Barton, "An Institutional Analysis of Lawyer Regulation: Who Should Control Lawyer Regulation Courts, Legislatures, or the Market?", *37 GA. L. REv. 1167*, 2003, 1175 (主张立法机构"更有可能实现以公共利益为导向的监管，限制律师的寻租行为")。

② See Bruce A. Green, "Whose Rules of Professional Conduct Should Govern Lawyers in Federal Court and How Should the Rules Be Created?", *64 GEO. WASH. L. REV. 460*, 1996, 467.(得出结论认为，与行政机构的监管相比，"司法机构对律师协会实施无利益关联的监管方式是十分明智的"。原因在于，行政机构往往受自身利益驱动，易倾向于政府的立场); Ted Schneyer, "Legal Process Scholarship and the Regulation of Lawyers", *65 FORDHAM L. REv.*, 1996, 33, 41("立法机构和行政机构在职业规则制定方面相较司法机构或最高级别专业协会具有优势，这一观点虽然在概括上站得住脚，但在制定法律执业标准的过程中，却未必妥当")。

③ 在美国律师协会对伦理示范守则进行全面审查的过程中，委员会通常运用各类程序，包括委员会会议、报告、听证会和意见征询。然而，在针对部分规则进行渐进式修改时，这些审查步骤往往遭到简化或大幅度缩减。See "About the Model Rules", *ABA Groups*, https://www.americanbar.org/groups/professional_responsibility/publications/model_rules_of_professional_conduct, last visited on Jan. 27, 2021(详细介绍了《示范规则》的最新修改)。此外，美国律师协会的伦理与职业责任常设委员会具有就律师与法官伦理守则发表意见的权限。在意见撰写过程中，该委员会通常不采纳"通知与意见征询"程序。这些意见在范围和依据方面各有侧重。

规则，导致各州不得不自行考虑这些议题。针对此情况，联邦与州法院及相关机构在权力下放过程中的审议工作，也许能从我们的建议中得到启示。

二、由律师协会主导的伦理规则制定程序

美国律师协会自成立之初，便致力于维护律师职业形象及实施行业自我监管。①1887 年，亚拉巴马州律师协会率先制定了基于 19 世纪律师职责理念的伦理规则。②随后，由美国精英律师组成的美国律师协会，于 1908 年继承了行业协会的优良传统，参照亚拉巴马州法典，推出了《职业伦理准则》。③该准则旨在为全美各州提供示范性的伦理规则，以指导各州律师行业的实践操作。至今，美国律师协会仍秉持这一理念，为各州伦理规则的制定提供指导与参照。

法规颁布是美国律师协会指导与规范下的监管体系构建的一个重要环节。美国律师协会的观点之一是对律师采取分散监管的方式，并提倡各州授权当地律师协会以更好地发挥其核心职能。④美国律师协会主张每个州设立一个律师机构来执行对律师的日常监管，从而使该模式在全美标准化。此举使各地区形成了统一的运作模式，进一步加深了地方司法部门对州律师协会的依赖程度。⑤美国律师协会深知，法官在法律实务中扮演着举足轻重的角色。通过协助构建专门的监管机构，美国律师协会能够有效推动监管事务的发展。⑥此外，司法部门监管权力的专

---

① Lawrence Friedman, *A History of American Law 96*, 2d ed. 1985, 303—305(详细描述了早期殖民地时期公众对律师的不满)。

② See generally Carol Rice Andrews Et Al., *Gilded Age Legal Ethics*: *Essays On Thomas Goode Jones' 1887 Code and The Regulation of The Profession*, 2003.

③ 乔治·夏斯伍德(宾夕法尼亚州法官)，以及大卫·霍夫曼(巴尔的摩律师兼教师)的著作对1908 年美国律师协会采纳《职业伦理准则》产生了重要影响。See Thomas L. Shaffer, "David Hoffman's Law School Lectures", *32 J. LEGAL EDUC. 127*, 1982, 128.

④ See Richard L. Abel, "Why Does the ABA Promulgate Ethical Rules", *59 TEX. L. REV. 639*, 1971, 651.

⑤ 人们或许会主张，提倡构建全国性律师协会能更为有效地对法律职业进行规范。然而，分权制度下，美国律师协会作为集中力量的关键角色，相较于各州，其在协调、人力资源及资金投入方面均优于联邦政府监管的律师协会。

⑥ See Richard L., *Abel*, *American Lawyers*, 1989, 46(审查美国律师协会对综合性律师协会的支持情况)。

有性可能对其他政府实体参与律师监管构成一定影响。①而“协会调解程序”指美国律师协会在全国范围内推行伦理规则时所倾向的一种程序——在此过程中,法院对律师协会表现出高度信任,并指定由律师主导的委员会负责起草相关程序。最终,这些程序的通过权归属于州高等法院。

在美国律师协会中,主要规则的修订工作,通常交由专业委员会负责,而较小规模的修改则由各部门独立决策。②负责主要修订的委员会会组织听证会,发布工作文件,并提出相应的草案。③这些修订案最终需提交至由全国各地律师和法官组成的代表大会进行审批,这些代表具有丰富的实践经验。④虽然这种多元化的参与方式有助于广泛收集各方意见,但也可能成为推动改革的障碍。⑤此外,律师界外的相关专业组织亦会积极推动与其利益相关的改革。⑥在某些情况下,这些组织已成功影响了美国律师协会的工作方向。改革有时是国会在面临危机时施加压力的结果,而美国律师协会始终致力于减少外部监管对规则制定过程的干预。起初,美国律师协会的规则主要侧重于保障律师在代表客户和作为法律体系中自我监管的重要角色时的权

---

① See David B. Wilkins, “Who Should Regulate Lawyers?”, *105 HARV. L. REV. 799*, no.36, 1982, 810.

② See ABA Groups, *Policy & Initiatives*, https://www.americanbar.org/groups/professional_responsibility/policy, last visited on Jan. 27, 2021(列出了《示范规则》的修订内容及与之相关的背景资料)。

③ See generally James Podgers, “Come the Evolution: Ethics 20/20 Proposals Seek to Adapt Existing Professional Conduct Rules”, *98 A.B.A. J. 26*, 2012(详细介绍了20/20伦理委员会根据技术和全球化的最新趋势所作的修订)。

④ See ABA Groups(2019), *FAQS: The House of Delegates*, https://www.americanbar.org/content/dam/aba/administrative/house_of_delegates/house-publications/hod-faqs-2019.pdf.

⑤ See generally John S. Dzienkowski, “Ethical Decision making and the Design of Rules of Ethics”, *42 HOFSTRA L. REV. 55*, 2013. 美国律师协会一直未能解决非律师人员参与法律实践以及法律实践全球化的问题。Id. at 88—90.

⑥ 1980年,罗斯科·庞德创立的美国审判律师基金会设立了一个委员会,负责起草替代美国律师协会库塔克委员会草案的方案,该方案最终演变为《示范规则》。See Monroe H. Freedman, “The Influence of the American Lawyers' Code of Conduct on ABA Rules and Standards”, *38 HOFSTRA L. REV. 927*, 2010, 927. 2014年,职业责任律师协会组建了一个委员会,对各州律师广告违规现象进行研究,并提出了修订规则的提案。See APRL, *Association of Professional Responsibility Lawyers Applauds ABA's Changes to Lawyer Advertising Rules*, https://aprl.net/association-of-professional-responsibility-lawyers-applauds-abas-changes-tolawyer-advertising-rules, last visited on Aug.8, 2018. 职业责任律师协会的提案对美国律师协会多年来的小幅修改进行了全面审视,促使美国律师协会对律师广告和招揽行为的监管进行更为系统的调整。Id.

益。然而，随着法院开始运用伦理规则对律师进行处罚、制裁，以及调整渎职行为的标准，美国律师协会不得不调整其重心，以适应其示范规则在法律实践中的新角色。①

在大多数州，根据州宪法或司法机构的固有权力，高等法院被赋予了针对法律职业的监督权。②因此，这些法院仍然是制定和实施伦理规则的重要主体。③法官不仅负责监督法庭运作和纪律处分程序中伦理规则的起草、审查及通过等过程，还负责指导律师在诉讼及非诉讼事务中如何代表客户。④当然，法官的职责远不止于此。美国律师协会的集中性和全国性使其有能力通过美国律师协会示范规则为各州制定议程。⑤此外，美国律师协会还投入大量资源游说各州效仿其做法，并跟踪其进展情况。⑥在大多数州，美国律师协会的模式成为分析的起点，但在其他一些州，地方法律和实践受到更多关注⑦，导致这些规则的起草、审查及通过过程存在

① See Ted Schneyer, "Professionalism as Bar Politics: The Making of the Model Rules of Professional Conduct", *14 LAW & SOC. INQUIRY 677*, 1989, 688—689. 赞扬美国律师协会努力帮助法院和立法者，从而有利于法治的观点，see Stephen Gillers, "How to Make Rules for Lawyers: The Professional Responsibility of the Legal Profession", *40 PEPP. L. REV. 365*, 2013。

② CHARLES W. WOLFRAM, MODERN LEGAL ETHICS § 2.2.3(1986)(描述固有权力理论)。

③ See Eli Wald, "Should Judges Regulate Lawyers?", *42 McGEORGE L. REV. 149*, 2010, 154—157(审查法官发布行为准则的权威)。

④ Charles W. Wolfram, "Toward a History of the Legalization of American Legal Ethics the Modern Era(pt. 2)", *15 GEO. J. LEGAL ETHICS 205*, 2002, 207("监管机构在行政和司法规则制定系统的支持下，并通过该系统向前推进……")。

⑤ 许多州只有在美国律师协会修订其示范规则时才会考虑对规则进行修订。See Amon Burton, "The Legacy of Ethics 2000: Progress Toward Greater Uniformity in State Ethics Rules", *55 ADVOC.(TEx.) 24*, 2011, 25(注意到根据美国律师协会伦理 2000 委员会的努力，已有 45 个州对其伦理规则进行了修订)。其他州，例如佛罗里达州和纽约州，根据最高法院及律师协会的利益，正考虑在美国律师协会修订之外对相关规则进行调整。See SUNETHIcS, *Proposed Changes to Florida Bar Rules*, http://www.sunethics.com/proposed-amendments-to-rpc.html, last visited on Jan. 27, 2021(列出修订《佛罗里达州职业行为规则》的年度提案); Preface to the 2020—2021 Edition of ROY D. SIMON, SIMON'S NEW YORK RULES OF PROFESSIONAL CONDUCT ANNOTATED, Westlaw(database updated Dec. 2020)(描述了纽约职业责任规则的重大变化)。

⑥ See *Policy & Initiatives*(美国律师协会的职业责任中心政策实施委员会被描述为"在审查和执行已获通过的政策方面为司法辖区提供支持，向律师协会及公众传播政策，并维护有关实施工作的全国性信息交流中心")。

⑦ 在各州法律法规中，关于律师对客户保密义务的规定差异显著，这一现象成为当前主导地位的一个例证。See Att'ys' Liab. Assurance Soc'y, Inc., *Disclosure of Client Confidences*, 2019, reprinted in Thomas D. Morgan, *Model Rules of Professional Conduct and Other Selected Standards 133 app. A*, 2020. 部分原因在于披露客户秘密的义务源于判例法的权威，部分原因在于部分州已作出政策决策，认为预防人身犯罪相较于保护律师与客户之间的秘密更为重要。

差异。以得克萨斯州为例，其最高法院会将重大的修改提交给全州律师进行全民公决，较小的修改则直接由高等法院决定。①相比之下，在大多数州，最高法院行使其固有权力，直接通过其行为守则。

此外，大多数州法院会指定一个或多个委员会向法院提出建议。②在设有统一或强制性律师协会的州，法院可以依靠州律师协会委员会来审议并通过伦理规则。③而在实行自愿性律师协会的州，法院可能会选择依赖负责监管法律实践的机构，或者通过任命特定的委员会作为其固有权力的一部分，来监管法律实践。④归根结底，高等法院有限的资源和人员限制了采纳过程中可以采取的措施。在特殊的情况下，一些州的立法机构会直接介入针对律师的监管，可能是通过对州律师机构进行定期审查，也可能是通过制定针对律师的特定法律。⑤法律对律师的规范，有时直接针对律师行为，有时则以整个法律行业为对象。⑥法规与律师协会规则之

---

① See STATE BAR OF TEX., *Proposed Amendments to the Texas Disciplinary Rules of Professional Conduct*, https://www.texasbar.con/AM/PrinterTemplate.cfm?Section = Grievance_Info_andEthicsHelpline&Template = /CM/HTMLDisplay.cfm&ContentID = 11291&FuseFlag = 1, last visited on Jan. 27, 2021（介绍规则修正案的审议程序）；See also *Order Amending Comments to the Texas Disciplinary Rules of Professional Conduct and the Texas Rules of Disciplinary Procedure*（*Tex. Mar. 22, 2016*）, http://www.txcourts.gov/media/1332594/169032.pdf[https://perma.cc/ATD9-UY9T], last visited on Jan. 27, 2021.

② 关于州最高法院通过委员会程序审议伦理规则的例子，see STATE BAR OF CAL., *Rules Revision*, http://www.calbar.ca.gov/Attorneys/Conduct-Discipline/Ethics/Committees/Rules-Revision, last visited on Jan. 27, 2021（探讨加州委员会在起草、审议及提交规则调整过程中的应用实践）。

③ 大多数州都设有统一或强制性律师协会，该协会要求在该州执业的律师必须加入。See Kevin J. Robinson, "President's Page: A Unfied Front: The Need for Mandatory Bar Associations", *W. VA. LAW.*, 2014, 6, 6（指出有33个司法管辖区设有强制性律师协会）；see also Terry Radtke, Note, *The Last Stage in Re-professionalizing the Bar: The Wisconsin Bar Integration Movement*, 1934—1956, 81 MARQ. L. REv. 1001, 1998（审视美国统一律师协会运动的政治因素）。这些律师协会将部分监管及律师支持职能整合于同一组织之内。

④ 例如，2018年，加利福尼亚州将律师协会的部分职能拆分出来，并成立一个强制性监管机构，即重新定义的加利福尼亚州律师协会，以及一个名为加利福尼亚律师协会的自愿性机构。See CAL. LAWS. ASS'N, *About CLA*, https://calawyers.org/cla/about-cla, last visited on Jan. 27, 2021。

⑤ See Joe B. Cannon, "Sunset and the State Bar", *41 TEX. BAR J.* 1978, 807（描述得克萨斯州律师协会权限立法实施的定期审查）。

⑥ 在某些情况下，州级法规关于消费者保护或仲裁的规定可能适用于律师行业。或者，州立法机构可能会颁布专门针对律师行为的法规进行规范。以加利福尼亚州为例，其在《商业与职业法典》中就对律师执业实施了详尽的立法监管。See CAL. Bus. & PROF. CODE § § 6067—6228(West 2020)。

间的互动往往呈现碎片化和不协调的特点。①

在联邦体制架构下,法院在裁决案件时,往往会遵循所在州或美国律师协会的规则。②尽管曾有人试图设立一套统一的联邦伦理规则,但此番努力并未成功。③人们本可以期待联邦法院借助美国联邦法官会议的引导,来制定统一的伦理规则。然而,现实情况是,不同的巡回法庭在涉及冲突、保密和坦诚等核心伦理问题时,已经形成了各自独特的解释和做法。④一些涉及联邦和宪法影响的条款已经被纳入联邦程序和证据法典中。⑤同时,针对刑事领域律师行为的规范问题,美国最高法院亦基于宪法原则发表了权威意见。⑥国会选择对涉及联邦利益的律师行为实施监管⑦,联邦机构时常运用其对执业者的管辖权,最高法院也曾裁定,在此类情况下,联邦监管条款将优先于州级监管条款。尽管如此,在联邦行政层面,针对美国律师协会和州伦理规则,它们仍给予了相当的尊重与认可。

经过对律师伦理规则起草、审议及通过流程的细致考察,我们发现其中存在不足之处,这些缺陷导致律师伦理规则在社会实践中的效果未能达到预期。⑧美国律师协会作为一个专业组织,自然在保护其成员和专业人士的利益方面被寄予厚望。⑨

---

① 但有人会问,立法机构是否应在监管律师方面发挥更积极的作用。Eli Wald, "Should Judges Regulate Lawyers?", *42 McGEORGE L. REV. 149*, 158.

② See Judith A. McMorrow, "The (F) Utility of Rules: Regulating Attorney Conduct in Federal Court Practice", *58 SMU L. REV. 3*, 2005, 6.

③ See McMorrow, supra note 2, 2005, 10—19; Note, "Uniform Federal Rules of Attorney Conduct: A Flawed Proposal", *111 HARV. L. REV. 2063*, 1998, 2072.

④ See H. Geoffrey Moulton Jr., "Federalism and Choice of Law in the Regulation of Legal Ethics", *82 MINN. L. REv. 73*, 1997, 97—98.

⑤ See FED. R. CIv. P. 11(为律师向联邦法院提交文件设定标准);id. r. 26(b)(界定律师工作成果原则);FED. R. CRIM. P. 44(c)(2)(请求法院针对刑事案件中多个客户代理之间的利益冲突展开调查)。

⑥ 代表刑事被告的律师必须满足《美国1789年宪法第六修正案》关于律师有效辩护的要求。See Strickland v. Washington, 466 U.S. 668, 1984(设定了律师无效辩护指控的标准)。

⑦ See generally Fred C. Zacharias, "Federalizing Legal Ethics", *73 TEX. L. REv. 335, 1994* (审查美国国会可能选择的将伦理规则纳入联邦管辖范围的方式)。

⑧ See John Leubsdorf, "Legal Ethics Falls Apart", *57 BUFF. L. REv. 959*, 2009, 959—961 (确定律师行业中法律规范不健全所导致的五种趋势)。

⑨ See MaGali Sarfatti Larson, The rise of professionalism: A sociological analysis, 1977, 9—63; Max Rheinstein ed., Edward Shils trans., Max Weber, *Max Weber on Law in Economy and Society*, 1925, 11—356. 随着时间的推移,具体的机构目标也发生了变化,从而影响了法典改革的起草议程。例如,在某些年份,美国律师协会的会长们将规则改革的重点放在律师行业的全球化上,而在其他年份,他们则将改革的重点放在增加技术的使用上。

然而，现行的起草与通过机制可能导致监管失衡，使得律师协会的部分利益得到保护，而在难以达成共识的领域则存在监管不足。这种现象可能引发以下后果：首先，某些规则可能过度偏向律师利益的维护，而忽视了司法系统或客户的权益；①其次，某些以律师为核心概念的规则，如辩护热情，可能与现代争议解决机制的要求不相吻合；②最后，还存在一些旨在维护律师行业依赖小时计费和风险收费盈利模式的规则。③这些规则的制定可能未能达到社会所期望的明确标准，部分原因在于它们可能被设计成能够促使律师将现有行为调整至规则所允许的范围之内。④此外，规则的起草和通过过程可能缺乏透明度，且未能充分吸纳受影响个体和实体的意见。更进一步说，这些规则可能建立在未经实证分析和数据收集检验的理念和规范之上。⑤

司法独立在某种程度上被视为对既有体系的潜在制衡，但法院往往将更多的注意力集中在争议解决，而非伦理规则的制定上。它们在制定行为规则时，扮演的更多是监督者和名义上的制定者的角色。⑥本文的第三和第四章将深入探讨州司法机构如何改进其对规则制定过程的监督，并鼓励律师协会在规则解释方面发挥更大的作用。鉴于司法机构在资源、专业知识和兴趣上的相对局限性⑦，以及州法院在提供统一且广泛适用的标准时所面临的挑战，本章提出了一些更为激进的改革建议。其中，包括加强联邦政府在协调和监督普通法律伦理规则制定方面的作用。

---

① Stephen Gillers, "How to Make Rules for Lawyers: The Professional Responsibility of the Legal Profession", *40 PEPP. L. REV.* 377—387.

② See generally John S. Dzienkowski, "Lawyering in a Hybrid Adversary System", *38 WM. & MARY L. REV. 45*, 1996(审查对抗模式对争端解决的影响)。

③ 例如，《示范规则》第 1.5(c)条规定，在书面协议中明确说明的前提下，律师事务所有权在扣除预付费用之前计算风险费用。Model rules of pro. Conduct r. 1.5(c)(am. Bar Ass'n 2020)。这样的规定是可以理解的，鉴于律师行业面临的竞争压力日益加大，保障律师费用的措施显得尤为重要。See Thomas D. Morgan, *The Vanishing American Lawyer*, 2010, 207—213; see also model rules of pro. Conduct r. 1.5(c).

④ 例如，《示范规则》第 1.9 条规定了关于"实质相关"的检验标准，该标准用以判断律师是否适宜承接一项可能损害前任客户利益的全新代理业务。然而，该标准表述模糊，并且存在多种不同的解释。Model rules of pro. Conduct r. 1.9.

⑤ 在考虑非律师参与法律执业的问题时，美国律师协会尚未对允许非律师有限度参与法律执业的司法管辖区进行实证研究，以评估这些做法可能对客户和司法系统产生的影响(如有)及其性质。

⑥ See Eli Wald, "Should Judges Regulate Lawyers?", *42 McGEORGE L. REV. 149*, 2010, 155(将法官的作用描述为名义上的，尽管有观点认为法官具有监管律师的专有权力)。

⑦ See "Holland v. Florida", *560 U.S. 631*, 2010, 670(Scalia, J., dissenting)(指出法律伦理学是"分析严谨程度最低、因此最具主观性的法学科目")。

考虑到这些因素，采用行政法模式，尤其是联邦行政法模式来审查新的伦理规则，并赋予律师协会伦理意见相应权重，可能被视为迈向更广泛改革的一个中间步骤。这样的改革有望为构建一个更加高效、有效的法律职业伦理规则制定系统奠定基础。[①]

三、制定伦理规则的推理缺陷

第二章详细论述了构建法律伦理规范的步骤。这些步骤在很多层面上，均显示出对早期自律性协会的一种回溯[②]：身为州或国家律师协会成员的律师们负责起草并通过规范，以实现对自身的监管。同时，他们通过独立产生的伦理意见，对既有规范的解释作出实质性的贡献。当然，在法律职业伦理背景下，这个过程与真正的自我监管有所不同，因为伦理规则的执行通常掌握在政府手中。律师协会起草和发布的规范与意见，只有在得到政府机构(如州最高法院)的采纳后，才具有法律约束力。[③]事实上，鉴于律师的监管工作主要由政府机构负责执行，这使得传统的由律师协会调解的监管方式显得愈发过时。[④]

---

① See John S. Dzienkowski, "The Regulation of the American Legal Profession and Its Reform", *68 TEX. L. REV. 451*, 1989, 454(建议法律界充分借鉴受监管行业之经验教训)。

② See John C. Coffee Jr., "The Attorney as Gatekeeper: An Agenda for the SEC", *103 COLUM. L. REV. 1293*, 2003, 1316(直截了当的事实是"通过律师协会对律师实施私人自律，意味着公会的持续管理，由公会负责，为公会服务")。

③ See Fred C. Zacharias, "The Myth of Self-Regulation", *93 MINN. L. REV. 1147*, 2009, 1147(注意到律师"受职业规则的管理，这些规则通常由州最高法院制定并执行")；id. at 1153(注意到"律师纪律处分权限已由律师组织转移至州最高法院")；see also Schneyer, supra note 8, at 38(指出这一流程遵循的顺序为"美国律师协会制定伦理守则，州最高法院赋予这些守则法律效力，如有必要，州最高法院可对守则进行修订")。

④ 近期，美国财政部及国内税收署对其职业责任办公室所辖税务从业人员之监管，亦暴露出同类现象。财政部与国税局依据法定职权，通过制定法规与规则，对律师、会计师、注册代理人以及纳税申报人等展开监管。31 U.S.C. §330；31 C.F.R. §§10.0—10.97(2020)；The Office of Professional Responsibility (OPR) At-a-Glance, *IRS*, https://www.irs.gov/taxprofessionals/the-office-of-professional-responsibility-opr-at-a-glance, July 23, 2020. 尽管行政部门及其附属机构坚称，他们具有固有权力对在其监管下执业的人员进行管理，然而，美国华盛顿特区巡回上诉法院裁定，国会并未赋予财政部及国税局监管纳税申报人的权限。See Loving v. IRS, 742 F.3d 1013, 1017(D.C. Cir. 2014)[依据《美国法典》第31编第330(a)(1)条的规定，所谓"纳税申报人"并不等同于税务"代表"]，这些发展是将《行政程序法》及行政法广泛适用于税收规则制定的一个方面，尽管税收领域存在例外观点。See generally Kristen E. Hickman, "Coloring Outside the Lines: Examining Treasury's(Lack of) Compliance with Administrative Procedure Act Rule-making Requirements", *82 NOTRE DAME L. REV.* 2007, 1727; Kristen E. Hickman, "Unpacking the Force of Law", *66 VAND. L. REV. 2013*, 465.

尽管州最高法院通常负责监管所在州的律师体系，但这些模式往往呈现出一种类似《行政程序法》[①]实施前的遗留特征，它们更像是已经废弃的《国家工业复兴法》[②]中的合作性工业准则，而不是在法院监督下的行政机构合理决策制度，后者已成为现代监管制度的代表。[③]在《国家工业复兴法》规制之下，行业参与者起草的"公平竞争"的"自我监管"守则，一旦得到总统的批准，可能会引发价格操纵和其他反竞争行为。这些行为虽然可能有利于行业从业者，但往往与公众利益相悖。[④]同样地，依赖过时的司法监督方式来监管律师行业的"自我监管"合作，也可能会延续基于职业保护主义和反竞争的规则，以及与现代实践脱节的过时规定。[⑤]即使法官尝试针对律师执业中出现的现代问题（例如律师广告中使用的先进技术）采用新的指导原则，但由于缺乏像标准行政法所要求的理性决策过程，可能会导致监管不力或监管效果不佳。

---

① 5 U.S.C. § § 551—559，701—706.

② Pub. L. No.67-73，48 Stat. 1933，195，invalidated by A. L. A. Schechter Poultry Corp. v. United States，295 U.S. 1935，495；see Christopher R. Leslie，"Trust，Distrust，and Antitrust"，*82 TEX. L. REV. 515*，2004，664—665（阐述了《国家工业复兴法》框架下的竞争者协同合作，以及"当消费者意识到企业通过守则实现协同的影响"时，所产生的负面情绪）；Peter B. McCutchen，"Mistakes，Precedent，and the Rise of the Administrative State：Toward a Constitutional Theory of Second Best"，*80 CORNELL L. REV. 1*，1994，32（描述了《国家工业复兴法》中"允许总统批准'公平竞争守则'——实质上是行业团体制定并提交给政府执行的卡特尔协议"的条款）。

③ See David S. Tatel，"The Administrative Process and the Rule of Environmental Law"，*34 HARV. ENV'T L. REV. 1*，2010，2（在《行政程序法》框架下，"司法审查的两个主要要素"的阐述为："确保机关行为具备合法性依据，避免任意性及武断性"）；Sandra B. Zellmer，"The Devil，the Details，and the Dawn of the 21st Century Administrative State：Beyond the New Deal"，*32 ARIZ. ST. L.J. 941*，2000，944（"《行政程序法》的保障措施为公众及司法机构赋予了更为规范、高效的职责，进而推动了机构问责制和理性决策的实施"）。

④ See Jonathan B. Baker，"Competition Policy as a Political Bargain"，*73 ANTITRUST L.J. 483*，2006，500（"在执行过程中……国家复兴管理局的《公平竞争守则》迅速被多个产业集群所主导，各行业间的控制力度逐步加强。这一现象是在大企业利益集团推动的自我监管意识形态掩盖下进行的"）；John Shepard Wiley Jr.，"A Capture Theory of Antitrust Federalism"，*99 HARV. L. REV. 713*，1986，718 n.17（"罗斯福的伟大新政举措——1933 年的《国家工业复苏法》，批准了涵盖整个经济领域的'公平竞争'守则。然而，在实际操作过程中，这些守则往往表现出强烈的反竞争特性"）；Note，"Cooperative Buying of Gasoline as Sherman Act Violation"，*49 YALE L.J. 761*，1940，766（"'合作'作为自私自利的掩饰，随着国家复兴管理局的出现而盛极一时"）。

⑤ 法官在制定行为规范时，可能秉持着最利他主义的初衷，然而诸多规定实则源自数十年前在各类执业背景下形成的准则。历经半个世纪，这些准则至今仍适用于律师职业行为。

即使州行政机构倾向于处理具体案件执行规则的主要机制①，律师仍在制定和解释管理其职业的规则方面起着举足轻重的作用。②美国律师协会通过一套准立法程序制定并颁布了《职业行为示范规则》，在此过程中，其职业伦理责任常设委员会负责“向协会的‘立法机构’——代表大会③推荐《职业行为示范规则》的变更”。职业伦理责任常设委员会甚至会定期发布《职业行为示范规则》的解释性咨询意见。④州律师协会在起草规则和解释规则方面也做了类似的工作。⑤各类专业协会在这些方面的工作对州法院正式制定和执行监管制度具有重大作用，他们一方面制定供法院采纳⑥的规则或对规则的解释，另一方面明确律师在日常工作中如何理解和努力遵守适用规则，即使这些规则并未被法院正式采纳。⑦

为了说明州律师协会在制定法律伦理规则方面的关键作用，我们可以参考林恩·贝克教授(Linn Baker)对 2005 年得克萨斯州伦理规则修订过程和结果的评

---

① Ted Schneyer, “Legal Process Scholarship and the Regulation of Lawyers”, *65 FORDHAM L. REV.*, 1996, 35.

② 鉴于律师在很大程度上参与了专业规则的制定，以及对律师协会产生广泛影响的外部法律的制定，他们在某些方面呈现与受监管的专业人士不同的特点。

③ Schneyer, supra note 1, at 39.

④ See id. (“CEPR 的主要任务是在道德咨询意见中解释《职业行为示范规则》”); see also Lawrence K. Hellman, “When ‘Ethics Rules’ Don't Mean What They Say: The Implications of Strained ABA Ethics Opinions”, *10 GEO. J. LEGAL ETHICS 317*, 1996, 317(“职业伦理责任常设委员会定期发表正式意见，阐述对美国律师协会模式的‘正确’解释和应用，而各州的规则正是以这些模式为基础”)。

⑤ Peter A. Joy, “Making Ethics Opinions Meaningful: Tow and More Effective Regulation of Lawyers' Conduct”, *15 GEO. J. LEGAL ETHICS 313*, 2002, 317(“学术界……低估了州和地方伦理意见在律师与法官执业过程中的重要性”)。

⑥ See Lynn A. Baker, “The Politics of Legal Ethics: Case Study of a Rule Change”, *53 ARIz. L. REv. 425*, 2011, 425(“州最高法院……通常将大部分实际监管职责委托给州律师协会，最终由各州律师协会的相关委员会承担”); Edward C. Brewer III, “Some Thoughts on the Process of Making Ethics Rules, Including How to Make the ‘Appearance of Impropriety’ Disappear”, *39 IDAHO L. REv. 321*, 2003, 321(阐述了“伦理规则发展的两个初始阶段：美国律师协会及其他组织制定示范条款，以及各州或法院颁布具有法律效力的法典或规则”); Ted Finman Theodore Schneyer, “The Role of Bar Association Ethics Opinions in Regulating Lawyer Conduct: A Critique of the Work of the ABA Committee on Ethics and Professional Responsibility”, *29 UCLA L. REv. 67*, 1981, 71(注意到美国律师协会的伦理意见“经常被法院和其他法典执行法庭、州和地方伦理委员会及论文和法学院案例集所引用”); Green, supra note 1, at 463(“在某一州的司法程序中，律师的行为通常受到该州司法机构基于《美国律师协会职业行为示范规则》或其前身《美国律师协会职业责任示范守则》的某一版本所制定的一系列规则的约束”)。

⑦ See Joy, supra note 5, at 313(文章指出，在面对“诸多日常伦理问题”时，“负责任的律师……应依据其所在辖区的伦理指导意见来获取决策依据”)。

述。[①]这些规则涉及律师费用的分摊问题，在新的“正式意见”的支撑下，这些修订显著地缩减了授权分担酬金安排的适用范围，并且在信息披露和客户同意方面设定了更为严格的标准。[②]这些变动不仅实质性重塑了得克萨斯州在费用分摊[③]方面的规则内容，还从根本上推翻了 2005 年前伦理规则的核心观念，即“仅在分摊费用可能‘导致进一步泄露客户机密并对客户造成经济负担’的情形下，才需向客户披露相关信息并征得客户同意”[④]。

得克萨斯州最高法院是如何接纳这些规则及相关意见的？2003 年，最高法院提出了一项关于转介费上限的新规则，但由于反馈较为负面，最高法院最终撤销该提案，并要求州律师工作队对转介费进行研究，以制定新的规则。[⑤]到 2004 年 6 月底，该工作组发布了一份报告并提出建议，得克萨斯州律师协会决策机构对工作组的修正意见达成一致。[⑥]最高法院历经两个月广泛征集公众意见后，决定指令律师协会进行公投。参与投票的约 40％的律师协会成员，最终以 54％对 45％的投票比例通过了这些提案。[⑦]2005 年 1 月，最高法院正式颁布命令，规定此次修正案自 2005 年 3 月 1 日起生效。[⑧]最高法院的全部理由如下：

> 经过法院慎重考虑，得克萨斯州律师协会提出的要求发布修订后的得克萨斯州职业行为规则的申请已经得到批准。2004 年 11 月 5 日至 12 月 20 日的公投结果，已由得克萨斯州律师协会执行董事和得克萨斯州最高法院书记证实，公投结果显示，得克萨斯州律师所提出的议案获得了多数人的同意。[⑨]

人们或许期待，在针对这些修改的特别工作组报告中，能够找到足够支撑这些改动的论据。然而，希望较为渺茫，因为该报告在公众对修正案发表意见之前便已

---

① See Lynn A. Baker, “The Polities of Legal Ethics: Case Study of a Rule Change”, *53 ARIz. L. REV. 425*, 2011.

② See id. at 426—430.

③ Cf id. at 426(“从 1990 年 1 月 1 日至 2005 年 3 月 1 日，得克萨斯州关于律师之间分担费用的伦理规定在全国范围内属于限制程度较低的规范之一”)。

④ Id. at 431[quoting Tex. Disciplinarypro. Conductr. 1.04 cmt. 10(1989)(amended 2005)].

⑤ See id. at 432.

⑥ See id. at 433.

⑦ See id. at 433—434.

⑧ 颁布《得克萨斯州职业行为纪律规则》第 1.04 条修正案的命令(得克萨斯州，2005 年 1 月 28 日)。

⑨ Id. at 1.

提交。贝克还详细说明了该报告是如何做到：(1)没有任何关于“在费用分摊的背景下，客户披露和同意要求的政策关注点是什么或应该是什么”的讨论；①(2)没有更具体地说明“为什么工作组认为有必要强制实行更烦琐的披露和同意形式”；②以及(3)未提供关于“预期这些改变所带来的好处将超越其成本”的信息。③此外，工作组的报告普遍支持了这样一种观点，即得克萨斯州的转介费规则应被视为典范，因为该州的从业者可以此为指导，去解释其他司法管辖区、评论员、美国法学协会的重述，以及美国律师协会的相关示范规则④中的任何新的转介费规则。但与此相矛盾的是⑤，工作组在其他部分的研究中承认，根据拟议的修正案，披露的要求超过了美国律师协会的规定。⑥贝克另外强调，事实上，从其他州的规则到美国律师协会的示范规则，没有任何一项明确规定：

(1) 在建立合作关系或转介之前，必须得到客户对费用分摊的同意；

(2) 禁止客户在签署包含费用分摊安排的合同时，放弃披露和同意的权利；

(3) 对未遵守这些规则的律师实施严厉的经济处罚。⑦

鉴于已发现的规则和修改意见背后的推理存在缺陷，贝克提出了多项改革建议。她呼吁对这类修改的目的进行更详细的解释⑧，并对预期的成本和产生的收益进行分析。⑨贝克还具体建议，无论哪个委员会或工作组负责起草修改意见，都应进行独立的调查，以明确其负责解决的问题。

(1) 系统地收集委员会所代表的各行业成员对任何规则修改意见的建议；

(2) 令各成员就每项规则修改意见对各自所代表的法律行业客户的预期成本

---

① Lynn A. Baker, “The Politics of Legal Ethics: Case Study of a Rule Change”, *53 ARIz. L. REV. 425*, 2011.

② Id. at 436.

③ Id. at 438.

④ State bar of tex. Referral fee task force, Final Report And Recommendations 25(2004).

⑤ See Baker, supra note 1, at 439(解释了得克萨斯州成为主流的理由)。

⑥ State bar of tex. Referral fee task force, supra note 4, at 3.

⑦ Baker, supra note 1, at 438.

⑧ Id. at 447(“对于任何拟议修订州伦理规则的场合，均应涵盖……对亟待解决之现有问题的阐述”)。

⑨ Id. (“对于任何提议修改州的伦理规则的情况，都应包括……分析为何预计收益将超过成本”); see also id. at 450。

与收益进行分析；

(3) 深入研究其他州及美国律师协会针对相关问题所通过的法规及正式意见(如有)。①

贝克意识到，公众担心委员会或特别工作组可能无法充分代表受影响的专业领域。为此，她建议明确并公开阐述遴选标准，同时强调无论代表目标如何选择，都应确定每位成员所代表的专业领域及其在整体专业中所占的比重。②

上述例子说明了法院对律师协会委员会制定程序的信赖，该程序导致得克萨斯州关于转介费的做法发生变化，并实施了比其他司法管辖区要求更为严格的披露标准。尽管无人质疑法院采纳此规则的合法性，但该规则很容易使律师受到纪律处分或费用损失，而无需解释该规则异常繁重的要求背后的理由。这只是一个例子，但它凸显了伦理规则制定过程普遍缺乏规范的性质。

司法规则制定的另一个例子是华盛顿州最高法院决定废除该州的有限执照法律技术人员计划。2012 年，华盛顿州在全国率先制定了非律师执照制度，允许非律师在特定执业领域提供法律服务。③该制度被视为扩大了经济能力有限的个人获得法律服务的机会，他们可能在家庭法等基本领域需要帮助。④试点计划旨在提供一个试验，检验非律师是否能够在法院的监督下胜任向公众提供基本服务的工作。

2020 年，华盛顿州最高法院的人员构成发生了变化，在几乎没有通知，也没有对实验进行正式研究的情况下，投票决定取消了有限执照法律技术人员计划。⑤在法院作出决定时，有限执照法律技术人员监管机构曾提议将该计划扩展到其他法律领域。⑥尽管如此，法院还是在没有通知和说明理由的情况下结束了实验，也没有评估其对公众、有限执照法律技术人员服务领域的律师或已经开始获得该计划

---

① Jonathan B. Baker, "Competition Policy as a Political Bargain", 73 ANTITRUST L.J. 450.

② Id. at 448.

③ See Stephen R. Crossland, Paula C. Littlewood, "The Washington State Limited License Legal Technician Program: Enhancing Access to Justice and Ensuring the Integrity of the Legal Profession", *65 S.C. L. REV. 611*, 2014, 611—612.

④ Id. at 612—613.

⑤⑥ Lyle Moran, "How the Washington Supreme Court's LLLT Program Met Its Demise", *ABA J.*, https://www.abajournal.com/web/article/how-washingtons-limitedlicense-legal-technician-program-met-its-demise, July 9, 2020.

下执业许可的个人的价值。①这一行动导致有限执照法律技术人员计划的支持者宣称，法院参与了支持律师保护主义的反竞争行为，而不考虑公众的利益。②

得克萨斯州和华盛顿州的例子表明，人们有理由对伦理规则制定过程中推理表现的质量——逻辑和公平性表示担忧。此外，这与大众对律师协会单独制定伦理守则意见程序的担忧不谋而合。③这些意见是指导性文件，其特点是在特定的假设情况下对伦理规则作出律师协会认可的解释。④从理论上讲，此类意见是对伦理守则的解释，但近年来，撰写意见的委员会处理了伦理守则未涉及的问题。因此，从某种意义上说，由于法院在颁布新规则时遇到困难，这些委员会填补了许多新领域的指导空白。⑤多位评论家批评其中一些意见的推理不充分，甚至可以说是不合理，这与贝克对具有约束力的伦理规则制定过程中的推理质量的担忧相吻合。⑥

当然，意见唯有在经历正式且具有约束力的规则制定流程，或被法院在开创先例的判决中接受后，方可转化为普遍适用的法律。尽管专业协会的意见常具有显著的影响力，其解释被州法院或其他权威机构推翻的情形还是时有发生。⑦因此，

---

①② Lyle Moran, "How the Washington Supreme Court's LLLT Program Met Its Demise", *ABA J.*, https://www.abajournal.com/web/article/how-washingtons-limitedlicense-legal-technician-program-met-its-demise, July 9, 2020.

③ 得克萨斯州律师协会职业伦理委员会于2014年发布第642号伦理意见书，首次明确禁止向非律师人士授予首席技术官头衔。然而，时隔一年，该委员会对原意见书进行了修订，推翻了上述禁令。这两个事件充分展示了相关问题的复杂性。See State Bar of Tex. Pro. Ethics Comm., Ethics Op. 642(2015)(revised). 2014年，委员会发布一项意见，关于暑期在法律岗位实习的法律专业学生，适用冲突法和完全归因法。See State Bar of Tex. Pro. Ethics Comm., Ethics Op. 2014, 644. 得克萨斯州最高法院对伦理规则的注释进行了修订，以否定一项决议，该项决议对法律专业学生的就业造成了严重困扰。See Order Amending Comments to the Texas Disciplinary Rules of Professional Conduct and the Texas Rules of Disciplinary Procedure。

④ See Lawrence K. Hellman, "When 'Ethics Rules' Don't Mean What They Say: The Implications of Strained ABA Ethics Opinions", *10 GEO. J. LEGAL ETHICS 317*, 1996, 324—325.

⑤ 总的来说，伦理意见委员会的主要目标是就已采纳的规则在特定事实情境下的适用提供指导。通常情况下，设立这些委员会的目的是在已通过规则的范畴内提供建议，而非针对完全超出规则范围的主题。值得注意的是，伦理委员会成员往往并不具备跨法律领域的专业素养，同时，这些委员会普遍缺乏研究人员或伦理准则起草的经验。因此，在某种程度上，委员会所发表的意见可能不甚完整，或未能充分考虑实践领域的各个方面。

⑥ See Hellman, supra note 4, at 317("美国律师协会伦理委员会长期采纳的草率解释方式，不仅使具体问题产生了不确定性，还可能削弱律师协会对'伦理规则'作为对法律实践具有约束力的规范的合法性的认同")；据悉，部分评论家指出，部分CEPR的意见未能提供令人满意的依据，这些意见自诩为对伦理准则的解释。

⑦ See Hellman, supra note 4, at 329("事实上，州政府采纳与美国律师协会伦理意见完全相悖的解释，并不罕见，尤其是针对同一措辞的情况")。

人们或许期待，专业协会在制定意见的过程中，如果存在任何不足，可以通过法院对相关解释问题进行严谨且独立的审查来加以弥补。然而，在此情境下，评论家们表达了一种担忧：当法官进行逐案裁决时，他们可能缺乏必要的细致和全面考虑——实际上，或许在大多数情况下，我们并不期待法官对规范各类律师行为的规则作出解释。①

尽管美国律师协会在起草守则及倡导法院和律师协会对律师执业进行监管方面发挥了重要作用，但协会并未向各州提供关于如何考量、起草和通过伦理规则的正式指导，也未就各州意见书撰写流程给出具体建议。美国律师协会的主要目标是推动各州无修改地采纳其伦理规则，而各州独立制定的最佳实践可能会削弱这一目标。由于缺乏中央层面的统一协调，各州在规则制定或解释过程中采取了多样化的方法。②此外，在许多州，规则制定的过程在很大程度上是不透明的，许多重要利益相关者难以获得相关信息，直到高等法院正式通知开启审查新规则的最终阶段，而这一阶段是在完成大部分最重要的工作之后才开始的。

尽管如此，许多州已积极采取改革措施，律师协会在自我监管方面亦持续发挥关键作用。这些改革措施不仅打破了历史上对非律师提供法律服务的限制，还使相关规则制定过程更加透明和包容。③如上所述，华盛顿州最高法院通过其有限执照法律技术人员项目，允许非律师在某些基础法律领域提供常规法律服务，从而增加公众获得司法公正的机会。④同样，2019 年犹他州最高法院设立了法律服务创新

---

① See Edward C. Brewer III, "Some Thoughts on the Process of Making Ethics Rules, Including How to Make the 'Appearance of Impropriety' Disappear", *39 IDAHO L. REV. 321*, 2003, 338(阐述了规则制定相较于裁决在推动各方进行审慎评估……发掘更优替代方案，以及获取更广泛法律和客户社群支持方面的优势)；鉴于司法裁决在决策过程中未能充分展现规则制定所应有的公开性与审慎性，关于律师行为的裁决难以获得广泛认同，因此在法律领域中难以赢得尊重；在司法审判过程中，法庭有时会忽视关键的考量因素，并对所作出的决策提供不够满意的解释，从而降低了公众对法庭已采纳最适宜的专业行为标准的信任。

② See Emily S. Taylor Poppe, "Evidence-Based Promulgation: Reconsidering the Rulemaking Process for Disciplinary Rules", *89 FORDHAM L. REV. 1275*, 2021, 1290 app.

③ See Brooks Holland, "The Washington State Limited License Legal Technician Practice Rule: A National First in Access to Justice", *82 MIss. L.J. SUPRA 75*, 2013, 90(尽管华盛顿州开创性的低水平法律技术人员规则"起源于[华盛顿州律师协会]，……但该州律师协会的相当一部分成员强烈且公开地反对低水平法律技术人员规则，包括[协会的]理事会")。

④ See Holland, supra note 3, at 77(描述华盛顿州最高法院在 2012 年通过低水平法律技术人员规则的情况)。

办公室，非律师参与者可申请加入试点计划，为公众提供法律服务。①此外，部分其他州也在考虑引入非律师参与法律服务的模式，并在透明和利益相关者参与的基础上推进相关提案。②

个别高等法院和州律师协会也采取了制定伦理规则的最佳做法。亚利桑那州设有一个用于规则制定和律师监管的门户网站，并积极征求各方对草案的评论与建议。③科罗拉多州的律师协会规则委员会吸引了包括法官在内的各类利益相关者的参与，并对程序和决策过程进行了翔实记录。④许多州的伦理意见撰写委员会已经实施了“通知与意见征询”机制，并努力通过成员结构的多样性以融入多元视角。⑤这些进步都带来了希望，但最佳做法尚未在多数州得到采纳。⑥

总之，人们普遍担心，在制定拟议的规则或规则解释时，律师协会、法院或其他政府机构往往不能展现一种理性决策过程，无法让人相信所采纳和理解的伦理规则是否合乎其目的。行政法的主要关注点在于推动非选举人员作出理性决策。鉴于此，本文第四章详细阐述了现代行政法如何为法院指明道路，即通过强化伦理规则的制定来弥补在决策过程中普遍存在的理性不足的现象。

四、行政法的理性决策是法律伦理规则的一剂良药

在行政机构制定规则和撰写意见的过程中，法院长期秉持公平竞争和理性决

---

① Lyle Moran, “Utah Embraces Non lawyer Ownership of Law Firms as Part of Its Broad Access-to-Justice Reforms”, *ABA J.*, https://www.abajournal.com/web/article/utah-embraces-nonlawyer-ownership-of-law-firms-as-part-of-broad-reforms, Aug. 14, 2020.

② See Admin, Order No. 2020, 173(Ariz. Nov. 4, 2020)(规定亚利桑那州的替代商业结构认证)。

③ See “Rules Review Committee”, *State Bar of Ariz.*, https://www.azbar.org/aboutus/board-of-governors/board-committees/rules-review-committee, last visited on Jan. 27, 2021.

④ See “Rules of Professional Conduct Standing Committee”, *COLO. JUD. BRANCH*, https://www.courts.state.co.us/Courts/SupremeCourt/Committees/Committee.cfm?Committ eeID=24&showHistory=false, last visited on Jan. 27, 2021(“该委员会由多元化背景的成员构成，其中包括庭审法官、上诉法官、法学教授、纪律检察官及在不同实践领域从事私人执业的律师”)。

⑤ 2020年，得克萨斯州律师协会职业伦理委员会针对审议中的意见采取了“通知及意见征询”程序。See “Pro. Ethics Comm., Public Comment: Docketed Requests”, *STATE BAR OF TEX.*, https://www.texasbar.com/AM/Template.cfm?Section=pec&Template=/pec/vendor/comment.cfm, last visited on Jan. 27, 2021(详细说明了通知和意见征询的在线流程)。

⑥ 将规则制定和意见撰写过程中的最佳实践汇编成册，供各州高等法院和州律师协会参考，将大有裨益。

策的原则。针对具有约束力的实质性规则的发布，法院的执行通常涵盖两个方面：(1)监督并确保“通知与意见征询”规则制定的基本程序得到遵循；①(2)要求机构对新规则的实施提供及时且适当的理由阐述。②就以职业协会伦理意见为代表的非约束性指导而言，程序性要求可能相对较为宽松。③然而，法院仍可通过重视机构指导意见的采纳程度，关注机构推理的质量，同时关注其在推理过程中所采用的程序，包括决策过程的透彻程度，从而推动基本程序向更优质的层面发展。④

同样，州法院在伦理规则制定方面很难直接从根本上解决问题。美国律师协会在发布作为联邦和州伦理规则参考基准的伦理规则方面发挥作用，使得这一改革过程变得复杂。这是因为各州法院通常缺乏对美国律师协会程序的直接控制或管辖权。因此，任何改革的核心都必须集中在州和联邦采纳伦理规则，并随着时间推移进行解释的过程上。

法院通过实施严格审查机制⑤来确保理性决策，为法院如何更有效地监督伦理规则制定的公正性和质量提供了借鉴。伦理规则对客户、广大公众及律师行业具有重大意义。因此，法院在审查新伦理规则时，不应草率地予以批准。此新规则虽获得多数参与全民公决的律师协会成员的支持，但仍需得到审慎对待。法院对专业协会伦理规则意见的关注程度，也不应超过其程序和推理的价值。通过将此类意见的权重与质量指标相结合，法院可以激励专业协会遵循最佳实践，而非僵化地要求在为律师协会成员提供合理(不完美)的指导方面进行高

---

① See infra Part III.A; see also 5 U.S.C. § 553(b)—(c).

② See infra Part III.A; see also “SEC v. Chenery Corp.”, 332 U.S. 194, 1947, 196(公布“简单而基本的行政法原则”，规定法院在审查机构决策时，应依据决策时“机构所援引的依据”进行评判)。

③ See 5 U.S.C. § 553(b)(“解释性规则”与“一般性政策声明”不受常规通知及评论制度的限制)。尽管伦理规范意见并不具备强制力，但各州法院仍倾向于撤销或推翻被认为存在判决失误的意见。这一现象大概源于这样一个现实：律师在某一特定领域往往难以忽视这些伦理规范意见，因为它们通常是该领域的唯一指导。

④ Cf United States v. Mead Corp., 533 U.S. 218, 2001, 228(“在对待执行自身法规的机构方面，公平尺度被视为因情况而异。法院在衡量时，会考虑该机构的谨慎程度、一致性、正式性和相对的专业性，以及其立场的说服力”)。

⑤ See Harry T. Edwards, Linda A. Elliott, “Federal Courts Standards of Review: Appellate Court Review of District Court Decisions and Agency Actions 168”, 2007(探讨了法院在“对待非正式规则制定过程中产生的机构行动，以及基于不完整审判记录的机构行动时，实施‘严格审查’”的能力)。

成本投入。①

此处的观点并非主张法院对伦理准则和意见实施严格审查的方式是一种万能药。即便在行政法领域，此类审查措施早已实施，也没有人会说这种审查是完美无缺和没有问题的。关键在于，针对理性决策的严格审查已成为法院常态化之举，且此种审查似乎有助于有效解决现行伦理规则制定过程中的诸多不足。

（一）对规则制定中的程序和实质内容进行司法监督

在权衡法院对制定具有约束力的实质性规则的处理方式时，我们可以看到，无论是联邦法院还是州法院，通常都会遵循规则制定的“通知与意见征询”要求。这些要求的目的在于，为受监管方、公共利益团体、相关公民、其他政府机构和政治家等利益相关者提供一个有意义的机会，以便针对新规则提案作出回应，包括提出替代方案。虽然我们并未坚持要求所有利益群体在起草过程中均能参与其中（假设所有利益群体中都存在律师成员），但是他们就拟议规则发表的意见，对于规则的制定、规则理由的提供，以及规则日后的失效而言均具有重要作用。在机构方面，法院不仅通过执行律师协会的要求来确保公众有机会对规则制定提议发表意见，还要求任何机构的规则制定提案均应公平地通知给公众，使其了解正在审议的规则的潜在内容，从而确保“通知与意见征询”规则制定具有实质意义。②此外，法院要求机构对相关意见作出令人满意的回应，例如在最终发布的规则中进行相应调整，或在规则发布时提供合理解释，说明为何某一批评意见未能说服机构。③

这些针对有益意见的机会和对意见作出迅速回应的需求，有助于改变过去将所有相关利益方集中于起草桌前的做法。实际上，结合公正通知的要求，能够确保在规则制定建议提出之前，相关利益方已参与意见征询，从而避免对根据意见调整

① 在法院未能遵循指南中建议的情况下，若律师曾合理依赖此类指南，法院可通过限制对过往违反不明确规定所产生的影响，从而减轻可能受到影响的律师协会成员的不满。

② See Richard J. Pierce Jr., “Waiting for Vermont Yankee III, IV, and V? A Response to Beermann and Lawson”, *75 GEO. WASH. L. REV. 902*, 2007, 903（阐述了“两项要求：最终规则应视为规则制定过程的逻辑延伸，同时，机构在拟议规则通知中需披露其在发布最终规则时所依赖的任何研究或其他数据来源”）。

③ See id. at 907（指出“严格审查”可能导致机构行动被推翻的情形，“因在于机构在决策时未能充分考虑某一或多个决策要素、评论中的批评意见、数据缺失或一致性问题，或对其拟定规则的合理替代方案”）。

后的规则的最终形式产生不必要的惊讶。①此外，这种互动及后续意见征求过程中的互动，可以有效地取代实际的起草席位，引导官方起草者根据利益相关方的反馈来修订相关规则。这种为外部人士提供实质性和可执行渠道的规定，来影响规则制定的过程，有助于回应关于律师协会起草伦理规则“犹如‘狐狸看管鸡舍’，因此不可接受”的批评。②尽管这种回应并非完美，但司法界坚持这种有理有据的立场，有助于确保利用专业协会作为正式规则起草者所拥有的专业知识和效率优势，不会完全掩盖对协会成员潜在偏见的担忧。倘若此类忧虑依然存在，法庭可适度坚决要求律师协会各个相关部门在起草过程中具备充足的代表性。同时，正如贝克所建议，至少要坚持在起草过程中确保各方利益及专业知识的透明度。③

无疑，确保规则制定者在适当时间内对反馈作出回应，无论是通过调整草案规则还是阐述未进行修改的原因，对于实现征求意见并予以妥善回应的良性循环而言都至关重要。因此，法院要求相关回应在事发当时作出是合理的：法院在评估机构行为的合理性时，通常依据的是规则发布时的机构记录，而非事后推理或证据。④

在伦理规则方面，由专业协会的规则制定者参与“通知与意见征询”程序，并对意见作出令人满意的及时回应，这种方式可能取代诸如贝克所建议的更为具体化

---

① 联邦行政法通过所谓的“协商制定规则”的规定，为这种调查提供了一条正式的法定途径，实际上是为寻求不同利益群体对规则草案的共识提供了一条正式的法定途径，在这一过程中，机构“组建利益相关者委员会……然后采用利益相关者基于共识的规则（如果形成共识的话）作为公众提出意见的拟议规则”。Hannah J. Wiseman, “Negotiated Rule-making and New Risks: A Rail Safety Case Study”, *7 WAKE FOREST J.L. & POL'Y 207*, 2017, 219; William Funk, “The Future of Progressive Regulatory Reform—a Review and Critique of Two Proposals”, *94 CHI.-KENT L. REV. 707*, 2019, 723—724（“自从美国行政会议批准这一项倡议，支持在特定场景下采用协商方式制定法规以来，众多文献对协商制定法规的优势予以充分肯定，同时对其益处产生了一定程度的疑虑”）。然而，关于协商制定规则的优势与劣势的经验教训，或许能为法律伦理规则的起草过程提供有益的借鉴，以便在早期阶段讨论和起草过程中，吸引律师协会成员以外的人士积极参与。

② Ted Schneyer, “Legal Process Scholarship and the Regulation of Lawyers”, *65 FORDHAM L. REV.*, 1996, 41—119.

③ Cf. Sierra Club v. Costle, 657 F.2d 298, 400(D.C. Cir. 1981)（“在我国政府体制下，未经选举产生的行政官员执行的一般政策制定的合法性，很大程度上取决于这些官员对公众需求和观念的开放性、可接近性以及接纳程度”）。

④ See “Motor Vehicle Mfrs. Ass'n of the U.S., Inc. v. State Farm Mut. Auto. Ins. Co.”, *463 U.S. 29*, 1983, 50（判决指出“法院不得接受上诉律师对机构行动的事后辩解”）。

的成本效益分析。在某些情况下，成本效益分析或许并非评估一项新规则是否适宜的最具前景或最富有启示性的方法。在成本效益分析未必具备可行性、相关性且富有启示性的情况下，担忧的评论者可能担心拟议中的规则无法通过此类分析。规则制定者关于作出满意回应的责任，可以为其参与此类分析提供一个依赖情境的触发机制，而非要求规则制定者在所有情况下均实施成本效益分析，即便在毫无希望的情况下也要第一时间进行成本效益分析。

对于最终规则，法院实施严格审查，并在规则制定记录中阐述合理依据，这是对伦理规则制定质量的进一步把关。尤其是当法院或专业协会事先明确了拟定规则的目标时，这种审查的预期应成为一种动力，独立于回应评论的需求，促使规则制定者积极主动地构建高质量的证据和推理记录，以支撑最终规则的发布。在审查机构规则以确保其非武断或随意性时，州法院和联邦法院通常会对规则展开“严格”的审查——即使是尊重性的审查，以核实“机构是否考虑了与其所授权的规则制定目标相关的所有因素，并作出理性决策”。[①]另外，若机构出现以下情形，法院将认为该机构行事武断：(1)在考虑过程中忽略了立法机构期望机构予以关注的因素；(2)在考虑过程中纳入了不相关的因素；或(3)在仅评估相关因素后得出了极端不合理的结果。[②]若未能解释为何拒绝采纳当时设想的合理替代方案，便有理由推断该机构行事武断或反复无常。[③]

因此，对理性决策的严谨审视有助于确保规则制定结果的同期证据与推理的基本质量，即便并未考虑“通知与意见征询”程序所收到的具体反馈。此举甚至有助于鼓励专业委员会利用“通知与意见征询”程序来消除潜在批评，收集更多支持性证据与论据，从而使律师协会的最终规则提案更具说服力，应对州最高法院的严格审查。在伦理规则制定背景下，此类审查还为特定情况提供了进一步手段——在适当时机要求规则起草者进行成本效益分析。例如，州最高法院或相关专业协会对规则起草者的要求明确或隐含地规定，须通过强调采纳规则的经济合理性，来进行相应的分析。

---

① Reliant Energy, Inc. v. Pub. Util. Comm'n, 62 S.W.3d 833, 2001, 841.

② Id..

③ See State Farm, *463 U.S.* at 46.

关于对新法律伦理规则进行严格审查的提案，可能存在一种反对意见，即在涉及大量规则条文的情况下，要求司法机构在所有提议规则通过之前对其进行严格审查，可能显得过于严苛。确实，这种对司法机构，尤其是州最高法院的资源限制的担忧，使我们想起对伦理规则制定程序进行更彻底的改革可能是合适的。[①]然而，在此背景下，州司法机构可能采取的一种策略是，在新型规则被暂时采纳后的合理时间内，允许对其提出质疑。如此一来，法院可以在相当于独立诉讼的条件下，对当事人提出的具体伦理规定的有效性进行裁决，从而使司法官员回归到一个较为宽松的环境，对程序问题进行裁决，并在适当尊重的基础上，对实质问题进行裁决，以应对外部当事人提出的争议。

（二）根据证据的质量赋予意见权重

在伦理观点与拟议规则存在冲突的情况下，核心问题在于这些观点对法院在日后针对个案作出裁决时所产生的影响程度。在这种情况下，法院可赋予这些观点一定程度的重视，至少可鼓励专业协会在提出和论证这些观点时遵循最佳实践。美国最高法院在斯基德莫尔诉斯威夫特公司案[②]中就机构对法规解释的权重进行了探讨，为法院如何调整对这类观点的重视程度或尊重程度提供了参考模型，以便有效激励观点质量的提升。在斯基德莫尔案中，当机构对其承担特别责任的法律进行解释时，法院将把该机构的观点视为“构成法院及诉讼当事人可依法求助的经验与智慧判断体系”。[③]然而，法院强调：“这种判断在特定案件中的重要性将取决于其考虑的周密程度、推理的有效性、与前后声明的一致性，以及具有说服力的所有因素。”[④]

斯基德莫尔案的多因素分析法及尊重的浮动尺度在行政法领域受到了批评，原因在于其未能预先明确地给出机构解释的权重。然而，在伦理规则的解释方面，法院作为首个对特定伦理规则的含义及私人专业协会意见，尤其是协会委员会对规则正确解释的权重作出明确判断的机构，采用此种方法似乎更为恰当且具有辩

① See supra Part I.

② 323 U.S. 134(1944).

③ Id. at 141.

④ Id..

护性。在伦理规则问题上，法院需自行判断规则含义，此点毋庸置疑。然而，与可能提交给法院的其他问题上的专家证词类似，专业协会的伦理意见或许能提供有益的指导，只要这些意见基于合理且充分的推理，便值得高度重视。此外，正如前文所述，法院明确指出赋予此类意见权重的前提是产生意见的过程及推理质量，有助于促进未来理由充分的伦理意见的形成。

五、结　论

现代美国律师监管制度的基本要素已存在一个多世纪——这一制度从根本上来说是分散的，依赖各州高等法院及其地方律师协会的独立运作。历史性地看，将律师执业的监管权授予高等法院法官似乎是顺理成章的。然而，律师业务的性质瞬息万变，这给由此产生的分散自律体系带来了巨大压力。这种以律师协会为中介的规则制定体系未能产生足以妥善应对现代法律实践复杂性的伦理规则。结合伦理规则制定和解释过程中的程序缺陷，这些实质性缺陷导致现今的伦理规则的各个方面看起来要么是武断的或随意的，要么至少不适于促进社会所需要的那种健康的法律职业的发展。

行政法指出解决这一问题的方法，为法院在伦理规则制定和意见发布过程中如何推动理性决策提供了指导。长期以来，法院已采用多种手段来确保行政机构的理性决策。法院应汲取这些方法与经验，提升旨在规范律师伦理行为的法规质量，进而确保社会获得至关重要的法律服务。

在审核律师协会起草的伦理规则时，法院可以借鉴其在审查行政机构规则制定过程中所采用的方法，以助力确保在制定这些规则时能够作出理性决策。在此过程中，法院有权要求起草者将拟议规则通知相关利益方，并为他们提供就相关主题发表意见的机会。此外，法院可以参考行政法中允许利益相关者提出规则制定请愿的制度，允许利益相关者要求相关规则制定机构关注法律行业面临的新问题。①为

---

① See 5 U.S.C. §553(e)（“各机构应确保利益相关方具有申请发布、修改或废止某项规则的权利”）；id. §555(e)（“在对利益相关方就任何机构程序提出的书面申请、请愿或其他请求进行全部或部分驳回时，应及时发出通知。除确认先前的驳回或驳回内容无需赘述外，通知还应附有关于驳回理由的简要阐述”）。

确保规则制定机构的积极回应，法院应设立相应的审查机制。[①]通过这种方式，州规则制定机构将更加关注会员乃至非会员的利益，从而应对《美国律师协会示范规则》所未涵盖的法律发展。[②]

司法对于理性决策的诉求很可能推动涉及伦理规则制定的各方进行深入研究、调查和听证，以提供制定伦理规则的理性依据。通过“通知与意见征询”程序，我们可以有效收集相关信息，同时为利益相关者提供提出新问题的平台。法院可以通过将伦理规则意见的权重与其产生过程的质量挂钩，鼓励伦理规则意见委员会采纳最优实践，尤其是在发布具有广泛指导意义的意见方面。这些指导意见的效果可与规则修正案本身的效果相媲美。行政决定的司法审查旨在构建一个框架，以确保合法化程序得到遵循，实质性决定有据可依。将标准行政法框架的相关要素扩展至伦理规则制定的司法监督环节，有助于激励相关行为者优化以州律师协会为中介的法律职业规则制定过程。

---

① 行政法对理性决策的要求，既体现在对制定规则申请的拒绝接纳，又体现在对拒绝决定的解释（或行政法的理由决策要求既适用于拒绝进行被请愿的规则制定，又适用于对此类拒绝的解释或缺乏解释）。See “Massachusetts v. EPA”, *549 U.S. 497*, 2007, 533（强调了“环境保护局在回应规则制定申请时，其采取的行动或未采取的行动依据必须符合授权法案”）。

② 替代诉讼融资便是一个典型案例。过去二十多年里，非律师事务所实体纷纷寻求成为诉讼投资方的途径，为客户提供财务支持，支付费用及律师费。此类替代融资交易引发诸多涉及保密、律师—当事人特权、诉讼控制及利益冲突的伦理问题。See generally Bradley W. Wendel, “A Legal Ethics Perspective on Alternative Litigation Financing”, *55 CAN. Bus. L. J. 133*, 2014。尽管部分州法院及州伦理规范已就部分问题作出明确规定，但美国律师协会尚未将其伦理规范纳入考量。

法律与伦理冲突困境的分析和解决原则

[韩]金仁会(김인회) *

祁小羽** 译

一、引　言

本文旨在归纳和分析法律实践中常见的法律与伦理冲突类型，并寻求解决这些冲突的原则性指导。本文的焦点不在于深究法学与伦理学的理论层面，而在于对现实世界中的伦理困境进行实证分析，以期找到切实可行的解决途径。

法律伦理学由两部分组成，一是理论研究，二是实践性(临床)伦理。理论研究基于一般哲学和伦理学的框架，探讨法律领域的深层次哲学和伦理问题。缺乏哲学基础的伦理学是不完整的。理论研究领域主要通过比较康德的义务论伦理学与边沁的功利论伦理学，形成了法律伦理学的理论支柱。

实践性(临床)伦理学则专注于解决法律实践中遇到的具体问题和困境。它关注实际问题的解决策略，尽管往往没有标准答案，但所有理论的出发点都是为了解决现实问题。法律伦理学同样需要关注现实生活中的困境，并对其进行深入的分析和理论探讨。

---

* [韩]金仁会，仁荷大学法学院教授、首尔大学法学博士、监察委员会成员、韩国未来发展院政策委员会负责人。本文原由韩国外国语大学法学研究所出版，原刊载于《外法文集》2020 年第 44 卷第 3 号，第 471—503 页。

** 祁小羽，上海外国语大学 2022 级法律硕士研究生。

现实生活中的困境往往使法律职业者陷入两难，若放任不管，不仅会影响法律职业者的个体利益，还会损害整个法律行业的信誉，并可能对法治的实施产生负面影响。

在法律实践中，法律职业人员所承担的责任是多元且矛盾的，既包括法律义务又涵盖道德义务。现代伦理困境之所以难以处理，部分原因在于道德标准随着时代的变迁而不断演变，以往的处理方式可能已不再适应当前的道德观念，亟须新的理论支持和论证。

鉴于此，本文对法律伦理学中的两难情境进行了类型区分，并分别加以剖析（第二章）。本文的案例均选自韩国目前出版的法律伦理学教科书和法律资格考试中的法律伦理学试题，皆为典型困境之代表和象征。通过了解两难情境的特征，我们可以揭示其中的根本问题（第三章）。在深入理解困境的本质与所涉及的问题之后，本文探讨了解决这些困境的原则，即信任原则、最小伤害原则、宽容和约束原则（第四章）。

二、法律与伦理冲突类型

（一）分类标准

在实践中，法律职业者经常会面临许多不同类型的两难境地。为了系统地分析这些困境，有必要先将其进行分类。法律职业者包括律师、法官、检察官等，其中律师面临的困境尤为复杂。因为律师对委托人负有多重义务，而当这些义务相互冲突时，就会不可避免地出现两难局面。因此，从律师职责冲突的角度对两难情况进行分类显得尤为重要。然而，在不涉及义务冲突的情况，比如未经注册不得从事法律工作，并不属于两难困境。对于法官和检察官这类公共法律工作者而言，他们的职业道德可以用公共服务道德来规范，这与法律道德有所区别。

综上所述，律师面临的两难处境主要包括：律师义务与公民义务冲突、诚实信用义务与真实义务冲突、诚实信用义务内部冲突、真实义务内部冲突，以及保密义务内部冲突。而法官和检察官等公共法律工作者可能面临法律道德与公民权利的冲突、不同职务间的两难处境，以及职务变更时的两难处境。

（二）律师职责与公民义务之间的冲突

律师的困境往往源于其职业道德与公民道德间的冲突。这种冲突在律师采取某些行为，如虚假陈述或利用司法系统漏洞以维护客户利益时尤为明显，这些行为常常受到公民的批评。

［案例 1］

辩护律师甲为一名谋杀男童的罪犯辩护。罪犯向律师透露，除了男孩外，他还杀害并埋葬了一名女孩。女孩的父母询问律师甲关于女孩的下落，甲回答不知情。然而，罪犯后来在法庭上承认了杀害女孩的事实。律师甲是否在撒谎？①

此案例展示了律师职责与公民义务间的冲突，同时是诚信义务与真实义务间的冲突。律师的职责在于维护客户的利益，但作为公民，有义务在知晓犯罪行为时揭露真相。如果犯罪正在进行，公民甚至有义务阻止其发生或通知有关机关，虽然这不是法律义务，而是道德义务。律师还负有保密义务，但这可能与真实义务发生冲突。追求基于真相的正义是律师的职责所在，但在严重犯罪案件中，真实义务可能超越了对客户的忠诚义务。鉴于案件的严重性，这不单纯是律师内部职责的冲突，还涉及与公民责任之间的冲突。因此，可以认为，向女孩父母揭露真相是律师作为公民固有的道德责任。

［案例 2］

X 律所和 A 公司签订了一项法律顾问协议，A 公司委托 X 律所处理与日本 B 公司的并购案。但 A 公司内部有人担忧，若与 B 公司进行合并，可能会导致 A 公司的技术泄露，从而降低其市场地位。经过调查，X 发现若让 A 公司破产并与 D 公司合并，将使自己的利益最大化。X 的代表律师甲应考虑谁的利益？是 X 的利益？抑或 A 的利益？②

X 律所正在为一家美国投资咨询公司 Y 处理 C 公司（一家美国半导体公司）和 D 公司（一家国内半导体公司）的并购案。D 公司暂时面临财务困难，但凭借其技术优势，有潜力成为一家全球性公司。Y 公司为此支付了丰厚的报酬。C 公司并购的主要目的是收购 D 公司的半导体相关技术。如果 X 律所接受 Y 公司的委托，

① 한상희, "법조윤리란 무엇인가", 한인섭 외 7, 『법조윤리』, 박영사, 2017, 9면.

② 한상희, 앞의 글, 14면.

是否存在法律与道德的冲突?①

本案例强调了律师遵守法律的义务。作为公民,律师应遵守法律,不实施违法犯罪行为,并维护社会公共利益。当客户利益与律师利益发生冲突时,不能单纯以个人利益为重。法律和道德的存在对行为施加了限制。尊重他人是公民的基本义务,本案也可被视为律师的诚信义务与真实义务之间的冲突。遵守法律、不触犯刑法是公民的基本义务。在本案中,冲突体现在律师利益与社会公共利益之间。

[案例 3]

律师 K 与以高利率著称的 A 贷款公司签订了一份合同。在追债案件中,律师 K 在《利息限制法》的规定范围内计算并收取利息,而在诉讼中,他在充分考虑债务人支付能力的情况下积极促成和解。②

本案反映了律师在履行诚实信用义务与维护公共利益之间的冲突。作为受托人,律师有责任最大化客户 A 的利益,这可能意味着应当收取超出法律规定的高利息,而不是寻求考虑债务人支付能力的和解之法。如果律师违背了客户的明确意愿,可能会失去客户的信任,甚至面临委托被取消的风险。这种行为违反了代理关系的基本原则。然而,从公共利益的角度来看,律师的做法是合理的,因为他考虑到债务人的权益。这种矛盾可能导致律师面临执业资格的吊销,甚至影响其职业生涯。

(三) 诚实信用义务与真实义务之间的冲突

诚实信用义务和真实义务是律师职责的两大基石,也是一切法律职业伦理的核心。在实践中,由于目的不同,诚实信用义务与真实义务之间往往会产生冲突。诚信义务追求的是最大化当事人的利益,真实义务却限制了当事人利益的扩大,履行真实义务又会为当事人的利益带来某种程度的约束。

[案例 4]

律师甲为被告人 A 辩护,发现真正的罪魁祸首是 A 的兄弟 B。那么律师甲应该为 A 辩护,还是应向执法部门揭露真相? 抑或在法庭上揭露 B 的罪行?③

---

① 최진안,『법조윤리(제 3 판)』, 세창출판사, 2014, 47 면.

② 최진안,『법조윤리(제 3 판)』, 65 면.

③ 김인회, "형사변론과 변호인의 윤리", 한인섭 외 7,『법조윤리(제 3 판)』, 349 면.

这是诚实信用义务与真实义务之间冲突的典型案例。在处理重大刑事案件时,律师面临的选择是:当事人的明确诉求与追求真实公正的诉求哪个更为重要。在个人主义和自由主义盛行的当代,个人意志被高度重视,即使对自己不利的选择也会受到尊重。这个案例让我们思考尊重个人意愿的边界。

同样,辩护律师也不得不为显然有罪的被告人进行辩护。无罪辩护包含由于没有充分的非法证据而被宣告无罪的情形,在这种情况下,正义不是在案件中得到伸张,而是随着时间的推移得到伸张。

[案例 5]

律师甲会见了一起商业贪污案的被告人 A。A 承认犯罪,但要求作无罪辩护,并指示律师甲联系 B 销毁账簿。律师甲能否进行无罪辩护?是否应该协助销毁账簿?此时,律师甲能否对真正的罪行作无罪辩护?是否应该协助销毁账簿?①

本案展示了诚实信用义务与真实义务之间的冲突,具体涉及辩护律师能否参与犯罪活动,如销毁证据。律师本应维护法治,却可能卷入犯罪行为。辩护律师在为犯罪分子作无罪辩护时,其职业道德与一般公民道德产生了矛盾。对专业人士而言,职业伦理高于公民道德。对于辩护律师来说,更重要的是维护宪法的价值观,比如保护司法制度、保证无罪推定权。由此,职业道德和一般公民道德间的冲突在所难免。

[案例 6]

证券律师 K 在工作中发现一家公司存在虚假陈述,便向主管律师建议揭露这一情况。主管以影响律所发展为由拒绝,律师 K 随后向证券监管机构举报。该公司因此遭受巨大的经济损失,向律所提起损害赔偿诉讼,并要求律师 K 承担连带责任。②

本案中,律师的诚实信用义务与真实义务之间的冲突体现在对保护委托人利益与不特定多数人利益之间的权衡。当这两方面的利益发生冲突时,律师必须在保护委托人利益的同时,考虑到更广泛的公共利益。本案强调了律师在保护无律师代理者利益方面的责任。

---

① 김인회, "형사변론과 변호인의 윤리", 한인섭 외 7, 『법조윤리(제 3 판)』, 343 면.

② 김재원·이전오, "변호사의 기본의무", 한인섭 외 7, 『법조윤리(제 3 판)』, 168 면.

（四）诚实信用义务内部的冲突

［案例 7］

X 公司的首席执行官 A 命令员工非法排放有毒废水，导致附近居民在饮用污染水源后死亡。A 因此面临谋杀和过失致人死亡的指控，X 公司委托之前提供法律咨询的律师甲为 A 进行辩护。①

本案中，律师甲面临的是个人良知与诚实信用义务之间的冲突，即作为法律专业人士，律师的职业伦理要求能否优先于个人良知。问题的核心不在于是否接受委托，而在于如何在接案后忠实地维护委托人的利益。然而，如果律师的良知不允许，那么对客户的绝对忠诚就难以实现。在实践中，律师很难将“魔鬼代言人”的角色进行到底，而且律师的职业要求也没有规定律师有责任无条件地维护委托人的利益。律师应当维护客户利益，但极端情况下除外。

［案例 8］

A 是 B 公司的总经理，他在公司野餐会上训斥了下属 C。C 进行了报复，但 A 反应过度，用刀刺伤了 C。C 对 B 公司和 A 提起诉讼，要求赔偿损失。律师能否同时成为 B 公司和 A 的代理人？②

本案涉及在代表多方当事人时可能出现的问题。当事人在案件初期可能利益一致，但随着案件进展，利益可能发生变化。如果存在潜在的利益冲突，那么律师不应代表多方当事人，以免产生冲突。虽然一开始代表多方当事人可能是出于节约成本的考虑，但当利益分歧出现时，就会产生问题。举例如下：

A 和 B 对首尔市政府提起民事损害赔偿诉讼，并共同委托律师甲代理。案件得到解决，他们获得了损害赔偿。然而，A 和 B 就损害赔偿的分割问题产生了争议。A 向 B 提起诉讼，要求 B 返还部分赔偿款，此时律师甲能否再次成为 A 的代理人？③

本案属于利益冲突和受托责任的内部冲突。但与上面案例不同的是，利益冲突虽然都是潜在的，但是本案表现出来了。当利益冲突是潜在的时候，因为问题相

① 2015년 제6회 법조윤리 시험문제.

② 최진안,『법조윤리(제3판)』, 197면.

③ 이상수, “변호사와 의뢰인의 관계”, 한인섭 외7,『법조윤리(제3판)』, 197면.

同、成本较低、结果相同，多方当事人可以指定同一名律师。但是，在案件审理过程中，利益可能会发生变化。当利益关系凸显出来时，利益冲突也就凸显出来了。此时，律师不再受保密约束，无法履行对新客户的忠诚义务。原则上，双方的利益是不相容的，因此除了取消委托别无选择。

［案例 9］

A 就一起医疗事故诉讼咨询了律师甲，律师甲表示胜诉率比较低，他和其他律师讨论过以后再回复 A。但之后律师甲因为事务繁忙，四年后才想起来这件事情。另一名律师表示此案的诉讼时效已过，无法提起诉讼。A 想以法律渎职罪起诉律师甲。①

本案的争议焦点在于，在诚信义务下的合同关系形成之前，是否可以追究合同责任。这是律师诚信义务的延伸。在本案中，律师作为专业人士，诚实义务可以被延伸。

（五）真实义务内部的冲突

真实义务内部的冲突可能涉及多种情形，包括代表多方当事人、涉及公共利益、当事人同意，以及与委托人存在争议时律师保护自己利益的情况。

［案例 10］

律师甲与 A 签订了委托协议，同时处理了类似的 B 案和 C 案。律师甲在 A 案中花费了 40 小时，但在 B 案和 C 案中花费的时间较少，却按照各案 40 小时收费。②

本案中，律师甲的行为构成对委托人的欺骗。如果按照各案 40 小时收费，不仅欺骗了委托人，还欺骗了自己，这种行为是不被允许的。律师应始终坚守真实原则，不得以谎言代替真相。如果税务机关介入调查，律师甲可能会被吊销执照。

［案例 11］

律师甲代表客户 A 与 B 打了一场民事官司，后律师甲打赢了官司，A 支付了律师甲的酬金。然而，B 后来以诉讼欺诈为由对 A 提出刑事控告，并指控律师甲是共犯。在调查过程中，律师甲决定，为了证明自己的清白，有必要提交他在办案过

① 이상수, “변호사와 의뢰인의 관계”, 한인섭 외 7, 『법조윤리(제 3 판) 』, 131 면.

② 정한중, “변호사의 보수”, 한인섭 외 7, 『법조윤리(제 3 판) 』, 255 면.

程中了解到的载有A秘密的文件。①

律师与客户之间交换的信息必须受到严格保护，但律师若是出于自身利益行事则属于例外情况。即律师本人受到侵害，若仍然受制于保密义务而无法出示对自己有利的证据的话，未免过于苛刻了。在上述情况下，保密义务的标准可以被降低。但披露的信息应限于律师自我辩护所必需的最小范围。

（六）保密义务内部的冲突

［案例12］

律师甲是A公司的一名法律顾问。A公司员工B在驾驶公司的汽车时发生了交通事故，导致了C在这次交通事故中死亡。C的继承人D对A和B提起民事损害赔偿诉讼。律师甲在调查过程中发现B当时喝了酒，因此准备利用这一事实否认A公司的责任。②

这一案件中，既有多个代理人间的利益冲突，又有为多个当事人保守秘密而产生的责任冲突。真实义务与保密义务之间存在冲突，真实义务内部存在冲突，保密义务内部也存在冲突。显然，这是一种职责冲突，同一种两难局面，但职责的本质会随角度的变化而变化。

（七）法官、检察官义务与公民权利、职责之间的冲突

［案例13］

检察官甲因对此次新内阁的重组不满意，故写信向媒体表示抗议。媒体报道说，检察官甲对于重组很不满意，因为重组偏向于特定院校的学生。检察官的行为符合法律职业道德规范吗？③

本案触及公职人员在行使公民权利时的道德界限。尽管检察官作为公民享有言论自由，但作为公职人员，他们应受到额外的约束，避免发表可能影响案件审理的偏激意见。自律是一种基于伦理准则的习惯和文化，而非单纯的法律规定。这是一起公职法律职业者的道德伦理与公民权利间产生冲突的案例，同时反映了法律与道德间的冲突。

---

① 2019년도 제10회 법조윤리 시험문제.

② 이상수，"사내변호사와 변호사윤리"，한인섭 외7，『법조윤리(제3판)』，307면.

③ 김희수，"검사의 직무와 윤리"，한인섭 외7，『법조윤리(제3판)』，508면.

（八）不同职务之间的义务冲突

［案例 14］

律师甲受托为 A 辩护，A 因违反《交通事故处理特别法》而被判处缓刑，在缓刑考验期内又成为一起交通事故的肇事者，正在接受调查。律师甲认为，第二次犯罪是在缓刑考验期内实施的，在第二次犯罪被判刑时，第一次犯罪的缓刑考验期肯定已过。于是，律师甲推迟了起诉书的提交，他告诉负责调查的检察官，他需要时间与受害人达成协议。他还向法院申请延长审判日期，并获得了批准，随后第一起案件的缓刑期到期后，A 在第二起案件中被判处缓刑。①

本案提出了一个职业道德问题。从律师的角度来看，对其当事人来说，最好的结果是通过推迟起诉和审判来获得缓刑。我们没有理由禁止这种行为，除非在这一过程中存在具体的违反职业道德的行为，因此律师甲的做法是合理的，这符合当事人的最佳利益。检察官和法官也似乎都没有违反任何法律或道德规范。

但是，法律职业者在行使自己的权利的时候需要始终保持谨慎的态度，否则可能会不小心越权。尤其在刑事案件中，应尽可能公开、公正地处理所有关系，因为这关系到被告人及受害人的权益。法律职业者需要认识到为受害人申冤的过程也是伸张正义的过程。

（九）职务变更时的义务冲突

［案例 15］

法官甲负责一起取消韩国公平贸易委员会罚款的案件。在此案中，法官甲确定了听证日期，但没有参加听证。后来甲辞职并开了一家律师事务所，此时，甲能否接案呢？②

律师甲既是 L 律师事务所的成员，也是首尔选举委员会的非执行委员。后首尔选举委员会调查了各个候选人在全国市政选举期间的竞选费用，并以选举委员会的名义指控候选人 A 违反了《公职选举法》。为此，被检举人 A 希望将上述案件委托给 L 律师事务所处理。③

---

① 최진안,『법조윤리(제3판)』, 287면.

② 이상수, “이익충돌회피의무”, 한인섭 외 7,『법조윤리(제3판)』, 212면.

③ 2019년 제10회 법조윤리 시험문제.

上述案例提出了一个问题，即律师在职务变更后能否处理与原公职相关的案件。关键在于律师是否利用了在公职期间获得的信息，这涉及真实义务、保密义务及诚信义务之间的冲突。法官和律师在职责和行为上有所不同，法官需忠实履行职责，而律师需忠实保护委托人利益。在这种情况下，保持表面上的公正和避免潜在的利益冲突是道德的核心价值。

三、法律与伦理冲突的成因剖析

（一）两难境地的主张理由

所谓两难境地，指个体在面对相互冲突的法律义务时，若履行其中一项则不可避免地违反另一项。在此种情境下，个体需对各项义务进行权衡，选择履行其一，同时不能完全忽略其他义务。理论上，或许可以构想出一个折中方案来调和双方义务，然而实际情况往往更为错综复杂，且往往不存在绝对正确的解决途径。部分个体实际上并未真正面临两难选择，却以“左右为难”为由，为其违法行为辩解。在这类困境中，双方均可能声称自己已尽职尽责。通过将行为描述为职责冲突，个体可能过分强调履行了某项单一义务，而忽略了实际上可能构成的侵权行为。行为的合法性源自履行义务的本质。

尽管表面上强调的义务似乎各不相同，但归根结底，这些行为往往反映了个体的贪婪或愤怒。例如，以“为了生计”为由，声称不得不采取某些行为，或强调必须养家糊口、追求财富等，实则是贪婪的体现。阻止他人晋升或希望不喜欢的人被降职的动机，则反映了愤怒的情绪。律师的诚信、保密义务，以及对公共服务的承诺，理应高于个人谋生或职业发展的需求。同样，法官和检察官维护法律公正、公开的职责，显然重于在社交媒体上随意发表意见的权利。在法律伦理的框架内，高尚的义务不应被私欲所替代。

（二）单一标准的弊端

1. 单一标准的不可行性

任何人都无法避免陷入两难境地，不仅是法律职业者，普通人也会面临两难境地。这种境地之所以棘手，源于两种难以割舍的义务之间的冲突。理想情况下，若存在一个单一的标准来评判和解决两难局面，将极大地简化决策过程。

然而，现实中并不存在这样一个普适的“一元准则”。所谓的“一元准则”指一种能够彻底排除两难境地中某一项义务的准则。但在实际情况中，两难境地中的每一项义务都具有其重要性。如果某一项义务可以轻易被排除，那么两难选择本身就不会形成。那些在任何情况下都可以被忽略的义务，并不会引发真正的两难困境。在两难选择中，我们虽然可能倾向于选择履行某一项义务，但不能完全忽视另一项义务的存在和重要性。

正如前文所述，即便我们在两难选择中不得不倾向于其中一项义务，也不能彻底忽略另一项义务。此外，某些义务在特定情况下可能被忽略，但在其他情境下却变得至关重要。例如，律师的保密义务在大多数情况下几乎是不可侵犯的，然而，当涉及人命关天或公共利益受到严重威胁时，这一义务的标准就可能被适当放宽。毕竟，人的生命安全是至高无上的，当社会公共利益面临重大威胁时，也可能导致对现有制度的重新审视和调整。

2. 个人身份的分裂

在法律实践中，个人身份的多元性与义务的相对性是不可忽略的现实。单一的法律标准不仅难以实现，还可能导致个人身份的分裂，进而威胁个体的安全。例如，律师在履行保密义务时，若始终坚持这一义务至高无上，则可能会面临道德和法律的严重挑战。

在案例 1 中，如果女孩被绑架，面临死亡的危险，律师应该怎么做？作为一名律师，所接受的教育是生命至高无上，生命权是所有权利的起点。①然而，律师有义务为其客户保密，律师的基本职责是确保前来咨询的客户在咨询后的情况不会比咨询前更糟。因此，权利和义务并不是一直都处在对立面的。

在这种情况下，律师的多重身份可能导致身份危机。每个人的社会身份是多样化的，律师也不例外。尽管律师拥有多重身份，但对生命的尊重应是其所有身份的核心。在任何情况下，违背这一核心原则都是难以辩解的。

---

① 김혜정·박미숙·안경옥·원혜욱·이인영,『형법총론[제 2 판]』, 피앤씨미디어, 2019, 4 면. 구체적으로 “사람의 생명은 어느 누구도 침해할 수 없고 또한 누구도 포기할 수 없어서 절대적 평등성, 처분의 불가능성을 특징으로 한다”고 설명하고 있다.

当生命不再受到威胁时，保密义务可能会重新成为被优先考虑的事项。例如，如果律师得知客户正计划实施犯罪，则披露这一信息将违反保密义务。但如果律师认为诚实信用义务和公共利益高于保密义务，那么向警方披露信息可能会对客户造成一定损害。

律师必须认识到义务与权利的相对性。在法律代理、审判、调查和听证的过程中，律师可能同时承担多项义务，或根据具体情况承担不同的义务。由于义务与权利之间可能存在冲突，代表义务与权利的律师必然会产生内部冲突。因此，律师不能仅承认某一项义务或权利的绝对优先，而应在各种义务和权利之间寻求平衡，以妥善处理案件。

3. 损害公民对司法机关的信心

单一标准会破坏公民对司法机关的信任。司法公信力的构建依赖法律专业人士的选拔机制及侦查与审判过程的公正性，尤其是后者在塑造公众信任方面发挥着决定性作用。司法结果的不确定性(即胜诉与败诉的并存)意味着不可能实现所有参与者的普遍满意。然而，通过确保程序正义，可以最大限度地满足社会成员的合理预期，尽管无法确保每个个体的权益得到完全满足，但也不至于导致任何个体的合法权益被彻底剥夺。

在司法制度框架内，个体权利与合法利益之间的潜在冲突应当得到妥善协调。司法官员，包括法官、检察官、律师等法律从业者，都应当将尊重和保护他人基本人权作为首要职责，如生命权、身体健康权等。例如，执行逮捕或拘留必须依据合法的逮捕令，进行搜查则需持有搜查令，这些都是保护基本权利的具体体现。在侦查和审判过程中，为维护涉案人员的尊严和基本权利，应保障其拒绝作证的权利。即便在民事诉讼中，当事人也应享有自由陈述案情的权利，并且其隐私权应受到法律保密义务的保护。

程序的公正性不允许完全剥夺任何个人的利益。民主正是通过司法系统得以实现的，这就是司法系统的本质。人们把司法制度视为保护个人权益的最后一道屏障，这种信念建立在人们对司法制度的信任之上。

单一的标准为完全剥夺某些人的利益敞开了大门，如果在任何情况下都以当事人的利益为重，那么其他人的生命或公共利益就会受到威胁。将公共利益放在首位，当事人的利益就会受到损害。这将导致人们不信任律师，进而不信任法官和检察官，最后甚至连司法系统本身也会被人质疑。单一标准无法让人们相信自己受司法系统的保护，因为单一标准总是将某些弱势群体的利益排除在外。如果这种行为继续下去，司法体系将会丧失公信力。

（三）两难困境局面的伦理含义

1. 相互依存

两难困境的伦理含义深刻体现了人类社会中利益冲突和道德选择的复杂性。在这种困境中，相互依存的概念尤为关键，因为它揭示了个体或集体之间的紧密联系，以及这些联系对决策的影响。

首先，相互依存意味着个体或集体的利益并非孤立存在，而是与其他个体或集体的利益紧密相连。这种依存关系要求我们在作出决策时，不能仅仅关注自身的利益，而必须考虑到这些决策对他人的影响。在司法系统中，这表现为法官和律师需要平衡不同当事人的利益，确保裁决既公正又尊重人的基本权利。

其次，相互依存强调了中庸之道的重要性。中庸不是简单的中间立场，也不是机械的中立，而是一种深思熟虑的平衡，它要求我们在考虑所有相关利益时，能够识别并赋予更重要的意见或权重更大的利益。这种平衡需要我们具有对情况的深刻理解和对各种利益的敏感识别。

再次，相互依存揭示了律师与客户之间的关系。律师的忠诚、真实和保密义务是相互关联的，即使在利益冲突的情况下，这些义务仍然存在。这种关系要求律师在维护客户利益的同时，遵守职业道德和法律规定。

最后，相互依存是世界组织原则的一部分，它体现了万物之间的联系。在两难困境中，这种联系可能导致决策的困难，因为我们无法轻易地选择一方而忽视另一方。然而，正是这种相互依存性要求我们在决策时采取中庸之道，寻求一种既能尊重个体利益又能维护整体和谐的解决方案。

综上所述，两难困境的伦理含义在于它要求我们认识到个体之间的相互依存性，并在此基础上寻求平衡和中庸的解决方案。这不仅是对个人道德判断的挑战，还是对社会公正和法律制度的考验。

2. 规则的重要性

在法律伦理领域，两难局面通常表现为职责之间的冲突。当个体履行了某一项职责时，可能无法兼顾另一项职责。因此，在两难情况下，一方的利益不可避免地会受到侵犯，然而，我们不应因此责怪行为人，因为他们并未违法，只是在履行自己的法定义务。法律规则为行为人提供了保护，只要他们遵守规定义务的规则，即便未能考虑其他利益，也不应受到指责或惩罚。遵守规则即被视为履行了法律和道德上的义务。

对规则的强调有可能会导致道德的降格。伦理包括规则，但并不局限于规则。伦理关乎心灵，更具体地说，关乎良知。道德是一个重要的因素，它超越了遵守规则的范围，影响到人们生活的方方面面，包括如何待人接物、如何关心他人。

当唯规则论肆行时，如何处理相互冲突的义务就变成机械选择的问题，变成选择履行哪一项义务的问题。道德被削弱，伦理被降级，这是无法阻止的趋势。我们必须认识到，律师和医务人员等专业人员也需谋生，我们不能无条件地要求他们遵守高标准的职业道德。不言而喻，在经济生活已成为人类生活最重要的组成部分的现代资本主义社会中，要求高标准的道德规范是不合理的。

四、解决法律与伦理冲突困境的原则

（一）信任原则

1. 含义和内容

两难处境意味着义务的冲突，解决义务冲突的一个重要办法就是遵守规则。信任原则指合法行为的行为人可以信赖其他相关人的正当行为，或者说，遵守规则的人可以信赖其他人也会这样做，而没有义务预见并对那些会违反规则做出非理性行为的人采取规避行动。①这一原则保护了遵守规则的个体，减少了受伤害的风

---

① 이재상 • 장영민 • 강동범, 『형법총론[제 9 판] 』, 박영사, 2017, 199 면, 김혜정 • 박미숙 • 안경옥 • 원혜욱 • 이인영, 앞의 책, 131 면, 한상훈 • 안성조, 『형법입문』, 피앤씨미디어, 2018, 76 면, 오영근, 『형법총론[제 5 판] 』, 박영사, 2019, 130 면, 오영근은 신뢰의 원칙이 인정되기 이전에는 자신이 주의의무를 다 한하고 하여 다른 사람도 주의의무를 다하리라고 믿어서는 안된다는 원칙, 즉 불신의 원칙이 적용되었다고 한다. 불신의 원칙에서는 행동의 자유가 보장되지 않는다.

险，并提高了行为自由度。

两难境地不可避免地会阻碍个人行为，因为一方的行为有可能会对另一方造成伤害。限制个人行为会导致限制自由，对个人自由的限制就是对社会中自由行动、贸易和活动的限制。信任原则被认为是一种既能扩大自由，又能保护陷入两难境地者的利益的方法。根据信任原则，遵守规则可以扩大自由，因为它抵消了责任。信任原则为解决困境提供了重要的方向。

2. 信任原则的局限

仅凭信任原则来解决两难困境是不够的。困境的处理基本上是一个权衡问题，如果存在压倒一切的利益，规则就应该被打破。正如我们在律师保密义务中看到的那样，当一个人的生命受到威胁，或者当不特定多数人的利益受到威胁时，保密义务就显得不是那么重要了。

规则一旦成文，就会变得僵硬，因为这涉及公平问题。在两难的情况下，当我们考虑具体现实中的具体人时，自由裁量权就得到了认可，中间地带涉及自由裁量权。自由裁量权的基础是道德。道德哲学将人置于规则之上，强调以人为本的哲学。但当规则成为唯一的标准时，自由裁量权、道德和以人为本的哲学就可能会被忽视。规则的僵化可能影响其他情况的公平性。因此，虽然信任原则是解决困境的一个有效原则，但解决困境还需要更深层次的哲学和伦理指导。

（二）最小伤害原则

1. 含义和内容

最小伤害原则是一种在义务冲突中寻求最小化利益侵害的伦理准则，这一原则源自宽容原则。阿图尔·考夫曼（Artur Kaufmann）将宽容原则概括为：“行动的方式要使你行动的后果与最大限度地避免或减少人类痛苦相一致。”①最小伤害原则强调，在不可避免地需要侵犯利益时，应力求将伤害降到最低。

2. 最小伤害原则的局限

最小伤害原则以宽容和克制行使权利为前提。然而，就其本身而言，它并没有为解决两难局面提供任何特定的方向，因为两难局面总是涉及侵犯另一方利益。

---

① 아르투어 카우프만, 김영환 옮김, 『법철학』, 나남, 2007, 704면.

该原则依赖于行为人的自愿选择，是一种温和且非强制性的方法，旨在缓解而非根本解决困境。

（三）宽容和约束原则

信任原则强调遵守规则，最小伤害原则认为最好少侵扰他人的利益，这些原则都是以“宽容和约束原则”为基础发展起来的。阿图尔·考夫曼也提出以最小伤害原则作为宽容原则之一的主张。

宽容在字典中的定义是“慷慨地接受或原谅他人的过失”，宽容有以下几个先决条件。首先，我们需要承认对方的存在，如果否认对方的存在，宽容就无从谈起。在过去的不平等社会中，妇女是社会的隐形人，在封建社会中，奴隶或农奴在社会上是无足轻重的，在种族主义观念下，有色人种是被否定的人群，这些现象都是不宽容的表现。其次，我们需要认识到对方也是人，和我们一样有自己的利益。最后，我们必须认识到，应该乐于向他人学习。这是自由主义和个人主义的必然结果。在多元化和充满风险的社会中，宽容显得尤为重要。人类生活在多元风险社会中，无法确定自己的行为是否符合现有的既定规范或固定的自然观念。在实践中，人们在发展科学技术时，不会也不可能事先预见其影响。宽容必须与责任相辅相成，宽容应使有责任感的人能够负责任地行事，而不必担心自己做不到时会受到法律的制裁。

克制则是在权利和权力界限模糊的现代社会中尤为重要的另一面。在个人和国家的权利相互重叠的情况下，司法程序成为解决权利冲突的手段。同样，面对义务界限的模糊，我们应当相互尊重，避免极端行使权利，以寻求最小化损害的解决方案。

综上所述，最小伤害原则、宽容和约束原则共同构成了解决法律与伦理冲突困境的重要指导思想。这些原则强调在冲突中寻求最小化伤害的解决方案，同时强调宽容与克制的重要性，以促进社会的和谐与进步。

法律实践中的伦理导向

[日]大泽恒夫*

王泠鑫、郑吕文青** 译

一、前　　言

法律从业者在决定从事法律行业时,往往怀有特定的价值追求。在漫长的职业生涯中,这种追求或许会始终如一,也可能会随着阅历增长而有所调整。例如,法律从业者如果秉持"解决法律难题,增进社会福祉"的理念,便会将其视作执业的根本准则,以此为导向履行职责。这种准则源于个人的职业伦理观,是内在价值观的自然流露。实践中,个人的行为动机往往源于内在的道德指引,它驱使着个人积极参与社会生活的方方面面。

作为内在的道德指引,职业伦理的核心在于追求正直(Integrity),即诚实、真挚、高尚的态度。为此,我们需要不断进行自我反思:我们的行为是否诚实?我们是否认可自己的判断?若这些行为被公开,又将招致什么后果?这种自我反思在日常活动中极为重要。①自省不仅是优秀实务人士的共同优

* 大泽恒夫,中央大学法学博士,中央大学法学研究生院客座教授,大泽律师事务所律师,日本仲裁ADR法学会常务理事,主攻方向:法律实务教育、律师论、咨询谈判等法律对话的理念与技巧、多元纠纷解决机制。本文原刊载于日本司法书士协会月刊《司法书士》2021年4月,第590期。

** 王泠鑫、郑吕文青,上海外国语大学2022级法律硕士研究生。

① 法律从业者,如同普通人一样,难免会有犯错之时。一旦犯错,应当坦率承认并迅速改正。为此,法律从业者应时常自我反思,以正直为行为导向,不断追求专业上的精进和提升。

点[①]，还有助于法律从业者在日常工作中遵守职业伦理。

然而，法律从业者若在执业过程中过分关注法律职业的盈利价值，则可能会认为职业伦理是执业的桎梏。当然，由于法律职业的根本目的并非盈利，不是所有法律从业者都将盈利视为首要目标。不过法律从业者确实以服务费为主要经济来源[②]，这也在一定程度上体现了法律职业盈利的重要性。[③]

近年来，全球企业活动的理念发生了重大变革。过去，以美国为中心的"股东资本主义"理念主张企业的主要目标是盈利并回报股东。但近年兴起的"利益相关者资本主义"或"公益资本主义"认为，企业除回报股东外，还应考虑员工、客户、社区等各方利益相关者的利益。[④]随着可持续发展目标(Sustainable Development Goals，以下简称"SDGs")的提出，ESG 投资(Environment, Social, Governance)的理念开始流行。SDGs 是联合国制定的 17 个全球可持续发展目标，联合国呼吁包括企业在内的所有社会主体都积极参与其中，共同推动全球的可持续发展。而

---

① ［美］Donald Schoen『専門家の知恵—反省的実践家は行為しながら考える』(佐藤学＝秋田喜代美訳)(ゆみる出版，2001 年)6 頁以下、228 頁以下参照。"反思性实践者"(reflective practitioner)是指导专业实践的一项原则，旨在应对那些复杂、精细、超出了现代技术理性解决范畴的问题。这一原则对从业人员的行为和道德观产生了重大影响，推动他们重新审视自身行业的知识结构，并作出相应调整。新译作［美］Donald A. Schoen『省察的実践とは何か—プロフェッショナルの行為と思考』(柳沢昌一＝三輪建二訳)(鳳書房，2007 年)。

② 2020 年 3 月 6 日，日本最高法院作出的一项判决中，一名司法书士因登记手续存在瑕疵而被第三方起诉。原审法院判处该司法书士应负法律责任，二审法院撤销了原判决并发回重审。二审主审法官草野耕一法官认为，"职业专家"指通过长年累月的深入钻研和系统学习，精通某一领域的专业知识，通过有偿向他人提供专业知识来维持生计的专业人士。职业专家与委托人之间存在两种关系：(1)支付与取得报酬的关系；(2)高度信任关系。根据这两点，司法书士原则上对委托人以外的第三方没有提供专业知识的义务。但是，法院指出，下列情形除外：(1)第三方真诚地期望得到专业意见；(2)第三方有正当理由期望得到专业意见；(3)委托人以明示或默示的方式同意司法书士向第三方提供专业意见。(最高裁判所第二小法庭 2020 年 3 月 6 日判决，民集第 74 卷 3 号 149 页，载日本法院网 https://www.courts.go.jp/app/hanrei_jp/detail2?id=89286，最后访问时间：2024 年 3 月 26 日)

③ 法律服务的收费标准虽实行自由定价制，但并非毫无限制。根据反垄断法的相关规定，服务费的定价必须遵循一套适当的程序，以确保价格的公正性和合理性。例如，法律从业者应在开始工作前提供费用估算，与客户签订明确的服务合同，且服务费金额必须公平合理。关于服务费收费问题，见大澤恒夫「弁護士報酬と倫理」小岛武等编『テキストブック現代の法曹倫理』(法律文化社，2007 年)第 12 章参照。另见小島武司＝大澤恒夫「正義へのアクセスと法曹の役割—法曹倫理の基本的意義」『テキストブック現代の法曹倫理』(法律文化社，2007 年)第 1 章参照。

④ 2019 年 8 月 19 日，由 181 位美国顶级企业高管组成的商业圆桌发出倡议：企业应该告别"股东资本主义"，转而提倡"利益相关者资本主义"。

ESG 投资的对象就是积极实现 SDGs 目标的公司。①这些公司通常会在其合规准则中明确说明其所追求的价值(Value)目标,并强调在追求这些目标的过程中,公司成员必须恪守正直的原则。②企业的宗旨是将利益扩展到社会各个层面,并要求员工保持诚实、遵循职业伦理规范。在过去的“股东资本主义”模式中,企业只关注盈利与股东回报,伦理只对企业行为起外部的规制作用。但上述变化表明,职业伦理在企业内部的经营活动中发挥着越来越重要的作用。

在这一理念变革的背景下,法律从业者也应将 SDGs 纳入他们的职业伦理考量之中,作为内在伦理导向的一部分。

二、公民道德和职业伦理

作为法律从业者,我们首先是一名普通的市民,是构成社会的基本单元。

第一,法律从业者作为市民应秉持的伦理道德。

面对突发情况,例如目睹有人陷入危险时,作为普通市民应该如何行动? 1964 年的一个晚上,一位女性在纽约街头遇袭并不幸丧生。住在附近的 38 位公寓住户中,有人听到了她的呼救声,有人目睹了暴力,却无人伸出援手,甚至无一人报警。此事引起了社会的激烈争论:这是否意味着市民道德的沦丧? 是否应当通过法律手段对此类现象加以规制? 在日常生活中,我们面临的未必是上述的极端情况,但有时确实可能会碰到一些处于危急境地的人,亟须我们伸出援手。因此,在讨论职业伦理之前,我们需要认真思考,一名合格的市民此时应该采取怎样的行动。

第二,法律从业者作为普通职场人士应恪守的职业道德。

每个人都希望从事一份“好工作”。但究竟什么样的工作才是“好工作”呢? 这个问题自古就困扰着人们。③根据杉村芳美的观点,我们可以这样理解“好工作”:

---

① 关于 ESG 投资和 SDGs,参见年金公积金管理经营独立行政法人的说明(载日本年金公积金管理经营独立行政法人网,https://www.gpif.go.jp/investment/esg/#b,最后访问时间:2024 年 3 月 26 日)。

② 关于企业合规,大澤恒夫「コンプライアンス・ロイヤリング—『励ましとしてのコンプライアンス』という視点」桐蔭法科大学院紀要 5 号(2017 年)参照。

③ 杉村芳美『「良い仕事」の思想—新しい仕事倫理のために』(中央公論社,1997 年)。下文将引用该书中的部分观点进行阐述。

“好工作要求人们对待工作认真负责。”

“好工作能够满足生活的需要，既不给他人增加负担，又能帮助那些无法工作的人实现自立。”

“好工作是对他人和社会的贡献，能够丰富整个社会。”

“好工作能够促进工作和生活的平衡。”

“好工作能够促进个人的成长与发展。”

“努力追求才能获得好工作……好工作并非某种特定的职业，而是一种境界，需要自我思考和不懈追求才能达到。”

这些观点发人深省，为我们理解何为“好工作”提供了不同视角，尤其是最后一点，它提醒我们：仅仅从事某个法律职业并不意味着就找到了好工作，只有通过不断地自我反思与积极探索，才能深刻领悟何为好工作，进而实现职业价值与个人成就。基于这些准则，我们应当重新思考自己作为法律从业者的职业定位。

三、职业伦理——日常决策中的道德体系和伦理纲领

圣托马斯法学院的实务导师席尔茨教授（Patrick J. Schiltz）提到，专业人士判断行为是否合乎道德的标准，与普通人区分善恶的标准是一样的①，黄金法则即为“己所不欲，勿施于人”，基本原则即诚实、公平、礼貌、仁慈、守信。实务界人士的道德体系由日常事务中的一言一行共同构成，如会面、通话、书面材料撰写、谈判、账单制作、处理委托事务等。言谈举止、书面表达、遣词造句，以及事实陈述的慎重程度等，都是他们道德体系中的一部分。这些日常的言谈举止虽然看起来平平无奇，却共同构筑了从业者的道德观，是通过观察上司、前辈和同事的行为和个人品质，或接受他们的指导而逐渐形成的。②

---

① Patrick J. Schiltz, “Legal Ethics in Decline”, *Minnesota Law Review*, vol.82, no.3, 1998。林肯也曾说过，“法律职业的美德与其他职业的普通伦理并无太大区别”。

② 在席尔茨的职业生涯早期，他幸得一位资深前辈的悉心指导。当席尔茨起草的文书语气过于咄咄逼人时，这位前辈会耐心地帮助他调整措辞，使其变得更为温和；当路遇同行却遭对方忽视时，他会热情地与其主动打招呼；面对身边人的过失，前辈从不轻易指责，但对方取得成就时，他却毫不吝啬地给予高度赞誉；在年轻后辈犯错时，他会主动替他们承担责任。这位前辈的职业伦理在日常工作的点滴细节中得到了充分体现，席尔茨通过效仿前辈的这些优秀行为，逐渐形成自己的职业伦理观念。

相对于其他道德标准而言，职业道德有一个显著特点：职业团体往往会制定一套专门的行业道德准则，用来约束和规范从业人员的行为。这些准则中规定的道德义务①往往比一般商业活动中的标准更为严格。制定上述准则是为了维护职业团体的整体信誉，防止个别成员的失信行为影响公众对该职业团体的整体信任度。此外，由于职业往往具有一定的排他性、垄断性，所以成员之间相互监督、共同维护职业声誉就显得尤为重要。②职业团体的职业道德准则规定，从业人员在追求自己利益的同时，更应保护客户的利益，为公众利益服务③，同时，还会配备有效的惩戒制度及其他必要措施，从而确保职业道德得到遵守。此外，职业团体内部的各种培训、进修也是获取社会认可和尊重的重要途径。

四、对客户的忠诚义务和行为举止——法律从业者的“职业面具”

法律从业者(A)在为委托人(X)服务时，对其负有忠实义务和保密义务。在此基础上，A与X之间建立了高度信任关系，A也因此获得报酬。这种信任关系是开展业务的基础。在开展业务时，A可能与对方当事人(委托人Y)的代理人(B)产生交集。虽然A在生活中温和、善解人意，但在处理X和Y的案件时，其在B面前的表现可能会大相径庭。有时他的措辞粗鲁、充满敌意，甚至不诚实。这种与平常截然不同的态度，让B和其他有关人士困惑不解。

每个人都会根据不同场合切换不同的角色，法律从业者在执业时则会戴上法律从业者的“职业面具”。在处理X和Y之间的案件时，A必然会展现出与日常生活中不同的一面。基于X对其的高度信任，以及A自身的忠实、保密义务，A可能

① 虽然有人认为法律从业者的职业道德高于商界人士，但就笔者所认识的商界人士，包括经理在内，他们的道德水平并不逊色于法律从业者。

② 田中朋弘等編『ビジネス倫理学—哲学的アプローチ』(ナカニシヤ出版，2004年)。

③ 当我们谈论法律职业时，通常会将其主要工作内容描述为提供“公共服务”。然而，此处的公共服务并不包括纯粹的慈善行为、自我宣扬或心血来潮的行为。只有将法律服务作为一项持续且稳定的活动来开展，并将其视为自己的主营业务，方可称之为真正的职业。石村善助『現代のプロフェッション』(至誠堂，1969年)。

会采取更加坚定和强硬的态度，全力维护X的合法权益。①

在讨论案情时，X可能会情绪激动地叙述事件的来龙去脉，A则会以其一贯的温和态度耐心倾听。在了解Y的恶劣行径后，A决定坚决维护X的利益，绝不轻易向Y妥协。这种决心会在一定程度上影响A在与B交流时的言行。虽然从法律职业伦理的角度来看，A的行为无可非议，但A的内心还是会感到一丝不安与愧疚。A可能会对自己在B面前的言行感到不安，觉得那不是自己的真实面貌。

五、“人生叙事危机”和“人文关怀”

在解决A的困扰之前，我们需要先明确，法律从业者帮助委托人处理的“法律问题”、提供的“法律服务解决方案”究竟是什么？在处理这些法律问题时，法律从业者又应该展现出怎样的人文关怀，以确保其专业服务不仅符合法律规范，还充分考虑到客户的实际需求和情感体验？

在这个纷繁复杂的世界里，每个人都在不经意间构建自己的“人生叙事”（Narrative），借助语言给自己平凡的生活赋予意义（Narrative Approach）。“人生叙事”是一种理解世界的基本方式，使我们能够将自我与世界有机地联系起来，应对生活中的各种遭遇。这种叙事是对人类行为的一种象征性描述，它沿着清晰的时间轴展开，包含起始、发展和终结等多个阶段，由一系列明确的事件（即情节或剧情）组成，而法律问题也深深嵌入这种叙事之中。②它们如同叙事中的危机，给当事人带来困惑、悲伤和苦恼，使他们对未来的生活感到迷茫。当遇到法律问题时，他们此前所构建的“人生叙事”可能会因这些危机而瞬间崩塌。因此，解决法律问题不仅是在帮助当事人重建陷入困境的“人生叙事”，更为人们提供了一个重新出发、开始新生活的契机。

如此，我们便可这样理解法律从业者的角色：一个在困境中引导、支持当事人

---

① 法律从业者在为委托人争取权益时会表现得咄咄逼人，但同时他们会面临与委托人之间的各种冲突。尽管他们尽心尽力地为委托人提供服务，但委托人或其相关方仍可能会抱怨法律从业者工作不到位、忽视他们的意见或收费过高。这类问题通常是双方之间沟通不畅造成的，对此，法律从业者也常常感到挫败和无奈。

② 北村隆憲「法の物語と紛争の語り」法と情動60号（2004年）。

重建生活篇章的向导，帮助当事人在法律的框架内重新构建他们的“人生叙事”。① 在这个重构过程中，法律从业者应以关怀之心倾听当事人的叙事，因为当事人的自我认知正是通过这些叙事得以体现。只有由当事人亲自讲述，我们才能准确理解其“人生叙事”。在这个过程中，法律从业者的诚恳和耐心倾听将会发挥至关重要的作用。②在提供法律专业知识之前，法律从业者应以一种“无知”的态度向当事人提问，了解事件的来龙去脉。同时，应充分表达对当事人“人生叙事”和所处境遇的尊重，并换位思考。这种“关怀之心”，即人文关怀，对于法律从业者而言极为重要，也是其应当遵守的法律职业伦理。

鉴于此，将法律职业视为一种“人文关怀职业”的观点③显得尤为贴切。关怀他人的核心在于促进个体的成长、帮助其实现自我价值，而推动个体成长的核心在于引导其学会关怀他人。这种关怀之心具有感染力，能够无声无息地传递，法律从业者的关怀之举有助于激发委托人对他人的善意。④当委托人能够关怀自己并关爱他人时，法律从业者将更接近真正的解决方案——为陷入危机的“人生叙事”提供重构方案。

接下来，让我们重新审视一下法律从业者 A 在为委托人 X 服务过程中的行为。根据上述观点，法律从业者 A 应当对 X 展现人文关怀，促进 X 的个人成长，并引导 X 学会关爱他人，进而协助 X 重建因困境而陷入混乱的“人生叙事”。这就要求 A 坚守法律职业伦理，充分展现对 X 境遇的尊重，并设身处地地理解 X 的需求，为其提供适当的法律服务解决方案。在这一过程中，若 A 如前文所述，戴上了与平时温和性格截然不同的“职业面具”，做出具有攻击性且不诚实的举动，那 A 可能会为此感到不安与愧疚。但只要这些行为都源于 A 内心深处对 X 的人文关怀，且他坚信自己的举动系为了维护委托人的权益，那么在一定程度上，这种行为就是符合

---

① 在医学领域也同样推崇并践行“叙事医学”（Narrative Medicine）的理念，即医疗工作者的任务不仅包括通过手术和药物治愈患者，还包括帮助患者和家属重建他们的生活。［美］Rita Charon『ナラティブ・メディスンの原理と実践』（斎藤清二ほか訳）（北大路書房，2019 年）。

② 野口裕一『物語としてのケアーナラティブ・アプローチの世界へ』（医学書院，2002 年）。

③ 佐藤彰一「法使用における職業倫理と市民倫理」小島ほか編『テキストブック現代の法曹倫理』（法律文化社，2007 年）前揭第 2 章参照。佐藤教授认为，作为一种人文关怀职业，法律从业者的职责是帮助委托人成长，帮助委托人学会关怀自己和他人。

④ ［美］Milton Mayeroff『ケアの本質—生きることの意味』（田村真ほか訳）（ゆみる出版，1987 年）。

法律职业伦理的。[1]然而，若A以好斗的姿态来表达对X的支持，那么X的“人生叙事”便可能被塑造成充满冲突与对立的风格，这不仅无法帮助X关怀他人，更不利于X的个人成长与发展。同时，A应当适当关怀自我，长期与他人针锋相对、尔虞我诈对A自身的身心健康也将造成不利影响。为了兼顾委托人X与A自身的福祉，A应当摘下好斗的面具，展现真实的自我，以更为合适的方式为X提供关怀与帮助。

六、中立性和独立性

法律从业者在对委托人履行忠实义务的同时，需维持自身在委托关系中的中立性与独立性，以免受委托人过度影响而失去自主决策能力。然而，这种忠实义务与中立性之间可能存在潜在冲突，这也引发我们对“人文关怀”这一法律职业伦理的重新审视。

对此，井上达夫教授对于“正义与相互性”的论述发人深省。[2]井上教授指出，对话中的正义蕴含了一种普遍的要求，即“相同的事物应得到平等的对待”。而对话的“相互性”则在此基础上，进一步要求双方相互承认并尊重彼此在道德人格上的平等。按照正义所蕴含的普遍要求，个体在享受权力和利益时，不应阻止同等条件下的其他人获得同等的权力和利益，不论其身份如何。因此，正义对人们的利益诉求施加了普遍性、开放性和透明性的约束，确保了公平与平等的实现。

正义与相互性的理念同时揭示了法律从业者与委托人互动的基本方式。委托人作为一个寻求尊重的实体，在要求法律从业者尊重自己的同时，应展现出对法律从业者的尊重。双方在交流过程中，应秉持“彼此尊重、互相倾听”的态度：当委托人有意愿与法律从业者交流时，法律从业者应倾听其想法；反之，当法律从业者期望发表意见时，委托人也应耐心倾听；当委托人向法律从业者征求意见时，法律从业者应当真诚地给予回应；相应地，在法律从业者期待聆听委托人的想法时，委托

① 例如，一些律师在调解过程中可能会表现得颇为激进，在他们看来，调解是向客户表达同情与理解的一种方式，旨在帮助客户平复激动的情绪，进而帮助客户调整到适宜讨论问题的状态。大澤恒夫「弁護士業務と調停」仲裁とADR7卷(2012年)。

② 井上達夫『共生の作法—会話としての正義—』(創文社，1986年)193頁以下参照。同『法という企て』(東京大学出版会，2003年)270頁以下参照。

人也应向其敞开心扉。这种互动方式不仅有助于建立和谐的关系，还能促进双方的有效沟通和合作。在此基础上，由于法律从业者的基本义务就是为委托人服务，因此，当委托人对第三人负有相互尊重的义务时，法律从业者也应当继受地承担同等义务。法律从业者在服务过程中的确应维持中立性和独立性，但这并非出于对委托人的轻视或优越感，而是基于法律职业的内在要求。鉴于他人与委托人之间的平等地位和互相尊重的义务，法律从业者也必须承担这种义务衍生的互惠性、普遍性、对他人的开放性和司法要求的透明性义务，因而需要保持一定的中立性和独立性。

此外，在法律从业者对委托人负有忠实义务的同时，委托人负有同样的义务，因此，这种忠实义务并不与维持中立和独立的原则相矛盾。忠实义务指法律从业者在恪守职业准则和道德规范的基础上，坚定维护当事人的合法权益。在这一框架下，法律从业者对委托人的态度与“人文关怀伦理”的核心精神是一致的。

七、利益冲突和保密义务

利益冲突，通常指当某人（以下简称“P”）基于他人信任而履行职责时，P 所追求的利益或目标（例如保护客户 X 的利益，以下简称“①”）与其履行其他职责时的利益或目标（例如保护客户 Y 的利益，以下简称“②”）或其自身利益之间发生的冲突或潜在的冲突。当②的存在妨碍或可能妨碍 P 根据①中的信任关系履行职责，进而损害 P 的信誉和公众对该职业的普遍信任时，便构成利益冲突。如今，利益冲突不仅在法律界被视为违反职业道德的行为，还在商业界、医学界等社会各界被认为是有违职业操守的，甚至在某些情况下可能涉及违法。[①]

---

① 法律已经对某些利益冲突作出明确规定：例如，自我代理和双边代理属于无权代理；在监护/看护关系中，应指定特别代表而未指定的行为被视为未经授权；《公司法》和其他法人法中关于高管和董事的利益冲突交易的规定（中村均『利益相反の洗礼・判例と実務〔全訂第 4 版〕』（金融財政事情研究会，2017 年）；如《银行法》和《金融商品交易法》中有关金融机构利益冲突的规定（各金融机构均已制定并公布其利益冲突管理政策。参见：https://www.smbc.co.jp/riekisouhan/，最后访问时间：2024 年 3 月 26 日）。此外，如果在对未经批准的特定药物进行临床研究时，医生收受制药商的回扣，并发表有利于制药商的研究论文，这也可能被视为利益冲突（三瀬朋子『医学と利益相反—アメリカから学ぶ』（弘文堂，2007 年））。曾有新闻报道，某受监管机构监管的公司成员，同时是该监管机构委员会的一员，在被揭露存在利益冲突问题后引咎辞职。然而，这一事件仅仅是冰山一角，社会中仍潜伏着其他利益冲突的风险，亟待我们引起警觉。

彻底禁止利益冲突是区分专业法律从业者和民间争议解决所[①]的分水岭。法律从业者履行职责系基于与委托人之间的高度信赖关系，而这一信赖关系的基础是法律从业者的忠实义务和保密义务。因此，他们必须高度重视并谨慎处理利益冲突问题。

在开展可能牵涉利益冲突的法律咨询业务时，法律从业者应优先进行利益冲突审查。在与咨询者建立信赖关系并深入探讨案件细节之前[②]，必须先向咨询者表明自己希望进行利益冲突审查的意愿，并请求其提供姓名及其他必要信息。若经审查发现潜在利益冲突，必须明确告知咨询者“鉴于潜在利益冲突，我方无法为您提供咨询服务”，并据此拒绝提供进一步的咨询。但在拒绝时，不能告知咨询者自己已经为利益相对方提供过咨询一事。[③]在拥有众多法律从业者的联合事务所[④]或企业中，鉴于其处理的案件数量庞大，应设立一套专门的利益冲突审查机制，包括但不限于雇用行政人员负责利益冲突审查[⑤]，以确保有效管理和应对利益冲突问题。

八、法律问题——愈发模糊的界限和伦理

法律从业者的主要职责是处理法律问题。然而，许多法律从业者或许都会有这样的体会：在日常工作中，法律问题与非法律问题之间的界限似乎越来越模糊不

---

① 译者注：民间争议解决所，原文事件屋（じけんや），指没有律师资格证，以帮助他人解决纠纷为业，提供调查、协商、解决纠纷等服务的机构或个人。

② 若法律从业者 P 与咨询者 X 在确认存在利益冲突之前已建立了信赖关系，并了解了案件的详细情况，X 有可能会向 P 透露机密信息。一旦 P 获知 X 的机密信息，就应承担保密责任。此时，若 X 的利益相对方 Y 向 P 进行法律咨询，P 将面临一个复杂的困境，因为他同时知悉 X 和 Y 的秘密，并对二者均负有保密义务。此时 P 将陷入进退维谷的境地，最终可能无法同时履行对 Y 和 X 的职责，只能无奈选择辞去这两份工作。

③ P 接受 Y 的咨询这件事本身就是保密内容之一，如果在拒绝为 X 提供咨询服务时告知此理由，很有可能违反保密义务。

④ 作为联合事务所的一名法律从业者，对 P 构成利益冲突的行为，对事务所内其他同事也构成利益冲突（扩展利益冲突）。就法人受理案件而言，即使 P 只是负责人，但只要存在与 P 的利益冲突，法人本身也会受到利益冲突的限制。

⑤ 需要注意的是，如果行政人员接到电话，并在利益冲突检查之前了解到咨询者的详细情况，包括保密信息，这等同于法律从业者自己知悉了保密信息。

清，难以明确界定；在日常法律咨询中，我们有时难以判断当事人所寻求的究竟是法律层面的解答还是生活层面的建议。

此外，从事监护工作的法律从业者所处理的往往并非纯粹的法律问题，而是涵盖被监护人的个人护理及其他琐碎的生活事务。在实际工作中，他们难以将被监护人的生活硬生生地割裂，而仅关注被认定为属于法律问题的部分。因此，与医疗、社会福利、税务、社会保障和地方政府等各类服务部门及其他专业人员的紧密合作变得至关重要。然而，这种跨专业的协作并非一帆风顺，可能会面临不同职业道德的冲突。

从更宏观的角度来看，互联网的迅猛传播与人工智能的广泛渗透，加之出生率下降、人口老龄化、经济及教育差距的扩大、贫困问题的凸显、对多样性的尊重与权利意识的增强等多重因素，共同构筑了现代社会的复杂面貌。尽管这些变革为我们的生活带来了前所未有的便捷，但随之而来的问题更加复杂、棘手，且充满压力。在这一背景下，社会关系亦呈现紧张态势。

在这种背景下，部分法律从业者可能会选择将工作重心集中在狭义的法律问题上，作为处理棘手案件的一种策略。然而，另一种应对策略同样不容忽视，即通过向当事人展现"人文关怀"，提供综合性的法律服务，与当事人共同克服"人生叙事危机"。在提供这种综合性服务的过程中，法律从业者的工作边界可能会变得模糊不清，职业伦理问题也可能会更为频繁地出现。为应对这些挑战，法律同行乃至整个法律职业共同体的存在显得尤为重要，他们应当接纳并理解彼此在执业过程中的困扰，协商合作，从而成为解决职业伦理难题的关键力量。

以职业道德准则作为法律职业执业规范

[印度尼西亚]妮露·阿妮塔·西纳加(Niru Anita Sinaga)*

姚佳慧** 译

一、前　　言

1945年《印度尼西亚共和国宪法》规定印度尼西亚是一个法治国家。①要贯彻这一规定,就必须坚持法治这一重要原则,具体包括以下几个方面:首先,司法独立是维护法律与正义的基石。法治国家要求其司法系统具备独立性,不受其他权力的干预。法院应当具备独立性、中立性、专业性、透明度、责任感和权威性,以确保法律的权威得到维护,法律的实施与庇护得到保障,法的确定性得以保持,从而实现正义。法院是维护法律和正义的主要支柱,也是国家文化建设的重要力量。其次,法律面前人人平等是法治的基本原则,法治国家应当保证每个人享有平等的权利和保护。人人有权得到承认、保障、庇护和公正对待,并享有在法律面前一律平等的权利。再次,确保法的确定性和法律秩序以保障人民得到法律保护对于法治国家的运作而言至关重要。这要求存在可靠的法律文件和证据,以支撑合同或协议的真实性,从而保障个人和集体的合法权益。然后,国内安全是法治国家的另一

* [印度尼西亚]妮露·阿妮塔·西纳加,印度尼西亚苏里亚达尔马大学法学院院长、常任讲师。本文原刊载于《迪尔甘塔拉法律科学期刊》2020年第10卷第2期,第1—34页。

** 姚佳慧,上海外国语大学2023级法律硕士研究生。

① Undang-Undang Republik Indonesia Nomor 48 Tahun 2009 *Tentang Kekuasaan Kehakiman*, Penjelasan, Bagian Umum.

项重要要求。基于潘查希拉原则和1945年《印度尼西亚共和国宪法》,印度尼西亚致力于建设一个公正、繁荣和文明的社会,确保国内安全是实现这一目标的关键。最后,印度尼西亚警方作为国家执法机关,在社会的协助下,通过履行警察职责维护社会安全和秩序、维护法律、保障社会救济、为社会提供服务,以支持基本人权,为维护国内安全奠定坚实的基础。

要在公共生活和国家生活中落实法治原则,除依靠司法机构和执法机构以外,还要发挥法律从业者自由、独立和负责的职业作用和功能。通过提供法律服务,可以提升公众对法律、权利的基本认识,从而促进社会利益的公平实现。法学研究表明,除了法律规范外,还有其他规范也支撑、维护着社会秩序,这些规范被称为道德规范。

根据西达尔塔(Shidarta)的理论,职业道德准则是在各职业固有的道德原则基础上,体系化整理形成的。这表明,即使一个职业尚未形成明确的道德准则体系,其基本的道德原则仍然根植于职业实践中,以支撑该职业的正常运作。然而,鉴于从业人员的规模日益扩大,制定一套得到广泛认同的职业道德准则尤为必要。同时,面对社会需求的不断演进与复杂化,成立职业组织以规范执业行为和提升服务质量变得日益迫切。①

职业道德准则是由职业群体确立和认可的规范,用以引领或指导其成员的行为,确保该职业在社会上具有良好的道德素质。职业群体认可职业道德准则,并将准则提供给其成员,这些准则通常为从业人员的职业行为提供具体指导与建议。②然而,不同职业群体所应遵循的原则一般有所不同。职业道德准则是应用伦理学的产物,反映了职业内部对道德标准的共识,并可以不断进行修订和更新,一经实施就会对职业群体成员产生约束力,旨在预防和纠正不道德的职业行为。通过这种方式,职业道德准则不仅体现了职业共同体的自我规范和自我完善,还是社会道德规范在特定职业领域内的具体体现。

职业道德准则作为社会调控的工具,旨在防止外部干预、误解和冲突,确保职

① Shidarta, "Moralitas Profesi Hukum", in Refika Aditama eds., *Suatu tawaran Kerangka Berpikir*, Cet. ke-2, 2009, hlm.107—108.

② Abdulkadir Muhammad, *Etika Profesi Hukum*, Bandung: PT Citra Aditya Bakti, 2006, hlm. 77.

业群体成员能够履行义务。职业道德准则的制定，不仅为职业群体内的新老成员和潜在成员界定了具体的职责，还有助于规避职业群体内部成员之间及职业群体与社会其他成员之间的利益冲突。通过制定和实施职业道德规范，职业群体成员及公众得以确保所有成员均依照既定的道德标准履行其职业责任。①

职业道德准则的目的包括维护职业尊严、保障成员福祉、增强成员的奉献精神、提升职业和组织水准、优化服务质量，以及确保服务高于个人利益，建立强大而紧密的职业组织，并制定自己的标准等。

此外，职业道德准则旨在保护其成员避免不正当竞争，并发展职业以符合社会期望。职业内部成员必须不断提升道德观念，以确保组织的稳定运作和持续发展，并维护群体的明确目标与社会声誉。职业道德准则在职业群体成员之间构建了牢固的纽带，不受外界干扰，并保护该行业免受不公正对待。

法律从业者在执业过程中，有义务遵守重要的职业道德规范，包括人道、正义、正当、诚实等，并在必要时履行职业道德准则。一经监察，如有违规行为则应当及时予以制裁。由于职业道德准则是现行法律的组成部分，因此其实施应当具有强制力。

然而，实践过程并不顺利，职业道德准则有时因不被视为法律职业规范而无法受到认可。职业道德准则在运用的过程中，有时也会面临一些障碍。在这种情况下，法律手段成为解决冲突和问题的关键工具，法律的存在体现了对法治原则的尊重与坚守。法治原则是确保社会正义和秩序的基石，其核心在于保障社会利益，并确保社会利益在实践中得到有效实现。

当法律和职业道德准则的执行遭遇障碍时，寻求正义的公众获得法律保护的程度直接反映了法治原则的基础性作用。在处理问题时，职业道德准则所规定的原则并不总能得到充分应用。要解决这些问题，需要寻求一种既能实现立法目的、又能符合职业道德准则要求的解决方案，以实现正义这一目标。为达到这一目标，必须确保，在违反职业道德准则并对社会造成损害的情况下，受害者能够得到适当的保护。同时，对于违法行为实施者，应当依法追究其法律责任，通过惩罚或制裁

---

① Abdulkadir Muhammad, *Etika Profesi Hukum*, Bandung: PT Citra Aditya Bakti, 2006, hlm. 78—79.

的方式使其承担相应的法律后果。

由此，在处理涉及印度尼西亚职业道德准则的违规问题时，法律在当下与未来均得以维护。换言之，道德准则的制定目标，即为社会创造正义也得以实现。基于上述背景，笔者希望通过研究，对职业道德准则的实施及面临的障碍进行更深入的理解和探讨。

二、研究与论证结果

（一）道德规范与法律规范的关系

1. 伦理道德理论

伦理道德理论是一个难以理解和解读的主题。一方面，伦理道德理论着重分析和评价行为本身。另一方面，伦理道德理论有助于我们作出伦理决策。伦理道德理论为我们提供了一个分析框架，使我们能够评估和确定我们的道德选择是否恰当，因为根据特定的伦理决策作出的道德选择大概率是合理的。换言之，伦理道德理论强调决策过程中的自主选择。伦理道德理论为我们作出道德选择和决定提供了理论基础和合理支撑。①

根据这一理论，一个行为若能产生益处即为善，但这些好处不能只惠及个人，还应惠及全社会。

道义论为伦理道德提供了理论基础。“道义”一词源于希腊语 Deon，意为“义务”或“责任”，即某些必须履行的行为。一个行为必然会有后果，在道义论的视角下，行为的道德价值不应考虑行动的后果。康德强调，行为的正当性不在于其后果，而在于是否出于义务而为。依照康德所言，“如果行为应当实施，那就是好的行为”，言外之意，一个出于义务而实施的行为具有道德价值。人类与众不同正是因为人类会依靠道德行事，这使人类体面，并赋予人类基本尊严和权利。在专业实践中，道义论或义务论提供了一个更适合的理论基础。因为专业人士在执业过程中会根据职责采取行动，并运用职业道德准则指导行为。因此在面对冲突时，道义论

① Zainal Asikin, *Teori Etika Dalam Filsafat Hukum*, http://asikinzainal.blogspot.com/2012/01/teorietika-dlm-filsafat-hukum, diakses Senin 29 Juni 2020 Pkl 21.00 WIB.

提供了一种系统化的方法论，以确保专业人士以恰当良好的方式来解决冲突。

权利论是当代道德思想中用以评判个人行为道德性的常用理论。该理论认为，任何情况下都不应为了实现其他目标而牺牲个体。根据伊曼纽尔·康德的说法，人本身就是目的。因此，人必须始终作为目的本身得到尊重，而绝不应仅仅被视为达到另一个目的的手段。

美德理论中的美德指一个人所具有的能使其符合道德规范的品质。例如，智慧是一种美德，可以使一个人在任何情况下都能作出正确的决定。正义是另一种美德，它驱使人类给予他人其理应拥有的事物。有德者，即为善。好的人生应当是有德行的人生。

2. 法律的概念

法律规范人们的日常生活，对人们能为与不能为之事进行规定。法律不仅可用于解决纠纷，还通过惩罚和规范行为，在社会、政治和经济生活中发挥着核心作用。法律反映了个体与社会或其他群体之间的关系。当社会关系出现问题时，就要依靠法律从业者或大部分权力机构依法行事，来发挥重要作用。冯·萨维尼(Von Savigny)认为，法律观点、立场、规范及道德准则(即伦理)是评价所有事物的标准。善法是一种存在于社会中的法。效益价值是法律与道德所追求的共同目标，即维护社会秩序(social order)。温纳(Winner)认为，法律是人类互动和沟通的基础，旨在实现正义。法律规范是由掌权者制定的，通过法律制裁解决纠纷和案件，以实现对社会的控制和秩序的维护。

3. 道德规范与法律规范的关系

伊曼纽尔·康德深入阐释了道德规范与法律规范之间的关系，强调这种关系主要体现在对个体行为的调整和对美德的追求。在康德的理论中，道德规范要求个体根据道德义务调整自身行为，以良心作为行为的真正驱动力。但在法的道德层面上，个体需要遵守现行的法律规范，即调整行为以符合法律规定。虽然道德规范和法律规范存在差异，但二者又紧密联系。法律的制定实际上是人类道德要求的体现，因此，基于道德原则而制定并促使人们和谐共处的命令，也被视为公正的法律。法律是保障个体意志并符合自由法的规范。在这个框架下，法律体系被理解为道德德性的体现，也因此，二者的紧密联系可理解为道德规范有效并成为法律规范，或道德规范是现行法的来源。①人们依据道德规范来判断某一行为是否符合伦理标准，道德规范也成为人们评判行为是非、善恶、利弊的标准。行为的道德属性由其动机、目的和环境共同决定。道德法则作为一种指导人类行为的规范，源自个体的良心意识，并旨在实现个体幸福。道德法则的主要特征是其非强制性和普遍适用性。道德法则由三种类型组成，即自然法、神法和人法。此三种道德法则以道德规范和法律规范的形式存在，人类制定法律规范以实现生活中的道德规范（自然法与神法）。

（二）法律职业与职业伦理道德规范

1. 法律职业的概念

法律职业是与法律领域相关的职业。法律职业致力于在公共生活中促进和保障公平秩序。法律职业有其职业道德价值观，即诚实、正直、负责、独立和勇敢。法律从业者高度重视职业道德规范。法律从业者的职业发展依赖于其为提升专业技能和服务质量所作的努力，其个人应当对其提供的服务承担全部责任。从事法律职业的人必须是完全可信的人，以确保其（法律专业人士）不会滥用职权或信息。法律职业的发展应当以尊严和专业精神为基础，从业者需发挥所有知识和科学能力，因为法律职业承担的不仅是法律任务，更是与维护人类尊严和社会基本价值密切相关的社会使命。因此，法律职业提供的服务需要社会的监督。法律专业人士只有充分履行了职业责任，才能被认定为真正的专业人士。

一个人若具备高尚的道德品质和专业技能，受过教育或培训，有水准，遵守职业组织制定并经过共同商定的职业道德准则，便可视为具备专业素养。

专业人士应对客户、社会、同行、政府及国家承担相应的责任。他们应当展现强烈的社会责任感，对自己的行为负责，并致力于不断增进专业知识和技能。专业人士应当具备精湛的专业能力，维护客户信任，保持忠诚，并有能力避免不实信息的传播。此外，专业人士应当以自己所从事的职业为荣。

2. 职业伦理道德规范的功能与目的

苏马约诺（Sumaryono）强调了职业道德准则的三个关键作用，即作为社会调控

① Abdulkadir Muhammad, *Op. Cit*, hlm. 43—44.

的方式、避免外部干预、避免误解和冲突。阿卜杜勒卡迪尔·穆罕默德(Abdulkadir Muhammad)进一步阐释了职业道德准则的其他重要职能:确立专业原则标准,以便确定职业群体中新老成员或潜在成员的职业义务;避免职业群体内部成员间,以及职业群体与社会其他成员之间发生利益冲突;通过制定和实施职业道德规范,使得职业群体成员及公众得以确保所有成员均依照既定的道德标准履行其职业责任。①

职业道德规范旨在实现以下目标:维护职业尊严、保障成员福祉、增强成员的奉献精神、提高专业素质、提升职业和组织水准、确保提供服务先于个人利益、设立强大而紧密的职业组织、确定自身标准。

三、法律职业的良好实施

(一) 良好的法律管理机制

法律体系容纳正义、革新、制裁、解放、疗愈和再生等理念,旨在维护案件当事人的基本权利,并保障社会秩序和国家利益。法律管理的核心在于将立法目标具体化和制度化,确保法律理念得到广泛认可并得以有效实施。此外,法律将法哲学思想转化为明确的规范性表达,使之成为推动社会发展的切实力量。

(二) 合格的法律专业人士

合格的法律专业人士是掌握印度尼西亚法律的专业人员,他们具备分析社会法律问题的能力,并能够运用法律工具、依据法律原则,明智且有效地解决具体法律问题。这些专业人士不仅掌握着发展法律与法科学的基础,还对司法和社会实践问题有着深刻的理解和细致的观察。法律服务的专业性和高质量取决于法律从业者的专业领域,以及他们掌握的法律知识的深度。每位法律专业人士都应具备坚定的职业道德价值观,这些价值观构成了法律从业者的基本素质。法律职业道德价值观的核心包括五个基本标准,即诚实、真实、负责、独立和勇敢。正如诺托哈米迪约(Notohamidjojo)指出,苏里亚蒂(Supriadi)所描述的法律专业人士在履行职

① Abdulkadir Muhammad, *Op. Cit*, hlm. 78—79.

责和义务时必须具备的态度应当包含[①]：第一，人道态度，即应当以良心真理而非纯粹的形式主义态度对待法律；第二，正义态度，即寻求符合社会感受的价值；第三，正当态度，即深思熟虑，以确定具体案件的正义性；第四，诚实态度，即说真话，避免虚假和不当行为。

（三）执法与职业道德规范

一个追求文明的国家依赖于高效且公正的执法机构来解决社会面临的司法难题。在印度尼西亚，法律职业在确保人权的实现与保护方面起到至关重要的作用。执法的核心在于营造一个充满希望且稳定的法律环境，使人们感受到的不仅仅是表面的福利，更是真实可靠的法律保障。

在法律领域，需要特别关注四个方面，即规范秩序是否存在、对违法行为的制裁是否存在、维持秩序的手段是否存在，以及是否有明确的法律规范。为了确保社会中法律的确定性和正义得以实现，需要遵循一系列重要的法律原则，包括人格原则、团结原则、平等原则、权威原则、良莠分离原则等。

法律执行，或称维法，指确保法律得到遵守且监督其实施的过程，并预防违法行为的发生。一旦出现违法行为，则应当予以纠正以确保法律重新执行。执法部门在执法时，通常遵循以下步骤[②]：首先，警告、训诫停止违规行为，给予禁令（缓刑）；其次，施加特定义务（如赔偿、罚款）；再次，施加排除或限制（如撤销某些权利）；最后，实施主体制裁（监禁、死刑）。

法律从业者在履行法律职责时，必须遵守法律的重要规范。[③]第一，人道。人道规范要求从业者在行使法律职责过程中始终将人视为具有崇高人格的个体。人权的保护，尤其是对人格尊严的尊重，构成了法律的基本原则，是实现公正和构建文明社会的基石。第二，正义。根据圣·托马斯·阿奎那（Santo Thomas Aquinas）的说法，正义是基于个体的自由意志，确保每个人获得其应得的权利。这种意志自由是人的本质属性，权利的确认是正义实现的前提。正义是一种善的形式，指导人

---

① Supriadi, *Etika dan Tanggung Jawab Profesi Hukum*, Jakarta: Sinar Grafika, Cet. ke-3, 2010, hlm. 21.

② Abdulkadir Muhammad, *Op. Cit*, hlm. 115.

③ *Ibid*, hlm. 115—119.

们以合理方式交往。一个承认并尊重、捍卫他人权利的人,可以被称为正义的人。第三,正当。基本而言,正当是对法律正义的补充。法律正义涉及个人与社会或国家之间的关系,确保秩序与和谐。第四,诚实。执法部门必须诚实地执法或为寻求正义的人服务,并避免欺诈行为。诚实与真理、正义、正当有关,展现了一个人的清廉与真诚,他能意识到对不可为之事保持自制力。

职业道德准则的执行即确保职业道德准则的实施,并监督其应用,以免发生违规行为。如果出现违规行为,则予以纠正,以便职业道德准则重新执行。由于职业道德准则是现行法律体系的一部分,执法规范也适用于职业道德准则的实施。①法律的执行和职业道德准则的实施将成为社会执法的一面镜子。如果法律从业者自身不能成为维护法律的榜样,法律实施将更难进行。通过拥有高尚的道德和模范,无论他们身在何处,法律从业者都将为其所处的社会环境带来积极影响。如果执法没有按应有的方式进行,就会出现许多法律问题。因此,必须采取各种措施来维护法律权威和效力。在这一过程中,法律专业人士,包括法官、检察官、辩护律师、警察和公证人均应发挥带头作用,为加强职业道德准则的实施,采取一些措施,例如执行基于宗教价值观的职业道德准则。因此,对所有法律从业者来说,恪守职业道德准则是一项义不容辞的责任。

(四)正义的实现

当法律未能满足社会对正义的期待时,公众会失去对法律的信任。因此,法律有责任服务于追求正义的社会。在面对法律问题时,法律应充当指引方向的灯塔、引领正义的向导、解决纠纷的调解人和维护和平的使者,成为公平公正的裁决者。由此,正义才能得以实现。缺乏正义的国家和社会将难以持续发展,一个文明的社会建立在正义的基础上。1945 年《印度尼西亚共和国宪法》第四段规定了建立印度尼西亚共和国的目标,即保护印度尼西亚民族和印度尼西亚领土的完整性,增进公众福祉,教育公民有关国家生活的知识,参与构建基于自由、持久和平和社会正义的国际秩序。

正义应当贯穿于人类与上天、万物、社会、政府、自然及其他生灵之间的所有互

---

① Abdulkadir Muhammad, *Op. Cit*, hlm. 120.

动和关系中，并在生活的方方面面得以体现。正义是一种平衡、和谐与一致的状态，它给每个人的心灵带来和平，受到干扰就会造成严重的问题。

法律与正义密切相关。甚至有观点认为，法律应当与正义相结合。我们实施的每一部法律都要求寻求正义，因此没有正义的法律将毫无用处，并失去其社会价值。由于法律的适用应当基于客观标准，而正义的感知往往带有主观性，因此将法律与正义结合并不容易。尽管过程充满困难和挑战，但为了维护国家法治和司法机关的权威，法律与正义的结合不可或缺，因为法律的权威性源于其能够保障基本权利和自由，而这些权利正是由司法机关所确认的。①

法律的制定与执行应当以道德和司法正义为基础。因此，在伦理学领域，法律和正义是不可分割的，以此实现人类的和平与幸福。道德与正义的关系是密不可分的。法律和道德是一种规范或规则，而正义是规范或规则所追求的目标。因此，要想在道德和正义之间建立联系，必须先制定一条法律，无论是成文法还是习惯法，都应反映道德或伦理的要求。②

四、印度尼西亚法律职业道德规范执行的障碍与困难

职业道德准则在实践中面临一些挑战。阿卜杜勒卡迪尔·穆罕默德指出，专业人士可能会忽视甚至违反职业道德准则的根本原因包括亲属关系的影响、职位的影响、消费主义的影响。

亲属关系的特征之一是给予家庭成员平等的待遇和尊重，这被认为是公平的，并与对待非家庭成员的人形成鲜明对比。职位的特征之一就是下级要尊重和服从上级。消费主义通过大众媒体广告不断推广产品，对人们日益增长的需求产生相当大的影响，而法律从业者能获得的收入无法与这些需求相平衡。

根据苏马约诺的观点，法律从业者在执业过程中可能遇到五个严重的困难和挑战，包括法律专业人士的知识质量问题、存在滥用法律职业的情况、法律职业商业化趋势、社会意识和社会关心度下降及系统过时。除了上述障碍或困难外，还出

---

① Mardani, *Etika Profesi Hukum*, Depok: PT Raja Grafindo Persada, 2017, hlm. 46.

② *Ibid*, hlm. 46—47.

现了其他问题。例如技术进步未能与法律发展速度相匹配，因此法律总是滞后；因尚未理解职业道德准则的功能、目的或压根不愿履行，导致从业者没有履行准则的承诺；从业者本身存在问题，即正式和非正式的自我发展意识低；实施的政策或法规和技术准则不足；道德标准差；执法不力；缺乏严厉的行为准则制裁，等等。

五、总结与建议

要在公共生活和国家生活中落实法治原则，除依靠司法机构和执法机构以外，还要发挥法律从业者自由、独立和负责的职业作用和功能。通过提供法律服务，可以提升公众对法律、权利的基本认识，从而促进社会利益的公平实现。法学研究表明，除了法律规范外，还有其他规范在支撑、维护着社会秩序，这些规范被称为道德规范。各个职业群体的道德规范通常以职业道德准则的形式制定。道德准则是在各职业固有的道德原则基础上，经体系化整理形成。职业道德准则是由职业群体确立和认可的规范，用以引领或指导其成员的行为，确保该职业在社会上具有良好的道德素质。不同职业群体所应遵循的原则一般有所不同。职业道德准则作为社会调控的工具，旨在防止外部干预、误解和冲突，确保职业群体成员履行义务等。职业道德准则的目的包括维护职业尊严、保障成员福祉、增强成员的奉献精神、提升职业和组织水准、优化服务质量、强化组织结构、避免不正当竞争、与成员建立牢固联系、确定标准等方面。法律从业者在执业过程中，有义务遵守重要的职业道德规范，包括人道、正义、正当、诚实等，并在必要时履行职业道德准则。但在实践中，职业道德准则的执行往往遭受挑战，甚至面临诸多问题。在运用职业道德准则的过程中，有时会面临一些障碍。在处理问题时，职业道德准则所规定的原则并不总能得到充分应用。

职业道德准则尚未得到充分应用，是因受到亲属关系、职位和消费主义的影响。其他障碍或困难包括：滥用法律职业；社会意识与社会关心度下降，系统过时；技术进步未能与法律发展速度相匹配，因此法律总是滞后；因尚未理解职业道德准则的功能、目的或压根不愿履行，导致从业者没有履行准则的承诺；从业者本身存在问题，即正式和非正式自我发展意识低；实施的政策或法规和技术准则不足；道德标准差；执法不力；缺乏严厉的行为准则制裁，等等。

总而言之，首先，职业道德准则需要包含对违法行为更严厉的强制力或制裁，以便对违反者产生威慑作用。其次，每个职业成员都需要接受与职业道德准则相关的深入培训，以便更好地履行。最后，法学院作为法学士的培养者，自始应当为学生提供道德教育和法律职业道德方面的培训。

职业道德、法律良知和司法伦理

[巴西]安德烈·贡萨尔维斯·费尔南德(André Gonçalves Fernandes)*

黄筱沐　饶良莹**　译

一、前　　言

在社会层面,个体行为受到实践的约束。职业活动是现代社会生活的重要组成部分,而各行各业的伦理规范部分源自古希腊哲学对道德伦理的深入探讨,部分源自实践中积累的经验与智慧。对法律专业人士而言,其职业使命不局限于遵循法律程序的形式,更关键的是在社会中实现法律的公平与正义。本文将从伦理学的视角出发,对工作的本质和目的进行探讨:(1)我们为什么要工作?正如追求美德一般,工作是我们对美好生活目标的追求与回应。(2)我们应该如何工作?我们的工作应以人为核心,关注人类共同福祉,致力于人类的整体利益。

伦理学不仅仅是哲学领域所讨论的抽象概念,还源自个人经历,扎根于个体的现实生活之中。在司法活动中,司法伦理不应局限于僵化的法律程序模式,更应开辟必要的道德空间,根据具体正义原则指导法律实践。

---

* 安德烈·贡萨尔维斯·费尔南德,圣保罗大学法学院本科生,坎皮纳斯州立大学哲学与教育史硕士、博士、博士后及研究员,纳瓦拉大学访问学者,中欧大学法学方法论与法律哲学教授,法律期刊 *IURIS POIESIS* 和 *DIGNITAS* 审稿人,*Gazeta do Povo* 专栏作家,圣保罗州法院法官。本刊原载于《法律问题》2022 年第 15 卷第 3 期,第 946—986 页。

** 黄筱沐、饶良莹,上海外国语大学 2022 级法律硕士研究生。

随着社会工业化的深入发展，劳动观念发生显著变化，其中对工作价值的评定主要依赖外部因素，如生产力、成功和效率等，由此促进了工业革命与经济自由主义的融合，并与其他社会因素相互交织。正如阿伦特(Arendt Hannah)①指出："在现代工业社会中，工作在理论层面被过度美化，社会逐渐变成了一个以工作为中心的社会。在很大程度上，工作本身已经变成一种纯粹的商品，其价值和交换受到市场供需法则的支配。"

在当前以绩效为导向的社会环境中，从业者被视为实现定量工作目标的工具，工作效率则成为评价其表现的主要标准。这种认知模式过分强调结果和工作技术，而忽视了从业者对工作本质的深入理解。这种现象导致专业人员，包括法官，陷入一种忽视公正价值的麻木状态，逐渐失去了对工作的个人批判性理解。在法律领域，这将直接影响我们对法律实践的理解，并可能印证汉斯·凯尔森(Hans Kelsen)有关法律实证主义的观点。实际上，法院在这种高效运转模式下，正逐渐转变为一个不断生产一系列判决的工厂。

如果法律领域过度强调高效运作，长期而言可能会削弱法律工作者，尤其是法官对法庭伦理和具体正义的内在追求。在追求效率的过程中，他们可能忽视个案的实质内容和个人批判性的思考与判断。托雷斯(Torres-Dulce Enrique)②指出："法律伦理的核心作用在于为法律从业者提供指导原则，引导他们成为案情真相和正义的诠释者，而不仅仅是技术专家。"

在历史维度上，法律活动展现出深刻的伦理内涵：它通过程序化的机制取代暴力与专制，以更为人道的方式维护了人类的合法权益。历史的演进过程揭示了一种信念，即法律(具体而言是司法机关)始终致力于消除暴力与不公，通过规范化程序维护人民权益。正因如此，法律专业人士，尤其是法官，在踏上追求正义的征途时，其工作实质上是在追求和平——这是社会稳定的根本基石。加西亚·德·恩特里亚(García de Enterría Enrique)提出和平地追求悠久历史。③正如一位罗马皇

---

① Arendt Hannah, *A Condição Humana*, São Paulo: Forense Universitária, 6ª ed, 2009.

② Torres-Dulce Enrique, *El Trabajo de la Justicia. Ética de las Profesiones Jurídicas*, Murcia: UCAM-AEDOS, 1ª ed, 2003.

③ García de Enterría Enrique, *El Abogado en la Historia. Un Defensor de la Razón y de la Civilización*, Madrid: Civitas Editorial, 1ª ed, 2001.

帝在赞扬法官时所言:“在我们辉煌帝国的旗帜下战斗的不只有士兵,法官亦然,因为他们通过积极的道德声音,在具体案件中,凭借其美德和公正的裁决,捍卫并维护那些受难者的生命和后代。”

正如下文所详细阐述,司法伦理是决定法律实践道德维度的关键。在这一领域,司法理性的形成正是伦理价值在法律实践中得以彰显的途径。

二、司 法 伦 理

(一)职业伦理与内心良知

内心良知作为一项基本道德准则,在日常生活中常被提及,如“依良知行事”“良知的自由”等,它在文学与哲学作品中也频繁出现。但丁(Dante Alighieri)在《神曲》(*Commedia*)中通过维吉尔(Virgil)表达了对良知的忏悔;雨果(Victor Hugo)在《悲惨世界》(*Les Misérables*)中将良知比作“未知世界的向导”;荷马(Homer)在《伊利亚特》(*Iliad*)中认为良知是“近似的礼节”。这些例证表明良知在文学及艺术领域的重要地位。“良知”被视为人类内心深处最隐秘、最深层的东西,人的一生中,善恶的抉择往往都是由良知决定的。

在司法领域,良知同样是法官履职时的核心指导原则。法官在履行其职责时,应以清晰而恰当的良知作为其行动的基石。具体来说,法官应该恪尽职守,不断学习法律专业知识,提升自身的司法实务能力。在具体案件的审判过程中,法官应进行细致的调查研究,投入必要的时间和精力对案件进行深入思考和彻底审查。在面临需要作出决策的问题时,法官应习惯性地征询经验丰富或具有相关专业知识人士的意见。良知是个人道德品质的反映,良知的丧失,将导致法律职业行为的道德沦丧,进而影响法律工作的正当性。因此,法官在处理具体案件时,必须始终坚守良知。

然而,必须强调的是,良知的培育和塑造是一个长期且充满挑战的过程,它要求个人具备真诚的态度、扎实的道德理论知识及高尚的个人品德。良知的养成依赖于个人诚信、道德教育、品德修养,以及开放和自由的道德视野。正确的良知判断应建立在审慎的原则之上,这构成了法律职业道德的核心要求。

（二）职业伦理与司法伦理

“职业伦理”这一术语源自古希腊语中的“义务”(deon)和“理性”(logos)，最初在伦理学中是研究义务与道德准则基础的一个分支。在当代语境中，它专指因从事特定职业而衍生的责任与行为规范。职业伦理将哲学伦理的原则应用于职业实践，核心在于强调职业的责任与义务。

与法律规范相比，职业伦理规范并不完全等同于实体法律规范，但其原则上具有与道德法律相似的约束力。需要注意的是，职业伦理规范的内容和性质并不局限于道德层面。许多职业伦理规范与社会实践紧密相连，源自社会共识形成的强制性行为标准、惯例或规则。这些规范不仅为社会提供了道德指导，还反映了行业和官方所认可的专业标准。

在司法领域，法官作为司法系统的中坚力量，其职业伦理尤为重要。法官的职责直接关系到公民权利的保障和社会正义的实现。因此，法官必须清晰认识到自身职责的基础、道德原则及工作的社会影响。这有助于法官构建一个合理的职业伦理体系。否则其职业道德实践就变得毫无章法，缺乏规范性。

在现实生活中，职业伦理准则通常以成文形式存在，为法律从业者及社会大众提供行为准则或指南，同时确立了职业质量的官方标准。在司法职业伦理方面，这些准则体现在《伊比利亚—美洲司法道德守则》(维格，2008)①和《国家治安法官道德守则》(纳利尼，2019)②中，这两份文件是目前生效的主要职业伦理规范性文件。

实证主义的兴起对职业道德的规范产生了深远影响。为了使职业道德义务在从业者心中根深蒂固，人们倾向于将各行业的伦理道德准则具体化并规范化。然而，一旦职业道德规范被编纂成文，伦理学的精髓，也即良知和自由，可能会被削弱，并转化为一系列单调的行为规范。从某种角度来看，我们可以说，这些规范可能已经转变为类似于行政法中的强制性规则，不遵守这些规则可能导致行政处罚，例如停职、解职或撤销资格。

职业道德应当是一种源自个体内在的、对现状持续批判的良知，这种良知基于

---

① Vigo Rodolfo Luis, *Código Iberoamericano de Ética Judicial*, Brasília: CJF, 2008.

② Nalini José Renato, *Comentários ao Código de Ética da Magistratura Nacional*, São Paulo: RT, 4ª ed, 2019.

个人持续的自我反思和内省，需要不断地培养方能形成，它在实践理性的思考中，受到先验伦理假设的启发。缺乏这些伦理假设，职业道德将沦为无效的实践论证。在成文的职业道德规范下，良知不再被视为绝对自主和自我反思的实体，而是被理解为适用于所有人的客观道德要求，忽视了个人特性。

比塔尔（2013：394）①精辟地指出这种认识论简化的风险，他提到："众多因素导致道德诫命与法律诫命趋于一致。伦理思考和实践日益沦为一套形式上的抽象戒律，与现实生活日渐脱离，这一浪潮十分有害。"换言之，伦理规范被完全转化为法律规范，是因为曲解了哲学伦理的核心原则——自主与自由良知。虽然成文规范弥补了不确定性的缺陷，但也可能让伦理脱离现实。

比塔尔进一步指出："诚然，道德准则的通俗化确实有其必要性。成文的伦理道德满足了明确性、规定性、详细性、清晰性和可解释性的需求，以满足企业、机构和社会监管的需求，从而克服了哲学伦理上的不确定性。然而，各行各业不可能允许专业人员仅凭个人主观道德准则自由行事。这种'最低限度的戒律'对专业人员的行为设定了界限，在伦理自由与企业或机构的行为标准之间取得平衡。"

因此，比塔尔得出结论："从这个意义上来说，道德准则类似于指南针，但它并不是照向各处的明灯。道德准则对职业伦理而言固然重要，但职业伦理并不应仅限于此。一味地将伦理准则视为加强行业控制的手段，有悖于这样一种理念，即伦理的本质在于激励而不是惩罚。哲学伦理学表明，人类的意志和良知是开放的，这种良知上的开放远远超越了某些职业行为守则中所规定的规范和戒律。"

职业道德本身远非一套消极的戒律体系，其具有更加积极的功能。它不仅揭示了违背职业原则的行为，还明确指出个人应当追求的职业典范。因此，对职业道德的追求应当基于对自身职业的深刻理解和职业愿景，将其视为实现人生价值的途径，而非仅仅是职业成功的标志。

然而，在当前职业伦理道德通俗化的浪潮下，无论编纂成果呈现何种批判性或客观性的外观，司法领域总是不可避免地受到影响，这在社会中构成了一个独特且极为敏感的层面。法官在其职业活动中，承担着不容置疑的公共属性：通过司法权

---

① Bittar Eduardo, *Curso de Ética Jurídica—Ética Geral e Profissional*, São Paulo: Saraiva, 2ª ed, 2013.

(jurisdictio,源自拉丁语,意指“管辖”或“法律”)的行使,法官确保每个人获得其应得的权利(suum cuique tribuere,源自拉丁语)。在司法工作中,法官的职责具有超越性的特点。司法是维护公民权利、自由及合法利益的最后一道社会防线,也是分散的团体或集体利益的实体代表。法官通过审判活动确保每个人的权益得到保障,因此,法律职业伦理显得尤为重要。法律职业伦理应当是一种普遍适用且恰当的伦理体系,其目的在于激励而非限制法官的个人追求。这种伦理应当源自对理论的深刻洞察而非仅仅依赖于制度的约束,从而确保法官在实践中能够恪守正确的道德准则。

(三)法律伦理的基本原则

在探讨法律伦理时,我们不可避免地要思考其在实践中的落实方式。否则,良好的伦理理念将永远停留在理论层面。在法律实践中,义务论原则和职业美德占据着重要地位,但它们只有在实现研究工作的最终目标时才显得有意义。否则,所谓的美德将变得空洞无物。如果缺乏明确的终极目标,或者终极目标被私利所取代,职业美德就会丧失其本质,转为纯粹的技术技能。

在这个目的论的视角下,需要指出,法官的日常工作与其他法律专业人士的日常工作并无二致。他们不懈努力,致力于追求具体正义(包括法律正义和自然正义),确保每个人都能根据其本性、法律规定、契约或公约获得应有的权益。

正如维利(Villey Michel)①指出:“法学,作为正义与非正义的领域,其职责在于追求真理,与哲学的追求并无二致。”这与亚里士多德(Aristóteles)②的观点不谋而合,亚里士多德认为,“道德和法律在本质上都关乎真理的问题”。

卡利诺夫斯基(Kalinowski Georges)③也强调:“法官的工作不应忽略任何评价性因素,其职责也不应仅限于严格的定义和描述。这与实证主义的绝对要求相悖,后者主张在道德、真理和法律之间实现彻底的分离。”

---

① Villey Michel, *Filosofia do Direito—Definições*, *Fins e Meios do Direito*, São Paulo: Martins Fontes, 2ª ed, 2008.

② Aristóteles, *Ética a Nicómaco*, Madrid: Centro de Estudos Politicos y Constitucionales (CEPC), 10ª ed, 2009.

③ Kalinowski Georges, *El Problema de la Verdad en la Moral y en el Derecho*, Santiago de Chile: Ediciones Olejnik, 2ª ed, 2018.

基于上述观点，我们可以确认，法律伦理包含两个基本原则，即遵循科学和良知行事的原则，以及诚实和职业诚信原则（追求他人的利益，服务于共同利益）。因其普遍性和广泛性，这两个原则的伦理重要性超越了其他所有原则，适用于所有享有智力自由的职业。

其他原则则更多适用于法律领域，是对前两个原则的补充。这些原则包括职业保密原则、职业独立和自由原则、勤勉原则、无私或社会职能原则、忠于职守原则。

这些原则长期以来以成文法、传统、习惯或通过教义和学说的形式在法律伦理学中得以确认，适用于包括律师、检察官、辩护人、委托人、代理人和法官在内的常见法律专业人士。这些原则的论述在其他著作和作者的笔下得到了详尽的阐述，他们专门探讨了法律道义论这一主题，并展现了无与伦比的深刻见解。

1. 遵循科学与良知的原则

法律伦理首要且至关重要的原则是遵循科学与良知。该原则要求法律从业者在其职业活动中，依据科学的方法和内在的道德良知来明辨是非，识别应做与不应做之事，以及应当回避的行为。无论是法官还是其他法律专业人士，在充满变数的法律实践中，都应依据科学理论和道德良知来指导行动。

遵循科学与良知的原则一方面强调了掌握正确理论知识的重要性。它要求法律专业人士具备充分的专业知识，以胜任其职责。另一方面，该原则着重于个人行为的自主性与责任感。换言之，法律从业者，尤其是法官，应当运用实践理性，准确评估每个具体案件中的法律和道德后果。其应展现出成熟和实践理性，以妥善解决争端。在其职业生涯中，优秀的法律从业者应持续增强并丰富其道德责任感。任何粗心、疏忽或停止学习的行为都是不可取的，必须时刻保持警觉。

法律专业人士需紧跟立法变动、法学新趋势及法学教义的进步，即便这些在专业批判者看来可能存在不足之处。法官不仅需要具备解决社会争端的专业知识，还应深入了解其所处的社会历史背景，并不断追求广泛的文化教育，以丰富其法律素养。

良知作为人类内心深处的指引，揭示了道德法则的存在。亚里士多德将人定义为"渴望智慧的存在"。①这一定义与卢梭(Jean-Jacques Rousseau)等不同哲学家的观点相契合。人类的智慧能够在心灵深处揭示道德法则,良知在特定情境下解释和应用实践理性的原则。良知并非道德的终极源泉,而是在特定情境下解释和应用实践理性的原则,它人格化理性,并确认了这些原则的存在。

遵循良知行事意味着根据个人内在尊严和存在的要求来采取行动。一个人行为的伦理价值取决于良知。良知构成了绝对有效的伦理原则与个人独特性之间的交汇点。此外,遵循良知行事是法律伦理的道德理想,并不代表对职业自由的限制,除非将职业自由与无约束的职业行为混为一谈。当前,许多人在追求无限自由的同时,却忽视了质量自由,这可能导致一种冷漠的自由态度。正确的培训是正确行使自由的前提,它使我们能够在行动前全面理解个人行为在专业领域的表现和后果,并在同行中赢得良好的职业声誉。

2. 正直和职业诚信原则

正直和职业诚信原则在法律伦理中体现为罗马法中的格言"honeste vivere",即诚实生活。法律专业人士的行为应体现正直与诚实,这是社会对其职业信任的根本所在。因此,法律伦理不仅关乎社会利益,还是社会法律经验的核心。

缺乏正直和职业诚信原则会削弱社会凝聚力,从而产生所谓的"不信任的诠释学",形成一种模棱两可和含糊不清的法律话语。这使得公民在进行法律交流时可能会因为期待合理性的阐述而产生不信任的反应。

实际上,法治国家的司法系统建立在公民对那些对其生命、权利和财产作出基本的且往往不可改变决定的人的信任之上。培根(Bacon Francis)②警告说:"法官应更注重教养而非巧思,更受尊敬而非喝彩,更有节制而非炫耀。"正直是法官应有的品质和美德。法官必须做好充分准备,才能作出公正的判决。

职业诚实和正直要求法律从业人员,特别是法官,在法庭纠纷中客观地寻求真相,以确保提供公正的判决结果。然而,这一过程常被误解,因为某些当代哲学(如反形而上学或政治哲学)往往忽视甚至否认对理论真理的探索,而理论真理恰恰是

---

① Aristóteles, *Ética a Nicómaco*, Madrid: Centro de Estudos Politicos y Constitucionales (CEPC), 10ª ed, 2009.

② Bacon Francis, *De la Judicatura—Ensayos*, Buenos Aires: Aguillar, 5ª ed, 2000.

实践真理的反映。

实践真理是一种根据具体情况而变化的真理，它试图在实践理性的理论框架与现实要求之间找到平衡。正义是衡量个体欲望和行为是否符合理性规则的标准。由于实践真理与社会实践紧密相关，亚里士多德明确指出其表现形式（个人、家庭、立法和政治），并最终将整个社会卷入一个宏观的审慎过程中，使所有个体都致力于对实践真理的管理。然而，我们必须认识到，实现具体正义需要努力接近现实。如果法哲学有意识地放弃对实践真理的追求，那么它最终也会放弃对具体正义的追求。

3. 职业保密原则

职业保密原则在法律伦理中占据着核心地位，它不仅关乎个人隐私的保护，还是维护法律职业尊严和信任的基础。保密原则彰显了对人类个体尊严的尊重，它不单是简单的信息保密，更是一种内在的成长和创造过程，孕育着新的认识和发展（叶佩斯·斯托克，2006：71—72）①。因此，保守秘密被视为一种创造性的、促进个体全面发展的过程，它保护着个体内在世界的完整性和尊严。

在职业和个人生活中，保密是维护亲密关系和个人尊严的基本要素。在西方社会，这一原则得到了广泛的认可和尊重。职业保密不仅限于保护个人隐私数据，还涉及对职业领域内的敏感信息的保护。保密的重要性在伦理层面得到了肯定，违反保密原则可能需承担民事甚至刑事责任。

保守秘密意味着在沟通交流中获得的信息不被泄露，也包括在口头和书面表达中表现出慎重、审慎和节制的态度（雷波洛·德尔加多，2000：289）②。对于法官而言，保密原则要求其对案件的所有方面，包括当事人的个人信息等，都应予以保密。即便某些信息不属于司法秘密的范畴，法官仍应遵循职业保密原则，确保这些信息不被公开。这样的保密措施不仅是对当事人隐私的尊重，也是维护司法公正和法官职业形象的必要条件。

---

① Yepes Stork Ricardo, *Fundamentos de Antropologia Filosófica*, Pamplona: EUNSA, 6ª ed, 2006.

② Rebollo Delgado Francisco, *El Derecho Fundamental a la Intimidad*, Madrid: Dykinson, 2ª ed, 2000.

4. 独立和职业自由原则

独立和职业自由原则在法律职业领域有着悠久而深厚的传统。虽然二者密切相关，但在道德与伦理层面又各有其表现形式。

独立原则要求法律从业人员在工作中不受任何形式的干扰、偏见或外部压力的影响，确保其行动和决策不受外界因素的影响。这种独立性是法官行为合法性的“事实上的自由条件”（苏亚雷斯·比列加斯，2001：92）①。法官的独立原则不仅是其行为的基石，也是对案件当事人的一种保障。法官有权也有责任确保独立原则的执行，并抵制其他权力机关对这一原则的侵蚀或压制。

缺乏独立性的法官只能是名义上的法官，只有拥有独立性的法官才能真正履行审判职责。米拉利斯（Miralles Ángela Aparisi）②强调，法官的独立性对于维护司法系统法治和保障个人权利而言至关重要，宛如守护司法系统的“金钥匙”。

在司法领域，独立性原则包含两个方面。第一个方面是国家组织层面，旨在提高司法公共服务的效率，扩大其在社会中的覆盖面；第二个方面涉及法官的社会地位和道德水平。在这个层面，为保障公正实现，法官需免受以下几类压力影响：(1)来自其他国家权力机关，尤其是政治机关施加的压力，这被描述为“政治孤立现象”（费思，2003：60）③；(2)来自同属司法系统其他成员的压力，如对职务层级和上诉权限的尊重程度不够；(3)涉及案件相关利益团体施加的压力，因为在一些引起社会广泛关注的案件中，法官面临的舆论压力往往大于法律本身。

总之，司法独立体现在法官公正裁决方面，不因政治利益而枉法裁判，也有权审查政府行为的合法性。与独立原则不同，职业自由原则强调法律工作者面对影响因素时应有自我判断能力。对法官来说，职业自由原则特指他们在案件裁决时应享有一定程度的自由裁量权。

法律并非“现成”或“完成”的领域，而是实践理性的领域。因此，每个案件中的权利义务关系并不总是以清晰的、不容置疑的方式呈现在法官面前。通常情况下，

---

① Suárez Villegas, Juan Carlos, *Principios de Ética Profissional*, Madrid: Tecnos, 2ª ed, 2001.

② Miralles Ángela Aparisi, *Ética y Deontologia Para Juristas*, Pamplona: EUNSA, 5ª ed, 2008.

③ Fiss Owen, *The Limits of Judicial Independence*, Miami: American Law Review, 2ª ed, 2003.

法官需要审视各方提供的证据与论点，甄别信息的相关性，从中发现案情的本质，明确裁决其应关注的重点议题。这一过程也体现了法官的职业道德。为了保障公平公正，法官在裁决案件时应根据法律规定、案情事实及各方提供的证据，以清晰、严谨的论据阐述裁决依据与理由。

《伊比利亚—美洲法律伦理守则》的解释备忘录指出，缺乏依据的判决本质上是主观判决，仅在法律条文明确规定的情况下方可被采纳。在案件审理过程中，法官说明其判决理由的职责不仅仅是简单提及相关法规或证据，更应当详细阐述案件事实和法律依据，论述其裁判理由。换言之，法官应当清楚地指出证据和法律规则如何推导出裁决结果，而不是单纯宣布一个结论。这不仅有利于公众理解法院裁决的依据，还有助于提升案件裁决的权威性和可靠性。

法官的独立性与其拥有的裁量权在法律解释学领域占据核心地位。案件事实往往并非清晰明确，证人陈述可能相互矛盾，证据的可靠性亦可能受到质疑。在此种情境下，法官必须依据其专业知识与丰富经验，审慎地评估案件中的指控与证据，以判断其真实性。尽管无法达到绝对的确定性，但只要能够排除对事实的合理怀疑，就足以作出判决。在某些情况下，通过综合分析各种迹象与证据，法官可以将分散的案件事实串联起来，实现道德确定性，从而避免产生合理的怀疑。这种道德确定性不同于排除所有选择可能性的绝对确定性，也不同于仅基于准确性而未能排除所有合理怀疑的判断。前者为司法判决提供了坚实的基础，有助于案件事实的认定。

在规范性问题上，司法判决的解释统一性随着时间的推移变得日益复杂，这增强了法律论证与逻辑推理之间的紧密联系。对于法律专业人士，尤其是法官而言，判决的合理性问题是法律解释学研究的关键议题。

自 20 世纪初以来，法律解释学经历了一系列的理论探讨与实践应用。一方面，学者们试图构建一个系统的解释学框架，将不同的理论学说整合在一起；另一方面，研究者们注重从实际情况出发，深入探讨法律现象背后的深层含义。这些研究对法律解释学的发展方向产生了重大影响。目前，法律解释学的主要目标之一是挑战传统实证主义中的某些固有观念，如不应将法律视为仅由统一权力中心制定的刚性规则，而应赋予其更多的解释与适用弹性。同时，法律解释学也反对凯尔森法律实证主义的认识论，认为该认识论过度简化了司法理性，仅将其视为法律理性，而忽视了案件的具体事实和法律专业人士的判断。必须强调的是，法官在运用法律时，通过解读事实并将其纳入相应的法律规范，为法律注入生命力和现实意义。法官与立法者共同承担着确保法律在社会中发挥其应有功能的最终责任。只有准确理解和反映案件事实，法律才能有效地实现其社会职能。

5. 勤勉尽责原则

勤勉尽责原则是法律职业伦理中的一项基本职业义务，它要求法律从业者在工作中展现出高度的专业专注与效率。这一原则不仅直接影响案件处理的质量和效率，还反映了法律从业者关于持续自我提升的承诺。勤勉尽责应成为法律专业人士职业生涯的内在动力。作为职业道德的核心要求，勤勉尽责原则彰显了法律工作者服务社会、维护法治的决心与承诺。

在司法裁判过程中，遵守合理期限原则是确保司法公正的关键。过分强调效率可能会损害正义的实现。鉴于不同案件的复杂性存在差异，法官负有责任进行审慎的判断，并根据案件的具体情况分配必要的审理时间，以确保裁决的公正性。

对于那些在理论和先例上均呈现复杂性的案件，法官需要进行深入的分析和研究，避免草率地作出裁决。在某些情况下，复审程序能够纠正初步判断中的错误。因此，在制度安排上，我们必须谨慎权衡，确保在追求效率的同时不牺牲个案的特殊需求。正确平衡效率与质量的关系，对于实现公平与正义而言至关重要。

6. 无私原则或社会职能原则

无私原则，亦称社会职能原则，强调法律职业的本质不应局限于追求个人利益，而应致力于服务社会并创造社会价值。自古以来，尤其是在古罗马时期，司法职能都被认为具有深远的社会意义。一个公正且有序的社会奠定了民族和谐共处的基础，而任何扰乱社会秩序的行为都可能引发社会动荡。

在司法实践中，正确的伦理观念主要体现在法官公正无私地行使职权中。法官应摒除任何居高临下或傲慢自大的态度，通过深入研究案件，确保在审理程序中作出正确的判断，并实现裁决的公正性。法官还应认真聆听诉讼各方的陈述，确保在作出裁决前对案情有充分的了解。

对于法官而言，勤奋与持续学习是其专业素养不断提升的重要表现。他们应持有自我反省的公正态度，全面掌握案件事实与适用的法律规则，妥善保护当事人的合法权益。唯有如此，法官的工作才能满足社会的期望，从而营造一个公平正义的司法环境。法官还应积极倡导法治精神，以维护社会秩序的稳定。

综上所述，法官的职责对于社会整体的公平与正义具有至关重要的影响。法官不仅是国家权力的代表，更应成为维护司法公正的典范，始终坚守追求真相与保障当事人合法权益的职责与使命。

7. 忠于职守原则

忠于职守原则是法律从业者正确行使其专业技能的体现，与诚信、保密义务和无私等职业道德规范密切相关。

该原则要求法律从业者在执业过程中保持行为的公开透明，承诺必兑现，并以尊重和友好的态度对待所有相关方。对于法官而言，除了上述要求，还应承担明确阐释裁判理由，以及充分讨论案件中可能存在的疑点的责任。

忠于职守原则对于社会法治环境的建设而言具有深远的意义。虽然个别违反该原则的行为可能不会立即受到道德层面的谴责，但从长远来看，可能会导致法律界的普遍不认可，这种影响往往比单纯的道德谴责更为严重。

综上所述，法官作为法律职业的代表，必须始终铭记其职业使命的庄严性。他们应当忠诚地执行自己的职责，确保诉讼参与人的合法权益得到保护，维护司法公正，这不仅是其个人的责任，也是其社会价值的体现。法官应当不断自我激励，保持高标准的专业性，以赢得公众的信任和尊重。

三、总　　结

在深入探讨法律职业道德的核心特质，并适当强调法律职业道德的特殊性之后，我们得出结论：法官应当是首先深刻认识到自己职业角色的超越性质及其对社会产生的深远影响的个体。

法官不仅需要理解依法履行职责的重要性，还应意识到事物的多样性和复杂性。在此基础上，法官必须能够清晰界定自己的责任所在。他们应保持一贯的专业态度，不断学习，积累必要的知识，深入理解自己行为的理由及其背后的道德和法律原则，同时确保这些原则不会因牵涉个人利益而受到影响。

自乌尔皮亚努斯时代起，人们就已经认识到司法工作的审美价值和道德责任。乌尔皮亚努斯(Domitius Ulpianus)在《文摘》(*Digesto*)中明确指出，法律工作者(包括法官，即罗马时期的司法官员)的职责是“对神的和人的事务有所了解，对正义与非正义有所认识”(查士丁尼，2014:29)。①

这一表述不但揭示了法学作为一门实用科学的本质，即研究神圣与世俗、正义与非正义，而且强调了法律专业人员，尤其是法官，应具备的职业道德修养，以实现司法实践的内在目标。

因此，对于一个社会而言，仅有掌握所有法律规则和道德规范的技术型法官是不足的。法官还应具备法律职业所需的特定性格特质。与其将他们视为理论上的理性专家，不如视其为实践理性的专家。这不但有助于提升他们的道德品质，而且意味着他们在职业实践中行事审慎方面的道德水平和司法服务质量的提升。

① Justiniano, *Digesto Romano—Liber Primus*, São Paulo: RT, 7ª ed, 2014.

司法伦理与身份影响

[美]查尔斯·加德纳·盖伊*

[美]约翰·F.杰克·金伯林**

陈丹妮　李丹阳***　译

一、引　　言

韦氏字典将“身份”定义为“个人的显著特征或个性”。①“个人身份”与“自我认知”有关,指“一系列不能与他人完全共享的身体、心理和人际特征”,以及“一系列从属关系(如种族)和社会角色”。②笔者聚焦于法官的个人身份来分析其如何塑造职业行为,并探讨法官对这些影响因素的认识与掌控能力。要知道,法官的职务也是其个人社会身份的组成部分。

在排除那些明显不相关或存在缺陷的极端身份特征后,法官的其他身份属性仍然值得关注,如意识形态、族裔背景、性别属性或情感倾向。尽管这些因素在利益冲突的讨论中未受到充分重视,但它们仍可能对法官在案件审理中的判断和法律解释

---

* [美]查尔斯·加德纳·盖伊,印第安纳大学伯明顿分校莫雷尔法学院杰出教授。

** [美]约翰·F.杰克·金伯林,印第安纳大学莫瑞法学院教授。本文原刊载于《乔治敦法律伦理杂志》2023年第36期,第233—272页。

*** 陈丹妮、李丹阳,上海外国语大学2022级法律硕士研究生。

① Merriam-Webster Inc., “identity”, *Webster's Dictionary*, https://dev.merriam-webster.com/dictionary/identity, last visited on Apr.15, 2022.

② Gary R. Vanden Bos, “identity”, *American Psychological Association Dictionary*, https://dictionary.apa.org/identity, last visited on Apr.15, 2022.

产生影响，进而作用于法官的世界观。在某种程度上，法官的个人身份特征会对其履行司法职能时的事实认定和法律适用产生影响。然而，这种影响不属于法庭应考虑的法律和事实范畴，因此可以被归类为法外因素。当前面临的问题是，这种法外影响是否与法官的职业伦理标准相悖，如果是相悖的，那么又会在多大程度上违背该标准。

本文通过对美国司法界一系列重要争论与难题的分析，揭示法官的个人身份与职业角色之间的交叉关系。第二章总结了传统的伦理观念，这种观念对法官职务的象征符号、法官就职誓言和法官应当遵循的规范等方面都有深刻的影响。它要求优秀的法官应在事实和法律的基础上裁决案件，不受法官个人身份的法外影响。第三章讨论了实证证据，以及个人身份在多大程度上会以与传统模式原则相矛盾的方式影响司法决策。在第四章中，笔者重新评估了司法伦理与身份影响之间的关系，否定了传统观念中对优秀法官的刻板印象，从而重构了司法伦理的整体概念。在此基础上，笔者以车道为喻，将身份因素与司法伦理要素在司法活动中分别发挥作用的途径比作两条车道，在两条路的交会处设立一个高架桥，将司法伦理要素与身份影响因素分流，从而避免二者在同一个平面发生碰撞或冲突，以此展现合理化的司法伦理概念体系是如何解决传统模式和实证证据之间的冲突的。

二、传统观念中的优秀法官

法官的传统服饰上装饰着丰富的象征性符号，这些符号强调，优秀的法官应当摒弃个人身份和主观偏好，仅根据案件的事实基础和适用法律来作出裁决。在英国，法官的长袍上镶有貂皮，象征着法官的公正无私，而美国的法官制服以鼬皮作为装饰，以此来时刻提醒法官恪守法治，不受个人情感的左右。在美国，法官袍通常为纯黑色，艾米·科尼·巴雷特（Amy Coney Barrett）大法官解释道："这种颜色象征着正义具有盲目性，我们对待法律的态度都是一样的。一旦穿上法袍，我们就会以法律的名义发出统一的声音，而非代表个人立场。"①法院中随处可见被蒙住

① Philip Ewing, "Why Do Judges Wear Black Robes? Amy Coney Barrett Has the Answer", *National Public Radio*, https://www.npr.org/sections/live-amy-coney-barrett-supreme-court-confirmation/2020/10/13/923427849/why-do-judges-wear-black-robes-amy-coney-barrett-has-the-answer, last visited on Apr.18, 2022.

双眼的正义女神朱蒂提亚，这象征着，法官就像朱蒂提亚的化身一样，公正地权衡案件的是非曲直，不受个人或在场其他人员观点的影响。①

与司法象征符号相比，法律行业对于传统观念的坚持，更能反映司法伦理的传统观念。例如，在联邦法官的就职宣誓中，他们会承诺“忠实地执行法律，不受外界干预，并对所有人公正无私”②，这通常被解释为法官“保证摒弃与司法伦理无关的个人特征”③，如种族、宗教信仰或经济状况等。④宣誓规定法官在执行职责时必须忽略所有不相关的个人特征，这里的主体在逻辑上涵盖了法官本人及受审者。这意味着，不论裁决是否受到诉讼任何一方的种族背景、法官自身种族还是二者兼有的影响，只要法官因种族因素而偏离公正执行法律，就违背了其宣誓时的承诺。此外，鉴于宣誓中还包括“忠诚和公正”地执行法律的附加责任，法官所应忽略的个人特征还应扩展至政治党派、意识形态和个人偏好等方面。⑤

美国50个州的高等法院和联邦司法会议通过的司法行为守则，对司法誓言中所蕴含的原则作了详尽的规定。根据美国律师协会颁布的《法官行为准则》，法官被要求“维护法律的尊严”，并“公平公正地履行司法职责”⑥，这一规定随后被各州及联邦层面的立法所采纳。其中，“公正”被明确界定为“不偏袒任何一方当事人或任何特定阶级”。⑦《法官行为准则》不仅重申了这些原则的核心地位，还进一步指出“法官应不带偏见地履行司法职责”，“包括但不限于”基于“种族、性别、宗教、血统、民族、残疾、年龄、性取向、婚姻状况、社会经济地位或政治立场”的偏见。⑧另外，《法官行为准则》进一步强调了法官在裁判时应当排除任何可能影响其决策的外部因素，确保裁判的独立性，并指示“法官不得允许家庭、社会、政治、经济和其他

---

① Nina Jay, "Lady Justice—Symbolism and Meaning", *Symbol Sage*, https://symbolsage.com/lady-justice-meaning/, last visited on Apr.18, 2022.

② 28 U.S.C. §453.(注：2020年版《美国法典》第28卷，第453条。)

③ Richard M. Re, "Equal Right to the Poor", *The University of Chicago Law Review*, Vol.84, 2017, pp.1149—1171.

④ Thiel v. Southern Pacific Co., 328 U.S. 217, 226(1946).

⑤ Raymond McKoski, "Judicial Disqualification After Caperton: What's Due Process Got to Do with It?", *Baylor Law Review*, Vol.63, 2011, pp.368—381.

⑥⑦ ABA Model Code of Judicial Conduct r.2.2(American Bar Association 2020).

⑧ *Ibid.*, r.2.3.

利益或关系影响其司法行为或裁判”①。

《法官行为准则》及地方的相关规则还有一个总括性规定：在法官“公正性可能受到合理质疑”的案件中，应取消法官的审理资格。②根据这一规定要求，当一个充分了解案情且具有一般理性的人对法官的公正性提出质疑时，法官有义务退出。但这一规定受制于“法外来源规则”，即在审理案件时，法官对待当事人、律师、证人或证据的不公正表现只有在极端情况下才会导致法官被取消资格，而这种不公正表现往往由法外因素导致。

三、当优秀法官的传统概念碰上实证证据

关于个人身份如何影响法官决策，学界已经展开了广泛的研究，得出了多样化的结论。然而，这些研究普遍倾向一种与传统模式相矛盾的观点，即法官的自由裁量权越大，其个人身份因素对司法决策产生的影响就越明显。

第一个传统概念是意识形态。司法决策的“态度模型”表明，法官在作出裁决时，可能会受到个人观念或身份地位的影响。③该模型的支持者常以美国联邦最高法院为例来论证法官的意识形态与其投票行为之间存在显著的相关性。④美国最高法院将其受理案件限制在每年100起以下，这意味着在其受理的案件中法的适用往往是不确定且充满争议的（这一点在巡回法院之间的判决分歧中可见一斑），此时法官有很大的自由裁量权，可以根据其认为合适的方式作出裁决。然而，实际上，目前最高法院审理的案件中有一半仍是通过全体一致的方式作出判决的⑤，而

---

① ABA Model Code of Judicial Conduct, r.2.4.

② *Ibid.*, r.2.11(a); 28 U.S.C. § 455(a).

③ Jeffrey A. Segal & Harold J. Spaeth, *The Supreme Court and the Attitudinal Model*, Cambridge University Press, 1993, p.62.

④ Jeffrey Segal, “What's Law Got to Do with It: Thoughts from ‘The Realm of Political Science’”, in Charles Gardner Geyh ed., *What's Law Got to Do with It? What Judges Do, What's at Stake, and Why It Matters*, Stanford University Press, 2011, p.376.

⑤ Devin Dwyer, “Supreme Court Defies Critics with Wave of Unanimous Decisions”, *ABC News*, https://abcnews.go.com/Politics/supreme-court-defies-critics-wave-unanimous-decisions/story?id=78463255, last visited on June 29, 2022.

且许多裁决的作出并不能完全归因于法官的个人意识形态①,这表明意识形态的影响是有限的,并非决定性因素。

在美国联邦下级法院中,意识形态和决策间的相关性较弱,但还是存在一定关联。②在处理模糊且具有政策导向性的纠纷时,巡回法庭的法官受到最高法院判例的约束,而那些充满意识形态色彩的棘手案件往往被大量的常规上诉案件所稀释。上诉法院的主要职能是纠正原审法院的错误,因此,意识形态对巡回法庭案件处理的影响自然受到限制。③在联邦地区法院中,意识形态对判决结果的影响同样被削弱。尽管地区法院在裁决时拥有较大的自由裁量权,但由于受到上级巡回法庭和最高法院判例的限制,加之审理的案件多为事实和法律问题明确的普通案件,判决结果通常较为明确。因此,意识形态在地区法院的判决中的影响通常较小,具体来说,意识形态主要在地区法院处理具有争议性的法律问题时发挥作用。④

第二个传统概念是种族。从评估法官的种族对其决策影响的实证研究中可以提炼出三个基本结论。第一,当案件的实体法律问题与种族无关时,种族与司法决策之间的相关性难以被量化,或者研究结果并不一致。例如,有研究发现,法官的种族对性骚扰案件的判决结果并无影响。⑤还有多项研究调查了种族对量刑判决和刑期长短的影响,但这些研究结果均无法达成一致。比如,有研究发现,非裔美国法官比白人法官更倾向于判处较短的刑期。⑥而另一项研究则发现,少数族裔法官对待被告的态度更严厉。⑦

---

① Theodore W. Ruger et al., "The Supreme Court Forecasting Project: Legal and Political Science Approaches to Predicting Supreme Court Decision-making", *Columbia Law Review*, Vol.104, 2004, pp.1150, 1164, 1193.

② Frank B. Cross, "Decision-Making in the U.S. Courts of Appeals", *Stanford University Press*, Vol.51, 2007, p.228.

③ Nancy C. Staudt, "Modeling Standing", *NYU Law Review*, Vol.79, 2004, pp.612—683.

④ 有研究发现在政教分离案件中意识形态对巡回法庭和地区法院的裁判存在影响,详见 Gregory C. Sisk, Michael Heise, "Cracks in the Wall: The Persistent Influence of Ideology in Establishment Clause Decisions", *Arizona State Law Journal*, Vol.54, 2022, pp.22—25。

⑤ Carol T. Kulik et al., "Here Comes the Judge: The Influence of Judge Personal Characteristics on Federal Sexual Harassment Case Outcomes", *Law and Human Behavior*, Vol.27, 2003, pp.69—80.

⑥ Claire S.H. Lim et al., "Do Judges' Characteristics Matter? Ethnicity, Gender, and Partisanship in Texas State Trial Courts", *American Law and Economics Review*, Vol.18, 2016, pp.302—322.

⑦ Darrell Steffensmeier, Chester L. Britt, "Judges' Race and Judicial Decision Making: Do Black Judges Sentence Differently?", *Social Science Quarterly*, Vol.82, 2001, pp.749—758.

第二，如果案件的实体法律问题直接涉及种族，那么研究结果普遍表明法官的种族与其判决存在直接的关联。多项研究证明，在处理种族歧视和种族骚扰案件时，黑人法官相较于白人法官更倾向于支持原告的诉求。①在平权行动索赔案件中，黑人法官更容易展现同理心。②

第三，尽管种族不是案件程序法问题的核心，但研究也提醒我们，法官的种族可能在某种程度上影响其对程序性争议的裁决。斯蒂芬·伯班克和肖恩·法亨(Sean Farhang)在一份关于联邦巡回法庭集体诉讼认证决策的研究中指出，如果巡回法庭上有一名黑人法官，就会提高支持认证结果的可能性。③早期的两项研究也支持这一观点，发现法官的种族与刑事诉讼和正当程序相关的决策存在一定的相关性。④

第三个传统概念是性别。研究表明，性别因素对司法决策的影响呈现与种族因素相似的趋势。第一，当性别不是案件所涉及的实质性法律问题的一部分时，未发现法官的性别与裁判决策之间存在普遍且一致的相关性。正如苏珊·海尔(Susan Haire)和劳拉·P.莫耶(Laura P. Moyer)在她们的文献综述中总结的那样："经过几十年的研究……除了少数特例，研究普遍表明，在法官席上，女性与男性的

---

① Victor D. Quintanilla, "Beyond Common Sense: A Social Psychological Study of Iqbal's Effect on Claims of Race Discrimination", *Michigan Journal of Race and Law*, Vol.17, 2011, p.1; Pat K. Chew & Robert E. Kelley, "Myth of the Color-Blind Judge: An Empirical Analysis of Racial Harassment Cases", *Washington University Law Review*, Vol.86, 2009, pp.1117—1141; Jill D. Weinberg & Laura B. Nielsen, "Examining Empathy: Discrimination, Experience, and Judicial Decision-making", *Southern California Law Review*, Vol.85, 2012, pp.313—346.

② Jonathan P. Kastellec, "Racial Diversity and Judicial Influence on Appellate Courts", *American Journal of Political Science*, Vol.57, 2013, p.167.

③ Stephen B. Burbank & Sean Farhang, "Politics, Identity, and Class Certification on the U.S. Courts of Appeals", *Michigan Law Review*, Vol.119, 2020, pp.231—264.

④ 研究发现，在涉及对警察不当行为的指控案件中，黑人法官裁定警察的搜查或扣押行为合法的概率比白人法官低18%。详见 Nancy Scherer, "*Blacks on the Bench*", *Political Science Quarterly*, Vol.119, 2004, pp.655—668；另有学者对293个联邦地区法院就量刑指南有效性所作的裁决进行了研究，结果表明，"在处理正当程序索赔案件时，有58%的法官会裁定该指南无效，而在少数族裔法官中，这一比例高达90%"，详见 Gregory C. Sisk et al., "Charting the Influences on the Judicial Mind: An Empirical Study of Judicial Reasoning", *New York University Law Review*, Vol.73, 1998, pp.1377, 1457—1458。

投票行为大体上是一致的,并没有本质的区别。"①拉奇林斯基(Jeffery J. Rachlinski)和威斯特里希(Andrew J. Wistrich)也得出了类似的结论:"总体而言,女性法官在作出有罪判决的倾向上并不高于男性法官,在民事案件的审理中不同性别的法官之间不存在明显的中立性差异。"②

第二,海尔和莫耶提到的例外情况指那些法院处理的案件中,实质性法律问题与性别议题直接相关的情形。在这些案件中,法官性别影响司法决策这一论点得到了实证支持。研究发现,在性骚扰和基于性别的就业歧视案件中,法官的判决与性别存在相关性。③

第三,近期研究表明,性别可能会影响程序方面的决策。例如,伯班克和法亨在对集体诉讼认证的研究中发现,女法官比男法官更有可能支持认证。④还有其他研究证实,女性法官在处理程序问题时与男性法官存在显著差异,她们往往更重视程序的公正性、寻求共识,以及达成妥协。⑤因此,女性法官在裁判过程中可能更倾向于采取调解手段,或者倡导基于双方立场的折中解决方案。

除了法官的意识形态、种族、性别之外,情感在审判过程中的法外影响同样不容忽视。司法传统中所推崇的"司法中立与冷静"的理念已受到质疑⑥,这种理想化的司法形象实际上是建立在一系列误解之上的。那些以冷静自诩的法官曾被要求:在审判中,他们应当拒绝作出违背个人良知的裁决;对于他们认为"可耻"的诉讼请求,应当予以驳回;对于"令人发指"的犯罪行为,应当施以更严厉的惩处。

---

① Susan Haire, Laura P. Moyer, "Gender, Law, and Judging", in William R. Thompson, ed., *Oxford Research Encyclopedia of Politics*, Oxford University Press, 2019, p.22.

② Jeffery J. Rachlinski, Andrew J. Wistrich, "Judging the Judiciary by the Numbers: Empirical Research on Judges", *Annual Review of Law and Social Science*, Vol.13, 2017, p.1.

③ Christina L. Boyd et al., "Untangling the Causal Effects of Sex on Judging", *American Journal of Political Science*, Vol.54, 2010, pp.389—406; Matthew Knepper, "When the Shadow Is the Substance: Judge Gender and the Outcomes of Workplace Sex Discrimination Cases", *Journal of Labor Economics*, Vol.36, 2018, pp.623—624.

④ Stephen B. Burbank, Sean Farhang, "Politics, Identity, and Class Certification on the U.S. Courts of Appeals", *Michigan Law Review*, Vol.119, 2020, pp.231—264.

⑤ Susan Haire, Laura P. Moyer, "Gender, Law, and Judging", in William R. Thompson, ed., *Oxford Research Encyclopedia of Politics*, Oxford University Press, 2019, p.22.

⑥ Terry Maroney, "The Persistent Cultural Script of Judicial Dispassion", *California Law Review*, Vol.99, 2011, pp.629—631.

一批研究法律和情感的学者在多元的司法情境中探索了法律和情感之间的相互作用，并从中发现了情感影响法律的解释、适用和执行的多种方式。特利·马罗尼(Terry Maroney)撰写了一系列理论著作，强调了情感对司法决策的大部分影响是有益的。①

四、身份因素与司法伦理：对模型的再思考

前文探讨了法官个人身份与司法角色之间的交互作用，这一问题可以归纳为两个方面的冲突：(1)根据传统模型，优秀的法官应当摒弃个人身份的干扰，严格依照法律规定来作出裁决；(2)实证证据表明，法官在实际裁判中不可避免地受到各种身份因素的影响，这与传统模型的理想化预期相悖。本文的后半部分旨在阐述一个观点，即如果通过一种创新的司法伦理视角来审视这一矛盾，那么这种矛盾是可以被缓解的。

(一) 三方司法伦理框架

在《司法伦理的结构》②一文中，笔者将司法伦理分为三个层次：宏观伦理、微观伦理和关系伦理。宏观伦理包含成为一位优秀法官所应具备的总体价值观，主要是公正、诚信、独立，以及能力(或称为资质)，还包括勤勉和司法操守。司法行为规范体系认为，这些宏观伦理价值不仅是法官职业追求的目标，更是促进法治、实现正义和提高法院公信力的手段。

宏观伦理价值通过具体的微观伦理规则得到落实和执行。微观伦理规则提供了更为明确的指导规范，通常体现在法官行为守则中，并通过纪律裁决、咨询意见和资格审查等程序进行落实。这些微观规则起源于20世纪初，在宏观伦理价值观的指导下，明确界定了法官在职业行为中应当遵循的行为标准和应避免的行为

---

① Terry Maroney, "What We Talk About When We Talk About Judicial Temperament", *Boston College Law Review*, Vol.61, 2020, p.2085; Terry Maroney, "Angry Judges", *Vanderbilt Law Review*, Vol. 65, 2012, p. 1207; Terry Maroney, "Emotional Regulation and Judicial Behavior", *California Law Review*, Vol.99, 2011, p.1485.

② Charles Gardner Geyh, "The Architecture of Judicial Ethics", *University of Pennsylvania Law Review*, Vol.169, 2021, p.2351.

禁区。

宏观伦理价值与微观伦理规则都是为了界定和强化良好的司法行为标准，然而，至少存在四种相互竞争的关系动态，可能对这些准则产生制约作用，即“关系伦理”。(1)防止出现以违宪方式促进宏观伦理价值的微观伦理规则；(2)鼓励法官在司法之外与其服务的社群进行接触，尽管这样的“积极参与”有可能不利于法官保持公正和独立客观的距离感；(3)通过限制过于繁重的微观伦理规则的适用范围，提高法院效率；(4)避免过于严格地执行微观伦理规则，因为这可能导致公众形成误解，即认为司法不端行为普遍存在，进而损害公众对司法机构的信任。因此，关系伦理表现为一种与宏观伦理价值相关联的利益和价值观念，它旨在限制微观伦理规则及司法伦理制度的作用范围。

综上所述，当前的核心任务是构建一个能够平衡宏观伦理价值与关系伦理价值的司法伦理体系，而微观伦理规则(以及法院和咨询委员会对微观伦理规则进行的解释)正是实现这一平衡的手段。

(二) 身份因素与司法伦理框架

1. 伦理、身份与传统模型

传统模型对司法角色的阐释和辩护，可以通过宏观伦理价值指导下的微观伦理规则来解释：公正、独立、坦率且有能力的法官在没有偏见的情况下维护和适用法律，并确保家庭、社交、政治、经济或其他利益或关系不会对其裁判造成影响。

然而，在案件事实不明确、法律规定模糊或法官拥有较大的自由裁量权的情形下，实证研究可能对传统模型提出挑战。如果事实和法律存在不确定性，查明事实、评估事实的重要性、解释法律，以及如何适用法律，都需依赖法官的判断力。这种判断力来源于法官的经验、智慧和常识。因此在解决法律问题的过程中，法官不可避免地要借助那些与其个人身份密切相关的外在因素。

2. 围绕“最佳点”调节身份影响

案件的不确定性导致了一个区间的形成，即所谓的“最佳点”，在这个点上，法官的个人身份在行使自由裁量权时发挥着适当且不可避免的作用。在这个区间内，司法伦理对法官个人身份在司法决策中的作用进行了审慎的考量、调整和限制。理论上，法官个人身份对其决策的影响可能与宏观伦理所倡导的客观性及中立性存在冲突。但是,绝对的客观性会使法官与社会大众及其通过民选代表制定的法律之间产生隔阂,尤其在复杂案件中,法官往往需要通过生活经验去对模糊的事实与不确定的法律进行有效的评估,因此这种脱节可能会阻碍司法目标的实现。

正是在关系伦理的背景下,“积极参与”策略发挥了作用。通过提升法官在服务社区中的参与度,“积极参与”提高了法官与民众之间的熟悉程度,增强了公众对法院的信任;同时,“积极参与”可以更好地塑造法官作为社会成员的视角,为他们提供更丰富的背景信息,以便法官更准确地评估事实和适用法律。但是,司法之外的“积极参与”也具有一定的负面影响,不当的参与形式可能会违背“积极参与”所追求的目标,甚至导致法官观点固化、产生偏见,从而损害司法公正性。因此,行为准则区分了被鼓励、被允许和被禁止的参与形式。

《法官行为准则》的注释指出,“法官应当积极投身社区外联活动”,以促进“公众对司法制度的理解和信心”。①准则允许并鼓励法官参与非司法领域的活动,因为这可以“帮助法官融入他们的社区”。②解释报告进一步指出,“通过这类活动,法官可以避免与他们居住和工作的社区产生隔阂”。③与此同时,准则禁止那些可能“破坏法官独立性、正直性或公正性”的司法之外的参与形式。例如,根据准则,法官不得加入任何有“恶意歧视”行为的组织;④针对法官正常的社会参与,如教育、宗教、慈善、联谊会或民间社团活动,准则亦提醒法官避免参与可能“与其独立性、诚信或公正性相冲突”的活动。⑤

以上为微观伦理规则所创建的一个区间,在此区间内鼓励法官参与那些能够加强与服务对象之间联系的非司法活动。然而,这种参与也受到限制,即法官应避免参加有可能损害其形象或可能被认为带有偏见的活动。设定这样一个合理的区间,不仅有助于提升公众对司法机构的信任,还能促使法官们不再离群索居,从而使法官能够从他们的人生经历中汲取更多的身份特质,并将其转化为他们的看法、常识和判断的一部分,以便更好地处理一些事实和法律无法确定的疑难案件。

---

① ABA Model Code of Judicial Conduct, r.1.2 cmt.6.

② *Ibid.*, r.3.1(c).

③ *Ibid.*, r.3.1 cmt.2.

④ *Ibid.*, r.3.6.

⑤ *Ibid.*, r.3.7 cmt.2.

然而，区间周围存在两个关键点，可能使法官个人身份对裁判产生不当影响。一方面，法官的个人身份若影响简单案件的裁决，就会损害法官依法独立行使审判权的职责。[①]另一方面，面对复杂且存在不确定性的案件，当法官必须作出判断且个人身份的影响在所难免时，若这种影响会导致产生偏见而非促进审慎判断，则必须对此类影响加以制约，以防止法官思维闭塞或对案件的某一方产生偏见。[②]

上诉机制和强制执行令能够纠正由偏见引发的错误，资格审查和纪律惩戒则能对明显实际存在或被合理感知的偏见行为进行修正或惩处。然而，更深层次的风险在于那些更为隐秘且通常是潜意识型的偏见，尤其是隐性偏见，这种偏见往往难以在上诉机制、资格审查和纪律程序的监控范围内被识别和处理。

解决隐性偏见问题不仅需要对法官及司法人员进行系统的教育与专业培训，还应当构建一个多元化的司法监督体系。因为这种偏见本质上是隐性的，法官可能无法察觉，或拒绝承认它的存在。人们通常倾向于认为自己相较他人更少受到认知和动机偏见的影响，自认为对事物的感知是客观且正确的，并将意见分歧归因为他人的偏见，而不反思自身。[③]这一点再次强调了司法多元化的重要性。“合议庭效应”的研究显示，在属性多元化的上诉合议庭中，法官的性别、种族或意识形态所可能导致的决策差异现象有所减少。[④]伯班克和法亨认为，对这种现象最为合理的解释是“观点调节机制”，即假设法官在审议案件过程中能够接受不同意见的劝说，进而调整自己的立场，将道德责任与司法职能相结合。[⑤]他们推测多元化合议庭的影响源自“参照借鉴效应”，即法官在面对他们认为更有信誉和专业性的同行意见时，会更加重视并吸收这些意见。[⑥]

以上研究表明，在采用合作审议模式的法院中，一个多元化的法官团队能够促进不同身份的法官就事实和法律议题交流各自的见解，相互启发、反思并检视潜在的偏见，并致力于寻求广泛共识，以此有效管理和控制偏见问题。此外，研究还发

---

① ABA Model Code of Judicial Conduct, r.2.2.

②③ *Ibid.*, r.2.2 and 2.3(a).

④ Stephen B. Burbank, Sean Farhang, “Politics, Identity, and Class Certification on the U.S. Courts of Appeals”, *Michigan Law Review*, Vol.119, 2020, pp.239—251.

⑤ *Ibid.*, p.246.

⑥ *Ibid.*, p.248.

现，在那些需要身份多样性发挥恰当且关键作用的案件中，多元化的法官团队对司法决策产生了实质性积极影响。

在司法实践中，虽然大多数案件的审判工作通常由单个法官独立执行，但目前已经设立了一些机制，旨在部分替代陪审团在审判过程中的功能。根据《法官行为准则》可知，法官“应当尽量避免接收与案件无关的事实信息，并可以征询其他法官的意见，同时仍需保持对案件事实的独立判断”。①因此，在那些可能受到法官个人特质和经验影响的复杂案件中，法官可以向同行征询意见，以弥补自身经验的不足。②此外，准则的注释阐明，法官可以“在遵守本准则的情况下，咨询伦理咨询委员会、外部顾问或法律专家”。③鉴于准则要求法官必须公正无私地行事，一个合理的办法就是对未决案件进行磋商，帮助法官发现并避免其自身的隐性偏见。

从司法伦理的视角审视身份问题，本节给出的更具体的观点是：针对伦理规则明文禁止的偏见，可以通过构建一个多元化的司法团队，在审议过程中进行非正式的监督；虽然这种监管通过上诉机制更易实现，但伦理规则同样支持在一审阶段实施一定程度的非正式管制。因此，加强对隐性偏见的教育和培训，建立多元化司法人员体系，以及完善上诉、资格审查和纪律惩戒等制度，都可以有效地管理偏见。

3. 通过取消资格来规制身份影响

取消法官资格的规则、实践及流程较为复杂。当法官的公正性“可能受到合理质疑”时，微观伦理规则提供了取消其审判资格的依据。这一规则旨在确保只有那些未受到身份相关的法外因素影响，且对宏观伦理价值中的公正性有着坚定承诺的法官，才能参与案件的审理，从而维护法治，保障当事人的合法权益，并提升公众对法院的信心。

然而，外部来源规则、半个世纪以来的解释性判例，以及法官的自我判断准则，都在一定程度上限制了法官因其身份受到公正性质疑而被取消资格的情况的频繁发生。外部来源规则承认法官是具有判断力的，其强调，假如因为法官在法庭程序

---

① ABA Model Code of Judicial Conduct r.2.9(a)(3).

② Sonia Sotomayor, “Lecture: A Latina Judge's Voice”, *New York Times*, https://www.nytimes.com/2009/05/15/us/politics/15judge.text.html, last visited on July 6, 2022.

③ ABA Model Code of Judicial Conduct r.2.9 cmt.7.

中获悉了某些信息，而对一方作出积极或消极的回应，就推断其存在偏见并主张撤销其资格，这种做法不仅会侵害司法机关的合法性，还会降低法院的运行效率。解释性判例保障法官不会因种族、性别、宗教或党派关系而被取消资格(尽管有实证证据表明这些属性确实可以施加法外影响)，判例进一步明确了将身份影响界定为足以导致取消资格的偏见所蕴含的双重风险。一方面，法官只要受到身份影响就无法公正裁决的预设，会引起公众对法庭的不必要质疑，因为这种影响可能包括提供多元视角和培养同理心，而非产生偏见；另一方面，在司法实践中，若法官的种族、性别或意识形态被认为可能对裁决产生影响，而将此视为自动取消其任职资格的理由，则会导致大量法官面临资格审查，进而可能导致司法程序的迟滞。法官的自我判断准则赋予法院内部自行决定法官是否应当回避的权利，这样做促进了法院的高效运作，因为法官有足够的时间熟悉彼此的案件，并就其同事是否适合主持特定案件的审判工作作出裁决，该规范在处理大量无合理依据的回避申请时尤为有用。但法官不太可能察觉并承认自己的偏见，甚至倾向于认为自己是公正的，并将当事人的回避主张视为不理智的恐惧或是不诚实的伎俩，认为他们以此来诋毁公正的法官，企图找一个站在他们这一边的法官来代替自己。由此，自我回避所具有的公众对公正性监督的能力被削弱。

(三) 伦理与身份的立交架构

本文总结的伦理框架以车道为喻，将身份因素与司法伦理要素在司法活动中分别发挥作用的途径比作两条车道，在两条路的交会处设立一个高架桥，将司法伦理要素与身份影响因素分流，从而避免二者在平面的交叉路口发生碰撞或冲突。交会点清晰地界定了身份在何时何地应当发挥作用，以及如何妥善管理基于个人生活经验形成的身份特征，从而在司法决策中发挥其正当的积极影响。

为了正确理解现行的伦理框架，我们可以将其视作一个高架桥模型，这样的设计虽避免了观点之间的正面冲突，但并未消除在车道融合的交接处可能发生的一些轻微冲突。在司法伦理与身份影响的交汇处，难免会产生一些摩擦，这主要是因为司法伦理和政策本身带有一定的不确定性。这些交汇处主要包括：(1)在法律条文或事实认定十分模糊的情况下，应当允许身份因素介入，并发挥其阐释作用，以助于解决这种不确定性。(2)在身份因素能够恰当地发挥阐释作用的范围内，存在一个关键的临界点。一旦超过这个点，身份因素的介入就不再是以积极的方式引导公正的裁决和判断，而是转变为不被允许的偏见，这样就会污染整个判决过程。(3)在某些情况下，身份影响已经演变成实际存在或能够被合理感知到的偏见，以至于需要取消法官的审理资格。

身份影响被认可存在一定界限。那些声称在司法决策过程中能够彻底排除个人身份影响的观点，要么是出于对实际情况的误解，要么是在有意隐瞒事实。但围绕某一案件的法律和事实是否清晰明确，以及审判是否能够独立于个人身份影响的争论是有益的，因为这种探讨有助于我们辨识哪些信息的提供是恰当的，而哪些信息可能会不当干扰法官对于事实和法律的正确阐释。在一个要求司法部门解释法律和行政部门执行法律的宪法结构中，伦理制度告诫优秀的法官，应以其所查明的事实为依据，只有在法律规定不明确的情况下，才允许身份因素的影响，从而保证司法公正。

身份影响转变为偏见存在一定临界点。在那些需要法官行使自由裁量权的案件中，临界点通常体现在对法官如何处理适用法律问题的分歧上。换句话说，这个临界点就是社会公众或法律专业人士对法官的裁决行为“提出质疑”，因为一旦身份因素引发争议，便意味着存在从合理影响演变为不当偏见的风险。而在产生争议后，通过广泛且深入的讨论，我们可以明确身份因素在何种情境下能够对法官的判断产生正面作用，辅助其更准确地理解存在争议的事实或法律；同时，我们能识别出何时法官可能因身份因素的过度介入而在对事实和法律的解读上产生偏见，从而影响其对案件的客观公正裁决。

偏见导致法官回避存在一定临界点：此处的争议焦点在于界限的划分问题。一方面，当事人享有在公正法官的主持下受到公平审判的权利，这一权利需要通过规则加以保障，但这些规则应避免因过于严苛而导致当事人接受法官审理及追求正义的机会被剥夺，同时不能不公平地将司法机构污名化，使其成为带有偏见的机构。正如前文所讨论的，自我回避的做法不必要地增加了宏观伦理与关系伦理交会点的复杂性，具体来说，过少诉诸取消资格的制度会减弱公众和当事人对于公正司法的信心，过度取消资格又必然会降低司法效率。

五、结　　论

在过去的一个世纪里，美国的司法体系经历了一场政治化变革。这一法治模式的根基在于建立一个以法律为核心的政府体系，由能干、坦率、独立的法官以个案为依据，公正地解释并适用法律。然而，这一模式正面临着日益严峻的挑战，其核心问题在于法官是否能够摒弃法外影响并坚守法律，这种质疑并非空穴来风，有实证证据作为支撑，即法官的个人身份——无论是有意还是无意——都在一定程度上左右着他们的裁决。在这样的背景下，本文所构建的理论框架为审视伦理与身份影响的关系提供了新的视角和评估标准。

法律、个人与职业伦理

[法]多米尼克·加兰德里(Dominique de la Garanderie)*
李馨祎　张晓静**　译

一、引　　言

本文不仅依次研究法律、个人与职业伦理,还意在讨论作为法律主体的"人",以及法律职业群体在保障个体自由、维护人们对司法公正的信心方面的作用。法律职业伦理便是本文的核心主题。

诚然,职业伦理并非法律领域的专属,但其根植并贯穿整个法律领域,特别是在法律职业中体现得尤为明显。它与道德规范其他行业的作用方式基本相同。

法律职业的主体是广泛而明确的。职业伦理的主体涵盖了司法官(包括法官与检察官)和律师。尽管实际上,这个主体本应扩展为一切参与行使民主权利的职业人员(如记者)或对个体负有直接责任的职业人员(如医生),但由于这个范围过于宽泛,本文将重点讨论与法律和正义最为密切相关的群体。

---

* [法]多米尼克·加兰德里,巴黎律师协会前主席(是首位当选巴黎律师协会主席的女性),律师,参与创立了加兰德里律师公司(La Garanderie Avocats)。担任过勋章理事会、国家律师理事会国际部分主席、欧洲律师法国代表团主席(直至2006年)、2003年至2005年担任国家律师委员会国际委员会成员。任期结束后,她加入了国家人权咨询委员会(1999—2005年),并成为儿童权利委员会副主席。她也是国际人权联合会(FIDH)和无国界律师组织的成员。本文原载于《权利哲学档案》2018年第1期第60卷,第333—346页。

** 李馨祎,上海外国语大学2022级法律硕士研究生;张晓静,上海外国语大学2023级法律硕士研究生。

在一个尊重人权、公民权利、政治权利及个体自由的民主国家中，道德充当着法律的灯塔与基石。道德先于法律存在，不断巩固并强化着法律的效力。尽管在某些特定情境中，道德也可能与法律发生冲突，但历史已经多次证明，在此种情境下，如果法律违背基本权利、自由和民主，那么道德将占据更高的地位。

道德既是法律的出发点，又是其最终目标。道德确保法律职业群体在执业时，不机械地、技术性地运用法律条文，而是适当地融入人文关怀。我们应当铭记制定法律的宗旨：法律服务于人类。社会中的种种制度和规范皆源于人类的需求，并始终以人为本。

在纷繁复杂的社会环境中，科技的飞速进步与革新极大地加强了人与人之间的联系，新兴的沟通方式也使得人们之间的依赖关系更为紧密。在这样的时代背景下，现有的法律框架已经难以在短时间内为亟须应对的新情况提供妥善的解决方案。

为确保法律的权威性与公信力，我们有必要深入研究法律的制定方式及其所涵盖的领域。在推进规则标准化的过程中，应当先诉诸伦理考量，并审慎审查法律的目的，从而避免法律受到质疑。

人类依据自然法所赋予的原始权利，享有基本权利的保护，这些权利在民主与法治的国家得到了充分的保障、加强和细化。

因此，个人的基本自由得以确立，有赖于一系列奠基性文本的确立，如《人权和公民权宣言》（1789 年）、《法兰西第四共和国宪法》序言（1946 年）、《欧洲人权公约》（1950 年），以及《世界人权宣言》（1948 年）等。这些法律文件旨在捍卫生命权、隐私权、信仰自由、言论自由等一系列与人格尊严紧密相连的权益。

然而，伦理并非脱离现实生活的抽象概念，它与日常生活紧密相连。只有当群体成员深入思考其价值、目标及适用情境，并通过制定职业要求的权利与义务规范将伦理转化为自身行为时，伦理才能真正发挥其应有的效能。这一群体所共同承担的义务与责任，正是其共同活动所要求的基本价值观和原则的体现。

伦理犹如职业人员行为与使命的明灯，指引他们正确践行民主共和国家的价值观。针对不同职业，我们应将职业伦理以通俗易懂的方式呈现，以便大众更加了解遵守职业伦理的行为。

人权与职业伦理往往在法律职业中尤为突出。法律职业与正义息息相关，例如司法官和律师等。他们肩负着法定或约定的职责，其行为必须受到相应的规范约束。这些法律职业的共同之处在于，它们都尊重人权、自由，并恪守必要的伦理准则，如独立、公正、正直、诚实、保密、守法、尊重他人、忠诚和高尚等。

司法官与律师，尽管作为法律职业各有特色，但二者所秉承的职业伦理却有着共通之处。前者致力于守护社会的广泛自由，后者则矢志捍卫个体的自由权利。前者秉持正义，负责裁决案件；后者则探寻案件真相，竭力为委托人辩护。前者为公务员，后者则为自由职业者。尽管检察官、法官等公共秩序维护者与独立职业者在角色上难以直接对比，但我们可以将司法官与律师这两大职业群体在义务层面进行比较。具体而言，尽管这些义务在各自的职业中会有所细化，但其最终的目标是一致的，正如《司法官职业伦理守则》所强调的，即追求法律的公正。

此外，公司法务在法律行业中具有其独特的地位。他们虽然仅服务于一类客户——公司，但在履行法律职责和工作职责时，仍需恪守职业道德规范。为了明确法务的行为标准，法国企业律师协会与孟德斯鸠俱乐部在 2014 年 10 月共同制定了一份伦理守则，为所有法务人员提供了行为指导。

《司法官职业伦理守则》(2010)[①]先后从制度层面、执行层面和个人层面，对各类职业道德概念进行了深入的探讨。

律师行业的内部规章制度，历来由各律师协会依据相关的职业法规来制定。然而，自 2004 年起，这一制定权由国家律师委员会接管，而各律师协会则在其内部规则中保留了补充性的规定。

接下来，本文将依据《司法官职业伦理守则》的主题结构，逐一介绍这些规则。鉴于篇幅所限，本次讨论无法详尽阐述所有规定的责任与义务，但将着重介绍其中最为关键的规则，这些规则均足以反映法律及法律职业的重要性。

二、中立和利益冲突

对于法律职业群体来说，不保持中立便意味着丧失了自主判断能力，从而会

① 可以在司法官高级委员会的网站上查阅，该文件是公开的。

在为他人提供建议或辩护时陷入犹豫。这不仅是不尊重他人的表现，更是一种“背叛”。

在法律领域中，中立的概念不局限于思想层面的不偏不倚，更体现在一个实行三权分立的民主国家为确保司法独立所采取的一系列措施上，这些措施旨在使司法独立于政治、立法机构、公众舆论及党派的影响。司法独立是宪法明确保障的原则之一，它确保了司法权能够得到公正、公平的行使。对于律师而言，法律明确赋予了他们“自由而中立”的职业地位，这也是法律职业伦理的重要组成部分。

司法官与律师不应受到任何权力的胁迫，并明确保持对各方（包括接受法官审判的当事人及律师的委托人）的独立地位。此外，关于司法官或受薪律师在经济上是否独立于其所属机构或客户，以及企业法律顾问是否独立于其上级领导的问题，也值得我们深入探讨。

对于司法官而言，其职位的不可免职性确保了该职业的独立性，检察官则在司法部部长的领导下保持独立，实行“指挥与控制”的层级制度。在司法官的职业生涯中，职务晋升既依赖于竞选的结果，又受最高司法委员会决策的影响，而该委员会本身即具备独立性。

对于律师而言，若他们尽心尽力履行职责却未能获得应有的报酬，那么这一职业便难以维持。经济上的压力往往会使律师在思想上失去中立性，进而对其辩护的质量产生不利影响。

1991 年的立法将法律顾问正式纳入律师职业的范畴，并明确规定了隶属于律师事务所的法律顾问应保持中立地位。尽管身为法律顾问，他们依然享有表达个人观点和自主安排时间的自由。这一模式同样适用于企业法务人员。

司法官与律师必须严格遵守二者不得兼任的法规，因为此行为可能损害其中立的立场，进而影响公众对司法系统的信任。

对于司法官而言，“利益冲突”意味着必须独立行使自身职责。此外，《司法官职业伦理守则》第 7.1 条对“利益冲突”作出明确规定：“任何涉及公共利益与公共或私人利益之间的冲突，均有可能对司法官中立、公正、客观地行使职权产生不利影响。”司法官应当预防或制止利益冲突。

因此，司法官在就职后的两个月内，必须向伦理委员会提交一份详尽、准确且真实的利益声明。根据第 7.3 条的规定，司法官还被强制要求提交一份财产状况的声明。伦理委员会负责审核这些利益声明，并据此起草一份匿名报告。

对于律师而言，当出现利益冲突的情形，即当他无法同时应对存在利益冲突的客户时，他应当拒绝接受该客户的委托或辩护。此外，若该客户从前客户处获取了机密信息，律师同样应拒绝接受其委托或辩护。这种利益冲突不仅存在于律师之间，还涉及律师与其合作者之间的关系。在提供咨询服务时，律师必须确保不损害任何一方或多方的利益。利益冲突的情况多种多样，有时可能相当微妙。利益冲突会破坏律师的中立性、忠诚度、良知，并最终影响客户对律师的信任——这些都是每位律师执业不可或缺的品质。

三、公正和尊重抗辩

除了宪法所确立的司法独立原则外，《保护人权与基本自由公约》第 6 条规定亦对受审者的权利进行了保障。该条款强调“司法官的公正裁决是确保公民在法律面前一律平等的绝对义务”，这亦是“共和国的基本原则”之一（参见《司法官职业伦理守则》第 B1 条）。

对于司法官而言，公正至关重要。如前所述，确保所有公民在法律面前享有平等权益的“绝对责任”，是司法官实现公正的核心所在。公正不仅“是公众对司法机关信任的关键因素”，更要求司法官在裁决过程和结果中均保持公正。根据《司法官职业伦理守则》的框架，公正性如同中立性一般，是面向机构、职能及个人的一项原则性要求。

在“制度层面”上，在司法系统外有过任职经历的法官应确保其公正性不会受到质疑。这意味着司法官在物质资源、预算分配和人力资源管理方面应保持独立，不受公共或私人个体的影响。同时，职能和岗位的流动性也是司法官独立性和公正性的重要保证。

在“执行层面”上，司法官应避免进行预判或持有偏见，“无论司法官持何种观点，都应当认真听取并充分考虑在他面前讨论的所有意见”。

抗辩原则是确保司法公正的重要因素。在作出裁决前，司法官必须保持中立性，不得表现出任何倾向性。法官与检察官之间亦需保持公正无私，不得偏袒任何一方。他们应当始终保持公正的外在形象，避免任何过分亲近或勾结的行为。对于涉案律师及其他诉讼参与人，亦应持以同样的审慎态度。法官与检察官应客观公正地对待所有诉讼参与人，确保司法公正得以实现。除此之外，法庭辩论结束后立即由法官组成合议庭作出判决是不妥的，因为这将使得审议过程失去其应有的意义。

在“个人层面”上，公正原则要求司法官员在处理与政党和工会的关系时也应保持中立，他们应当谨慎参与私人联合活动，并有权在必要时选择回避。司法官被明确禁止接受来自非亲属的法律咨询，以确保其判断的公正性。此外，司法官还需时刻注意并控制自己在公共场合的言论，避免引发不必要的争议或误解。

中立性和公正性对于司法官而言是相辅相成的。但是对于律师而言，他们无须追求公正，因为他们不履行审判的职能，而是作为陪伴者、顾问和辩护人存在。尽管如此，律师仍需与委托人保持适当的距离。由于抗辩原则从属于法律面前人人平等原则及平等辩论原则，因此，律师必须恪守这一原则，以切实维护委托人的权益。

律师需与委托人保持适当距离，将其陈述转化为法律术语，并详细解释相关的法律条文及其潜在后果，进而结合委托人的期望、憧憬乃至情感进行再度评估，这些职责均在律师道德及专业能力范畴之内。律师的职业行为守则也明确要求其须为委托人提供有力的支持与辩护，并客观引导委托人了解诉讼中的限制、障碍及风险。

四、宣　　誓

司法官与律师的宣誓是对其所承担的职业道德义务的公开承诺。宣誓中的独立与公正精神如何体现？

在 2016 年 8 月 8 日公布的《司法官宣誓誓词》第 6 条中，尽管独立和公正是司法官员职业道德的核心原则，但在宣誓的具体内容中并未被明确提及。誓词内容为：“我宣誓，我将恪尽职守，对审议内容严格保密，竭尽全力成为一名称职且忠诚的法官。”尽管相关法规强调了独立和公正的重要性，但在宣誓词中这些概念并未得到体现。

相比之下，律师的宣誓誓词历史悠久，其对中立性的要求最早可追溯至 1274 年版的誓词：“作为一名律师，我庄严地宣誓，我将以尊严、良心、中立、正直与人道的精神，恪尽职守。”然而，这份誓词中并未明确提及律师职业所固有的保密义务，并未提及一旦违反此义务，将依法受到刑事制裁。

虽然企业法务人员无须进行宣誓，但 2014 年颁布的相关道德守则中明确规定了其应保持的中立性及应遵循的一般原则：“企业法务作为法律专业人员履行其职责时，具备该职业所固有的中立性。这种中立性尤其体现在他们能够在公司内部自由发表法律意见，并在维护职业尊严的同时，以真诚、正直、诚实和忠诚的态度行事。”

与宣誓的意义相仿，为了更好地规范专业人员的行为，《司法官职业伦理守则》中收录了一系列“伦理词汇”，诸如高尚、诚实、人道、忠诚、勤勉等。而律师相关准则强调了信守诺言、忠诚、无私、维护同僚情谊、正直、稳重及谦恭等品质。对于律师而言，在对待客户时，必须具备能力、奉献、勤奋和谨慎等特质。谨慎义务要求律师在行事时必须“审慎判断其行为的法律性质及诉讼目的”，一旦发现客户的法律行为“以犯罪为目的或可能导致犯罪结果”，律师即有义务劝阻其委托人或考虑撤诉。

五、正直、廉洁和信任

在谈及伦理的基本概念时，特别是从法律目的这一维度出发，正直与廉洁无疑是伦理学领域的核心原则。

为了厘清正直与廉洁之间的关联性，我们可以参阅法律委员会于 2015 年 12 月 16 日审议的《公务员道德和义务法》草案。

在对这项草案进行研究时，我们注意到，政府委员费尔南·格雷维斯(Fernand Grévisse)(在 1957 年 12 月 18 日最高行政法庭对莫诺德案的裁决中)指出：“廉洁是对他人物品和财产的诚实与尊重。对公职人员来说，就是不谋私利。廉洁原则和正直原则都要求政府官员恪尽职守。”

诚信原则在受监管职业中扮演着至关重要的角色。它不仅是当事人与其法律代理人之间建立法律委托关系的根本前提，也是法官在审理案件过程中，对当事人进行询问并据此作出公正裁决的核心要素。

无论是司法官员还是律师，公众都需要与这些法律专业人士建立一种稳固的信任关系，从而确保自身一项基本权利——即诉诸司法的权利得到实现。在这层特殊的关系中，涉诉者不得对主审法官或其协助者的道德品性（如公正无私、廉洁自律等）提出质疑。司法官员和律师有责任积极维护并加强这种基于公正和廉洁的信念。这是因为，一旦信任的纽带断裂，有效的辩护和可信的正义将荡然无存。

若一个行业不能坚守这些原则，那么它们可能会成为社会、政治、经济失衡的潜在诱因，最终引发法治体系的崩溃。在一个稳健的社会框架内，法官和律师必须恪守诚信、廉洁和忠诚的法律职业伦理，正是这些相互依赖和信任的伦理基础，组成了构建和谐社会的基石。因此，法律专业人士应当不断监督自我，确保其行为符合职业道德规范，以维护法治的完整性和促进社会的稳定发展。

《司法官职业伦理守则》第三章对“廉洁”作出规定，并在同一章节中详细阐述了“正直”的内涵：“法官应无愧于心地履行自身职责，捍卫个人权益，维护司法公正”（C1），“廉洁被视为诚信的基石”（C6），“廉洁是法官在职业行为、社会交往和个人生活中的行为准则”（C5）。

同样地，律师这一职业也与廉洁、诚信紧密关联，二者共同致力于追求良知与忠诚的崇高目标。

正直是法律职业中的一个核心概念，它要求个体在面对任何形式的影响或压力时，都能坚定不移地遵守法律原则，并具备勇于抵抗不当压力的坚定意志。正因为具备坚定不移的原则性，正直被视为司法中立的体现。正直促使法律从业者进行自我反省，与内在良知对话，从而深刻认识到以各种形式产生的威胁和风险。在特定的法律职业实践中，正直不仅是道德的指南，还是采取特定行动的基础。例如，它要求法律从业者进行利益申报，以避免利益冲突，包括司法官员的财产申报，以及在面临利益冲突或潜在风险时的主动申报。

在法律职业行为规范的制定与执行中，伦理学文化强调将正直、忠诚、廉洁等核心道德品质融入职业行为的规范体系，认为这些品质与职业行为准则是相辅相成的。这些道德规范不仅被视为法律职业行为的基本要求，还被认为是普遍适用的道德准则。《司法官职业伦理守则》第3章的评述便深刻体现了这一观点。

这些道德品质在实践中是相互依存、紧密相关的。中立、忠诚、廉洁是构成法律诚信体系的关键要素，它们对于确保受监管职业的公正执行而言至关重要。此外，这些道德准则对于维护公众对人民代表、媒体、企业管理机构、法律服务提供者、司法系统，以及个人自由行使与保护等方面的信心同样不可或缺。因为只有在这些领域中坚守正直、忠诚、廉洁的原则，才能确保它们的正常运行，并为社会的稳定与和谐提供坚实的道德支撑。

《司法官职业伦理守则》在谈及廉正时指出："司法官的专业素养与个人品行对于增进公众对司法系统廉洁性的信心至关重要。"而这种信任的建立，只有在一个法治国家中，当所有司法体系的参与者都坚守诚信原则或被要求遵守诚信原则时，才可能实现。

对于律师来说，遵守廉正原则是其执业行为的基本要求。一旦律师违反这一原则，他们可能会面临包括暂停执业资格乃至吊销执业证书在内的严重纪律处分。

六、保密、个人保护和公开的风险

律师的保密职责超越了简单的信息保密，其宗旨在于确保客户的安全，并建立公众对司法程序的信任基础，从而使客户能够信赖律师并毫无保留地分享其私密信息。《司法官职业伦理守则》中所规定的保密义务，不仅受到法律的保护，还根植于伦理道德基础。尽管如此，在信息自由和公开透明的当代社会，这一伦理原则可能会受到挑战，保密义务的绝对性可能会有所削弱。然而，正是在公开原则的对照下，保密义务的内在价值和必要性得到了凸显。

不同职业在保守职业秘密方面的具体内容和侧重点各有不同。以《AFJE/Cercle Montesquieu 法典》为例，该法典详细规定了法官审议的保密原则。法官在宣誓时，也会强调法官审议的保密性。而律师和法务人员也依据其专业领域的保密规则行事，以确保信息的保密性得到严格保障。

《司法官职业伦理守则》在第六章有关“关于自由裁量权和保留权”的评述中强调了司法官需要遵守司法辩论和诉讼程序的保密义务：“司法官不得泄露任何关于法庭辩论的信息，无论这些信息是匿名提供的还是通过传闻获得的。”

在对司法官办公室进行的一次特定搜查中，有关部门依法查扣了一批文件。当宪法委员会面临对该搜查合宪性的优先审查时，委员会认为这些文件不受审议保密条款的保护，理由是现行法律并未对此作出明确规定。鉴于此，2016 年 6 月 3 日，立法机关通过了一项法律修正案，正式将审议保密纳入法律保护范畴。

审议保密原则为诉讼参与方提供了必要的法律保护。在此框架下，负责裁决案件的法官无须对外部作出任何解释，且应免受外界审查压力的干扰。这一原则不仅有助于坚守无罪推定原则，还是对当事人隐私权的有效维护。根据法律规定，“除非法律另有规定，且不得损害辩护人的权利”，诉讼过程及其相关程序均应保密进行。所有参与诉讼程序的人员均有法律义务恪守保密原则，确保诉讼的私密性和公正性得到保障。

检察官在行使职权时，有权主动或应调查法院或当事方的申请，披露诉讼程序中的客观证据，但是不得包含对被告人的具体指控或案情评价。此类信息的公开应当在法律许可的范围内进行，并且是唯一允许公开的信息类型。若有关人员违反了上述规定，未经授权擅自披露或参与泄露与案件相关的保密信息，则被视为违反保密义务，将依法受到相应的惩处。

欧洲人权法院在 2016 年 3 月 29 日的裁决中明确指出：“鉴于刑事诉讼程序在保障司法公正及尊重被调查者享有无罪推定权利方面的核心地位，本院认为应对诉讼过程的保密性提供特别的法律保护。”该裁决强调了在刑事诉讼中维护程序保密性的重要性，以确保司法程序的正当性和当事人的基本权利得到充分尊重和保护。

对于律师来说，有关保守职业秘密的法律规定变得日益明确：保守职业秘密是一项“普遍适用、绝对必要、无时效限制”的义务。无论是在咨询还是辩护过程中，无论是通过有形还是无形媒介（如书面、传真或电子形式）传播的信息，律师都有责任确保其事务所的所有成员严格遵守这一保密义务。

职业保密的核心目的在于确保当事人的合法权益得到保护，防止其隐私信息被案件相关的知情人士披露。在这一背景下，法律专业人员扮演着至关重要的角色，他们基于与当事人之间的信任关系，负有保护当事人隐私的法律责任。作为保密人，他们必须确保在提供专业服务的过程中，对所有涉及的信息予以严格保密。审议保密则涉及更为宏观的法律原则，它直接关联到司法系统的独立性、完整性和尊严，因此其重要性不容忽视。

保密义务在法律实践中占据至关重要的地位。鉴于其广泛的适用性，无论是在律师与客户的特定合作关系中，还是在刑事诉讼程序中，或是在执行无罪推定原则的过程中，都必须对当事人的私生活、人格尊严及表达自由给予充分的保护。在这种法律关系中，双方应处于完全坦诚的状态。同时，基于职业责任，在法律咨询领域，确立绝对的信任关系是职业保密的先决条件，保密原则的遵守则是维持这种信任关系的关键。

正是保密原则的存在，使得法律专业人士能够毫无保留地向客户提供意见，包括对客户提出的项目进行客观分析，甚至在必要时提出否决意见。同样，企业法务人员应遵循保密原则，对其向公司内部提出的建议和意见负有保密责任。这样的保密机制不仅保护了客户的权益，还提高了法律服务的质量和效率，确保了法律咨询的独立性和客观性。

确保律师工作的保密性对于维护客户与律师之间的信任关系而言至关重要。如果保密性无法得到保障，客户可能会对披露个人隐私信息持谨慎态度，这将会影响其与律师之间的沟通和合作。因此，当律师违反保密义务时，这种行为不仅被视为对客户隐私权的侵犯，还是对其信任基础的破坏，甚至有可能构成犯罪。

保密的核心目的在于保护当事人的权益，而不仅仅是为了维护律师自身的利益。然而，在社会透明度日益提高的背景下，公众乃至专业人士有时可能难以充分理解保密的最终目的。

在众多情境中，追求信息公开的目标可能与尊重个人隐私、尊严或保密的法律伦理原则发生冲突。因此，我们需要审慎考虑是否应当建立一套关于信息公开的伦理规范，并明确其适用范围。同时，必须细致权衡个人隐私权与信息自由，确保在保护个人权益的同时，不损害公共利益。

我们应当区分谴责违法行为与通过强制手段要求相关人员提供信息以预防违

法行为这二者之间的差别。不应将后者与无实质性内容的信息披露相混淆，因为后者往往只会导致谣言和猜疑的扩散。在某些情况下，尽管媒体对某一事件进行了长时间的炒作，但实际上除了带来经济利益外，并未给社会或法律正义带来实质性的益处。

在当前的案件审理过程中，这些问题屡见不鲜。检察官在进行公开调查或询问时的通信活动，都会受到严密的监督与控制。众所周知，舆论对于每个人而言，都是最危险的压力来源。

《司法官职业伦理守则》在(D)章节的“合法性”这一标题下，详细探讨了与媒体相关的议题：“被授权的司法官有责任向媒体提供有助于维护司法公正和公众信任的信息。在履行职责的过程中，他们应当保持中立，避免受到新闻媒体的不当影响，更不应刻意寻求媒体的关注。”这些指导原则不仅适用于检察官，同样适用于那些负责特定调查任务的地方法官。例如，在处理航空事故、自然灾害等重大事件时，他们需迅速且准确地向相关民事案件当事人及媒体披露调查进展和结果，确保信息的透明度与正确性。

法律本身是不容置疑的，应当受到谴责的是违反保密义务的行为。伦理学确立了规则的宗旨，义务论则规范了人的行为准则。尽管在某些特殊情况下，如欧洲人权法院曾在 2011 年 12 月的案例中，特许一名律师披露与公共健康利益相关的信息，且该信息随后在媒体上得到广泛传播，但在常规情况下，律师必须对其客户案件的详细信息和调查材料承担严格的职业保密责任。这是为了保护客户的隐私权益，以及确保案件处理的安全性和法律程序的正当性。

然而，对律师事务所进行的搜查可能构成对其商业秘密的侵犯。因此，此类搜查必须严格依照法官出具的明确且书面的司法裁决进行，根据《法国刑法典》第 56.1 条的规定执行。该裁决应详细阐明搜查的具体理由、目的，以及所涉及的犯罪性质，以保障搜查行为的合法性及正当性。

律师协会主席承担着维护辩护律师权利及确保搜查行为严格遵守法院裁决的职责。在缺乏合法的搜查动机与目的的情况下，律师协会主席将难以执行其法定职责。实际上，一旦接到搜查通知，律师协会主席必须出席并核实搜查行为是否严格依照法院的裁定执行。律师协会主席的参与有助于确保律师在履行其职业义务时维护客户的机密信息和所处理案件的保密性。然而，如果律师协会主席未能获得其应得的关于搜查的相关信息，他将无法有效地行使监督职能。

与前面所提到的其他原则一样，保密原则在法律职业中也扮演着双重关键角色：一方面，它确保了寻求法律援助的个人能够得到必要的法律服务；另一方面，它有助于维护法律专业人士的尊严和声誉。

对于司法官员而言，他们在讨论和审议过程中所涉及的内容必须保持绝对保密性，同理，律师对于客户披露的信息也负有同等的保密义务。泄露这些信息不仅违反职业操守，更是对法律职业整体的不尊重，这与司法官员和律师应展现的专业形象背道而驰。因此，任何违反这一规则的法律专业人士都将面临相应的纪律处分。

七、倾听、尊重他人

在《司法官职业伦理守则》(E)章节中，司法官的伦理道德义务涵盖处理"与诉讼当事人、受害人、司法助理和司法部门合作伙伴之间的微妙关系"。

在这一前提下，司法官和律师均应采取一种"倾听"的姿态，以体现对他人的尊重，在维护自身尊严的同时，充分尊重并认可他人的尊严。

在"个人尊严"这一标题下，该原则同样适用于司法官的言辞和著作，他们不得使用"不恰当的、优越的、无理的或蔑视性的词汇"，这一职业操守在"宣誓"章节中有明确的规定。

作为维护个人尊严的司法权威，法官应当坚决反对将法庭程序戏剧化的行为。如果在庭审过程中遇到任何歧视性或应受刑事处罚的言论和行为，法官有责任将其记录在案，以供问责。这就很好地诠释了司法官的誓词，"为官一任，造福一方"，这不仅是对司法官高尚品质的赞誉，更是对他们忠诚履行职责的期待。司法官应时刻铭记自己的使命，坚守道德底线，维护个人和社会的尊严。

相互尊重的原则表明，公众对法官的尊重实际上源自法官对每一位诉讼参与者的深切关怀。同样，在尊重个人尊严的核心议题下，确保每个人的表达自由不受外部压力或集体威胁的侵犯，对于促进司法公正而言至关重要。

司法官在相互关系中同样应当恪守相互尊重与倾听的原则。“一个具备良好心态的司法官能够时常进行自我反省，并勇于接纳他人的批评。”基于此，司法官员应始终保持清晰的认知与谦和的态度，以此来体现司法工作的严肃性和权威性。

同时，当事人及其律师在选择辩护方式时，其自由应受到法官公正地维护个人尊严和司法辩论庄严性这一义务的制约。律师在执业过程中，应遵循庄严、忠诚、礼貌、博爱和正直的行为准则，对所有诉讼参与者（包括客户、法官、同事、专家、书记员）保持应有的尊重。

八、结　　语

综上所述，司法辩论被限定在一个特定的范围内进行，各方均积极参与其中，共同维护司法公正。

每个职业都有其独特的特性和职能，但正是这些特性和职能，在某些情况下，导致人们出于对伦理道德原则的考量而拒绝履行职责。义务、守则、道德规章或内部法规，不论其名称是什么，在本质上都是不断发展的。除了个别偶发行为之外，各行各业，包括中小型企业和大型经济部门，都制定了相应的伦理道德准则。这表明我们极有必要重新定义伦理道德在某一特定领域的含义，并将其应用于共同利益群体的迫切需求。这一点在专业群体中同样适用，但是针对司法官或律师的职业伦理道德，由于深入探讨需要花费大量时间，我们便不在此作详细阐述。

这些道德守则的制定初衷，并非仅为特定行业成员提供保护，而是确保从事相关行业的人员能够深刻理解并践行职业道德守则，规范其行为，从而体现职业道德守则的正当性。

在当前阶段，建立公众对司法系统的信任尤为关键。对比司法官与律师的行为规范，可以发现，在追求相同目标和应对相似挑战的背景下，二者的行为准则既有共性又存在不相似之处。我们必须深刻认识到，司法领域因涉及个人自由和他人权益的保护而具有特殊性，故其要求更为严格。这些行为守则只有在专业人士作为个体自由的捍卫者时才能发挥其应有的作用，这也是司法实践中的一项重要保障原则。

对于个人和社会而言，很少有职业能承担如此重大的责任，这也充分证明了对两种职业施加一定限制的合理性。若法律从业者未能恪守职业伦理准则，法律便难以充分施展其应有之功能。

职业伦理不仅确立了法律在法治与民主国家的崇高地位，还促使法律从业者深怀对法律的敬畏之心，深刻理解法律在集体利益与个人权益之间的平衡作用，进而维系社会的和谐与稳定。

在这样的背景下，法律专业人士必将恪守伦理准则赋予的义务与责任，将其内化于心、外化于行。伦理准则作为普遍适用的道德标准，不仅规范着职业人士的行为举止，更是社会安宁与信任的基石，亦捍卫了个体的自由与尊严。

民事诉讼中法官独立原则与律师独立原则的相互作用

[俄]安热莉卡·谢尔盖耶夫·费迪娜(Анжелика Сергеевна Федина)*

马潇逸** 译

在民事司法实践中,独立原则是法官和律师均应遵守的职业行为准则,该原则受到法官和律师的职业活动的共同影响。独立的职业环境有助于确保法官和律师在政治、经济和专业领域内享有充分的自由,进而促进民事诉讼程序的持续优化和整体效能的不断提升。

2002 年的《俄罗斯联邦民事诉讼法》(下简称《民诉法》)第 8 条规定:"法官在司法活动中具有独立性,仅受《俄罗斯联邦宪法》和联邦法律约束。"在民事诉讼过程中,法官仅受《俄罗斯联邦宪法》和联邦法律的约束,在不受案外因素干扰的情况下审理、判决民事案件(《民诉法》第 8 条第 2 款),任何个人或组织不得非法干预法官的司法行为,否则将被依法追究相应法律责任。

独立原则是俄罗斯律师及其所属律师协会等相关组织在开展活动时必须遵循的核心原则,这一点在《俄罗斯联邦律师和律师协会法》(以下简称《律师法》)第 2 部分第 3 条中得到了明确规定。①《律师法》第 2 条规定进一步强调了律师的角色,将其定义为"独立且具备专业能力的法律顾问"。

* [俄]安热莉卡·谢尔盖耶夫·费迪娜,特维尔国立大学司法与执法系副教授。原文载于《萨马拉大学法律公报》2022 年第 8 卷第 2 期,第 70—77 页。

** 马潇逸,上海外国语大学 2022 级法律硕士研究生。

① 参见 2002 年《俄罗斯联邦律师活动和律师法》。

律师在民事诉讼活动中的参与本质上是通过代理制度来实现的，这一点在《民诉法》第 5 章中有所体现。尽管《民诉法》没有对代理制度的性质作出明确具体的规定①，但普遍认为代理制度是一种特殊的诉讼行为或法律关系。律师应充分享有政治、经济和知识上的自由，在独立的环境中参与民事诉讼活动，为自然人和法人提供高质量的法律服务，保障其权利、自由和诉诸司法的机会（《律师法》第 1 条）。

律师职业独立原则在全球范围内均被认为是法律职业立法的核心要素，这一点在多个国家和地区的法律职业立法及国际条约中得到了体现和强调。例如，1988 年的《欧洲律师行为准则》、2006 年的《欧洲法律职业核心原则宪章》、1995 年批准的《国际律师协会律师道德通用原则》②等。《欧洲律师行为准则》规定："为加强对司法公正与正义的信任，律师必须保持独立……律师应独立、认真、公正地行事……律师应遵守法律，其在法院之言行，应符合法律之规定及准则。"故律师应具备独立精神，以增进民众对司法及正义之信赖。律师职业活动的独立性是司法程序独立性的重要保障。

在律师与当事人的代理关系中，律师的独立性与其作为代理人的法律地位紧密相连，律师应当代表委托人的利益，以委托人的名义开展符合其利益的法律活动。在民事诉讼活动中，律师的独立性表现为：基于与委托人签订的委托合同（包括法定代理人进行再授权的情形），律师可以自主决定是否出庭，不受法院指定律师的自由裁量权的限制（《民诉法》第 3 部分第 48 条第 3 款、第 52 条）。与此相对，指定代理的律师不具备同等的独立性，且指定代理意味着律师可能需要提供无偿的法律援助服务。

在民事诉讼这一专业的司法程序中，律师的独立性与法官的独立性一样，均受到《俄罗斯联邦宪法》和联邦法律的规范与限制。律师不得执行委托人违反法律或道德规范的委托事务。③此外，基于俄罗斯联邦律师的自治原则、法团主义原则和

---

① Тумановой Л. В., *Основы гражданского и административного судопроизводства: учебное пособие*, Тверь: ТвГУ, 2016, 335с.

② "Генеральные принципы этики адвокатов Международной ассоциации юристов", *Российская юстиция*, 1996, № 23.

③ Федина А. С., "Принципы адвокатской деятельности, определяющие характер участия адвоката в гражданском процессе", *Вестник Тверского государственного университета*, 2022, № 2(70), С.77—85.

权利平等原则(《律师法》第 2 部分第 3 条),律师在其职业活动中必须遵循律师协会制定的、对所有律师均适用的法律职业规范和条例。

从法理上讲,若得不到保证,独立原则只能沦为一纸空文。①保证法官的独立性是《俄罗斯联邦宪法》及联邦法律的一项重要内容,1992 年的《俄罗斯联邦法官地位法》的第 9 部分对其进行了列举,而律师独立性的保证则在《律师法》第 18 条中有详细阐述。通过对上述法律的分析可以发现,有关俄罗斯联邦法官和律师独立性的某些保障措施具有一致性,即禁止非法干涉法官和律师的职业活动、禁止从事法律未许可之行为、制定依法追究责任的程序、提供针对律师和法官的家属及财产的国家保护等。

俄罗斯司法体系及法律职业的独立性,构成了律师职业活动独立性的根本保障。1996 年的《俄罗斯联邦司法制度法》规定:"法院独立行使司法权,不受立法机关和行政机关干预(第 2 部分第 1 条),不受任何案外因素影响,《俄罗斯联邦宪法》和联邦法律另有规定的除外。"

律师职业体系的独立程度可以与司法系统相当。根据《律师法》第 1 章第 3 条规定可知,律师被定义为不包括在国家体制内和地方政府体系内的、具有社会组织性质的法律职业群体。这种独立性赋予律师在行使职能时不受任何政府部门管辖的权利。同时,律师的资金来源显示其独立性——不依赖于联邦或地方政府的财政拨款,而是通过律师自身的专业服务获得。此外,律师作为自由职业者,其身份区别于公职人员。

根据 2011 年《俄罗斯联邦无偿法律援助法》的规定,律师有权向俄罗斯联邦公民提供免费的法律援助服务。《律师法》第 3 条明确规定,为保障公民获得法律援助的权利并推动司法实践的发展,国家机关负有保障律师独立地位的义务,并应对符合法定条件的律师提供必要的财政支持。在必要时,国家机构应当为律师提供适宜的办公设施和便利的通信,确保律师能够有效地履行其职责。同时,每位律师都享有 1993 年《俄罗斯联邦宪法》赋予公民的社会保障权利。

律师与法官是两个完全独立的法律职业,他们在司法体系中各司其职,又通过各自的制度特征和共同的职业活动——即司法——而相互联系。法官的职能在于审理各类案件,包括民事、刑事、行政和仲裁等,并作出判决,律师则致力于为客户

① Гукасяна Р. Е., *Арбитражный процесс*: *Учебник*, Москва: Проспект, 2008, 335с.

提供专业的法律服务。

根据2002年《俄罗斯联邦司法共同体机构法》可知，司法共同体和律师协会的建立与运行，共同构成了法官和律师职业独立性的坚实保障，维护了法官作为司法权力承载者和律师作为法律顾问的权益。而且，在处理诸如法官职权的中止与终止、律师资格的撤销，以及法律责任的追究等事宜时，其作出的决定具有法律上的约束力。

应当注意的是，律师协会及其下属机构的活动严格遵循俄罗斯律师协会的自治原则和法团主义原则，这为律师的职业独立性提供了保障。同样地，司法共同体的机构在运作中严格遵守司法独立原则，确保不对司法程序产生干预（《俄罗斯联邦司法共同体机构法》第5条），体现了对法官独立性的维护。

律师作为代理人，在法官行使司法审判权时起到协助配合的作用。作为代理人，律师不得违反包括司法独立原则在内的司法基本原则，应在辩护合法和程序法定原则的基础上参与案件审理，在诉讼过程中仅能够通过法定程序、采用法定方法维护委托人的权益，同时确保其行为不违反法庭及其他诉讼参与人的原则和辩护规范，以保障法律服务的有效性和正当性。

律师在执业过程中，必须维护自身及法官的独立性，不得从事任何有损独立性的行为。根据《民诉法》第1条之规定，民事诉讼活动必须依照法定形式建立运行，律师不得与审理其代理案件的法官建立任何法定程序以外的关系。此外，若律师向法官提出诸如"在非正式场合讨论案件情况"等法定程序以外的请求，或对案件表现出过度的关注，则均会被视为违反职业操守、缺乏职业精神。为保障民事诉讼活动中法官行为的独立性，《民诉法》第4章第8条规定了一项措施，即法官应当依法定方式在互联网上公开披露所接到的任何人（包括诉讼当事人的律师）提交的所有关于案件的程序外上诉信息，并通知其他诉讼参与人（《民诉法》第4章第8条）。对于企图影响或干预司法程序的人，应采取更为严厉的措施，无论行为人的职位如何，都应当追究其个人责任。①例如，法院可以对律师作出私人裁决，并送达相应的

① Федина А.С.，"《Что уже сделано，и что еще необходимо сделать》 в укреплении независимости судей：в контексте рассуждений Т.Е. Абовой о принципах гражданского судопроизводства"，in Васильева Е.Н.，Лебедь К.А.，Лукьянова И.Н. и др. eds.，*Liber Amicorum в честь профессора Абовой Тамары Евгеньевны. Современное гражданское обязательственное право и его применение в гражданском судопроизводстве：сборник статей*，Москва：Проспект，2019，С.181—190.

律师团体或协会以追究其纪律责任。

根据辩护合法和程序法定原则，律师作为诉讼代理人在法庭上应严格依照法律规定的程序进行诉讼活动。无论律师多么想竭尽所能地维护委托人的权益，其在履行职责时仍需恪守职业操守，并进行恰当的职业行为。

回避制度是民事诉讼独立性的程序保证之一(《民诉法》第 2 章)。律师在职业活动过程中应恪守司法独立原则，依照法定理由和方式对法官提出回避申请。根据《民诉法》第 16、17 条的规定，律师可以基于以下理由申请法官回避：该法官曾以其他身份参与该案的争议程序，如作为检察官、法官助理、书记员、代理人、证人、鉴定人、专家、翻译人员；该法官曾是该案的调解员；该法官是当事人或其代理人的亲属；该法官与案件有直接或间接利害关系，或存在其他可能影响公正客观判决的情形，法律对此进行了详尽规定。

除上述第 16、17 条以外的其他申请法官回避的理由通常不能直接证明法官缺乏独立性，如法官拒绝鉴定申请、拒绝证据提交等，虽然可能被律师视为对案件审理的阻碍，但这些行为本身并非法官缺乏独立性的证据。因此，律师若基于此类理由申请法官回避，则可能缺乏职业行为正当性，且有可能被解读为滥用诉讼权利，以拖延案件审理进程。

一位律师曾基于“法官和书记员是其在‘脸书’上的好友”这一理由提出回避申请，认为这可能会影响到法官公平公正地判决。然而，法院依据《民诉法》第 16 条和第 17 条的规定，以缺乏法律依据为由，驳回了律师的回避申请。在驳回回避申请的裁决中，法院进一步阐明，社交网络中的“好友”关系与现实生活中的传统友谊是有区别的。法院认为，在社交网络环境中，所谓的“友谊”更多地体现为具有共同兴趣或活动领域的人们之间的互动，在本案中，这种关系体现为同属法律行业的个体之间的交流。

因此，该律师基于上述理由对法官提出的回避申请并不合法(《民诉法》第 20 条、第 231 条)，且缺乏职业精神。尽管如此，律师仍有权提起撤销法院判决的上诉，并可在上诉中提出对法院驳回回避申请的异议。

曾经有律师在庭审现场，于审判长进入审判法庭之前，向法官资格委员会和圣彼得堡科尔平斯基地方法院院长就该案审判长提出回避申请。①该律师并未依照《民诉法》所确立的撤销判决的法定程序行事，而是通过纪律处分程序对审判长提出申诉，称其违背了法官独立原则（《民诉法》第8条），因为其实质上对法官可能作出的判决施加了影响，为法律所禁止，所以应承担相应法律责任。

无论是在法官司法活动中还是律师职业活动中都存在对独立性的要求，因此参与民事诉讼活动的律师有权期待其独立性得到法庭及其他诉讼参与方的尊重。法院负有监督所有国家机关、地方政府、社会组织及公职人员行为合法性的职责，这一监督职能在民事诉讼活动中同样构成对律师职业独立性的保障（《俄罗斯联邦宪法》第2部分第46条）。如同处理其他违法行为一样，一旦发现有任何机关、组织或公职人员干涉或阻碍律师职业活动的情形，法院应当及时采取必要措施，作出私人裁决并将其送达相关组织或相关公职人员，相关组织或人员应在接到裁决后，于一个月内向法院汇报其采取的整改措施（《民诉法》第226条）。

尽管《民诉法》规定不得干涉或阻碍律师活动，应保障其独立性，但关于违反规定行为的制裁措施目前仍然缺位。应追究干扰、阻碍律师活动的公职人员的纪律责任。以检察官为例，当检察官根据《民诉法》第45条之规定参与民事诉讼活动，却侵害了法律职业的独立性时，对其的制裁规定于《俄罗斯联邦检察法》中而非《民诉法》之中。基于检察活动合法性原则，对于检察官不履行或不当履行公务、损害检察机关名誉的，检察机关各机构和组织的负责人有权采取从批评到撤职等不同的纪律处分措施。

根据2002年的《律师法》第5部分第6条及2003年的《律师职业道德守则》第3.1部分和第9条的规定，律师在执业过程中严禁与司法机关进行任何形式的串通行为。如果律师与曾经或正在参与案件审理的人员有亲属或家庭关系，或者被委托为与自己当事人利益相悖的第三方提供法律服务，则该律师应拒绝接受委托代理案件（《律师法》第4部分第6条）。律师在接受委托时应严格遵循独立原则，排

① “Дисциплинарная практика Адвокатской палаты Санкт-Петербурга июль-декабрь 2019 года”, *Федер альная палата адвокатов РФ*, https://fparf.ru/documents/disciplinary-practice/the-review-of-the-disciplinary-practice-of-lawyer-chamber-of-saint-petersburg-forthe-second-half-of, дата обращения: 12.06.2022.

除利益冲突，正确及时地代理民事案件，这一点对于实现民事诉讼的根本目的——保护公民和组织的受侵犯或有争议的权利、自由和合法利益，维护俄罗斯联邦及其各个主体的、其他各类法律关系主体的权利和利益，加强法律秩序——具有至关重要的意义（《民诉法》第 2 条）。

在民事诉讼程序中，律师不适用回避制度（《民诉法》第 2 章）。若律师与曾经或正在参与审理案件的人员（法官、检察官、法官助理、书记员、鉴定人、专家、翻译）有亲属或家庭关系，则可能导致这些人员回避（《民诉法》第 16 至 18 条）。如果出现一名或数名法官回避致使无法更换法官或该法院无法审理该案的情况，则案件将被移送管辖（《民诉法》第 33 条）。移送管辖的程序显然耗时耗力，必然会增加民事诉讼的时间成本（《民诉法》第 33 条第 3 款、第 154 条）。

无论在何种情形下，律师均不应因接受代表某人利益的委托、引发利益冲突而受到指责，因为在接受委托时律师不知也无从得知案件承办法官的身份。①因此，《律师法》应当明确规定，如果律师事先得知其亲属参与了某案件的司法程序，该律师应当拒绝接受相关委托，避免作为代理人参与诉讼。若律师在知情的情况下仍然接受委托，则应当依法承担相应的法律责任。

一旦认定律师的行为违背了独立性原则，法院应发布私人裁决并送达相关俄罗斯联邦主体的律师协会，由律师协会在纪律程序框架内对该律师进行处理（《律师法》第 8 部分第 29 条）。尤可夫（Юков М. К.）的观点值得重视，他认为通过地方律师协会对律师实行属地化管理，可以加强律师协会对律师职业行为的监督，从而确保律师在法庭上的诉讼行为更加负责可靠。②毋庸讳言，在实践中，对于一名隶属于加里宁格勒律师协会，但在马加丹地区执业工作的律师进行监管确实存在一定挑战。

法院依据《民诉法》第 226 条规定对律师职业活动的独立性原则实施监督，这一做法对于巩固法治基础、预防违法行为而言具有积极作用。此外，该监督机制有

---

① Туманова Л.В.，“Право судьи на справедливое судебное разбирательство”，*Вестник Тверского государственного университета*，2021，№ 2(66)，С.71—80.

② Юков М. К.，*Предисловие к Комментарию к Арбитражному процессуальному кодексу Российской Федерации（научно-практический，постатейный）：памяти Вениамина Федоровича Яковлева посвящается*，Москва：Статут，2021，1400с.

助于增强诉讼参与人及其他社会成员对司法体系的信任与尊重,确保法律秩序的有效实施和运行(《民诉法》第 2 条)。

最后应当指出,律师职业活动独立原则与司法独立原则协同作用、相互影响、相互促进,这种良性循环对提升各自的价值与影响力均有裨益。司法独立与律师职业独立并行不悖、相辅相成的制约和保障制度,是实现民事诉讼中法官与律师的职业活动高质高效运行的重要机制。

注重权力的职业责任:布莱克大法官未公布的异议意见书及处理公益诉讼伦理的替代性方法(节选)

[美]诺亚·罗森布鲁姆(Noah A. Rosenblum)*

姚静怡** 译

一、引　　言

公益诉讼引发了重大的伦理困境。①长期以来,学界对此进行了深入研究,试图揭示这些伦理问题的本质并寻求解决方案。本文基于历史的角度,特别是在最高法院的全国有色人种协进会诉巴顿案中,探讨了公益诉讼引发的两个关键法律伦理问题,并分析了这些问题是如何在现代社会运动诉讼的伦理基础上得到体现的。②本文认为,布伦南大法官(William Joseph Brennan)在其多数意见书中所采用的框架是这些伦理问题的一个重要来源。尽管布伦南意识到公益诉讼所致的法律伦理问题,并试图在意见书中解决这些问题,但最终并未实现。本文进一步阐明,布伦南的这一失败是由于他为形成多数意见作出策略性决定,并且从法律伦理的角度看,布莱克大法官(Hugo L. Blake)倡导的另一种替代性方法更具有吸引力。

本文的贡献在于进行描述性、历史性及规范性的分析。通过对布莱克大法官

---

* [美]诺亚·罗森布鲁姆,纽约大学法学院法学助理教授。原文发表于《乔治城法律职业伦理杂志》2021年第34卷第1期,第125—190页。译文节选自原文(共四章)第一章及结论部分。

** 姚静怡,上海外国语大学2023级法律硕士研究生。

① 参见本文第二章,公益诉讼的伦理困境。

② NAACP v. Button, 371 U.S. 415(1963).

未公布意见书的原始档案进行深入研究，重构了巴顿案是如何从全国有色人种协进会诉格雷案中演变而来的。只有最极端的历史意外才会导致巴顿案的结果。根据最初的判决，该案的情况与此大相径庭。本文首次重构了从格雷案到巴顿案的思想演变过程，这一段复杂的法律和思想史对整个美国法律，尤其是对社会运动诉讼的法律伦理产生了重大影响。

此外，本文在法律史、法律伦理学及宪法学领域的前人研究基础上，进一步拓展了对巴顿案影响的讨论。①学者们已经指出了巴顿案对职业伦理规范的重要性，本文在此基础上，恢复了隐藏在巴顿案档案中被遗弃的另一种法律伦理方法，并探讨了这种方法在规范层面的吸引力。

布莱克的方法本身也引发一定问题，但本文的讨论中并未涉及。本文并非为布莱克以种族和权力为重的法律伦理②作辩护，而是试图恢复一段隐藏的职业责任历史，这段历史是在20世纪中叶司法转向中立的过程中奠定的。③关注这段历史会使我们现有的职业责任制度失去自然性，因为它表明了这一职业责任制度的截然不同。揭示格雷案未公布意见书的根源，即这是一项支持种族隔离的有问题的裁决，可能会削弱美国全国有色人种协进会保护黑人民权的能力，本文因此提出了针对当代公益诉讼制度的道德基础的质疑。还原这一背景有助于我们看清布莱克的替代性方法仍有哪些吸引人之处，从而使其重新为当今所借鉴。

二、公益诉讼的伦理困境

社会运动诉讼已成为法律领域的标准特征。但从历史上来看，这种诉讼形式在伦理上是有问题的。在1963年之前，美国法院基本不认可这些因全国有色人种

---

① See Mark v. Tushnet, *Making Civil Rights Law: Thurgood Marshall and the Supreme Court*, 1936—1961, 1994, pp.274—282; Susan D. Carle, "From Buchanan to Button: Legal Ethics and the NAACP(Part II)", *The University of Chicago Law School Roundtable*, no.8, 2001, p.281.

② 关于学者们试图阐释注重权力的职业伦理，参见 Frederick Rudolph, "The American Liberty League, 1934—1940", *American Historical Review*, no.56, 1950, p.19。

③ See, e.g., Herbert Wechsler, "Towards Neutral Principles of Constitutional Law", *Harvard Law Review*, no.73, 1959, p.1.

协进会法律辩护基金而闻名的核心做法。即使在今天，这些做法仍然与美国法律伦理的两个基本原则相冲突，一是律师应当避免利益冲突，二是政策性诉讼不应诉诸法院。

本章还原了社会运动诉讼的伦理陌生性，探讨了社会运动诉讼的含义和历史，以表明它在美国法律中不稳定的地位。

（一）社会运动诉讼的概念

社会运动诉讼的概念最好通过类比来理解，因为这种做法很难定义。[①]正如两位杰出学者所言，“对此作出单一的、跨文化的有效定义是不可能的”[②]。一份近期分析报告认为，尽管“经过多年的研究，我们仍未对社会运动诉讼和社会运动律师产生定论”[③]。

但大多数分析家都赞同一些一般性“参数”。[④]公益诉讼的目的不在于仅仅维护单个受害者的权利，它至少试图“将法律职业的理想从代理个人当事人延伸到诉讼上”[⑤]。从这一意义上说，社会运动诉讼涉及的是整体、系统和结构关系。这一定义援引了“律师和其他社会行为者所参与的一系列社会、专业、政治和文化实践，以动用法律来促进或抵制社会变革”[⑥]。玛莎·米诺(Martha Minow)认为该概念“涉及利用法律来改变社会或改变权力分配的刻意努力”[⑦]。

虽然社会运动诉讼难以定义，但它是易于识别的。瑟古德·马歇尔(Thurgood

---

① 本文交替使用“公益诉讼”和“社会运动诉讼”这两个术语。对各类公益法律实践的标签和更名进行了批判性反思，参见 Scott L. Cummings, “Movement Lawyering”, *University of Illinois Law Review*, 2017, pp.1645, 1660—1661。

② Austin Sarat, Stuart Scheingold, eds., *Cause Lawyering: Political Commitments and Professional Responsibilities*, 1998, p.5.

③ Anna-Maria Marshall, Daniel Crocker Hale, “Cause Lawyering”, *Annual Review of Law and Social Science*, no.10, 2014, p.301, 302; Ann Southworth, “Conservative Lawyers and the Contest over the Meaning of ‘Public Interest Law’”, *UCLA Law Review*, no.54, 2005, pp.1223, 1236(列举了定义“公共利益法”的失败尝试)。

④ Austin Sarat, Stuart Scheingold, eds., *Cause Lawyering: Political Commitments and Professional Responsibilities*, 1998, p.5.

⑤ 同上书，第 7 页。

⑥ Anna-Maria Marshall, Daniel Crocker Hale, “Cause Lawyering”, *Annual Review of Law and Social Science*, no.10, 2014, p.303.

⑦ Martha Minow, “Political Lawyering: An Introduction”, *Harvard Civil Rights-Civil Liberties Law Review*, no.31, 1996, pp.287, 289.

Marshall)和全国有色人种协进会法律辩护基金仍然是“象征性的社会运动律师”[①]和“有影响力的典范”[②]。他们为反对种族隔离而向法院起诉,推动了社会运动诉讼的发展。由他们提起的布朗诉教育委员会案[③]掀起了公益诉讼“制度化”的“第一波浪潮”。[④]随着他们的成功,后续的公益法律斗士们皆采用了这种法律辩护基金开创的组织模式,即以法院为中心。[⑤]

社会运动诉讼的概念,可以通过回顾马歇尔及其团队所取得的成就来加以理解。当学者们谈论“公益诉讼”和“社会运动诉讼”时,他们所指的往往是那些旨在通过法律途径推动社会变革的工作。“社会运动律师”或“公益律师”可以理解为,在法律辩护基金的实践中汲取灵感,并效仿其借助法院实现社会变革项目的方式的法律从业者。[⑥]

尽管自称“社会运动”或“公共利益”律师的从业人员并不多,他们的影响却是巨大的。[⑦]社会运动诉讼最初作为一项先进的法律制度而崭露头角。[⑧]一些意义重大的公益诉讼胜诉都是在扩大边缘群体权利和实现其他自由主义优先权的领域所取得的。[⑨]

---

① Anna-Maria Marshall, Daniel Crocker Hale, “Cause Lawyering”, *Annual Review of Law and Social Science*, no.10, 2014, p.304.

② Martha Minow, “Political Lawyering: An Introduction”, *Harvard Civil Rights-Civil Liberties Law Review*, no.31, 1996, p.289.

③ Brown v. Board of Education, 347 U.S. 483(1954).

④ Scott L. Cummings, “Movement Lawyering”, *University of Illinois Law Review*, no.2017, 2017, p.1676.

⑤ 同上;另请参见 Stephen C. Yeazell, Brown, “The Civil Rights Movement, and the Silent Litigation Revolution”, *Vanderbilt Law Review*, no.57, 2004, pp.1975, 1977—1985。

⑥ See Mark v. Tushnet, *The NAACP's Legal Strategy against Segregated Education*, 1987, pp.1925—1950.

⑦ 公益律师/社会运动律师数量的具体数据难以获得。“公益律师在整个律师行业中仍只占极小一部分”,历史数据显示,在过去的不同时期,其人数分别占律师行业的 0.7%和 1.3%。Alan K. Chen, Scott Cummings, eds., *Public Interest Lawyering: a Contemporary Approach*, 2013, p.90.

⑧ See Austin Sarat, Stuart Scheingold, eds., *Cause Lawyering: Political Commitments and Professional Responsibilities*, no.13, 1998, p.25. 1998 年,“直到最近,美国的道德行动主义基本完全与为进步性社会运动提供法律服务相联系”,而且当时“保守社会运动诉讼的发展还为时过早”,无法对其进行研究。

⑨ See, e.g., Lawrence v. Texas, 539 U.S. 558(2003)(由“浪达法律”团体提起诉讼); Goldberg v. Kelly, 397 U.S. 254(1970)(由社会福利政策与法律中心、美国公民自由协会提起诉讼); Deborah L. Rhode, “Public Interest Law: The Movement at Midlife”, *Stanford Law Review*, no.60, 2008, pp.2027, 2075。

但近年来，保守派的政治项目也采纳了社会运动诉讼模式，并取得了重大成功。①因此，公益诉讼变得无处不在并被广泛接受。它现已成为美国法律界的固有特征，其影响力甚至已延展至国际范围。②

（二）社会运动诉讼伦理：一个历史性问题

公益诉讼的盛行使法律伦理变得无足轻重，但这与人们对律师角色的传统理解是矛盾的。自从律师行业开始实行自我监管，律师的行为就一直与法律伦理规范脱节。

1. 早期先例

在英美法律传统中，社会运动诉讼早已有先例。作为构成现代公益诉讼的关键部分，个别试验案件至少可以追溯到19世纪上半叶。③著名的普莱西诉弗格森案④，即布朗案所推翻的"隔离但平等"的判决，本身就是一个错误的试验案件。⑤

但这些事例并不能证明社会运动诉讼的道德诚信。在早期的试验案件诉讼中，"法律伦理"概念本身就是不同的。因此，法院允许一些试验案件诉讼继续进行，但这并不能证明公益诉讼是否合乎伦理或是否应当被视为合乎伦理。

当时，法律伦理从根本上说是一个道德责任问题，而不是职业规范问题。19世

---

① See, e.g., Burwell v. Hobby Lobby Stores, Inc., 573 US 682(2014)（由贝克特宗教自由基金提起诉讼）；Hopwood v. Texas, 78 F.3d 932(5th Cir. 1996)（由个人权利中心提起诉讼）；Ann Southworth, *Lawyers of the Right: Professionalizing the Conservative Coalition Ch.2*, 2008; Ann Southworth, "Conservative Lawyers and the Contest over the Meaning of 'Public Interest Law'", *UCLA Law Review*, no.54, 2005, pp.1223, 1236。

② See Fabio de Sa e Silva, "Radicalism, Mythification, and Hard Issues in the Diffusion of Public Interest Law Across the Americas", *Georgetown Journal of Legal Ethics*, no.31, 2018, pp.421, 423（在成为美国法律文化的一部分之后，社会运动诉讼"走向了全球，吸引了国际组织的大量投资和世界各地法律专业人士的参与"）；see also Stuart Scheingold, *Cause Lawyering and the State in a Global Era*, Austin Sarat ed., 2001; Scott L. Cummings, Louise G. Trubek, "Globalizing Public Interest Law", *UCLA Journal of International Law and Foreign Affairs*, no.13, 2008, p.1。

③ Susan D. Carle, "Race, Class, and Legal Ethics in the Early NAACP(1910—1920)", *Law and History Review*, no.20, 2002, pp.97, 100—101.

④ Plessy v. Ferguson, 163 U.S. 537(1896).

⑤ See Steve Luxenberg, *Separate: The Storyof Plessy v. Ferguson and America's Journey from Slavery to Segregation.*, 2019, p.16（普莱西案源于由一群新奥尔良市民策划的"两起此类试验案件中的第二起，即事先安排的逮捕"，目的是挑战路易斯安那州的"隔离车厢法"）。

纪主要的法律伦理学论著阐述了一种“宗教法学”，强调律师“有责任伸张正义”。①这种伦理学的最终目的是使人类的法律和行为与其他更权威的秩序形式（无论是自然秩序还是神圣秩序）相协调。②因此，当时的法律伦理学强调律师对他③在法庭上所采取的立场负有道德责任。律师的积极辩护义务是现代法律伦理学的“主要规范”④，但在美国，这并没有成为指导性职业标准。⑤在任何情况下，法律伦理学通常不涉及更为广泛的职业规范。

因此，从法律伦理学的角度来看，早期的先例最多只能表明，在一些试验案件中，律师很可能认为自己在提起诉讼时，并不会违背其道德直觉。

2. 现代法律伦理学的起源

19世纪的最后几十年，现代法律伦理学才开始得到公认和发展，它与律师协会紧密联系，并公开自称以职业规范为目标。⑥根据新制定的正式规则，许多社会运动诉讼的做法是不合乎伦理的。

当时的法律伦理开始呈现成文的规范形式，背后的原因有很多。包括：社会科学的发展，尤其是“法律科学”中实证主义思维模式的兴起；大量具有移民背景的新法律从业者涌入这一行业，使盎格鲁—撒克逊白人法律精英感到不安；对律师职业伦理的批判开始兴起；普遍职业化冲动贯穿各行业。⑦这些因素共同推动了法律职

---

① Susan D. Carle, “Lawyers' Duty to Do Justice: A New Look at the History of the 1908 Canons”, *Law Society Inquiry 1*, no.24, 1999, p.10.

② 同上书，第11、13页。

③ Bradwell v. Illinois, 83 U.S. 130, 140(1872)(Bradley, J., concurring)（赞同伊利诺伊州最高法院的判决，即允许女性从事法律工作会“违反普通法和威斯敏斯特教堂自古以来的惯例”）。

④ Robert W. Gordon, “The Ethical Worlds of Large-Firm Litigators: Preliminary Observations”, *Fordham Law Review*, no.67, 1998, pp.709, 727; see also Lawrence J. Vilardo, Vincent E. Doyle III, “Where Did the Zeal Go?”, *Litigation*, no.38, 2011, pp.53, 56.

⑤ See Michael Ariens, “Brougham's Ghost”, *Northern Illinois University Law Review*, no.35, 2015, p.263.

⑥ See Charles W. Wolfram, “Toward a History of the Legalization of American Legal Ethics — I. Origins”, *The University of Chicago Law School Roundtable*, no.8, 2001, pp.469, 479.

⑦ See, e.g., Michael Ariens, “Brougham's Ghost”, *Northern Illinois University Law Review*, no.35, 2015, pp.289—291; Jerold S. Auerbach, *Unequal Justice: Lawyers and Social Change in Modern America*, 1974; Susan D. Carle, “Lawyers' Duty to Do Justice: A New Look at the History of the 1908 Canons”, *Law Society Inquiry 1*, no.24, 1999, p.7; Allison Marston, “Guiding the Profession: The 1887 Code of Ethics of the Alabama State Bar Association”, *Alabama Law Review*, no.49, 1998, pp.471, 473—477, 486—493; Dorothy Ross, *The Origins of American Social Science*, 1991.

业化和职业自我调节的发展。为顺应这一趋势，律师协会起草并通过了一系列强有力的伦理规范，旨在明确律师的伦理责任，并在法庭上强制执行这些规范，以维护律师的声誉。①

但这些规范并没有使现代公益诉讼合法化。事实上恰恰相反，其中一些规则与我们目前熟知的社会运动诉讼的核心做法大相径庭。1887 年《亚拉巴马州律师协会伦理准则》(下称《亚拉巴马州准则》)和 1908 年《美国律师协会伦理规范》(下称《美国律师协会规范》)堪称典范。《亚拉巴马州准则》是 19 世纪末第一部，也是最有影响力的现代州律师法典，自颁布后，它被其他 11 个州采纳，并成为二十余年后美国律师协会自身活动的灵感来源。②《美国律师协会规范》成为第一部全国性律师业的规范汇编，并对全国的伦理规范产生了长远的直接影响。③在接下来的七十余年里，该规范一直主导着法律伦理规范的发展，并且是影响力至今未衰的美国律师协会《职业行为示范规则》的鼻祖。④

上述两部规范都明确阐明了律师应遵循的一套可执行的伦理标准(包括积极辩护的义务)，旨在规范律师协会并使之专业化。⑤这两部规范都对律师参与社会运动诉讼的行为提出了质疑。

首先是《亚拉巴马州准则》。该准则指出，“应避免(律师)招揽特定个人成为其委托人”，并且“通过提供或鼓励社论或新闻公告，间接宣传律师参与的诉讼及诉讼

---

① 因此，1887 年《亚拉巴马州律师协会伦理准则》是该州第一部也是最具影响力的规范，参见下一个注释，它要求律师“维护荣誉和尊严，提升职业有用性”，并特别告诫他们“不要轻视或诋毁律师职业，也不要以任何方式迎合大众对它的不公正偏见；在任何时候和任何关系中，都要严格避免利用大众的偏见或误解来打击同行律师”。Ala. Bar Ass'n Code of Ethics of 1887(以下简称“Ala. Code”), Rr. 8 & 9, reprinted in 2 *Alabama Law Review*, 1941, pp.247, 262—263.

② See Walter B. Jones, “First Legal Code of Ethics Adopted in the United States”, *A.B.A. Journal*, no.8, 1922, p.111.关于 1887 年《亚拉巴马州律师协会伦理准则》的历史和重要性，参见 Allison Marston, “Guiding the Profession: The 1887 Code of Ethics of the Alabama State Bar Association”, *Alabama Law Review*, no.49, 1998, pp.471, 473—477, 486—493；另请参见 Walter B. Jones, “Canons of Professional Ethics, Their Genesis and History”, *Alabama Law Review*, no.2, 1941, p.247。

③ James M. Altman, “Considering the ABA's 1908 Canons of Ethics”, *Fordham Law Review*, no.71, 2003, pp.2395, 2395—2396; Susan D. Carle, “Lawyers' Duty to Do Justice: A New Look at the History of the 1908 Canons”, *Law Society Inquiry 1*, no.24, 1999, p.31.

④ 同上书，第 2395 页。

⑤ See Ala. Code R. 10, *Alabama Law Review*, no.2, p.263; Annu. Rep. A.B.A., no.33, 1908, p.579(引用了 *Canons of Professional Ethics*, Canon 15, 1908).

进行的方式等，这都是不专业的”。[①]其中“诉讼”指“诉讼理由”或“案件”，而不是“社会运动律师”所奋斗的“社会运动”。[②]然而，该准则对有意成为社会运动律师的人是不利的。现代社会运动律师会到处招揽特定个人成为其委托人，他们也会宣传自己擅长的特定案件类型。事实上，这两点都将成为全国有色人种协进会法律辩护基金律师的标准做法。[③]然而，该准则认为这种行为在伦理上是不正当的。

《亚拉巴马州准则》直接禁止挑起任何形式的诉讼。第20条规定的内容可简称为“挑起诉讼是不光彩的”，其中宣称：

> 寻找一个应有诉讼理由的人，并从中获取诉讼费，这是不可取的。除非由于血缘关系、姻亲关系或信任而使律师有义务这样做，否则主动建议起诉是不专业的。挑起冲突和诉讼是法律所禁止的，也是道德所不齿的。[④]

《亚拉巴马州准则》的主旨很明确：律师不应鼓动他人起诉。但费用问题略显模棱两可，这将是解决现代社会运动诉讼法律伦理问题的关键。该准则明确规定，若律师鼓动原告起诉，即使原告有可能胜诉，无论律师是否收取费用，这在伦理上都是存疑的。只有在“血缘关系、姻亲关系或信任占主导地位”的特殊情况下，律师鼓动原告出庭才是合乎伦理的。然而，寻找可能胜诉的原告并为其代理是现代公益诉讼律师的基本工作。因此在这一点上，伦理规则也使现在社会运动诉讼的标准做法变得难以接受。

美国律师协会规范甚至比亚拉巴马州准则对社会运动诉讼更加不利。它在序言中引用了亚伯拉罕·林肯(Abraham Lincoln)的一段长文，强调了将纠纷诉诸法庭的弊端。这段话以“避免诉讼”开篇[⑤]，并指出“永远不要挑起诉讼”[⑥]，“几乎没有任何行为比挑起诉讼更为恶劣”[⑦]。

《美国律师协会规范》第27条规定在很大程度上与《亚拉巴马州准则》中的条款内容一致，同样禁止律师寻找特定类别的委托人或吹嘘自己在特定领域的法律

---

① Ala. Code R. 16, *Alabama Law Review*, no.2, p.265.

② See *Cause*, I Bouvier's Law Dict., 15th ed., 1892, p.291(将实践中的“公益”定义为向法院提起民事或刑事诉讼)。

③ See Brief for Petitioner, pp.7—12, NAACP v. Button, 371 U.S. 415(1963)(No.5).

④ Ala. Code R. 20, *Alabama Law Review*, no.2, p.266.

⑤⑥⑦ 33 Annu. Rep. A.B.A., 1908, p.574(引用了 *Canons of Professional Ethics*, 1908)。

专业知识。该规范解释道："在没有私人关系的情况下，通过通告、广告、个人通信或面谈等方式招揽业务是不专业的。"①利用第三人达到这种目的也是不恰当的。②

在鼓动原告向法院起诉的问题上，相比于亚拉巴马州，美国律师协会对律师的限制更加严格。该规范同意亚拉巴马州的规定——"除非在极少数情况下，血缘关系、姻亲关系或信任"催生了律师的义务，否则"律师主动建议起诉是不专业的"③，并进一步指出，"挑起纠纷和诉讼不但是不专业的，而且在普通法中是可诉罪"，更广泛地说，"通过寻找有人身伤害索赔权或任何其他诉讼理由的人，确保他们成为委托人并起诉，这是不正当的"。④该规范第 28 条规定告诫律师，若"知道任何从业者存在此类行为"，任何人都有责任"立即告知违法者——他可能会被取消律师资格"。⑤

因此，美国律师协会在促进公益诉讼方面的立场是明确且不妥协的。执业者即使是为可能胜诉的委托人代理并起诉，也可能是犯罪。至少此类行为是不专业的，严重威胁到律师行业的诚信，以至于同行有责任举报他们。

该规范的立场并没有日渐软化。1928 年，美国律师协会又通过了几条规范作为补充。⑥其中第 35 条规定涉及中介机构，这为社会运动律师设置了新障碍。该规范明确指出，"律师的专业服务不应受到任何介于委托人与律师之间的非专业机构(个人或公司)的控制或利用"⑦。同时其进一步指出，"律师与其委托人的关系应该保持个人关系，律师应直接对委托人负责"；不应存在可能"为了中介的利益而引导律师履行职责"的"关系"。⑧这将使现代社会运动律师处于伦理上妥协的境地，因为他们不仅代表委托人起诉，还应根据社会运动诉讼组织认可和制定的法律策略进行诉讼。⑨

---

①② 33 Annu. Rep. A.B.A., 1908, p.582.

③ 同上书，第 582—583 页。

④⑤ 同上书，第 583 页。

⑥ 2001 年 11 月于华盛顿州西雅图举行的美国律师协会第 51 届年会会议议程，51 Annu. Rep. A.B.A., 1928, p.29。

⑦⑧ 同上书，第 497 页。

⑨ 全国有色人种协进会辩称从未充当过中介，而且"一旦开始采取法律行动，全国有色人种协进会就不再进一步介入"，只存在律师与委托人的直接关系。参见 Brief for Petitioner, p.8, NAACP v. Button, 371 U.S. 415(1963)(No.5)。历史记录不太清楚。在其学校诉讼中，作为一项国家政策，全国有色人种协进会的最终立场是将提起融合/取消种族隔离诉讼，而非平等化诉讼。参见 Mark V. Tushnet, *The NAACP's Legal Strategy against Segregated Education*, 1987, p.115。应注意，这些规范的作用不仅使单个社会运动诉讼不正当，还使其组合不正当。社会运动律师会通过寻找一个与其组织利益一致的委托人来规避中介引导诉讼的禁令。但此行为违背禁止招揽委托人的规定。

3. 法院和委员会中的社会运动诉讼业务

鉴于法律伦理规范的严格限制，公益律师必须谨慎行事。苏珊·卡尔(Susan Carle)记录了一些精英律师如何利用其在行业中的地位和道德上的正直，来提起公益诉讼，同时认为自己的行为并未违反州律师伦理规范。①但她的开创性研究也证实，在 20 世纪上半叶，美国律师协会和美国主要的法律市场——纽约律师协会，一贯“不赞成律师为那些旨在增强个人寻求法律诉讼能力的团体或组织担任顾问”。②换句话说，律师协会对大多数律师都怀有敌意，这些律师从事的是目前公益律师所依赖的业务。

律师协会以各种方式表达了这种敌意。他们发表咨询意见，批评社会运动诉讼业务③，并对拒绝听从警告的律师进行纪律处分，包括暂停或吊销执业执照。④只有在特殊情况下，美国律师协会才会放宽其关于社会运动诉讼的伦理规则。⑤即使真的放宽了，当中的原理也不是很清楚。

1935 年，美国律师协会发表了臭名昭著的《第 148 号法律伦理意见书》，明确指出“公开向无力支付法律服务费的公民提供无偿法律服务是合乎伦理的”。⑥这个看似平淡无奇的结论，实际上使社会运动诉讼趋于合法化。1935 年 9 月，一家通讯社报道称，美国自由联盟正在准备为以宪法为由反对新政法律的公司和个人提供“大量‘免费律师’服务”。⑦美国律师协会的一名成员迅速写信给职业伦理和申诉委员会进行投诉，指出该联盟“鼓动诉讼，该行为不仅应受到职业伦理的谴责，还违

---

① See Susan D. Carle, “Race, Class, and Legal Ethics in the Early NAACP(1910—1920)”, *Law and History Review*, no.20, 2002, pp.115, 138—144.

② 同上书，第 137 页。

③④ 同上书，第 135—137 页。

⑤ 一位评论家在 20 世纪 60 年代撰文指出，律师协会“只有一次”在自由联盟的案件中偏离了妨碍社会运动诉讼的传统规则。参见下一个注释及附文。“State Statute Barring Solicitation of Legal Work Held to Violate Due Process as Applied to NAACP”, *Columbia Law Review*, no.63, 1963, pp.1502, 1506.

⑥ ABA Comm. on Prof'l Ethics and Grievances, Formal Op.148, 1935, in “Professional Ethics Committee Rules Organization and Offer of National Lawyers Committee Not Unethical”, *A.B.A. Journal*, no.21, 1935, pp.776, 777[以下简称“*ABA Ethics Article*”]。

⑦ *ABA Ethics Article*, 同上书，第 776 页(引用了“Liberty League Plans Free Lawyer Service”, *United Press Int'l*, *Sept.*, 1935, p.19)。

反了几乎每个州的刑事条款”。①联盟立即否认了这篇电讯文章，并表示，“一位美国公民无论如何卑微都无法在法庭上捍卫自己的宪法权利时，联盟内的律师将提供无偿服务，帮助其捍卫合法权利”。②

美国律师协会委员会对该联盟的公开声明和拟议的行为方针作出裁决，认为这是符合职业伦理的。委员会认为，从根本上说，该联盟的律师只是主动向贫困公民提供无偿法律服务③，这不存在问题，“该规范并未阻止也不应阻止律师从事此类行为”④。为这些服务宣传也不存在问题。委员会认为，禁止广告宣传“旨在使律师行业商业化”⑤，即该规范只禁止“争取有偿业务的行为”，而“不是针对上述情况”。⑥此外，联盟的声明不太可能挑起诉讼，因为律师的主动服务是为了保护已经准备好维护自身权利的公民。⑦

但该意见书的推理缺乏说服力。律师协会此前的立场是，即使是无偿服务广告也是不被允许的⑧，法院也会制裁违反规定的律师。⑨此外，正如美国律师协会所知，该联盟律师的目的不仅仅是为贫困的受害公民辩护，更是积极煽动反新政诉讼，以抵制富兰克林·罗斯福(Franklin Roosevelt)总统的议程。⑩该联盟希望广大公民知道它有律师团队与新政作斗争，以此激励公民维护他们反对政府的权利，所以该联盟才会广泛传播其法律服务项目的相关消息。因此，美国律师协会允许该联盟继续进行公益诉讼运动的理由是不充分的。

委员会也承认这一点，并指出：“撰写本意见书时，我们充分认识到其中所涉及的争议问题，认识到目前摆在美国人民面前的巨大问题，而美国自由联盟及其全国律师委员会对此非常感兴趣。”⑪美国律师协会不希望自己被视为支持自由联盟对

---

① *A.B.A. Journal*, no.21, 1935, p.776.

② 同上书，第777页。

③④⑤⑥⑦ 同上书，第778页。

⑧ See Susan D. Carle, “Race, Class, and Legal Ethics in the Early NAACP(1910—1920)”, *Law and History Review*, no.20, 2002, pp.135—137.

⑨ See “Attorney and Client-Ethical Propriety of Lawyers Forming Organizations and Offering Gratuitous Legal Services”, *Columbia Law Review*, no.36, 1936, pp.993, 993 & n.6(collecting cases).

⑩ See generally Frederick Rudolph, “The American Liberty League, 1934—1940”, *American Historical Review*, no.56, 1950, p.19.

⑪ ABA Comm. on Prof'l Ethics and Grievances, Formal Op. 148, 1935, in “Professional Ethics Committee Rules Organization and Offer of National Lawyers Committee Not Unethical”, *A.B.A. Journal*, no.21, 1935, p.779.

新政的挑战，但是“这些问题及其含义涉及政治、社会和经济等层面，早已成为全国性问题，超越了职业伦理的范围”①。因此，这些问题不能仅仅从伦理角度考虑。委员会认为，在涉及新政合宪性这种重大问题时，普通的职业伦理规则并不适用。

事后看来，委员会的决定可能只是为了给保守派律师提供特殊辩护，以便他们能够挑战罗斯福的威胁性改革。无论如何，作为一份法律伦理指南，该意见书至少对当时的社会没有任何帮助或影响力。委员会宣称的“民族问题”只是法律伦理规则的例外情况，对于法院来说基本没有用处，因为法院需要面对的是，特定的法律实践是否违反各州法典和美国律师协会规范中的伦理禁令。

因此，在1940年戈纳尔诉亚特兰大律师协会案②中，佐治亚州最高法院批准了当地律师协会打击剥削性利率的计划，但并未提及新的伦理意见书及其全国性问题的例外。当时，佐治亚州深受一大批“工资购买者”（发薪日贷款的早期形式）的困扰。③亚特兰大律师协会担心这些企业收取的利率高于州法律规定的上限，于是组织了一场运动，其中包括告知借款人享有的权利，调查工资购买者收取的实际利率，并在必要时为受害的借款人提供无偿代理。④工资购买者提起诉讼，指控律师协会的活动违反了法律伦理准则和普通法的类似规定，包括挑起诉讼和不当宣传。⑤

佐治亚州最高法院对此不以为然，但它的推理是直观的。在法院看来，工资购买者被指控为“高利贷放贷人”，他们寻求获得“非法勒索”。⑥律师协会的优秀成员都是受人尊敬的长者，他们“在社区中的地位不言而喻”。⑦律师们从事的是符合职业伦理的行为。律师协会的律师“为陷入工资购买者陷阱的人提供无偿代理服务，并提起诉讼以追回根据贷款合同非法支付的金额”，他们“应该受到赞扬而不是谴责”。⑧其中的原因不得而知。对于法院来说，律师是值得尊敬的，工资购买者则不值得尊敬。

---

① *A.B.A. Journal*, no.21, 1935, p.779.

② Gunnels v. Atlanta Bar Association, 12 S.E.2d 602(Ga. 1940).

③ John Caskey, *Fringe Banking*, 1994, pp.31—32.

④ See Gunnels, 12 S.E.2d, pp.604—06.

⑤ 同上书，第603—604页。

⑥⑧ 同上书，第610页。

⑦ 同上书，第610—611页。

鉴于戈纳尔案和《第 148 号法律伦理意见书》缺乏充分说服力，法院经常认为从事集体代理的律师的行为实际上是不符合职业伦理的，并命令他们停止这种行为，这并不奇怪。[①]1935 年，伊利诺伊州最高法院审理了一个与戈纳尔案类似的案件，涉及一个律师团体，其宗旨是维护一群独立公民的权利。[②]该案的一方是芝加哥汽车俱乐部，这是一个保护车主利益的非营利性会员组织。[③]在其活动中，俱乐部雇用了一个由 81 名律师组成的团队，“在车主的汽车受损或车主面临交通违规诉讼时，这些律师会为其提供法律代理服务”。[④]法院经审理发现，该俱乐部的律师仅领取固定工资，他们和俱乐部均未“从履行法律职责中获得任何直接利益”。[⑤]换言之，不存在任何收费或应急费用安排，律师也没有招揽业务的直接动机。此外，法院认同了调查结果，即该俱乐部“为其成员和公众提供了有益服务”。[⑥]

然而，法院仍然认为该俱乐部的法律服务行为是不恰当的。[⑦]虽然俱乐部不收取任何费用，具有非营利地位且其行为有益，但聘请律师为委托人代理是未经授权的、不符合伦理的法律行为。俱乐部的广告、招揽和法律工作结构都是不被允许的。因此，法院判定俱乐部藐视法庭，并明示它不能继续从事此类法律服务活动。[⑧]

二十多年后，尽管美国律师协会的《第 148 号法律伦理意见书》和佐治亚州最高法院在戈纳尔案中的判决已经广为人知，法院还是在类似案件中坚持其原有立场。[⑨]这一立场在铁路工人兄弟会的案件中得以体现，该案的核心是当时最著名的团体代理方案之一。1930 年，老牌工会——铁路工人兄弟会成立了“法律援助部”，为遭受工伤事故的成员提供诉讼代理服务。[⑩]兄弟会担心其成员会受到压力，不得不接受低价赔偿，即使他们有律师为自己代理，这些律师也只是会收取高昂胜

---

① See “State Statute Barring Solicitation of Legal Work Held to Violate Due Process as Applied to NAACP”, *Columbia Law Review*, no.63, 1963, pp.1505—1507.

② See People *ex rel*. Chi. Bar Ass'n *v*. Chi. Motor Club, 199 N.E. 1(Ill. 1935).

③ 同上书，第 3—4 页。

④ 同上书，第 2—3 页。

⑤ 同上书，第 3 页。

⑥ 同上书，第 4 页。

⑦⑧ *Chicago Motor Club*, 199 N.E., p.4.

⑨ *In re* Bhd. of R.R. Trainmen, 150 N.E.2d 163(Ill. 1958).

⑩ 同上书，第 165 页。

诉费的不称职律师。为了解决这些问题，兄弟会自行雇用了一批经验丰富的律师。①这些律师承担了调查和诉讼的所有费用，并且仅在胜诉时收取25%的胜诉费。②

但伊利诺伊州最高法院以违反伦理为由不赞成该团体代理方案。③尽管法院承认良好的政策有利于兄弟会的行动④，仍认为，"这些政策考量很有分量，但是并不足以推翻法律专业人士与委托人关系之间必须遵守的原则"。⑤兄弟会的安排直接违背了禁止律师教唆诉讼的伦理规定，并在成员及其诉讼行为之间过度充当中间人。⑥在确保成员不被管理层或不称职且收费过高的律师所坑害这一方面，兄弟会可能是出于正当利益，但它不能通过建立或要求"兄弟会与律师之间"建立经济联系来实现这一利益，即使是试图"规定其他律师为其成员提供服务的费用"这种松散的联系，也是不允许的。⑦这种经济联系可能会干扰律师和委托人之间的关系。伊利诺伊州最高法院告诫说，律师与委托人之间"必须保持个人的、私人的关系"。⑧

伊利诺伊州最高法院的立场并非反常。尽管铁路工人兄弟会和芝加哥汽车俱乐部的方案可能为特定群体提供了以低于市场价主张合法权利的机会，甚至像亚特兰大律师协会的方案那样，个人诉讼当事人无需承担任何直接费用，法院还是普遍认为这些做法不恰当。⑨铁路线上的工业事故和汽车的普及确实引发了紧迫的全国性问题。⑩虽然《第148号法律伦理意见书》中提到了全国性问题的例外，但事实证明这是无关紧要的。

---

①② *In re* Bhd. of R.R. Trainmen, 150 N.E.2d 163(Ill. 1958).

③ 同上书，第167页。

④ *In re* Bhd. of R.R. Trainmen, 150 N.E.2d, p.166.

⑤⑦⑧ 同上书，第167页。

⑥ 同上书，第166—167页。

⑨ See "Union's Attorney Solicitation Program Unethical: Legal Ethics. Solicitation. Financial Relationship between Union and Attorney", *Stanford Law Review*, no.11, 1959, pp.394, 394—395(其中认为，伊利诺伊州最高法院遵循了其他"运用法律伦理准则以谴责同一项目的判决")。

⑩ 关于铁路工业事故已成为紧迫的全国性问题，参见 John Fabian Witt, *The Accidental Republic: Crippled Workingmen, Destitute Widows, and the Remaking of American Law*, 2006；关于汽车，参见 Sarah A. Seo, *Policing the Open Road: How Cars Transformed American Freedom*, 2019。

只有在极少数情况下，法律伦理权威人士才会认可社会运动诉讼业务。这种情况从20世纪20年代开始，一直持续到20世纪中叶。即使获得了权威人士的认可，其认可的理由也并不明确，更多是基于法律职业的社会学，而不是基于相关的伦理规范。直到1958年，美国法律也没有在伦理上认可社会运动诉讼的一些主要做法。

（三）社会运动诉讼伦理：一个概念性问题

历史上对社会运动诉讼的对抗并不难理解。从分析的角度看，社会运动诉讼与一些基本法律伦理承诺存在矛盾。美国法律，尤其是美国法律伦理，将律师在法律纠纷中为拥有切实利益的委托人代理作为典型法律情形。①正如每个法学专业一年级学生所学，这种关系的基础是“积极代理的主要规范”。②根据职业伦理规范，律师应利用其“专业知识和技能”来维护委托人的利益。③但委托人应保留“决定法律代理目的的最终权利”④，以及特定行为的具体权利。⑤律师只是为委托人提供服务，而不是成为当事人。

不过这种关系可能会有所不同，特别是在以全国有色人种协进会开创的模式来开展社会运动诉讼的情况下，一个组织中的多名律师同时为不同委托人代理，处理许多相互关联且精心挑选的纠纷，以期能够推动法律变革。这些律师可能会拒绝接受案件，并非因为委托人的诉求没有价值，而是因为这些案件不太可能将法律推向社会运动律师所期望的方向发展。⑥同样，这些律师可能会拒绝为了委托人的利益而提出有效的法律论据，不是因为这些论据不能改善委托人的处境，而是因为这些论据恰好不是他们希望在法律中得到反映的。⑦在这些案件中，掌控全局的是律师，而不是委托人。

---

① *The Model Rules* 认为现代律师还扮演着其他角色。参见 Medel Rules of Professional Conduct pmbl.，2018，pp.2—3［以下简称“Model Rules”］。

② Robert W. Gordon，“The Ethical Worlds of Large-Firm Litigators：Preliminary Observations”，*Fordham Law Review*，no.67，1998，p.727.

③ *Model Rules* R. 1.2 cmt. 2.

④ *Model Rules* R. 1.2 cmt. 1.

⑤ *Model Rules* R. 1.1.

⑥ See Susan D. Carle，Scott L. Cummings，“A Reflection on the Ethics of Movement Lawyering”，*Georgetown Journal of Legal Ethics*，no.31，2018，pp.447，461.

⑦ 关于“按规则行事”的理念，参见 Marc Galanter，“Why the ‘Haves’ Come out Ahead：Speculations on the Limits of Legal Change”，*Law and Society Review*，no.9，1974，p.95。

1. 问题一：利益冲突

此处至少引发了两个具体的伦理问题，首先是利益冲突。从律师应该从为委托人代理的理念出发，律师和委托人的利益应当是一致的。如果二者的利益不同，那么律师将无法作为委托人的忠实代理人，他们可能会倾向于追求自己的利益，而不是委托人的利益，委托人也很难信任他们。如果委托人不能确定律师与自己的利益没有分歧，他们就会犹豫是否将自己的事务托付给律师。这将破坏律师与委托人之间的信任关系。为了成为美国律师协会所倡导的模范律师，律师必须以维护委托人的利益为己任，并避免双方之间存在任何冲突。

美国律师协会《职业行为示范规则》为处理利益冲突问题提供了明确指导。该准则强调：

> 作为委托人之代理人的律师、法律系统的官员和公民的责任通常是相协调的。因此，律师可以积极为委托人辩护，并相信通过这样做，正义将得以贯彻。①

但该准则认为情况并非总是如此理想化。有可能“为一个委托人代理将直接损害”另一个委托人的利益，或者可能“由于律师对其他委托人、前委托人或第三人的责任”，甚至“由于律师的个人利益”，他对一名或多名委托人的代理可能会受到重大限制。②这些情况构成了“并发利益冲突”，此时律师一般应当退出代理关系。③避免律师与其委托人之间发生利益冲突的责任是至关重要的。

在社会运动诉讼中，律师和委托人的利益可能会不一致。律师认为对诉讼最有利的东西，可能并不是委托人想要的。

德里克·贝尔(Derrick Bell)在其《侍奉两个雇主》(*Serving Two Masters*)④的经典文章中强调了这种担忧。在学校种族融合诉讼中，他惊讶于全国有色人种协进会对彻底废除种族隔离不妥协的决心。在他撰写此文时，学校废除种族隔离运

---

① *Model Rules* pmbl. 8.

② *Model Rules* R. 1.7.

③ *Model Rules* R. 1.7. The *Model Rules* 确实允许在满足某些条件的情况下继续代理，即使同时存在利益冲突。参见 *Model Rules* R. 1.7(b)(1)—(4)。

④ Derrick Bell Jr., “Serving Two Masters: Integration Ideals and Client Interests in School Desegregation Litigation”, *Yale Law Journal*, no.85, 1976, pp.470, 472.

动在法庭上连连败诉。贝尔认为，这些“失败”在一定程度上是全国有色人种协进会“刻板”行事的结果。①尽管“黑人社区内的倒戈人数不断增加”，但该组织在其诉讼策略中拒绝考虑“完全废除种族隔离”之外的其他选择，如为黑人学校提供更多资金等妥协方案。②在贝尔看来，全国有色人种协进会的律师们“作出的决定、确定的优先事项，以及承担的责任，本应由委托人决定并由该群体共同规划”。③在为诉讼和委托人这两个雇主服务时，律师们开始两头不讨好。④

在贝尔之后，一些学者已经在其他公益诉讼案件中发现了这种伦理困境。⑤托米科·布朗-纳金（Tomiko Brown-Nagin）详细描述了全国有色人种协进会针对废除种族隔离的坚定立场，如何导致了律师与其在亚特兰大地区代理的群体之间的冲突。这些群体的成员认为，他们从种族隔离制度的平等化改革中获得的利益，可能超过了直接废除种族隔离所带来的好处。⑥桑德拉·莱维茨基（Sandra Levitsky）在同性恋权利方面观察到类似的变革动力，法律援助组织的大量资源使他们可以提出要求，与他们希望服务的委托人群体和运动盟友进行“单方面合作”，从而有效设定了行动议程。⑦威廉·西蒙（William Simon）曾在有关贫困法的文章中指出：“有效率的律师无法避免根据自己的价值观作出判断，并试图让委托人接受这些价值观。”⑧在这些案件中，律师都违反了贝尔的规则，即“律师应该专注于处理法律事务，而非引导委托人和具有共同利害关系的当事方”。⑨因此历史记载显示，这种

---

① Derrick Bell Jr., “Serving Two Masters: Integration Ideals and Client Interests in School Desegregation Litigation”, *Yale Law Journal*, no.85, 1976, p.482.

② Ibid., p.488.

③ Ibid., p.512.

④ Ibid., p.472.

⑤ See, e.g., Catherine Albiston, “The Dark Side of Litigation as a Social Movement Strategy”, *Iowa Law Review Bull. 61*, no.96, 2011, pp.74—75.

⑥ See generally Tomiko Brown-Nagin, *Courage to Dissent*, 2011.

⑦ Sandra R. Levitsky, “To Lead with Law: Reassessing the Influence of Legal Advocacy Organizations in Social Movements”, in *Cause Lawyers and Social Movements*, Austin Sarat, Stuart Scheingold eds., 2006, p.146(强调与原文一致)。

⑧ William H. Simon, “The Dark Secret of Progressive Lawyering: A Comment on Poverty Law Scholarship in the Post-Modern, Post-Reagan Era”, *University of Miami Law Review*, no.48, 1994, pp.1099, 1102.

⑨ Derrick Bell Jr., “Serving Two Masters: Integration Ideals and Client Interests in School Desegregation Litigation”, *Yale Law Journal*, no.85, 1976, p.512.

紧张关系在社会运动律师和委托人之间是反复出现的。①

2. 问题二:政策性诉讼

我们确实会怀疑第一个伦理问题的严重性。社会运动律师需要具体实在的委托人,这是一条固有规则。只有当为了满足宪法中“案件和争议”的要求②,社会运动律师才需要找到一个真正的受害人。③虽然个人受害是真实存在的,但为其辩护并不是社会运动律师的唯一或主要目标。这就是社会运动诉讼的“黑暗秘密”:公益律师更关心的是政策问题,而非原告的利益。④

因此,第一个伦理问题似乎并不重要。如果我们普遍认为关心委托人的利益是次要的,那么所谓的违反法律伦理的行为就显得无足轻重。当特定委托人的情况仅仅成为诉讼的理由,而不是争议的真正问题时,所谓的违反伦理似乎变成了技术性的细节问题。⑤

这引发了社会运动诉讼的第二个更深层次的伦理问题,即是否应当允许此类案件进入法庭。

重要的事情能否诉诸法院,这与政体紧密相关。我们不需要详细阐述社会变革或法院作用的综合理论,就可以说非正当诉讼不符合公共利益。在民主社会中,针对如何解决不同问题,以及是否应当诉诸法院寻求救济,人民拥有一定的发言权。律师利用漏洞提起通常不应被提起的诉讼,此类行为违反了职业伦理。

① 一位律师讲述了这种区别,并试图加以控制,参见 Nancy D. Polikoff, “Am I My Client? The Role Confusion of a Lawyer Activist”, *Harvard Civil Rights-Civil Liberties Law Review*, no.31, 1996, p.443。并不是说,在上述任何一个例子中,律师都会为与其立场相左的个别委托人积极代理。事实上,现代社会运动诉讼组织已经学会了寻找合适的委托人。

② U.S. Const. art. III, § 2(将“司法权”局限于“案件”和“争议”)。

③ See Friends of the Earth, Inc. *v.* Laidlaw Envtl. Servs., 528 U.S. 167, 199(2000)(其中认为,除其他事项外,只有当组织成员具有个人起诉资格时,该组织才具有起诉资格); Sierra Club *v.* Morton, 405 U.S. 727, 739(1972)(认为价值偏好和意识形态不足以赋予诉讼资格)。

④ William H. Simon, “The Dark Secret of Progressive Lawyering: A Comment on Poverty Law Scholarship in the Post-Modern, Post-Reagan Era”, *University of Miami Law Review*, no.48, 1994, pp.1102—1103.

⑤ 这一分析有助于我们理解 Susan D. Carle 和 Scott L. Cummings 提出的“将长期运动的利益视为合法目标”的建议。Susan D. Carle, Scott L. Cummings, “A Reflection on the Ethics of Movement Lawyering”, *Georgetown Journal of Legal Ethics*, no.31, 2018, pp.447, 461。他们建议把公益本身作为委托人。特定委托人和公益之间的冲突可以用现有的免责声明、豁免和部分撤回的方式来解决。同上书,第 466—468 页。

根据“自由民主的代议制原则或多元主义观点”，法院根本不应被用于实现社会运动律师所追求的社会变革。[①]凯瑟琳·阿尔比斯顿(Catherine Albiston)深刻重构了这一民主理论，认为合法的政策决策应当通过各种竞争性利益的聚合而作出。[②]聚合的方法是多种多样的[③]，但合法的政策决策机构是基于多元化聚合和代表性原则而构建的。然而，法院并非建立在这些原则之上，在解决特定当事方之间的纠纷时，法院的作用与政策决策机构有本质上的不同。因此，根据这种民主理念，“公民对政府的不满应当通过选举程序来作适当补救，而非通过法院”，并且“诉讼作为系统性改革的手段，被视为对政治制度的非法涉足，我们应该将它引入选举或利益集团的政治活动中”。[④]

目前尚不清楚美国民主是否完全构建于这种“古典自由主义”理论之上。[⑤]但是，阿尔比斯顿认为该理论为“当今关于公益法律组织的辩论奠定了基础”，并构成了关于美国应如何运作的“暗含的假设”。[⑥]

这种理论认为法院的职能是有限的，这在美国法律和法律伦理中得以广泛体现。例如，在旧普通法中，相关主体可以对“挑唆争端罪”起诉[⑦]，宪法赋予国会“设立下级法院”的权力，以及规范联邦法院管辖权的权力[⑧]，我们都可以从中看出法院的有限职能。最根本的是，无论是明确规定的还是暗中发现的，起诉都需要一个具体且独立的诉因。法律不允许未经正当授权的起诉行为。人民通过国家或普通法的历史传统来决定哪些主体可以诉诸法院。

这使得社会运动诉讼在伦理上更成问题。如果社会运动律师所处理的纠纷从根本上说是政治性的，并且他们寻求的补救措施涉及政策变革，那么他们首先应当诉诸法院的原因就不明显了。一般情况下，此类纠纷应被移交给政治制度及其代议机构。允许社会运动律师选择退出纠纷是不公平的，这也是对律师权利的滥用，因为律师的权利是诉诸法院解决分歧，而不是制定政策。因此，遵循职业伦理的社

---

① Catherine Albiston, “Democracy, Civil Society, and Public Interest Law”, *Wisconsin Law Review*, 2018, pp.187, 190.

② Ibid., pp.190—191.

③④⑤ Ibid., p.191.

⑥ Ibid., p.190.

⑦ “Barratry”, *Black's Law Dictionary*, 10th ed., 2014.

⑧ U.S. Const. art. I, §8.

会运动律师应当加入游说者的行列，并在争辩中追求他们的权利。

这一概念分析有助于理解美国法律史和法律伦理史中对社会运动诉讼的争议。伊利诺伊州最高法院不赞成兄弟会的法律代理方案，主要是担心利益冲突的问题，即律师在履行对委托人的代理义务和对工会的忠诚之间摇摆不定。与此同时，美国律师协会成员对自由联盟提起诉讼的冲动是可以理解的，大肆呼吁将法院用于非既定功能的广告引发了人们对政策性诉讼的担忧。《第148号法律伦理意见书》未能阐明原则性理由，未能坚持传统上对利用法院实现政治变革的怀疑态度，因而该意见书在指导未来伦理判决方面的无用性就显而易见了。

尽管历史上的叙述并不总是采用“利益冲突”和“政策性诉讼”等术语，但这些规范性问题有助于我们理解社会运动诉讼在美国法律传统中缺乏稳定地位的原因。从法律伦理的角度来看，它在本质上就是不恰当的。

三、结　　论

采用布莱克以种族和权力为重的法律伦理方法，可能会真正影响律师在伦理上被允许从事的代理类型。这种方法作为一个门槛，将使所有类型的社会运动诉讼立法提案程序受到严格审查。任何特定的公益诉讼项目，都会使人们密切关注律师与委托人之间的关系。它还将促使法院分析，案件中倡导的诉讼和被代理的群体是否被排除在民主进程之外，以至于他们需要通过司法途径来实现目标。这种方法与卡尔和威尔金斯等学者提出的法律伦理学的情境依赖学派相呼应。

这种方法背离了目前平等中立的社会运动诉讼制度。根据现行法律，任何意识形态组织都可以在伦理上说服原告提起诉讼，无论该诉讼当事人能否通过普通的政治程序实现其目的。这种平等中立主义是在巴顿案中由布伦南提出来的，为社会运动诉讼建立了注重种族和权力的中立制度。但这种平等中立主义最初出现在法兰克福特反驳布伦南的意见书中。布伦南的重构具有战术意义，因为他试图挽留两名新任大法官的投票，但这是以布莱克的种族和权力观念为代价的。

本文认为，尽管布伦南取得了成功，但从法律伦理的角度来看，还是有所妥协。布莱克的框架将促使法院仔细审视社会运动诉讼中原告的特殊情况。这将要求法院评估原告的利益是否真正得到了社会运动律师的有效服务，并进一步考虑原告是否需要诉诸法院，尤其是在他们不太可能通过常规的政治程序获得正当审理的情况下。

这并不是说布莱克的方法本身不会引起问题。授权法院评估诉讼当事人的相对地位，会把权力重心从律师转移到法官手中。巴顿案尽管有种种缺陷，却产生了一条明确的规则。布莱克大法官的意见书提出了一种新的评估标准，以取代以往模糊且难以操作的平衡测试。

在本文核心的法律伦理问题上，布莱克的方法提供了改进之处。这一方法解决了两个长期存在的严重的社会运动诉讼伦理问题，通过确保律师与委托人之间的密切配合，解决了人们对社会运动诉讼会引发利益冲突的担忧。该方法还以卡罗琳产品案式的理由为政策性诉讼辩护，从而证明了政策性诉讼是在加强民主，而非颠覆民主。

布莱克认识到，在适当范围内，社会运动诉讼在实现民主权利方面发挥着重要作用。布莱克的方法对当今启示颇多，特别是在如何恢复他所倡导的以权力为重的职业责任方面，这将使社会运动诉讼得以在伦理上服务于当下的民主制度。

“见习司法官”的法律职业伦理教育

[法]埃马纽埃尔·佩勒(Emmanuelle Perreux)*

田赓炜　顾诗雨**　译

一、引　言

随着对司法官职能的深入思考，我们意识到“见习司法官”(通过统考或是通过档案审核选拔)的法律职业伦理教育是一项崇高的使命。首先，法国国立法官学校旨在启发“见习司法官”在日常生活中面对各种情境时，做到冷静思考、沉着应对，制定合理对策，而非制定相关规定或提供现成的解决方案。其次，学校在教学中重视法院庭审环节，以期让“见习司法官”深刻认识到司法官在诉讼过程中的职责及角色定位。最后，“见习司法官”应当认识到，司法工作的开展不仅需要考虑其所处的特定社会背景，还需要司法界同仁的共同努力。只有接受全面且系统的职业教育，“见习司法官”才能够在未来建立自己作为法律专业人士的必要性和权威性，进而赢得公众的信任和尊重。

“见习司法官”法律职业伦理教育并非新现象。自21世纪伊始，欧洲人权法院基于对客观公正价值的执着追求，通过判例法的不断发展，为司法实践提供指导。

---

* [法]埃马纽埃尔·佩勒，法官，法国司法部普罗旺斯—阿尔卑斯—蓝色海岸大区格拉斯司法法庭庭长，法国国立法官学校副主任，负责招生、基础教育和研究。文章发表于法国出版社 *Dalloz* 杂志 *Les Cahiers de la Justice* 系列2018年第2期，第267—274页。

** 田赓炜、顾诗雨，上海外国语大学2023级法律硕士研究生。

在此背景下，对“见习司法官”进行法律职业伦理教育变得尤为重要。

随着乌特尔冤案①在司法界引起轩然大波，法官在行使司法权力时所涉及的行为规范问题和人权问题不仅引起了公众的极大关注，还迫使立法机构委托最高司法委员(Conseil supérieur de la magistrature)制定有关法律职业伦理的汇编。该汇编确立了公正、独立、廉洁、合法、倾听、审慎和保守职业秘密七大基本原则。为整个司法机构共同遵守的伦理守则奠定了基础。区别于僵硬的限制性规则，该汇编为所有司法官提供了一个参考框架，以确保他们的工作符合法律规范并且能够树立公众对司法系统的信心，维护司法系统合法性。

法国国立法官学校针对“见习司法官”开展法律职业伦理教育，并致力于深化其基础教育和教学理念的改革。学校对八个教学中心进行了结构性重组，以强化教学体系。虽然教学的核心目标是向“见习司法官”传授在司法实务中至关重要的专业技能，但是学校同样强调跨学科教学的重要性及对司法官职能的深入研究。司法工作的有效开展与特定的社会背景紧密相关，司法官应当致力于为他们所服务的社会群体提供帮助，而非成为脱离实际、高高在上的法学专家。在司法实践中，法官需寻找法律依据，研究先前类似案件的处理方式，认真听取诉讼双方的辩论，并深入理解当事人的立场和意图，以便对案件作出公正的裁决。

为了进一步强化法律职业伦理教育，法国国立法官学校特别成立了司法人文培训中心。该中心为每届“见习司法官”设计并实施了总计 54 个小时的专门课程。这些课程不仅覆盖了法律专业知识的传授，还包括了对“见习司法官”在公共生活、日常工作、司法互动，以及私人生活中的行为和立场的深入探讨。

二、引发“见习司法官”对法律职业伦理问题的关注

法律职业伦理教育的确是一项复杂而富有挑战性的任务。虽然目前不存在一

① 乌特尔冤案是法国司法史上著名的冤案。此案件是一场针对未成年儿童进行性侵犯的刑事案件，2001 年由预审法官开展调查，根据孩子们供述的有效证词，数名嫌疑人被拘留并接受进一步审查。其中有十八人受到监禁，一人在监狱中误服药物死亡。2005 年，经过数年的上诉与重新调查，巴黎重罪法院认为孩子们撒了谎，法院至此作出无罪判决。

套统一的法律职业伦理标准，但是这一事实为司法官解释和应用法律提供了一定的灵活性，避免了过于僵化的“紧身衣”式限制。然而，这种灵活性也带来了责任，即培训者需要深入探讨和明确法律职业伦理的内涵，认识到其在法律实践中的重要性，并且能够从多个角度对这一概念进行阐释和教授。

培训者在进行法律职业伦理教育时确实面临困境：如果仅仅提供一系列抽象的规则，则可能会导致教育内容过于理论化，难以与司法官的实际工作紧密结合，从而使伦理教育失去其应有的实践指导价值；另一方面，如果教育内容过于简化，采取类似“普莱维尔式”(Prévert)①的好坏行为清单，则可能会导致教育变得过于教条化和刻板，无法充分涵盖法律职业伦理的复杂性和多样性。

为了避免这两个潜在的教学失偏，法国国立法官学校选择将教学重点放在思考和讨论上。以丹尼斯·萨拉斯(Denis Salas)为例，该作者在2015年出版的关于司法不公的著作中提出“积极道义论”②的概念，其基础理念是“我们必须从我们的错误中成长”，因此，基础教育课程应围绕权威专家的讲座展开，学校特别邀请了最高司法委员会(Conseil supérieur de la magistrature)成员就司法机构的地位、司法官的权利和义务，以及如何处理利益冲突等议题进行深入讲解。此外，学校制定积极的教学策略，并举办实践讲习班。在讲习班上，培训者引导“见习司法官”分析和处理日常案件，鼓励他们积极思考并提出符合法律职业伦理的解决方案。教学方法的多样性体现在采用了书面案例研究、司法官处理涉及伦理问题的案件的视频证词等多种教学手段。

教学团队理念是以专业人员的交流促进司法官群体的共同思考，从而激发新一代司法官对司法案件中所蕴含的伦理问题的关注和深入探讨。法律职业伦理规范应被司法官视为一种指导性的原则框架，旨在引导他们如何行使审判权。这些规范为司法官提供了思考的基础，帮助他们在处理案件时识别和聚焦案件的关键问题。同时，司法官在运用这些伦理规范时，需避免陷入教条主义的陷阱。教条化可能导致司法官出于对同行批评的担忧而回避处理涉及伦理问题的案件。

法国国立法官学校在其教学过程中，为了提高学生的实践能力和伦理判断力，

---

① 雅克·普莱维尔(Jacques Prévert)，法国诗人、歌唱家、编剧。

② Denis Salas, *Erreurs Judiciaires*, Dalloz, coll, “À savoir”, 2015.

提供了大量真实案例供学生分析和讨论。这些案例涵盖了司法官在日常生活中可能遇到的各种情境,从而使得学生们能够在一个模拟的现实环境中锻炼自己的专业技能和伦理决策能力。例如,学校可能会提出以下案例:一位法官在与伴侣分手后,发现自己无法访问曾用伴侣的计算机起草的判决书;一位负责儿童事务的法官面临有关其常去的面包店的老板女儿教育援助申请的难题;轻罪法庭庭长的酗酒行为可能影响其职业判断和法庭形象。

三、直面内心——法官的自我与他我

在法国国立法官学校的教学实践中,培训课程避免向“见习司法官”提供一成不变的标准答案。相反,课程鼓励学员在团队合作的环境中深入分析案件,并就其中涉及的法律伦理原则展开讨论。这种方法强调了批判性思维和自主学习的培养,使得“见习司法官”能够在实际案例分析中形成自己的观点和理解。通过这种互动和讨论的教学方式,学员们能够更熟练地掌握法律伦理原则,并将其应用于未来的专业实践。

司法官作为情感丰富的个体,在履行职责时不可避免地会经历各种情感反应,如同情、愤怒、悲伤、不耐烦或气愤等。这些情感的产生对于司法官来说是一个现实挑战,需要在追求公正的同时妥善管理和协调。法国国立法官学校在教学中明确提出情感与司法公正之间的关系问题。司法人文培训中心主任妮可·梅斯特拉奇(Nicole Maestracci)主持的相关会议深入探讨了情感和情绪如何影响司法官对案件的理解和审判权的行使。以玛莎·努斯鲍姆(Martha Nussbaum)在《公正的艺术》(*L'art d'être juste*)①一书中的论述为例,“我们的目的是解构这样一种观念,即在职业环境中,司法官不受外界干扰,不会被感情因素左右,当他们进入法庭庭审时,他们就会抛开所有的个人情感,成为不偏不倚的司法官”。“倾听”是最高司法委员会法律职业伦理汇编的另一条基本准则。但“倾听”应该以司法官的自我了解为前提,只有更好地了解自己,才能更好地为他人服务。

---

① M. Nussbaum, philosophe, titulaire d'une chaire de droit et éthique à Université de Chicago. *L'art D'être Juste*, Éditions Climats, 2015.

在此精神的引导下，法国国立法官学校在基础教育中，组织了一系列著名的模拟法庭活动。这些活动面向所有受训人员，包括“见习司法官”、参加附加比赛的学员，以及直接入职的候选人。这些模拟法庭由司法交流中心（le pôle communication judiciaire）这一跨学科教学中心负责组织。模拟法庭作为教学的关键组成部分，既让“见习司法官”感到紧张，又激发了他们的期待。通过模拟轻罪法庭或内庭法庭（audience de cabinet）的实践，学员们得以将专业知识与人际交往技能相结合，这是他们学习过程中不可或缺的一环。教学的目标是在教学部门的指导下，让学员们通过准备案件材料，将所学的专业技术知识应用于实践。此外，模拟法庭要求学员们“编写剧本”，并在最后一刻向参与审理的“演员”下达指令，以创造各种意外情况，如被告因无法接受判决结果而昏倒，或被告犯下的罪行令人震惊等。这些突发情况旨在测试“见习司法官”的应变能力，迫使他们直面自我，审视自己在压力下的直觉反应和处理问题的方式。

在法庭审理的过程中，确实可能会出现各种不可预测的情况，这对司法官提出了额外的挑战。在面对这些不可控情形时，司法官必须迅速调整自己的工作状态，确保以尊重法律和维护法庭秩序为首要任务。司法官应当保持专业和冷静，以坚定和一致的态度应对各种突发情况，确保司法程序的公正性和有效性不受影响。

法国国立法官学校的模拟法庭场景在录制后，会由一个专业的审查团队进行深入分析。这个团队由学校的导师、法院法官、心理学家和律师组成，他们共同评估“见习司法官”在模拟法庭中的表现。随后，团队会与“见习司法官”进行讨论，鼓励他们分享自己在模拟庭审中的感受和体会。这一过程并非以传统的打分形式进行考核，而是旨在通过实际的反馈和讨论，帮助“见习司法官”更全面地理解法庭庭审中可能遇到的各种情况。通过这种互动，学员们能够获得宝贵的第一手经验，学习如何在法庭上找到最适合自己的角色定位。

法国国立法官学校的模拟法庭活动不仅包括实际的庭审模拟，还辅以“情感管理”研讨会，旨在帮助“见习司法官”学习如何在职业环境中识别和管理自己的情感，以避免情感因素对司法判断产生不当影响。人非草木，孰能无情。司法官在处理某些案件时也可能受到情感的左右，这有时甚至会干扰他们公正行使审判权。承认并正视自身的人性弱点，正面自己的情感，并保持清晰的判断力，对于每位司法官而言都是一项挑战。这些研讨会由学校的培训法官和心理学家共同举办，通过展示司法官在实际工作中的情感失控经历的视频证词，介绍可能遇到的情境和应对策略，并分享他们的经验教训。对于"见习司法官"而言，他们尚未具备司法实践经验，参与这类研讨会的初次体验极为重要。在司法实习期结束后的专业化教学阶段，学校将再次举办"情感管理"研讨会。届时，培训员将引导"见习司法官"回顾他们的实习经验，进一步探讨司法官在职场上的情感管理问题。这些研讨会的目的并非提供标准答案——实际上，答案并不总是那么明确，更重要的是鼓励每位"见习司法官"进行自我反思，帮助他们在成为真正的司法官的过程中，建立自己的法律职业伦理观。不惧怕面对自己的情感，同时学会更好地识别和控制情感，以实现司法公正，这些正是司法工作的核心目标。

法律职业伦理教育是一个动态发展的过程，它随着社会转型和法律实践的演变而不断进化。因此，法国国立法官学校持续致力于思考和改进其培训课程，以确保教育内容能够反映最新的社会变革和法律发展趋势。

四、使法律职业伦理教育成为贯穿基础教育的一条主线

针对法律职业伦理和司法官职能的深入思考已经融入基础教育的全过程，成为一条贯穿始终的主线。因此，我们需要在实用教学和相关议题的研究中，对法律职业伦理教育进行重新评估和强化。这种教育不仅要求传授法律知识和技能，还要求培养学生对法律职业伦理的深刻理解和实践能力。在学习专业技术的过程中，学生必须思考如何将法律职业伦理规范应用到司法官的具体工作中。这包括但不限于如何在诉讼程序中作出符合伦理规范的决策，例如如何正确识别和评估证据的合法性，如何严格遵循对席辩论原则，以及如何在诉讼程序的框架内行使职权。

司法官职能的界定确实与其工作伙伴紧密相连，这些伙伴包括警察、法学专家、书记官等。为了加强这些职业间的相互理解与合作，法国国立法官学校采取了跨部门合作的教育模式，不定期地与监狱管理局、警察局、宪兵队、法国国立书记官学校(École nationale des greffes)、青少年司法保护中心、诉讼调解员，以及法学专

家等机构共同开展主题教育活动。这些活动旨在促进不同法律职业之间的沟通与协作，确保司法官在履行职能时能够得到有效的支持和理解。通过这种方式，司法官与其工作伙伴共同构建了一个更加协调和高效的司法系统。当司法官的立场或决策受到质疑时，这些工作伙伴的声援显得尤为重要。他们的呼吁有助于维护司法官的权威和公众对其职能的尊重，确保司法程序的公正性和法律的严肃性。

五、在集体活动中思考

在 21 世纪的社会背景下，对法律职业伦理教育进行深入思考显得尤为关键。在这一时期，公众期待“见习司法官”在未来能够恪守职业伦理，公正履行司法职能，以实现社会的司法公正。

自 2016 年起，法国国立法官学校采纳了一项新的教育策略，即为“见习司法官”设计一系列与法律职业伦理相关的集体活动。这些活动内容丰富多元，涵盖继续教育培训、专题研讨及公民参与等多个方面。与以往不同的是，这些活动是自愿性质的，并不以评分作为考核标准。活动的核心目标在于激发“见习司法官”的思考。通过小组合作，他们能够深入探讨特定议题，并在完成研究后，将成果向全体学员进行展示和分享。培训协调员团队在此过程中提供必要的支持与协助，旨在为“见习司法官”开展活动创造便利条件。虽然这些活动在形式上与传统的开场活动相似，但它们在性质上有显著区别，尤其体现在参与的自愿性和评价的非分数化方面。

集体活动为“见习司法官”提供了一个理想的平台，以深入思考法律职业伦理和法官职能，同时就当前社会广泛关注的议题展开讨论。法国国立法官学校针对“见习司法官”推出了专门项目，旨在探讨司法官和“见习司法官”在社交媒体使用上的注意事项。随着“3.0 学生”的到来，法官学校也面临新的挑战。这一代学生习惯于在脸书（Facebook）、推特（Twitter）、照片墙（Instagram）和阅后即焚（Snapchat）等社交平台上分享观点和生活点滴。然而，他们可能并未充分意识到“数字足迹”可能对司法职业带来的影响，以及司法官在使用社交媒体时需要保持的审慎态度。这种审慎不仅是司法官职责的一部分，还是维护其职业形象和公正性的关键。对于“3.0 学生”而言，社交媒体已成为日常生活中不可或缺的一部分，但也带来了显著的伦理风险。因此，如何在享受社交媒体带来的便利和交流机会的同时，保持职业的适当界限和伦理标准，成为他们必须面对的真正挑战。

每年，法国国立法官学校都会有一个“见习司法官”小组，专门针对司法官在社交媒体使用上的伦理问题进行深入研究。他们的研究成果通常会在一个开放的阶梯教室环境中，通过圆桌讨论的形式向全体学员展示。在这一过程中，小组成员被鼓励自由地表达自己的观点，并在讨论中探索不同的视角。虽然讨论是在完全自由的环境中进行，但每年“见习司法官”得出的结论往往具有高度一致性。他们在社交媒体使用的注意事项上提出的建议也表现出明显的共性，反映出一种普遍的谨慎态度。

在过去的两年中，法国国立法官学校持续引导“见习司法官”深入思考一个对他们未来职业生涯至关重要的问题：他们希望成为怎样的司法官？这个问题不仅是对个人职业愿景的探索，也是对司法官职能的深刻反思。为了促进“见习司法官”在实习结束前就这一问题进行深入交流，学校将集体思考的结果安排在最后一次课程中与全体学员分享。这种分享不仅为学员们提供了一个展示和讨论自己思考成果的平台，还为他们即将开始的职业生涯设定了一个持续自我审视的框架。这个问题的探讨将伴随司法官的整个职业生涯，不断地促使他们自问：如何成为一名“好”的检察官，如何成为一名“好”的法官？

本文的核心目的在于深入探讨法律职业伦理教育的多维度内涵，而非仅仅向读者概述司法官教育的基本内容。法律职业伦理教育不仅关乎“见习司法官”的专业知识和技能培养，更涉及其个人和集体层面的深层次认知与反思。在个人层面，每位司法官都应进行自我探索，思考如下问题：我是谁？我为何选择走上司法官的道路？这份职业是否需要勇气？这些问题有助于司法官建立个人的职业认同，提升内在动力。在集体层面，司法官需要考虑自己在社会中的角色定位，如何融入并适应工作环境，以及如何与同事及其他法律从业者有效合作。此外，司法官需思考如何在维护法律尊严和公正的同时塑造良好的司法形象，以及在实践中应当采取何种司法行为——是主动干预还是审慎监督。显然，这些问题并没有简单的答案，而是需要司法官在整个职业生涯中不断地进行自我审视和追问。

作为学员的“见习司法官”不仅是法律职业伦理教育的接受者，还是集体思考与行动的积极参与者。他们正面临着法律职业伦理的挑战。法国国立法官学校对于“见习司法官”能够积极参与这一过程，并在挑战中不断成长和进步，感到十分欣慰。

六、努力改善司法官与律师的关系

然而，我们还需要深入研究的是“司法官与律师的关系”。近年来，关于司法官与律师关系恶化的声音不绝于耳。有报告称，有的司法官，尤其是年轻的司法官，与律师团体的关系呈现僵硬的态势。还有报告称，一些律师试图制造事端，破坏法庭庭审秩序或扰乱法官庭审工作。面对这些被误解的情况，法国国立法官学校无法保持消极被动的态度。

在进入法国国立法官学校接受专业培训之前，“见习司法官”需在律师事务所完成为期三个月的实习。该实习阶段要求“见习司法官”先从律师的视角审视司法体系的运作机制。在此期间，他们将积累宝贵的实务经验，这些经验对于他们后续在法官学校的学习具有积极的促进作用。此外，实习过程中，“见习司法官”可能会识别出诸多实务操作中的问题，因为律师与诉讼当事人之间的互动关系和司法官与当事人之间的关系存在本质区别。

法国国立法官学校的课程设置得益于实习律师的积极参与，他们选择在此开展个人的教育项目。在参与“见习司法官”培训的同时，实习律师们在多样化的研究中贡献自己的司法直觉，并就司法官的职能提出独到的见解，从而丰富了课程内容。通过这种方式，实习律师们不仅为自己的专业发展增添实践经验，还为法官学校的教学和研究工作带来了新的视角和深度。

随着 2018 级新生的加入，教学团队采纳了进一步的教学改进措施，包括与波尔多阿里诺律师学院（École du barreau Aliénor de Bordeaux）签订合作协议，建立以“见习司法官”与实习律师之间的交流为核心的伙伴关系。自新生入学的第一周起，便开始开展“见习司法官”与实习律师之间的共同研究活动，专注于探讨两种职业的独特性质，以及在各自的职业实践中所遭遇的法律职业伦理问题。这些问题在某些方面展现出共通性，而在某些方面则呈现出显著的差异。为了进一步深化交流，学院还安排了一系列研讨会，专注于分析法院日常工作中的实用案例，并鼓励“见习司法官”与实习律师之间的深入讨论。此外，教学团队举办了“见习司法官”与律师的圆桌会议，旨在进一步促进双方的相互理解和沟通。尽管现在评估这些联合培训课程的适宜性和成效为时尚早，但学员们已经对这些课程给予了积极的评价。

本文用短短几页纸概述了司法官的职业伦理教育。法国国立法官学校设定了一个宏伟的目标，即希望培训不局限于让学生们了解司法官的基本职责，更要关注一个更为重要的问题，即司法官的职能。这一目标反映了对司法官职能的深层次认识，正如安托万·加拉蓬(Antoine Garapon)、西尔维·佩德里奥尔(Sylvie Perdriolle)和鲍里斯·贝尔纳贝(Boris Bernabé)在其关于 21 世纪司法官职能的报告中所强调①:“司法官的职能是审判工作的意义所在。然而，这一主题至今仍然未被充分探讨，这种沉默并非偶然。同时，这一主题并非不可逾越的理论难题，只是人们不愿意对其进行探讨和剖析。”

司法官在日常工作实践中，确实可能存在一些行为失范的情况，对此我们不应回避或否认。相反，应当勇于面对并进行深入的反思与检讨。司法官是一个要求严格且任务繁重的职业。他们不仅要服务于法律，确保法律的正确实施，对法律进行解释，还要服务于社会，维护正义和社会秩序。因此，每个人都应当认识到司法官职能的重要性和其在法治社会中的核心地位。法国国立法官学校正致力于让更多人意识到这一点。

① Taubira, *La Prudence et L'autorité : L'office du Juge au XXIe Siècle*, Rapport de la Mission Confiée par Christiane Périmètre D'intervention, mai 2013.

欧洲检察官办公室制度的外部效应

[匈]克里斯蒂娜·卡尔赛(Krisztina Karsai)*

孙越人　劳泽佳**　译

一、引　　言

2017年10月12日,欧盟中的22个成员国通过了一项开创性的法规,设立了欧洲检察官办公室(EPPO)①。这22个成员国目前都参与了合作强化(EPPO-

* [匈]克里斯蒂娜·卡尔赛,匈牙利塞格德大学(University of Szeged)刑法学教授,专攻欧洲和国际刑法以及刑事政策,撰写了许多关于匈牙利和欧洲刑法与政策的书籍和文章,是2012年《匈牙利刑法典主要评注》的编辑和共同作者,自2012年起担任欧盟委员会独立专家,并被授予让·莫内讲座主席职位,任期至2019年。本文原载于《米什科尔茨法律评论》2019年第1卷第14期特刊2。

** 孙越人、劳泽佳,上海外国语大学2022级法律硕士研究生。

① 这项立法行为的进程始于20世纪90年代,有关其发展,请参考相关作品:FARKASÁkos, "Az EU Büntetőjogi Korlátai", *Ügyészségi Szemle*, Vol. 2, 2018, pp. 74—96; See in particular, Ann Weyemberg and Chloé Briere, *Towards a European Public Prosecutor's Office*, European Parliament, Policy Department for Citizen's Rights and Constitutional Affairs, 2016, pp. 1—64; Liliána LÁRIS, "Reasons of the Establishment of the European Public Prosecutor's Office", *Iustum Aequum Salutare*, Vol.13, 2017, pp. 219—234; Lorena Bachmeier et al., *The European Public Prosecutor's Office*, Springer, 2018; Willem Geelhoed et al., *Shifting Perspectives on the European Public Prosecutor's Office*, Springer, 2018。For basics on EPPO, see Katalin Ligeti, "The European Public Prosecutor's Office: How Should the Rules Applicable to its Procedure be Determined", *EuCLR*, Vol. 2, 2011, pp.123—148; Katalin Ligeti et al., "Toward a Prosecutor for the European Union.", *Hart Publishing*, Vol.1, 2012; John R. Spencer, "Who is afraid of the big, bad European Public Prosecutor?", *Cambridge Yearbook of European Legal Studies*, Vol.14, 2012, pp.363—380; Marianne Wade, "A European public prosecutor: potential and pitfalls.", *Crime, Law and Social Change*, Vol.59, 2013, pp.439—486; András CSÚRI, "The Proposed European Public Prosecutor's Office-from a Trojan Horse(转下页)

EnC)机制①,利用该机制打击损害欧盟财政利益的犯罪。鉴于此类犯罪的影响广泛且深重,合作强化机制有助于在欧盟层面建立全新的、真正的法律和司法联合框架,更好地实现维护欧盟财政利益的目标。目前,各成员国的主管机关具有绝对权力,有权对侵害欧盟财政利益的相关犯罪行为提起刑事诉讼,并实施司法制裁。但由于犯罪行为可能涉及多个国家,单个国家的司法机关很难有效应对这些跨境犯罪,无法充分保护欧盟财政利益。因此,在欧盟层面上建立法律和司法框架,有助于更妥善地解决这些问题,更有效地打击此类犯罪。

在成员国的共同合作下,欧洲检察官办公室与各国主管机关构建了一个共同权限体系为基础的法律框架,旨在打击侵害联盟财政利益的犯罪行为,这一构架的核心是以欧洲检察官办公室为基础的召回权②。欧洲检察官办公室拥有刑事调查和起诉的权力,是一个独立的、代表欧盟整体利益行事的机构。根据《欧洲联盟功能条约》(*TFEU*)的规定③,欧洲检察官办公室的实质性管辖权仅限于处理那些侵害欧盟财政利益的刑事犯罪行为。这些罪名载于《欧盟财政利益保护反欺诈指令》(*the Union's Financial Interests by Means of Criminal Law*,下文简称《指令》)。该《指令》界定了相关罪行(例如欺诈、贪污、洗钱、挪用和其他相关罪名等),规定了各成员国必须执行的最低标准,以此保护欧盟的财政利益不受侵害。④《欧洲检察官

(接上页) to a White Elephant?", *Cambridge Yearbook of European Legal Studies*, Vol.18, 2016, pp.122—151; Christian Trentman, "Eurojust und Europäische Staatsanwaltschaft-Auf dem richtigen Weg?", *Zeitschrift Für die Gesamte Strafrechtswissenschaft*, Vol.129, 2017, pp.108—145。

① Official Journal of the European Union, "O. J. 2017, L283, Council regulation 2017/1939 of 12 October 2017 implementing enhanced cooperation on the establishment of the European Public Prosecutor's Office('the EPPO')", *Eur-Lex*, https://eur-lex.europa.eu/eli/reg/2017/1939/oj, last visited on March 17, 2024.

② 欧洲检察官办公室行使其职权的一种方式是行使欧洲检察官办公室的召回权,即欧洲检察官办公室可以"接管"由参与成员国的国家当局提起的案件。

③ 《欧洲联盟功能条约》(*Treaty on the Functioning of the European Union*,简称 *TFEU*),该条约组织了联盟的运作,并确定了其管辖范围、划界和安排,是欧盟两大核心条约之一。《欧洲联盟功能条约》第 86 条第 2 款规定:"欧洲检察官办公室应负责调查、起诉,酌情与欧洲警察局合作,审判侵犯欧盟财政利益的主要犯罪人(主犯)及其共犯(根据第 1 款法规的内容)。且办公室应当在涉及这类罪行的会员国具有司法管辖权的法庭上担任公诉人。"

④ Official Journal of the European Union, *O. J.2017*, *L198*, *Directive(EU) 2017/1371 of the European Parliament and of the Council of 5 July 2017*, Eur-Lex, https://eur-lex.europa.eu/legal-content/EN/TXT/PDF/?uri=CELEX:32017L137, last visited on March 17, 2024.关于通过刑法打击对欧盟经济利益的欺诈。

办公室法》(*EPPO Regulation*)赋予了欧洲检察官办公室直接管辖上述违法行为的实质性管辖权,还赋予了欧洲检察官办公室额外的实质性权力,包括对侵害欧盟财政利益的一切罪行进行调查、起诉和审判。

虽然合作强化机制具有诸多优点,但目前一些欧盟成员国仍不选择参与。①针对这一现象,笔者认为,由于某些罪行具有跨国性质,在欧盟法律一体化的"强制力"背景下,不参与合作强化机制的欧盟成员国在某一领域仍可能受到该机制的显著影响,因此,可以预见,这些欧盟成员国逐步加入合作强化机制是未来的大势所趋。

二、合作强化机制及其外部效应

合作强化机制②指至少 9 个欧盟国家被允许在欧盟架构内,在某一领域建立高度一体化或密切合作,且这些国家的合作不会受未参与该机制的欧盟成员国影响。那些未参与成员国将保留加入的权利。通过这一机制,参与成员国③得以用不同于未参与成员国④的步调向不同的目标前进。该机制的目的是在不超出欧盟条约规定的权力范围的前提下,解决因一个或多个欧盟成员国不愿参与动议而无法推进提案的僵局。《阿姆斯特丹条约》(1999 年签订,包含"更密切合作"条款)为合作强化机制的建立奠定了基础,《里斯本条约》(2009 年生效)则正式确立了合作强化机制,并拓展了其适用的范围,包括国防等新领域。⑤

---

① 丹麦、瑞典、波兰、西班牙、匈牙利和英国。

② Daniela Kroll, Dirk Leuffen, "Enhanced Cooperation in Practice. An analysis of Differentiated Integration in EU Secondary Law", *Journal of European Public Policy*, Vol.22, 2015, p.353; Carlo Maria Cantore, "We're one, but we're not the same: Enhanced Cooperation and the Tension between Unity and Asymmetry in the EU", *Perspectives on Federalism*, Vol.3, 2011, pp.1—21.

③ 译者注:本文中的"参与成员国"均指参与欧洲检察官办公室及合作强化机制的欧盟成员国。

④ 译者注:本文中的"未参与成员国"均指没有参与欧洲检察官办公室及合作强化机制的欧盟成员国。

⑤ 需要在理事会中获得欧盟成员国的合格多数并获得欧洲议会的同意,才能通过采用合作强化机制的决定。新规定的通过需要咨询欧洲议会,并且需要合作强化机制的参与成员国的一致同意。未参与成员国拥有随时加入合作强化机制的自由。

合作强化机制已经在离婚法律和专利(欧洲统一专利)领域中得到了运用。该机制得到了欧洲检察官办公室的认可。近年来,多项旨在加强合作的动议已经获得核准,这表明了如下言论的高度预见性:“当前,欧洲社会正处于对欧洲一体化进程感到失望的阶段……所以关键问题不再是合作强化机制的规定是否有实际效用。真正的问题在于,我们需要准确评估这些规定能在多大程度上影响欧洲发展的不对称性,我们是否需要进一步的不对称发展,以及何种程度的不对称发展是可持续的。”①

有些欧盟成员国并不追求在特定的一体化阶段达成特定的目标,而合作强化机制为这些成员国提供了一个机会,使他们能够根据欧盟的目标来深化一体化进程。与此同时,无论是运用欧盟法律框架之外的法律解决方案,还是通过限制自由裁量权来加速一体化进程,都非可行之选。合作强化机制提供了一个正式且合法的框架。该机制的建立为不同倾向、不同程度的一体化提供了合理性证明,也让多速欧洲②的概念摆脱了各种分析和政治宣言中所定义的负面含义。

根据《欧洲联盟功能条约》第 327 条的规定,合作强化机制在施行过程中必须尊重未参与成员国的权利和义务,同时确保未参与成员国不会对参与成员国的合作进程造成阻碍。该条约新规定中引入了一项“无否决权”(no veto)原则,据此新规,未参与成员国不再具有像在《尼斯条约》(*Nizza Treaty*)③时期那样,随时可以阻止合作强化倡议的权力,并且未参与成员国不能随意加入已有的合作强化机制。根据《欧洲联盟功能条约》第 331 条规定,若欧盟成员国希望加入合作强化机制,这

① Daniela Kroll, Dirk Leuffen, “Enhanced Cooperation in Practice. An analysis of Differentiated Integration in EU Secondary Law”, *Journal of European Public Policy*, Vol.22, 2015, p.353; Carlo Maria Cantore, “We're one, but we're not the same: Enhanced Cooperation and the Tension between Unity and Asymmetry in the EU”, *Perspectives on Federalism*, Vol.3, 2011, p.14.

② 译者注:“多速欧洲”是在欧债危机、难民危机、英国“脱欧”、恐怖主义威胁、多国极右翼势力和民粹主义势头上升等一系列严峻挑战的背景下,欧盟应对欧盟成员国经济社会发展差异和不同利益诉求的一种政策选择。

③ 译者注:《尼斯条约》的全称为《修改〈欧洲联盟条约〉、建立欧洲各共同体诸条约和某些附件的尼斯条约》。《尼斯条约》于 2000 年 12 月在欧盟尼斯理事会结束时通过,后经各国法律和语言方面的专家经过两个多月加工整理成《尼斯条约》的正式文本。欧盟部长理事会于 2001 年 2 月 26 日正式签署,刊登于 2001 年 3 月 10 日的《欧洲共同体官方公报》(文号为 2001/C80/01)。条约主要规定欧盟委员会委员数须少于 27 名;在欧盟理事会表决票数分配上,规定了按欧盟成员国人口数目分配表决票数的基本原则,此外扩大了“有效多数制”的应用范围,以提高欧盟决策效率。

些成员国首先须满足参与条件，并且对于已在合作强化框架内通过的法案，必须采取必要的过渡措施以适应其适用。上述规定表明，对于未参与成员国而言，其首要利益关切是监督其未参与的合作强化机制，以确保自身利益不会因缺席而受损。尽管《欧洲联盟功能条约》要求在合作强化机制中考虑未参与国的利益，但是，一旦出现利益冲突，未参与国的整体利益应让位于欧盟的整体利益。

2013 年 4 月 16 日，欧洲联盟法院（CJEU）就单一专利领域合作强化机制案件作出判决（C-274/11），明确指出：

“合作强化机制并非旨在阻止未参与成员国行使其权力、权利或承担义务，而是旨在允许参与成员国制定那些未参与国家可能不同意的规则。这样的规则制定并不会剥夺未参与成员国未来加入合作强化机制的机会。根据《欧洲联盟功能条约》第 328 条第 1 款规定，加入合作强化机制的条件是遵守自合作开始以来参与成员国已通过的法案。”①

欧洲检察官办公室的建立引发了一个核心问题：如何处理对未参与成员国产生的影响？其中，在处理跨国和跨境犯罪问题时，领土边界的重要性问题（特别是欧盟内部的无边界模式）尤为突出。历史表明，自由、安全和司法领域的合作始于共同打击跨国和跨境犯罪。为了更有效地应对现代新型犯罪，欧盟成员国需要携手共同努力。随着国家内部的刑事起诉与司法工作开始在欧盟各成员国之间（或国际间）展开合作并取得成效，司法合作逐步提升到超国家层面，许多积极的进展都崭露头角。然而，与此相对的是，笔者认为欧洲检察官办公室的合作强化机制可能会重新加强地理限制。一旦该机制被启动，就有可能对未参与成员国的刑事司法系统产生影响，并可能削弱《欧洲联盟功能条约》第 327 条规定的效力。

尽管，合作强化机制在参与成员国内部恪守欧洲领土原则，但是，同样的制度在未参与成员国中会重新激活“国家边界”，并放大自由、安全和司法领域的成就。笔者相信，这种合作强化机制的外部影响将是显著的、必要的并且是不可避免的，由此产生的冲突可能只有在所有欧盟成员国加入欧洲检察官办公室体系后才能得到解决。

---

① Kingdom of Spain（C-274/11），Italian Republic（C-295/11） v Council of the European Union [2013]，ECLI：EU：C：2013：240.

三、相互承认规则的执行差异

在《指令》中，关于刑法调整的相关犯罪行为，不同欧盟成员国在规定的范围和执行程序上存在差异。这些差异可能会导致成员国在参与合作强化机制后，面临与本国刑法规定不一致的问题。具体而言，不同国家法律制度与《指令》中的最低限度条款之间难免存在差异，尤其在可惩处性和免罚性方面存在显著分歧，具体包括：

(1) 某些成员国将最低时间限制设定为较晚的期限作为其规定的时效期限(因时间推移而导致权责限制)，而另一些成员国则将最高时间限制设定为较早的时限作为其规定的时效期限，以确定可惩处性；

(2) 对从犯性质的不同解释可能导致对同一协助或教唆行为的不同判断；

(3) 根据各成员国不同的法律制度及对主客观理论的不同接受程度，在犯罪实施阶段，同一行为在某个成员国可能被视为可惩处的犯罪行为，而在另一个成员国则可能被视为预备行为；

(4) 法人可制裁的具体条件可能存在根本性差异(自然人成立犯罪是否必要，必须审查的因果关系范围等)。

欧盟法和各国刑事司法制度之间存在的规则不对称性是无法避免的，唯有进行系统性研究才能对此作出切实的预测。①不过，可以确定的是，由于成员国的"管辖权"是实现欧洲检察官办公室职权的唯一实际权力依据，欧洲检察官办公室的职权范围在不同成员国有所不同，这就意味着不同成员国对特定罪行的可惩处性规定(或限制)并不会完全竞合。

值得注意的是，在自由、安全和司法领域(包括欧洲刑法领域)，不同欧盟成员国在可惩处性/不可惩处性的范围上的存在差异。为了克服这些差异，相互承认规则②

---

① Katalin(ed) Ligeti, "Toward a Prosecutor for the European Union.", *Hart Publishing*, Vol.1, 2012.

② See basics and summary in FARKASÁkosm, "Az Európai Bíróságés a kölcsönös elismerés elvének hatása az európai büntetőjog fejlődésére", *Miskolci Jogi Szemle*, Vol.6, 2011, pp.62—77.

被专门设计出来。此外，还存在若干支持性（或辅助性）的手段，如欧洲逮捕令制度中的一定程度的自动化，以及同化原则在欧洲调查令制度中的应用，都有助于弥合可惩处性范围上的分歧。根据《欧洲检察官办公室法》第31条规定，在欧洲检察官办公室制度中，相互承认规则在不涉及职权规定的基础上发挥着作用。但是，相互承认规则也存在问题，由于各国刑法体系执行指令时，并不会自动遵守其他成员国的刑法，这就无法避免"相对可惩处性"的风险（即刑法中禁止条款不完全竞合）。如果在政治层面达成共识，集中力量推动法律统一，则可能是一个有效的解决办法。值得一提的是，这里的关键问题是可惩处性的差异，欧洲联盟法院的激进主义法理学是对不可惩处性的认可，因此并不能成为解决问题的备选方案。在法律（尤指成文法）没有为相互承认规则提供坚实基础的情况下，仅靠刑事案件中的判例无法扩大或建立刑事责任，更无法填补可惩处性方面的缺陷。如果我们承认，欧盟已被成员国部分授予了有关保护财政利益的刑罚权（ius puniendi），那么欧洲联盟法院在这一领域将能更加积极地运用其权力。

四、《欧洲检察官办公室法》的适用范围

《欧洲检察官办公室法》（EPPO-Reg）第23条规定，存在下列情形的，欧洲检察官办公室有权管辖第22条规定所述的犯罪行为：

（a）犯罪行为完全或部分发生在一个或多个参与成员国境内的；

（b）参与成员国对在其境外由该国公民实施的特定犯罪行为拥有管辖权；

（c）参与成员国对发生在其境外发生的、涉及受《工作人员条例》或《雇用条件法》①约束的行为人在（a）款中提到的领域外实施的特定犯罪行为拥有管辖权。

由欧洲检察官办公室牵头重点打击的犯罪，往往因其跨国性质可能在未参与

① Official Journal of the European Union, "O.J.2013, L287, Regulation(EU, EURATOM) No 1023/2013 of the European Parliament and of the Council of 22 October 2013 amending the Staff Regulations of Officials of the European Union and the Conditions of Employment of Other Servants of the European Union.", *Eur-Lex*, https://eur-lex.europa.eu/legal-content/EN/TXT/HTML/?uri=ecli:ECLI%3AEU%3AT%3A2019%3A856&anchor=, last visited on March 17, 2024.

成员国[①]境内发生。例如,"旋转木马"式欺诈[②]等类型的增值税欺诈犯罪不仅与参与成员国的内部活动密切相关,还很可能在未参与成员国境内发生。我们可以设想以下情形。

根据《欧洲检察官办公室法》第 23 条的(a)款和(b)款规定,存在以下初始情形:

(1) 犯罪行为已经发生在至少两个参与成员国境内(由于这种情况遵循欧洲领土原则,在欧洲检察官办公室中较为普遍);

(2) 犯罪行为发生在至少两个成员国境内,其中一个成员国是未参与成员国(参见图 1 中的第 1 种和第 2 种情况);

(3) 犯罪行为发生在参与成员国境内,而犯罪主体为未参与成员国的公民(参见图 1 中的第 3 种情况);

(4) 犯罪行为发生在未参与成员国境内,而犯罪主体为参与成员国的公民(参见图 1 中的第 4 种情况)。

一方面,我们需要明确的是,如果犯罪主体是未参与成员国的公民,并且犯罪行为完全发生在未参与成员国境内,则此类犯罪不在《欧洲检察官办公室法》的调整范围之内。另一方面,针对上述初始情形中的第二项情形,有两种进一步的选择方案(参见图 1 中的第 1 种和第 2 种情况),具体采用哪种方案,取决于犯罪主体实施于未参与成员国境内的犯罪行为是否可分离(即是否可以独立出来进行判断)。

根据图 1 所示的第 1 种情况,如果某犯罪行为的实施地跨越了参与成员国和未参与成员国,并且该犯罪行为是可分离的,欧洲检察官办公室将不介入处理发生于未参与成员国境内的那部分犯罪行为,只会通知未参与成员国的相关执行机构启动必要的刑事程序。该国主管机关将根据其是否具有管辖权,来决定是否推进刑事程序。若该机关具有管辖权,则应作出裁定起诉;若裁定不起诉,则可能违反欧盟法的规定。

---

① 译者注:该处未参与成员国指未加入 EPPO 的欧盟成员国。

② 译者注:"旋转木马"式欺诈是一种与欧洲联盟(欧盟)增值税(VAT)有关的欺诈行为。它是涉及一系列交易,利用欧盟的增值税规则,反复进行跨境货物买卖的增值税骗税活动。

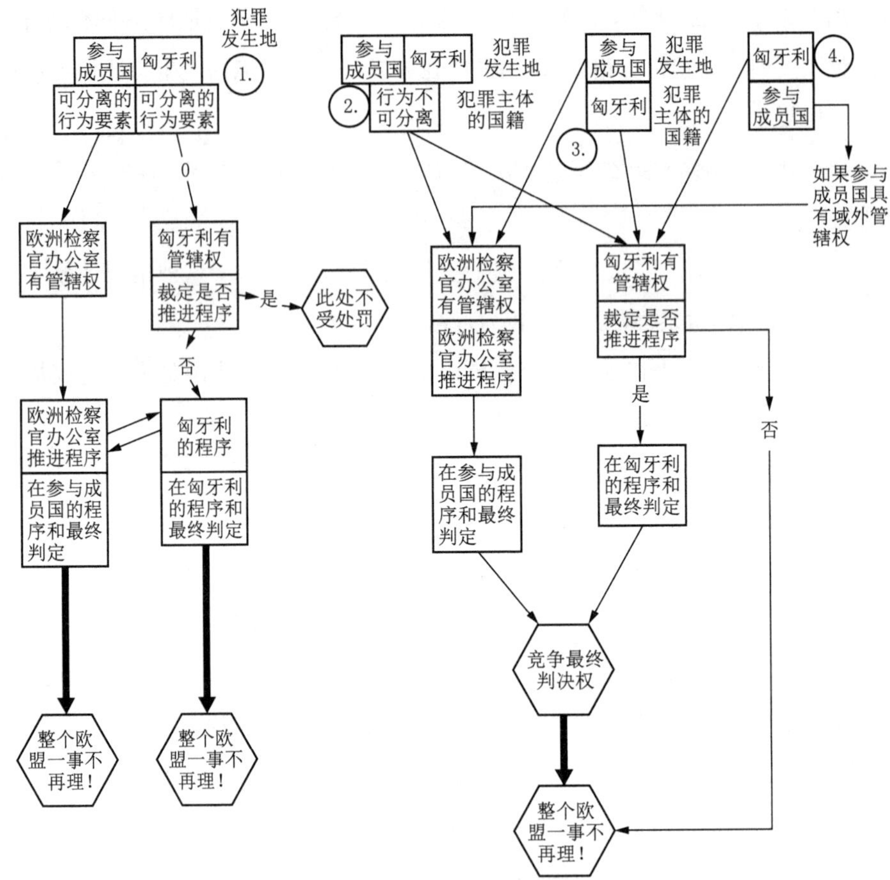

图 1 《欧洲检察官办公室法》第 23 条(a)款和(b)款规定及管辖情形①

根据图 1 所示的第 2 种情况，如果某犯罪行为(或其部分)的实施地范围既包括参与成员国又包括未参与成员国，并且行为无法分离(行为间存在不可分割的要素)，欧洲检察官办公室将推进刑事程序，一经作出最终判决，此判决就具有既判力(res judicata)，即整个欧盟都将遵循一事不再理原则(ne bis in idem)②，不再审理同一案件。一事不再理原则优先适用于其他成员国已同时启动的刑事程序，并且，

① 译者注：图中匈牙利代表未参与成员国。MLA 全称为 national procedures for mutual legal assistance in criminal matters，是刑事司法领域合作的国家程序。

② Karsai，Krisztina，*Transnational ne bis in idem principle in the Hungarian fundamental law*，Ant. N. Sakkoulas Publications L.P.，2017，p.409.

基于此原则，欧洲检察官办公室的最终判决会对那些在未参与成员国实施的犯罪部分产生效力，即使这些国家未参与裁决过程。因此，欧洲检察官办公室刑事程序的弊端在于，对于上述未参与成员国境内发生的、但该国未参与裁决过程的犯罪行为，可能无法得到有效起诉。同样，如果成员国在欧洲检察官办公室启动刑事程序之前已经进行了实质性审查，那么成员国的既判力会让欧洲检察官办公室的判决显得画蛇添足。欧洲检察官办公室在处理发生于未参与成员国内的犯罪行为，而且罪行可被分离的情况下，该国的主管机关将基于程序合法性原则，产生程序义务（基于程序合法性原则），这一义务最早产生于主管机关获悉可能发生犯罪之时，最迟产生于欧洲检察官办公室通知主管机关之后。综上所述，一方面，上述情况毫无疑问会导致欧洲检察官办公室制度的滥用；另一方面，上述情况易导致在未参与成员国境内发生的犯罪难以受到应有的惩治。

根据图 1 所示的第 3 种情况，未参与成员国的公民在参与成员国境内犯罪的，如果该未参与成员国承认积极属人原则（Active Personal Principle）（该原则在任何欧洲国家中通常占据主导地位），则该国司法管辖权将延伸到此类犯罪。但是，未参与成员国的管辖权延伸容易与欧洲检察官办公室的司法管辖权发生冲突。笔者认为，在出现管辖权冲突时，可以适用协调机制来解决。虽然目前这种协调机制仅运用于成员国之间，但从逻辑上讲，它也可以类推适用于协调成员国与欧洲检察官办公室之间的管辖权冲突。①

根据图 1 所示的第 4 种情况，基于参与成员国的域外管辖权，参与成员国的公民在未参与成员国境内犯罪的，欧洲检察官办公室可以启动刑事程序。成员国刑法规定，无论犯罪实施地在哪里，根据积极属人原则，该国都有权追究其公民的刑事责任并执行相应的处罚，根据《欧洲检察官办公室法》第 23 条(b)款规定，不仅未参与成员国对其境内犯罪行为拥有刑事司法管辖权，欧洲检察官办公室也保留对此类犯罪的管辖权。由此可见，图 1 中第 4 种情形下的并行刑事程序也可能引起

① Official Journal of the European Union, "O.J. 2009, L 328/42, Council framework decision 2009/948/JHA of 30 November 2009 on prevention and settlement of conflicts of exercise of jurisdiction in criminal proceedings", *Eur-Lex*, https://eur-lex.europa.eu/legal-content/EN/TXT/?uri=celex%3A32009F0948, last visited on March 17, 2024.

管辖权冲突。如果未参与成员国的主管机关不推进刑事程序，根据《欧洲检察官办公室法》的非领土司法管辖权原则，欧洲检察官办公室将有权管辖实施于该国境内的刑事犯罪。

综上，唯有牺牲追究损害欧盟财政利益的跨国犯罪的有效起诉，才可能在不侵犯法治原则的同时，从实质上解决未参与成员国和欧洲检察官办公室之间出现的司法管辖权冲突问题。但是，根据《欧洲联盟功能条约》第 328 条的规定，所有欧盟成员国都有履行基本义务的责任，因此，对于未参与成员国而言，放弃有效起诉并非可行之选。

五、一事不再理原则

欧洲刑法领域中最重要的实质性成就之一是，基于欧盟法广泛适用的“一事不再理”原则具备跨国效力。该原则的执行不仅对欧洲检察官办公室构成挑战，还对未参与成员国构成挑战。当欧洲检察官办公室和未参与成员国都根据某些赋予管辖权的规定，对某一犯罪行为或其部分拥有管辖权时，可能会引发权力的“竞逐”或“比赛”，这可能导致终局判决破坏决策的合理性，使刑事程序最终陷入僵局。

一事不再理原则还面临另一种挑战：根据未参与成员国的法律，即使被告缺席，也可以对其犯有的相关罪行执行刑事程序（例如匈牙利就是这种情况）。根据属地原则，犯罪行为是在将案件移交给欧洲检察官办公室的参与成员国中发生的，因此欧洲检察官办公室也有权进行处理。相反，若基于属人原则，则未参与成员国会按照常规程序推进刑事诉讼（在这种情况下，依照法理，确实应当进行这样的程序）。根据一事不再理原则，唯有存在最终的国家判决，欧洲检察官办公室才会停止推进刑事程序。然而，在这种情况下，欧洲检察官办公室对于缺席判决的约束力仍存在疑问。在上述背景下，由于刑事程序可能会被转移到基于犯罪行为地而有司法管辖权的成员国，未参与成员国的主管机关不必终止程序，而是由欧洲检察官办公室接手并完成被转移的刑事程序。

六、庇护所与挑选法院[①]现象

在刑事检控者和罪犯中都可能出现“挑选法院”的现象。允许从单一领土中选取特定地区，并容许彼此独立的机关对个案进行审判的系统，很容易导致“挑选法院”局面的出现，并逐渐形成某种不公正的“温床”。此外，“挑选法院”现象还可能带来另一层隐忧：参与成员国可能因政治原因退出欧洲检察官办公室。

“挑选法院”这一现象通常发生在犯罪分子“有意识”选择犯罪地点的情况下。经验丰富的犯罪分子会评估不同司法管辖区的刑事法规差异，以确定最佳的犯罪地点。他们会特别关注刑事责任的界定（即特定行为是否构成犯罪）、刑罚的严厉程度、财产没收的规定（例如证明责任倒置）或引渡规定等。一旦犯罪分子的罪行被发现，若犯罪分子具有挑选法院地点的能力，或具备一定的影响力，则必然会选择一个看起来可以减轻刑罚或延缓诉讼进程的国家。

此外，在传统的国家间合作中，检察官“挑选法院”的现象存在现实因素。这些因素既是政治上的妥协与交易的媒介，又是国家间为其他利益服务的互惠工具。在欧盟国家之间，类似策略早已失去其政治色彩，取而代之的是一种具有深远意义的隐性（非正式）手段，于欧盟而言，这种隐性手段是欧洲刑法一体化最重要的成果之一。在涉及多个欧盟成员国的刑事案件中，“一事不再理原则的跨国确认”“在刑事程序启动的并行诉讼义务”“解决司法管辖权冲突的欧盟超国家法律基础”等机制，使得有管辖权的各国可以对进行最终裁决的国家的行为进行评估，促进形成一个对所有成员国都具有约束力的裁决。虽然不同国家之间所掌握的证据程度可能不同，但决策矩阵必须考虑到刑罚的威慑力、制裁的种类，以及程序性规定的比较（如预审羁押的可能性、使用秘密或隐蔽工具等）。由于刑事制裁是最严厉的惩罚形式，排除刑事责任的渠道较为狭窄，各国在取证过程中判断标准差异显著，因此，以国家强制力为基础的刑事制度中所包括的人道主义原则，并不允许挑选诉讼国

---

① 译者注：挑选法院，英文为 forum shopping，是英美法上的一个术语，指利用国际民事管辖权的积极冲突，从众多有管辖权的法院中选择一个最能满足自己诉讼请求的法院去起诉的行为。目前学界普遍认为，当事人选择于己有利的法院起诉，存在使对方蒙受不利的可能性。

的现象发生。

综上，无论在何种情况下，欧洲检察官办公室都应在参与成员国推进程序，并需要未参与成员国作出具体且基本的裁决。未参与成员国可以裁定暂停刑事诉讼进程，或者为了使“自己”的决议能更快地得到实施，作出最终判决，并产生一事不再理原则的法律效力（这种法律效力可能导致犯罪分子在整个欧洲范围内都能免于再受惩罚）。如果此类裁决背后的目的是部分隐瞒（或涉嫌隐瞒）侵犯欧盟财政利益的行为的政治动机，则成员国决定的“庇护所”性质显然违反了欧盟的整体利益。①

① 本研究由 Nr. EFOP-3.6.2-16-2017-00007 项目支持（欧盟，由欧洲社会基金和匈牙利的预算共同资助）。

检察官的职业伦理与检察制度

——好人能成为优秀检察官吗?

[日]白井諭*

杨　朗**　译

一、序　　言

近年来,日本检察官的职业伦理情况备受争议。内阁作出决定,延迟时任东京高等检察厅检事长的退休,并向国会提出《检察院法修正案》(2020年),要求上调检察官的退休年龄。这些举措遭到广泛的舆论谴责。此前,在新冠疫情肆虐、内阁发布紧急状态宣言时,时任东京高等检察厅检事长被曝与媒体人士赌博。此举严重损害了公民对法律和检察机关的信任。①为此,日本法务省于2020年7月召开了"法务与检察行政改革会议"。该会议讨论了三个重要议题,包括"法务行政透明化"和"刑事程序的总体状况(确保刑事程序能够取得国际社会理解的措施)",以及

* [日]白井諭,冈山商科大学法学部教授,曾获2018年冈山商科大学GP(最佳实践奖)。本文原刊载于《冈山商大论丛》2021年6月第57卷第1号。

** 杨朗,上海外国语大学2022级法律硕士研究生。

① 法务省:《法务与检察行政改革会议报告书》,2020年东京法务与检察行政改革会议,第1页。此外,此次案件中的东京地方检察厅收到市民团体的检举,对涉及麻将赌博的4人作出暂缓起诉的决定,但经东京第六检察审查会审议,审查会作出应当起诉的决定。最终,东京地方检察厅向东京简易法院提起了简易起诉,法院对这位原检察长作出20万日元的罚金命令(2021年3月25日)。参见《朝日新闻数字报》2021年3月31日(https://www.asahi.com/articles/DA3S14853885.html)。

"检察官的职业伦理"。[①]在会议上,法务省建议:"在必要时,检察组织应当与法务省开展合作,采取措施强化检察纪律,以避免类似丑闻再次发生,提升公民对检察机关的信心。"[②]法务省邀请了一些外部专家参与会议,他们来自不同领域,包括三法曹、司法机关和行政机构工作者,刑事法律学者,行政法和民事法的学者,私营企业的企业主,以及教育行业人员等。[③]虽然会议没有对特定事项作出实施决定的权力,也没有向法检机关下达命令的权力[④],但是,受前法务大臣森雅子委托,新任法务大臣上川阳子表示:"根据本次会议总结的意见,法务省将推动法务与检察机关内部采取必要措施。期待有关法务与检察行政改革的讨论能够取得进一步的进展。"[⑤]

长期以来,日本的检察官在案件侦查到刑罚执行的整个过程中,一直拥有较大的职权。人们担心,检察官可能会滥用权力,不当限制包括嫌疑人和被告人在内的公民的权益。特别是考虑到检察官拥有起诉决定权等重要权力(参照《刑事诉讼法》第248条规定),且这些权力的行使建立在检察官自由裁量的基础上。毋庸置疑,检察官的职业伦理对刑事司法工作而言至关重要,有必要对此继续深入探讨。事实上,在2010—2011年期间,法务省曾召开"研讨理想的检察"的会议[⑥],专门讨论了检察官的职业伦理问题。根据会议精神,最高检察厅出台了名为《检察的理念》的检察官职业伦理文件。文件强调了检察官的职责使命,包括维护公共利益、保障公民基本权利、查明案件事实真相、迅速准确地适用刑事法律。检察官应当深刻意识到自己的责任,始终用公正、诚实和热忱的态度履行职责。检察官应当有作为人民公仆的觉悟,要以公正严明、诚实信用为原则,坚定维护公共利益,恪守法令,公正、诚实地履行职责。[⑦]

---

① 法务省:《法务与检察行政改革会议报告书》,2020年东京法务与检察行政改革会议,第1页。法务省:《法务与检察行政改革会议第1次会议议事记录——森雅子发言》,载《朝日新闻》2020年7月25日。

② 同上,第22页。此外,2021年12月24日,上川阳子法务大臣发布了法务与检察行政改革会议总结报告书。

③⑤ 同上,第1页。

④ 同上,第22页。

⑥ 会议召开的起因是大阪地方检察厅特别搜查部的检事在调查厚生劳动省前厅长涉嫌伪造密封公文(前厅长无罪释放案)时伪造证据。

⑦ 最高检察厅(編)『検察の理念』(最高检察厅,2011年),http://www.kensatsu.go.jp/content/000128767.pdf。

对于仅仅通过改善检察官个人的伦理观念就能使检察权的行使变得公正和诚实的观点，笔者认为仍有待商榷。实际上，法务与检察行政改革会议强调了整肃检察队伍纪律、实现法务行政透明化以解决刑事司法问题的重要性，指出关键不仅在于制度改革，更在于稳定工作队伍成员的心态和提高他们的素质。[①]“研讨理想的检察”的会议引发了关于重建检察系统的广泛讨论。一方面，有人指出，要实现真正的改革，检察队伍整体的观念转变至关重要。另一方面，有人担心，检察系统尚未形成共同的问题意识和危机意识，检察官在极其封闭的体系中形成了独特的价值观和正义感。因此，我们需要建立一种机制，将检察系统外部的观点引入检察组织。[②]然而，上述讨论最终未能触及检察系统改革的核心问题。[③]上命下从的体制和“检察系统内部所作的一切决策均为公正与真实”[④]的信念至今仍在延续。可以肯定的是，“即使检察官个人想要秉持良心行使职权，检察组织的整体风气仍有可能将其摧毁”。尤其是在日本检察一体化的制度下，为了使检察官伦理发挥实际效果，我们有必要重新审视日本的检察系统。

二、日本的检察官职业伦理与检察组织

（一）检察权独立原则与检察官同一体原则

在日本，检察官被赋予“独任制官厅”的称谓。考虑到检察权须在免受外界干预的环境中公正行使，同时鉴于检察官的职务行为具有立即生效的性质，每一位检察官都有权力代表官厅行使检察权，并不仅限于检察厅的长官。[⑤]此外，检察官享有与法官相似的、强有力的身份保障。第一，退休年龄的保障（《检察厅法》第22

---

① 法务省：《法务与检察行政改革会议议事记录——金指洁发言》，2020年东京法务与检察行政改革第二次会议。

② 内田亚也子「『検察の在り方』をめぐる国会論議—国民の信頼を取り戻すための検察改革とは何か—」立法と調査319号（2011年）12頁。

③④ 前检事乡原信郎评价称：“《理想的检察研讨会议》的讨论没有带来任何改变，因为它没有触及任何根本性问题。”郷原信郎「『検察は神ではなく人は間違いを犯す』—日本人が人質司法にあまり違和感を持たない訳—」（東洋経済オンライン，Frontline，2020年10月6日）（https://toyokeizai.net/articles/-/378489?page=2）。

⑤ 司法研修所検察教官室（編）『検察講義案〔2018年版〕』（法曹会，2020年）11頁。

条)。第二,对于检事总长、检事次长以及检事长的免职,须经检察官资格审查会决议和法务大臣建议;对于检事和副检事的免职,须经检察官资格审查会决议(《检察厅法》第23条)。第三,检察官不受冗员的影响(《检察厅法》第24条)。第四,除非受到处分(《检察厅法》第25条的但书,《国家公务员法》第82条),否则检察官不会因非自愿的原因被免职、停职或降低薪酬(《检察厅法》第25条正文)。这些制度安排的核心目的在于确保检察官在履行职责时,能够免受外部因素的干涉。①

另一方面,检察官群体处于一种以检察总长为顶点,以检事总长、检事长和地方检事长的指挥监督权为纽带的金字塔形结构之中。从职能角度来看,检事总长及其下属行使的指挥监督权(《检察厅法》第7条之1等)和事务接管权和移交权(《检察厅法》第12条)等,均有助于确保检察系统能够随时以一个统一的整体高效运作。②依据"检察官同一体原则",检察官在行使其检察权时,理应受到上级的指挥与监督。具体而言,法律赋予了检察官广泛自由裁量权,包括决定起诉或不起诉,以便妥善处理刑事案件(参照《刑事诉讼法》第248条)。同时,检察官在行使自由裁量权时,须遵循既定的具体标准,如操作手册、指导原则等,并通过"批准"(在作出起诉、提出量刑建议等决定时,需征询上级意见并获得批准)和"审计"(各检察厅的管理人员对案件处理情况进行年度抽样检查,以确保案件处理的规范性和一致性)等机制,来保障案件处理的统一性和一致性。③

一般认为,"检察官同一体原则"旨在确保检察官的独立性。伊藤荣树检事(曾任检事总长)称:"尽管检察官法为检察官确立了独立官厅的地位,并对其独立性予以保障。但是,检察权作为行政权的一部分,其天然属性要求检察厅在全国范围内统一行使检察职能,以准确体现国家行政意志。这至关重要,因为它直接关系到公民的基本权利与义务。而实现这一目标的最佳机制,就是'检察官同一体原则'。"④伊藤进一步指出:"《日本国宪法》第76条第3项明文规定了法官的伦理要

① 司法研修所検察教官室(編)『検察講義案〔2018年版〕』(法曹会,2020年),11頁以下。

② 伊藤栄樹『新版 検察庁法逐条解説』(良書普及会,1986年)72頁以下。司法研修所検察教官室(編)『検察講義案〔2018年版〕』(法曹会,2020年)12頁。

③ デイビット・T・ジョンソン『アメリカ人のみた日本の検察制度——日米の比較考察——』(シュプリンガー・フェアラーク東京,2004年)201頁。

④ 伊藤栄樹『新版 検察庁法逐条解説』(良書普及会,1986年)73頁以下。

求。尽管宪法没有像要求法官那样，对检察官的职业伦理作出明文规定。检察官仍应本着良知，依照法律规定公正处理案件。若违背良知，便应承受对其缺乏责任感的批评。当上级的命令与检察官个人的良知发生冲突时，检察官应当先向上司充分地陈述己见及理由；相应地，上司应以真诚态度阐明不同意的理由，并尽力协调双方立场。若双方无法达成共识，且上级命令违背法律规定，则检察官有权不予遵从。在其他情形下，检察官应请求上级依法行使行政事务接管权。”①

然而，在司法实践中，不乏这种情况：承办案件的检察官在搜查、起诉时，尽管对嫌疑人或被告人的犯罪事实心存疑虑，但往往因组织纪律的约束而不得不屈从，转而努力追求一份有罪判决。例如新潟逃逸事件②中，尽管嫌疑人声称“事故未曾发生”，辩护律师也向检察官暗示过“此案颇为蹊跷”，出庭检事依然坚持在法庭上指控被告人有罪。③又如佐贺市农协失信案④中，佐贺地方检察厅的次席检事指派三席检事负责案件调查。然而，次席检事并不了解案件全貌。尽管三席检事、现场检事、副检事及主要的事务官均倾向于不起诉嫌疑人（分所长），次席检事和地方检事长最终还是决定提起公诉。在这一过程中，主办检事不得不遵从上级的指令，对嫌疑人提起公诉。⑤在审讯过程中，主办检事对嫌疑人的严厉斥责，如“赶紧了结这个案子吧”，无疑给嫌疑人带来了巨大的心理压力。⑥上述案件受到了“检察官同一体原则”的影响。检察官本应是独立的，实际上却受限于组织决策，无法按照自己的意愿自主决策，这揭示了日本检察官的现状。⑦对此，曾担任佐贺市农协失信案的主

① 伊藤栄樹『新版　検察庁法逐条解説』(良書普及会，1986 年)74 頁以下。

② 1975 年，新潟县发生了一起肇事逃逸案。一审法院宣告被告人有罪(新潟地方裁判所 1982 年 9 月 3 日判决，判例时报第 1319 号，第 46 页)。上诉法院维持原判(驳回上诉)(東京高等裁判所 1984 年 4 月 12 日判决，判例时报第 1319 号，第 57 页)。然而，最高法院撤销了定罪，宣告被告人无罪(最高裁判所 1989 年 4 月 21 日判决，判例时报第 1319 号，第 39 页)。阿部泰雄「刑事実務から見た検察官」刑法雑誌 40 巻 1 号(2000 年)25 頁。

③ 阿部泰雄「刑事実務から見た検察官」刑法雑誌 40 巻 1 号(2000 年)74 頁。

④ 1996 年，佐贺市农协曾向当时的组合员提供了一笔 1.8 亿日元的贷款，但令人惊讶的是，这些组合员提供的抵押房产价值仅为 6 000 万日元左右。因此，佐贺市农协因被指控高估抵押物价值而陷入法律纠纷。这起案件最终导致三人被起诉，其中一人在一审中坦承所有事实，并被判有罪，而另外两人则被判无罪。市川寛『検事失格』(毎日新聞社，2012 年)168 頁。

⑤ 同上，市川寛書，208 頁。

⑥ 同上，市川寛書，221 頁。

⑦ 阿部泰雄「刑事実務から見た検察官」刑法雑誌 40 巻 1 号(2000 年)31 頁。

办检事市川宽也提出疑问:“为什么检察厅要消磨,甚至剥夺检察官的良心呢?为什么检察官在戴上检察徽章后,要么放弃最初的良心,要么把良心出卖给检察厅呢?”①

(二)检察权伦理与理想的检察组织

在日本,检察官职位分为两个层级:一级和二级。二级检察官包括检事和副检事,与法官助理、律师相同,二级检察官原则上必须通过司法考试,并完成司法实习,才有资格任职。一级检察官包括检事总长、检事次长、检事长、检事,他们通常是从那些已经在二级检察官、法官助理、简易法院法官或律师岗位上积累了超过八年经验的专业人士中选拔的(《检察厅法》第19条)。

依照1980年颁布的旧版《法院组织法》,检事局曾是法院的下属机构。在当时的体制下,法官(判事)和检察官(检事)都受到司法大臣的行政管理和监督。随着第二次世界大战的结束,法院逐渐摆脱了司法大臣的控制。在组织架构上,检察厅也与法院实现了分离。近年来,日本恢复了法官(判事和判事助理)和检察官(检事)之间的“判检交流”等制度②,以促进两大职业群体建立紧密的联系。此外,2005年出台的《关于法官助理和检察官的律师工作经验的法律》(2004年法律第121号)对检察官与律师之间的关系作出规定。这部法律旨在鼓励检察官体验律师工作,以此提高检察官的专业能力和整体素质,并增强其履行职责的能力。③然而,拥有律师实务经验的人进入检察系统并参与检察实务的情况并不常见。④通过检察系统内部的“纯粹培养”模式,检察官不仅能够掌握检察实务工作技能,还能够深入理解检察组织特有的文化和价值观。

相较之下,美国采用法曹一元体制。法官、检察官和律师被视为一个统一的职业群体,被统称为“法律人”(lawyer)。⑤在美国,检察官虽然承担着追求正义的重要

---

① 市川寛『検事失格』(毎日新聞社,2012年)318頁。

② 但刑事案件中的“判检交流”制度已于2012年取消了。参见《朝日新闻》2020年4月26日早报。

③ 值得一提的是,从2005年至2019年,共有97名检察官借助律师工作经验制度成功转型为律师。其中,东京律师协会吸纳了34人,第一东京律师协会有32人,第二东京律师协会则有17人,大阪律师协会也有14人。日本弁護士連合会(編)『弁護士白書　2019年版』(日本弁護士連合会,2019年)156頁。

④ 市川寛『ナリ検——ある次席検事の挑戦——』(日本評論社,2020年)166頁。

⑤ “法曹一元”的概念,参见伊藤正己=木下毅『アメリカ法入門〔第5版〕』(日本評論社,2012年)207頁以下。

使命，并受到特定的职业伦理规范。但他们与律师一样，属于法律人，因此应当遵守共同的职业伦理准则。在美国，绝大多数想要加入法律行业的人必须先获得律师资格，然后才能开始执业。①特别是法官，通常是在那些经验丰富的律师中进行选拔；②同样地，大型城市的检察官职位也倾向于从那些拥有大量实践经验的律师群体中挑选合适的人选。③在美国的农村地区，许多检察官是由刚毕业的年轻律师来担任的。这些年轻人往往出于对早期稳定收入的追求，希望在工作中积累实践经验，或者将检察官的身份视作跳板，以期未来能够进入政坛或其他行业。④美国联邦同样贯彻"检察官同一体"原则，这意味着法务长官拥有指挥和监督检察官的权力。⑤在州级层面，一些传统的检察任务往往由能力或经验不足的检察官执行，他们可能没有在法学院系统地学习过法律职业伦理。这不禁令人担忧，因为检察官容易受到那些更有经验的人的影响。⑥

基于此，检察厅长官应当如何领导检察组织，指挥、监督检察官，以确保案件处理的统一性和一致性，实现"有罪必究，无罪不罚"的目标？显然，检察组织的干部和高层领导认识到，检察官的职责不仅仅是追求有罪判决，更是依据自己的良知行事，同时考虑社会的整体福祉，包括被告人和嫌疑人的合法权益。《检察的理念》一书指出："检察组织在积累经验的过程中，应当不断地反思和学习，培养充满活力的组织文化，营造自由开放的讨论环境，守望相助（《检察厅法》第 10 条）。"在法务与检察行政改革会议上，与会者就培养干部的舆论意识、加强干部培训等方面达成共识，确保他们的行为不偏离社会常识。⑦会议还提出了多项建议，包括：借鉴人事院的官民交流研修等方式，帮助干部接触多元价值观，增加他们理解社会常识和普通民众的机会；⑧在制定研修计划时，应着重听取检察组织外部的意见，确保计划内容能够及时反映社会问题，积极构建"社会之眼"；⑨法务与检察行政人员应当更加

---

① 伊藤正己＝木下毅『アメリカ法入門〔第 5 版〕』（日本評論社，2012 年）208 頁。

②③ 同上，伊藤正己＝木下毅書，223 頁。

④ 同上，伊藤正己＝木下毅書，223 頁。田中英夫『英米法総論　下』（東京大学出版会，1980 年）424 頁以下。

⑤ 同上，伊藤正己＝木下毅書，225 頁。

⑥ See also Fisher, supra note 34, at 204.

⑦⑧⑨ 法务省：《法务与检察行政改革会议报告书》，2020 年东京法务与检察行政改革会议，第 6 页。

注重向公民说明；[①]法务与检察组织的内部成员，特别是年轻成员，更应当坦率地交流。若组织内部缺乏自由交流的氛围，应以本次会议为契机，设立一个允许年轻人发表意见的平台，首先确保法务与检察组织内部能够开展充分的讨论。[②]尽管如此，作为“公益代表”（《检察厅法》第 4 条）的检察官在行使检察权时，不仅需要确保组织内部的良性互动，还必须探讨如何提高组织对外的透明度，以确保能够真正代表整个社会的利益。

不同于美国，日本未实行检察组织最高领导人的公开选举制度。然而，作为战后司法体系“检察民主化”改革的一部分，日本的《检察厅法》第 23 条规定确立了检察官资格审查委员会的体制。该委员会负责对检察官的资格进行定期或必要的审查。该委员会由国会议员、检察官、律师，以及具有专业知识和丰富经验的人士等十一人组成。此外，为了确保检察官行使公诉权时能够准确反映民意，日本建立了检察审查会制度。根据《检察审查会法》第 1、2 条的规定，检察审查会由众议院在候选人名单中随机选出的十一名普通市民组成，其职责是审查检察官的不起诉决定，并向地方检事长官提出改进检察工作的意见和建议。2011 年，日本最高检察厅成立了统筹管理检察组织的顾问会议，向外部专家汇报检察工作的总体情况，并根据社会经济的发展变化和公民意识的演变，向会议征询关于如何开展检察工作的建设性意见。[③]此后，最高检察厅定期举办顾问会议，并聘请外部专家作为顾问，以便将外部的意见和视角纳入检察组织的管理和决策过程。[④]

2009 年，随着《检察审查会法修正案》的通过，检察审查会的职权得到了扩张。当检察审查会裁定某一案件应当提起公诉，而检察官坚持不起诉时，若审查会经过复审后作出“应当起诉”的决定（即起诉决议），该决定便将具有法律约束力（《检察审

---

① 法务省：《法务与检察行政改革会议报告书》，2020 年东京法务与检察行政改革会议，第 8 页。

② 同上，第 9 页。

③ 検察の在り方検討会議『検察の再生に向けて——検察の在り方検討会議提言——』（2011 年）22 頁（http://www.moj.go.jp/content/000072551.pdf）。

④ 最高検察庁『検察改革 3 年間の取組——検察の理念とその実践——』（2014 年）29 頁（http://www.kensatsu.go.jp/content/000153523.pdf）。事实上，最高检察院在 2011 年成立了检察统筹管理参与会。自成立以来，截至 2020 年 2 月，已举行了 13 次。参见最高检察厅官网（http://www.kensatsu.go.jp/kakuchou/supreme/kensatukaikaku.html）。

查会法》第41条之6)。尽管其他类似制度的有效性尚待观察①,但已有观点认为,普通公民的参与有助于加强外部监督。例如,检察官资格审查会中有六名成员是国会议员,因此,检察官资格审查会制度得以实施,并已取得一定成效。②此外,检察组织在行使其职权时,也会重视普通公民的意见。对于那些被审查会认定为不适当不起诉或应当起诉的案件,检察组织会将其视为"检审事件"予以慎重处理。③除了事后审查和控制,如审查会针对不起诉决定的适当性审查和起诉决议制度之外,笔者认为,建立检察组织与普通公民之间的事先沟通渠道有助于增强检察权行使的正当性。④

三、结　　语

"检察官论实质是当事人主义论的体现。"⑤战后以来,日本在刑事司法领域努力摆脱传统的"纠问式检察官司法"模式。⑥在这一模式下,检察官在刑事诉讼的各个阶段都占据主导地位。日本努力实现从职权主义到当事人主义的结构性转变,探索与当事人主义程序框架相适应的检察官角色定位与责任界定。这旨在充分保障犯罪嫌疑人和被告人的主体性及其辩护权利。在这一背景下,人们普遍认同检察官肩负着"客观义务",即他们在履行职责时应当保持客观和中立。⑦检察官被视

---

① 值得一提的是,截至目前,仅有一名副检事经过检察官资格委员会的投票审议,被判定为不合格。此外,尽管检察官资格委员会自该制度实施以来已提出了总计545项动议和建议,但在2015年至2019年的五年间,却未提出任何新的动议或建议。参见法院官网,https://www.courts.go.jp/vc-files/courts/2020/R1kensintoukei.pdf。

② 福井厚『刑事訴訟法〔第7版〕』(有斐閣,2012年)191頁。

③ 寺崎嘉博「検察審査会の議決への法的拘束力」現代刑事法4巻11号(2002年)39頁以下。

④ 此外,与控制起诉裁量权的行使相关的一个主要问题是,检察官对起诉权形成了事实上的垄断,他们的行为很难受到公民(本应是起诉权理念下起诉权的归属者)监督。庭山英雄=岡部泰昌(编)『刑事訴訟法〔新版〕』(青林書院,2002年)104頁以下[小山雅亀執筆]。此外,关于英国检察厅(Crown Prosecution Service)与地方居民之间的关系,参见八百章嘉「刑事訴追における検察官とコミュニティの連携——イギリスのCommunity Prosecutor論を中心に——」富大経済論集65巻3号(2020年)397頁以下。

⑤ 田宮裕「当事者主義訴訟のあゆみと課題」『書研所報』28号(1978年)120頁。

⑥ 小田中聰樹『刑事訴訟法の歴史的分析』(日本評論社,1977年)9頁。

⑦ 平場安治「実体的真実主義と当事者主義」日本刑法学会(编)『刑事訴訟法講座1』(有斐閣,1963年)17頁以下。井戸田侃『刑事訴訟法要説』有斐閣、1993年、57頁。岡部泰昌「刑事手続における検察官の客観義務(一)」金沢法学11巻2号(1966年)8頁以下。岡部泰昌「刑事手続における検察官の客観義務(六)」金沢法学15巻1=2号(1970年)100頁。

为有责任维护程序正义的“准司法官员”。[①]此外，基于刑事起诉权本质上属于主权者——即公民的原则，“私人追诉主义”理论[②]认为，刑事追诉权应当归属公民。检察官作为公民的代理人，代表公民行使公诉权，其权力的运作应受到公民监督。无论是在避免不当的不起诉决定方面，还是在防止滥诉方面，都应受到“公民公诉权”理念[③]的约束。有学者特别指出：“检察官是有权代表国家和社会行使刑罚请求权的法律人，而法律人应始终对法律保持忠诚。在履行具体职责的过程中，如何展现忠诚，应根据法律人的良知，由他们自主地思考和判断。虽然检察官是国家和社会刑罚请求权的代理人，但是该身份确实给他们带来了一定的限制。”[④]“公民公诉权”理念还认为：“检察官之所以被称为‘公益的代表’，是因为他们能够代表公民的利益。因此，检察官的行为应当符合普遍的社会常识，也即法律人应有的良知。”[⑤]

上述讨论主要侧重于检察官作为个体（独任制官厅）应该获得何种地位和权限，而较少关注如何通过“检察官同一体原则”来解决检察组织的内部运作的问题。在检察组织中，负责指挥和监督检察官的领导层在行使其职权时，同样需要依循内心的良知，并考虑社会的整体利益，包括犯罪嫌疑人和被告人的权益。尽管如此，实践中的“必罚主义”思想依然根深蒂固。[⑥]即检察官通过侦查程序，特别是审讯，来查明事实真相并惩处罪犯；又或者说，组织内部存在一种不容置疑的文化，它认为“一旦被起诉即等同于有罪，有罪就必须受到惩罚”[⑦]。有人对此提出批评：“目前我们实现检察民主化的机会太少[⑧]，检察组织缺少主动接受自律规范的基础。”[⑨]

---

① 松尾浩也「西ドイツ刑事司法における検察官の地位」法学協会雑誌 84 巻 10 号（1967 年）1299 頁以下。

② 鯰越溢弘『刑事訴追理念の研究』（成文堂，2005 年）183 頁。

③ 川崎英明『現代検察官論』（日本評論社，1997 年）209 頁以下。

④ 渡辺洋三＝江藤价泰＝小田中聰樹『日本の裁判』（岩波書店，1995 年）215 頁［小田中聰樹執筆］。

⑤ 川崎英明『現代検察官論』（日本評論社，1997 年）34 頁。

⑥ 小田中聰樹『現代刑事訴訟法論』（勁草書房，1977 年）324 頁。

⑦ 阿部泰雄「刑事実務から見た検察官」刑法雑誌 40 巻 1 号（2000 年）30 頁。

⑧ 小田中聰樹『現代刑事訴訟法論』（勁草書房，1977 年）324 頁。

⑨ 川崎英明『現代検察官論』（日本評論社，1997 年）201 頁。

改善现状的关键在于探索如何将社会各界的意见纳入检察机关的日常管理之中。特别是，若将检察组织视为行政机关，且其运作基于公民的委托，那么检察组织及其权力的行使就应当受到公民监督。尽管日本尚未实行检事总长等高级官员的公开选举制度，然而通过设立检察官资格审查会，以及检察审查会的建议和反馈机制，已经形成了一个能够将公民意见纳入检察管理的有效体系。通过激活该体系，在检察官组织和普通公民之间建立合作关系是可行的。

协商合意制度的价值与检察官的自由裁量权

［日］星周一郎*

强宇铭　郑嘉慧**　译

一、绪　论

2016 年，日本通过了《刑事诉讼法》修正案，创新性地规定了协商合意制度。2018 年，该制度正式生效。截至本文撰写时，协商合意制度已在数起案件中实际应用。在适用该制度的首起案件中，被告人所在公司和控方就部分案件事实达成一致，同意将被告人行为认定为职务行为。基于这一共识，公诉方对被告人提起公诉。在日本引入协商合意制度之初，日本法律界就提出诸多疑虑，而该案实际上正印证了该疑虑的合理性。换言之，当法人作为刑事协商的一方，且协商内容涉及双罚制的刑事犯罪时，能否将企业董事、员工履职过程中实施的犯罪行为视为"第三方刑事案件"，并由此达成减轻法人自身刑事责任的司法交易，这涉及是否有违该制度的设计初衷的问题。虽然协商合意制度实施的时间不长，司法实践相对有限，但目前已有一些适用案例出现。因此，重新明确该制度的目标并探讨其实际应用方式，具有重要意义。

---

* ［日］星周一郎，东京都立大学教授、都市教养学部部长、法学院院长。著有《放火罪的理论》《防犯摄像头和刑事程序》《刑事诉讼法判例笔记》《美国刑法》（译著）等，主要论文有《英美的犯罪体系论》《欺诈罪和"欺诈邻接罚则"的罪数关系》《危险驾驶致死伤罪的要件解释和立法动向》等。本文原刊载于《法学会杂志》2020 年第 1 期第 61 卷。

** 强宇铭、郑嘉慧，上海外国语大学 2023 级法律硕士研究生。

二、最高裁判所关于洛克希德案的判决及历史学说

1976年的洛克希德事件，因涉及民用航司机型选购等腐败行为及首相收受外国公司贿赂的丑闻，引发国际社会的广泛关注，也使得司法交易问题在日本备受关注。在调查过程中，东京地方检察官请求东京地方法院法官开展国际司法协助，委托美国具有案件管辖权的司法机关开展审查，主要是对当时身处美国的行贿嫌疑人A等人进行证人询问。几经周折，该请求最终被传达至负责审理此案的美国联邦地区法院。随后，日本总检察长发表声明，承诺今后将不会对A等人提起诉讼。日本最高法院亦明确表示，日本全体检察官将恪守总检察长的承诺。于是，美国司法机关对A等人进行了全面审讯，并将相关证人证词及其他重要文件移交日本。

然而，上述取得刑事豁免的委托审讯记录的证据能力却遭到日本最高法院的否认。1995年2月22日，在洛克希德案的判决中，日本最高法院将刑事豁免制度定义为：为了避免证人基于沉默权拒绝提供证言，致使司法机关难以获取证实犯罪事实所必需的供述，司法机关对部分涉案人员（如共犯）采用刑事豁免，强制其作出供述，并将这些供述用作证明其他人犯罪的证据。最高法院认为，《日本国宪法》虽未明文禁止刑事豁免制度，但《刑事诉讼法》中却未见相关制度的任何规定。因此，通过刑事豁免所取得的证人证言不得作为事实认定的证据。

日本过去有一种主流观点：刑事豁免制度并不适用于日本。该制度以豁免为饵，诱导行为人供述犯罪事实，有与罪犯做交易之嫌。①而且由于立法缺位，实践中没有可操作性。②虽然洛克希德案的判决印证了上述主流观点，但也表明《日本国宪法》并不禁止刑事豁免制度，该制度在日本立法化具有一定可能性。

洛克希德案的判决公布后，井上正仁教授等法律专家提出了一系列深刻意见：虽然主流观点认为刑事豁免等司法交易制度不公正，不适合日本刑事司法制度，但这一观点并未得到实际证据的支撑。日本应深入研究司法实践中司法交易的实际需求，进而决定是否应当将该制度纳入国内法律体系。若决定引入这一制

---

① 田宮裕『刑事訴訟法』(有斐閣，1992年)334頁。

② 松尾浩也『刑事訴訟法(上)』(日本弘文堂，1999年)253頁。

度，必须审慎考虑其具体构成要件及实施程序。但这一立法变革在短期内可能难以实现。①

三、协商合意制度的构建过程

（一）2009年邮政诈骗案与检察机关的信任危机

2016年日本修订《刑事诉讼法》并正式引入协商合意制度与刑事豁免制度，同时广泛修改了证据收集等相关制度。2009年发生的邮政诈骗案是推动此次《刑事诉讼法》修订的契机。该案的被告人是厚生劳动省的一名科长，因涉嫌伪造官方文书被捕。据调查，被告人与下属职员及社会福利法人的会长合谋，指使职员签发一份内容虚假的官方证明，目的是为该社会福利法人非法提供邮政折扣。本案的争议焦点在于被告人是否与其他共犯通谋，以获取不正当的利益。调查过程中，有一名职员供述其按照被告人的指示制作并提交了虚假证明，但这份供述因不具备特别可信性而未成为合法证据，最终法院判定被告人无罪。②

在案件调查过程中，司法机关还发现该案件的主办检察官存在篡改软盘数据的行为。该检察官隶属于大阪地方检察厅特别调查部，检察厅内部核实此事后，以伪造证据罪对该检察官提起公诉。涉案主任检察官因伪造与第三方刑事案件有关的证据，最终被判处一年零六个月有期徒刑。③有人指出，软盘被篡改前的固有属性信息仍可导出，足以检验邮政诈骗案的涉事职员所作陈述的真实性。因此，经过篡改的软盘仍可作为支持该科长无罪主张的关键证据。

此外，关于主任检察官的伪造证据行为，大阪地方检察厅特别调查部部长和副部长等高级检察官出具文件解释：软盘相关数据可能存在错误，不能确定是否被修改过。即便确有修改，也仅是该检察官的个人错误行为。案件所属地方厅的检事长及次席检事还在报告中指出，在主任检察官检查软盘数据时，数据可能已被错误

① 酒巻匡『刑事免責（訴追免除）制度について—供述強制制度の立法論的考察』ジュリスト1148号（1999年）252頁。

② 大阪地方裁判所2010年9月10日判決，判例タイムズ1397号309頁。

③ 大阪地方裁判所2011年4月12日判決，判例タイムズ1398号374頁。

改写,但由于软盘已归还而无法进一步核实,导致高级检察官们误以为无需继续调查。尽管如此,大阪高等法院依旧维持了原审判决,认定涉案检察官的罪行成立。①

在邮政诈骗案中,对厚生省科长的调查牵扯出主任检察官涉嫌篡改证据的职业犯罪行为,作为其上级的高级检察官亦被指控涉嫌藏匿犯人罪。这一丑闻严重损害了现任检察机关的声誉和公信力。②更为严重的是,此案引发了公众对检察官调查与审判活动公正性的质疑,使检察机关陷入前所未有的信任危机。

(二) 关于引入协商合意及刑事豁免制度的建议

为回应公众对检方的质疑,日本于2010年成立公诉情况研究委员会,并汇编了一份题为"振兴公诉"的提案。提案的其中一项要求司法机构改变以往的审判方式,尤其是过度依赖询问和供述笔录的审判习惯。为此,法制审议会决定在2011年成立"新时代刑事司法制度特别小组委员会"。小组委员会于2013年1月提出了"新刑事司法制度的基本构想"。该基本构想包括:(1)取证手段多元化。改变过分依赖询问的审判现状,确保在程序合法的前提下收集到更多口供及客观证据。(2)法庭审理充实化。改变过分依赖口供的审判现状,减轻包括被害人和涉案人员在内的社会公众的负担,确保被告人能够充分行使辩护权。

在此基础上,日本引入协商合意制度、建立审讯录音录像机制,对通信监听制度进行了充分的改革,同时不断完善刑事法律援助制度,扩充规定了证据开示制度和证人信息保护制度等。③

四、现有立法规定

(一) 协商合意制度的概念

协商合意制度指某些特定罪名中的犯罪嫌疑人或被告人可选择与检察官合

---

① 大阪高等裁判所2013年9月2日,大阪高等裁判所刑事判例集66巻3号17頁、判例タイムズ1408号293頁。

② 判例タイムズ1408号294頁の匿名コメント。

③ 吉川崇ほか『刑事訴訟法等の一部を改正する法律(平成28年法律第45号)について(1)』法曹時報69巻2号(2017年)31頁以下。

作，协助调查第三人（如共犯）的刑事案件，前提是已征得辩护人的同意。考虑到合作后对犯罪嫌疑人或被告人有利的情况，检察官可以与犯罪嫌疑人或被告人达成撤销起诉或从轻处罚的协议。这种协助调查第三方刑事案件的行为被认为是"协助调查型协商合意"。①这也体现了日本司法对英美辩诉交易制度的借鉴与改造。②

1. 理论依据

日本现行《刑事诉讼法》赋予了检察官广泛的追诉裁量权，也为协商合意制度提供了理论依据。日本《刑事诉讼法》第 248 条规定："根据犯罪人的性格、年龄、处境、犯罪的轻重程度、情节和犯罪后的情况，检察官可以不予起诉。"本条规定的意义在于即便存在被告人的罪证，检察官也可基于追诉裁量权决定是否提起或推迟追诉。日本《刑事诉讼法》第 256 条第 3 款和第 312 条第 1 款也明确规定了设定诉因是检察官的专属权利。换言之，检察官根据其追诉裁量权，可以不起诉或选择起诉部分有充足证据证明的罪行。协商合意制度中被告人与检方的协议被解释为《刑事诉讼法》第 248 条规定所列举的"犯罪后情况"之一。根据协商结果，检察官决定不起诉或就特定诉因提起公诉，这便是检察官行使追诉裁量权的具体表现。③

2. 适用罪行

协商合意制度并不适用于所有罪行，只适用于某些金融经济、毒品枪支及妨害司法等"特定犯罪"，而界定适用罪行主要以"交易"这一核心要素为依据。从政策角度考虑，应充分衡量是否有必要采用协商合意制度，以及协商合意制度能否被受害人及社会公众所接受。④基于这一考量，上述几种特定犯罪似乎都只能通过询问方式来查明案件事实。但如果仅考虑这一点，那么所有组织犯罪都可认为属于"特定犯罪"。在故意杀人、故意伤害等人身犯罪中适用协商合意制度很难获得被害人及其家属的理解，此类犯罪被排除在"特定犯罪"之外。另一方面，毒品枪支、金融经济等组织性较强的犯罪属于"特定犯罪"，其组织性及隐蔽性极强，更依赖于陈述证据来证明犯罪事实，因此有必要引进协商合意制度。换言之，协商合意制度在

---

① 与此相对的是"自证其罪型"，即嫌疑人或被告人同意承认自己的罪行。

② 田口守一『刑事訴訟法(第 7 版)』(日本弘文堂，2017 年)173 頁。

③ 吉田雅之『刑事訴訟法等の一部を改正する法律(平成 28 年法律第 45 号)について(3)』曹時 70 巻 1 号(2018 年)77 頁以下。

④ 酒巻匡『刑事訴訟法等の改正(1)—新時代の刑事司法』法学教室 433 号(2016 年)47 頁。

“特定犯罪”中能够有效发挥作用。①

前文列举的“特定犯罪”是根据政策视角选择的结果。在政策制定的过程中，保护法益这一法律目的提供了重要指导，使得“特定犯罪”排除了危害生命及身体的罪行。

下文将详细讨论该制度的内容。准确界定特定犯罪的保护法益意义重大，既影响协商合意制度的使用，又影响对检察官自由裁量权的评判。

3. 协商合意内容

检察官与嫌疑人、被告人之间协议达成如下合作：(1)接受侦查人员讯问时，对案件作出真实的供述；(2)作为证人接受法庭调查时，对案件作出真实的供述；(3)侦查人员收集案件证据时，提供相关证据或其他必要的协助。

与此相对，检察官提出的减轻处罚协议的内容可能是：(1)不提起公诉；(2)撤回诉讼；(3)就具体诉因或刑罚提起公诉；(4)请求增加、撤销或变更具体的诉因或刑罚；(5)在辩论中陈述具体的刑罚意见；(6)申请即决裁判程序；(7)申请略式命令。

4. 协商合意主体

协商合意的主体是检察官与嫌疑人或被告人。根据日本《刑事诉讼法》第350条第3款规定，要达成协议必须先征得辩护人同意，确保嫌疑人或被告人自愿、理性地作出决定。

关于法人主体，日本现行法律只规定了双重或三重法人处罚条款，通说认为企业法人也可成为协商合意中的协商主体。②根据《刑事诉讼法》第27条第1款的规定，协议的有关程序由法人代表执行。

5. 协商合意中应考虑的因素

协商合意制度是司法机关收集证据的手段之一，应由检察官根据其追诉裁量权自行决定是否进行协商。在此过程中应考虑以下因素：(1)协商后获取的证据是否重要；(2)被告人或嫌疑人所涉罪行的轻重程度；(3)协商案件和第三人案件的相

① 川出敏裕『協議・合意制度および刑事免責制度』論究ジュリスト12号(2015年)67頁。

② 吉田雅之『刑事訴訟法等の一部を改正する法律(平成28年法律第45号)について(3)』曹時70巻1号(2018年)91頁。

关程度；(4)其他应当考虑的因素；(5)有必要采取协商合意制度时，有达成合意的可能性。①

（二）刑事豁免制度

刑事豁免制度与协商合意制度一同被引入日本，易与广义上的“司法交易”相混淆。本节将概述刑事豁免制度及其与协商合意制度的区别。

1. 刑事豁免制度的意义

刑事豁免制度的核心是强制证人作证。该制度否定了《日本国宪法》第 38 条第 1 款规定所保障的反对自我归罪特权及日本《刑事诉讼法》规定的证言拒绝权。同时该制度给予刑事案件中的证人一定的豁免权，避免证人因证词获罪，确保证人在审讯中所作的陈述真实有效。②

刑事豁免制度的正当性来源于证言拒绝权。证言涉及的事项可能会使证人被牵连，如果能保证作证行为不会使证人承担刑事责任，相当于从制度上规避了证人拒绝作证的风险。刑事豁免制度要求公民履行出庭作证的义务，不可因担心刑事追诉风险而拒绝作证。③

刑事豁免制度与协商合意制度都是获取供述证据的新型手段，但两种制度的性质截然不同。协商合意制度旨在让嫌疑人或被告人自愿作出供述，而刑事豁免制度是强制其作出供述。使用刑事豁免制度时，由法院根据检察官的请求来决定是否赋予证人一定的派生使用免责权，而不是以检察官与证人之间的协商为前提。证人获得派生使用免责权后，必须就其自身有罪的事项作证。这意味着证人除作证外不得与检方有其他合作。因此，刑事豁免制度的基本结构中并不包括交易因素，与协商合意制度截然不同。④

日本引入刑事豁免制度之前，证人普遍基于反对自我归罪特权而拒绝作证，使

---

① 吉田雅之『刑事訴訟法等の一部を改正する法律（平成 28 年法律第 45 号）について(3)』曹時 70 巻 1 号(2018 年)91 頁以下。

② 吉田雅之『刑事訴訟法等の一部を改正する法律（平成 28 年法律第 45 号）について(3)』曹時 70 巻 1 号(2018 年)174 頁以下。

③ 吉田雅之『刑事訴訟法等の一部を改正する法律（平成 28 年法律第 45 号）について(3)』曹時 70 巻 1 号(2018 年)175 頁以下。

④ 吉田雅之『刑事訴訟法等の一部を改正する法律（平成 28 年法律第 45 号）について(3)』曹時 70 巻 1 号(2018 年)177 頁以下。

得日本检察机关陷入取证困境。日本刑事豁免制度借鉴了1995年最高法院大法庭对洛克希德案作出的判决，还吸收了美国刑事豁免制度的主要精神。

如前所述，1995年日本最高法院在洛克希德案的判决中指出，考虑是否适用刑事豁免制度时应审慎考虑以下三个因素：(1)是否存在必要情况；(2)从公平刑事诉讼的角度看程序是否适当；(3)从民众法感情的角度看是否满足公平正义。采用刑事豁免制度时，应当以书面形式明确规定该制度的适用范围、程序要件和法律效力等。

针对上述最高法院指出的三个因素，制度起草人作出如下回应：首先，因为从犯罪组织者处获取证词较为困难，所以在确保程序合法时用刑事豁免制度来收集证言，能够优化证据收集渠道，充实法庭审理。其次，查明特定犯罪的案件事实、惩治案件真凶，有助于实现刑事诉讼的公正性和回应公众对正义的期待。最后，鉴于证人固有的反对自我归罪的特权，给予证人派生使用免责权也是合理的。①

2. 刑事豁免制度概述

刑事豁免制度规定在日本《刑事诉讼法》第157条第2款和第157条第3款规定中，该制度可被具体划分为证人询问前和证人询问后这两个阶段。在证人询问开始前，如果询问事项可能导致证人被刑事追诉，则检察官需在权衡该证词的重要性等其他相关因素后，考虑是否提出豁免请求。若检察官认为确有必要进行证人询问，可预先向法院申请以特定条件进行询问。这些条件主要包括以下两点：其一，除非涉及《刑事诉讼法》第161条所规定的拒绝宣誓及作证罪，或《刑法》第169条所规定的伪证罪，否则依据询问所得的陈述不得作为证人自身刑事案件中对其不利的证据；其二，证人不得拒绝出具可能导致自身面临刑事追诉的证词。若法院接受检察官的豁免请求，除非确定询问内容不涉及证人自身可能被起诉的事项，否则检察官应当依照相应条件进行证人询问。

关于询问开始后提出的豁免请求，若证人因畏惧自身被追诉而拒绝提供相关证词，则检察官在权衡该证词的重要性、涉案罪行的轻重程度及其他相关因素后认为确有必要进行证人询问的，可向法院申请继续证人询问，询问条件与证人询问前

---

① 吉田雅之『刑事訴訟法等の一部を改正する法律（平成28年法律第45号）について(3)』曹時70巻1号（2018年）179頁以下。

提出豁免请求的情况相同。法院将依据与前文相同的情境或证人未拒绝作证的情况来作出裁决，决定是否按既定条件开展后续询问。

无论何种情况，当法院需作出豁免决定时，必须严格恪守其职权界限，不得越权行事。①

五、协商合意制度的应用实例

正如上文所述，截至本文撰写时已有三起实际应用协商合意制度的相关案件。其中两起案件已作出最终宣判，均涉及同一案件背景。接下来，本文将逐一剖析这些案件。

（一）MHPS外国公务员行贿案

"MHPS外国公务员行贿案件"被视为协商合意制度实施后的首起典型案例。东京地方法院分别于2019年3月1日（LEX/DB：25562724）和9月13日（金融·商事判例1581号42页）②就该案作出两项判决。

本案发生于2015年2月，系一起依据《防止不正当竞争法》所认定的贿赂外国公务员案件。涉案主体为三菱日立动力系统公司（MHPS公司，以下简称M公司）。M公司在卸载与泰国火力发电厂建设相关的零部件货物时，违反了当地的业务许可条件。为了谋求卸货方面的便利，M公司雇员经当地分包商引荐，向泰国交通部港口局支局长行贿现金1 100万泰铢（案发时折合日元约为3 993万）。旨在通过贿赂外国公职人员获取与国际商业交易有关的非法利益。

在本案中，M公司的业务人员X、部门经理Y，以及另一名业务人员Z均被起诉。经审理，东京地方法院于2019年3月1日依法判处X和Y犯外国公务员赠贿罪，Z则在同年9月13日被判处为外国公务员赠贿罪的共同正犯。此外，东京地方法院在判决书的量刑理由中明确指出：本案当中适用了协商合意制度，因此对M公司不予追诉。

---

① 川出敏裕『協議・合意制度および刑事免責制度』論究ジュリスト12号(2015年)70頁、大寄康弘『日本型司法取引制度の現状と課題』レファレンス819号(2019年)17頁。

② 丸橋昌太郎『判批』法学教室472号(2020年)140頁。

然而，前述判决对于协商合意制度的具体适用情况并未详尽阐述。据相关资料所载，涉案非法资金系通过当地合作企业向泰国建筑承包商追加虚假工程订单来支付给泰国公务员。这一手段规避了M公司总部的监视，所以M公司直至2015年3月内部通报后才知情。M公司随即启动内部调查，并委托外部律所协助彻查。经查证确有违法情节，M公司遂在同年6月将调查报告递交给东京地方检察院。①

当时协商合意制度尚未立法，但在案件发生后约三年内，M公司都积极配合东京地方检察厅的调查。2016年6月，东京地方检察厅提出了将协商合意制度应用于此案的建议。鉴于受贿者为泰国公务员且犯罪行为发生在泰国，多数关键证据均存于泰国境内，东京地方检察厅认为除了请求国际协助外，在M公司的配合下从M公司内部获取证据信息对于推进调查而言至关重要。为了全面揭示事件真相，M公司决定遵守协商合意制度，与检察官达成合作协议。据新闻报道，双方协议约定M公司作为法人主体，需要提供与事件相关的全部文件资料，并按照检察官的要求安排相关人员出庭作证，在庭审时提供必要的证人证言等。

对于上述事项，M公司回应：公司支持协商合意制度不仅是为了维护公司利益，更是保障那些未参与不当行为的员工的权益，实属必要且合理的决策。

（二）日产虚假记载有价证券报告书案

第二个适用协商合意制度的案例，涉及大型汽车制造商日产汽车有限公司（以下简称“N公司”）的两名高管。据悉，该两名高管于2018年11月因违反《金融商品交易法》，涉嫌在证券报告中虚假记载金额而被捕。

在此案中，N公司董事长J及其亲信K涉嫌瞒报年度证券报告中的董事长薪酬，报告书记载金额相比实际金额约少50亿日元。被捕人员下属的执行董事与检察官达成侦查协助的合意，积极配合调查工作。

随后，两名高管因涉嫌虚假记载有价证券罪及特别背任罪被依法逮捕并拘留。

---

① 三菱日立パワーシステムズ株式会社『不正競争防止法違反による当社元役員および元社員の起訴について』MHPSニュース221号（2018年）、酒井邦彦『日本版司法取引（協議・合意制度）の初適用に際して若干の考察』NBL1134号（2018年）48頁、麻妻みちる「企業犯罪に対する『日本型司法取引』の在り方—平成28年刑事訴訟法改正に伴う『協議・合意制度』を考える」松蔭論叢14号（2019年）77頁以下など参照。

根据虚假记载有价证券罪的双罚规定，N 公司作为法人亦被起诉。此案中 N 公司积极开展内部通报，进行了长达数月的内部调查，最终查明了两名高管的违法事实，并将相关调查结果移交给检察机关。负责此案的东京地方检察厅综合考量后，按照法人犯罪的双罚规定起诉了 N 公司。最后与检察官达成协商合意的是两名执行董事，他们按照 J 的指示参与了虚假记载等违法行为。

也有学者认为本案中的检察官并非通过与法人协商来完成调查，而是通过执行董事的协助对高层管理者进行打击，这与协商合意制度中“通过下级关系人员的调查协助，打击组织犯罪的主谋和共谋”的设想相近。①

（三）服装公司职务侵占案

第三个适用协商合意制度的案例是发生在服装公司 G 的职务侵占案。G 公司的前董事长（被捕时）和一名高管人员于 2019 年 12 月被捕。据媒体报道，G 公司的前董事长与其下属职员涉嫌合谋侵占公司销售收入一案引起日本社会热议。这些职员被指控通过伪造账簿来制造入账与实收间的差额，并将此差额作为“回笼资金”存入保险柜挪为私用。本案中，东京地方检察厅特别调查部与 G 公司员工达成一项协议：对于依照董事长指示参与转移资金等违法活动的员工，若能积极配合司法机关对 G 公司董事的审查工作，可以考虑从轻处理。根据以上调查结果，G 公司前董事长和两名涉事高管因涉嫌职务侵占罪两次被捕，并分别于 2019 年 12 月、2020 年 1 月、2020 年 3 月被起诉。

本文在撰写时尚未获得案件的详细信息，但基于前述报道可以推测，与 N 公司案件相比，本案中通过下属员工的积极配合，以追究企业高层和组织上层人员的责任的行为，更符合协商合意制度中“理念型”的要求。

六、协商合意制度的意义及应用判断

基于前文所述，后文将继续探究该制度的理论基础、解决所关注问题的策略，以及该制度发挥的作用，全面剖析该制度的意义与应用。

---

① 大寄康弘『日本型司法取引制度の現状と課題』レファレンス819 号(2019 年)23 頁。

（一）协商合意制度的理论基础及关注问题

1. 检察官的追诉裁量权

如前所述，刑事豁免制度与2016年《刑事诉讼法》修正案所确立的协商合意制度存在显著的差异，具体表现在有无交易要素和基本原理层面。刑事豁免制度旨在通过派生使用免责的方式恢复证人作证义务，消除作为证人被追究刑事责任的风险，从而揭示案件真相。相比之下，协商合意制度建立在现行法律授予检察官的追诉裁量权之上。根据日本《刑事诉讼法》第248条的规定，犯罪嫌疑人与被告人在第三方刑事事件的调查审判过程中所提供的协助应被视为“犯罪后情节”之一。检察官在行使追诉裁量权时，应充分考虑这部分协商合意的内容，从而采取推迟起诉或部分起诉等措施。

2. 与实体真实主义的关系

日本《刑事诉讼法》第1条规定揭示案件真相乃刑事诉讼的目的之一，关于前述制度和这一目的的关系也值得深思。事实上，刑事诉讼中澄清案件真相的目的在于确保刑法法规被正确且迅速适用。因此当证据足以认定行为人的犯罪事实时，检察官通过刑事豁免或协商合意对行为人推迟起诉，或以较轻罪名提起诉讼的行为是否背离上述目的仍然存在较大争议。

检察官基于对案件事实的判断自行设定诉因，是日本《刑事诉讼法》第248条规定中检察官行使追诉裁量权的体现。①由此可见，日本《刑事诉讼法》并不强求所有证据确凿的案件一概适用刑法法规。如果该结论成立，则刑事豁免制度与协商合意制度均可被视为与日本现行《刑事诉讼法》中实体真实主义相契合。②

（二）协商合意制度能否适用于法人

1. 关于法人适用协商合意制度的立法讨论

一般认为，法人能够作为协商合意制度中的合意主体。但是若缺乏双罚或三罚规定，法人就不具备犯罪嫌疑人或被告人身份，因而无法充当合意的主体。③

---

① 最高裁判所1965年4月28日判决，刑事判例集19巻3号270頁。

② 吉田雅之『刑事訴訟法等の一部を改正する法律（平成28年法律第45号）について（3）』曹時70巻1号（2018年）78頁。

③ 大寄康弘『日本型司法取引制度の現状と課題』レファレンス819号（2019年）25頁。

在立法审议过程中，日本法律界就法人成为合意主体的意义产生了激烈争论。若法人成为协商合意的主体，由于公司高层掌握的信息更全面，下属员工可能因此遭受不利影响，进而引发公众对于“权贵或能规避责任”的担忧。法务省刑事局局长对此表示：协商合意制度旨在查明组织犯罪，重点在于从下属执行者或参与者处获取案件主谋等相关信息。因此通常情况下，检察官根据具体情况都会优先选择与下属员工达成合意。①

2. 适用的两种情况

在上文所探讨的三个适用协商合意制度的案例中，案例三的服装公司人员被指控犯职务侵占罪。因此，尽管该公司实际上配合了相关调查工作，协商合意制度在该案中仍无适用的空间。相较之下，M公司案与N公司案均属于可针对法人提起诉讼的犯罪类型。然而二者存在显著差异：在M公司案中，M公司作为法人主体并未被起诉。而在N公司案中，N公司作为法人主体已被起诉。这是检察官综合考量案件性质，与谁达成合意更有利于揭示案件真相，以及确保刑法正确实施后的结果。

M公司案涉嫌违反日本《防止不正当竞争法》所规定的外国公务员赠贿罪。根据判决书及相关文件，贿赂行为并非公司法人的决策，而是项目负责董事、执行董事及业务经理等高管私自决定的。经公司内部举报披露，公司对此事展开内部调查，并委托外部律师事务所进行深入审查，同时以相关人员涉嫌违法为由，向东京地方检察厅提交了详细的调查报告。鉴于被控罪行涉及贿赂外国公务员，贿赂行为又发生在日本境外，因此与M公司展开协商并达成合意来查明真相更加妥当。

相较于前述案例，N公司案中被指控的罪行是有价证券报告书的虚假记载。据媒体披露，前董事改善了N公司经营不善的状况，使得其掌握了人事任免及员工薪酬等绝对权力。因此，N公司的董事会被前董事完全架空，企业管理机制陷于失灵状态。本案涉及的虚假记载行为主要是通过将员工的部分薪酬延迟至离职后支付，从而在账面上减少实际薪酬的记载。N公司基于举报进行的内部调查是在隐瞒前董事派系人员的情况下进行的，所以并非以N公司名义进行的调查。另据报

① 第189回『国会衆議院法務委員会議録』第29号(2015年)23頁。

道，检方调查与内部调查同时进行。换言之，检方是与参与内部调查的执行董事达成了协商合意，而不是与N公司这一法人主体进行合作。

（三）协商合意对象的选择和刑罚权的合理行使

本文拟通过对前述三个案例的深入分析，对影响检察官选择协商合意对象的因素进行探究。

1. 获取信息的难易程度

根据前述，检方会优先与信息调查更方便的一方进行协商。

在M公司案中，M公司总部起初对于员工贿赂外国公务员的行为一无所知，原因在于此行为脱离了公司总部的监视范围。M公司通过内部调查报告了解案件原委后立即进行了深入细致的调查，并在发现违法事实后及时向检方递交了调查报告。因此，检察官认为通过M公司获取相关证据信息有利于推动调查工作的顺利进行。

在N公司案中，N公司经过内部通报与长达数月的深入调查，最终将调查结果呈交检方。据媒体报道，涉案被告人的虚假记载行为采用了极为隐秘的伪装手法。可见，如需揭示虚假记载的实质内容，从公司高管处获取关键信息是一种不可或缺的方式。

此外，在G公司案中，员工主动供述了自己按照董事指示实施职务侵占行为的事实，交代清楚了自己在犯罪活动中所起的作用。鉴于此，东京地方检察厅认为有必要与该员工达成协议，以便获取更多证据。同时为换取该员工在调查董事方面的积极配合，检察厅同意暂缓对该员工起诉。

2. 确定当罚性和支持事项

对于检方选择的协商合意对象而言，明确界定其当罚性具有重要的意义。正如前述所论，协商合意建立在对方协助检方调查第三方刑事案件的基础之上。协商对象往往能够享受减刑、限定诉因或推迟起诉等待遇，但前提是协商对象是当罚性较低或经检察官认定的人员。

在N公司一案中，J及另外两名高管被认定为有价证券报告书虚假记载的主要责任人。有价证券报告书指企业对有价证券的发行市场进行开示，是日本《金融商品交易法》中规定的开示制度之一。有价证券报告书旨在完善企业内容开示制度、确立金融商品交易业务者的遵循准则，以及确保金融商品交易所的平稳运行。这一开示制度对于充分发挥资本市场的功能形成公正的市场价格、保障有价证券的公平发行及金融商品的公平交易、推动有价证券的流通而言意义非凡。①因此，在与法人N公司深入磋商并达成共识后，检方无法轻易采取暂缓起诉等减轻处罚的决定。

M公司案所涉罪名系日本《防止不正当竞争法》中规定的外国公务员赠贿罪。此罪的设立旨在维护国际商业交易的公正竞争秩序。②因此日本立法确立了处罚法人的机制，以期符合处罚侵害国际商业交易健全性行为的国际宗旨。③但法人成员背离法人意志的个人行为已经足以侵害本罪所保护的法益。因此依据个案的具体情况，检察官与法人自身达成共识具有较高可行性，即便法人已满足犯罪的构成要件。对于M公司案的理解宜从此角度出发，而不应拘泥于"蜥蜴剪尾案"的标签。

3. 查明真相、正确适用刑法及检察官的追诉裁量权

依据日本《刑事诉讼法》第1条的规定，刑事诉讼的宗旨是彻底查明案件真相、正确迅速地适用刑法及相关法规、维护公共利益、保障个人的基本人权。

在此背景下，查明真相是刑法正确适用的前提。反之，要在正确适用刑法法规的必要范围内查明事实真相。④根据日本刑事诉讼程序，检察官、被告人及其辩护人完成攻辩环节后，法院将依法作出判决。检察官亦被授予相应的裁量权，有权对刑法法规的准确适用作出判断。依据《刑法》第248条的规定，检察官在行使追诉裁量权时，需综合考虑"犯人的性格、年龄、境遇、罪行的轻重及犯罪后的情况"。因此，检察官在全面权衡这些因素后，可与被认定为"无需起诉"的嫌疑人进行协商并达成共识，合作调查第三方案件。⑤

---

① 黒沼悦郎『金融商品取引法』(有斐閣，2016年)147頁、200頁。

② 通商産業省知的財産政策室監修『外国公務員贈賄防止—解説改正不正競争防止法』(1999年)37頁。

③ 通商産業省知的財産政策室監修『外国公務員贈賄防止—解説改正不正競争防止法』(1999年)64頁。

④ 河上和雄ほか『大コンメンタール刑事訴訟法第1巻〔第2版〕』(中山善房，2013年)54頁。

⑤ 河上和雄ほか『大コンメンタール刑事訴訟法第1巻〔第2版〕』(中山善房，2013年)60頁。藤永幸治ほか編『大コンメンタール刑事訴訟法第5巻〔第2版〕』(青林書院，2013年)60頁以下。

“起诉有无必要”的判断与“刑法法规的正确适用”紧密相关。法规适用正确与否应基于公众的一般认知水平进行评判。日本最高检察院在最初实施协商合意制度时出台了《关于适用协商合意制度的暂行办法》，从案件选择层面明确指出：“协商合意制度的使用机制需为公众所理解，即该制度的运用旨在获取当事人在第三方刑事案件调查与审判中的合作，合作后其个人所受刑罚有可能被减轻。”此项政策显然契合刑事诉讼的宗旨。①

日本《刑事诉讼法》第 317 条规定了“事实认定须以证据为基础”。因此应从证据收集的合理性角度出发，考虑协商合意制度是否适用于本案。同时，需评估当事人的合作行为能否提供足够重要的证据，能否为协商合意制度提供有力的支撑。

七、刑事诉讼法与刑事实体法、刑事政策之间的有机联系

前述“正确、迅速地适用刑法”的观点，并不仅限于《刑事诉讼法》的范畴。关于如何界定适用法律的正确性，需从公众立场出发，结合刑事实体法与刑事政策的观点来综合判断当罚性。检察官在行使追诉裁量权时，需审慎考量“罪行严重程度及情节”等因素，这既能体现实体法中该罪名所保护的法益，又能彰显刑事政策遏制犯罪的威慑力。因此，在决定协商合意制度的适用与否及其具体运用时，应充分考虑各类犯罪类型及具体罪行的特性。

正如前文所提到的 M 公司案所示，该案涉及贿赂外国公务员的行为。一方面，鉴于遏止此类贿赂行为的重要性，国际社会亟待协调对策乃至缔结相关条约。另一方面，由于受贿者是外国公务员，且犯罪行为多发生于国外，因此在证据收集过程中需选取适当的人员作为委托人，与之合作展开协商合意工作。

从这一角度出发，检察官在 M 公司案中选定法人作为合作对象并非权宜之计，而是对正确迅速地适用《刑法》、揭示案件真相而言最好的选择。至于 N 公司一案，减轻 N 公司作为法人的刑事责任没有体现对《刑法》的正确适用。也难以通过与被告人的下属达成协议来收集充足证据。关于与法人的协商与合意，可以在两

① 最高検察庁新制度準備室『合意制度の当面の運用に関する検察の考え方』法律のひろば71卷 4 号(2018 年)52 頁。

个适用案例中得出不同的结论。在两起案件中，法人既可以作为协议针对的调查目标，又可作为合作的对象。这充分显示出检察官在运用裁量权时颇为审慎，既考虑了指控事实的性质，又兼顾了犯罪实施者与法人之间的关联，同时对收集证据的可能性进行了周详的考量。①

日本首例适用协商合意制度的M公司案中“外国公务员赠贿罪”的设立契机是洛克希德案。②如前文所述，洛克希德案引发了日本首次关于通过“司法交易”获取证词合法性的广泛讨论。平成末期，日本创立了“日本版司法交易”(即协商合意制度)，该制度所涵盖的首项罪名正是洛克希德案发生后确立的外国公务员赠贿罪。这并不是寻常的巧合，而是具有深刻的象征意义的。总而言之，未来检察官在运用协商合意制度时，应审慎行使追诉裁量权以确保制度的公正与有效。③

---

① 麻妻みちる「企業犯罪に対する『日本型司法取引』の在り方—平成28年刑事訴訟法改正に伴う『協議・合意制度』を考える」松蔭論叢14号(2019年)78頁。

② 佐伯仁志「日本における商業賄賂の処罰について」金光旭編『日中経済刑法の比較研究』(成文堂,2011年)251頁。

③ 沖田恵美子『合意制度の概要と企業における対応課題』旬刊商事法務2106号(2016年)35頁以下、麻妻みちる「企業犯罪に対する『日本型司法取引』の在り方—平成28年刑事訴訟法改正に伴う『協議・合意制度』を考える」松蔭論叢14号(2019年)頁80以下、星周一郎『司法取引の導入—協議・合意制度および刑事免責制度について』経営法友会リポート511号(2016年)7頁など参照。

你有胆识成为具有法律职业伦理道德的学者吗?

[美]辛西娅·戈索(Cynthia Godsoe)　阿贝·史密斯(Abbe Smith)

艾伦·雅罗舍夫斯基(Ellen Yaroshefsky) *

焦　芹　陈铠烨** 译

一、引　言

近年来,社会各界普遍倡导律师应对自身行为负责。从律师们使用伪造证据企图推翻2020年总统大选,到纽约市检察机关存在的严重不当行为,这一呼声愈发强烈。令人担忧的是,这两起事件并未引起法律伦理学学者们足够的关注。我们可以理解,律师们不愿揭露其他有权势人物的不端行为,是因为这可能会损害当事人的利益。但让人难以理解的是,法学教授们也未能积极参与其中。相较于律师要为客户提供服务,法学教授更多地专注于在法学院授课或从事法律实践。法律伦理学专家通常站在坚实的学术立场上,强调并宣扬法律伦理的重要性。

特朗普的执政时间自2017年其充满激情和愤慨的就职演说起始,至2021年他黯然离开白宫为止。

---

* [美]辛西娅·戈索,布鲁克林法学院法学教授;阿贝·史密斯,斯科特·K.金斯堡法学教授;艾伦·雅罗舍夫斯基,霍夫斯特拉大学法律伦理学教授。本文原刊载于《乔治城法律伦理学杂志》2022年第3期第35卷。

** 焦芹,上海外国语大学2022级法律硕士研究生。陈铠烨,上海外国语大学2022级法律硕士研究生。

值得注意的是，特朗普政府的法律顾问规模比最近这些年任何总统的都要精简。[①]对于那些信奉法律职业操守的人来说，这是一个不好的预兆，因为他们认为法律从业者都应当恪守既定的职业道德规范。若法律职业伦理学专家们能积极参与，或许会在一定程度上推动特朗普政府坚持法治原则。

特朗普政府中具有法律背景的高级官员较少，他们在道德、原则、务实方面略显不足，对法律界和政界都造成了负面影响。这种现象亟须得到扭转。然而，有法律专业人士试图让特朗普的律师承担责任，但这些尝试并未产生显著效果，也未能鼓励更多成员参与其中。

对于执业律师而言，这是可以理解的。将客户的利益置于首位是其职业行为准则的核心要求，而披露对方的强势身份可能对客户及律师事务所的利益构成风险。然而，法学教授，尤其是专攻法律职业伦理的学者，通常不受此类约束。他们的主要职责在于教学和学术研究，且往往享有稳定的学术职位，甚至拥有终身教职。他们理应以法律伦理的专业知识，为维护法治原则和正义贡献力量。但在实践中，为什么那些法律伦理学的学者们没有挺身而出，向强权说真话呢？

最近，法律伦理学界出现了一些令人关注的现象，即学者们在某些关键问题上的参与度不足。例如，在要求特朗普的律师对其在竞选期间散布的虚假指控和关于选举舞弊的故意误导行为负责的问题上，学者的参与度不足。此外，一个由全国性公益组织发起的项目，旨在追究纽约市公诉人的不当行为，也未能吸引法律伦理学界的广泛响应。这些案例反映出在律师职业伦理方面，法律伦理学专家存在显著的履职不力。

总之，根据我们的观察，当一个问题变得明显被“政治化”或引起争议时，法律伦理学学者通常选择保持沉默。这种沉默不仅导致法律工作者和法律本身的使命逐渐丧失意义，还让特朗普的律师得以逍遥法外。我们与一些法律伦理学教授们一道，试图激励同行更积极地参与其中。尽管遭到同事们委婉的拒绝，我们仍愿意付出更多努力。在本文中，我们将探讨为何同行们不愿意表达自己的声音。

---

① 布拉·卡森斯·韦斯在 2017 年 3 月的《美国律师协会杂志》中报道称，特朗普政府中法专数量与过去政府任期相比较少。

二、何 为“胆 识”

自20世纪60年代以来，许多学者展现出相当的“胆识”。所谓“胆识”，指不畏个人声誉或地位受损，坚定地维护公共利益，倡导基于法律和道德原则的立场。他们通过报纸、社交媒体及公共论坛发表观点；向法院提交法律之友书状[①]或提出纪律申诉；参与有组织的团体活动，协助资料整理并进行游说。他们致力于推动法律伦理原则、法治精神、社会事业和社会运动的进步。他们的核心追求在于维护法治原则、促进社会公正与公平，并推动民主价值的实现。

我们认识到，本文所探讨的“胆识”并非传统意义上的概念。更恰当的表述或许是“积极的法律知识分子”，尽管“知识分子”一词在法学界和律师界可能带有某些负面含义。大卫·C. 山田(David C. Yamada)教授将我们正在讨论的学术参与称为“知识分子行动主义”。[②]并将其定义为：通过公众教育、与他人及组织的合作，积极参与各类外联活动。因此，我们应当有胆识，将目光放远，不局限于学术研究的范畴，而是与更广泛的社会群体和各种活动组织一起处理亟须解决的法律和道德问题。在第五章，我们将更详细地论述这一点。

无论使用何种术语，我们对展现法律勇气的学者的呼吁都是基于德里克·贝尔(Derrick Bell)、金伯利·克伦肖(Kimberly Crenshaw)、理查德·德尔加多(Richard Delgado)、拉尼·吉尼尔(Rani Giner)、安吉拉·哈里斯(Angela Harris)、谢丽尔·哈里斯(Cheryl Harris)、邓肯·肯尼迪(Duncan Kennedy)、杰拉尔德·洛佩兹(Gerald Lopez)、玛丽·松田(Marry Matsuda)、加里·佩勒(Gary Peller)、肯德尔·托马斯(Kendall Thomas)、帕特里夏·威廉姆斯(Patricia William)等先驱学者的理论基础。他们对法律的基本体系及法学院的角色和运作提出要求。以洛佩兹

---

① 译者注：法律之友书状指第三方机构或个人向法庭提交的关于案件的意见或建议，旨在帮助法庭作出正确的裁决。这些意见书通常由对案件有兴趣的组织、专家或利益相关方提交，而他们并非案件当事人。

② David C. Yamada, “Intellectual Activism and the Practice of Public Interest Law”, *S. CAL. REv. L. Soc. JUST.*, no.25, 2016, pp.127—133.

的“反叛律师”理论为例①，他呼吁用不同的范式来对抗法学院中占主导地位的新自由主义文化。他不仅严厉批评法学院，还呼吁与批判法学、拉丁批判、妇女批判、种族理论等领域的学者合作，推动一种“叛逆的法律实践”，充分发挥跨学科合作的优势。

三、本文得益于门罗·弗里德曼和德博拉·罗德两位法学家

本文的构思受到两位杰出法学家的启发，他们是门罗·弗里德曼（Monroe H. Freedman）和德博拉·罗德（Deborah Rhodes）。尽管两位已经离世，但他们的遗志永存。弗里德曼和罗德都是恪守原则、无所畏惧的楷模，值得我们钦佩。无论是学术界还是社会大众，也不论涉及的议题多具争议性，他们都坚信直言不讳是法律专业人士不可或缺的品质。

弗里德曼享年86岁，他被《纽约时报》（*The New York Times*）誉为“永远不知疲倦的法律挑衅者”。他不仅个人魅力非凡，更是一位具有深远影响力的法学学者和社会活动家。弗里德曼是法律伦理学研究的创始人之一，他勇于发表自己的见解。在其著作《三个最难的问题》中②，他对刑事辩护律师的职业道德进行了深刻的分析，并与时任联邦上诉法院法官、后来成为最高法院大法官沃伦·厄尔·伯格进行了激烈的争论，同时批评了公诉人的道德立场。从对阿蒂克斯·芬奇（Atticus Finch）的批判到他的专栏文章，弗里德曼始终致力于追求平等与公正的实现。

门罗·弗里德曼自20世纪50年代开启其法律职业生涯，直至2015年2月26日逝世，一直捍卫女性权益、同性恋权益，以及公民权利与自由。尽管在进入法学院学习之前曾在海军服役，他却是反对越南战争的积极参与者。

知名律师兼法学教授迈克尔·蒂加（Michael Tiga）对门罗在追求平等和正义

① Duncan Kennedy, “Legal Education as Training for Hierarchy”, *THE POLITICS OF LAW*, no.54, 1998, p.57.

② Monroe H. Freedman, “Professional Responsibility of the Criminal Defense Lawyer: The Three Hardest Questions”, *MICH. L. REV.*, no.64, 1966, p.1469. (discussing whether a criminal defense attorney may discredit a truthful witness, knowingly allow a client to testify falsely, and provide a client with legal advice that the client may use to commit crime).

方面所展现的“坚定决心”给予了极高的赞赏。蒂加在书中写道，在评判是否具备胆识时，我们应当以弗里德曼为榜样，遵循他的标准并学习他的精神。他说：

> 要像门罗那样，在长达六十年的时间里屹立不倒，与社会不公作斗争，抵御各种形式的攻击。这就需要对自身的身份和所做之事有坚定的认知。这反过来又要求你按照你为他人设定的标准和你声称为自己设定的标准生活。门罗并没有简单地谈论“道德”，因为他是道德的化身。

德博拉·罗德同样是性别和法律伦理学领域的先锋人物，她曾出版多本著作、论文、专栏文章，并提起法律之友书状，旨在倡导性别平等、司法公正，并致力于提升律师的职业素养与领导力。作为斯坦福法学院的第二位终身女性教授，她在对美国性别和法律问题进行深入研究时，立足于历史与社会变迁。在她的首部学术专著中，她挑战了法律行业的垄断，认为这种垄断限制了公众获取公正司法的途径，值得深思。罗德因长期不懈地传播关于女性、权力、领导和正义的概念，被誉为“道德力量”和“法律界的良心”。

罗德愿意在一系列有争议的问题上挺身而出，其他人则避之不及。一个令人难以忘怀的例子是，2002 年，刑事辩护律师林恩·斯图尔特（Lynne Marie Stewart）因代理埃及盲人酋长奥马尔·阿卜杜勒·拉赫曼（Omar Abdel Rahman）被控策划炸毁纽约市多个标志性建筑案而受到起诉。尽管被指控涉及恐怖主义，且此时美国对 911 事件仍心有余悸，但罗德对斯图尔特的被诉感到不安。她在《纽约时报》的专栏中写道，美国的公民自由依赖于那些勇于维护自由的律师。约翰·亚当斯（John Adams）在为波士顿大屠杀中被指控的英国军官辩护后，虽然失去了一半的业务，但他认为那是他为国家作出的最重要的贡献之一。如果我们对斯图尔特女士提起诉讼，就会加剧对那些勇敢捍卫辩护权的律师的打压，这将对社会整体造成威胁。

罗德强烈主张对唐纳德·特朗普的法律团队采取制裁措施，原因是他们在 2020 年总统选举后提出多起关于选民舞弊的虚假诉讼。罗德和她的合著者在《石板杂志》（*Slate*）上刊登了一篇广为流传的文章，指出特朗普的律师们违反了法律职业的基本伦理规范。她认为，这些律师所提出的选举舞弊指控是“毫无根据的，忽视这种行为是对我们民主制度信任基础的侵蚀”。罗德称之为“令人震惊的违反职业道德的行为”，并敦促立即对涉事律师进行紧急的纪律处分。这一事件的紧迫性在于其涉及更广泛的政治背景：

> 特朗普律师的行为不能被孤立地看待，必须结合特朗普竞选团队在毫无可信依据的情况下声称选举存在欺诈，这给美国民众留下了极为负面的印象。这些毫无意义的诉讼明显会破坏公众对核心民主程序的信心。

罗德及其合著者在后续讨论中重申了美国法律界的道德准则，特别提到《职业行为示范规则》序言中所提到的法律专业人士对维护司法公正所承担的特殊义务。他们指出，法律工作者有责任提升公众对法治和司法体系的信任，因为在民主体制下，法律机构的权威依赖民众的积极参与和支持。

作为现实主义者，罗德认识到特朗普律师接受纪律处分的可能性并不大。她在 2020 年年底接受《琼斯母亲》（*Mother Jones Magazine*）杂志采访时表示："如果以史为鉴，这些律师受到纪律处分的可能性微乎其微。"罗德坦率地指出，这些律师背后的政治动因使得纪律处分机构对于制裁这些可能对法治构成严重威胁的律师持谨慎态度。

罗德，如同弗里德曼一般，是一位坚守原则的法学家。在她生前最后一部未出版的著作中，她表达了这样的观点："最终的成就感来自对核心理想和法律原则的坚守，以及利用生命去实现超越生命的价值。"这两位杰出的学者都展现了出色的胆识，成为法律伦理学界的杰出代表。

四、利用《职业行为示范规则》和惩戒机构遏制律师的不道德行为

在美国，律师是由律师协会负责监督的，这种组织机制对于律师的独立性和自主性至关重要。《职业行为示范规则》的序言部分明确强调，律师在行业自律体系中扮演核心角色。律师负有责任确保同行遵守行业规则，因为未能履行这一职责将有损法律职业的独立性及其所服务群体的公共利益。此外，该序言进一步阐述了律师的职责，即维护和促进社会自由，以及实现平等获得司法救济的机会。作为法律职业共同体的一部分，律师不仅是客户的代表人、司法程序的参与者，还是肩负着维护司法公正特殊责任的公民。

但是，律师行业的自我监管机制必须在实操中有效执行，尤其在公众高度关注

的案件中，其重要性更为凸显。本章将深入分析《职业行为示范规则》中的相关法条，即便在涉及政治因素的案件中，法律对律师的规定也足以约束其行为。

正如德博拉・罗德恰如其分地指出，法官和律师协会在对律师的政治行为进行纪律处分方面往往显得克制，对于公诉人、律师事务所合伙人等具有影响力的个体或群体的不当行为也鲜少采取制裁措施。相比之下，监管机构更倾向于对个体执业律师（其中包括多数少数族裔律师）的违规行为实施惩罚，例如对挪用客户资金的行为进行处分，甚至对一些会计差错予以惩处。侵害客户利益的不当行为确实应当受到行业监管，不过那些可能危及法治原则和破坏刑事司法系统中正当程序的行为，更应加以监督。

律师有责任在发现同行存在严重不当行为时予以谴责，这并非涉及"告密"、背叛或孤立斗争，而是关乎整个法律行业的公正性。行业公正是法治得以维系的核心要素。正如《职业行为示范规则》序言所阐述："律师在社会中扮演着至关重要的角色。"律师履行这一使命的方式是通过了解律师自身与法律体系的关系，认识专业行为规范在应用时的关键作用。

因此，对于律师来说，援引《职业行为示范规则》以追究那些在高位任职，尤其是在政治背景下从事不当行为的律师的责任，不仅是必要的，更是正当的。在某些情况下，有权势的律师（例如公诉人）可能会滥用其职权。如果我们作为法律职业共同体无法在政治动荡时期实现有效的自我监管，或者当公诉人违反基本道德准则而未受到监督时，我们就无法声称我们的行业能够实现真正的自我监督。

一些人对针对具有政治背景的律师提起纪律申诉持反对意见，主张此举可能侵犯律师依据《美国 1789 年宪法第一修正案》所享有的言论自由权。例如，布鲁斯・格林教授（Bruce Guerin）与丽贝卡・罗伊普教授（Rebecca Roype）在 2021 年发表于《华盛顿邮报》（*The Washington Post*）的专栏中提出，律师在政治舞台上应保有进行误导性陈述的空间，以维护其言论自由。否则，当他们因害怕"说错话"而受到限制时，正常的政治辩论机会将被扼杀。

格林和罗伊普继这篇专栏文章之后，又发表了一篇题为《律师与他们所说的谎言》的法律评论文章，他们坚持认为，律师在发表可能不受社会欢迎的言论时，应当受到与《美国 1789 年宪法第一修正案》赋予一般言论者同样有力的保护。文章中他们还提出，那些在公共或政治领域进行虚假陈述的律师，并不会对其同行造成负面影响，因为公众普遍能够辨别"向公众撒谎"的律师与其他更有声誉的律师。

反对者们密切审视《职业行为示范规则》第 8.4(c)条规定，该条禁止"涉及不诚实、欺诈、欺骗或虚假陈述的行为"，并主张运用纪律规则来遏制律师从事不诚实和反民主的行为。他们认为第 8.4(c)条规定措辞模糊且过于宽泛，可能无法有效地区分律师的不当行为与执业资格之间的具体联系。①

但这一观点忽略了一个关键事实：《职业行为示范规则》第 8.4(c)条规定有意采用了广义的表述，目的是维护整个律师行业的公正性和诚信。一方面，尽管鲁迪·朱利安尼(Rudy Giuliani)在 2020 年总统选举期间毫无根据地声称存在欺骗行为时并未担任公职，但他对法庭、立法机构和公众的多次虚假陈述导致他在两个司法辖区被暂停执业资格。另一方面，像时任司法部部长威廉·巴尔(William Barr)和时任司法部民事司代理助理杰弗里·克拉克(Jeffrey Clark)这样的公职人员，他们发表的关于 2020 年总统选举的严重不实言论，也应当受到比第 8.4 条规定更为严格的审查。作为司法部的高级官员，他们实际上掌握着美国司法体系的重要权力，却散布了危险的反民主谎言，声称选举被拜登(Joseph Robinette Biden)"窃取"，尽管多个法院已经证明这并非事实。

正如我们在后文第五章所讨论的那样，那些因不当行为而被法院点名的公诉人，应当接受更加严格的纪律处分。事实上，据我们所知，目前还没有人提出这样的看法，支持这一改革的法律伦理学专家也寥寥无几。

五、法律学者在关键法律伦理议题上参与缺失的案例

纽约问责联盟项目的成立②是一个很好的例子，有助于回答本文所探讨的问

---

① W. Bradley Wendel, "Free Speech for Lawyer", *HASTINGS CONST. L.Q.*, no.28, 2001, p.305. (addressing unanswered question as to how first amendment should apply to lawyer speech)又参见 Kathleen M. Sullivan, "The Intersection of Free Speech and the Legal Profession: Constraints on Lawyers' First Amendment Rights," *FORDHAM L. REv.*, no.67, 1998, p.569。

② 纽约问责联盟项目组织，由法律教授、民权组织、社区活动家、律师和其他关心社区成员组成，旨在寻求对公诉人不当行为的专业后果。这个组织似乎致力于推动公诉人的公正职业行为，并确保他们不会滥用权力或滥用职务。

题。该项目旨在运用州律师协会的纪律程序追究涉嫌不端行为的公诉人的责任。有人或许天真地认为这个项目容易推进，因为它是非政治性的，即可以审查任何政党或有政治取向的公诉人，并且它回应了众多法律学者对刑事司法系统中关键问题的关注。毫无疑问，这个项目并非激进的。遗憾的是，我们低估了保守派对其进行抵制的激烈程度。

在过去的十多年里，公众逐渐认识到刑事司法体系存在深层次的缺陷，特别是在认罪协议的应用中①，检察权力往往缺乏有效监管。这种现象已成为当今社会过度刑事化和出现大规模监禁问题的一个关键因素。人们也逐渐认识到，法律职业的自我监管并未有效遏制公诉人的不端行为。这两个问题的相互作用形成了一个恶性循环，使得不当行为猖獗，引发民众对公平缺失的强烈担忧，有时甚至导致无辜者被错判。例如，2013 年公诉人廉政中心的一份报告指出，1963 年至 2013 年间，中心共发现 3 625 起涉及公诉人不当行为的案件。然而，其中只有 63 名公诉人（不到 2%）受到公开处罚。许多证据表明，公诉人的不当行为缺乏有效监管，即便在引起公众广泛关注的案件中，这些公诉人也常常因为其地位而获得较轻的处罚。

尽管存在不当行为的记录，这些公诉人仍被提拔至地方公诉人办公室的高级监督职位。这种现象可能部分归因于公诉人游说团体的强大影响力，以及不少政治人物本身曾担任公诉人的背景，由此导致两大主要政党的政治代表均对这一问题持回避态度。正如《纽约时报》在 2018 年的一篇社论中指出，“当前缺乏一个有效的机制来追究公诉人的不当行为，显然不能依靠他们自我监管”。

众多刑法学者和法律伦理专家已撰写了大量关于公诉人问责机制不足的文章，并在美国律师协会的会议及各类学术论坛上对此问题进行了深入讨论。这些学者还将对公诉人责任的关注融入“法律职业责任”课程中，特别指出《职业行为示范规则》第 3.8 条对公诉人作为法律职业共同体的规定过于模糊。②除了对这一议

---

① Missouri v. Frye 体现出当今的刑事司法“在很大程度上是一个认罪制度，而不是一个审判制度”。这意味着在当今的刑事司法系统中，大部分案件最终以被告人认罪结案，而不是通过完整的审判程序结案。这一观点反映了现实情况，即越来越多的刑事案件通过认罪协议解决，而非通过法庭审判进行裁决。

② Connick v. Thompson, 563 U.S. 51, 65—66(2011); Niki Kuckes, “The State of Rule 3.8: Prosecutorial Ethics Reform Since Ethics 2000”, *GEO. J. LEGAL ETHICS*, no.22, 2009, p.427.

题拥有专业知识和浓厚兴趣外，法律学者在抑制不当行为方面的作用往往被削弱。辩护律师不会轻易报告不当行为，因为他们担心危及其业务，法官也极少对公诉人的不当行为进行举报。据我们所知，公诉人同僚之间也从未有过相互举报的情况，这表明社会存在着检举和制裁公诉人不当行为的漏洞。纽约州律师协会刑事司主席马文·谢克特(Marvin Shekter)说："这是一个潜在的共识，公诉人从事不当行为是因为他们深知自己可以逍遥法外。"

在法律界，唯一能够免受职业报复并具备深厚专业知识以探讨该议题的群体是法学教授。在众多案例中，公诉人的不当行为触发了法律与道德层面的关切，法学教授们对此屡见不鲜。

纽约问责联盟项目经过周密而审慎的设计，旨在消除偏见或谣言可能引起的疑虑。该项目专注于对那些严重或屡犯的不当行为案件进行问责，并且仅在法院经过彻底审查并确认公诉人存在不当行为之后，才会采取相应的行动。设置如此高的门槛是为了确保问责过程的正当性，以避免适得其反。我们向超过二十位专家发出了参与项目的邀请，但大多数人拒绝参与，甚至不愿意签署投诉书。鉴于学术界普遍存在的风险规避和严格的等级制度，我们特别邀请了那些拥有终身教职的学者参与。同时，我们鼓励法律从业者将该项目的信息传播给更广泛的群体。在最初加入纽约问责联盟项目的少数教授中，来自私立法学院的教授占比最高，值得一提的是，其中还有两位成员尚未获得终身教职，这无疑展现了他们的勇气。

除了不愿起草或签署针对有记录的公诉人不当行为的道德投诉之外，一些学者批评参与该项目的人"越界"，这似乎指跨越了学术界与实务界的界限。这些批评背后的确切动机并不清楚。令人庆幸的是，该项目也获得了广泛支持，其中包括"普通法律从业者"，如公设辩护律师、受刑事司法系统影响的个人及其家庭和社区成员，以及其他关心公共利益的人士。此外，我们获得了一些意料之外的支持者，包括大型律师事务所的合伙人、主流媒体，以及一些已退休的公诉人。

纽约问责联盟项目的一个重要特征是将公诉人的不当行为视为系统性问题，这种不当行为的持续性和普遍性表明它并非个例，而是一种普遍现象。因此，纽约问责联盟项目不仅致力于对个别公诉人进行纪律处分，还呼吁监管机构调查这些公诉人处理案件的程序。在涉及警务不当行为案件时，这种调查方式已成为常规做法。

该组织在其网站上公开了提交的投诉内容，并向媒体详细介绍了该项目。公开投诉的目的在于促进公众对公诉人不当行为的讨论，这一议题通常局限于法律专业人士如律师、法官等的内部圈子。此外，公开投诉旨在提高法律职业共同体纪律程序的透明度。公众普遍批评现有的律师纪律程序过于保密，这种做法给客户和公众带来了潜在风险。对此，一些州已经作出回应，通过发布更多信息试图进行改革。纽约州便是其中的典型例子，作为仅有的 9 个不允许在纪律程序中公开传播信息的司法管辖区之一，纽约州直到纪律处分建议初步形成，且仅在最终裁决时才对外公开纪律程序。因此，提升律师纪律程序的透明度、公正性和有效性被认为是法律伦理学专家应当关注的重要议题。

该组织针对皇后县地区公诉人办公室的人员提出了超过十项投诉。在投诉提交之后，政府官员立即进行强烈反击，皇后县公诉人办公室及全州法院行政管理办公室公开批评了签署投诉书的法学教授，纽约市政法律顾问也向这些教授发出了公开信，对他们的行为提出指责。这种反应及同行支持的缺失使得教授群体感到孤立无援。幸运的是，该项目获得了纽约著名律师事务所帕特森贝尔纳普的法律援助，该律所代表教授群体对市和州的相关官员提起诉讼，主张他们的行为侵犯了《美国 1789 年宪法第一修正案》所保障的权利。

随后，该项目受到媒体广泛报道，并获得了更多支持，引起了对公诉人不当行为问题的关注。《纽约时报》发表了一封公开信，支持公开案件中的关键内容，称公诉人的不当行为是“公共十分关切的问题”，并认为保密行为将损害公众对司法系统的信心。

六、为什么法律学者怯于采取行动

法学教授为何不愿签署投诉书或采取行动来维护法治和刑事司法体系中的基本公平？其中有许多相关因素导致我们的法学教授同僚持有过于谨慎的态度。在此，我们提出三个相关因素：(1)法学界的等级制度、风险规避和地位意识文化；(2)对法学教授角色的狭隘认知；(3)法律与政治之间的虚假界限，准确说是法律的“中立性”。

（一）法学界的文化

法学界长期以来被视为一个强调等级、声望和权力的体系。作为一个根深蒂固的保守机构，它倾向于从形式主义的法律视角来审视社会秩序。在追求学术排名和声誉的过程中，法学院致力于提升自身地位，因为排名直接影响到学校在潜在申请者、师资质量、资金筹集能力及整体声誉方面的影响力。如新任助理教授很快学会了如何向上攀升，通过晋升为副教授，并最终获得终身教职来实现职业发展。在此过程中，发表顶级学术期刊文章、获得优秀的教学评价、加入关键委员会及展现良好的团队合作精神变得尤为重要。助理教授是否能够获得终身职位或被更高排名的学校聘用，往往取决于同行的评价，而这些评价标准可能具有主观性。在许多终身教职的指南中，公益服务或社区参与往往被排除在奖励体系之外。拥有终身职位的教职员工主导着学院的管理，包括制定课程、对新教职员工的聘用进行投票等。因此，年轻教职员工都努力取悦那些能充当导师和推荐人的终身教职员工。总之，对于一位渴望在法学界及相关领域取得成功的年轻学者而言，关键在于获得同行的认可并专注于传统的学术研究和大学服务，而非投身于社会问题的讨论，尤其是作出对其他法律从业者及行业本身持批评态度的表达。

法学教授通常被认为应当坚守传统的法律职业角色，这部分源于他们相较于一般公众更为审慎和倾向于风险规避的心态。拉里·理查德（Larry Richard），一位研究律师心理学的律师兼心理学家，发现法学教授普遍展现出六种特征：怀疑主义、高度认知思维能力、紧迫感、自主性、高度敏感性，以及社交能力较弱。虽然关于法学教授与普通法律从业者之间差异的研究相对有限，但根据我们的观察和经验，学术生涯的个体往往比那些投身法律实务的律师更具有风险规避的倾向。在法学教授群体中，法律伦理学教授对社会活动最具行动力，但他们通常不会轻易采取行动。

（二）对法学教授角色的狭隘认知

法学教授的主要角色认知——尽管这一认知正日益受到挑战——在于他们在法律学术界及更广泛的法律体系中保持“中立性”。存在这样一种观点：法学教授应该保持中立，希望他们独立思考，专注于学术著作和研究，而非涉足与学术无关的实务活动。以下将详细阐述对这种角色长期存在的根深蒂固的认知。

1939年，当勒纳德·汉德(Learned Hand)获得哈佛大学法学博士学位时，他强调了法学教授的传统学术角色。汉德认为学术独立性是至关重要的目标，并主张学者们要保持“对热点问题的疏远……如果不这样做，我们很快就会变成‘倡导者、煽动者、十字军战士和宣传者’”，而这些角色在他看来，不及“真正的学者”那样值得尊敬。他解释道：

> 你可以以马丁·路德(Martin Luther)或伊拉斯谟(Desiderius Erasmus)为榜样，但你不能同时扮演两个角色；你不能在学者的长袍下携带利剑，或者在僧院里领导炽热的事业……你不能旗帜鲜明地反对压迫，或者跃入缺口来解除不公正，同时对每一个令人不安的事实保持开放的心态，或者对怀疑的冷酷声音保持敞开的耳朵。

勒纳德·汉德的观点备受赞誉，被当代许多学者接纳，文学理论家和法学学者斯坦利·费什(Stanley Fish)更是对其推崇备至。他批评那些逾越“纯粹教学与学术”领域、参与社会变革活动的学者。讽刺的是，费什本身就是一位广为人知的公共知识分子，其活动范围远远超出了传统的教学和学术领域。

许多法学教授采纳了这种狭隘的角色认知，避免参与任何带有社会正义色彩的活动。这种自我约束有助于他们在同行中获得尊重，进而获得终身教职，甚至转到排名更高的法学院工作，或晋升到院长、法官等职位。另有一部分教授则专注于更为细分的学术领域，以便能够在私人领域被聘用为专家证人或法律顾问。

大多数法学学者都沿着这条路径发展，从精英法学院毕业，获得声望很高的联邦法官助理职位或研究奖学金。他们往往缺乏或完全没有实际执业的经验——事实上，许多学者并非注册执业律师。最近，法学博士学位也逐渐取代了法律博士学位。在种族和性别的多样性方面，法学院的师资队伍仍然存在不平衡的问题。他们的法律实践经验通常集中在大型律师事务所和联邦公诉人办公室。正如索托马约尔大法官(Sonia Sotomayor)所指出的，缺乏刑事辩护经验的法官可能会对案件采取一种高高在上的态度。总之，法学学者群体不仅并非完全中立，甚至他们的同质性反映了一种普遍存在的、根深蒂固的偏见和狭隘的世界观。

值得庆幸的是，并非所有法学院的教职员工都严格遵循“学者权威”这一单一角色。在私立法学院中，一些法学教授专注于与边缘社群合作，致力于教授学生如何实际运用法律知识。他们长期与社区保持互动，经常采用创新和积极的法律实践方法。这些教授更可能是女性或有色人种，相较于传统教授，他们在声望和权力方面通常处于较低地位（因此不太可能获得终身教职）。这种现象并非偶然，因为学院内部的权力层级与更广泛的法律政治系统中的权力层级密切相关。对学院外部状况的批评，以及认为学院并非“中立”的观点，不仅延续了结构性的种族和性别不平等，还可能引发对学院内部现状的质疑。并非所有一线教师都坚持这种传统角色。正如我们将在后续部分进一步探讨的，有一部分教师始终积极投身于实践活动，并将此视为其职业责任的一部分——这一群体的规模正在扩大。

（三）学术研究和教学中的虚假二元性和中立性

法律伦理学者不愿参与社会行动的另一个原因是法律与政治之间的虚假二元性，这与法律应保持中立的传统有关。历史上，人们普遍认为法律与政治在本质上是不同的，并且认为保持法律与政治的分离对于维护法治而言至关重要。正如我们在此所主张的，法治的特点不应被简单理解为中立，因为法律本身并非天然中立。

以“黑人生命运动”M4BL律师联盟为例①，他们明确拒绝虚假的政治—法律二元对立。M4BL的律师来自全国黑人律师大会和艾拉·贝克人权中心。M4BL的信念是“利用法律为人民谋福祉，法律应当成为增强社会力量的工具”。此外，该组织还秉持以下原则：

> i. 我们是具有政治倾向的。我们明白这项工作需要进行政治游说，并与政治活动家进行合作。
>
> ii. 我们努力思考如何创造性地运用法律手段来支持运动，并同时尊重活动家的政治倾向……
>
> iii. 我们相信会建立一个完善的法律体系，以支持解放运动的重要性和必要性。
>
> iv. 我们认为解决法律界内存在的精英主义、等级制度和以律师为中心的倾向这些问题非常重要。

① M4BL(Black Lives Matter运动)中的律师包括全国黑人律师协会和埃拉·贝克人权中心。请参阅《黑人生命事务运动联盟》(*Movement for Black Lives Coalition.*)

在探讨法律、法学学术界和法学教育的中立性问题时，我们的立场不仅基于那些推动社会运动的律师的实践工作，还根植于深厚的学术传统之中。多年来，批判法学学者持续提出对法律体系进行更深层次的规范。他们揭示了法律中立性的虚幻之处，指出法律体系是如何通过强调形式平等而非实质性平等，从而在合法化种族、性别、阶级和其他不平等方面发挥作用的。

确实，法学学术并非中立，因为它本质上是个体化的、主观的。一方面，客观性是一种理想化的追求，因为每个人的成长背景和生活经历都会对其观点产生影响。另一方面，我们选择研究的主题和采用的方法论本身就蕴含了主观性。这一现象普遍存在于所有学术领域中，包括社会科学和自然科学。正如哲学家约翰·杜威(John Dewey)所指出的，"问题的提出方式决定了我们采纳哪些解决方案"。换言之，学者们对问题的界定方式直接影响了他们解决问题的推理路径。

他们对中立性的执着也渗透了法律教学领域。部分人认为，公开表达个人观点可能会削弱他们的教学效果。他们声称，如果学生持有不同的观点，这些学生可能无法充分受益于课堂教学。这些教授坚称，他们不会分享个人对现实案例和法律概念的看法，而是采用更传统的苏格拉底式问答法来进行法律教学。

进步派评论家愈发批评这种所谓的中立教学方法。他们认为，对法律概念的解读本质上是主观的。同时，历史学家们指出精英法学院的教育模式存在"学术与实践世界之间的脱节"。罗伯特·戈登(Robert Golden)向其他人表示，这种教学模式可能对学生不利，因为它未能提供实用的法律技能教育，如在公益工作或大型公司、律所之外的领域需要运用的技能。

在针对特朗普律师团队及涉嫌不当行为的公诉人提起法律伦理投诉的过程中，我们遭到一些法律伦理学者的批评，他们认为这类投诉过于"政治化"，并质疑参与投诉者的中立性——这是严肃学术研究者所应持有的品质。有人指责这些行动是在为政治利益"武器化法律伦理"。另外一些人认为，对于朱利安尼等代表特朗普从事不当行为的律师，应当采取政治程序而非纪律惩戒来予以纠正。他们主张，公诉人的行为应由政治规范来管理，而非直接交由纪律处分机构处理。然而，正如本文所探讨的，如果我们无法将真正危害法律职业的行为纳入监管，那么制定法律从业者的行为准则又有何意义？法律行业又该如何实现有效的自我监督？

七、前 进 之 路

近年来，法律伦理学者在社会中扮演着越来越重要的角色。他们呼吁学者站出来捍卫正义，这种呼声变得越发迫切。我们坚信，在自由社会中，那些具备强烈道德责任感并积极参与社会运动的法律专业人士发挥着至关重要的作用，法律学者参与公共话语的需求也日益增长。

本章将重点介绍学者型活动家的工作。像门罗・弗里德曼和德博拉・罗德这样的人物不但树立了榜样，而且通过他们的教学和学术研究，对法律界和社会产生了积极影响。因此，赋予法律教授崇高的地位，并认可他们作为推动社会公平与正义的领导者，是至关重要的。

众多杰出的法律学者在学术研究的同时，也积极投身于社会活动。查尔斯・哈密尔顿・休斯顿（Charles Hamilton Houston），霍华德法学院前院长，其以著名的论断"律师要么是社会工程师，要么是社会寄生虫"而备受尊崇，这一理念至今仍激励着该法学院追求卓越。他的教学、诉讼实践和学术贡献为消除美国法律体系中的歧视奠定了坚实的基础，并鼓舞了学者、法学教育者和律师为追求社会正义而不懈努力。

自从 1970 年起，法学院开始将实践教育纳入课程，法律实践教授一直是法学院致力于社会正义的措施中的中流砥柱。全国各地的法律实践教授都在进行关键的学术研究，反映了他们的学者活动主义思想。①

越来越多的法学教育机构公开支持学术参与的理念。纽约市立大学法学院作为一所公立法学院，以推动公共利益和促进社会正义为使命，明确了其核心任务是扩大法律教育的普及和提升法律行业的多样性。该学院致力于两个主要目标：一是提高法律教育资源的可及性，二是培育具有社会正义观念的法律从业者。因此，该法学院不仅注重法律实践，还致力于通过改革法学教育的教学、学习和实践方

① Jeena Shah, "Rebellious Lawyering in Big Case Clinics", *CLINICAL L. REv.*, no.23, 2017, pp.775—780. (describing efforts to infuse critical concepts in human rights and impact litigation in clinical contexts)

法，来包容那些历史上被排斥、边缘化和压迫的群体。目前，该法学院强调其教职工队伍是“参与式”学者，这意味着他们要积极参与学术活动并促进学术研究与社会的融合。

学者活动的关键在于质疑法学者和律师在维护结构性种族主义和不平等问题中扮演的角色。批判性法学学者的法官勒·诺汉德(Le Nohand)指出：

> 学者可以通过其知识或洞见为重要问题的公共辩论作出贡献。他们可以以对政策制定者甚至公众理解的形式提供建议。学者不应在冷门期刊上发表晦涩的文章，不应将公共辩论的空间留给那些毫无信仰的骑墙派。

在此基础上，法学伦理学家的积极参与不仅能够提升其教学经验和学术造诣，还能够深化对《职业行为示范规则》序言中所述法律工作者使命的理解，即致力于构建一个更加公正和平等的社会。因此，法律伦理学者在教育法学生时，要扮演好他们作为这一使命承担者的角色。

与此同时，我们应当认识到自己的影响力是有限的。虽然我们可以支持受影响者进行变革，但不应告诉他们怎么做，也不应期望领导他们。我们应当尊重他们的专业知识和经验。正如玛丽·松田所强调的，学者应该倾听边缘化群体的声音，并与他们建立联系，共同促进法律和社会的进步。

总的来说，在重要议题上，法律伦理学学者拥有独特的发声权，明确表达立场是我们不可推卸的职责。要实现显著的社会变革，就需要勇气和胆识。当前，民主的核心价值观仍然面临威胁，公诉人的不当行为也损害了核心价值观和法律的尊严，因此维护法治和推动司法公正变得尤为重要。在这样的社会环境中，我们必须保持高度警觉，并勇于承担我们的责任。

突尼斯律师：一个政治性职业

[突尼斯]艾瑞克·高布(Eric Gobe) *
朱　璐　陈思远** 译

一、引　　言

2011 年 1 月 14 日，在执政长达二十三年零一个月后，突尼斯总统扎因·阿比丁·本·阿里(Zine El Abidine Ben Ali)在民众的一片抗议声中逃离了突尼斯。在这场阿拉伯剧变中，突尼斯律师们身着长袍在内政部门前示威的画面，通过电视和网络向全世界播放，从而使人们意识到，这些律师在推动独裁政权垮台的抗议活动中发挥了重要作用。尽管这样简短的因果关系并不能反映所有的事实，但是鉴于律师在司法程序中享有辩护权，因此他们与政治的关系比其他职业更加密切。本文运用了社会历史研究的方法，从专业事实出发，最大程度地展现了突尼斯律师在国家改革进程中的政治影响力。律师群体在抵抗哈比卜·布尔吉巴(Habib Bourguiba)(被誉为"突尼斯独立之父")和本·阿里独裁政权的政治运动中，展现了比其他社会群体更强的能力，并能够从政权更迭中获益。突尼斯律师的职业模式深受法国模式的影响，独立后不久，由于执政者曾在法国接受律师教育，因此新生政权效仿法国的法律职业组织机构——律师协会，将公共权力授予突尼斯本国的法

---

* [突尼斯]艾瑞克·高布，突尼斯当代马格里布研究所主任。本文原刊载于《21 世纪社会中的律师》(第一卷：国家报告)，2020 年版，第 6576—673 页。

** 朱璐、陈思远，上海外国语大学 2022 级法律硕士研究生。

律职业群体。此外，通过保证律师行业的自主性，这个新兴国家不仅保留了原宗主国法律行业的自由主义传统，还在其法律体系中植入了对抗未来权威主义政权的底层逻辑。

二、一个介于监护与解放之间的法律职业

1958 年 3 月 15 日，突尼斯颁布了《法律职业管理法》。虽然该法根据突尼斯的国情进行了调整，但实际内容与早先被殖民时期的规范并无不同。该法整合了专门在地方司法机构执业的突尼斯本土律师与隶属于法国司法机构的外国律师的组织架构，实现了突尼斯律师行业的本土化和统一。同时突尼斯借鉴了法国的分权模式，将律师的管理权下放到地方律师协会，这些协会则分别隶属于各地的上诉法院。

国家赋予地方律师协会公共权力，每个地方协会的主席在政治和行政层面代表该协会，其职责是惩戒和调解。具体而言，主席负责对律师协会成员的投诉进行调查，召集并主持成员会议及理事会会议。与法国律师协会一样，突尼斯律师协会拥有对律师全面监管和纪律处分的权力。

关于律师执照的取得，《法律职业管理法》规定，申请者必须通过司法部组织的考试后，方能获得由国家颁发的律师职业能力证书。但是，具有三年以上工作经验的法官及持有第三等级法律资格证书的人，可以直接获得律师执照，而无需通过考试。

地方律师协会在独立时期被赋予的公共权力和自治权，很快就引起了这个新生国家独裁者的不满。曾在法国学习法律并短暂执业的布尔吉巴总统将律师比作“司法的助理”，认为律师的角色应局限于帮助法官在人与人之间寻求真理和建立正义。

从 20 世纪 50 年代末到 60 年代初，反对派控制的地方律师协会坚决抵制布尔吉巴的独裁企图。1961 年 7 月，法国军队与突尼斯军队在比塞特军事基地发生冲突，该事件导致的民族主义情绪和抵抗侵略的社会氛围为布尔吉巴提供了打压律师协会的机会。军事冲突发生后，布尔吉巴宣布对律师协会采取限制措施，导致近

三分之二的突尼斯律师离开本国，前往法国或以色列。在 1962 年至 1963 年间，突尼斯的律师人数从近 400 人减少到 277 人。这一趋势在突尼斯独立初期不断加剧，尤其是在布尔吉巴领导的新宪政党的成员大量加入政府和司法机构之后。但是，大量受过现代法律教育的知识分子加入法国殖民时期设立的政府和司法机构，对实现新生政权的本土化具有重要意义。

在经济领域，突尼斯采纳了优先发展公共部门的战略，并积极促进了与该领域相关的法律研究。然而回归 20 世纪 60 年代来看，突尼斯律师注册人数增长缓慢，每年新增的注册会员人数平均只有五人，其中还包括正处在实习阶段的律师。在律师协会成员不断减少的情况下，政府取消律师行业代表机构的行动就变得相对容易。1961 年，布尔吉巴政府采取果断措施，在逮捕律师协会的领导成员后，随即解散了突尼斯、斯法克斯和苏塞的地方律师协会，代之以行政委员会。①尽管行政委员会持续运作了四年，布尔吉巴政府仍未如愿完全控制律师行业。因为一些隶属于新宪政党的律师，依然坚持通过律师行业选举产生代表，来保持行政委员会的独立性。这体现了他们对法律职业自主性的坚守，以及对民主法治原则的执着追求。

1963 年，布尔吉巴与律师行业代表展开谈判，促成了成立全国性的突尼斯律师协会法令的出台，该法令旨在加强律师协会主席对律师协会的影响力，从而加强行业内部的管理和协调。②布尔吉巴政府采取的政策，反映了国家公司化运营的逻辑，国家表面上接受律师协会的正常选举，实际将此视为收买协会主席的机会，以此来吸纳和影响协会的领导人。与此相反，律师们则认为统一的律师协会能够作为与政府进行沟通的唯一合法代表，可以更有效地代表律师行业的利益。事实上，突尼斯律师协会不可能完全沦为政府的傀儡，律师协会的自治性赋予了其在政治上相对独立的影响力，使其能够在一定程度上抵御政府的控制。

尽管律师们重新获得了选举律师代表的权力，但实际情况是，大多数协会主席的职位都被新宪政党的成员或与政府立场一致的人士所占据。律师协会的第一任

---

① 参见突尼斯 1961 年第 266 号《关于解散突尼斯、斯法克斯和苏塞上诉法院辖区的律师协会的法案》。

② 参见突尼斯 1958 年第 37 号《律师职业管制法案》。

主席，曾在布尔吉巴的第一届政府中担任社会事务部部长，20 世纪 70 年代的后几任律师协会主席也不同程度地与独裁政权或新宪政党有联系。

仅在 20 世纪 70 年代末期至 80 年代初期，突尼斯政府就经历了一段短暂的自由化阶段。在此期间，突尼斯律师协会得以选举出一位并非与布尔吉巴或其政治盟友有密切联系的主席。其中第一位主席是拉扎尔·卡鲁伊·切比，他曾是布尔吉巴的政治对手萨拉赫·本·优素福的私人秘书。第二位主席是曼苏尔·切菲，他在 20 世纪 80 年代到 90 年代初期间四次担任律协主席，曼苏尔是一名自由主义者，他与突尼斯劳工总工会（UGTT）的总书记哈比卜·阿舒尔关系密切，而哈比卜·阿舒尔与政府关系一直很紧张。

20 世纪 70 年代到 80 年代，突尼斯律师的注册人数迅速增加，从 1971 年的 309 人增加到 1975 年的 466 人、1980 年的 707 人、1986 年的 981 人，以及 1992 年的 1 429 人。突尼斯律师协会表示，年轻律师在实务培训方面的不足对律师行业的发展造成了不良影响，应该加强年轻律师的实务培训。而新晋律师则呼吁国家应当向接受实务培训的律师支付相应费用，使他们足以担任法院指定的辩护律师，并声称律师协会的民主化应伴随着律师人数的增加进行合理调整，确保年轻律师可以赚取足够的生活费来维持家庭的基本生活需求。在布尔吉巴执政末期，律师协会积极推动立法改革，旨在提升律师行业的准入标准。协会建议，律师和法官均应持有 CAPA 证书，同时要求将律师资格注册的年龄上限从 50 岁下调至 40 岁，这一措施的目的是遏制退休法官为了增加养老金而注册律师资格的现象，以确保行业的专业性和质量。

1987 年，在本·阿里成功发动政变后，突尼斯实行了近两年的政治自由化，突尼斯律师协会希望自己提出的建议能获得议会通过。然而到了 1989 年，在切菲担任突尼斯律师协会主席期间，本·阿里推动议会就一项限制律师行业自主权的法案进行表决。突尼斯律师协会对该法案的两项条款提出了质疑，该法案第 46 条规定授权法官在通知地方律师协会主席后，可指控律师在法庭上的辩论或陈述缺乏诚信。[①]第 53 条规定允许法官在任职十年后直接成为律师，即使他们已经退休。

① 参见突尼斯 1989 年第 87 号《关于律师职业组织的法案》。

因此，退休法官转为律师的人数从20世纪70年代中期占律师协会总人数的10%增加到20世纪90年代的22%，之后该占比随着应届法律专业毕业生进入律师行业而开始下降。

突尼斯律师协会提议在法案中增加一项条款，要求法官在成为律师协会成员前必须通过相应的资格考试。律协理事会秘书指出，这一提议是出于对当前严峻就业状况的考虑。一方面，刚刚步入律师行业的年轻从业者往往面临着经济压力，甚至连基本的生活费用都难以承担；另一方面，根据现行法案，有多年地方法官经验的个人却能够直接获得律师协会成员资格，无需经过额外的考核，这种现象不但令人难以置信，而且对那些努力通过考试获得资格的年轻律师而言，显得极不公平。因此，他们强烈要求对现行法案进行修订，旨在确保所有律师协会成员的资格均须通过统一且标准化的考试程序来获得。

同时，突尼斯律师协会质疑法官的政治独立性，认为他们与独裁政权保持一致。由于律师协会的反对，协会主席切菲被拒绝进入军事法庭。作为回应，突尼斯律师协会理事会召开了一次大会，呼吁突尼斯律师于1990年11月1日罢工两个小时，以抗议政府一再侵犯律师权利。这一集体行动是突尼斯独立后的第一次抗议活动，但收效甚微。突尼斯律师协会既无法参与修订1989年的法律，又无法阻止政府对其成员的骚扰。事实上，对于突尼斯律师协会来说，20世纪90年代是黑暗的十年。1992年，包括律师在内的数千名反对党成员被捕、遭受酷刑，并因涉嫌危害国家安全或加入非法组织而被判刑。此外，本·阿里政权逐步加强了对所有自治公共机构的控制，其中包括选举出两名与本·阿里政府关系密切的突尼斯律师协会主席。律师协会希望他们的专业和经济诉求能得到政府的考虑，然而本·阿里政府直接拒绝了突尼斯律师协会的要求，这加剧了政府与专业机构之间的紧张关系。

三、本·阿里治下的律师社会结构：从律师的大量培养到“革命性”律师的出现

20世纪90年代中期，虽然劳动力市场已经无法吸收大量涌入的新毕业生，但

突尼斯政府认为“知识经济”即将出现，于是大力推行高等教育大众化政策。2000年至2011年，高等教育入学率从19%上升至36%。[①]根据世界银行2008年的研究表明，突尼斯拥有高等教育文凭的失业人数在十年内几乎翻了一番，从1997年的121 800人增加至2007年的336 000人。在21世纪前十年颁发的文凭中，管理、金融和法律专业的文凭占比超过60%，而当时的法学硕士毕业18个月后的失业率达到68%（世界银行和就业与职业安置部，2008年）。

在这一背景下，本·阿里希望通过大量培养法律人才这种虚假繁荣来掩盖法学应届毕业生失业的现象。从1991年到2011年，律师协会成员数量激增，从1 400人增加到7 759人，增长了近六倍，该增长速度远远超过劳动力总数的增长速度。2011年，法律行业受训人员占法律专业人员的比例接近40%。这导致新入职的律师发现，负责带教自己的培训导师和实习指导员的年龄竟与自己相仿。

与此同时，女性在法律行业中的比例迅速上升，从1980年的5%上升到2015年的43%。[②]律师的阶级背景也发生了变化，那些父辈经营小农场的律师占比从1979年的8%上升到2009年的25%，而父辈经营中型或大型农场的律师占比从16%下降到3%，父辈是中层管理人员、高级技师或小学教师的律师占比从25%增加到32%，而父辈是专业人员或高级行政人员的律师占比则从31%下降到25%。

在2008年之前，法律专业的学生可以通过两种方式获得律师资格，一是通过CAPA考试，二是完成高级法学硕士课程。1985年至1994年间，三分之二的学生选择通过CAPA考试获得资格。然而，随着时间的推移，情况发生了变化。从1995年至2009年，通过完成高级法学硕士课程获得律师资格的人数占比上升至70%。但随着突尼斯法律研究生的必修科目从2005年的30个增加到2013年的61个，通过考试获得律师资格反而变得相对容易。

2000年后，新加入律师协会的律师在成为正式会员的道路上面临一项关键要求，即必须完成至少两年的实习期。为了满足这一要求，他们需要获得一位具有足够执业年限的律师出具的实习证明，该律师需在律师协会注册超过三年，并且该律

① 国际劳工组织：《突尼斯教育制度分析（2013）》，载 https://www.ilo.org/fr/publications/le-systeme-educatif-et-de-formation-tunisien，最后访问时间：2024年5月12日。

② 参见突尼斯律师协会2015年《司法年度报告》。

师协会应受最高法院或上诉法院的管辖。对于那些难以找到合适导师的新注册律师来说，他们可以向律师协会的地方分会主席寻求协助。由于具备所需经验的律师有时会以办公空间不足为由拒绝接纳实习生（据 2008 年至 2010 年间的调查显示，有 20％的受访者曾遭遇此类拒绝），新律师可能需要排队等待长达一年的时间才能开始实习。同时，有些符合条件的律师有注册地址，但没有办公场所，这也会导致受训学员无法获得合格证书。2010 年，突尼斯律师协会理事会呼吁有资格接收受训人员的律师将其办公室提供给年轻律师，从而帮助他们在适当的条件下接受培训，避免被签发不合格的证书。①

律师协会对新申请注册者采取了双重政策。一方面，协会采取措施，拒绝固定类别的法律毕业生申请注册。另一方面，协会要求司法部实施改革，提高进入法律行业的门槛，但这两项举措都遭到了当局的阻挠。21 世纪初，突尼斯律协理事会拒绝持有阿尔及利亚的 CAPA 和 LLM 文凭的法律毕业生申请突尼斯律师资格。其实早在 1996 年，突尼斯律师协会就开始取消没有突尼斯 CAPA 文凭的阿尔及利亚律师的资格，这导致阿尔及利亚律师协会对等取消了 28 名突尼斯律师的执业资格。尽管这些律师大多数都希望回到突尼斯执业，突尼斯律师协会还是拒绝让他们重返突尼斯，因为他们的 CAPA 文凭是在阿尔及利亚取得的。但是在本·阿里总统的干预下，突尼斯律师协会理事会被迫为这 28 名律师注册。尽管涉及的律师人数不多，但这一事件让突尼斯律师协会成员感觉到律师协会在政府面前的从属地位是不可接受的。在突尼斯律师协会内部设立更高的权力机构来监督和控制律师行业的准入，进一步引发了突尼斯律师协会与政府之间的对抗，政府坚决拒绝将公共部门招聘律师的权力下放给突尼斯律师协会。

2000 年之后，律师协会主张新申请注册者通过高等律师学院统一进入律师行业，该学院有资格颁发 CAPA 证书，并受突尼斯律师协会管理。2006 年 5 月，本·阿里政府似乎作出积极回应，通过了一项建立高等律师学院的法律。除治安法官和高等院校的教师外，获得高等律师学院的文凭成为进入律师行业的必经之路。②但是，突尼斯律师协会发现自己在高等律师学院中被边缘化了。该学院是由司法

① 参见突尼斯律师协会 2010 年《司法年度报告》。

② 参见突尼斯 2006 年第 22 号《关于修改律师职业组织的法案》。

部和高等教育部共同监管的公共机构，学院的科学委员会由12名成员组成，包括4名律师、4名由司法部和高等教育部任命的政治官员，以及司法部门官员和大学教师各两名。通过学院授权，法律学位持有者可以直接加入律师协会。2006年5月生效的临时法案使律师协会的人数在2008年至2010年间增长了25％①，突尼斯律师协会批评这些不合理的过渡措施会摧毁律师行业。本·阿里政府倒台之后，律师协会要求限制律师的数量，每年只能有150—200名学员能获得该协会颁发的CAPA证书。这导致2011年至2016年间，执业律师人数仅增长了10％。②

在突尼斯，法律职业的实践遵循自由职业和个人主义的基本原则。在这一体系下，律师普遍作为独立执业者，而非受雇于他人，薪酬制工作在律师行业极为少见。据统计，约80％的律师在执业时仅配备一名秘书和一名法庭书记员，有时这两个职位甚至由同一人兼任。此外，2010年小型律师事务所的数量约为100家，其人数占律师总数的5％，其中3/4的事务所员工人数在1—4人之间，且往往是家族成员。突尼斯的法律市场规模适中，加之受专业文化的影响，导致律师事务所的数量有限且规模普遍较小。直至1998年，突尼斯才正式允许律师事务所采取合伙制经营。

律师群体主要由普通律师构成，他们主要为个人客户提供法律代理服务，其次是企业客户。仅有1/5的律师属于专职律师，且其中一半专注于商法领域。在收入方面，最大的四家律师事务所年收入介于50万—250万美元之间，另有八家个体商业律师事务所的年收入约为50万美元。普通律师的年收入为3.5万—5万美元，而突尼斯的最低年收入标准约为1 800美元。

尽管面临经济挑战，律师职业依旧具有相当大的吸引力。据统计，有42％的律师在加入律师协会前曾有其他职业背景，其中曾在公共部门和私营部门工作的律师比例大致相等。尽管部分律师因批评本·阿里政府的政策而被排除在涉及国有公司和公共机构的案件之外，他们仍能利用过往的公务员经历，将其社会资源转化为客户基础。政府根据各群体的服从性实施奖惩制度。隶属于执政党的国家律师协会的律师因此获得了诸多实质性利益。在抗议活动期间，国家律师协会曾试图

① 参见突尼斯律师协会2010年《司法年度报告》。
② 参见突尼斯律师协会2015年《司法年度报告》。

阻止律师群体组织罢工，但最终未能成功。

四、律协和商业律师：独裁政权的法律捍卫者

在本・阿里执政期间，与政府关系密切的律师（约500名，占律师行业的7%）几乎垄断了所有公共行政部门和国有企业的诉讼工作。作为获得这些经济利益的条件，执政者希望这些律师揭露和反击其他同事反对政府的集体行动，底层律师对这些特权群体深恶痛绝。但是加入执政党并不代表就能获得为公共机构代理的机会，超过40%的党员律师只能通过为个人或私营公司辩护而获得收入，这使得一些年轻的党员律师也十分反感特权群体对公共诉讼资源的垄断。

负责审查代理行政和公共机构律师档案的新宪政联盟委员会，会定期编制有资格从事此类工作的律师名单，将积极参加党内活动的坚定支持者和普通支持者区分开来。突尼斯新宪政联盟的年轻党员律师在寻求公共部门代理机会时存在着激烈的竞争，如果他们声称与党内高层人士有联系或者与总统及其家庭成员有联系，其公共客户数量就会增加。

如果说激进的突尼斯新宪政联盟律师在2010年12月至2011年1月的抗议运动期间进行了反动员，那么那些希望获得公共诉讼机会而加入执政党的年轻党员至少没有试图阻挠同事们的动员。尤其是在2011年1月6日的行业大罢工期间，新宪政联盟年轻党员律师的冷漠态度，很大程度上是由该党政治赞助资源的崩溃所造成的。由于新宪政联盟无法向其支持者分配足够的业务，因此无法动员年轻的党员律师，年轻党员律师的社会境况其实与突尼斯底层律师相似。

而另外一批没能调动起来对抗本・阿里政府的群体则是高收入律师（占比不到10%），特别是那些只在乎自身经济利益或者害怕从政会给他们的收入带来不利影响的企业律师。如果一个企业律师想要获得胜利，就必须在政治上对当权者表示支持，于是他们对独裁政府作出让步。作为执政者的支持者，一些大律师事务所的律师也加入了新宪政联盟。但这并不一定是为了从政府部门获得业务，而是作为一种保险形式，防止国家对私人律所事务的无理干涉，这也是与国际组织建立联系的一种方式，这种联系能带来潜在的商业机会。这些律师经常参与外国直接投

资、私有化、国际招标和套利等活动。

根据1998年的一项法律规定，退休或未执业的律师，包括担任国家要职的新宪政盟成员，可以拥有律师事务所的股权。[①]由于外国律师事务所不能在突尼斯设立分支机构，且外国律师不能在突尼斯法院代理诉讼案件，因此突尼斯的商业律师在国际法律服务市场上的地位受到了同等限制。尽管如此，突尼斯的律师在国际法律服务领域中仍具有一定的象征性地位，与美国和欧洲的法律专业人士保持着一定程度的平等竞争关系。突尼斯的大型律师事务所数量虽然在律师协会成员总数中所占比例较小，但他们在业务量和服务质量上的贡献极为显著。这些律师事务所通常采取现代化的企业组织形式，如有限责任制或股份有限公司，这种结构不仅有利于内部管理和运营效率的提升，还便于他们在突尼斯国内各地扩展业务，通过设立分支机构来增强其市场覆盖能力和服务网络。这种组织结构的灵活性和扩展性，使得大型律师事务所能够更好地适应市场需求，并提供更加专业和高效的法律服务。

大多数以强大的家族网络为基础的大型律师事务所，都是由老一辈律师担任管理合伙人。FAR事务所是突尼斯最大的法律事务所之一。它于21世纪初由商业律师EGO成立，EGO持有60%的股权。之后，一名新宪政联盟的政治寡头和两名来自斯法克斯的合伙人加入了该事务所，他们共持有另外40%的股份。EGO自20世纪80年代中期以来一直从事商业法律工作，他来自莫纳斯提尔（萨赫勒地区）的一个家族，与布尔吉巴关系密切。2010年，两名斯法克斯合伙人将自己的股份卖给了EGO，EGO又将股份转让给自己的儿子。

2009年，FAR律师事务所共有60名员工，其中包括25名律师、4名会计师和10名突尼斯高等商业研究学院的毕业生，该学院是突尼斯最重要的管理和会计高等教育机构。FAR律师事务所的法律学员和管理人员必须精通法语和英语。该事务所分为法律咨询和诉讼两个主要部门，寻求法律咨询的客户通常会委托该事务所进行诉讼。然而后者的利润微薄，因为诉讼部门营业额的占比不到事务所总营业额的5%，却需要五名全职实习律师和辅助人员。

---

① 参见突尼斯1998年第65号《关于律师协会的法案》。

在地域分布上实现多元化的同时，许多律师事务所在组织架构上仍旧由单一家族控制。例如，MED律师事务所由一位来自突尼斯南部梅德宁的商业律师创立，专注于为来自戈姆拉森（包括法国、德国、意大利和中东地区）的移民提供代理服务，这些客户通常将个人储蓄投资于突尼斯或戈姆拉森的不动产。为了更有效地保护委托人在突尼斯的权益，创始合伙人及其兄弟与两位突尼斯律师建立了合作关系，其中一位律师曾担任预审法官（juge d'instruction），并借此成功吸引了大量客户。MED律师事务所的创始合伙人主要负责处理梅德宁和戈姆拉森地区的房地产及投资法律事务，其他两位突尼斯合伙人则将工作重心放在保险业务上，并与当地的两家主要保险公司建立了合作关系。此外，该事务所提供会计服务，其客户群体主要来自突尼斯南部，占比超过四分之三。在人员配置上，MED律师事务所拥有14名正式员工和4名实习生。

突尼斯的一些律师事务所往往倾向于吸纳来自不同地区的合伙人，以此扩大其在法律界的人脉网络。在所有作为研究对象的律师事务所中，无论是实习生还是受薪律师，均未被纳入公司的合伙人结构。这导致他们在实习期满后往往会选择离职，进而造成律所较高的人员流动率。这种以家族为基础的管理结构和有限的业务范围，使得受训人员和初级律师在实习结束后缺乏晋升机会。与此相对，部分商业律师选择独立执业，形成了小型的律师团队，这些团队通常由不超过五名员工和一到两名实习生组成。值得注意的是，大型家族式律师事务所的繁荣与反对本·阿里政府的律师群体并无直接关联。相反，底层律师受到反对派律师的影响，参与到要求本·阿里辞职的民众示威活动中，展现了他们的社会责任感和政治参与度。

五、突尼斯底层律师的社会性挫折

在本·阿里政府垮台之前，笔者针对律师协会中最庞大的群体——年轻律师，进行了一系列定性访谈。在探讨专业变量对律师政治参与度的影响时，笔者发现这些年轻律师普遍感受到专制政权的骚扰，这导致他们难以实现个人的社会职业抱负。在2010年12月至2011年1月的抗议活动中，他们的不满情绪为法律界底层动员提供了强有力的社会基础。

这些年轻律师只能为个人客户服务，他们的客户通常来自自己成长的工人阶级社区。他们主要从事家庭法(离婚、赡养费等)、房地产(撰写廉价房产的销售合同)、犯罪(主要是轻罪)和邻里纠纷的业务。他们的薪酬水平相对较低，尤其是在职业生涯的前十年，这是因为他们不得不与非法律专业人士竞争，并承担了那些严格来说并不属于其法定职责范围的义务。

为了建立稳定客户群而展开的竞争活动引发大规模的揽客行为，这种非法行为被律师们称为“小三巴”(阿拉伯语 al-samsara)。在突尼斯的主要城市突尼斯、斯法克斯和苏塞中很难找到案源，这促使律师们求助于第三方中介来拉拢客户。突尼斯的这种现象与大多数西方国家不同，潜在的诉讼当事人无法获得法律援助。对于社会资源相对匮乏的年轻律师而言，“小三巴”成为一项关键的资源，尤其是在那些竞争异常激烈且市场行情波动性大的法律服务领域。在这些领域中，代理费用往往是区分律师服务的主要因素。类似制度安排在印度和美国也有所体现。在美国，一些律师建立了与警察和医院雇员的网络联系，以便接触交通事故的受害者，并劝导他们签订授权委托书。

第三方中介负责在律师和当事人之间建立联系，一方寻求出售法律服务，另一方寻求购买法律服务。但与简单的经纪人不同，中介负责兜售案源。他们从服务提供者(即律师)处收取佣金，当事人并不需要向他们支付报酬。因为中介试图在律师和当事人之间建立一种信任关系，将自己的行为表现为单纯地向客户伸出友好的援助之手，为客户提供最有利的建议。

案源兜售不经第三方机构介入，交易双方直接建立联系，在这个交易过程中或多或少存在胁迫性行为。第一种情形常见于司法系统内部，其中部分当事人受教育水平较低，他们到法院的目的可能是出席听证会或者寻求他人代为撰写法律文件，而这些法律活动并不必然要求专业律师的介入。①他们会在法庭内或法庭附近遇到一名书记员②、律师助理③或一名警察。在此过程中，司法人员有时会推荐合

① 公共抄写员会负责为那些缺乏书写技能的人提供服务，以制作法律、行政或私人文件。

② 书记员负责登记提交给法院的文件，整理档案，通知各方听证会日期，起草报告和裁决，并在听证会上协助法官。

③ 律师助理(Clerc d’avocat)负责在法院里跑腿。

适的律师以提供法律援助。这种情况尤其常见于需要法律代理的当事人亲属处，他们在法院查询被拘留者信息时，可能会遇到法律中介。这些中介人员通常会向他们推荐在法院附近设有办公室的律师，或是那些常在司法官员周围活动的巡回律师。①

第二种情形常见于监狱、医院或警察局等机构中，在那里中间人拥有一间办公室，可以招揽客户。据知情者透露，警察和国民警卫队的成员会将被拘留者引荐给相识的律师，律师支付佣金，中间人与警察分享佣金。被拘留者任由警察摆布，警察可以用多种方式骚扰他们。这种法律交易在道路交通事故案件中尤为常见，通常涉及多个行为主体：律师、警察或国民警卫队人员，以及医疗人员。后三者可能会向事故受害者推荐聘请专业律师，以期获得对其有利的法律文件。

1990年至2000年期间，突尼斯律师协会的纪律委员会偶尔会对涉嫌参与不当法律交易的律师实施严格的纪律处分。然而，上诉法院往往会持续地对这些处分进行减轻或完全撤销。鉴于本·阿里政府内部的系统性腐败，这些法律交易活动会使某些安全部队的成员从中获益。处于收入和社会地位较低层级的年轻律师，对于自身所面临的经济困境与理想化的职业形象之间的显著差异表现出高度的敏感性。因此，早在2010年12月西迪布齐德事件爆发之前，他们就已经开始接受激进律师和政权政治反对派的鼓动。从20世纪90年代开始，这些谋求法律业务的律师便一直寻求反抗政府镇压行为的机会，以便表达自己对本·阿里政府的抗议。

六、本·阿里时期的反对派律师：辩护律师

突尼斯辩护律师专注于防卫性律师业务，重点关注的具体诉求包括终止酷刑、捍卫人权或保护劳动者权利。其中很多律师尝试利用自己的专业技能改善社会现状（而不只是为客户利益服务）。尽管突尼斯的辩护律师处于边缘地位，还受到专制政权的攻击，但他们坚持不懈，并最终影响了其他突尼斯律师对自身职业的

① 在2008/09年度，笔者发现6%的律师没有雇员。其中有些律师没有办公室。另一些律师将私人地址登记为专业地址，但没有在那里接待客户，而是在法院附近的咖啡厅工作，使用案例或者通过自我吹嘘吸引客户。

看法。

按其年龄和社会化程度，政治活动律师可被分为两类。第一类是出生于20世纪50年代的反对派律师，他们极富挑战精神，参与了布尔吉巴时代的社会动员活动。所有人都曾被警察逮捕和殴打，甚至大多数人曾经历牢狱之灾，而这些经历为他们重新确定自己的活动家身份和职业使命打下了基础。他们选择终身作为反对派律师，实际上是对其过去政治生活的延续。捍卫人权及被告人权利的行动不仅赋予了他们之前的政治活动以道德维度，还在其随后的法律专业生涯中继续体现这一维度，因为他们可以作为社会团体的活跃成员、法院以及其他专业组织的民选官员。这些律师受到政府的骚扰（如殴打、破坏、电话窃听、税务检查等），并且与处于行业底层的年轻律师一样面临着经济困境。

第二类政治活动律师是20世纪70年代出生的青年人士，大约有60个人。他们参与的政治活动没有那么激进，因为他们对抗的是20世纪90年代初镇压“埃纳哈达”伊斯兰党的组织。他们中间包括阿拉伯民族主义者、激进左翼边缘团体成员、伊斯兰主义者或人权倡导者。他们常以劳工领袖和政治活动家自居，并在突尼斯律师协会的选举中动员其他律师支持自己。他们不仅代表了年轻律师的经济利益，也维护着律师行业的价值观。2000年，反对派律师联合起来，要求突尼斯律师协会谴责本·阿里政权的压迫政策，并发动了法庭罢工，后在2005年发起了针对其同行穆罕默德·阿布（Mohamed Abbou）被捕、入狱和判刑的静坐抗议活动。①

20世纪90年代，律师行业的自我形象与现实生活之间的差距日益悬殊，这促使下层律师参与政治动员活动，尤其包括那些从职业生涯一开始就经历挫折和物质困难的弱势年轻律师。律师群体在21世纪初很少参与抗议活动，这导致在本·阿里总统下台的群众运动爆发之前，律师的集体行动都被限制在法律专业领域内，而在2010年至2011年的民众抗议中，律师动员反而成为突尼斯社会各界反对本·阿里政权的重要组成部分。

---

① 穆罕默德·阿布是一名于政治活动中非常活跃的律师，也是共和国大会党（CPR）的成员，但该党在本·阿里执政期间不被承认。他在2005年信息社会世界峰会期间发表了一篇文章，在其中将阿里总统与以色列总理沙龙进行比较而被捕入狱。

七、后本·阿里时代突尼斯的律师：突尼斯革命与政治过渡的群体角色

2010 年 12 月至 2011 年 1 月期间，律师们的集体行动始于首都和各省的法院。积极的律师鼓励其同事通过参加游行、集会和静坐示威来声援抗议者。律师们身着黑色长袍以示身份，作为一个集体出现在政治动员活动中。法院作为城市生活和抗议活动中心的司法地标，成为律师动员的具体化场所。

2010 年 12 月底的民众起义并非由法律界的组织所发动，在示威活动开始时，突尼斯律师协会的理事会并没有采取积极行动，而是采取了压制而非鼓动暴动的行动。事实上自从 2010 年 6 月，阿卜杜勒·拉扎克·基拉尼（Abdul Razak Kilani）当选突尼斯律师协会主席以来，就一心致力于和本·阿里政权进行和平谈判，以满足律师协会下层律师的要求，换取在该政权看来具有明显政治性的专业要求（捍卫人权、尊重法治、保护公共和私人自由）。最后，地区 UGTT 联合会决定从 1 月 12 日起发起总罢工，突尼斯律师协会也加入了抗议运动，并声称会在 1 月 14 日发起律师罢工。通过这种方法，突尼斯律师协会选择支持其他社会群体组织的集体行动，避免直接作为反对派与政府发生正面冲突。但这也保证了律师协会在 2011 年 10 月 23 日举行的国民制宪大会之中，作为革命力量从本·阿里政权的垮台中获益。

2010 年 12 月至 2011 年 1 月间的律师活动赋予了突尼斯律师协会“革命合法性”，并且使其在本·阿里倒台后，可以利用这一合法性发挥重要的政治作用，巩固社团主义的成果。而其道德基础使突尼斯律师协会得以在 2011 年 2 月参与创建全国捍卫革命委员会，并与穆罕默德·加努希（Mohamed Ghannouchi）领导的临时政府成为竞争对手，突尼斯律师协会也因此得以推进其在本·阿里政权下制定的专业标准的发展。

随着旧制度的消亡，全国民主联盟（现在已经被解散）的律师也在某种程度上被剥夺了资格，尤其是当本·阿里政权名声扫地之后，他们较不易融入政府机构的运作之中。这一点从由过渡政府发出的通告中可以看出，“政党律师”已经在全国

范围内丧失了对司法程序的独占权。总理在其文件中规定，政府机关主管在雇用法律顾问时，应当采取客观的胜任和透明标准，而不会受到以前拟订的清单的影响。①

即便如此，仍有一些律师称，一些民盟成员与政府机关重新建立了关系，在改变他们的政治色彩的同时，仍与国家权力保持密切联系。对此，突尼斯律师协会要求过渡政府确保公共机构诉讼分配的透明度。②2014 年 1 月，阿里·拉哈耶德（Ali Laarayedh）的过渡政府颁布了一项法令，制定了一项通过招标分配公共诉讼合同的行政程序。

律师协会在本·阿里政权的垮台中获益匪浅，律师协会将律师参与 2010 年到 2011 年动员活动的行为，美化为律师行业团结一致反对独裁政权的行动，构建，甚至编造了一个革命形象。而此时立法允许突尼斯总统在过渡时期颁布某些法令，也促使律师协会加快了重组法律行业的提案。

拟议的法案旨在使律师脱离仅是法律代理人的身份，从而改变律师行业的现状。在此之前，律师协会是“一个自由、独立的行业，其宗旨被理解为协助实现正义”。③而 2011 年法案的第 1 条规定提出，突尼斯律师协会致力于促进建立正义和捍卫人权与自由。④该法案通过提高律师行业的地位，试图增强律师的专业权力。政治律师是律师协会“专业化计划”的一部分，是使其专业要求合法化的一种手段。

律师们以支持抗议运动为由，扩大对法律服务的垄断辩护。突尼斯律师协会以其他行业没有参加抗议活动为理由，指责其他行业在前专制政权下享受了特殊待遇。然后，突尼斯律师协会利用这一指控要求，牺牲了公证人、税务专家、房地产经纪人和注册会计师的利益，从而获得了更广泛的专业管辖权。随后出台的一项法规规定，只有律师才有资格代表客户并担任客户的顾问，在法庭或任何其他司法、行政或者纪律听证会，以及针对调查官员的调查程序中为客户辩护。⑤这使得有关的竞争行业担忧，这一规定可能使他们无法为客户提供法律、税收或会计方面

---

① 参见总理办公室 2011 年第 4 号《致国有企业及其负责人的通告》。

② 参见突尼斯律师协会 2015 年《司法年度报告》。

③ 参见突尼斯 1989 年第 87 号《关于律师职业组织的法案》。

④⑤ 参见突尼斯 2011 年第 79 号《关于律师职业组织的法案》。

的意见，以及阻碍他们实施特定的管理程序。代表会计、公证人员和税收专家的专门团体指出，该法规“由一个专业将其他专业的属性和专业活动领域据为己有”。此外，法规挑衅性地赋予律师起草公司章程和管理某些形式的公司资本增加和减少的专属权利，并赋予律师起草不动产转让合同和以不动产形式对公司进行资本投资的证书的专属权利，但明确归属于公证人和土地登记机构起草人的权利除外。①

然而最后一种观点认为，与律师协会会长所提出的要求相比，由行政机关最终制定的法律文本能够给予律师的益处要小得多。由专业人士起草的法案决定取消土地登记处的记录职能，土地登记处是在本·阿里总统执政时期设立的由公务员组成的机构，目的是为诉诸司法提供便利。对新政府而言，这也是降低突尼斯最贫穷业主财产交易成本的一种手段。在转型期困难的经济环境下，贝吉·卡伊德·埃塞卜西（Beni Caid Essebsi）政府担心律师协会的要求会增加财产转让成本，因此阻止了这项改革。

事实证明，规范法律职业的改革所取得的成果不如预期，随后过渡政府既无意愿又无能力实施新法。突尼斯律师协会的提议也遭到地方法院的强烈抗议，因为律师协会对本·阿里政府授予法官的某些特权提出了异议。与律师不同，法官和治安法官没有参加 2010 年 12 月至 2011 年 1 月的人民起义。不过，在本·阿里政权倒台后，他们确实组织起来，实施了一些影响政治进程的活动。而上诉法官和地方法官作为本·阿里政权内部的核心力量，懂得如何通过调动资源来削弱突尼斯律师协会对平等的渴望。

八、在司法机构面前的律师：保持自己的独立地位

1989 年通过的法律在第 46 条中规定，律师受到法官规制，但这一条款备受争议。2011 年通过的法律第 47 条规定取代了该条款，规定“律师在履行职责时进行的交易、提出的抗辩和提交的材料，皆不能作为起诉的依据，律师也免受其执业机构、当局和单位以外的任何人采取的纪律措施”②。给予律师这种豁免权是为了让

① 该机构是法国在北非各地设立的一个殖民机构，目的是对房地产交易征收印花税。

② 参见突尼斯 2011 年第 79 号《关于律师职业组织的法案》。

他们自由地发挥其作为权利和自由捍卫者的作用,并为革命所取得的成就作出贡献。

由于法官们不甘于丧失该权利,又深恶痛绝将退休法官和40岁以上的人排除在法律职业之外的法律规定,所以代表法官的两个专业组织强烈反对政府最初通过的法律草案。突尼斯治安法官工会①斥责该草案是机会主义的产物,将其起草工作归咎于政府内部支持律师的游说团体②,呼吁进行为期三天的罢工,迫使临时总统和总理拒绝在法案上签字。突尼斯治安法官工会抨击这种豁免权属于"有罪不罚",律师们对此作出回应,声称这种豁免权只在他们履行职务时发挥作用,换句话说,维护客户权利时,律师才会受到保护。

但对法官来说,他们面对的不仅是律师豁免权,还有为清除旧政府中的成员而进行的政治斗争,以及对已退休的法官从事法律服务的工作限制。突尼斯治安法官工会反对突尼斯律师协会试图清洗司法机构的行动,并指出由于突尼斯的退休金问题和物质条件困难,法官和治安法官应当有权要求在退休后于律师协会进行注册。此外,建议对现行法律进行修订,对于拥有超过十年法官执业经验的候选人,应当取消40岁年龄限制的规定。

在这两个组织发生首次对峙后,它们之间的争端成为突尼斯法院的常态。突尼斯律师协会主席和理事会毫不留情地痛斥地方法官侵犯律师豁免权的行为,治安法官仍然选择继续指控律师藐视法庭。2011年年初,突尼斯律师协会与地方法官之间的冲突达到顶峰,当时律师们利用一场关于宪法修正案的辩论来维护他们相对于司法机构的地位。

律师在国民制宪大会中的强大代表性使突尼斯律师协会得以受益,两名议员在全体会议上提议增加一系列关于律师职业及其社会作用的条款。其中第105条规定以绝大多数赞成票通过,重申了2011年8月法律的第1条,规定律师享有与法官同等的权利。

---

① SMT(成立于2011年)中有许多成员与本·阿里政权有联系。在21世纪00年代中期,其中一些现任领导人迫使历史悠久的突尼斯地方法官协会(AMT,突尼斯地方法官协会)的领导人下台,使其到次要或地区职位上工作,从而受到政权的制裁。

② Lotfi Ben Saleh, *Le Lobby Des Avocats Monopolisent l'Exécutif et le Législatif*, al-Sarih, June 30 2011.

律师和法官继续为两个部门之间的流动性而斗争，在独立后的半个世纪里，行政部门只提名了一名律师担任法官，即布尔吉巴的侄女萨伊达·萨西（Saida Sassi）。但 2014 年 1 月 18 日，司法部部长根据第 67－29 号法律第 32 条规定任命了 533 名律师和学者为法官。①政府声称其目标是减少案件积压，突尼斯律师协会称赞这一决定，认为其重建了律师与地方法官之间的交流沟通，缓解了律师协会内部的人员过剩情况，并填补了司法职位空缺。但突尼斯治安法官协会和突尼斯治安法官工会谴责这一行动剥夺了法官与律师之间的平等机会，认为这一行动实际上属于屈服于政治的权宜之计，并对属于临时高级司法委员会的法官提名权提出了挑战。经过激烈游说，由马赫迪·朱马（Mehdi Jomaa）领导的技术官僚政府中止了这项措施。而两个行业之间的纠纷愈演愈烈，双方在 2014 年和 2015 年都进行了罢工，使法院陷入瘫痪。尽管法官们试图将律师从新成立的高级司法委员会（HCJ）中驱逐出去，但是律师们得到了立法机构的支持，从而得以出现在最高法院的各个部门。②这些冲突体现了律师和法官为司法机构重组所作的努力。

尽管律师协会的管辖范围有所扩大，律师相对司法机构的收益明显较高，但这并未显著改善律师协会底层律师的物质条件。突尼斯律师协会每年出具的报告都指出，自本·阿里政权倒台以来，席卷全国的持续经济危机对律师的活动和收入产生不利影响。因此，突尼斯律师界力求通过要求他们出席法庭处理的一切案件，来扩展他们的工作范围。突尼斯律师协会还试图要求营业额达到最低限额（尚未明确）的公司必须进行法律咨询，就像其必须接受注册会计师的审计一样。《2016 年突尼斯刑事诉讼法》的一项修正案规定，需要为警方拘留的人员提供法律援助。突尼斯律师协会代表认为，该修正案不仅肯定了法律的精神，还扩大了律师的业务领域，从而进一步证明了律师享有的崇高声望和对其专业能力的认同。

突尼斯法律协会从 2011 年起就一直致力于通过其专业能力拓展法律市场，以此说服新任管理者，同时突尼斯律师协会声称本·阿里政府的支持者对其专业能力进行了不公平的贬损。他们提出，大量律师在街道上游行，为打击本·阿里政权、律师审查和委任法律人员的民主本质提供了支持，因此应将这些行为合法化。

---

① 参见突尼斯 1967 年第 29 号《关于司法机构、最高法官委员会和法官的法案》。

② 参见突尼斯律师协会 2015 年《司法年度报告》。

德国《联邦律师法》重大改革：利益冲突 3.0

[德]马丁·迪勒(Martin Diller)*

魏媛媛　李孟薇**　译

一、引　言

2021 年 6 月 10 日，联邦议院正式通过了《联邦律师法》的重大改革法案，其中新法第 43a 条第 4 至 6 款首次详尽地规定了律师执业过程中的利益冲突问题，此举致使原有的《律师职业法》第 3 条规定作废。在此之前，该法案已经历了法律委员会的多轮审议与细致修改，以确保其内容严谨且符合实际执业需求。经过长时间的深入讨论和精心修订，这一具有里程碑意义的法案终于定稿并公之于众，为律师行业的规范发展奠定了坚实的法律基础。

新《联邦律师法》第 43a 条第 4—6 款的内容如下：

(4) 在同一案件中，如果一名律师已经为存在利益冲突的一方提供法律代理或咨询服务，则该律师将被禁止为利益相对方提供法律代理、咨询服务。该禁止性规定同样适用于与该律师共同工作的其他律师。即便他们与受第一

* [德]马丁·迪勒，自 1996 年以来担任德国最大律师事务所之一 Gleiss Lutz 律师事务所的合伙人，2016 年获得维尔茨堡大学劳动法荣誉教授称号，除发表大量期刊论文外，他还出版了三卷本《整部劳动法评注》(*Kommentar zum Gesamten Arbeitsrecht*)(2016 年首次出版)、《劳动法律师格式手册》(*Anwaltsformularbuch Arbeitsrecht*)和《竞业禁止协议》(*Wettbewerbsverbote*)(现已出至第 7 版)。本文原刊载于《律师公报》2021 年，第 470—473 页。

** 魏媛媛，上海外国语大学 2022 级法律硕士研究生；李孟薇，上海外国语大学 2023 级法律硕士研究生。

句规定限制的律师终止了合作，第二句的禁止性规定也依然适用。然而，在当事人充分知情并书面同意律师相关行为，并确保律师能够履行保密义务的情况下，第二和第三句的禁止性规定可以不再适用。对于采取合伙制的律师事务所，只要满足第四句的条件，第一句的禁止性规定就不适用。在审查第一或第二句的禁止性规定是否适用时，必要时，可在不经委托人同意的情况下向律师披露保密信息。

(5) 第 4 款第一句的规定不仅适用于正式执业的律师，也适用于有带教律师指导的实习律师。当实习律师的工作因存在利益冲突而受到第 4 款第一句禁止性规定的限制时，第 4 款第二句的规定将不再适用。

(6) 如果律师在执业过程中出现利益冲突情况，导致第 4 款第一句的禁止性规定生效，那么这一规定同样适用于律师在非律师执业领域所从事的业务工作。

总体来看，新《联邦律师法》第 43a 条第 4—6 款规定在处理律师执业中的利益冲突问题上，尽管在某些方面提供了明确的指导，但仍存在一些不够清晰和明确的地方，需要进一步阐释和明确。

二、利益冲突的概念

(一) 代表相互冲突的利益

新《联邦律师法》第 43a 条第 4—6 款规定依然关注典型的利益冲突问题，即禁止在同一案件中为利益冲突的双方提供法律咨询或代理服务。值得注意的是，第 4 款第一句的规定在表述上相较于旧法有所变化。新法条更为精确地界定了“咨询和代理”的范畴，旨在强调律师应在其被授权的职责范围内行事。因此，律师事务所不应因所谓的“选美”未能成功获得授权而选择“自焚”。[①]也就是说，即使律师事务所已经接触到客户的相关秘密信息或参与了初步方案的讨论，也不应因

① 译者注：此处的“选美”意指律所通过举办大规模的营销活动、承诺过于优惠的服务条件或低价收费、夸大自身能力或声誉等推销手段获得案源和客户。

此“自断其路”。[①]然而，遗憾的是，部分公司常通过组织大规模的，甚至是虚假的“选美”活动来试图排除那些他们未来不愿与之对抗的律所[②]，这种情况在实践中屡见不鲜。

（二）因对敏感信息的事先知情而被禁止工作

在法律委员会的审议过程中，一项备受争议的附加禁止性规定被废除。该规定禁止律师在另一项委托中利用通过其他授权渠道获得的敏感信息来谋求利益。一种常见的情况是，在某律师事务所为某公司提供专利纠纷方面的法律咨询服务后，该公司的潜在收购方聘请同一律所作为法律顾问，或在恶意收购时寻求其提供咨询与代理服务，此时就很可能会涉及敏感信息的利用问题。此禁止性规定一经提出，便引发了社会各界的激烈讨论。为了避免新法规的通过因该争议条款受到阻碍，联邦理事会建议将这一争议条款完全从《联邦律师法》的主要修订内容中移除，并暂时搁置对该问题的进一步处理。[③]实务界普遍反对引入这项附加禁止性规定[④]，主要是因为它对律师收集案件信息的工作造成了潜在的障碍，而信息收集对于案件的成功至关重要。尽管联邦理事会选择暂缓处理这一问题，许多人还是对此持怀疑态度。特别是法律顾问和刑事辩护律师，他们担心这种延缓可能会使问题长期悬而未决，反而加剧了行业内的争议和不确定性。

总体而言，人们对于法律委员会取消这一禁止性规定的举措并不会感到遗憾。实际上，这一禁止性规定并非不可或缺。为了维护自身的良好声誉，许多以严谨著称的律师事务所一直秉持着极高的谨慎态度，力求避免在工作中出现任何失误。尽管他们并没有受到法律上的强制要求，他们仍然会积极采取成立独立团队和设

---

① 译者注：如果律所在这种“选美”过程中未能成功获得客户的授权，而在此过程中已经接触到客户的机密信息或参与了业务方案的讨论，根据相关规定，律所需主动放弃与该客户的合作，以避免潜在的利益冲突及可能引发的法律纠纷，即所谓的“自断其路”。

② 为了避免自己有过错或者违反保密义务，信誉良好的律师事务所通常会采取一系列预防措施，比如他们会尽可能与其他团队合作处理存在利益冲突的委托事务，或者采集信息隔离措施。

③ BR-Drucks，55/21.

④ Z.B. Hartung/Uwer，“Allgemeines Wiener Anzeiger für die Praktiken der Rechtsgelehrten und der Advokaten in Wien”，*AnwBl*，v. 2020，S. 659；Dezidiert Wessels，“Kollegiale Unterstützung der ukrainischen Anwaltschaft”，*BRAK-Mitteilungen*，v. 2021，S. 63；Henssler，“zum abschließenden Streitstand aus Henssler”，*AnwBl Online*，v. 2021，S. 170，171.

置信息隔离墙①等有效措施，以确保业务的顺利进行。

三、利益冲突禁止性规定的适用范围扩展至律师事务所

根据新《联邦律师法》第43a条第4款第二句的规定，利益冲突相关的禁止性规定现在明确适用于律师事务所内的所有执业律师。根据新《联邦律师法》第59e条规定，这一禁止性规定同样适用于律师事务所本身。这一规定与之前《律师职业法》第3条的规定相一致，并且符合行业规范。鉴于禁止性规定的适用范围已经扩展至任何形式的"共同执业"，这意味着该规定不仅适用于虚假合伙的律所②，还适用于个人律所中的授薪律师。值得注意的是，立法者明智地未将禁止性规定的适用范围扩大至仅仅共享律所办公空间的情形③，这体现了法律制定的精细与审慎。尽管之前《律师职业法》第3条第2款第一句曾有与之相悖的规定，但该条款因其违反宪法精神④，历来不为业界所接受。

新《联邦律师法》第43a条第4款第三句的规定存在一定的问题，该条款将律师个人离职后的情况纳入禁止性规定适用范围，即便该律师已离开律所，原律所仍然受到这一规定的约束。这一规定仅在律师在职期间实际承担委托工作的情况下是合理的。但是，如果律师因其在加入新律所之前所承担的委托工作而必须遵守此条款，则显然构成对律师职业活动的过度限制，有违宪法精神。

例如，律师A曾就X有限公司与Y有限公司的合同谈判事宜提供咨询服务。在完成该项委托后，A律师先后加入B律师事务所与C律师事务所。近期，X有限

---

① 译者注：信息隔离墙制度是金融和法律行业中常用的一个术语，指金融机构和企业为了防止重大未公开信息在其内部部门之间进行不当传递而建立的一系列规则和程序。这样可以避免敏感信息的泄露和利益冲突的发生，确保客户和机构的利益不受损害。

② 译者注：虚假合伙关系指律师在律所内部实际商定了不同的合作形式，外部却给人以合伙的假象。在这种情况下，如果共享办公空间的律师、授薪律师、律所的自由职业者或在此期间转所的律师，故意造成自己是律所成员的假象，那么这些律师将需要承担与律所成员相同的责任。

③ 译者注：共享办公是律师行业中出现的一种新兴工作模式，其中不同的律师共享办公空间和基础设施，但彼此之间并不进行业务合作或共享客户资源。每个律师是独立执业的，他们选择共享办公空间主要是为了节省成本和资源。

④ Statt aller Henssler/Prütting/Henssler, *BRAO-Kommentar*, 7. Aufl., 2020, §3 Rn. 15; Kleine-Cosack, *BRAO-Kommentar*, 8. Aufl., 2020, §3 Rn. 16, jeweils m.w.N.

公司与Y有限公司在合同解释问题上产生了争议，Y有限公司决定委托B律师事务所处理此事。鉴于A律师曾参与过相关合同的咨询工作，并且现在已不在B律师事务所任职，因此B律师事务所在接受此项委托时并无明显理由予以拒绝。

四、利益冲突的豁免情形

新《联邦律师法》第43a条第4款第四句的规定对《律师职业法》第3条规定的相关内容进行了承继和改进，明确规定了当事人可以书面形式同意律师接受存在利益冲突的委托。这一新规定与旧法相比，引入了几处重要的变化：

（一）律师本人不适用上述豁免情形

根据《律师职业法》第3条的条文含义，其规定的豁免情形涵盖律师事务所及相关律师自身在执业中可能遇到的利益冲突问题。这一规定在立法会议中引发了多年的激烈辩论，部分人士甚至以西方社会的衰落为例，带来了“律师自我毁灭”这一说法的流行。然而，这些观点均缺乏事实依据，因此难以站得住脚。实际上，从未有人认为律师能够在未经双方当事人同意的情况下，代表同一民事诉讼中的对立双方。①因为这种情况将不可避免地导致利益冲突，损害律师的职业诚信和当事人的权益，双方当事人显然都不可能接受这种安排。

根据新《联邦律师法》第43a条的规定，豁免情形仅适用于律师事务所，而不适用于律师个人。这意味着，律师个人无法通过当事人的同意来豁免因利益冲突而产生的禁止性规定。这一变化的原因在于，众多庭外情形下的利益冲突判断存在极大的不确定性。在新法实施之前，律师可以通过预先获取委托人的同意声明，来避免在利益冲突难以界定的情况下可能面临的违反诚信原则的指控（参见《刑法》第356条规定）。然而，新法实施后这一保护措施将不再有效。此情况尤为棘手，因为根据联邦法院的判例法，判断律师执业中的利益冲突不仅需要考虑客观的事实情况，还必须综合评估当事人的主观利益，这无疑增加了案件处理的复杂性和不确定性。

---

① 自从斯蒂芬·茨威格（Stefan Zweig）的《象棋的故事》（*Der Schachnovelle*）问世以来，一个人不能作为自己案件的原告和被告的观点已经司空见惯，即不存在自我起诉的情况。

例如，一家律所的82名合伙人[①]请专注于合伙企业法的律师B就修订合伙协议中的过时且可能涉及税务问题的离职条款和补偿费条款提供专业法律建议。

关于上述示例是否构成利益冲突，在相关文献中确实存在颇为显著的争议。[②]对于82名合伙人而言，新规定的实施无疑引发了一场零和博弈。通常情况下，对老合伙人有益的补偿费条款往往会损害新合伙人的利益，反之亦然，二者之间的利益难以协调。然而，另一种方案显得相当复杂，甚至有些荒谬，即每位合伙人分别聘请独立的律师，再租一个体育馆进行大规模谈判，以期就新条款达成共识。在此过程中，律师B为确保自身免受存在潜在利益冲突的指责，必须依据《律师职业法》第3条规定获得当事人的书面同意。此外，在处理债权债务纠纷时，当多个被告被共同指定为债务承担者时，律师是否可以同时代理所有被告，这一问题的答案并不明确。众所周知，联邦法院在判断利益冲突时，通常会考虑未来在共同承担债务方面出现纠纷的可能性大小。[③]然而，我们还需进一步观察联邦律师协会是否能够在其法定权限范围内寻求解决这类特殊情况的途径。根据目前的法律，律师B为免受存在利益冲突的指控，只能采取协商方式来寻求解决方案。具体而言，律师B只能试图通过向所有委托人公开其对个别委托人的答复，以确保信息的透明共享，以避免与个别委托人进行私下交流。

（二）与司法利益相冲突

新《联邦律师法》在立法过程中并未保留《律师职业法》第3条规定中的限制性豁免条款，即在“与司法利益相冲突”的情形下，律师事务所将无法被豁免。这一选择是值得肯定的。普遍认为，前述限制性规定应当仅限在司法程序[④]的范畴内。而在实践中，要求同一家律所的两名合伙人之间互相提起民事诉讼，显然是荒谬且不合逻辑的，因此也几乎不会有人提出这样的要求。任何具备基本职业素养和判断力的律所都会坚决拒绝此类不合理的请求。

---

① 就像笔者所属律师事务所的情况。

② Z.B. Offermann-Burckart，“Dezidiert für das Vorliegen einer Interessenkollision”，*AnwBl*，v. 2019，S. 602.

③ Vgl. BGH XII ZB 156/06，*NJW* 2007，2257 einerseits；BGH IX ZR 89/18，*NJW* 2019，1147 andererseits.

④ Z.B. Hartung/Scharmer/v. Falkenhausen，*BORA/FAO*，7. Aufl.，2020，§3 Rn. 122.

（三）信息隔离措施

根据新《联邦律师法》第 43a 条第 4 款第四句的规定，即便律师事务所得到了委托人的书面同意声明，从而获得了利益冲突的豁免，他们仍负有采取适当预防措施以防止敏感信息泄露的法定责任。在实践中，那些备受业界信赖的律师事务所始终秉持这一原则，并积极履行其法定义务。为了有效预防信息泄露，律师事务所通常会采取一系列预防措施，包括但不限于对纸质文件进行上锁或重新标记，限制电子数据的访问权限，以及禁止就委托事项进行非必要的讨论等。展望未来，联邦律师协会可能在其会议中针对“信息隔离措施”制定更为具体和细化的规定。

（四）《联邦律师法》第 43a 条第 4 款第五句

新《联邦律师法》第 43a 条第 4 款第五句的规定似乎存在些许令人困惑之处。此条款看似是一个赘余的表述，因为它所涵盖的内容实际上是一个无需言明的事实。具体而言，该规定明确指出利益冲突的豁免条款不仅适用于律师事务所内的每一位律师，也适用于律师事务所本身。这一表述似乎是在重申一个显而易见的事实，因此略显多余。

五、对实习律师和律师助理的禁止性规定适用情况

在《联邦律师法》的重大改革过程中，法律实务界对利益冲突相关禁止性规定的适用范围给予了高度关注：该规定是否适用于非执业律师？如果适用，其具体的适用程度和范围如何？特别是关于该规定对尚未取得律师执业资格的实习律师及不具备律师资格的律师助理的适用情况①，更是引发了广泛的讨论。在改革之前，相关法律规定模糊不清，导致律所在招聘年轻同事时遭遇了不小的困扰。这种情况显然与《德意志联邦共和国基本法》第 12 条保障职业自由的规定不符，迫切需要通过法律改革加以明确和规范。

新《联邦律师法》第 43a 条第 5 款对实习律师存在利益冲突的情形作了明确而合理的规定。根据该条款，实习律师在取得律师资格后，不得参与任何在其实习期

---

① 在大学期间或者虽然参加了第一或第二次国家司法考试，但没有获得律师资格的律所工作人员。

内探讨过的存在利益冲突的案件。这一限制仅适用于实习律师实际参与该委托工作的情况。如果实习律师仅对法律问题进行抽象的、匿名的评价，且并不了解该评价所涉的具体委托事项，那么没有充分的理由禁止其在取得资格后参与相关案件。这种限制源于新《联邦律师法》第43a条第4款第一句的条文措辞。该条款提及的"咨询或代理"，通常要求与委托人产生实际接触或在外部代表委托人与第三方进行交流。而自由职业者及无律师资格的律师助理所从事的纯内部工作，往往不符合这一前提条件。

由此我们可以反向推导出这样一个结论：法律并未对其他受过法律培训的律师助理施加与实习律师相同的利益冲突禁止性规定。换言之，那些未获得律师资格的律师助理，以及在法律实习期①外以自由雇员②身份从事律师工作的见习律师，并不受前述利益冲突条款的约束。法律体系中的"职能律师概念"③自然涵盖了实习律师和自由雇员等法律人群体。立法者通过前述规定明确表示，利益冲突条款并不完全适用于这一概念下的所有法律从业者。从新《联邦律师法》第43a条第6款的规定中，我们无法得出利益冲突条款适用于前述群体的结论，因为该条款的适用主体被明确限定为具有律师执业资格但并未实际执业的法律工作者，如法律经纪人或企业法律顾问。因此接受法律培训但尚未取得律师执业资格的律师助理并不在此条款的适用范围内。因此，基于同样的逻辑和理由，新《联邦律师法》第45条第1款第三句中的禁止性规定亦不适用于此类人群。

六、律师事务所的变更

新《联邦律师法》并未就律所变更作出明确规定，而《律师职业法》第3条规定中虽然包含律所变更的内容，但在实际应用时却引发了广泛的争议。根据新《联邦

---

① 译者注：在德国，法学生要取得律师资格必须经过两次国家法律考试，在通过第一次国家法律考试后，学生需进入为期两年的实习期，完成实习并满足相关要求后，他们才有资格参加第二次国家法律考试，通过后才能获得律师资格。

② Henssler/Prütting/Henssler, §43a Rn. 197.

③ 译者注：根据这个概念，律师的主要职责是为客户提供法律咨询和代表服务，以及维护法律秩序和公正。在这种理解下，律师的身份和职责主要是根据其实际行为和服务的性质来确定，而不是仅仅根据其持有的职业资格。

律师法》第 43a 条第 4 款第二句的规定，禁止性规定的适用范围扩展至律师事务所，我们可以合理推断，该条款同样适用于变更律所的情况。因此，如果一名律师曾在其他律所工作，或曾为某一方当事人提供咨询或代理服务，那么在他加入新律所时，这些过往的行为都将对该律所及其所有律师产生影响，即受到利益冲突条款的约束。这意味着，新加入的律所及其律师不得为存在利益冲突的委托人提供法律服务。通过引用新《联邦律师法》第 43a 条第 4 款第二句的规定，我们可以澄清实务中对《律师执业法》第 3 条规定的两种常见误解：

（一）律师转所后对原律所的影响

显然，律师变更所属律所并不会影响原律所继续处理既有的委托事项，即原律所依然能够正常处理原有的业务。

例如，律师 C 原在 X 律所工作，在此期间为委托人 M 提供关于其与当事人 V 纠纷的咨询服务。而当事人 V 则委托 Z 律所代理事务。随后，律师 C 从 X 律所转至 Z 律所。

在此情境下，根据新《联邦律师法》第 43a 条第 4 款第二句的规定，Z 律所因受 C 律师变更律所的影响，必须终止与 V 的委托关系，以避免利益冲突。然而，X 律所仍有权继续处理委托人 M 的委托事务，不受律师 C 转所的影响。

（二）未事先参与存在利益冲突委托工作的律师转所的影响

需要明确的是，只有当律师在变更律所前已经参与了特定的委托事项，这一转所行为才会对后续加入的律所产生影响。①相对地，如果律师在转所前并未参与相关委托事务，那么其转所行为不会对后续加入的律所产生任何影响。

例如，与前例一样，只是此次从 X 律所转至 Z 律所的并非 C 律师，而是其同事 D。D 律师此前并未参与处理委托人 M 的任何委托事务。

在此情境下，X 律所自然可以继续处理委托人 M 的委托事项，Z 律所同样可继续处理当事人 V 的委托事项。然而，尽管理论上 Z 律所可允许 D 律师参与处理 V 的委托事项，但实际上此种做法并不适宜，且在实践中应严格避免。

---

① Hartung/Scharmer, "Berufs- und Fachanwaltsordnung: BORA/FAO", *C.H.BECK*, 2022, §3 Rn. 132ff.

七、《联邦律师法》的生效及其与《律师职业法》第3条规定的关系

立法者为律师群体设定了一个大约13个月的过渡期，即新《联邦律师法》从2021年7月12日法律公布之日起至2022年8月1日正式生效。设置这一过渡期的目的是确保律师们能够充分准备并顺利实施关于设立律所专用电子邮箱及律所和律师协会组织法变更的新规定。显然，这一过渡期的设置对于保障法律平稳过渡和律师行业有序发展而言具有必要性。

然而，理想的做法应该是即刻实施纯粹的专业规则，如新《联邦律师法》中的第43a条和第45条的规定，以确保法律适用的专业性和精准性。但是由于立法者设置了过渡期，在2022年8月之前，旧《联邦律师法》仍将继续适用。同时，为了确保法律适用的连贯性和稳定性，在过渡期内，《律师职业法》第3条规定也将维持其有效性，至少持续到下届联邦律师协会会议召开为止。

随着新《联邦律师法》的生效，旧《律师职业法》第3条规定将不再适用，但律师群体目前在实务中还得再忍受几个月《律师职业法》第3条的混乱规定。

八、结　　论

新《联邦律师法》的重大改革是否能够评价为一次成功的立法活动，目前还难以断言，因为其长期效果和影响需要在未来的实践中得到验证。就当前而言，新《联邦律师法》第43a条和第45条的新规定的出台，以及《律师职业法》第3条规定的全面废止，无疑为律师界带来了一定程度的宽慰。当然，对于任何立法改革而言，保持善意和耐心是至关重要的。我们期待未来能够制定出更加完善、切实可行的法规，以便更好地适应律师行业的发展需求，并促进社会法治进步。在此过程中，我们更应认识到，即使法规的利好程度仅达到80%，只要这些规定能够出台并且得到有效的实施，其实际意义也将远远超过那些理论上完美但难以落地的法规。

律师作为受托人的职业伦理、勤勉义务和道德行动主义

[美]大卫·鲁班(David Luban)*

黄心怡　秦子初**　译

一、引　　言

通常认为,委托人和律师之间的关系建立在代理法基础上,律师作为受托人,必须履行受托责任。这种责任是律师职业伦理的基础和来源。本文旨在基于受托责任理论,探讨律师履行勤勉和忠实义务过程中的道德界限。此外,本文将探究近年来学术界针对律师受托责任视角的转变,评估这种转变是否为我们理解律师职业伦理提供了新的思路。对于律师履行勤勉义务的道德关切,是否可以仅仅通过受托责任理论来给出充分的回应?受托责任理论是否为我们解决这些道德问题指引了新的方向?对于这些问题,笔者持谨慎的态度——不是完全否定,而是认为这一理论"尚待验证"。文章的结论部分将阐述理由。

参照伊森·莱博(Ethan Leib)和史蒂文·加卢布(Steven Galoob)对受托责任政治学理论的研究,我们可以对律师与委托人之间受托关系的特征有一个简单的认识:律师在决策过程中有较大的自主性,而委托人对律师寄予信任,且委托人在

* [美]大卫·鲁班,乔治城大学法学院教授。本文是为 2019 年夏天在爱尔兰凯尔莫尔修道院举行的关于受托理论和法律职业伦理的会议撰写的。笔者对会议参与者提供的有益评论表示感谢。

** 黄心怡、秦子初,上海外国语大学 2022 级法律硕士研究生。

这种关系中处于相对弱势的地位。①由于律师具有法律专业知识，委托人将事务托付给律师处理，而其面对律师的不当行为时显得尤为无助。在处理受托事务时，律师必须代表委托人的利益进行决策。简而言之，律师的受托责任体现在其以独立的专业判断代表委托人的利益采取行动，确保委托人是其中的唯一受益方。②

在委托关系中，受托责任的基本原则之一是禁止受托人进行自我交易，这一原则在法律职业伦理规范关于利益冲突的规则中得到了明确体现。③如"烫手山芋"规则，即禁止律师因追求更高利润的潜在客户而放弃现有委托人的行为("像丢弃烫手山芋"一样放弃现有委托人)。④这类防范自我交易的规定构成了受托责任法律规范的核心，是法律领域公认且不容置疑的规则。

然而，并非所有的律师职业伦理规范都源自律师的受托义务。有些伦理规范的设立旨在保障程序正义，即使可能会对委托人的利益产生不利影响。⑤尽管如此，这些规定亦可被视为受托责任的一部分。这种观点认为，律师是"法庭的仆役"，意味着律师在受托关系中，不仅对委托人负有责任与义务，还在一定程度上对法庭承担责任。也有人认为，将律师对法庭的义务视为律师对当事人的受托责任，未免有些牵强。因为从角色定位来看，律师只是委托人的受托人，与司法机关没有任何直接的受托关系。⑥而在后续讨论中，笔者更倾向于采取传统且普遍接受的观点，即律师的受托责任主要针对其委托人。

---

① Ethan J. Leib & Stephen R. Galoob, "Fiduciary Political Theory: A Critique", *125 The Yale Law Journal 1820*, 2016.

② 参见美国 1969 年《职业行为示范规则》。

③ 在《职业行为示范规则》中，防范自我交易的规则包括全面的利益冲突规则，即第 1.7—1.12 条，但也包括其他一些规则，如第 1.5 条(规范律师费用)、第 1.15 条(保护委托人财产不受律师占有时的侵害)，以及第 1.18(c)—(d)条(将冲突利益保护扩展到潜在委托人)。作者所说的"自我交易"与亨利・E. 史密斯(Henry E. Smith)所提出的"机会主义"密切相关。Henry E. Smith, *Why Fiduciary Law Is Equitable*, Philosophical Foundations of Fiduciary Law 261(Andrew Gold & Paul Miller, eds., 2014)。

④ Picker Int'l, Inc. v. Varian Assocs., Inc., 670 F. Supp. 1363, 1365(N.D. Ohio 1987).

⑤ 参见美国 2004 年《职业行为示范规则》第 3.1—3.6, 8.2(a), 8.4(d)条规定。

⑥ 这一思路与 W.布拉德利・温德尔(W. Bradley Wendel)的观点不同。温德尔所说的"对法律的忠诚"包含两层含义：第一层是在律师向委托人解释法律要求时，应当提供准确、诚实且无误导性的法律意见；第二层是律师应当假定自己及委托人将遵守所有适用的法律和法规，包括但不限于律师职业伦理规范和律师法。

二、勤 勉 义 务

本章将深入探讨律师职业伦理中的一个重要原则：律师对委托人负有勤勉义务。作为受托人，律师坚定地维护并支持其委托人的利益——正如亨利·布鲁厄姆(Lord Henry Brougham)所言，其言论常被引用以说明律师的职责所在：

> 一名刑事辩护律师在履行职责时，应当专注于一个人，那个人就是他的当事人。为了拯救和保护当事人，律师要不顾任何风险，不惜任何牺牲。这是律师义不容辞的责任。律师的神圣职责是：为了拯救和保护当事人，即便赴汤蹈火、粉身碎骨也在所不惜。①

布鲁厄姆还补充道："爱国者的职责与辩护律师的职责是不同的，律师必须不顾后果地为其当事人利益履行职责，即使这将不幸地导致他的国家陷入混乱。"②

美国的职业道德规范并未采用布鲁厄姆那样激进的措辞，也不倾向于鼓励刑事辩护律师采取不顾后果的行动。然而，美国律师协会(ABA)在1908年制定并通过的首个职业道德规范中，采用了较为温和但依然具有布鲁厄姆风格的措辞，强调律师应"全心全意地致力于委托人的利益，最大限度地运用其专业技能和法律知识，积极维护委托人的权益"③。1969年的第二版职业道德规范在措辞上进一步缓和，这或许反映了官方对律师行为的审慎指导及对公众利益的保护。④该规范指出律师的职责在于"通过合法手段寻求任何合法目标"，这实际上并未与布鲁厄姆的激进观点产生实质偏离。⑤总体而言，尽管美国职业道德规范的措辞相对温和，它们仍然强调律师应当全力以赴地代表和保护委托人的利益，只是在行动方式上强调必须合法且符合职业道德。

现行的《职业行为示范规则》采用了更为审慎、温和的措辞，要求律师在接受委托后履行合理的勤勉义务。⑥一些法律评论家对此表示担忧，认为这可能标志着官

①② 2 Causes Celebres: Trial of Queen Caroline 3(1874).

③ Canons of Prof'l Ethics Canon 15(1908).

④⑤ Model Code of Prof'l Resposibility Canon 7(1969)("A Lawyer Should Represent a Client Zealously Within the Bounds of the Law")[hereinafter MODEL CODE].

⑥ 参见美国2004年《职业行为示范规则》第1.3条规定。

方对于律师勤勉义务的重要态度转变。[1]而笔者认为这种措辞的变化反映了官方对于规则可执行性的深思熟虑。在过分强调律师勤勉义务的背景下,倘若律师未能满足委托人的每一个要求,他很可能会面临被投诉的风险。[2]措辞的变化旨在确保那些已经尽到合理勤勉义务的律师不会因此遭受纪律处分。[3]事实上,律师可以在法律允许的范围内,为委托人尽一切合法的努力。[4]

自《职业行为示范规则》正式施行以来,律师履行勤勉义务的标准并未有所降低。正如黛博拉·罗德(Deborah Rhode)所言:"只要律师能够根据工作量进行收费,大型律所总是愿意全力以赴地维护委托人利益。"[5]一位大型律所的诉讼业务合伙人曾向笔者透露,在进行诉讼时,她的首选策略就是提起反诉——这是一种战术,用以警告对方。当被问及反诉是否需要正当、充分的理由时,她表示总能找到足够的理由提出反诉——这就是为什么她所在的律所能成为一家大型律师事务所。

现行版本《职业行为示范规则》第 1.3 条规定的解释性评论,从受托责任的角度界定了勤勉义务:"律师必须……展现出对维护委托人利益的承诺与热情,并且

---

① See, e.g., Lawrence J. Vilardo, Vincent E. Doyle III, Where Did the Zeal Go?, *A.B.A. LITIG. J.*, 2011.

② Geoffrey C. Hazard, Jr., *Rules of Legal Ethics: The Drafting Task*, 36 Record of the Bar of the City of New York 77, 89(1981)。哈扎德坚持他的观点,尽管美国律师协会审慎说明《职业行为示范规则》并不直接作为医疗事故责任的判定标准,但他明确指出,在医疗事故案件的审理过程中,由于对立的专家证人就护理标准提供证言,《职业行为示范规则》的相关条款将具有显著的法律意义。因此,他进一步阐述了一个要求律师展现"热情"(zealous advocacy)的可执行标准可能会触发一场针对医疗事故诉讼和纪律投诉的热潮。

③ 蒂姆·达尔在他的著作中阐述了措辞的变化。参见 Tim Dare, *The Counsel of Rogues? A Defence of the Standard Conception of the Lawyer's Role*, *Hart Publishing* (2009); Tim Dare, *Mere-Zeal, Hyper-Zeal and the Ethical Obligations of Lawyers*, 7 Legal Ethics 24(2004)。上述作品探讨了律师的伦理义务,并区分了"纯粹的热情"(mere-zeal)和"过度的热情"(hyper-zeal)这两个概念。而术语"过度热情"(hyperzeal)源于作者的书。参见 David Luban, "Lawyers and Justice: An Ethical Study", *Princeton University Press*, 1988, p.397。

④ 《职业行为示范规则》第 1.2(a)条规定律师在执业过程中应遵循客户的指示,以实现客户所确定的代表目标。同时,该规则并未禁止律师在法律允许的范围内采取必要的合法措施,以促进和实现这些代表目标。

⑤ Deborah L. Rhode, "Ethical Perspectives on Legal Practice", *37 Stanford Law Review*, 1985, pp.589—635.

在接受委托时表现出积极的态度。”[①]这表明，律师对委托人的勤勉义务是受托责任的核心组成部分。

三、问题的提出：律师的职业伦理与道德行动主义

律师职业伦理的核心组成部分就是勤勉义务，它要求律师在执业过程中表现出对委托人利益的高度承诺和专注。笔者关注的焦点在于，在道德行动主义的框架下，职业伦理为律师提供了多大的行动自由。这里的“道德行动主义”，强调律师在接受委托时应将道德考量纳入决策过程。[②]例如，律师在代表委托人采取某些合法行动时，必须考虑到这些行动可能对第三方或公共利益造成的潜在重大损害。[③]这一观点在笔者所著的《律师与正义》(*Lawyers and Justice*)一书中有所阐述。[④]也有一些职业伦理领域的学者对这种观点表示支持，尽管他们也许并未直接使用“道德行动主义”这个说法，或是在部分争议焦点上与笔者持不同意见，这些学者包括罗伯特·戈登(Robert Gordon)、杰拉尔德·波斯特马(Gerald Postema)、德博拉·罗德(Deborah Rhode)、已故的托马斯·沙弗(Thomas Shaffer)、威廉·西蒙(William Simon)和理查德·瓦瑟斯特罗姆(Richard Wasserstrom)。[⑤]他们的贡献丰富了学界对律师职业伦理的理解和讨论，特别是在律师如何在维护委托人利益与考虑更广泛社会道德责任之间寻求平衡的问题上。

为了便于研究，布拉德·温德尔(Brad Wendel)和笔者将这些学者以及其他一

---

① 参见美国 2004 年《职业行为示范规则》第 1.3 条规定。

② 笔者首次阐释道德行动主义是在所著的书籍《律师与正义：一个伦理学研究》(*Lawyers and Justice: An Ethical Study*)中，自那以后笔者在许多出版物中都使用了这一词汇。

③ 强调一下“合法”这个词，我们讨论的不是代表委托人进行犯罪或欺诈行为，而只是那些虽合法但在道德上可能令人反感的行为。

④ David Luban, “Lawyers and Justice: An Ethical Study”, *Princeton University Press*, 1988, pp.160—174.

⑤ See, e.g., Robert W. Gordon, “The Independence of Lawyers”, *68 Boston University Law Review 1*, 1988; Gerald J. Postema, “Moral Responsibility in Professional Ethics”, *55 New York University Law Review 63*, 1980; Thomas L. Shaffer, “The Unique, Novel, and Unsound Adversary Ethic”, *41 Vanderbilt Law Review 697*, 1988; WILLIAM H. SIMON, “The Practice of Justice: A Theory of Lawyers Ethics”, *Harvard University Press*, 1998; Richard Wasserstrom, “Lawyers as Professionals: Some Moral Issues”, *5 Human Rights 1*, 1975。这些作品是一些在法律伦理领域学者的代表作。

些持反对意见的学者统称为第一代职业伦理理论学家(以下简称为“第一代理论家”)。①第一代理论家的核心观点是,律师的职业伦理问题本质上是一个道德哲学问题,当律师的职业伦理与大众伦理或实质正义发生冲突时,律师的职业伦理是否总是合理正当的呢?爱德华·道尔(Edward Dauer)和亚瑟·莱夫(Arthur Leff)通过阐述律师的角色定位,对这个问题进行了深入分析:

> 当人们需要帮助时,他们就会来求助律师……律师就是这样一种角色,他代表委托人处理法律事务,专注于委托人的利益,而不关注其他人的利益。②

这一观点似乎存在一定的争议性。该职业伦理观念似乎完全忽略了委托人利益之外的其他利益,将其他人视为律师实现委托人利益的手段,这在道德层面可能引发质疑。

当然,学者们提出了这样的职业伦理的正当化基础,即它反映了当事人主义的原则。③然而,如果这种正当化基础并不完全站得住脚,那么律师就不能简单地将其违反大众伦理的行为归咎于诉讼制度,也不能把对第三方的损害,视作在追求委托人利益时不可避免的副作用。笔者将自己的观点总结为“道德行动主义”这一概念,认为律师在接受委托时必须考虑道德问题。④

随后,一些学者对第一代理论家过分强调职业伦理的哲学维度提出了批评。他们认为,律师的职责应该从政治学角度而非道德哲学角度来分析,律师应将个人的道德信念置于委托人利益之后,以适应多元化政治体系的要

---

① David Luban, W. Bradley Wendel, “Philosophical Legal Ethics: An Affectionate History”, *30 George Washington Law Review 337*, 2017。其他第一代法律伦理学家,尤其是门罗·弗里德曼(Monroe Freedman)、查尔斯·弗里德(Charles Fried)、杰夫·哈扎德(Geoff Hazard)和斯蒂芬·佩珀(Stephen Pepper),反对这种看法,并坚持一种更接近于律师角色中立党派概念的观点。苏珊·科尼亚克(Susan Koniak)是法律伦理领域的学者,作者很难为其归类,但笔者认为她是第一代理论家。安东尼·T.克朗曼(Anthony T. Kronman)也很难判断是否属于第一代理论家,其著有《失落的律师:法律职业的失败理想》(1993年)。

② Edward A. Dauer, Arthur Allen Leff, “Correspondence: The Lawyer as Friend”, *86 Yale Law Journal*, 1977, pp.573—581.

③ 关于后一种观点的有力阐述,参见 Stephen L. Pepper, “The Lawyer's Amoral Ethical Role: A Defense, a Problem, *and* Some Possibilities”, *AM. B. FOUND. RES. J. 613*, 1986。

④ See generally David Luban, “The Inevitability of Conscience: A Response to My Critics”, *93 Cornell Law Review.*, 2008; David Luban, “How Must a Lawyer Be? A Reply to Woolley and Wendel”, *23 George Journal of Legal Ethics*, 2010.

求。①从多元化政治理论而非道德哲学视角来探讨律师职业伦理的学者包括温德尔、蒂姆·达尔、凯特·克鲁斯(Kate Kruse)、丹尼尔·马尔科维茨(Daniel Markovits)、诺曼·斯波尔丁(Norman Spaulding)和爱丽丝·伍利(Alice Woolley)——温德尔和笔者将他们称为第二代理论学家。②至于是否会涌现第三代理论学家,这也是笔者和温德尔所好奇的,我们期待未来有更多的学者加入律师职业伦理的研究和探讨,以进一步丰富和发展该领域的理论。③

从某种角度来看,律师若基于道德考量而调整其勤勉义务的履行程度,从而未能最大化委托人的利益,似乎违背了律师对委托人所承担的受托责任。因此,律师作为受托人的职业伦理,似乎与道德行动主义相悖。查尔斯·希尔弗教授(Charles Silver)在其论文中提出,所谓的勤勉义务本质上是基于委托人与代理人之间的受托责任特性构建的。④此外,我们可以进一步认识到,受托关系不仅是一种法律关系,还构成了一种道德上的联系。卡多佐法官(Cardozo)在梅因哈德诉萨尔蒙案(Meinhard v. Salmon)中使用了"至高无上的道德准则"(the punctilio of an honor the most sensitive)这一著名表述来形容这种关系。⑤显然,"至高无上"一词似乎不容许道德行动主义的存在。但实际是否如此呢?

(一) 通过作为特别法的《职业行为示范规则》来界定律师作为受托人的职业伦理

我们需要首先明确,在成文法体系中,我们应该参照哪部法律来具体界定律师

---

① See, e.g., Katherine R. Kruse, "Beyond Cardboard Clients in Legal Ethics", *23 George Journal of Legal Ethics*, 2010; Katherine R. Kruse, "Fortress in the Sand: The Plural Values of Client-Centered Representation", *12 CLINICAL L. REv.*, 2003; Danel Markovits, "A Modern Legal Ethics: Adversary Advocacy in a Democratic Age", *Princeton University Press*, 2008; Norman W. Spaulding, "Reinterpreting Professional identity", *74 Columbia Law Review 104*, 2003。对这一论点最明确的表述载于 W. Bradley Wendel, "Lawyers and Fidelity to Law", *Princeton University Press*, 2010。

② 笔者本人是第一代道德行动主义者,也批评过一些第二代伦理学者。关于笔者对马尔科维茨的批评,参见 David Luban, "Review of Markovits", *A Modern Legal Ethics*, 120 ETHICS, 2010;以及笔者对包括克鲁斯、斯波尔丁和温德尔在内的几位学者观点的回应,参见 David Luban, "The Inevitability of Conscience: A Response to My Critics", *93 Cornell Law Review*, 2008。

③ David Luban, W. Bradley Wendel, "Philosophical Legal Ethisc: An Affection History", *George Washington Law Review*, no.30, 2017, p.364.

④ Charles Silver, "A Private Law Defense of the Ethic of Zeal", *Law & Legal Theory Research Paper Series*, 2016, http://ssrn.com/abstract=2728326[https://perma.cc/22M9-VKJ4].

⑤ 164 N.E. 545(N.Y. 1928).

的职业伦理。其法律依据是职业道德规范及其法理基础(即《律师法》),还是更普遍和悠久的代理法与受托责任法律原则?我认为应当以前者为准,例如《职业行为示范规则》。①因为根据特别法优先的原则,特别法的规定优于一般法。②

这意味着,律师作为受托人的具体职责由律师行业的法律规范所确定,而不是由合同法、受托法或代理法等一般法律界定。当然这并不意味着,传统的受托责任原则不能作为评价律师职业行为的道德标准。例如,在过去三十余年里,《职业行为示范规则》修正案对保密义务设置了例外情况。这些例外情况受到一些学者的质疑,因为他们认为保密义务是律师至高无上的义务。③《萨班斯—奥克斯利法案》(*the Sarbanes-Oxley Act*)的出台引发了关于律师可能转变为告密者的讨论。④苏珊·科尼亚克(Susan Koniak)等学者也表达了类似观点。⑤

笔者想补充说明,在律师与委托人发生争议时,律师的职业伦理同样可以为限制保密义务提供依据,《职业行为示范规则》在修订过程中对保密义务的例外情况作了进一步的明确。⑥丹尼尔·费歇尔(Daniel Fischel)对此进行了尖锐的批评:

---

① 《职业行为示范规则》绝不是唯一规范律师行为的法律,但为了简单起见,笔者将重点关注它们作为职业伦理的体现。潘特声称,《职业行为示范规则》和《律师法(第三版)》"提供了关于律师受托职责范围的宝贵指导",这当然是正确的。笔者的主张略微强烈一些,即律师法定义了律师受托职责的范围。

② 该原则的完整表述是"lex specialis derogat legi generali"——特别法优先于普通法。当特别法与普通法相矛盾时,这一原则尤具约束力。起初,当没有矛盾存在时,可能看起来特别法原则是不相关的。事实并非如此。根据另一个历史悠久的法律解释原则——expressio unius 可知,在特别法中未包括的事物被推定是排除在外的,即使它们可能被包括在同一主题的更普遍的法律中。在当前的背景下,要点是:无论一般代理法中关于热忱的受托原则有多宽泛,也不能因此得出法律伦理中的热忱原则比特别法更宽泛的结论。

③ 关于这些早期律师协会内部冲突的研究,参见 Ted Schneyer, "Professionalism as Bar Politics: The Making of the Model Rules of Professional Conduct", *14 Law & Social Inquiry*, 1989。

④ 17 C.F.R. § 205.3(2018).

⑤ Susan Koniak, "When Courts Refuse to Frame the Law and Others Frame It to Their Will", *66 Southern California Law Review*, 1993; Susan Koniak, "The Law Between the Bar and the State", *70 North Carolina Law Review*, 1992。对律师协会在这个问题上的批评尤其深刻。

⑥ 在以前的《职业责任守则》中,律师可以为了收取费用及为自己及同事对抗不当行为的指控而揭露委托人的机密信息。《职业行为示范规则》DR 4-101(c)(4)规定有所规定。《职业行为示范规则》扩大了这一例外,包括律师对委托人提出的任何诉求,不仅限于与费用相关的诉求。《职业行为示范规则》R. 1.6(b)(5)规定中关于对律师的不当行为指控规定了这一例外情况:"不要求律师等待诉讼或程序的启动"。《职业行为示范规则》R. 1.6(b)(5)规定:"换言之,披露委托人的机密信息可能是一种先发制人的策略。"

律师对收费的重视明显超过了为无罪的被判刑者洗清罪名或帮助一个家庭找回被绑架的孩子。在法律伦理领域，保密义务是至高无上的，除非涉及律师自身的经济损失，在这种情况下，保密义务似乎变得无足轻重。①

费歇尔的评论体现了保密义务例外情况的一个特殊之处：它将律师的利益与委托人的利益对立起来，尽管律师还负有受托责任。

除了为评估伦理规则提供参考标准外，一般的受托责任原则还可以帮助解决《职业行为示范规则》中的歧义和模糊之处。那些不明确的受托关系规则，应当按照最有利于受益人的方式进行解释，类似于刑法中的有利于被告原则，即在认定事实存在模糊之处难以正确适用法律时，应作出有利于被告人的结论。②笔者称其为有利于委托人的解释原则。例如，在一个界限模糊的利益冲突案件中，根据有利于委托人解释原则，我们可能会参考其他领域的受托法律，得出律师违反了"至高无上的道德准则"的结论。③然而，在伦理规范明确规定的情况下，特别法优先原则仍然适用，即《职业行为示范规则》中的具体规定优先于更为一般的受托责任原则。

总结来说，对于具体的成文律师职业伦理规范和一般的受托责任法律准则（假设其存在）之间的关系，笔者提出三种观点。观点一：具体的成文职业伦理规范作

① Daniel R. Fischel, "Lawyers and Confidentiality", *65 University of Chicago Law Review 1*, 1998; Henry D. Levine, "Self-Interest or Self-Defense: Lawyer Disregard of the Attorney-Client Privilege for Profit and Protection," *5 Hofstra Law Review*, 1977, pp.811—815.

② 美国法律承认从宽原则（在其他国家称为 in dubito pro reo）已有两个世纪之久。首席大法官马歇尔（Marshall）在 United States v. Wiltberger, 18 U.S. 76, 95(1820)中写道，刑法应严格解释的规则，也许并不比建筑本身更古老。

③ Meinhard v. Salmon, 249 N.Y. 458, 464(1928).假设一家位于纽约的律师事务所，同时代理一家涉及诽谤诉讼的报社及一位富裕的性侵疑犯。该疑犯担心其受害者可能公开提出指控，从而损害其名誉。为了应对这一潜在威胁，疑犯雇用了私家侦探，旨在调查记者们掌握的对其不利的信息，并采取措施阻止这些信息的公开传播。在此情形下，我们需探讨律所代理这两个客户是否存在潜在的利益冲突。根据所提供的信息，这种潜在的利益冲突可能已被预先解决。原因在于，报社与律所签订了一项包含冲突利益豁免条款的委托协议。该条款明确指出，律所在代表其他委托人时，可能会遇到与报社利益相悖的情况，而这些其他委托人的利益可能与报社的利益发生冲突。通过这种方式，律所已经获得了报社的同意，即使存在利益冲突，也能够继续代理报社的诽谤案件。因此，在这种情况下，尽管表面上看似存在利益冲突，但由于事先签订了冲突利益豁免协议，律所代理这两个客户的行为在法律上可能是被允许的。然而，律所仍需确保在代理过程中遵守所有相关的职业道德规范，以维护其客户的利益并保持职业的诚信。

为特别法,优先于一般的受托责任法律准则。观点二:一般的受托责任法律准则仍可作为一种评价标准或基准,用以批判性地审视具体的成文职业伦理规范。观点三:受托责任法律伦理涵盖了有利于委托人的解释原则,在此基础上,应当使用一般的受托责任法律准则来解决伦理规范特别法中的不明确之处或填补其中的空白。

(二) 通过订立合同来规避伦理规范的限制

律师的受托责任作为职业伦理的一部分,是否仅构成委托协议中的默认条款,而委托人可以放弃这些默认保护措施呢?①对于某些规则来说,答案显然是肯定的,因为这些规则明确允许委托人对律师的特定行为给予知情同意,即使在未经同意的情况下这些行为可能会违反律师职业伦理。②但对于那些未明确规定的规则又该如何看待呢?

在19世纪90年代,关于是否可以通过合同来规避职业伦理规范的问题引发了广泛讨论。当时的争议问题是,当委托人作为被保险人,保险公司根据保险合同中的代位条款支付律师费时,究竟是谁控制着委托关系,谁拥有对律师的控制权。③被保险人与保险公司之间,存在着潜在的利益冲突。④《职业行为示范规则》明确指出:无论谁支付费用,律师都应对委托人绝对忠诚。⑤然而,保险律师协会对此持有异议,他们认为可以通过在保险合同中加入特定条款来规避这些伦理

---

① Frank H. Easterbrook, Daniel R. Fischel, "Contract and Fiduciary Duty", *36 Journal of Law and Economics*, 1993, pp.425—427.

② 这些规则包括限制代理范围(《职业行为示范规则》第1.2(c)条)、透露委托人秘密及代理某些可能存在利益冲突的案件。

③ See Charles Silver & Kent Syverud, "The Professional Responsibilities of Insurance Defense Lawyers", *45 Duke Law Journal*, 1995; Charles Silver, "Does Insurance Defense Counsel Represent the Company or the Insured?", *72 Texas Law Review*, 1994; Kent D. Syverud, "What Professional Responsibility Scholars Should Know About Insurance", *4 Connecticut Insurance Law Journal*, 1997; Stephen L. Pepper, "Applying the Fundamentals of Lawyers' Ethics to Insurance Defense Practice", *4 Connecticut Insurance Law Journal*, 1997; Thomas D. Morgan, "What Insurance Scholars Should Know About Professional Responsibility", 4 *Connecticut Insurance Law Journal*, 1997.

④ 例如,被保险人希望接受一个低于保险金额上限的和解,但保险公司更愿意冒险上庭,即使他们在庭审中输了,判决金额可能会远远超过保险金额的上限。或者相反,一位因医疗失误被起诉的医生希望上庭审判以维护其职业声誉,保险公司却希望和解。或者,律师了解到的委托人保密信息若向保险公司透露,可能对委托人有害但对保险公司有利,例如,这些信息可能会使保险合同无效。

⑤ 参见美国2004年《职业行为示范规则》第7(a)(2), 1.8(f), 5.4(c)条规定。

限制。西尔弗教授和西弗鲁德教授合著了一篇具有里程碑意义的文章，支持了这一立场。①

然而，美国律师协会伦理委员会持有不同看法，他们坚称："律师对被保险人的义务是由《职业行为示范规则》来界定的，而不是由保险合同所决定。"②《律师管理法(第三版)》对伦理委员会的这一立场表示支持。③这个例子凸显了两个关键点：第一，在律师职业伦理中，绝对忠诚原则要求的受托责任优先于合同法，即不能简单地通过合同来规避；第二，《职业行为示范规则》确实设定了这样的条款。这证实了前述观点一，即具体的成文职业伦理规范作为特别法，优先于一般的受托责任法律原则。

四、要么彻底退出，要么全力投入

现在，让我们来讨论一个核心议题：当律师面临一个他个人认为在道德上有问题的案件，比如这个案子可能会对对方、其他第三方或公共利益造成间接损害时，他应该如何应对？根据《职业行为示范规则》，律师可以选择抑制自己的道德顾虑，竭尽全力代理委托人，或者选择辞去委托，退出案件。特别是当他的道德顾虑存在"显著风险"，可能导致他不能全心全意代理委托人时，按照《职业行为示范规则》第1.7(a)(2)条规定，他必须选择辞去委托。④即便不存在上述的显著风险，依据《职业行为示范规则》第1.16(b)(4)条规定，如果"委托人坚持要求律师进行其个人认为违法或者不认同的行为"，律师同样可以选择辞去委托。⑤如果决定

① Silver和Syverud的理论是，保险人和被保险人是共同委托人，因此他们可以同意放弃律师对被保险人的某些受托责任。笔者认为，事实的确如此，即使保险合同没有明确规定保险人与被保险人是共同委托人。

② ABA Comm. on *Ethics & Prof'l Responsibility*, Formal Op.96-403(1996).

③ 《第三次法律治理律师的重述》中第134条第(2)款的评论d和f：被保险人可以允许保险公司指导律师的代表行为，但如果保险公司的指示将导致利益冲突，则行不通。"关于事件或信息导致被保险人与保险公司之间的利益冲突，律师必须最大限度地考虑被保险人的最佳利益……"否则必须辞去委托。同样的，律师不能向保险公司透露可能使保险合同无效的委托人机密信息。The Restatement, Reporter's note to §134(2), cmt. f, at 415. 因此，勤勉义务是不可放弃的。

④ 参见美国2004年《职业行为示范规则》第1.7(a)(2)条规定。

⑤ 参见美国2004年《职业行为示范规则》第1.16(b)(4)条规定。

不辞去委托，那么律师应当放下个人顾虑，竭尽全力、勤勉尽责地为其委托人服务。正如歌手格蕾西·斯里克（Gracie Slick）在歌曲中所唱，“要么彻底退出，要么全力投入”。①

不过，《职业行为示范规则》中确实有一些内容似乎与上述结论存在冲突。《职业行为示范规则》第 1.2(a)条规定将制定策略的权力赋予律师，而非委托人。更为关键的是，《职业行为示范规则》第 1.3 条关于勤勉尽责规定的注释指出：“律师没有责任为委托人争取每一项可能实现的利益。”②然而，这一注释虽然不具有强制性，却似乎与律师对委托人所承担的受托责任相悖。坚持律师职业伦理的人认为这一注释存在误解：作为受托人，律师应尽责为委托人争取每一项可能实现的利益，除非委托人明确指示或允许律师减轻争取利益的努力程度。

面对道德顾虑的律师还能采取哪些行动呢？根据《职业行为示范规则》，律师有权建议委托人改变想法：律师可以就“可能与委托人情况相关的道德信息”向委托人提供建议。③笔者认为应当对《职业行为示范规则》作出更强势的解释：律师必须就道德信息向委托人提供建议。沟通规则要求律师“在合理必要的范围内对某一事项进行解释，使委托人能够就代理事宜在完全知情的情况下进行决策”。④因此，如果继续执行委托事项存在道德风险（例如，可能对第三方或公共利益造成损害），而委托人似乎对此道德问题视而不见，律师就必须明确指出委托人可能忽略的道德问题。因为对于委托人来说，掌握道德方面的信息，是作出明智决定的关键。

仅从字面理解《职业行为示范规则》，会发现其似乎并不要求律师向委托人提供道德方面的信息，这在常理上显得不合逻辑。有人反驳说，律师自己的道德判断并非“信息”，而仅仅是个人观点。在此我们先不讨论“道德信息”是否存在，笔者对于该反驳观点的回应如下：一位审慎、明智的律师，尽管其立场是代表委托人，也可能对受委托事项持有道德上的顾虑，而这种道德顾虑可能影响委托人的判断。即

---

① Grace Slick, “Hey Frederick ”, *RCA Records*, 1969.

② 参见美国 2004 年《职业行为示范规则》第 1.3 条规定。

③ 参见美国 2004 年《职业行为示范规则》第 2.1 条规定。

④ 参见美国 2004 年《职业行为示范规则》第 1.4(b)条规定。

使是道德感不那么强的委托人,也可能会想“如果连我自己的律师都认为这样做不妥,那我也不想冒险”;而那些极具道德感的委托人则可能会被律师的道德劝说所说服而改变选择。

也有反驳观点认为,道德方面的考量并非“委托人作出明智决策所必需的信息”。①受托责任要求律师不得将个人看法代替委托人的观点。然而,律师隐瞒道德顾虑,恰恰就是在为委托人作决定,此时对委托人而言,作出明智决定不需要使用道德信息。这种隐瞒违反了《职业行为示范规则》第 2.1 条关于律师“必须进行独立专业的判断并提供坦诚建议”的规定。②第 2.1 条明确规定,坦诚建议包括“可能与委托人情况相关的道德、经济、社会和政治因素”。③如果有人反对,认为提供坦诚建议可能会将律师的道德观点强加于委托人,从而损害委托人与律师之间的关系,那么笔者的回答是明确的:表达道德顾虑并不等于将其强加于委托人,相反,不提出这些顾虑才是用律师的判断取代委托人的判断。

无论律师向委托人提出道德顾虑,仅仅是“被允许”,还是如笔者所认为的“被要求”,根据《职业行为示范规则》,情况是这样的:如果律师对于采取某些行动以维护委托人最佳利益持有道德上的顾虑,他有权向委托人表达道德上的担忧和顾虑。如果委托人坚持执行原有策略,律师要么服从并全力为委托人代理,要么辞去委托,彻底退出。《职业行为示范规则》第 1.3 条④规定的注释中提到律师无需为委托人争取一切可能实现的利益的这一说法,并不能在实践中完全应用,在律师职业伦理的框架下,我们必须摒弃这种立场。

显然,这可能会导致一种让人感到不适的道德立场。除了“辞去委托、彻底退出”和“竭尽全力”外,律师还有什么其他选择吗?在本节中,笔者将通过两个例子来探讨该问题。在这两个例子中,许多律师可能倾向于选择并采用第三种行动方案。在此过程中,他们可能会因遵循道德行动主义而违反律师职业伦理。另外,这些例子也可能表明,热忱的受托责任并不像西尔弗教授等评论家所认为的那样严

---

① 参见美国 2004 年《职业行为示范规则》第 1.4(b)条规定。

②③ 参见美国 2004 年《职业行为示范规则》第 2.1 条规定。

④ 参见美国 2004 年《职业行为示范规则》第 1.3 条规定。

苛、绝对。①就目前的讨论而言，让我们假设律师的职业伦理确实包含勤勉义务的严格要求。在下文的论证中，当笔者谈到“律师职业伦理”时，就是基于这样的理解。

（一）案例一：查看文件附带的元数据

第一个例子为，如果对方当事人给我方律师发送电子文档时，由于技术操作不熟练而未清除文档的元数据，那么我方律师是否可以去查看这些元数据呢？让我们来假设一种情况，对方律师在编辑文档时使用了修订功能，并插入了批注，对方当事人在接受修订后直接将电子文档发送给我方，却没有意识到通过简单的操作即可恢复这些批注。再进一步假设，元数据中包含的信息可能对我们的委托人极为有利，甚至可能对案件的结果产生决定性影响——比如在产品责任纠纷案件中，一条批注中可能包含了关键性证据。如果我方不查看元数据，就可能错失了解这一关键证据的机会。那律师究竟是否可以查阅这些元数据呢？

支持查看元数据的立场可以追溯到门罗·弗里德曼多年前提出的观点：律师的首要职责是对委托人负责，而不是对对手负责。②弗里德曼认为，如果对手不慎将包含机密信息的文件传真给你，根据受托责任，律师应当充分挖掘文件中可能隐藏的信息。③他批判了美国律师协会的正式意见书，认为该意见书虽然强调了保护委托人秘密的道德重要性，却忽略了一个关键区别：律师有义务保护委托人的秘密，而对于对手的秘密则没有保护的义务。④他主张律师应该毫无愧疚地查看对方不慎发送的机密信息，否则就辜负了委托人的期望。⑤

在笔者看来，根据律师的职业伦理，弗里德曼的观点完全站得住脚。同理，如果对方当事人在发送文件时未能清除元数据，那么作为受托人，律师有责任审查这些信息，并利用它们为委托人争取利益。

尽管《职业行为示范规则》经过修订，规定律师在收到对方发送的文件（包括无意中发送的元数据）时，应立即通知发送者。⑥但修订后的规则并未明确禁止律师阅读或使用这些文件和元数据。在一些司法管辖区，规定更为严格，明确禁止律师

---

① Charles Silver, “A Private Law Defense of the Ethic of Zeal”, *Law & Legal Theory Research Paper Series*, 2016, http://ssrn.com/abstract=2728326[https://perma.cc/22M9-VKJ4].

②③⑤ Monroe Freedman, “The Errant Fax”, *Legal Times*, 1995, p.26.

④ See ABA Comm. *on Ethics & Prof'l Responsibility*, Formal Op.92-368(1992).

⑥ 参见美国 2004 年《职业行为示范规则》第 4.4(b)条规定。

查看对方无意中发送的元数据。然而，在遵循《职业行为示范规则》的司法管辖区，“弗里德曼问题”（即是否可以查看元数据）仍然悬而未决。

一些伦理委员会禁止律师偷看元数据，认定这种行为不诚实。①即使没有明文禁止，这一立场在实践中似乎也是普遍适用的。其中一个例子就发生在华盛顿哥伦比亚特区律师伦理委员会。②作为该委员会的前成员，笔者对我们针对元数据问题展开的讨论记忆犹新。③多数委员会成员都认为，查看元数据是道德上可鄙的行为，这相当于趁对手不在房间时私自翻看其公文包。④因此委员会得出的结论是，查看元数据违反了《职业行为示范规则》第8.4(c)条规定，即对“涉及不诚实、欺诈、欺骗或虚假陈述的行为”的全面禁止。⑤

这一结论虽然得到了委员会成员的多数支持，但也存在基于职业伦理的反对意见。回顾前文提到的“有利于委托人的解释原则”，这一原则要求我们在解释规则时，应以维护委托人利益为先，故不应将查看元数据的行为视为《职业行为示范规则》第8.4(c)条规定所禁止的不诚实行为。⑥

“不诚实”是一个相对的概念，它的界定往往要取决于具体情境。一个行为在某种情况下可能被认为是不诚实的，在另一种情境下则未必。尤其是当一种行为本身并不违法，而仅仅是因为对方的疏忽才得以进行时，将其简单地判定为不诚实行为可能并不公平。在一些司法管辖区，查看元数据并非不诚实行为，这说明了该

---

① 纽约州律师协会职业伦理委员会在2001年发布的《正式意见书749号》的结论是，使用此类信息（即元数据）涉及“不诚实、欺诈、欺骗或虚假陈述”的行为。亚拉巴马州总法律顾问办公室在2007年发布的RO-2007-02意见书认为律师未经授权地挖掘元数据以揭露保密信息，将违反《职业行为示范规则》第8.4条规定。

② D.C. Bar, Ethics Op. 341, n. 4 (2007), https://www.dcbar.org/bar-resources/legal-ethics/opinions/opinion341.cfm[https://perma.cc/MNA7-WYAD].

③ 委员会的审议情况并非机密，因为伦理委员会的会议是公开的。

④ D.C. Bar, Ethics Op. 341, n. 4 (2007), https://www.dcbar.org/bar-resources/legal-ethics/opinions/opinion341.cfm[https://perma.cc/MNA7-WYAD].

⑤ MODEL RULES R. 8.4(c). 我们本可以依据哥伦比亚特区的规则4.4(b)来支撑我们的意见，因为与《职业行为示范规则》不同，如果律师在阅读之前就知道文件是无意中发送的，那么根据哥伦比亚特区的规则，禁止律师阅读这些文件。当然这一解释仍然存在争议。See D.C. RULES OF PROFESSIONAL CONDUCT R. 4.4(b). 因此，我们用更广泛的论点来补充它，即偷看是不诚实的行为。

⑥ 显然，偷看元数据不属于欺诈、欺骗或虚假陈述。

行为并非法律明令禁止的不当行为。①将查看元数据视为不诚实行为，可能是对《职业行为示范规则》第 8.4(c)条规定的过度解读。而在律师职业伦理的框架下，只有那些有助于维护委托人利益的解释才被允许进行扩张性解释。

也许有人会认为，这样的观点失之偏颇。基于对职业伦理的理解，如果你的对手由于疏忽将公文包遗忘在你的办公室中，按照尽可能维护委托人最大利益的原则，你是否也应该偷看对方公文包呢？毕竟，公文包本应随身携带，而不是遗忘在对手方处。但是，偷看对手的公文包，显然是不诚实行为。同理，偷看元数据也应被视为不诚实行为。这就是哥伦比亚特区律师伦理委员会所持的观点。②

我们需要考虑到，偷看公文包和查看元数据两个行为之间存在一个关键的区别，即是否涉及侵犯隐私。偷看别人的公文包可能会侵犯隐私，因为公文包中可能存放着个人敏感信息。而对于元数据，虽然它是文件的技术性附加信息，通常不包含传统意义上的敏感个人信息，但它可能包含了文件的修订历史、作者信息等内容，这些信息仍有可能对案件结果产生影响。

这里让我们再假设另一种情况，如果对手律师在离开房间时将机密文件留在桌面上，而我方律师隔着桌子瞥了一眼，甚至是倒着阅读文件，这种行为是否构成不诚实行为？有些人可能认为这是不诚实的，因为这种偷看行为违背了诚信原则。然而，相比于对手律师因疏忽未在截止日期前提交文件，使我方获利，后者无疑是更为严重的不诚实行为。在这种情况下，按照弗里德曼的观点，如果不阅读对手律师遗忘在桌上的文件，可能会使我方委托人处于不利地位，那么律师有义务去阅读这些文件，以维护委托人的最大利益。

虽然笔者内心认同弗里德曼的观点，即律师应当在法律允许的范围内尽可能地维护委托人的利益，但在委员会的讨论中，笔者最终还是选择支持委员会的决定。作为一名道德行动主义者，笔者坚信在道德伦理上应当禁止查看元数据——

① 华盛顿特区律师协会的《第 341 号职业道德意见书》提到了一些其他职业道德意见书，它们对某些问题持有不同的观点，特别是关于律师是否可以审查元数据的问题。ABA Formal Opinion 06-442 and Maryland Bar Opinion 2007-09. ABA Comm. *on Ethics and Prof'l Responsibility*, Formal Op.06-442(2006); Md. State Bar Ass'n Ethics Comm., Op.2007-09(2007).

② D.C. Bar, Ethics Op. 341, n. 4 (2007), https://www.dcbar.org/bar-resources/legal-ethics/opinions/opinion341.cfm.[https://perma.cc/MNA7-WYAD].

不得不承认，在讨论中对弗里德曼的观点提出质疑，让笔者感到某种满足，尽管这让其他成员感到不快。

笔者确信，委员会中并非每个人都持有道德行动主义的立场。但在这个问题上，他们显示出对道德伦理的高度重视。他们内心深处对查看元数据的行为感到反感——他们认为，一个有道德的、正直的律师不应当这样做。①换言之，在这个例子中，一群恪守职业道德、经验丰富的律师以道德为由，选择不受律师职业伦理的约束。对他们来说，“至高无上的道德准则”②指的不是维护委托人的利益，而是贯彻道德行动主义。

（二）案例二：对手的笔误

本节我们来讨论第二个例子。笔者的一位朋友同为律师，在纽约一家知名律师事务所担任并购业务合伙人。他曾在一次并购交易中遇到了一个棘手的情况：在交易即将达成之际，对方律师在起草合同草案时犯下了一个重大错误，导致草案内容与双方之前口头商定的条款不一致，且这一错误对我朋友的委托人极为有利，而对对方则相反。如果不及时纠正错误，我朋友的委托人将会在未来获得巨大的实际利益。

在律师继续教育（CLE）课程中，笔者的朋友以此为例，与大家讨论，并提出了几种可能的处理方案：（1）不纠正错误；（2）征得委托人同意后纠正错误；（3）告知委托人他打算纠正错误，但不征求委托人的同意；（4）在未告知委托人的情况下直接纠正错误。

他还补充道，鉴于对委托人的性格和行事风格的了解，他确信委托人肯定不会同意纠正这一错误，这样一来，方案（2）似乎行不通；如果委托人明确拒绝纠正这一错误，而他依然坚持纠正，那么方案（3）可能会引发严重的信任危机；而方案（4）可能会违反《职业行为示范规则》的相关规定，尤其是第 1.4（a）（2）条关于“就实现委托人目标的方式与委托人进行合理协商”及第 1.4（b）条关于“在合理必要的范围内解释问题，以便委托人作出知情决定”的规定。

---

① 如果委托人说“如果你不查看元数据，就把文件发给我，我自己来查看元数据”，又该如何？职业伦理是否应该强制委托人放弃一个其本人可以合法利用的优势？

② Meinhard v. Salmon, 164 N.E. 545, 546（N.Y. 1928）.

显然，如果仅仅关注最大化委托人利益，律师应该选择方案(1)，即不纠正错误，从而让委托人获得一笔意外之财。但是，这样做并不符合律师的职业伦理，我们应当正确理解律师职业伦理的内涵。正如本文先前分析的《职业行为示范规则》第1.4(b)条规定，律师应与委托人协商，指出合同草案与双方在谈判中达成的协议不一致之处。纠正错误才是正确的做法。如果委托人拒绝纠正错误，那么律师必须选择遵从委托人的意愿或辞去委托，退出本次业务。这和第一个例子的情形相似，要么彻底退出，要么全力以赴。在这个问题上，律师界的意见也不尽相同。

方案(3)和(4)虽然得到了一些权威的微弱支持，例如《美国律师协会第86-1518号非正式意见书》提到，在合同谈判中，律师可以在不征求委托人意愿的情况下，将对方的笔误告知对方。但该意见书明确表示"如果委托人希望利用该错误获益，则律师无需承担责任"。①美国律师协会的《和解谈判道德准则》引用了该意见书的结论，称律师应当纠正和解协议中的笔误，而无需考虑委托人的意愿。②然而，《和解谈判道德准则》又指出，如果不这样做，即使在道德上可以接受，也是缺乏专业性的。③这种模棱两可的表述恰恰体现了道德规范本身的不确定性。

针对本案例，有人可能会认为，代理法不允许委托人指示其律师从事"可能损害代理人商业声誉"或"可能损害代理人合理自尊"的行为——这正是本案例中委托人所做的。④然而，《职业行为示范规则》并不承认委托人对其律师负有这样的责

---

① ABA Comm. *on Ethics and Prof'l Responsibility*, Informal Op.86-1518(1986). 无论如何，这个意见的推理相当薄弱。如果不咨询委托人，律师怎么可能知道委托人是否希望利用这个错误呢？伦理委员会认为律师没有《职业行为示范规则》第1.4条规定的义务去告知委托人律师正在纠正错误，因为这不涉及委托人的决策。这个论点显然是指涉及委托人决策的第1.4(b)条规定，但它忽略了第1.4(a)(2)条规定对合理咨询委托人关于实现委托人目标的手段的义务。可能美国律师协会的伦理委员会认为这样的咨询并不是"合理必要"的，但这个结论本身就是个问题。这忽视了委托人在委托过程中修改自己目标的权利。委托人常常在协商中接受不符合他们最初目标的交易，这就是妥协的本质。其次，非正式意见认为，揭示笔误不会违反保密义务，因为纠正错误是一种隐含的授权。ABA Comm. *on Ethics and Prof'l Responsibility*, Informal Op.86-1518(1986). The reference is to Model Rule 1.6(a). 还应该注意的是，美国律师协会的意见对任何法院都不具有约束力。

②③ 参见美国2002年《和解谈判的道德准则》。

④ 《第三次代理法重述》第8.15条的评论d部分，位于第413页，由美国法律研究所在2006年出版。《第三次代理法重述》是一套法律指南，旨在解释和澄清美国代理法的法律原则和规则。

任。如果律师将个人的商业声誉置于委托人利益和指示之上，可能会面临利益冲突的问题。①同时，没有任何规则（或非正式的职业规范）明确规定，委托人不能要求律师做其不愿做的事情。②因此我们再次确认，其他领域的受托责任理论不能简单地直接适用于律师受托责任领域。

本案例还涉及另一个法律问题。根据《职业行为示范规则》第1.6(b)条规定，如果委托人利用律师提供的服务进行欺诈，且这种行为可能会对他人的经济利益造成严重损害，则此时律师披露委托人的秘密，是被允许的（但不是强制性要求）。③在我们的案例中，未纠正对方的笔误，可能会构成因疏忽而造成的合同欺诈行为，当然这一点仍然存在争议。④争议焦点在于两点，一是笔误是否构成对交易基础事实的重大变更，二是"他人的错误"这一事实是否足以排除欺诈行为的成立。⑤

为方便论证，我们假设不向对方告知其存在笔误，这一行为确实构成因疏忽而造成的欺诈行为，且会严重损害对方当事人的经济利益。在这种情况下，根据《职业行为示范规则》，律师有权将笔误告知对方，而无需考虑委托人的意愿。⑥这就引出了一个问题：职业伦理如何在律师的实践中发挥指导作用？毕竟《职业行为示范规则》只是允许律师通过披露对方的笔误，来阻止委托人获得不当得利，而非强制性要求。

---

① 参见美国2004年《职业行为示范规则》第1.7(a)(2)条规定。

② 这一点相当明显，并反映在美国2004年《职业行为示范规则》第1.2(a)，1.2(b)，1.16(b)(4)条规定中。

③ 参见美国2004年《职业行为示范规则》第1.6(b)(2)条规定。

④ See e.g., *Restatement of the Law Governing Lawyers* § 98 cmt. d..

⑤ 在爆炸案件*Azar v. Garza*，138 S. Ct. 1790，1793(2018)中，美国最高法院回避了一个非常重要的问题，其中政府指控代表一名怀孕的无证件未成年人的公益律师，因为没有告知政府该未成年人接受了堕胎手术，从而犯有欺诈行为。结果，政府委托的律师未能立即申请暂停对她有利的法庭裁决紧急停止令。总检察长请求法院对她的律师进行制裁，声称他们不告知手术日期的重新安排（尽管她的律师有保密的职责）属于欺诈。法院没有对她的律师实施制裁，但也没有讨论其中的法律问题。Ibid.; see David Luban, "The SG's Empty Ethics Case Against Jane Doe's Lawyers", *Balkinization Weblog*, 2017, https://balkin.blogspot.com/2017/12/the-sgs-emptyethics-case-against-jane.html [https://perma.cc/7M46-XRCJ].

⑥ 参见美国2004年《职业行为示范规则》第1.6(b)(2)条规定。

一方面,《职业行为示范规则》允许律师披露信息,表明在特定情况下,保护他人免受重大损害,可能优先于对委托人的保密义务。这并不违反职业伦理,因为遵守规定本身就是职业伦理的一部分,这一规定旨在平衡律师对委托人的忠诚义务,及对法律和社会正义的责任。

另一方面,根据有利于委托人解释原则,《职业行为示范规则》赋予律师在行动选择上的自由,但律师必须选择最有利于维护委托人利益的方案。当维护委托人利益与法律或道德义务发生冲突时,律师需要在维护委托人的利益和维护法律正义之间找到平衡。

回到案例,事实上,出于公平和正义的考虑,笔者的朋友在未通知委托人的情况下纠正了错误,并且他相信这是行业的普遍做法。这样的选择可能确实是某些律师在实践中的选择,但这种做法可能违反了"与委托人沟通"的规则,这与律师的职业伦理不符,或者说至少不符合《职业行为示范规则》的要求。《职业行为示范规则》第 1.2(a)条规定律师必须就案件策略问题与委托人协商。第 1.4(a)(1)条规定要求律师对于需要委托人知情同意的事项,必须及时告知。而案例中,接受或拒绝另一方的交易协议草案正属于此类事项。然而,笔者的朋友未告知委托人即向对方指出笔误,显然,他没有彻底退出,但也没有全力以赴。

(三)"鲨鱼"和"同行尊重"

上述两个案例有一个有趣的共同点,它们都发生在律师群体内部的互动中。这不禁让人想到了一个笑话:在一次海难之后,鲨鱼吃掉了所有落水者,唯独放过了律师。询问其原因时,鲨鱼的回答是"出于对同行的尊重"。

在某些情况下,律师可能会表现出一种行业内的相互尊重或者默契,这种"同行尊重"有时可能使得律师在与同行打交道时采取较为温和或避免直接冲突的态度。律师的职业声誉是其职业生涯的重要基石。在法律界,一个人的声誉往往与其专业能力、道德操守和过往的行为紧密相关。因此,律师在处理案件时可能会考虑到自己的声誉和未来的职业发展,特别是在同行间的互动中,他们可能更加谨慎。律师有义务维护法律职业的整体声誉,遵守职业道德规范,并且对所有人都保持公正。如果律师仅因为对方是同行就有所顾忌,则可能会损害到法律职业的公正性和诚信度。

在我们伦理委员会关于元数据问题的讨论中，律师的"同行尊重"确有体现。在通过一项意见的讨论过程中，成员们意见大相径庭。在讨论时，大多数成员倾向于对伦理规则进行限制性的、字面意义上的解释，从而允许律师撰写激进的债务催收信函。[①]所有的非律师成员们都认为这样的信函言辞过于激烈，堪比敲诈、胁迫。但是委员会中的律师成员们坚持认为，倘若不如此解释规则，则律师们可能因此面临投诉。[②]

对比两方的观点可以发现，当涉及保护律师免受投诉时，律师们对法律规则的解读显得非常严格；当涉及保护自己不因粗心大意的失误而受到伤害时，律师们对规则的解读却很宽松。这样鲜明的反差，令笔者感到疑惑，是否这只是出于对同行的尊重？

在以上"查看元数据"和"笔误事件"两个案例中，可以观察到，律师们反对通过不当手段（如偷看元数据或利用对方律师的书写错误）来获得利益，并认为这样的行为是错误的。律师们认为，即使是对方犯了错误，我方也不应该因此而获得不正当的利益。这种观点体现了一种职业道德和公平正义的观念。

（四）委托人的弱势地位

在"笔误事件"中，坚守职业伦理的律师可能会寻求一个无懈可击的方案。受托关系的一个显著特点在于委托人相对的弱势地位。然而，笔者的朋友的委托人

---

① D.C. Bar, Ethics Op.339(2007)(discussing the threat of criminal referral in civil debt collection matter).

② 以下是笔者的个人回忆。一份由收债律师发送给债务人的信件引用了华盛顿特区的一项法律，该法律将以空头支票结清债务定为犯罪，并警告说，空头支票可能会被提交给当局进行起诉。问题是，这封信是否违反华盛顿特区的规定（该规定禁止在民事案件中威胁进行刑事起诉以获得优势）？D.C. RULES OF PROFESSIONAL CONDUCT R. 8.4(g). 表面上看，答案是否定的：信件并没有威胁说如果收件人不支付就会起诉，只是说如果他们用空头支票支付就会起诉。但是委员会的两名消费者代表——精明的非专业人士首先指出，收到这些信件的许多人士几乎不懂英语，不会理解其中的区别；其次，他们指出，"犯罪"和"起诉"这些显眼的词汇很可能会吓到这些人，导致他们支付债务；最后，他们甚至一直不欠债务。他们的论点说服了笔者。

委员会中的律师们不同意这一看法。但是，应非专业委员（包括我）的请求，笔者的同事们增加了警告语，指出收款信不得将起诉空头支票的威胁与起诉未付款的威胁混为一谈。非专业成员还起草了一条脚注，引用了华盛顿特区反勒索法，并警告律师们不要越界（希望反勒索法的措辞可能对收债律师有同样的恐吓效果，正如他们希望他们的收款信对收件人产生的效果一样）。但我们最终还是批准了收款信件。

绝非人们想象中的那样处于弱势。①如果委托人确实处于弱势，答案可能有所不同。例如，假设一名刑事辩护律师在其委托人被判刑后发现，由于笔误，录入的刑期为6个月，而判决的实际刑期为60个月。律师是否应该纠正这个错误?

笔者的并购律师朋友也在其CLE课程上分享了这个例子。不出所料，在并购交易中，许多律师赞成纠正笔误，而在刑事案件中，律师几乎都反对纠正笔误。②这两种不同选择，可以用职业伦理来解释，因为其强调委托人处于弱势地位。显然，在刑事案件中，委托人的弱势地位更为显而易见。

不过，笔者对此持保留意见。哪怕在并购交易中，委托人往往也要听从律师的决定——无论是纠正或不纠正错误——这恰恰反映了莱布(Leib)和加卢布(Galoob)所提出的观点，即委托人相对于其律师总是处于弱势地位。③

正如前文讨论的，律师职业伦理的核心目标之一是保护委托人免受律师自我交易的侵害。主要防范的是律师利用职务之便进行损害委托人利益的自利行为。④《代理法(第三版)》几乎没有考虑委托人与律师之间的分歧是基于律师的道德感这一情形。⑤

《职业行为示范规则》第1.7条规定，如果律师因个人利益而损害委托人的利

① Ethan J. Leib & Stephen R. Galoob, "Fiduciary Political Theory: A Critique", *125 The Yale Law Journal 1820*, 2016. 在这篇文章中，作者指出"弱势地位"是一个程度问题，并且限制这种弱势地位的机制会根据不同的情形而变化。Andrew S. Gold, "The Fiduciary Duty of Loyalty", *The Oxford Handbook of Fiduciary Law*, Evan J. Criddle, Paul B. Miller & Robert H. Sitkoff eds., 2019.

② 笔者顺便指出一个明显的差别，在刑事量刑的假设情况中，纠正文书的错误并不属于对保密规则的任何允许性例外情形。然而，人们可能容易构想一个涉及合同文书错误的"弱势委托人"假设情况，该错误确实属于《职业行为示范规则》第1.6(b)(2)条规定所涵盖的范畴。假设律师在离婚诉讼中代理受害的一方，由于其劣势地位，她得到了一个非常不公平的和解，而文书的错误对她有利，由此确立了一个公平的和解条款。

③ Leib & Galoob, supra note 1.

④ 因此，《代理法(第三版)》在以下方面阐明了律师对委托人的受托责任。其中大多数规则都明确禁止自我交易，而说明性案例也与自我交易有关。参见美国2006年《代理法(第三版)》第8.01—8.05条规定。

⑤ 《代理法(第三版)》中只找到一个例证，其中律师违反了对委托人的受托责任，以减少对第三方的损耗。另一个例证中，负责销售委托人拥有的艺术品的代理人纠正了买方的误解，被描述为在行使自由裁量时的诚信义务，这与"代理人的受托责任是不同的"。梅赫姆的经典著作概述了代理人对委托人的忠诚义务，该作品共有五十五个章节，几乎都是关于禁止自我交易的。Mechem on Agency §§1188—1239, at 867—910(2d ed. 1914). 这五十五个章节中只有一个章节提及了委托人和代理人之间的道德冲突(并警告代理人不得将自己设立为"确定公正和公平"的裁判)。Ibid. at 868, §1190.

益，则构成利益冲突。笔者曾将“个人利益”理解为包括律师的道德利益，但也许起草者的本意并非如此。因为将道德归为“个人利益”，可能会淡化道德信念的重要性。道德信念具有普遍性，其影响力远远超越了个人利益的狭义界定。律师的“个人利益”可能体现在不翻看其他律师的公文包、不查看文件的元数据、不利用对手的笔误等行为上。但这些不仅仅关乎个人利益，它们是基于一种普遍的信念，即认为这样的行为都是错误的、不道德的，并且不仅仅是“对个人来说是错误的”，而是“对任何人来说都是错误的”。

支持职业伦理的人可能会认为，律师确实可以出于道德伦理的考虑而使委托人处于不利地位。至少在某些情况下，这是协调职业伦理与道德行动主义的一种方式。然而，笔者更支持西尔弗教授的观点，即律师作为受托人的职业伦理是反对道德行动主义的论据。①

五、结论：空洞的口号

律师的职业伦理和道德行动主义在实践中虽然有时会发生冲突，但它们并不是完全对立的概念。在律师和委托人的关系中，律师作为受托人，其核心职责是维护委托人的权益。这种关系本质上是一种委托关系，要求律师对委托人保持忠诚并提供全心全意的服务。

费利克斯·科恩（Felix Cohen）在《超验的胡言乱语与功能性方法》（*Transcendental Nonsense and the Functional Approach*）中批评律师经常把法律术语当作“空洞的口号”，作为回避问题的手段。②人们常把律师称为“法庭仆役”。③如果不将法律术语转化为具体的行动指南，那么它就是一个“空洞的口号”。同理，我们必须警惕，不要让“律师职业伦理”这个词也变成空洞的概念。它应当具备清晰的定义，

---

① Charles Silver, “A Private Law Defense of the Ethic of Zeal”, *Law & Legal Theory Research Paper Series*, 2016, http://ssrn.com/abstract=2728326[https://perma.cc/22M9-VKJ4].

② Felix Cohen, “Transcendental Nonsense and the Functional Approach”, *35 Columbia Law Review 809*, 1935.

③ 笔者并不是说“法庭仆役”没有真正的含义。关于这个词语的解释，可以参见 Deborah Hussey Freeland, “What Is a Lawyer? A Reconstruction of the Lawyer as an Officer of the Court”, *31 aint Louis University Public Law Review*, 2012。

并具有指导律师行为的实际作用。

提及律师的勤勉义务，我们面临一个问题，即勤勉义务的限度在哪里。受人之托，为人谋利，并不意味着在任何情况下为人谋利都是正确的。正如安妮特·C.拜尔（Annette C. Baier）提醒我们的那样：

> 信任并非总是需要坚守的美德。当信任与被信任的双方共同参与的事业具有价值时，信任才显得有益。如果一件事本质上是邪恶的，那么促进其运作的信任活动同样具有邪恶性，正直的人们应当力求摧毁这种邪恶的信任。①

同样，建立委托关系并不意味着律师需要放弃自己的道德选择权，也不意味着律师不需要在道德上作出判断。

实际上，尽管许多观点声称受托责任为最大程度考虑委托人利益提供了充分理由，故律师的选择权和判断力服从于受托责任。然而，这些所谓的理由总需要说明为什么具有排他性，简而言之，尽管这些论点具有一定的说服力，但在我们能够明确这些理由的实际影响范围之前，“忠诚”“代理”“信任”和“自主”这些词汇本身已经变成了空洞的口号，并未真正解决实质性问题。

---

① Annette C. Baier, “Trust and Its Vulnerabilities”, *Trust: the Tanner Lectures on Human Value*, 1991.

当前日本律师伦理问题

[日]石田京子*

汤　俊** 译

一、绪　论

本文立足于律师业务活动范围不断扩展的大背景，对目前所产生的律师伦理问题进行了分析。日本目前的做法是，以日本律师联合会（以下称为“日律联”）在2004年制定的《律师职务基本规程》（2004年11月10日会规第70号，以下称为《规程》）作为律师的行为规范，适用于所有具有资格的律师。《司法制度改革审查会意见书》指出，目前日本的律师人数有了很大的增长。因此有学者提出，为了增强公众对律师的信任，提升律师的职业质量，使其更好地扮演社会中“医者”的角色，应当整备律师伦理，从而制定了《规程》，这是第一部具有法律约束力的律师职业制度。①日本律师伦理委员会分别于2005年、2012年、2017年发布了对于《规程》的解释。但从发布之日起到2021年1月，该《规程》一直未被修订。②

自《规程》颁布至今已近二十年，在此期间，律师队伍的状况发生了巨大改变。

---

* ［日］石田京子，早稻田大学法学学术院教授，主要从事律师等法律职业的行为规范及法律职业、司法相关的法律社会学研究，也从性别的角度对司法制度和法律职业进行研究。本文原刊载于《法的支配》2021年第200号，第53—64页。

** 汤俊，上海外国语大学2022级法律硕士研究生。

① 制定的经过及其性质：高中正彦『法曹倫理』（民事法研究会，2013年）22頁以下参照。

② 本稿定稿时最新的解释是日本弁護士連合会弁護士倫理委員会編『解説「弁護士職務基本規程」第3版』（日本弁護士連合会，2017年）。

2004年，律师总数约为2万人，但截至2021年1月，这个数字已突破4.3万。2004年仅有109名公司内部律师，而到了2020年，这一数字增至2 629人，占律师总数的6%。①此外，得益于科技的飞速发展，利用人工智能提供法律服务的情况已经出现，非面对面的法律服务变得更加普及。同时，本文第二部分讨论的法律服务国际化趋势，不局限于国际贸易领域，还涉及多个行业。这表明，自《规程》颁布以来，律师的执业模式和工作范围发生了显著扩展。鉴于此，本文结合欧美制度的发展趋势，对律师职业伦理这一重要问题进行了讨论。②

二、欧美对律师伦理的不断审视

律师伦理不是传统的道德教化，而是法律规范体系的一部分，是法律专业人士必须遵循的行为准则。③这些准则应基于律师执业的实际情况，随着实践环境的变化及时更新，以确保现行法律能够提供恰当的指导。若无法实现这一目标，律师执业的质量和公众对律师的信任度可能会受到严重影响。

接下来，本文将简要介绍美国律师协会（ABA）和欧洲律师协会（Council of Bars and Law Societies of Europe, CCBE）在2000年后，面对律师业务全球化和信息技术的快速发展，是如何调整和制定律师行为规范的。

（一）美国律师协会（ABA）

作为代表美国律师利益的最大自治组织，ABA面对各州规范的差异，制定了《职业行为示范规则》，以促进律师行为规范的统一。④《职业行为示范规则》最初于1983年制定，随后ABA的代表会（House of Delegates）定期对其进行修订。这一

---

① 日本组织内律师协会『企業内弁護士数の推移』，https://jila.jp/material/statistics/，最后访问日期：2021年1月12日。

② 《规程》第82条规定了解释适用指南，规程中有努力规定和义务规定。在本文中，所谓律师的行为规范，指在违反法律时，不管是否构成惩戒理由，作为律师职业的行为规范。

③ ロナルド・D・ロタンダ『第4版アメリカの法曹倫理—事例解説』（当山尚幸ほか訳）（彩流社，2015年）7—8頁。

④ 藤倉皓一郎監修『〔完全対訳〕ABA法律家職務模範規則』（第一法規，2006年）。如本文所述，在本书公布后，《职业行为示范规则》本身也被多次修改，引用时需要注意。

过程得益于ABA内部设立的律师伦理委员会(Standing Committee on Ethics and Professional Responsibility),该委员会负责《职业行为示范规则》的更新与完善,并在一年定期召开两回的代表会上提出修订建议。①特别是在2000年之后,为了适应技术创新和律师业务全球化的趋势,《职业行为示范规则》经历了重要的修订。这一修订过程受到Ethics 2000和2009年成立的Ethics 20/20的推动。Ethics 2000,全称为法律职业行为规则评估委员会(ABA Commission on Evaluation of the Rules of Professional Conduct),在1983年《职业行为示范规则》制定后,因应法律和法律职业的变化,被委托重新审视整个规则体系。②正如其名称所示,Ethics 2000的初衷是对2000年的《职业行为示范规则》进行修订,但实际修订过程耗时约五年。

在2002年的中期代表会上,ABA在保持《职业行为示范规则》的基本概念和基本框架不变的同时,不仅对开头的定义部分进行了细化,还针对律师的核心职责,如保密义务、利益冲突,以及对法院、对方当事人以外的其他相关方的义务,以及惩戒程序中的法律适用等方面,都作了重大修订。③

ABA还于2009年成立了Ethics 20/20委员会,旨在探索科技创新与全球化对律师行业和法律法规的影响。20/20不仅意味着视力好,还意味着"正确判断",正如预见到技术革新和全球化影响而探讨律师行为准则的委员会一样。④经过三年的深入讨论,Ethics 20/20在大会上提出了六项关于修改《职业行为示范规则》及其相关法律的建议,包括:(1)律师应采取必要措施,防止因疏忽导致客户信息泄露或未经授权的访问;(2)规范律师与客户之间的电子通信;(3)明确在案件处理过程中委托外部律师或非法律专业人士时的注意事项;(4)完善允许来自其他州的即将取得律师资格的人员执业的程序;(5)制定依持有外地律师资格者的申请,授予其执

---

① Sec.31.7 of the Bylaws of the American Bar Association.

② Margaret Colagate Love, *The Revised ABA Model Rules of Professional Conduct: Summary of the Work of Ethics 2000*, 15 Geo. J. Legal Ethics 441, 2002.

③ ABA网站上公布了Ethics 2000的修改工作记录。https://www.americanbar.org/groups/professiona_responsibility/policy/ethics_2000_commission/,最后访问时间:2021年1月12日。

④ Laurel S. Terry, *Globalization and the ABA Commission on Ethics 20/20: Reflections on Missed Opportunities and the Road Not Taken*, 43 hofstra L. Rev.95, 2014.ロナルド・D・ロタンダ『第4版アメリカの法曹倫理—事例解説』(当山尚幸ほか訳)(彩流社,2015年)29—30頁参照。

业资格的程序;(6)将确认更换事务所的律师是否存在利益冲突,作为《职业行为示范规则》第1.6条规定下保密义务的例外情况予以明文规定。①这些提案经过多次修改后于2012年代表会上获得通过。Ethics 20/20还在次年的代表会上,提交了允许在外国持有律师资格的人(以下称"外国律师")在州内有权担任in-house(公司内部律师)和允许外国律师在州内从事一定范围的法律事务等"关于入境外国律师的提案"。②这两项建议在2013年的代表会上成功通过,并体现在《职业行为示范规则》第5.5条(d)(e)规定中。③

尽管Ethics 20/20的修改已经告一段落,但《职业行为示范规则》的更新仍在持续进行。2016年的代表会新增了一项规定,即允许在外国没有律师资格,但在企业内合法从事法律工作的个人在美国国内注册为in-house律师(《职业行为示范规则》第5.5条(e))。④同年的总会议还新增了将律师的各种骚扰行为作为惩戒理由的规定(《职业行为示范规则》第8.4条)。⑤到了2018年,针对信息技术和数字化的发展,代表会制定了一系列广告规定(《职业行为示范规则》第7.1—7.5条)。此

---

① Ethics 20/20提出的修正案及其修改记录在ABA的主页上公布。ABA Commission on Ethics 20/20, *House of Delegates Filings*, https://www.americanbar.org/groups/professional_responsibility/committees_commissions/aba-commission-on—ethics-20-20/house_of_delegates_filings/,最后访问日期:2021年1月12日。另外,律师伦理上的保密义务(confidentiality)与诉讼规则上的隐私权(privilege)概念不同,二者的规范对象重合,但保密义务是保护与代理有关的所有信息。前者的对象更广。ロナルド・D・ロタンダ『第4版アメリカの法曹倫理—事例解説』(当山尚幸ほか訳)(彩流社,2015年)73—74頁。

② ABA, *Summary of Actions by the ABA Commission on Ethics 20/20*, https://www.americanbar.org/groups/professional_responsibility/committees_commissions/standingcommitteeonprofessionalism2/resources/ethics2020hompeage/,最后访问时间:2021年1月12日。

③ ABA Commission on Ethics 20/20, ABA Commission on Ethics 20/20, *House of Delegates Filings*, https://www.americanbar.org/groups/professional_responsibility/committees_commissions/aba-commission-on—ethics-20-20/house_of_delegates_filings/,最后访问时间:2021年1月12日。

④ 鉴于一些司法管辖区(主要是欧洲大陆法系国家)不允许注册为律师的人员受雇于公司或其他实体,本修正案允许未在本国注册为律师的内部律师在美国执业。前提是,美国对未经授权的法律执业的监管范围很广,不论有偿或无偿,只要提供法律帮助。ロナルド・D・ロタンダ『第4版アメリカの法曹倫理—事例解説』(当山尚幸ほか訳)(彩流社,2015年)306—317頁参照。

⑤ 关于这些规则的颁布背景:石田京子「弁護士の行為規範としての性差別の禁止—ABA弁護士職務模範規則におけるハラスメント等禁止規定の導入に関する覚書—」浅倉むつ子先生古稀記念『「尊厳ある社会」に向けた法の貢献—社会法とジェンダー法の協働』(旬報社,2019年)607頁参照。

外,2020 年的代表会增加了一项利益冲突的例外规定,允许向参与公益活动的经济困难当事人提供食物和药品等低成本援助(《职业行为示范规则》第 1.8 条(e))。①

虽然 ABA 制定的《职业行为示范规则》是具有指导性的,但并不意味着它在各州自动具有法律约束力。然而,作为代表全美律师利益的组织,ABA 必须充分认识到法律职业面临的各种挑战,并据此向律师提出相应的建议。为此,ABA 还成立了政策实施委员会(Policy Implementation Committee),以督促各州根据《职业行为示范规则》的模式修改其伦理规则,监控各州的修订进度,并在 ABA 网站主页上进行公布。②除了监督各州律师伦理规则的修订工作,ABA 还致力于确保律师提供的法律服务符合伦理规范,以维护客户和社会对律师的信任,尤其是在技术创新和全球一体化深刻改变法律实践的当下。

（二）CCBE

CCBE 成立于 1960 年,是欧洲各国律师的代表机构,由各国律师协会组成,代表欧洲超过 100 万名律师。③为了规范这些成员国律师的跨境法律服务,CCBE 制定了《CCBE 办公规范》(CCBE Code of Conduct,以下简称《办公规范》)。当律师在欧洲进行跨国法律业务(以下称为"跨境律师业务")时,由于在取得资格的国家(原籍国)和进行律师业务的国家(所在国)应当遵守的行为规范可能存在差异,导致存在所谓的双重适用问题(double deontology),《办公规范》的制定旨在解决这一问题。④尽管《办公规范》主要针对跨境律师业务,但它明确要求各国律师伦理规定应尽可能与《办公规范》保持一致(《办公规范》第 1.3.2 条)。在欧洲这样一个人员、货

---

① 关于这一系列修改,ABA 已在主页上适时公布。ABA Center for Professional Responsibility, *Most Recent Changes to the Model Rules*, https://www.americanbar.org/groups/professional_responsibility/publications/model rules of professional conduct/,最后访问时间:2021 年 1 月 12 日。

② 例如,关于 2016 年修订的骚扰禁止规定,在 ABA《职业行为示范规则》修订之前,已经有 25 个法域具备了类似的规则。在 2016 年修订之后,进行了州规则修订或目前正在进行修订程序的法域,截至 2020 年 11 月,共有 14 个州。ABA, *Rule 8.4(g) Snapshot*, https://www.americanbar.org/content/dam/aba/administrative/professional_responsibility/l-state-action-summary84g.pdf,最后访问时间:2021 年 1 月 12 日。

③ 截至 2021 年 1 月,32 个国家以正式会员、3 个国家以准会员、10 个国家以观察员会员的身份入会,欧洲 45 个国家的律师协会为会员。https://www.ccbe.eu/about/who-we-are/,最后访问时间:2021 年 1 月 12 日。

④ CCBE 的设立和《办公规范》采纳的原委:須網隆夫 = 森際康友「ヨーロッパにおける弁護士倫理の発展—CCBEによる共通ルール形成への歩み」ジュリスト1048 号 106 頁(2010 年)参照。

物和服务跨国流动较为频繁的环境中，这一规范对各成员国国内的律师伦理规范产生了深远的影响。《办公规范》自制定以来，已在1998年、2002年和2006年经历了三次修正。①

除了《办公规范》，CCBE还在2006年发表了《欧洲法律职业核心原则宪章》(Charter of Core Principles of the European Legal Profession，以下称《核心原则宪章》)。《核心原则宪章》虽不具有法律约束力，但它为欧洲各国律师规范的制定提供了应当共同遵循的十项核心原则，具体包括：(1)律师的独立性和律师处理委托人案件的自由；(2)律师对委托人案件保密和尊重职业秘密的权利和义务；(3)避免不同委托人之间或律师与委托人之间的利益冲突；(4)法律专门职业的尊严和荣誉，以及律师个人的正直和诚信；(5)对委托人的忠实义务；(6)在报酬方面公平对待委托人；(7)律师的职业资格；(8)尊重职业同行；(9)尊重法治和司法公正；(10)法律专门职业自治。②《核心原则宪章》是面向律师、国家政策制定者及一般大众的宣言，旨在支持那些在建立独立性方面遇到困难的律师协会，并强化律师在社会中的重要角色。③这些原则均附有解释，并由CCBE定期审查，以确保这些原则与律师执业的实际情况相适应。2019年，鉴于人工智能及其他技术在法律实践中的日益应用，原则(7)新增了一条解释，即律师应当认识到利用相关科技执业的利弊。④

CCBE还在进一步研究《示范规范》(Model Code)，以推动其成为各成员国国内的律师伦理规范。2016年，CCBE发布了《示范规范》中关于保密义务和利益冲突规范的解释，后于2017年发布了关于律师独立性的《示范规范》相关规则。截至本文撰写之时，CCBE的2019年最新年度报告中提及，有关律师薪酬的规定仍在研究之中。此外，基于数据保护规则的存储设备使用与利益冲突的关系，以及第三方资金的法律业务规范也在讨论之中。2020年，CCBE还发布了与委托人关系的《示范

---

① CCBE, *Charter of core principles of the European legal profession & Code of conduct for European lawyers* (2019 ed.), 11, https://www.ccbe.eu/fileadmin/speciality TOLOGY/DEON CoC/EN DEON CoC.pdf，最后访问时间：2021年1月12日。

② Ibid., p.4.

③ Ibid., pp.6—7.

④ CCBE, *Annual Report 2019*, 49. https://www.ccbe.eu/fileadmin/specialitys/Publications/2019 ANNUAL REPORT.Pdf，最后访问时间：2021年1月12日。

规范》相关规则。①

在科技创新与全球发展的今天，CCBE不但致力于规范跨国法律事务，更在积极地探索一套旨在规范其成员国内律师职业行为的职业伦理。这一努力背后有两大驱动因素。首先，随着律师业务的多样化和律师群体的潜在分化，确立一套统一的律师伦理标准对于维持欧洲律师界的整体一致性至关重要。②其次，面对现有行为规范无法明确解决的新情况，CCBE向全社会公布新的行为规范，旨在确保律师业务的高质量标准，并维护公众对律师职业的信任。可能由于欧洲在跨境流通方面的发展较为成熟，CCBE不仅制定了跨境律师业务规范，还同ABA一样，向各成员国提出了相关示范规则，推动了各国内部律师行为规范的标准化进程。最后，ABA和CCBE都在自觉地相互研究对方的示范规则中"律师应有的形象"，全球律师行为规范的标准化工作正逐步取得进展。

三、日本律师伦理的问题

（一）律师伦理是发挥自治功能的一种形式

职业化的特征之一是职业团体的自治。职业自治指职业团体自身可以对其成员进行惩戒和监督，从而防止国家权力的不当干预，确保职业的独立性。职业自治的具体内容根据不同职业在社会中的参与情况各异而有所不同。在日本，律师若要从事法律事务，必须在日律联及律师会进行登记（《律师法》第36条），对律师的指导监督权则归所属律师会和日律联（《律师法》第31条、第45条），对律师的惩戒权也由所属律师会和日律联行使（《律师法》第56条第2项、第60条），从制度设计来看，可以说日本律师享有几乎完整的自治权。③

---

① 这些示范规则作为CCBE的方针文件（position paper）在主页上被公布。CCBE, *Annual Report 2019*, 49. https://www.ccbe.eu/documents/position-papers/?page=1，最后访问时间：2021年1月12日。

② 大约在CCBE《核心原则宪章》制定的同一时期，国际法律协会（International Bar Association, IBA）也采纳了法律职业的基本原则（General Principles for the Legal Profession）。另外。关于2011年英国的奉行原则（SRA Principles），下條正浩律师表示，律师事务所的规模、收入，因为法律服务提供的存在方式等的差距扩大了。其目的在于强调法律人的共同的根本价值，谋求其一体化。下條正浩「陰説：法曹倫理の国際的側面」学習院法務研究第9号（2015年）28—30頁。

③ 高中正彦『弁護士法概説〔第5版〕』（三省堂，2020年）12頁。

确实，自《司法制度改革审议会意见书》发布以来，日律联增设了纲纪审查会和纲纪委员会外部委员等机构与职位，这不仅增强了透明度，还使得日律联和律师会拥有了如今的自治权。①但是，如果说惩戒是针对律师执业中的不当行为，那么在实施惩戒之前，如何对律师的执业行为进行适当的规制呢？

2000年，日律联发布了《律师商业广告规则》（2000年3月24日第44号规则）。在2003年废除《律师报酬标准会规》后，又制定了《律师报酬规则》（2004年2月26日第68号规则）。随着《防止犯罪所得转移法》（2007年）的颁布，又制定了《委托人身份识别和记录保存规则》（2012年12月7日第95号），旨在为处理可能涉及规避政府直接管制、转移犯罪收入案件的律师制定行为准则。②此外，2017年《存款条例》的修改进一步细化了银行账户管理准则，并加强了律师会对下属律师的监督力度。③尽管如上所述，一部分的律师行为规范已被及时制定，但日律联所制定的《规程》作为规范律师提供法律服务行为的核心文件，自2004年起尚未经历修订。鉴于《规程》发布至今已近二十年，日本的律师队伍及其执业环境发生了显著的演变，与此同时，技术进步和全球化的影响日益加深，与美国和欧洲的趋势相一致。在这种背景下，若《规程》长期未得到修订，可能会产生哪些影响？

最显著的问题是，《规程》中的某些行为规范可能已无法适应当前律师业务环境的变化。在过去二十年间，律师业务所处的环境发生了诸多变化，出现了制定规定时未能预见的伦理问题。一方面，从ABA和CCBE的实践来看，有必要重新审视《规程》的内容是否与颁布以来律师行业的变化相适应。例如，关于律师的持续学习义务（第7条），现在是否不仅要求律师精通法令，还要求其展开律师业务所必需的IT技术的学习。另一方面，有关律师与客户关系的现有规定是否为当下的律师工作提供了明确而适当的行为规范，也值得深入探讨。因为在如今的律师实务中，通过互联网（如电子邮件和在线咨询等）进行沟通已成为常态。

---

① 有关惩戒制度和2003年基于司法制度改革对《律师法》进行修订的概述，请参见高中正彦『弁護士法概説〔第5版〕』（三省堂，2020年）244頁以下。

② 关于《防止转移犯罪收益法》与日律联《规程》之间的关系以及自治问题：片山達等『弁護士のためのマネー・ローンダリング対策ガイドブック』（金融財政事情研究会，2000年）42頁以下参照。

③ 该修正案还明确规定了律师协会对本会律师的调查权。《存款等的处理相关规定》（2013年5月31日第97号）第9条。此外，2011年还制定了《债务整理事件处理的规则》（2011年2月9日第93号）。

此外，在处理遗产纠纷时，律师能否对特定的继承人进行代理的问题自2001年以来一直备受关注。因此，有必要通过明确的文本来提供指导。①当律师的数量较少时，这一问题并未引起注意，但是，随着律师数量的增加和公众对律师服务认知的改变，这一问题逐渐凸显。鉴于客户对律师职责公正性的期望，律师在担任遗嘱执行人的情况下再为其中某些继承人提供帮助是不合适的。②日律联律师伦理委员会似乎也曾提议将“律师以遗嘱执行人的身份处理遗产案件时，接受该遗嘱的继承人或受遗赠人的委托，对抗其他继承人或受遗赠人”的情形列为不能履行职务（《规程》第27条），但该提议至今仍未纳入考量。③在法律尚无明文规定的情况下，若长时间放任不管，当事人权益将得不到保障，大众对律师的信任也将受到极大的损害。

《规程》长期未作修订的另一个问题是，如果《规程》不能很好地规范现状而被长时间搁置，那么其作为普遍行为规范的作用将受损，律师伦理也会受到负面影响。在日本，随着律师业务的多样化发展，律师队伍也呈现空前的多元化。从社会多元化的司法需要来看，这固然是一件好事，但如果缺乏普遍的规范来维持律师的职业操守，社会可能会从内部崩溃。无论律师从事什么业务，只要其佩戴律师徽章，就必须遵守共同的规范，这种认同有利于维持律师的法律地位，加强律师自律。因此，定期修改规程，对“当时”律师的行为进行规范，是实现律师自治的重要环节。

举个具体的例子，自2004年《规程》实施以来，律师应向哪些人承担保密义务的问题变得尤为突出。这是因为根据《律师法》第23条的规定，律师负有保护“职务上知悉的秘密”的义务，而《规程》第23条规定则明确指出这一义务仅限于“职务上知悉的关于委托人的秘密”。这引发了一个问题，即律师的保密义务是否仅限于

① 关于本论点，已经公布了很多惩戒案例。详细情况请参见日本弁護士連合会弁護士倫理委員会編『解説「弁護士職務基本規程」第3版』（日本弁護士連合会，2017年）96頁以下。

② 森際康友編『法曹の倫理〔第3版〕』（名古屋大学出版会，2019年）286—287頁（烏山半六執筆），也提出了同样的观点。

③ 同上，287頁。请注意，遗嘱执行人的权利和义务（《民法典》第1012条）已在2008年的《民法典》修正案（继承关系）中作了规定，但即使在该修正案之后，遗嘱执行人的地位也没有改变，因此前面的论点仍然有效。加藤新太郎「利益相反」高中正彦・石田京子編『新時代の弁護士倫理』（有斐閣，2020年）62頁、75—81頁。

当事人的秘密（有限说），还是应该更广泛地包括律师在履行职责过程中接触到的所有秘密（非限定说）。①这一问题触及律师职业的核心价值之一——保密义务，这关系到律师的基本职责。目前《规程》的条文似乎倾向于有限说，但如何在与《律师法》第23条规定保持一致的同时，妥善处理当事人以外的保密问题尚不明确。日律联伦理委员会提出了一项修正案，将律师的保密义务界定为对委托人的责任，将委托人以外的秘密界定为保护隐私的义务，同时对解除保密义务的具体情况提出了更为明确的修正建议。然而，该修正案尚未获得通过。②

如果《规程》无法对这一与律师日常工作密切相关的关键问题提供明确的指导，其实际效用将大打折扣。在有关保密义务方面，应该根据日律联提出的修订建议，尽快修订完善，将对委托人的保密义务界定为对当事人的责任，并阐明律师对第三人的隐私也负有保护责任。③明确律师是通过维护当事人权利实现社会正义的法律专业人士，同时由于其职责具有公益性，律师还应对当事人以外的人负有一定的义务，从而强化律师的共同行为规范。

（二）律师伦理是一种职业竞争规则

此外，律师伦理扮演着职业竞争规则的角色。过去，律师从事广告和宣传活动被视为不适宜的行为。④但随着时代的发展，即便是在具有公共利益性质的法律行业中，适度的竞争原则也被认为是必要的。然而，在一般服务行业中不受管制的竞

---

① 详细内容请参见日本弁護士連合会弁護士倫理委員会編『解説「弁護士職務基本規程」第3版』（日本弁護士連合会，2017年）59頁。另外论点的分析，参见森際康友編『法曹の倫理〔第3版〕』（名古屋大学出版会，2019年）48—52頁（鳥山半六執筆），藤川和俊「守秘義務の対象及び『正当な理由』」自由と正義69巻8号（2018年）22—25頁，手賀寛「守秘義務」高中正彦・石田京子編『新時代の弁護士倫理』（有斐閣，2020年）45—55頁。

② 日律联修正案参见森際康友編『法曹の倫理〔第3版〕』（名古屋大学出版会，2019年）61頁（鳥山半六執筆）。

③ 有学者指出，在英美法系区，保密义务被定位为对委托人的义务，但在德国，保密义务也被理解为对委托人的义务。スザンネ・オファーマンーブリュッハルト「弁護士の守秘競務一弁護士職業規則2条の改正に寄せて一」（森勇訳）森勇編『弁護士の基本的義務』（中央大学出版部，2018年）447頁、453頁。另外在前述《CCBE保密义务示范规范》中，保密义务的对象是与委托人或委托人案件有关的信息。它规定这一义务是“律师与委托人之间信任关系的基础”。

④ 1955年制定的《律师伦理》中规定：“律师不得在名片、招牌等上记载自己的学位或专业以外的经历，以及其他有关宣传的事项或广告。”原则上禁止做律师的广告。之后关于日律联广告的规定变迁，请参见高中正彦『弁護士法概説〔第5版〕』（三省堂，2020年）152頁以下。

争，在律师行业内可能会受到限制，例如日律联发布的相关广告规范便是对律师职业竞争行为的一种规范。由于律师是法律专业人士，任何损害职务公正的竞争行为都可能损害用户的利益。在这个意义上，律师伦理不仅仅是广告规范，其还作为一种竞争规则，为律师在执业时可为与不可为的行为设定了明确的界限。因此，不明确的竞争规则可能会妨碍律师之间的公平竞争，进而影响客户的权益保护，甚至可能导致客户权益的损害。

利益冲突规范便是一个具体的例子。该规范规定，律师通常没有必须受理案件的义务，而是可以自行决定受理或不受理哪些案件，不过，规范也禁止律师受理某些案件。其主要目的在于保护当事人的利益、确保律师执业的公正性，以及确保律师的品格和信誉。①当律师在履行对部分委托人的保密义务和诚信义务的同时，无法正确履行对其他委托人的责任，且在客观上无法期待其履行时，通过禁止受理相关案件来保护委托人的利益，维护其对律师的信任便是必要的。这一规定构成了律师可否接受案件委托的竞争规则。此外，《规程》除了包含与《律师法》第 25 条相似宗旨的规定外（《规程》第 27 条），还针对特定类型的案件制定了具体的规则（《规程》第 28 条），并且进一步明确了这些规则适用于共同事务所的其他律师（《规程》第 57 条，对应《律师法》第 64 条）。

然而，前述规则的适用范围不仅限于当前共事于同一事务所的律师，还适用于过去曾在同一律所共事的情形。从这个角度来看，其适用范围相当广泛。但《规程》也指出，当存在“能够确保职务公正的事由”时，该规则不适用。因此，具体哪些案件属于其他所属律师被禁止受理的范围并不明确。《规程》的解释中提到“该共同事务所的信息筛选措施”可以作为确保职务公正的考虑因素，这似乎是借鉴了美国通过信息筛选（screening）来避免利益冲突的做法。②但是，根据 ABA 的《职业行为示范规则》，私人律师事务所通过信息筛选来避免利益冲突的对象是曾共事的事务所的过往客户，而在日本《规程》中，与过往客户的利益冲突目前尚未成为被规制

---

① 日律联伦理委员会，日本弁護士連合会弁護士倫理委員会編『解説「弁護士職務基本規程」第 3 版』（日本弁護士連合会，2017 年）76 頁、87 頁。

② 日律联伦理委员会，日本弁護士連合会弁護士倫理委員会編『解説「弁護士職務基本規程」第 3 版』（日本弁護士連合会，2017 年）169—171 頁。

的对象，因此二者的规制对象存在明显差异。①

关于利益冲突规范，鉴于长期以来日本律师数量较少，若实施过于严格的管制，可能会导致委托人难以找到律师。但随着律师人数的增加，这一问题变得日益突出。②针对利益冲突规范向共同事务所内部的适用范围扩大这一问题，例如，当一名律师作为原告代理人时，同所其他律师是否无论出于何种原因都不能作为被告方受理同一案件，或者在取得委托人的知情同意书等特定条件下可以避免扩大适用范围，这些问题都需要有明确的规定。

如果竞争规则清晰明确，律师就能以更易于理解的方式向客户解释这些规则，使客户理解他们为何不能受理这个案件，或为何不能采取客户希望的行动。从这个角度来看，明确的行为规范有助于律师与客户建立适当的关系。律师这种职业天生就与公众利益相关，因此竞争必须公平。由于规则不明确而导致的“赢家通吃”不仅不公平，还可能损害律师的服务质量和整个律师行业的信誉。明确竞争的适当性，不仅可以保护委托人的利益，还能维持律师的声誉。

四、结　　论

律师面临的形势在不断变化，且近年来变化速度加快。要保障律师的法律服务质量，保护委托人对律师的信赖，维护律师的独立性，就不能仅仅依赖形式上的《规程》。而且，与 ABA 和 CCBE 不断修订相关示范规则以实现全球范围内律师行为规范的标准化相比，自颁布以来一直未修订的《规程》已难以适应律师业务的全球化趋势。日本律师也应充分利用法律职业团体的自治职能，向国内外展示值得信赖的行为规范。

---

① 关于在美国通过信息筛选措施来回避利益冲突的设论，石田京子「利益相反回避手段としての情報遮断措置の位置付け—アメリカにおける議論の変遷を参考に」加藤新太郎先生古稀記念『民事裁判の法理と実践』(弘文堂，2020 年)627 頁参照。

② 例如，在一起基于专利侵权的损害赔偿诉讼案中，两名被告的代理人所属的律师事务所的律师 A 在加入该事务所之前曾作为原告的内部法律顾问深入参与了该案，因此有人以违反《规程》第 57 条为由提出申请，要求将两名被告的代理人排除在诉讼之外。东京地方法院驳回了该申请。但知识产权高等法院撤销了地方法院的裁决，并将被告代理人排除在诉讼程序之外。知财高决令和 2 年 8 月 3 日最高裁 HP。加藤新太郎「弁護士職務基本規程 57 条違反に基づく訴訟行為の排除を求める申立て」NBL1181 号(2020 年)71 頁对该决定进行了分析。

律师的言论自由

[法]格莱格尔·念戈(Grégoire Niango)*

王伟泓　唐郡阳** 译

一、前　　言

二十多年前,当笔者还是一名青年律师时,笔者参与了职业生涯中的第三场刑事诉讼庭审。笔者与一位同事合作,这是她第一次参加刑事诉讼,这起案件的代理工作也非常具有挑战性。我们花了三天的时间,试图说服法庭和陪审团相信,我们当事人的继父强奸了她这一客观事实。客观地说,由于缺乏合法有效的证据和证词材料,仅凭当事人的陈述和心理评估意见来证明存在侵害的事实,导致我们的辩护并无足够的说服力。

在庭审过程中,审判长鲜少向证人或被告人发问,而是更多地留心于出庭律师与检察官的关键性陈述。但我方与对方的律师频繁打断彼此发言,氛围也逐渐趋向紧张。尤其是被告方的态度极为坚决,他们抛出的问题有时甚至充满了咄咄逼人的气势。

双方律师在前两天的交锋中,甚至未曾有过一次友好的问候。随着审判进入

---

* 格莱格尔·念戈,法国念戈律所(Niango Avocats)合伙人,巴黎二大和洛林大学硕士,法国律师协会成员,区域法院律师。文章原发表于达鲁兹(Dalloz)法律出版社《法哲学档案》2022 年第 1 期(第 64 卷),第 443—461 页。

** 王伟泓、唐郡阳,上海外国语大学 2022 级法律硕士研究生。

第三天，当辩论接近尾声之际，我方当事人竟突然无法清晰地陈述案件事实，这使得我们原本就不利的局面更加雪上加霜。我方当事人在被告人律师的尖锐逼问下，情绪失控，泣不成声，以至于无法有效回答任何问题，审判长无奈之下只得宣布暂时休庭。然而，一旦庭审无法正常进行，陪审员的工作也将受到严重影响。他们无法查阅卷宗和档案，只能依赖出庭者的口头证词来作出他们内心的判断，这无疑增加了他们作出公正裁决的难度。

当庭审恢复后，审判长重新传唤我方当事人出庭，然而此刻笔者感到心力交瘁。笔者无法再忍受对方律师无休止的谩骂，于是果断打断他，并坚定地说道："这三天来，你的咆哮与怒吼已经够多了。你对庭上的每个人都大发雷霆，难道你真以为这样就能为你的当事人开脱罪责吗？你为了达到目的，不惜将庭上众人骂得体无完肤，你的行为简直如同恐怖分子一般！"我的话语在法庭中回荡，随后是一片沉寂。被告人律师听到此言，立刻怒火中烧，转而对笔者展开猛烈的斥责，甚至阻碍笔者的律师职业生涯来作威胁。

现在回想起来，笔者对于将对方律师称作"恐怖分子"的失态言论深感懊悔，那时的过激言辞显然不妥。笔者言辞过激，既违背律师操守，又损害司法公正。虽然律师的言论自由受萨特理论的支持①，但言论自由也需受规范约束。作为独立的司法人员，律师在行使言论自由时，必须遵守特定规则。言论自由是法兰西共和国法律所保障的基本权利，但不可滥用。

律师的言论自由虽然在诉讼程序中受到一定限制，但其程序性特征确保了其不可或缺的地位。在内容上，律师的言论受到其职责的制约，这意味着其并非绝对自由。这种限制确保了律师在履行职责时，能够受到适当的保护和引导。因此，在维护律师言论自由的同时，也应注重其职责与言论之间的平衡与制约。

二、严苛的诉讼程序限制了律师的言论自由

在《审判正义：公民的期望和经历》(*La Justice en Examen*：*Attentes et Expériences*

① 法国哲学家让·保罗·萨特《存在与虚无》中的一句话："人生来就注定是自由的。"

Citoyennes)一书中[1],作者们着重指出了公民参与在诉讼程序中的核心作用。庭审不仅为公民提供了发表意见的平台,更向公民提供了向法律权威发声的重要机会。公民对诉讼程序的尊重,很大程度上源于他们能够在此过程中充分行使表达权。

律师作为专业法律人士,在参与法律事务时,不仅协助或代表委托人处理各项事宜,更在传达委托人意见方面发挥着举足轻重的作用。[2]在人们叙述与司法机关的接触经历时,法官和律师的言辞往往成为他们关注的焦点。无论是在口头辩论还是书面诉讼中,律师都被视为委托人权益的代言人,是他们与司法系统沟通对话的桥梁。因此,律师的言辞和行为不仅关系到个案的公正处理,还影响着公众对司法系统的信任与认知。

然而,随着司法制度的演变,律师在法庭上的话语权被逐渐削弱。律师提交诉状后,在庭前仅有短暂时间陈述意见,大部分时间需保持沉默。

在这种模式下,律师们普遍认为辩护词的重要性已大打折扣,因为诉讼程序往往陷入对预先拟定语句的重复。以《民事诉讼法》对一审程序的要求为例,麦根蒂(Magendie)法令的实施极大限制了律师的创造力。[3]它虽使诉讼程序更加规范,但也导致律师执业赔偿案件数量的激增。过于标准化的书面形式增加了案件因格式问题而不被受理的风险,挫伤了人们表达意见的意愿。因此,如何在确保程序规范的同时,保障律师的创造性和言论自由,成为了司法改革的重要议题。

法官并非仅是"法律的传声筒",诉讼的真正目的是追求正义,只有在此基础上,规则才有其价值。审判不仅是职责的履行,更是信念与信仰的体现。言论在此过程中至关重要,它承载着公民对正义的渴望。然而,这并不意味着辩护词和材料可以随意书写,因为法庭辩护应是对诉状论点的深化与论证。我们强调言论自由,只因它回应了民众对正义的期盼。

司法体系本身也是削弱言论自由的帮凶。在人手紧缺的办公环境下,法官专

---

① C. Vigouret et al., *La Justice en Examen*: *Attentes et Expériences Citoyennes*, PUF.

② 律师法语"avocat"来自拉丁语"advocare",《拉鲁斯词典》将律师定义为"法院的司法辅助人员,其任务是协助和代表向他提出委托的人出庭,并在法庭之上捍卫委托人的权益"。

③ 法令对诉讼程序提出了非常烦琐的书面要求和严格的截止日期。该法令导致律师执业赔偿案件(这也是律师责任的主要来源)数量急剧增加,并大大延长了诉讼程序。

注于他们认为必要的工作，而忽视了辩护词的形式和效益。理论上，律师仍享有自由辩论的权利，但实践中却常遭阻挠。有的法官可能会因疲惫不堪而无心应对；有的则佯装理解，暗示律师应遵守现有规则；更有甚者，希望缩短辩论时间以快速结案。最微妙的是，有人提议以综合报告替代法庭辩论，这不过是书面记录的重复。漫长的诉讼程序也使得诉讼参与人望而却步。在起草判决书时，他们可能早已将法庭上的意见忘得一干二净了。

埃夫里市法院法官本杰明·德巴里（Benjamin Deparis）在《辩护还有未来吗?》（*La Plaidoirie a-t-elle Encore un Avenir?*）中如此总结："庭审流程按部就班地进行着，如同一台预设了程序的机器。审判之压，源于当事人对律师的厚望与法官对庭审进度的把控，以及案件能否顺利了结的焦虑。"①这已然背离了诉讼之真谛。正如他所说，要克服这一困境，我们势必要对辩护形式进行深入探讨，并对庭审程序进行必要的改革。"必须明确区分庭审与庭审之外的诉讼程序。庭审的本质在于为公民提供表达意见的平台，进而揭示社会和法律中存在的症结。"②

接下来，我们将从另一个角度对行政法官的庭审工作进行论证。

案件的提审始于开庭报告，其中明确了诉状提交日期及主要诉求。公共报告员则向法院提出案件解决方案的建议。③此意见在庭审前已被告知原被告双方，但详细解释与理由仅在庭审时陈述。目前，近八成案件采纳了公共报告员的意见，因此律师在阐述观点时，需特别关注并审慎对待这些建议。

公共报告员（以前被称为政府专员）的机构自旧制度（指法国 1789 年前的王朝）以来就存在，在以往很长一段时间内，其发言内容主要参照律师，公共报告员也是在律师阐述观点之后才能发言。自 2009 年起，发言的次序发生了改变④，律师现在可以在公共报告员发言后立即提出自己的观点，这大大增强了律师的作用。

行政庭的法官深知改革的重要性与律师意见的价值，故即便律师发言时间有

---

①② Nathalie Hantz, "La Plaidoirie a-t-elle Encore un Avenir," *Village de la Justice*, https://www.village-justice.com/articles/dossier-plaidoirie-elle-encore-avenir-interviewbenjamin%EF%BF%BE-deparis-magistrat,36741.html, Consulté le Mars 22, 2024.

③ "Quel est le rôle du rapporteur public," *Conseil d'état*, https://www.conseil-etat.fr/site/actualites/quel-est-le-role-du-rapporteur-public, Consulté le Mars 22, 2024.

④ Décret n°2009-14 du Janvier 7, 2009.

限，法官仍会悉心倾听。若无公共报告员制度，律师在民事法庭中的言论作用或更为凸显，但在刑事法庭中则截然不同。

“被告方最后发言”作为一个简单而神圣的规则约束着庭审程序①，庭审之外的规则也更为错综复杂。律师可向预审法官咨询案件相关事宜，但关于提问打断审讯或庭审的做法，不同法官态度各异，有的允许，有的则要求审讯或庭审结束后进行。

再谈审前羁押，《刑事诉讼法》规定律师可在讯问结束时提问或发表书面意见，多数研究者将之解读为禁止在听讯期间发表意见，但事实并非如此。“每次审讯和对质告一段落后，律师均有权向相关方提问。仅当提问可能干扰案件调查的正常进行时，司法警察方可提出反对，并须将拒绝理由详细记录在审讯笔录中。”②在每次对当事人的讯问或对质结束后，律师均有权提出书面意见，并可将因上款规定被拒绝提问的内容记录在案。这些记录应作为诉讼程序文件的一部分予以附加。此外，在警察拘留期间，律师可将其意见或该意见副本递交至检察官处。

从字面上看，法律并未明文禁止律师在审讯期间提出口头意见，真正的矛盾在于被告人的合法权益与警察职权之间的冲突。对律师行为的合法性进行评判，并非法官的职责，而是由司法警官在检察官的支持下完成的。多年来，法国立法者在《刑事诉讼法》草案的相关条款上争论不休，他们强烈地反对律师干涉审前羁押。然而，多年的努力并未改变现状，该法规于 2018 年正式生效。此前，警方曾明确表示，依据《刑事诉讼法》第 47 条规定，嫌疑人被逮捕时，有权获知并聘请律师。

在司法体系下，巡回法院在程序性发言方面具有独特地位。根据辩论原则，仅审判长可深入探究案件卷宗，并优先向其他庭上人员提问。审判长需灵活调整发言顺序，且不得无故阻止任何一方提问，除非律师发言与案件无直接关联。然而，审判长角色复杂，既是庭审导演，又是关键角色。审判长需精通案情，指导各方表现，同时负责程序运作，职能繁重。尽管困境促使刑事诉讼制度进行修订，但并未减少审判长的干预。在此引用一位学者的评论：“巡回法院审判长主导法

① Cass crim., Oct. 12, 2022, n°21—86.138.

② Art. 63-4-4 du code de procédure pénale.

庭辩论，他有时候会把当事人的发言权压得死死的，甚至剥夺被告方的公平权利。”①

新技术改革(指视频会议)为言论自由提供了新的维度，革新了诉讼程序形式，让律师即便不出庭也能发表意见。然而现在看来，这样的技术进步尤其在刑法或外国法领域表现得有些捉襟见肘：视频通话使法官与被告人、律师与客户相互隔离，决策者独处一室，更难体会其决定对他人人生的影响。作为律师，我们深知在视频会议这种虚拟空间中，屏幕上的画面往往决定着会议的节奏。屏幕熄灭的瞬间，就如同一把锋利的铡刀，给人带来不小的心理压力和紧张感。距离使庭审运作变得更加困难，它的实际优势(即便利性)往往是以牺牲正义为代价的。因此，我们因为为自己争取更多的话语权而强烈地反对远程法庭。②现在明确的是，《刑事诉讼法》规定非经被告人同意，有关刑事拘留和出庭的行为不得以视频会议的方式进行。立法者曾设想在疫情期间免除这一规定，但宪法委员会对此予以谴责，强调了“保障有关人员刑事出庭的重要性”。③

值得注意的是，在法国立法层面，特别是在外国人法和国家庇护法院(CNDA)程序框架内，视频会议机制正逐步确立。律师面临着两种选择：与客户共同通过视频会议面对法官，或独自出庭而让客户单独进行视频会议。④对于寻求庇护者(多指难民)而言，他们在抵达法国前可能历经磨难，如何在此情境下与律师建立信任，使律师能隔着屏幕有效履职？在涉及人类苦难的争端中，如何说服法院采用视频会议形式开庭？这无疑是难以解决的困境。

有充分证据表明，面对面交流在降低监禁率方面具有关键作用，然而其价值常被低估。在我们的法律体系中，律师的言论无论在庭内还是庭外均具重要意义。

---

① Julien Mucchielli, “L'oralité des débats doit être repensée dans son ensemble,” *Dalloz*, édition du Février 24, 2023.

② Cf Laurence Dumoulin et Christian Licoppe, “La visioconférence comme mode de comparution des personnes détenues, une innovation 'managériale' dans l'arène judiciaire,” *Droit et Société* 2015/2 (n°90), p.287 à 302.

③ Décision n°2020-872 QPC du Janv. 15, 2021.

④ Ariane Amado et Auriane Taveau, “(Més) Usage de la visioconférence pour les demandeurs d'asile et les personnes placées en détention provisoire,” *Reuue de Science Criminelle et de Droit Pénal Comparé* 2020/2(n°2), pages 269 à 287.

虽然律师在庭外不受庭内程序规则的束缚,即所谓的“Urbi et Orbi”(罗马城与世界)原则,但言论自由始终存在限度。

三、律师的言论自由——基本的但非绝对的

在公众认知中,律师以敢于发言为首要特质,其职业身份赋予其言论以特殊的自由度。然而,与普通公民相比,律师的言论受到更多限制,这源于其职业身份、保密义务及对客户的责任。

(一)恪守职业伦理的高质量言论——律师永恒的话题

律师的言论受到职业伦理的严格约束,这既源于其在民主制度中的特殊地位,又归功于司法系统赋予的特权。作为法律领域的专家、代理人及独立的司法专业人员,律师的独立性不仅是法律的规定,更是其职业宣誓的核心原则,贯穿其整个职业生涯。职业独立意味着言论独立,这也是律师职业精神的体现。

除了肩负独立的职业义务,律师还应坚守尊严、良心、正直和人道的道德准则,这些均是构成其职业操守不可或缺的部分。①《国家律师行业内部条例》第 1.3 条规定了基本原则:“律师职业的基本原则是其行为的指南针,要求律师以尊严、良心、独立、正直和人道的态度履行职责,恪守荣誉、忠诚、平等、无私、博爱等原则。在工作中,律师应展现专业能力、奉献精神,勤勉认真且审慎行事。”②如果一名律师没有具备足够的专业能力就开展业务,则相关人员可向纪律委员会举报。③

律师应时刻履行职业基本原则所赋予的义务,无论何地,只能以律师身份发言,无法逃避或放弃由此产生的责任义务。但是无可置疑的是,律师在不涉及客户

---

① L. 31 déc. 1971, Art. 1-I alinéa 3, Art. 3 alinéa 2, Art. 15 alinéa 2; D. Juill. 12, 2005, Art. 1, 2 et 3; D. Nov. 27, 1991 Art. 183 et Art 1.3 et 1.4 du Règlement intérieur national de la profession d'avocat aux articles.

② “Règlement Intérieur National de la profession d'avocat—RIN,” *Conseil National des Barreaux les Avocats*, https://www.cnb.avocat.fr/fr/reglement-interieur-national-de-la-profession-davocat-rin#, Consulté le Mars 22, 2024.

③ 纪律委员会是一个公务员组织,负责对犯有职业失当行为的工作人员进行评判。该委员会由主管当局任命的成员组成,并由一名治安法官担任主席。纪律委员会是独立和公正的,其决定须接受司法审查。

利益的情境中，其言论自由实际上受限更多，不仅面临刑事责任风险，还需承担道德责任风险。为确保律师独立性，其道德行为由纪律委员会评估，刑事责任则由普通刑事法院判定。尽管《刑事诉讼法》赋予律师在司法程序中的言论豁免权，但这并不妨碍违反职业道德行为的存在。律师应始终恪守审慎、谦恭的道德义务，将其自宣誓之日起贯穿于其职业生涯始终。

在判断律师的道德过失时，纪律法院应综合考量具体情况，确保惩罚措施在原则与强度上均恰当。欧洲人权法院通过监管纪律法院的惩罚措施合规性，严格监督《欧洲人权公约》中公平审判权及言论自由条款的遵守情况。

律师的道德准则不应损害其辩护权，这实则是一个权衡与相称的问题。职业伦理对律师言论自由的限制程度，应与保障公平正义的目的相称。即便律师因违反职业道德被定罪，其所受惩罚亦应符合比例原则。

欧洲人权法院在这一问题上建立了大量的判例法，并且在干预与所追求的目标之间保持一种平衡。①用让-路易・博易（Jean-Louis Borie）的话来说，“律师的言论自由并不停留在法庭之上”②，欧洲人权法院在 2018 年 4 月 19 日的一项裁决中强调了这一点。③

庭审结束时，被控作伪证的宪兵获无罪释放。原告方律师在回应记者关于是否期望达成此结果时表示：“我始终清楚陪审团可能全由白人组成，并非所有群体都有利益代表。本案指控乏力，判决显然受人操控，我对此结果并不感到意外。”该律师因此被公诉机关起诉，虽获纪律委员会豁免道德责任，却被法院定罪。律师上诉被驳回后，他向欧洲人权法院提起诉讼。该院驳回法国上诉法院的判决，认为：“言论虽批评陪审团和法官，但在媒体时代，这有助于维护刑事司法的公共利益。尽管冒犯，但这是基于事实的价值判断，也是为当事人辩护的一部分。定罪处罚过度干涉言论自由，违反《欧洲人权公约》第 10 条规定，在当今民主社会无此必要。”换言之，若暴力言论对他人或司法机构造成了不必要的伤害，且未体现有效的信息

---

① CEDH Déc. 14, 2015, n°39294/09.

② *Dalloz Actualité*, https://www.dalloz-actualite.fr/chronique/liberte-de-parole-de-l-avocat-un-eliberte%EF%BF%BEdefendre#.Y_uf4iaZO3A, Consulté le Mars 22, 2024.

③ CEDH, 5e sect., Avr. 19, 2018, Ottan c. France, n°41841/12.

反馈或思想表达，那么这种言论将被视为不谨慎且不节制的。①

法国最高法院在 2012 年 5 月 4 日的一项裁决中表示："律师虽有权批评司法机构运作或法官行为，但其言论自由并非绝对，需以不得侵害他人名誉和司法机关权威公正为限。辩护人若故意对法官进行人身攻击，而非表达争议意见，则为侵犯法官人格尊严，违背谦恭原则。"②

"野蛮人团伙"案中的原告方律师提到，案件中总检察长的父亲曾与其是合作关系，他是个不折不扣的"基因叛徒"，理由是总检察长在检方指控中居然没有提及被指控行为的反犹太主义性质。针对这位律师的处罚仅仅是一个警告③，这表明了案件的舆论敏感性。相比之下，历经三天艰难庭审的年轻律师，因情绪激动称同行为"恐怖分子"，其将面临的处罚不得而知。

令人忧虑的是，部分律师以"专家"身份在电视节目中讨论其未参与的案件，在此期间其如何恪守职业道德规则？仅凭传闻评论案件，岂能彰显专业能力？此举加深了公众对律师职业与司法系统的误解，却鲜见追责。庭审过程中的失控行为多源于办案压力与紧张情绪，有时反倒容易被谅解。律师在批评司法系统时，应谨慎适度，其干预应仅限针对个案相关事宜，并应尊重司法管辖权。

（二）律师言论和刑事责任

我们明确指出，律师在履行职责时享有言论豁免权，但非履职期间的言论仍受传媒犯罪、侮辱诽谤等规则约束。在庭审中，律师并非绝对享有豁免权，1881 年《刑事诉讼法》第 41 条对此有明确规定："律师在法庭上的言论或提交的书面文件，若尽到忠实勤勉义务，则不构成诽谤侮辱犯罪。"法官在处理案件或裁决时，仍有权要求律师删除侮辱性、冒犯性或诽谤性言论，并赔偿相应损失。但只要法院保障当事人诉讼权利，就可以随时就涉嫌诽谤的行为对律师提起民事诉讼，或由检察机关

---

① Merryl Hervieu, "Responsabilité Délictuelle: Réparation du Dommage Sans Considération de la Disproportion du Coût," *Dalloz Actualité*, https://actu.dalloz-etudiant.fr/a-la-une/article/point-sur-la-liberte-dexpressionde%EF%BF%BElavocat/h/cc0e292c6c33d75784e31ca8b62329af. html, Consulté le Mars 22, 2024.

② Civ. 1re, Mai 4, 2012, n°11—30.193, *Dalloz Actualité*, Mai 23, 2012, obs. M. Kebir; G. Deharo, "Principes Essentiels de la Profession D'avocat: Délicatesse et Modération," *JCP*, Mai 21, 2012.

③ 这一处罚是纪律委员会能够宣布的最轻的处罚。

启动公诉。

这种豁免权源于1982年前的“藐视法庭罪”，即律师在书面或庭前言论中可能触犯的罪行。若律师被认定行为不当，法院可立即暂停其职务。在前文提到的这起案件中，被告方律师发现被告人缺席后在庭审中宣称：“我认为勒布阿斯（Le Bras）先生与检察官代表的亲属关系不会对他的无罪释放产生任何影响。”法庭随即根据《刑事程序法》中的第25条（现已废除）规定①对该律师处以10天停职处罚，但随后雷恩上诉法院撤销了此决定。该律师抗议，称此法规明显违反公平审判原则，最终促使该规定于1982年被废除。早在1981年1月20日，宪法委员会在“安全与自由”决定中便否定了该条款的适用。②委员会认为，即使为了维护庭审秩序，只要律师没有违背其义务且已尽到辩护职责，那么主审法官采取的措施也不得侵犯律师基于职业伦理基本原则而产生的辩护权利。

《欧洲人权公约》第6条规定，律师在法庭上的言论自由被视为保障公平审判的工具。③正因如此，我们的民主制度才能正常运转。“自由裁量的限度应以社会现实需要为前提，并寻求司法权与审判公正之间的平衡。”④律师应享有自由发表意见的权利，无须惧怕公权力干涉其提出主见时亦无需担忧自身安全。有时，律师甚至肩负引起不满的基本义务。这一义务意味着律师在履行辩护职责时，不应承担被刑事起诉的风险，唯一需要注意的是避免违反职业伦理。律师纪律程序总体上遵循独立原则，相较于过去轻易判定“藐视法庭罪”已有显著改进。在现行法律框架下，辩护人得以自由履行职责，这是公平审判的基石。

《刑事诉讼法》第41条规定对辩护概念采取狭义理解，将其局限于庭审阶段，限制了刑事豁免权在法庭之外的应用。⑤司法机构虽将豁免权扩展至整个诉讼程序中的发言，但始终未承认其适用于庭审外。在言论内容上，豁免权适用范围广

---

① Tribunal correctionnel de Quimper, Mars 6, 1980.

② 80—127 DC, Janv. 20, 1981, cons. 52, JO Janvier 22, 1981, p.308.

③ Cf. CEDH, Nikula c/Finlande, Mars 21, 2002, Req. n°31611/96 et CEDH, Kyprianou c/Chypre, Déc. 15, 2005, Req. n°73797/01; V. not. Lyn François, “La liberté d'expression de l'avocat en droit européen,” *Gaz. Pal.* Juin 21, 2007, n°172, p.2.

④ Benjamin Victor Labyod, www.village-justice.com, le Avril 10, 2013.

⑤ Cass. crim. Fév. 27, 2001, n°00-83.315.

泛，只要与案件辩护相关即可，但需同时满足内容和时间条件。已有法院明确此立场①，律师仅在违反职业伦理且超出合理范围时，才会遭到纪律追责。

若律师希望避免被追究，仅需对除明显侮辱外的言论进行合理解释。对于“恐怖分子”这类词汇，若有合理阐述，情况或可转机；否则，豁免无从谈起。实践中，针对律师口头谩骂的惩罚并不常见，故律师可在辩护中基于事实，对法官的合法性、公正性或诚实性提出质疑，并可作出理性的价值判断以质疑司法系统。法院曾裁定，律师在指责法官偏袒一方或表达对司法系统的不满时，只要其言论与案件相关并有事实依据，即可受到《刑事诉讼法》第 41 条规定的豁免保护。例如，有律师指责法官因存在利益关联而偏袒②，亦有律师冒犯某位政治人物，二人均获得了言论豁免。③律师若指责他人为“司法的耻辱”，往往意味着他们无法为所认为的正义事业发声。④法院判例多支持律师适当行使批评权，对律师言论的刑事追究极为罕见，处罚更属少数。欧洲人权法院亦强调，即使在严格意义的司法程序外，也应保障律师的批评权。

欧洲人权法院在博士伦（Borrel）案中认为，原告方律师在报刊上指责法官“串通一气”的言论不应被视为诽谤。法院强调，法院运作是建立在司法工作者之间的尊重与理解之上的，尤其是法官与律师之间。律师的指责并非无端攻击，而是基于客观事实对被撤职法官的合理批评，旨在维护司法利益。且案件敏感备受关注，尽管言论冒犯，但属价值判断。因此，法院认为诽谤共谋罪的定罪干涉了律师的言论自由，违反了《欧洲人权公约》第 10 条规定。

由此可见，律师在履行职责或维护公共利益时，通常不太可能构成侮辱诽谤罪。⑤

（三）调查及侦查阶段的律师保密义务

律师在调查和侦查阶段必须履行保密义务，这源自《刑事诉讼法》和《法律职业

---

① Cass. crim, Mai 13, 1933, DP 1933, 1, 172, note G. Leloir.

② Cass. crim., Oct. 11, 2005 n°05-80.545. Pour une application récente Civ. 3e, Sept. 7, 2022, 21-18.519, inédit.

③ TC de la Réunion, Oct. 3, 2008.

④ CA Dijon, Déc. 15, 1998, n°98-00779.

⑤ Affaire Morice c. France Avril 23, 2015, Requête n°29369/10.

守则》的规定。《刑事诉讼法》第 11 条规定，除法律特别规定外，调查和侦查过程需保密，同时确保律师的辩护权，相关人员需遵守《刑法》第 434-7-2 条规定的职业保密义务。《法律职业守则》第 2 条规定则要求律师尊重调查和侦查的保密性，除行使辩护权外，不得泄露案件信息或公开相关文件，仅在《刑事诉讼法》第 114 条规定的条件下可向客户或第三方提供文件副本。

律师的保密义务确保其能够合法获取案件信息，同时不会干扰程序。然而，在这两条法律规定中存在一个问题：若保密义务影响辩护权的实现，审判公正绝不容忍强制沉默。《法律职业守则》虽强调辩护权优先，但实践中落实难度颇大。在这个隐私备受关注的时代，律师因披露案件信息遭起诉，是令人惊讶之事。在信息泄露频发的背景下，律师公开法律信息似乎微不足道。

（四）律师言论、委托和职业秘密

律师事务所的角色常被误解为类似于忏悔室的场所，客户会毫无保留地向律师倾诉。然而，对律师而言，律师事务所更像是检验真实性的实验室，律师在此过程中必须审慎地辨别信息的真实性。律师自从业之初便深知此道，甚至有人因此长了教训——客户的蓄意隐瞒或不实陈述可能成为律师办案的阻碍。但律师依客户之托行事，这是其职责所在。《法律职业守则》第 6 条明确规定："律师作为客户的代理人，在法律咨询、文件起草及诉讼等方面履行职责。"

律师仅能在授权范围内向法官透露客户信息，并传达客户的意愿及提供所需文件。①违背此誓，将构成保密原则之违反，面临刑事与纪律责任之风险。②

言论自由固然重要，保密原则同样不可或缺，它们都是公平审判的基石。保密义务赋予律师对抗公权力的能力，确保其职责的顺利履行。此外，良知条款允许律师在与客户存在利益冲突或主要观点分歧时停止代理③，即便代理关系结束，保密义务依然持续。律师在代理中须尊重客户意愿，同时可拒绝与自身价值观相悖的委托，如在为恐怖分子辩护时，律师不会为恐怖主义本身辩护。这虽可能引发冲

---

① 律师非证据真实性裁判者，如全国律师协会主席 J.格沃丹所言，"律师非法官之代理人"。

② 法美律师在此方面差异显著，美国律师有讲真话之义务，而法国律师有时须保持沉默。劳伦·戈昂-塔尼吉（Laurent Cohen-Tanugi）指出"保守秘密即为保持沉默之权利"，而美国律师若隐瞒不利证据或向法庭作伪证，或面临蔑视法庭之指控。

③ la clause de conscience，原意为允许新闻工作者在与办报人观点不一致时辞职的条款。

突，但律师的职责是履行专业使命，而非成为客户的附庸。

（五）如何处理庭审事故

1982年，法院取消了违反法庭秩序行为的审理程序，如果律师没有遵守法庭规则，那么会发生什么？

《刑事诉讼法》第404条规定："有任何人以任何方式扰乱庭审秩序，审判长可以勒令其离开法庭。"但是这个条款不适用于参与审判的律师。律师因对审判长言辞激烈而依据第404条规定被驱逐出庭，虽然这种行为合法，但庭审缺少律师往往是无法继续进行下去的。

传统观念认为，庭上矛盾可通过休庭和审判长的调解来化解。然而在极度紧张时，司法公正也难以保证，特别是当程序性对抗被个人偏见和矛盾取代时。应铭记，无论是法官还是律师，都是可能犯错的真实个体，相互理解有助于减少法庭上的冲突和摩擦。

律师职业性质极为复杂，律师一方面作为司法从业者需恪守职业道德，另一方面作为客户代言人需表达客户观点。然而，律师仍享有言论自由，有权表达、思考和批评。他应理性地对法律制度和司法系统提出符合公共利益的批评，这种自由正是其作为独立司法从业者的资格所在。

借鉴笛卡尔"我思故我在"（Cogito ergo sum），律师应坚信"我说话，所以我存在"（Loquor ergo sum），甚至是"我说话毫无畏惧，所以我存在"（sine timore loquor, ergo sum）。须知只有在我们行使言论自由时，它才是真正存在的。

对律师职业保密原则历史演变的思考

——以西班牙为例

[西]胡安·卡洛斯(Juan Carlos) *

简海文　张文婷**　译

一、前　　言

要理解律师保密原则中权利义务的本质,我们就要从基本概念、法律性质、内容或者义务人等部分基础概念出发。考虑到这一点,为认识这一原则的法律起源和立法演进,本文拟从国际来源和国内来源两个方面对古希腊到现今的法规的历史进行回顾。

本章将具体分析律师职业保密原则的基本概念。

(一) 概念

在我们的研究开展之前,必须先明确"秘密"的基本概念。一方面,从词源上来讲,这个词源自拉丁语 secretum①,它有三个含义:(1)偏远或僻静的地方;(2)秘密,私密的话;(3)奥秘(宗教信仰)。另一方面,在《西班牙皇家学院词典》②中,它

---

* [西班牙]胡安·卡洛斯,西班牙加的斯大学助理教授,法学博士。本文原载于《西班牙国立远程教育大学法律杂志》2023 年第 31 卷,第 243—274 页。

** 简海文、张文婷,上海外国语大学 2023 级法律硕士研究生。

① VV. AA., "Secretum", *Diccionario ilustrado latino-español/españollatino*, Barcelona, SPES/Bibliograf, 1970, 7ª Ed, página(en adelante, pág.) 458.

② RAE, "Secreto", *Diccionario de la Lengua Española*, Edición del Tricentenario, Madrid-Barcelona, Espasa Libros, 2014, 23ª Ed., pág.1982.

包括其他三种含义：(1)小心翼翼地保存和隐藏的东西；(2)储存，隐身；(3)某人独有的美德认知或者某人对物的所有权或者在医学、艺术、其他学科或其他职业中的有用程序。

因此，我们可以将"隐私"或"非公告"确立为这些定义的共通之处。考虑到这一点，我们将这个概念进一步移植到工作语境当中。上述《西班牙皇家学院词典》①将职业保密原则定义为某些职业人员(如医生、律师、公证人等)有不得披露他们在从事其职业时了解到的事实的义务。我们相信，这样的定义将会帮助我们避免在某些时候把它与官方机密②混为一谈。后者试图管制敏感信息，因为对国家安全和国防来说，敏感信息的公开可能意味着一种风险。

(二) 法律本质

在了解了秘密和职业保密的概念后，就要探究其在法律领域的第二个基本属性。但是，这个问题并非没有争议。当谈到职业保密的法律属性时，本文援引了研究此课题的两位学者里戈·瓦尔博纳③(Rigo Vallbona)和奥特罗·冈萨雷斯④(Otero González)的观点。他们将现有理论具体划分为两大类。(1)第一类观点主张职业保密只涉及保密者的个人利益，并认为职业保密原则应基于合同双方，即从业人员与客户的意愿，尤其是他们的共同意愿。无论争议涉及的是押金协议、租赁服务、委托授权的有名合同还是其他无名合同，也无论客户是否提出要求，法律从业人员都应当保守职业秘密。此外，从业者应当保守仅仅涉及该职业事实的秘密。(2)另一类观点则不同，其认为职业秘密是公共秩序的问题，这既超出利益相关者(从业人员与客户)的个人利益，又超出他们的控制范围。因此，该原则被视为一种

① RAE, "Secreto", *Diccionario de la Lengua Española*, Edición del Tricentenario, Madrid-Barcelona, Espasa Libros, 2014, 23ª Ed., pág.1982.

② 参见《1968年4月5日关于官方秘密的第9号法律》(Ley 9/1968)和《1969年2月20日关于实施1968年第9号法律的第242号法令》(Decreto 242/1969)。这两部法律文件都发表在西班牙官方公报(BOE，即 Boletín Oficial del Estado)上，分别在1968年4月6日和1969年2月24日的第84号和第47号公报中。2022年8月1日，西班牙政府批准了《机密信息法初步草案》，该草案可能废除1968年的法律。

③ Rigo Vallbona, José, "El secreto profesional de Abogados y Procuradores en España", *Librería Bosch*, Barcelona, 1988, páginas(en adelante, págs.) 75—76.

④ Otero González, María del Pilar, "Justicia y secreto profesional", *Editorial Centro de Estudios Ramón Areces*, Madrid, 2003, pág.14.

非契约性的公法制度架构。在特定案件中，相对于更大的、存在于保密要求背后的公共利益，职业保密原则作为一项社会义务必然居于次要地位。出于这种考量，这种观点认为应重点关注该职业的社会实用性。

（三）法律内涵

在理解律师职业保密原则的法律本质后，我们可以进一步探讨该原则的具体法律内涵。

在法律法规中，律师的职业保密原则首先被规定在前文中提到的《西班牙宪法》第24条第2款规定中。在此，我们要重申：法律规定确实包含了一些特定情况，其中律师由于亲属关系或职业保密原则等原因，可以不披露可能的犯罪事实。

西班牙的一系列法律法规和职业准则都明确规定和强调了律师的职业保密原则。这在《司法机关组织法》《刑事诉讼法》《西班牙律师职业总章程》和《西班牙法律职业道德准则》中都有所体现。在后续的详细论述中，我们可以进一步探讨这些法规和准则是如何具体规定律师的保密义务的。

阿帕里斯·米拉莱斯（Aparisi Miralles）①指出，与其他法律职业（法官、诉讼代理人、法庭书记员、司法行政公务员、公证员）相比，律师面临着更为严格的职业保密要求。职业保密原则对律师提出了严格遵守职业道德的要求，这一点在律师与当事人的关系中尤为重要。尤其是在刑事案件中②，律师的参与对于维护当事人的合法权益而言至关重要。

基于第4条第1款互惠原则的规定，《西班牙法律职业道德准则》在前言中强调建立律师与客户之间的"必要"信任关系。为了让律师更好地研究诉讼策略，律师和客户双方应共享所有重要信息，包括可能影响案件结果的个人资料和第三方信息。在刑事案件中，这种信任关系尤为重要。客户可能会向律师承认自己被追诉的犯罪事实并提出辩解。结合《西班牙宪法》第24条第2款及本条文的规定可知，律师不得以任何形式披露与当事人交流的一切信息，即便这些信息中包含有关

---

① Aparisi Miralles, Ángela, "Ética y Deontología para juristas", *Ediciones de la Universidad de Navarra*, Pamplona, 2006, págs.260—261.

② 最高法院2003年11月19日第1560/2003号判决（刑事第二审判庭）在其法律依据1中指出了这一点：当涉及刑事诉讼中被告的辩护问题时，受援人对其律师的专业和人文条件的信任在行使法律援助权方面占有重要地位（书记员：D. Andrés Martínez Arrieta，第1104/2002号上诉案）。

犯罪事实的内容。[①]

根据《西班牙宪法》第 24 条第 2 款的规定，律师有义务对客户所交流的信息保密，这一规定体现了律师职业道德和职业责任的核心原则。这意味着，即使律师在执业过程中获取了可能对委托人不利的信息，基于职业道德和法律规定，律师也不应将这些信息用于对付委托人。根据该项规定，律师在执业过程中享有职业保密的权利，这意味着律师不得被强迫就其委托人被指控的犯罪行为作证。因此，律师不被允许或要求提供可能损害委托人利益的证词，这种做法被称为"偏袒"其委托人。比亚马林·洛佩斯(Villamarín López)[②]认为："职业保密不仅仅是律师的一项权利，更是一种对当事人的承诺和保障。这既是为了确保律师正确行使辩护权，又是为了保护当事人的隐私权。"

在初步研究上述问题后，再来分析职业保密原则的客观内容，包括对象范围与时间范围两个部分。

第一，对象范围。

《司法机关组织法》第 542 条第 3 款对职业保密的范围进行了具体的规定，与《西班牙宪法》的精神保持一致。该规定明确了以下内容："律师有义务对其在执行专业活动过程中所获悉的一切事实和信息予以保密，且法院不得强迫律师就其在执业过程中所了解的事实或信息提供证词。"

关于这点，2021 年 3 月 2 日，由第 135 号皇家法令通过的《西班牙律师职业总章程》[③]第 21 条第 1 款规定中也有相同的术语表达。参考以上条文的规定，因达利西奥·莱昂塞吉(Indalecio Leonsegui)[④]认识到职业保密原则具有权利义务的双重

---

① 最高法院 2012 年 2 月 9 日第 79/2012 号(刑事第二审判庭，书记员：D. Miguel Colmenero Menéndez de Luarca，第 20716/2009 号上诉案)的判决书指出，被告与其辩护律师之间关系的保密性是一个基本要素(法律依据 7.3)，这种关系自然必须以信任为基础。

② Villamarín López, María Luisa, "Confidencialidad en las comunicaciones con los abogados en España", en Bachmaier Winter, Lorena, y Martínez Santos, Antonio(dirs.), *Asistencia Letrada, Confidencialidad Abogado-cliente y Proceso Penal en la Sociedad Digital*, Estudio de Derecho Comparado, Marcial Pons, Madrid, 2021, pág.146.

③ 新的《西班牙律师职业总章程》于 2021 年 7 月 1 日生效，2001 年 6 月 22 日第 658/2001 号皇家法令批准的旧章程被废除。

④ Leonsegui Guillot, Indalecio, "Principios fundamentales en el ejercicio de la profesión de Abogado", en Marcos Del Cano, Ana María, y Martínez Morán, Narciso(coords.), *Deontología y Régimen Profesional de la Abogacía*, Editorial Universitas, Madrid, 2020, pág.224.

属性。事实上,除了对当事人负有保密义务外,法律还赋予了律师拒绝出庭作证的权利。

2019 年 3 月 6 日,由律师协会总理事会全体会议通过的《西班牙法律职业道德准则》第 5 条第 1 款重申了这一规定。[①]该条确认,律师与其委托人之间的信任关系是职业保密原则的根基。基于此,律师在执业活动中所获知的信息,应当被严格限定用于为客户提供法律辩护及法律咨询或服务。然而,律师在实践中应对哪些信息保密呢?

《西班牙法律职业道德准则》第 5 条第 2 款规定,律师在执业过程中,有义务对所有通过职业活动所获得的信息和文件保密,包括但不限于委托人、对方当事人及同行律师的秘密和建议。同样,《西班牙律师职业总章程》第 22 条第 1 款具体规定,律师在执业过程中,对于所知晓、发布或接收的所有事实、通信记录、数据、信息、文件及提出的建议,均负有保密义务。此外,西班牙的职业道德法规定,律师还负有对其他信息保密的义务。具体列举如下:(1)法律专业人士之间收发的任何类型的信息(《西班牙法律职业道德准则》第 5 条第 3 款)应受职业保密原则保护。(2)律师及其他法律专业人士在与客户或对方当事人进行面对面交流、电话通话或其他形式的远程沟通时,未经对方明确同意,不得对谈话内容录音(《西班牙法律职业道德准则》第 5 条第 4 款)。在第二种情形下,根据《西班牙律师职业总章程》第 22 条第 3 款补充规定,当事人与对方律师的谈话内容,即使在己方律师不知情或未参与的情况下,也受到职业保密原则的保护。(3)通过各种媒介传输的口头和书面消息以及谈判的内容(《西班牙法律职业道德准则》第 5 条第 5 款)应受职业保密原则保护。(4)与外国律师的通信内容必须被视为机密,并且应当得到妥善保存(《西班牙法律职业道德准则》第 11 条第 11 款)。

然而,鉴于所提供信息的价值,是否存在允许披露秘密的例外情况呢?我们认为可能没有。以《西班牙法律职业道德准则》为例,该条例规定,即使在客户同意披

① 现行的《西班牙法律职业道德准则》废除了 2002 年 9 月 27 日由西班牙律师协会全体会议批准的《法律职业道德准则》。在此之前,已颁布的准则还有在 1987 年 5 月 28 日和 29 日由院长大会批准的《西班牙法律职业道德规则》和在 2000 年 6 月 30 日由西班牙律师总理事会全体会议批准的《道德准则》。

露秘密的情况下，仍然应当保守秘密(第5条第10款)。但这一规定与《西班牙律师职业总章程》第22条第6款规定的显著冲突引起了人们的注意。后者规定，在特定情形下，律师对客户事务的保密义务可以得到豁免。若客户明确且自愿地授权律师披露相关信息，律师便可以依照客户的指示进行信息披露。由于《西班牙律师职业总章程》(由皇家法令批准通过)具有规范性地位，而《西班牙法律职业道德准则》(由西班牙律师总理事会全体会议通过)是社团章程，因此，当上述规定发生冲突时，我们认为应以前者的规定为准。

《西班牙法律职业道德准则》也在考虑职业保密原则的例外情形。例如，在刑事、民事或道德索赔的法律程序中，通常情况下，受职业保密原则保护的信息或事实不得被披露。然而，当这些信息被用于准备诉讼资料、介入纪律处分程序，或者律师为了自我辩护时，相关信息可以被披露(第5条第9款)。我们本应更深入地探讨例外的情形，但这超出了本文讨论的范畴。

最新的《西班牙法律职业道德准则》在2019年获批，取代了2002年的旧版《西班牙法律职业道德准则》。在21世纪的今天，所谓的“信息社会”显然已有了长足的发展。因此，结合当前形势，《西班牙法律职业道德准则》第21条第2款规定，律师在使用信息和交流技术时，应承担负责任和勤勉的义务。在这方面，律师必须极其谨慎地保守职业秘密。此外，《西班牙法律职业道德准则》第21条第3款规定，律师在电子通信中必须严格遵守以下规定：(1)用自己的姓名、提供服务的专业公司、行业协会及其会员编号表明自己的身份；(2)确保收件人签收私人信件；(3)未经其他律师明确同意，不得转发其发送的电子邮件、信息或笔记。

基于上述资料，本文对职业保密原则的客观内容进行了充分介绍。此时我们也要提出另一个问题：因为律师和客户的关系具有临时性，所以保密义务是否有时间限制仍未可知。

第二，时间范围。

关于保密义务的时间范围，比亚马林(Villamarín)①指出，律师的职业保密原则始于其首次向委托人提供协助之时，且不论律师是否在未来继续接受委托，该保

① Villamarín López, María Luisa, op.cit., pág.149.

密义务均应持续存在。《西班牙律师职业总章程》第 22 条第 5 款规定，律师的保密义务在时间上是永久的。即使律师不再向委托人提供服务，保密义务仍然持续。《西班牙法律职业道德准则》第 5 条第 8 款补充规定，即便律师离开了原来的律师事务所或工作单位，该义务依然不会终止。

鉴于此，保密义务的时间不受限制这一事实引发了我们的关注。然而我们并不清楚保密义务不受时间限制的原因何在。安吉拉·阿帕里西(Ángela Aparisi)① 认为，根本原因在于保护隐私的重要性。在她的观点中，委托人的去世会引发特定的问题。在这种情况下，保密义务的重要性达到顶峰，因为死者的继承人或亲属可能希望继续保守秘密或尊重逝者的遗愿。若死者的秘密被不慎泄露，可能会对死者的名誉或形象造成不可挽回的损害。此外，除非出于必要或有正当理由，否则对死者进行诽谤是绝不允许的。

（四）义务人

最后一个问题是分析保密义务约束的主体。从某种意义上说，我们已经找到了这项义务的承担人。从逻辑上讲，首先受到约束的人是负责案件的律师。但律师是唯一受约束的主体吗？这一原则对其他人是否同样具有约束力呢？

道德准则为确定哪些主体受到保密义务约束提供了指导。《西班牙法律职业道德准则》指出，保密义务的适用范围不仅限于律师本人，还扩展至所有在法律服务活动中与律师合作的人员（第 5 条第 7 款）。《西班牙律师职业总章程》提到后者，并将他们具体解释为律师在职业活动中的合作者、合伙人，以及相应的工作人员（第 22 条第 4 款）。

《西班牙法律职业道德准则》再次提到了后者。当律师事务所的任何成员参与到职业事务中时，保密义务自然扩展至该团队的每一位成员（第 5 条第 6 款）。

此外，在法律领域中，客户不仅包括自然人，还涵盖各种法人实体。例如，在泄露秘密罪中，与法人有关的信息也被纳入职业保密的范畴。

在了解律师职业保密原则的基本概念之后，下文将分析本文的中心议题：职业保密原则的历史背景。

---

① Aparisi Miralles, Ángela, op.cit., pág.263.

二、律师职业保密原则的法律历史背景

正如我们所见，“秘密”（secretum）一词来源于拉丁语，所以可以说职业保密原则诞生于罗马。然而在法律领域，对职业保密的研究还处于一个相对较新的阶段。在 19 世纪后期和 20 世纪初期，对职业保密的研究和重视才逐渐增强。在此之前，除宗教领域外，国际上对这一问题没有任何认识。

尽管职业保密原则的立法保障在历史上的模式可能相对单一，但确实存在一些古老的国际先例。

（一）国际背景

1. 希腊法

我们早已认识到，在罗马及其法律建立之前，希腊文明已然存在。在古希腊，法律和道德观念与宗教信仰紧密相连，人们普遍认为法律是由神明赐予的。例如，克里特岛的立法者是由宙斯演化而来的牛形神灵米诺斯（Minos），斯巴达的立法者则是太阳神里库尔古（Licurgo）。在公元前 620 年的雅典，德拉古（Dracón）因首次编纂了雅典法而被视为法律的缔造者。此外，执政官梭伦（Solón）不仅是雅典行政机关的伟大改革者，还是雅典私法典的创立者。

何塞・里戈（José Rigo）①认为，依据现行可获得的资料，尚无法确定违背职业保密原则的行为是否构成公共犯罪或触犯刑法规定。在一个高度重视精神文明和职业道德的文明社会中，职业不端行为往往会被视为等同于“公共犯罪”或“刑事犯罪”。尽管缺乏直接证据显示此类行为会受到法律的惩处，但大量事实表明，希腊社会对于严格遵守职业保密原则给予了极大的重视。

亚历山大图书馆所收藏的《希波克拉底文集》（*Corpus Hippocraticum*，公元前 3 世纪），尤其是其中记录的希波克拉底通用誓言，为我们提供了关于古代希腊社会对职业保密原则重视程度的直接证据。其要求所有新入职的医生必须进行宣誓。该誓言是希腊医生戒律的汇编，汇集了医生在执业过程中应遵守的

① Rigo Vallbona, José, op.cit., pág.81.

伦理道德准则。其内容与我们讨论的主题"职业保密原则的重要性"紧密相关，并且与前文提到的希腊社会对职业操守的重视形成呼应。因此，我们将其引用在此：

> 对于我在履行职责时的一切见闻，以及任何与他人生活相关的事务，只要是不能被公开的，我都将守口如瓶并使其不被侵犯。

正如雷克霍·纳维罗斯（Requejo Naveros）①所言，医生的保密义务不仅限于在职业实践中获得的信息，还涵盖了在职业之外可能接触到的与患者相关的信息。此外，这位作者指出，医生在判断某一信息是否属于机密及是否可以公开时，拥有一定的自主权。

无论如何，我们可以看出希腊人早已认识到职业保密的重要性。若医生泄露了病人的秘密，病人虽然无法直接通过公共当局追究医生的刑事责任，但有权利通过民事诉讼途径，寻求对医生因疏忽（过失）造成损害的赔偿。同样，在希腊，任何违背誓言的行为都会受到严厉惩罚。鉴于此，地方法官在就职时必须宣誓，承诺在法律不明确或存在漏洞的情况下，将依据正义的原则来裁决案件。里戈指出，《赫拉德法典》可能包含了对法官宣誓义务的保护性规定。②这意味着，如果法官未能履行其宣誓中的承诺，那么其可能会通过特别的刑事程序受到惩罚，这些程序会配备相应的惩罚措施来确保法官遵守其职业誓言。

2. 罗马法

由此可见，职业保密原则可能起源于希腊世界。但被认为是希腊文明继承者的罗马是如何处理这一问题的呢？

值得注意的是，在罗马共和国时期，相对于客户而言，法律辩护是雇主（我们理解为律师）具有的权利。直到 Collegium Togarum 组织（律师协会的前身）的出现，标志着法律辩护开始向一种有组织的专门职业转变。这就不难理解，在罗马法中，律师被视为一类有尊严且不可亵渎的职业而受到人们的尊重。因此，用骗术来为人辩护的人不能被称为律师。关于这一点，拉萨罗·吉拉蒙（Lázaro Guillamón）在

---

① Requejo Naveros, María Teresa, "El Secreto Profesional del Médico y su Protección Jurídico-penal: una Perspectiva Histórica", *en Foro*, *Nueva Época*, n°6, 2007, pág.164.

② Rigo Vallbona, José, op.cit., pág.82.

其著作中引用《文摘》中的内容，提到了法学家保罗（Paulo）和阿弗里卡农（Africano）对辩护人的看法。在罗马法中，“boniviri”一词通常指那些被委托或被选中代表他人出庭辩护的人。我们将这两段文字摘录在下面的脚注中。①

似乎罗马法对职业保密原则也并未进行刑法保护。但与此不同的是，《查士丁尼民法典》（*Corpus Iuris Civilis justinianeo*）对律师不忠诚行为的处理提供了新的法律视角。法学家拉比昂（Labeón）的著作《潘德克塔斯》（*Pandectas*）②提到了律师对委托人不忠诚的情况。根据卡门·拉萨罗（Carmen Lázaro）③的阐述，律师的不忠诚行为，如隐瞒事实、偏袒对方、背叛己方，被视为“失职”（prevaricatio）。这种失职行为被视为一种特殊罪名，受损害的委托人可以通过向罗马地方法院提起“命令之外的诉讼”来追究律师的责任，以寻求赔偿损失。

莫隆·佩雷斯（Morón Pérez）④指出，律师保守职业秘密的义务可能最早源于罗马法，特别是在君士坦丁大帝时期的大法官奥雷利奥·阿卡迪奥·卡里西奥（Aurelio Arcadio Carisio）的著作中有所体现。这一观点在《潘德克塔斯》中被提及。《关于证人》（*De Testibus*）⑤中提到，当事人和他们的代理人的证词在诉讼中通常不被采纳。从这里我们可以看出，尽管保密义务在罗马法中并未直接受到刑法保护，但专业人士可以通过免责声明来免除潜在责任。

在这一点上，里戈⑥指出，罗马法并没有从严格意义上对保密义务及其保护措施进行规定。他认为，罗马法一直以来对私人犯罪（刑法逻辑意义上的）几乎不加管制。只有在某些特定情况下，例如当这些犯罪行为对公共秩序或国家利益构成

---

① 任何人，如果其行为符合一个正直人的判断，那么他或她就应该得到法律的保护和辩护。（《文摘》第 77 号法律第 3 章第 3 节）。即使一个人表面上是在为原告辩护，如果他的实际操作是为了防止争端得到公正和有效的解决，那么他的行为就不符合一个好人的判断（《文摘》第 77 号法律第 3 章第 3 节）。

② 如果一个法律代表（如律师）背叛了他的客户，选择支持对方以谋取个人利益，那么他将面临法律的惩罚。这种背叛行为不仅在公共诉讼中会受到惩罚，在私人诉讼中同样会受到惩处（《文摘》第 1 号法律第 15 章第 67 节）。

③ Lázaro Guillamón, Carmen, op.cit., págs.185 y 186.

④ Morón Pérez, Carmen, “El Secreto Profesional del Abogado ante la Administración Tributaria”, *Dykinson*, *Madrid*, nota 12, 2021, pág.17.

⑤ 法庭的主席（或法官）有责任确保律师在他们所辩护的案件中不得同时担任证人（《文摘》第 25 号法律第 5 章第 22 节）。

⑥ Rigo Vallbona, José, op.cit., pág.83.

威胁时，才会由立法机关进行规制。所以，在罗马法中，对于违反职业保密原则的行为，如果没有明确的法律规定，则法官可能不会主动采取行动来打击这类行为，因为这并不会起到威慑的社会作用。但在希腊的确存在一些民事或私人间的诉讼，要求违规的专业人士(违反了与客户有关的伦理道德原则)弥补客户的损失。尽管律师背叛了自己的职业，但他们不会在公开的刑事诉讼中接受审判。拉萨罗①引用了拉比昂的观点，认为除非律师与被告串通，否则其行为不应被视为严格的失职。

与此相一致，拉萨罗·吉拉蒙②指出：最初，律师的工作更多是基于个人的信任和友谊展开，他们提供的法律服务是无偿的，这种服务的神圣性质意味着他们不受公法领域的直接干预。在这个阶段，律师和客户之间的关系更多是建立在个人关系和道德义务上，而不是契约关系之上。随着时间的推移，罗马社会进入了一个新的阶段，律师开始根据其提供的服务获得合法的报酬。最后，直到下帝国(Bajo Imperio)初期，律师职业在法律体系中得到了更明确的构建和规范。

3. 教会法

教会法对圣事告解的保密性给予了高度重视，特别是在中世纪宗教动荡的背景下，神学家们对于维护圣事告解的神圣性表现出极大的关注。自1215年第四届拉特兰大公会议起，圣事告解被明确界定为信徒的义务。自此，教会自10世纪起便开始对违反职业保密原则的行为实施禁止与惩处。正是从这一时期起，对于泄露告解秘密的行为，即违反了传教士所应遵守的保密义务，教会会对其实施正式的惩罚措施。

在这方面，牛顿·德·阿西斯·丰塞卡(Newton de Assis Fonseca)③引用了圣·托马斯·阿奎那(Santo Thomas Aquinas)的观点：他承认保密义务的范畴包括告解过程中所披露的信息。

---

① 引用拉比昂的观点：失职者就像一个叛徒，通过出卖自己的案件来支持对立的一方。拉比昂说，这个名字来自“varia certatio”，即可变的诉讼。因为失职者是被一方指控，而不是被双方指控(《文摘》第1号法律第15章第67节)。

② Ibídem, pág.193.

③ Newton De Assis Fonseca, “O Sigilo na Confissão, Segundo o Código de Direito Canônico”, *Noticias. Cancaonova*, http://noticias.cancaonova.com/noticia.php?id=288616/, Revisado por última vez el día 9/5/2023.

1983 年，由圣·胡安·保罗二世（San Juan Pablo II）颁布的《教会法汇编》（*Corpus Iuris Canonici*）对忏悔者的圣事保密义务进行了规范，并对其违反义务的行为设立了相应的制裁措施。教会要求传教士对在告解过程中听到的秘密保持绝对的沉默。泄露这些秘密将构成严重的罪行。因此，教会法中对此也规定了严厉的处罚。泄露告解内容的神父不仅会被罢免公职，还会被永久禁闭在修道院中进行忏悔。

尽管宗教环境随着时间的推移发生了变化，但教会对于圣事告解保密性的坚持始终如一。1917 年前一部法规汇编同样明确规定了圣事保密的不可侵犯性。神父不得通过直接的言语、非言语的暗示或是任何其他可能被解读为泄露信息的方式透露忏悔人的详细情况（法典第 889 条第 1 款）。即便是口译人员及其他任何可能知悉忏悔内容的个体，都必须遵守圣事保密原则（法典第 889 条第 2 款）。

现行的《教会法汇编》也禁止神父以口头或其他任何方式泄露忏悔者的秘密。无故泄密更是被严格禁止的（《教会法汇编》第 983 条第 1 款）。即使在没有泄漏风险的情况下，告解牧师也必须严格保守告解秘密（《教会法汇编》第 984 条第 1 款）。《教会法汇编》还要求告解牧师对所有通过忏悔知道他人罪过的人，包括口译人员，保持绝对的保密（《教会法汇编》第 983 条第 2 款）。《教会法汇编》规定：违反保密义务的告解牧师将被处以终身开除教籍的处罚。而间接违反者（例如拒绝与忏悔者共进圣餐），将根据罪行的严重程度受到惩罚（《教会法汇编》第 1388 条第 1 款）。口译人员和违反保密义务者也会受到相应的惩罚，并有可能被开除教籍（《教会法汇编》第 1388 条第 2 款）。

（二）国内背景

1. 中世纪法的规定

在中世纪法律史上，一部享有国际盛誉的法典无疑是卡斯蒂利亚国王阿方索十世（Alfonso X）主持编纂的《法典七章》（*Las Partidas*）。作为一部具有里程碑意义的法律百科全书，《法典七章》由被誉为“智者”的阿方索十世所颁布，其中明确规定了保密原则。在 13 世纪，阿方索的这部著作前瞻性地将律师的保密义务纳入考量范围，它不仅特别强调了皇室成员和地方官员（Escurianos）基于其职责所需持有的审慎态度[①]，还对违反该义务的行为设定了具体的处罚措施。

在深入探讨律师和诉讼代理人的职业保密原则时，除了《法典七章》中的规定，还需关注其他法律文献和历史来源。

在阿方索十世（Alfonso X）颁布的《王室法典》（*Fuero Real*）中，有关律师职业行为的规范颇具指导意义。该法典明确规定，律师不得利用其在执业过程中所掌握的客户机密信息，从事任何可能损害委托人利益的行为。此外，该法典禁止律师在同一诉讼案件中同时代表双方当事人，以防止利益冲突和保护客户权益。同时，律师有权拒绝为某一方当事人提供法律服务，以便在未来为对方当事人提供咨询或辩护。[②]从这一规定中，隐约可以窥见程序法在实践中的复杂性和潜在的矛盾性。

阿方索十世的另一部重要著作《铜镜法》（*Espéculo*）也对律师职业行为的规范进行了阐述，其中包含与《王室法典》中相似的禁止性规定。该文献明确指出，若律师为诉讼中的对方当事人提供法律咨询，其职业声誉将受到严重损害。根据《铜镜法》的规定，一旦律师涉及上述违规行为，他将被剥夺在该案件中担任辩护人或证人的资格，并且必须支付相当于其所得诉讼费双倍的赔偿金。[③]

---

① （文书们）必须是好的和有见识的，尤其是那些在王室的文书。因为他们需要有良好的判断力和理解力，并且是懂法的和有良好品质的。因为即使国王、大臣和公证人命令以诚信书写信件……如果他们违反这一点，混合了他们被命令保守的秘密；或他们把信件给了别人，让那个人写下来，没有命令他们这么做，目的是被发现；或者他们以任何一种众所周知的方式在其职责中做出虚假行为，则他们应该失去他们的职位和他们所拥有的一切。因为智者说，那些把自己的秘密告诉别人的人，就像把自己的心脏交到别人手中一样；如果别人将其混合、犯了很大的错误，就像如果他们把它卖掉或遗失了，则他们永远无法找回它。因此，做这些事情的人应该受到上述的惩罚（《法典七章》第 8 号法律第 9 章第 2 节）。王室的文书在书写信件或特权时若做出虚假行为，应当为此丧命。而且，如果偶然间发现他泄露了国王命令他保守的秘密，对某人造成了困扰或伤害，那么他应当受到与其行为相应的惩罚，如果认为合适的话，可以给予他比死亡更严重的惩罚。如果城市的文书或小镇的文书在书写他们被命令记录的诉讼案件时做出任何虚假行为和判断，应当割掉他犯错的手，并且以恶劣的方式处罚他，使他不能成为证人，也不能拥有任何荣誉，甚至在余生中都不能享有任何好处（《法典七章》第 16 号法律第 19 章第 3 节）。

② 在诉讼过程中，若一名法律专业人士已担任对方当事人的顾问或咨询专家，则其应避免在后续阶段担任本方的法律顾问或咨询专家。此外，若一方当事人请求对方当事人的法律顾问提供法律意见或援助，但该请求被拒绝或未得到承诺，则该法律顾问在不违反专业伦理和法律义务的前提下，有权选择是否向对方当事人提供法律意见或咨询（《王室法典》第 3 号法律第 9 章第 1 节）。

③ 一旦法律代理人接受了一方当事人的诉讼文件，其便应当避免接受对方当事人的任何报酬或利益，亦不得向对方提供任何法律意见或建议行动方案。违反此原则将严重损害代理人的专业声誉，并导致其丧失代表对方当事人的资格，包括作为证人出庭的权利。此外，若代理人违反了上述规定，根据法律原则，其应当返还所接受利益的双倍数额给原诉讼文件的委托方（《铜镜法》第 5 号法律第 9 章第 4 节）。

阿方索十世的第一部著作《法典七章》对保密义务和禁止泄密原则给予了特别的重视。由于《法典七章》在法律史上具有经典地位，以下摘录其中的一条戒律，以体现其对保密义务的重视：

> 人们向律师倾诉纠纷的细节①，而律师有义务对这些细节保密，不得向第三方泄露。律师应该遵守法律，不得欺诈客户，以免损害客户的利益或导致客户在法律诉讼中处于不利地位（《法典七章》第9号法律第6章第3节）。

众多法典和法律文献都强调了律师在执业过程中应遵守的保密义务。当委托人向律师透露与诉讼相关的敏感信息时，律师有责任确保这些信息的保密性，不得向诉讼的对方当事人或任何无关第三方泄露。律师也不得对信赖自己的当事人进行任何形式的欺骗，否则可能导致客户在诉讼中遭遇不利结果或进一步恶化其法律处境。基于这些原则，一旦律师接受了一方当事人的委托，他们就不得再向对方当事人提供法律建议或服务。

在法律体系中，对于失职和不忠实的律师存在严格的惩罚措施。这些律师由于未能履行其职业义务，如保密义务和忠诚义务，可能会被视为实际上帮助了对方当事人，从而损害了自己客户的利益。因此，他们可能会名誉受损，并需接受执业资格的限制或暂停的处罚。甚至在某些情况下，法官还可以依据具体情况和法律规定，对这些律师施加刑事处罚。此外，若律师向对方当事人透露信件内容（被视为泄露机密信息），而非采取维护其委托人利益的行动，则可能构成刑事上的隐瞒罪。②

《法典七章》还规定，在以下两种具体情形中，允许知晓一方当事人秘密的律师为另一方当事人辩护。第一种情况涉及当事人恶意泄露秘密的意图。如果某人故意向多位律师透露自己的秘密意图，目的是使对方当事人无法获得有效的辩护，法官有权为受影响的当事人指定一名辩护律师。在这种情况下，即使这位辩护律师事先已经知晓了泄露的秘密，他们仍然被允许代表对方当事人出庭辩护，以保障当事人的合法权益不受恶意行为的影响。第二种情况发生在诉讼过程中，如果律师

---

① 这个词暗指“纯洁”，意思是保留和隐藏的东西。

② 应当指出，若一名律师向对方当事人透露其客户可能采取的策略或其正在准备或辩护的案件的潜在弱点，该行为将构成对客户利益的损害。根据拉丁语法律术语，此类律师被称为“praevaricator”。在现代语境中，该律师被视作背叛了其应忠实协助之人的信任（《法典七章》第1号法律第7章第7节）。

被指定为已故对方当事人子女的监护人，他们也可以担任对方当事人的辩护律师。在这种情况下，律师的角色和责任可能会发生变化，因为他们同时承担了监护人的职责。尽管如此，法官可能认为律师在履行监护人职责的同时，也能够妥善处理辩护工作，从而允许他们继续担任辩护律师。①

除卡斯蒂利亚法之外，在古代加泰罗尼亚法律体系中也存在关于律师职业行为的规定。里戈·巴尔博纳（Rigo Vallbona）②引用了《托尔托萨的服装》（*Costums de Tortosa*）③中的一段话对此进行说明。它明确禁止律师在同一诉讼中担任证人。因为律师作为法律专业人士，一旦介入案件，就应当避免以任何其他身份参与案件。立法者的目的在于防止律师在提供证据时可能存在偏袒行为。同时，这一规定并不免除律师遵守职业保密原则的义务。

参考非中世纪的法律文献，我们可以将目光投向更近代的法律文本，如卡洛斯四世（Carlos IV）在1805年批准颁布的《最新法典》（*Novísima Recopilación*）。卡洛林规则源自1567年《菲律宾新法典》中的一条法规（第17号法律第16章第2节），该法规明确规定，如果律师向对方当事人或其他任何人泄露其委托人的秘密，目的是偏袒对方当事人或为对方当事人提供建议，律师将面临被免职的处罚。此外，如果律师在被免职后继续执业，并继续散布秘密信息，那么他将面临更为严厉的处罚，其一半资产将被没收并收归国库。④科尔特斯·贝奇亚雷利（Cortés

---

① 当事人可能会向律师披露其争议及相关信息，以便律师能够提供更有针对性的法律意见和援助。在此种情形下，若提出争议的一方愿意支付律师合理的报酬，或在第三方面前证实报酬事宜，则律师有责任提供帮助，并应本着诚信原则，向其客户提供妥善的法律咨询。然而，若某人出于恶意，向多方泄露其诉讼细节，意图通过无法被对方控制的信息传播者来获得优势，则法官不应放任此类不正当行为。根据对方当事人的请求，应当披露相关信息，哪怕对方已知晓诉讼情况。进一步地，若一名律师在与对方律师的诉讼中去世，且根据法律规定，其子女由该公证人监护，那么这些子女完全有权利由另一位律师代表，继续参与原诉讼程序，即使对方律师或法律顾问曾参与过同一诉讼案件（《法典七章》第10号法律第6章第3节）。

② Rigo Vallbona, José, op.cit., pág.90.

③ 律师不应在同一契约或诉讼中担任证人、法官或记录员；因为在诉讼中，律师只应是他本身的角色（《托尔托萨的服装》第3部分第7章第2节）。

④ 此外，我们规定，如果一些律师向对方泄露他们客户的机密，或者为了利益而向第三方泄露，或者被发现在同一个案件中同时帮助或建议双方对立的客户，或者如果他们不愿意按照本标题下第3条规定宣誓，除了根据法律已经确定的惩罚之外，仅凭这一行为他们应被剥夺他们所声称的律师职业；如果他们之后继续从事该职业并帮助任何案件，他们应失去其财产的一半，我们会将这些财产用于我们的财政和国库（《最新法典》第12号法律第22章第5节）。

Bechiarelli)[①]强调了对律师泄露客户秘密行为进行严厉处罚的重要性。他认为,处罚是为了防范和遏制对律师这一崇高职业的严重侵犯,这种行为被视为最不可容忍的攻击:向对方当事人的同事、法官或检察官泄露己方当事人的秘密。

在其总结性陈述中,里戈[②]强调了各种历史文献对于建立职业保密刑事保护机制的基础性作用。他指出,确立职业保密原则的核心目的并非巩固国家、行政机构或公共利益的权威,而是预防律师对客户的不忠行为,确保客户能够对律师产生信任。这一原则的确立,是基于律师与司法机关或立法机构之间关系的理解,以及对律师在法律体系中角色的认识。

2. 历史刑法典的相关规定

在西班牙当代《刑法典》的发展史中,玛丽亚· 德尔皮拉·奥特罗(María del Pilar Otero)[③]指出了职业保密原则发展的两个阶段。

(1) 第一阶段

在法律发展的历史脉络中,我们可以观察到职业保密原则合法化的趋势,该原则在1822年、1848年、1870年、1932年和1944年的《刑法典》中都有所规定。虽然这些法典普遍维持了对公职人员、律师和诉讼代理人违反职业保密行为的定罪,但往往不伴随具体的处罚措施。唯一的例外是1928年的法典,它可能包含了对违反职业保密原则行为的具体处罚规定。为了深入了解每一部法典是如何规定职业保密原则的,我们可以逐一审视它们的具体条文。

1822年7月9日颁布的《刑法典》,与1810年《法国法典》相类似,对泄露秘密罪进行了区分,明确了两种不同的违法行为。该法律将相关规定置于第五章,即"危害公众信仰罪"中,对那些在履行职务行为或从事公共职业过程中违反保密义务的人员,以及对不适当地拆开或删除秘密信件的人员进行处罚。第一种罪行,即律师或诉讼代理人向对方当事人泄露己方当事人的秘密,被明确规定在第423条中。此类行为被视为严重的犯罪行为,违法者可能面临四至八年的监禁,同时被处

---

① Cortés Bechiarelli, Emilio, "El Secreto Profesional del Abogado y del Procurador y su Proyección Penal", *con Prólogo de Manuel Cobo del Rosal*, Marcial Pons, Madrid, 1998, pág.25.

② Rigo Vallbona, José, op.cit., págs.89—90.

③ Otero González, María del Pilar, op.cit., págs.4—5.

以 50—400 杜罗的罚款。此外，违法者将被剥夺继续从事律师或诉讼代理人职业的权利。第 424 条对律师因过失向第三方泄露客户秘密的行为进行了规定，并明确了相应的法律后果。根据这一条款，律师若因疏忽导致秘密信息被泄露给对方当事人以外的第三方，则可能会受到刑事处罚，包括 2 个月至 1 年的监禁及 30—100 欧元的罚款。此外，第 424 条规定还扩展了犯罪主体的范围，不仅仅限于律师，还包括教士、医生、外科医生、药剂师、理发师、助产士、接生员等专业人员。这些职业同样承担着保护客户或患者隐私的义务，他们在执业过程中可能会接触到敏感信息，因此也被视为适用该法律的适格主体。

在讨论 1848 年《刑法典》之前，有必要关注 1834 年的《刑法典》草案，因为它为后续的法律发展提供了重要的法律基础。该草案特别针对司法系统中的特定职位规定了泄露秘密罪的处罚措施（第 218 条），如最高法院、省法院、州法院及基层法院的报告员、财务代理人和书记员。

1848 年 3 月 19 日颁布的《刑法典》对职业秘密泄露行为进行了明确的法律规定，特别是第 273 条规定对律师和诉讼代理人泄露职业秘密的行为进行了谴责。同时，该法典在第 8 章中也将公职人员在执行公务时的失职行为视为犯罪。该法典进一步规定，任何恶意滥用职权以挖掘客户隐私的行为，不仅会导致律师被停职，还可能使其被永久取消从事相关职业的资格。此外，违法者还将被处以 50—500 杜罗的罚款。

《伊丽莎白法典》在其条文中对公职人员违反职业保密原则的行为进行了明确的法律规定，特别是第 282—284 条规定对此类行为的罪行进行了详细的阐述。值得注意的是，与以往的法典相比，《伊丽莎白法典》在第 284 条规定中引入了新的内容，即将那些需要特定资格或认证的从业人员也视为潜在的犯罪人。

1870 年 6 月 17 日颁布的《刑法典》在第 7 章中对律师和诉讼代理人的失职行为进行了规定，将其视为公职人员在履行职责时的不法行为。根据该法典第 371 条规定，如果律师或诉讼代理人存在恶意滥用职权的行为，他们将被处以罚款，具体金额为 250—2 500 比塞塔。若律师或诉讼代理人在未经己方当事人同意的情况下为对方当事人辩护或提供咨询，则将被视为严重的职业违规，可能导致其被取消从业资格。特殊之处在于，该法典在条文中增加了“不可原谅的疏忽或无知”作为秘密泄露的原因，而这似乎是从法官或其他公职人员的失职行为中延伸出的。

1928 年 9 月 8 日颁布的《刑法典》在关于秘密的发现与泄露方面构成了一项特殊的例外情形。这部法律将泄露秘密的行为纳入侵犯个人自由与安全罪的范畴，特别是在第 13 章中进行了规定。这一法律的制定反映了当时西班牙在普里莫·德·里维拉(Primo de Rivera)独裁统治下对国家安全和个人隐私保护的重视。在当时的法律环境中，任何泄露秘密者，无论是出于故意还是过失，都可能受到法律的严厉处罚。其中第 683 条规定，以任何方式泄露他人秘密者，将面临 2 个月零 1 天至 1 年监禁，以及 1 000—4 000 比塞塔罚款的刑事处罚。在随后的司法实践中，人们逐渐认识到，法院应当综合考虑泄露秘密行为的具体情况(如所泄露信息的重要性和泄露行为的严重性)来适用刑罚。

1932 年 10 月 27 日颁布的《西班牙共和国法典》在西班牙法律史上具有重要意义，它在第 365 条中明确规定了律师和诉讼代理人泄露职业秘密的行为构成失职。这一规定将律师和诉讼代理人在履行职责过程中所获得的保密信息纳入法律保护的范畴，强调了他们在执业过程中对客户信息保密的义务。根据这一法典，如果律师或诉讼代理人违反了保密义务，泄露了应当保密的信息，那么他们将面临 500—5 000 比塞塔的罚款。此外，该法典还在第 8 章中将此类行为纳入公职人员在履行职责时的不法行为范畴。

1944 年 12 月 23 日颁布的《刑法典》，在西班牙法律体系中继续强调律师和诉讼代理人在执业过程中对客户信息保密的义务。该法典在第 360 条规定中明确将律师或诉讼代理人泄露职业秘密的行为定性为失职行为，并将其纳入公职人员在履行职责时的不法行为范畴。但与 1932 年《西班牙共和国法典》不同的是，佛朗哥时期的法典在表述上采用了“在从事职务行为中的已知秘密”这一术语。此外，1944 年《刑法典》规定，泄露职业秘密者不仅会被处以 1 000—5 000 比塞塔的罚款，还可能面临被停职的处罚。

(2) 第二阶段

埃米利奥·科尔特斯(Emilio Cortés)指出，在西班牙从 1977 年开始施行现行民主制度开始，直到 1995 年《刑法典》[①]生效之前的历次立法尝试[②]都是为了使刑

① 现行《刑法典》经 1995 年 11 月 23 日第 10/1995 号组织法批准通过，于 1996 年 5 月 24 日正式生效。

② Cortés Bechiarelli, Emilio, op.cit., pág.45.

法适应新的宪法秩序。在此引用1980年的组织法草案、1983年新法典初稿或1991—1992年法典初稿作为例证。

1980年的西班牙法律沿袭了1928年《刑法典》的传统，将泄露客户秘密的行为视为侵犯个人自由与安全的犯罪行为，并且规定了泄露因职业或工作关系得知客户秘密的从业人员将面临的法律处罚（第196条第3款）。此外，律师和诉讼代理人如果因职务关系知悉并泄露客户秘密，也将受到处罚（第504条）。同时，法律承认了过失泄露职业秘密或不了解职业保密原则的情况存在。

1983年的法律草案规定对泄露职业秘密的行为进行处罚，然而此次涉及的是他人的秘密而不是客户的秘密（第187条第3款）。与以往将此类行为归类为侵犯自由与安全罪不同，该草案将泄露职业秘密的行为纳入了侵犯隐私罪的范畴。

20世纪90年代的西班牙法律草案，对泄露他人秘密的行为进行了明确的法律规定，并提出了相应的处罚措施。根据草案规定，如果泄露的秘密是基于职业或劳动关系而得知的，那么对泄露者的处罚将会更为严厉（第195条第2款）。值得注意的是，与1983年的草案相比，20世纪90年代的草案中去除了关于律师和诉讼代理人失职的具体提法。此外，与1983年草案一样，20世纪90年代的草案仍将此类行为纳入侵犯隐私罪的范畴，并增加了侵犯住宅罪的规定。

新《刑法典》草案在处理违反职业保密原则的行为时，呈现出一种趋势，即将此类行为普遍刑事化，以实现对不同从业人员在违反职业保密原则时的平等对待。现行《刑法典》第199条第1款和第199条第2款规定沿用了1991年初步草案中的措辞。在此层面上，初步草案第195条第2款规定，特别强调了因职业或劳动关系泄露秘密的行为，并为此设定了具体的刑事处罚。

总之，奥特罗①认为，违反职业保密原则的这些行为应当受到刑法规制，以确保个人信息的安全和隐私权的保护。

3. 20世纪的公司法

20世纪公司法中的两部法律也提及职业保密原则。第一是1946年6月28日法令批准的前法律职业总章程，它在第3章关于律师的权利和义务中，特别强调了

① Otero González, María del Pilar, op.cit., pág.5.

律师在保守职业秘密方面的责任。其中第 29 条规定，律师在履行职责时必须展现出极高的热忱和努力，全力完成委托人交予的辩护任务。

第二是 1974 年 11 月 28 日颁布的第 42/1974 号法律，即《司法机关组织法（基础）》，进一步强化了律师和诉讼代理人在职业保密方面的责任。该法律明确规定，律师和诉讼代理人在开始其职业生涯之前，必须进行职业保密宣誓。此外，该法律规定了律师和诉讼代理人对于其办公室中所占有的文件负有保密义务。《司法机关组织法》还规定，任何对律师和诉讼代理人的调查都必须得到司法当局的肯定才能进行（第 82 条第 1 款）。

莫隆·佩雷斯①的观点恰当地概括了法律职业与保密义务之间深远的历史联系。从本质上讲，律师与客户之间的关系是私人性质的，但这种关系又超越了纯粹的私人领域，具有公共性质，因为它直接关系到法律的实施和司法正义的维护。保密原则在这一职业关系中起着至关重要的作用，它不仅保护了客户的隐私和利益，还确保了法律服务的有效性和法律程序的公正性。

三、参考现行的职业保密原则规定

在回顾了职业保密原则的历史背景后，再来分析当前关于职业保密原则的相关规定。这不仅体现在国家层面的法规中，还体现在国际协议和公约中。以下是一些关于职业保密原则的欧洲基本法规。

（一）国际层面

1950 年 11 月 4 日在罗马签署的《欧洲人权公约》被视为当代第一部涉及职业保密原则的法规。虽然《欧洲人权公约》在文本中没有直接提及职业保密原则，但莫隆②认为欧洲人权法院③的判决实际上认可了保密原则。例如，《欧洲人权公约》

---

① Morón Pérez, Carmen, op.cit., pág.20.

② Ibidem, págs.34 y 87.

③ 莫隆援引欧洲人权法院 1992 年 3 月 25 日的 Campbell 诉联合王国案（第 13590/88 号申请）作为最早的案件，该案涉及英国监狱当局打开和阅读一名当事人与其律师的通信。作为较近期的案件，提交人指出，欧洲人权法院 2019 年 12 月 3 日的 Kirdök 等人诉土耳其案（第 14704/2012 号申请）涉及在刑事调查框架内没收土耳其一个集体办公室的硬盘。

第 6 条规定，人人享有获得公平审判的权利。其第 8 条第 1 款规定，个人的私人生活、家庭生活、住宅和通信自由应受到尊重。我们对此的理解是，在这两条规定下，客户的隐私和秘密信息都必须得到保护。只有出于国家安全、公共利益、预防犯罪等正当目的，公共当局才能对此进行干预(《欧洲人权公约》第 8 条第 2 款)。

欧盟法院也承认职业保密是欧共体法律的一般原则。与欧洲人权法院在斯特拉斯堡的做法不同，欧盟法院在解释和应用职业保密原则时，主要依据的是公平审判权。①然而，这一解释并不排斥对个人隐私权的尊重。而且根据《欧洲人权公约》第 6 条第 1 款规定，为了保护未成年人的利益或当事人的私生活，可以对审判进行限制，不对外公开。

律师的职业保密原则是法律职业伦理中的核心要素，这一点在欧洲共同体法律职业伦理的规制中得到了明确的体现。1977 年 9 月 16 日通过的《佩鲁贾宣言》是对欧洲律师职业伦理的重要声明。其在第 4 章第 1 节中规定，对律师而言，保守职业秘密是至关重要的，这一点对于获得客户的信任至关重要。保密不仅是律师职业的基本权利，还是其基本义务。

职业保密原则后来被纳入《欧盟律师道德准则》。该准则首次于 1988 年 10 月 28 日由欧洲共同体律师协会理事会②全体会议批准通过，随后在 1998 年 11 月 28 日、2002 年 12 月 6 日和 2006 年 5 月 19 日进行了修订。该准则的制定旨在为在欧盟范围内跨国执业的律师提供统一的指导方针，并为其辩护权的有效行使提供所需的最低保障。

1989 年 9 月 22 日，西班牙律师总理事会批准了这一准则，其中第 2 条第 3 款第 1 项规定特别强调了职业保密原则是律师的基本权利和义务，这就表明《佩鲁贾宣言》的影响在《欧盟律师道德准则》中得到了体现。其中规定指明，律师扮演委托人秘密的保管人和基于信任的信息接收人的角色。这种信任关系是律师与客户关系的核心，也是律师职业的本质特征之一。

---

① 莫隆指出，欧盟首次承认职业秘密源自欧共体法院 1982 年 5 月 18 日的判决(第 155/79 号案件)。该判决分析了 AM&S. Europe 有限公司提出的申诉，该公司是欧盟委员会根据欧共体第 17/1962 号竞争条例进行文件检查的对象。

② CCBE 即欧洲共同体律师协会理事会，其成立于 1960 年。

随后,《欧盟律师道德准则》对职业保密原则提出了进一步阐述。例如,它承认保密原则不仅服务于客户的利益,还是司法公正的重要组成部分,因此受到国家的特别保护。其中还规定,律师有义务对在职业活动中获知的所有信息保密(第 2 条第 3 款第 2 项)。保密义务不受时间限制(第 2 条第 3 款第 3 项)。律师必须确保其合作伙伴和雇员在职业活动中遵守保密义务(第 2 条第 3 款第 4 项)。

《欧盟基本权利宪章》①也对职业保密原则有所提及。莫隆・佩雷斯②认为,这一宪章在第 7 条和第 47 条规定中含蓄地承认了职业保密原则。这些规定包括但不限于对私人和家庭生活的尊重、住宅安宁、通信自由,以及获得有效司法保护和公正审判的权利。

(二)国内层面

在西班牙法律体系中,职业保密原则并未被单独的法律条文明确规定。1984 年宪法法院的第 110/1984 号裁决为职业保密原则在西班牙法律中的适用提供了重要的法律基础。在涉及职业保密的特定关系领域③中,双方未能就保密内容达成明确协议时,法院拥有最终解释权。

国家立法对职业保密原则进行了部分规定,这些规定体现在西班牙的宪法、程序法和组织法中。首先,《西班牙宪法》规定,被告的亲属有权拒绝作证,同时赋予律师根据其职责拒绝作证的权利(第 24 条第 2 款)。此外,《司法机关组织法》《刑事诉讼法》《西班牙律师职业总章程》和《西班牙法律职业道德准则》等法律文本中,都对职业保密原则的内容和范围进行了进一步的发展和明确。

关于《司法机关组织法》,我们参考了在讨论保密原则的基本内容和对象范围问题时所阐述的内容。

《刑事诉讼法》从两个方面规定了保密义务。与《西班牙宪法》中的规定类似,《刑事诉讼法》第 263 条规定,律师和诉讼代理人没有义务报告他们从客户处收到

① 该宪章于 2000 年 12 月 7 日在尼斯宣布,2007 年 12 月 12 日在斯特拉斯堡通过。《里斯本条约》于 2007 年 12 月 12 日的第二天签署,其对除波兰和联合王国以外的所有会员国都具有约束力。

② Morón Pérez, Carmen, op.cit., págs.34 y 179.

③ 最高法院 1984 年 11 月 26 日第 110/1984 号判决(第一审判庭),法律依据 10(书记员:Ángel Latorre Segura,第 575/1983 号上诉案)。

的任何指示或解释。此外，第416条第2款规定，被告方[①]律师作为辩护人，没有义务就委托人告知给他的事实作证。

在《西班牙律师职业总章程》的第2卷第4章中，第21—24条规定专门对律师的保密义务进行了阐述。同时，《西班牙法律职业道德准则》第5条也对律师的保密义务进行了规定。在探讨职业保密原则的范围及其约束的当事人时，我们需要详细审视《西班牙律师职业总章程》第21条和第22条规定的具体内容，以及《西班牙法律职业道德准则》的相关条款。《西班牙律师职业总章程》第1条第3款规定明确指出，尊重保密原则是律师职业实践的指导原则，体现了其在律师职业道德中的重要价值。此外，《西班牙法律职业道德准则》在序言中强调了保密原则的重要性，并将其视为律师职业实践的基本价值之一。

《西班牙律师职业总章程》第23条和第24条规定进一步细化了律师在执业过程中应遵守的保密义务。第23条规定特别强调了律师之间通信的保密性。根据这一条款，执业律师在未经另一方律师明确授权的情况下，不得将在执业过程中收到的另一方律师的信件、文件和笔记用于法庭诉讼或提供给客户。然而，如果另一方律师明确声明其通信内容可以被用于法庭诉讼或提供给客户，那么这些文件不受上述禁令的约束。第24条规定涉及职业办公室的进入和搜索，如果执法机关需要对律师的办公室进行搜查，律师协会会长、候补代表或指派人员应当根据执法机关的要求提供协助，并为在该律师办公室截获的文件、计算机媒体或档案的审查提供帮助。当然，这种协助是在确保职业保密法律义务得到充分保障的前提下进行的。

在讨论职业保密原则时，有必要提及律师协会通过的道德规则，这些规则虽然可能未在正式刊物上发表，但在实践中具有重要的规范效力。2001年7月9日，西班牙最高法院的判决[②]就是一个例证，它确认了《西班牙法律职业道德准则》的规范效力，尽管该准则没有被正式公布。

考虑到讨论的范围和深度，本文省略了对该问题的西班牙判例法的详细评注。

---

① 《刑事诉讼法》第118.1条规定将被告人定义为应受惩罚行为的任何当事人。

② 最高法院2001年7月9日(第三审判庭)，法律依据4(书记员：D. Francisco González Navarro，第2759/1997号上诉案)。

四、结　论

职业保密原则是法律界的一个基本原则，构成了律师与委托人关系的核心。这一原则确保了客户能够信任律师或诉讼代理人，确信他们会严格保守在执业过程中获知的敏感信息。职业保密原则的历史可以追溯到古代法律体系。虽然古代法律文本可能没有使用现代的术语来描述这一原则，但它们确实认识到了保护客户信息的重要性。

在古希腊和罗马时期，职业保密原则起源于道德义务，而非公共法律的强制规定。在罗马法律体系中，律师与委托人之间的关系建立在信托的基础上，而在当时，这种信托关系被视为私人事务。由于这种关系主要受到道德规范的约束，违反保密义务的行为并不会直接受到国家的法律制裁。然而，随着罗马帝国的扩张和行政管理的复杂化，尤其是在公元3世纪的经济危机期间，法律服务的性质开始发生变化，逐渐从私人领域转变到公共领域，律师提供的服务也开始被视为一种有偿的专业服务。

律师有偿提供服务的这一变化对泄密的概念产生了影响。在普通法诞生期间，查士丁尼罗马法的复兴对法律职业的发展产生了深远的影响，民事权力机构需要通过法律专业人员来巩固其在领土管理方面的权威。随着律师职业的专业化和公职化，律师或诉讼代理人开始被视为公职人员。在卡斯蒂利亚的阿方索十世时期，律师和诉讼代理人的泄密行为被视为具有公共性质的违法行为。他们将可能接触到的敏感的国家信息泄露给第三方，尤其是案件的对方当事人或其关联人，由此可能会对国家的安全和利益造成损害。在中世纪，教会法对于保护圣事告解中的忏悔内容给予了极高的重视，因此，其中规定了对违反圣礼保密义务的行为设有严厉的制裁措施。

随着自由主义国家的发展和新行政机构的建立，法律对于公职人员，包括律师和诉讼代理人的保密义务有了更加明确的要求。西班牙在1822年的《刑法典》中开始对公职人员泄露秘密的行为进行制裁。1928年带有军事色彩的《刑法典》具有典型意义。由于这种在古代并不常见的犯罪行为日益增多，泄露秘密被视为一种失职行为。

第二次世界大战后，欧洲宪政的发展促使职业保密原则被广泛地承认。这一原则被普遍接受和实施，可以从多个角度来理解，其中一个重要的角度是法律实践中须避免的问题：职业失职行为。在当今全球化的世界中这个问题频繁出现，因此也越来越受到重视。

抛开个人隐私基本权利或受保护的合法利益之间的争议不谈，在刑事领域，保密义务的违反确实可能带来严重的后果。律师作为法律专业人士，有责任保护客户的隐私和机密信息，包括在刑事案件中的有罪供词。如果律师泄露了这些信息，不仅可能损害客户的法律利益，还可能破坏司法程序的公正性，甚至可能导致客户受到不公正的对待。《西班牙宪法》中唯一涉及保密的规定，可以保护从业人员免于被强迫为涉嫌犯罪的行为作证（第 24 条第 2 款）。

法律伦理道德在 21 世纪的信息社会中扮演着至关重要的角色，尤其是在处理个人敏感数据方面。随着技术的发展和信息的快速流通，保护个人隐私和数据安全成为一个全球性挑战。在这种背景下，律师作为法律服务的提供者，坚守职业保密原则变得尤为重要。《西班牙法律职业道德准则》和其他相关法律职业法规都强调了律师在执业过程中必须遵守保密义务。

职业保密原则背后的基本原理历经时间的考验而保持不变。这一原则的关键在于保护委托人与律师或诉讼代理人之间的信任关系。从古罗马时代开始，人们就已经认识到法律制度中保密义务的重要性，并对此制定了相应的补救措施。另一个现象则是，随着社会的发展和法律意识的提高，职业保密的重要性日益为人们所承认。因此，现代社会中对于泄露秘密者的处罚措施相较于古代更为严厉。

自中世纪以来，与罗马大陆的制度一样，西班牙法律制度的演进也遵循了这一规律。

律师职务上的秘匿特权以及围绕通信秘密的比较法律研究

[日]田村阳子*

王旭华** 译

一、引　　言

律师在职务上作为委托人的代理人,开展各种法律活动。律师作为法律专业人士,其职责在于代替委托人行事,以法律上无误的方式实现更好的结果。对于委托人的个人情况、所处环境及案件内容,与委托人相比,律师更需要客观而准确地理解。为此,律师需要从委托人处了解并掌握所有情况,包括有利于或不利于委托人的情况,这对律师履行职责、处理问题或作出判断而言是必要的。

一方面,实现委托人正当的权利和义务,是律师的首要职责。为此,律师需要得到委托人的信赖,坦率而充分地倾听委托人的意见。作为律师对委托人守秘义务的一部分,律师在职务上被赋予秘匿特权(《律师法》第23条)。律师对委托人负有一般的守秘义务,不得向他人泄露与委托人相关的信息,这在司法程序中体现为职务上的秘匿特权制度(《民事诉讼法》第197条第1项第2号、第220条第4号,《刑事诉讼法》第149条)。律师获得委托人的信任,在司法程序上对应的具体制度

---

* [日]田村阳子,筑波大学法科大学院教授,本文原刊载于《筑波法学报》2019年12月27日,第109—160页。

** 王旭华,上海外国语大学2022级法律硕士研究生。

就是日本律师在职务上的秘匿特权。

另一方面，律师不仅需要保护委托人的基本人权，实现社会正义（《律师法》第1条第1项），还要承担维护社会秩序和改善法律制度的公益义务（《律师法》第1条第2项）。当律师了解到委托人存在违反法律规定之嫌的信息时，需要慎重考虑采取何种应对态度。在法庭上揭示真相、履行信义诚实义务（《民事诉讼法》第2条），以及由此衍生的一般真实义务①的兼容，在法律和伦理上都是难题。

在法律业务和诉讼跨越国界的时代，探讨其他国家的情况对于准备潜在诉讼至关重要。然而，与通常的审判制度差异相比，律师制度的意义、作用和内容更多受到历史沿革和文化背景的影响，因此我们有必要深入理解各国的制度。

关于大陆法系与英美法系下律师制度的差异，以及与法庭制度相互作用的比较研究仍相对滞后。律师保密权利的相关领域也是如此。大陆法系的“律师的守秘义务”（duty of confidence）或“职务上的秘匿特权（包括证言拒绝权和基于此的文书提交义务豁免书）”与英美法系的“律师委托人之间（通信）秘匿特权”（attorney-client privilege）或“工作产品”（work product）的概念是否相同，是否存在重叠，其意义和范围是否不同，尚未得到严格的研究，在《民事诉讼法》的讨论中，二者一直被等同视之。

现今，在日本的反垄断法领域的讨论中，美国的律师与委托人之间的通信秘匿特权被视为与日本民事诉讼中律师职务上的秘匿特权有不同的概念。此项日本法律中没有的概念，引发了是否在罚款缴纳命令程序中予以承认的讨论。

本文对比较法视角下尚未详细探讨过的律师保密权利或秘匿特权进行研究。研究对象包括代表英美法的美国法，以及代表大陆法的德国法和日本法，从与审判制度的关系这一大方面进行概括性的比较研究，以理解其中的基本差异，并尝试探讨日本的制度。②

---

① 译者注：在民事诉讼中，“真实义务”并非要求积极陈述真相，而是禁止在知道真相的情况下提出相反的主张和证据，同时禁止在明知真相的情况下对对方的主张或事实进行争辩和反证，属于消极义务。

② 此外，为了进行一般历史沿革的司法制度及律师意义与作用差异的比较法研究，本文会直接使用该国传统的一般表述，如“秘匿特权”“守秘义务”这样的术语。同时，在对英美法系审判中的保密权利进行比较研究时，也基本使用律师与委托人之间“通信”的“保密”等用语。

二、证据收集程序、证据披露程序原则与秘匿特权、守秘义务的关系

在讨论律师的保密义务或审判中的秘匿特权时需要注意，民事审判中保密制度的必要性前提是证据调查制度，原则上，强制要求当事人“全部披露”各自持有的与案件相关的信息和证据。仅在极为有限的“例外”情况下，才承认“保密权利”。当事人基本可以自由决定是否提交与案件相关的信息或证据（以下简称“一手资料”），即“原则上可以不披露想要保密的信息或证据”的自愿提交制度（与日本的当事人辩论主义相对应），在对方特地向法院等要求提供非披露的信息或证据时，是否作为一种“例外中的例外”手段以免除提交义务，这是英美法系国家和大陆法系国家之间存在的根本性差异。

具体而言，美国有被称为证据开示（Discovery）的广泛的证据强制披露程序，英国也有被称为证据披露（Disclosure）的一定程度的证据强制披露程序。与案件相关的信息或证据等一手资料在提交给法院之前，即在公开审理程序的预备阶段的预审阶段，原则上必须被强制披露给诉讼相对方。作为强制披露的有限例外，律师与委托人之间的通信享有秘匿特权，律师的诉讼准备资料（Work Product）等二手资料也包含在内。相比之下，在德国、法国和日本等大陆法系国家，当事人可以在法庭辩论程序中选择性提交他们持有信息中的相关证据或事实作为一手资料（没有事先向对方直接披露所有相关信息或事实等义务，在法院程序中也没有披露所有相关信息或事实的义务，是自愿披露证据制度），当事人只需根据自己的意愿选择提交哪些相关证据或事实作为一手资料。这种制度在极少数情况下，可以作为强制披露的例外，例如对方申请法院命令，要求提交文件时，才会首次涉及强制披露关于事件的特定事实或证据等一手资料，但即使在命令等要求强制披露的情况下，守秘义务或秘匿特权作为披露的免责事由之一，即例外中的例外，仍然允许主张保密责任。

律师与委托人之间的通信内容或律师的诉讼准备资料等二手资料，原则上不属于被披露对象。也就是说，在当事人自愿提交的辩论主义下，当事人只需要提交自己认为有利的事实或证据等一手资料，基本上就可以满足真相发现的当事人义

务。只有在对方进一步申请证据调查的情况下，如法院发出文书提交命令，当事人才需要提交自己持有的特定事实或证据等一手资料。即便如此，作为披露免除事由之一，律师仍然可以主张守秘义务或秘匿特权，律师可以保护在职务上知晓的委托人的秘密，这是例外中的例外。这反映了英美法系和大陆法系在秘匿特权或守秘义务的重要性、意义和范围等层面有所不同。

特别是在美国这样的公开审理程序前的准备阶段，在没有法院监督的审判程序之外，无论当事人是否愿意，都存在必须向作为审判相对方的国家当局或对方当事人披露自己保有的案件相关证据或信息等一手资料的强制程序（证据开示程序和证据披露程序）。在这种强制披露程序中，当事人必须披露一手资料，作为被要求披露的一方拥有例外的披露免除权或防御权，此时律师与委托人之间的通信秘匿特权或律师的诉讼准备资料（工作产品）作为二手资料，变得极为重要。

表 1　美国证据披露制度与律师委托人之间的秘匿特权

	当事人（委托人）	律师
一手资料（原始事实或证据等信息）。	原则上，在证据开示制度中是披露对象。但商业秘密、自认事实等除外。	同左。
二手资料中，与法律建议相关的交流（通信）。	原则上，当事人和律师都受到律师委托人之间秘匿特权的保护。但存在为预防未来犯罪和欺诈等的例外。	同左。
二手资料中，律师的记录或诉讼准备资料等。	同右。	原则上受到保护。这些文件被称为“工作产品”①。

* 但是，委托人本人可以放弃。

大陆法系的德国或日本在民事诉讼程序中遵循当事人主义，原则上与案件相关的信息披露范围基本上由提交的当事人自愿选择，在法院的参与下，于审判程序中提交即可（当事人只需选择性提交对自己有利的事实或证据等案件相关信息，即一手资料，基本就足以履行发现真相的当事人义务）。然而，在对方提出进一步的

① “工作产品”（Work Product）指“律师为了诉讼准备或预期准备而进行的访谈、文件、备忘录、通信、报告、心理印象、个人信念及其他反映律师工作成果的无数事物”，并被认为“作为一种特定的隐私，使对方当事人或其律师免受不必要干涉的自由”。See Hickman v. Taylor, 329 U.S. 495, 510—511 (1947).

证据调查请求时，例如法院发出文件提交命令，当事人才必须提交自己持有的文件。律师与委托人之间的通信内容或律师的诉讼准备资料等二手资料，原本不属于披露对象。也就是说，在当事人自愿提交的当事人主义下，即使是强制要求对方向法庭披露其持有的事实或证据等一手资料也是相当困难的，更不用说要求对方披露与律师的秘密交流或律师为诉讼准备的书面文件了。

在大陆法系的民事程序中，证据和信息披露的范围本来就非常狭窄，因此作为例外中的例外，为了免除必须向对方披露证据的义务而承认职务上的秘匿特权的必要性相当小，实际应用也很少。

因此，在日本等国的自愿提交证据和事实的程序阶段，为了遵守律师的一般守秘义务，律师与委托人之间的通信内容无需向对方或法庭披露，这是不言而喻的。由于基本上无需强制提交与案件直接相关的不利事实或证据等一手资料，所以没有必要像美国法那样在诉讼早期阶段就强制向对方披露与案件相关的事实或证据。也没有必要特别考虑，作为避免强制披露证据的例外防御范围的权利，针对律师与委托人之间的通信内容或律师的诉讼准备文件等二手资料，赋予无需披露的特权。

表 2　日本民事诉讼中的辩论主义与职务上的秘匿特权

	当事人(委托人)	律师
一手资料(原始事实或证据等信息)。	原则上，在当事人诉讼资料提交主义、辩论主义引导下，当事人可以自行决定是否披露。但是，商业秘密、自认事实、自用文书等即使是在文书提交命令下，本来也是不必披露的。	同左。原则上，在当事人诉讼资料提交主义、辩论主义下，由当事人根据自己的意愿披露。但职务上知晓的委托人的秘密，在委托人不放弃的情况下，本来就是根据秘匿特权而不必披露的事项。
二手资料中，与法律建议相关的交流(通信)。	原则上为非披露对象。在大陆法系中，文书提交命令等强制披露的对象基本上只考虑一手资料，委托人与律师之间的通信内容等二手资料并未被考虑。但是，现在在行政调查程序或刑事搜查程序中，此类保护再次成为问题。通常被称为律师委托人之间(通信)的秘匿特权。	
二手资料中，律师的事件记录或诉讼准备的资料等。	同上。原则为非披露对象。诉讼策略相关的律师专业知识或文书等，一般不会被提出披露请求。但最近在行政调查程序或刑事搜查程序中，此类保护也成为问题。通常被称为诉讼等准备资料。	

* 即使是秘匿事项，委托人也可以根据本人意愿放弃。

与此相反，在日本的刑事搜查程序或行政调查程序中，在法庭审理程序之前按照有关当局命令搜查或调查的程序，与其他大陆法系国家的相关程序不同，在法庭审理程序之后，法院更注重自愿披露中的秘匿事实资料。调查或搜查阶段往往不区分一手资料和二手资料，并且不考虑在审判程序中承认的秘匿特权，而是强制或名为自愿实为半强制地将调查对象先前拥有的所有资料作为查明事实所必要的资料全部回收。

在日本实务中，委托人和律师之间的交流，以及律师为诉讼准备的二手资料，因是接近原始事实或证据的一手资料，而被视为重要的线索，甚至被积极地纳入回收范围。

本来即使像美国的证据开示程序那样，对方或有关当局直接强制要求披露原始事实或证据等一手资料，作为对抗这种要求的例外性防御权利，律师与委托人之间的通信内容或律师制作的二手资料等，也应该被认为是非披露对象。①

在日本，当要求强制披露与案件直接相关的事实或证据等一手资料时，作为披露的例外，保护律师与委托人之间通信内容的秘匿特权的意义变得尤为重要，确定其范围也变得非常关键。

在日本，关于刑事程序的搜查阶段及行政程序的调查阶段的秘匿特权的保护讨论得并不多，因为大家几乎没有考虑到委托人和律师一方涉及防御的书面材料会从律师处传递给嫌疑人或被告人的情况。然而，包括违反反垄断法的企业犯罪领域，律师制作的书面材料或与律师的交流书面材料被保存在委托人的企业之中，并有可能成为收集对象，因此从防御权的保障角度来看，秘匿特权具有一定意义。

特别是在日本，虽然迄今为止的讨论和验证中尚没有进行详细的研究，但在以查明事实为名义进行的反垄断法相关的行政程序调查中，存在着半强制收集资料的情况。这对当事人及其代理人律师的保密防御权利，以及作为律师与委托人之间通信保密权的律师与委托人间的秘匿特权而言，是一大问题。

---

① 律师与委托人之间为了获得法律建议而进行的通信内容之秘密特权，在刑事搜查程序和行政调查程序中，体现为拒绝扣押和提交命令的权利，以及刑事的接见交通权（刑事訴訟法 105 条・39 条 1 項、通信傍受法 16 条等参照）。川出敏裕「弁護士・依頼者間秘匿特権を巡る現状と課題」刑事法ジャーナル49 号（2016 年）38 頁以下对此有详细阐述。

按照美国法原本的理论顺序，即使在强制披露证据和资料的程序中，律师与委托人之间的通信内容等涉及秘匿特权的二手资料也应当免于被收集，这一点与原始事实或证据等一手资料不同。而日本的传统实务向来将这些二手资料作为接近一手资料的重要线索，甚至对其进行积极收集，承认这种特权会阻碍查明事实，因此这种秘匿特权引起了学界非常强烈的反对意见。

在日本，比起讨论证据强制披露制度中当事人防御权的正当性，确保行政机关在行政调查程序中能够收集到的资料之实务必要性的声音更为强烈。

三、日本律师的守秘义务和职务上的秘匿特权

（一）日本律师等职务上的秘匿特权的宗旨

日本的《民事诉讼法》第220条第4号第8款规定，拥有第197条第1项第2号规定的职业上证言拒绝权的人，可以将其在职务上得知并负有保密义务的文件，作为一般文件提交义务的例外理由。①第197条第1项第2号规定列举了基于职务理由而被承认享有秘匿特权的具体职业。例如医生、牙医、药剂师、医药品销售商、助产士、律师（包括外国法事务律师）、代办人、辩护人、公证人、宗教工作者、祈祷或祭祀职业者，以及曾经担任过的职业者，对于在职务上得知的应保密事项②拥有证言拒绝权。

《民事诉讼法》第197条第1项第2号、第220条第4号第8款规定，以及《律师法》第23条规定的拒绝提交权的宗旨在于，医疗、法律等专业职业者及宗教职业者，他们基于职务上得知的应保密的事项，有权拒绝提供证言或提交文件，这是专

---

① 日本《律师法》第23条规定了律师对于职务上得知的秘密有保密的权利和义务。具体来说，该法条规定："律师或曾经是律师的人，对其职务上得知的秘密有保密的权利和义务。但是，如果法律有其他特别规定，则不在此限。"《律师职务基本规则》第23条规定"律师不得无正当理由泄露或利用其职务上得知的关于委托人的秘密"。此外，《律师法》第30条规定"律师或曾经是律师的人，不得无正当理由泄露或盗用其业务上得知的秘密"。

② 律师的证言拒绝权究竟扩展到哪些事项是一个问题，证言拒绝权的范围并不全部涵盖"职务上得知的事实"，而是具有值得保护的社会和经济利益（实质秘密）。齋藤秀夫ほか编『注解民事訴訟法(7)【第2版】』（第一法规、1993年）437頁［齋藤秀夫＝東孝行］、堀野出「81 証言拒絶権」『民事訴訟法の争点』（有斐閣、2009年）208頁以下。近期的判例也表明，"应当保持沉默的事项"不仅仅是主观上的利益，还必须是客观上值得保护的利益（最决平成16年11月26日民集58卷8号2393頁）。

业职业者为了保护患者、委托人、信徒所享有的“不希望个人私生活内容被不当暴露的利益”所承担的保密义务。

换言之,这是为了保护那些因为信赖医疗、法律等专业职业者而披露个人秘密的人的信任(并非保护专业职业本身)。委托人、患者、信徒等人拥有控制与自己相关的私人信息的权利,并有权阻止不希望被公开的信息被公开。为保护私生活的平静,即使在诉讼场合,也需要保护私人信息不被公开。当然,如果是在诉讼中出于司法判断必要,不得不公开包含私人信息的文件,则是可接受的,这也是一种可能的价值判断。《民事诉讼法》为了保护诉讼中委托人、患者及信徒的信息隐私权,承认了秘匿特权。

此外,正如美国法中法律遵守理论所指出的,促进委托人与专业职业者之间的直接沟通,不仅有助于提高法律服务质量,还有利于保护委托人的权利利益,甚至对司法制度本身都有益。

(二) 职务上秘匿特权的主体

1. 秘匿特权的利益归属主体

从上述秘匿特权的宗旨来看,显然秘匿特权的利益归属主体是信任专业职业者并透露秘密的委托人、患者和信徒。然而,这些秘匿特权的利益归属主体在具体事件中是否是当事人或接近当事人的第三方,会影响秘匿特权的放弃是否容易被认可。在当事人或接近当事人的第三方是秘密的利益享受主体的情况下,对真相发现和审判公正的渴望会更强烈;而当纯粹的第三方是秘密的利益享受主体时,对秘密保护的渴望会更强烈,这一点是不可否认的。

2. 秘匿特权的权利行使主体

关于秘匿特权的权利行使主体,日本《民事诉讼法》在条文上明确列举了具体的专业职业名称。

就这些条文上明确列举的专业职业者而言,其拥有秘匿特权是无可争议的。问题是,条文上未列举的专业职业者是否存在承认其拥有秘匿特权的可能性。因此,以下将分别讨论。

(1) 法律明文承认拥有秘匿特权的人

秘匿特权的行使主体在《民事诉讼法》第 197 条第 1 项第 2 号规定中已有明确

列举，这一点无可争议。也就是说，可以行使秘匿特权的主体包括：医疗相关的专业职业者，如医生、牙医、药剂师、医药品销售商、助产士；法律相关的专业职业者，如律师（包括外国法事务律师）、代办人、辩护人、公证人；宗教相关的专业职业者，如宗教工作者、祈祷或祭祀职业者，以及曾经担任过的职业者。应当注意的是，这些人是秘匿特权的“行使”主体，而非“利益归属”主体（秘匿特权的利益归属主体是患者、委托人和信徒等）。因此，当秘匿特权的利益归属主体，如患者、委托人、信徒“明示或默示”放弃（免除专业职业者作为证人时的守秘义务）时，这些专业职业者就无法行使证言拒绝权（《民事诉讼法》第 197 条第 2 项）。

（2）其他法律上承认拥有秘匿特权的人

至于《民事诉讼法》第 197 条第 1 项第 2 号规定中未列举的人是否可以作为秘匿特权的行使主体，这一点存在争议。法律条文是有限列举，如果并未被明确列举，其他专业职业者往往被认为没有秘匿特权，尽管在 1996 年的修改中也有重新讨论，但最终媒体等主体并未被认可。

然而，考虑到新法律职业的出现、国际诉讼社会的到来、媒体的发展等现代社会的需求，法律扩大了承担刑事处罚的守秘义务者的范围，这通常被视为是可接受的做法。

《民事诉讼法》第 197 条第 1 项第 2 号规定的立法宗旨在于建立与委托人的信赖关系，明确“专业职业者”的守秘义务。当前的主流观点认为，对于需要保护委托人秘密的专业职业者而言，如果特别法规定了守秘义务，从法律明确性的角度来看（因为可以从其他特别法中明确得出），至少在民事诉讼中承认其秘匿特权。而且考虑到《民事诉讼法》制定时为明治时期，当时公认会计师及税务师等职业并不存在，列举这些人是不可能的，因此我们也不可忽视时代的要求。

对于那些特别法确认了守秘义务的人，至少应该直接或类推适用《民事诉讼法》第 197 条第 1 项第 2 号规定的秘匿特权。

（三）秘匿特权的客体

1. 秘匿特权对象的事实

秘匿特权所认可的事实，是职务上知晓的事实，该事实涉及职业上的保密义务（《民事诉讼法》第 197 条第 1 项第 2 号）。所谓应保密的事实，通常是不为公众所知的秘密事项，隐藏这些事项可以为本人带来一定的利益，公开则可能对其名誉、信用等社会经济产生不利影响（实质秘密）。

应保守的“秘密”通常被解释为“不为公众所知的事实，本人特别希望保密（主观要件），并且其他一般人同样希望保密（客观要件）的事实（折中说）”。例如，犯罪前科、经济困境、身体或精神疾病等消极评价事实，以及新发明、专利、实用新型相关事项或企业秘密等积极评价事实。对于职务上知晓的事实，“应该保密”的要件及其判断，应该考虑“当事人的性别、地位、环境等，根据社会通用的常识（即所谓社会共通认知）进行判断”。①

专业职业者在职务上知晓的事实是多种多样的，只有在具有高度公益性或必要性等情况下，才允许进行利益考量。对此，有批评声音认为这会损害秘密归属主体对秘密保护的预测可能性，因此应该将该事实视作职业秘密加以保护。但有相反意见认为，只要满足以下两个要件就没有问题：(1)从证言或文件记载中可以获取判断证据事实存否之必要资料；(2)由于没有替代证据，证据调查的必要性很高。

在日本狭窄的证据收集制度下，可能存在利用有助于真相查明的方式来调查证据的情况，因此根据利益考量承认秘匿特权例外的重要性不可否认。与专利相关的情况类似，在通常的民事诉讼制度中也应当考虑这样一种制度设计，即利用法庭程序中的非公开程序调查证据，并允许发出保密命令，以同时实现真相查明和秘密保护（例如《专利法》第105条第4款至第7款、《反不正当竞争法》第6条第4款至第7款等）。

① 关于“应当保持沉默的事项”要件的判例，存在一个以公证人保密义务为理由的拒绝作证的判决：東京高決平成4年6月19日判タ856号257頁。关于这一点，竹下守夫代表编『講座新民事訴訟法Ⅱ』(弘文堂、1999年)137頁以下[春日偉知郎]进行了讨论，将日本的判决与德国医生证言拒绝权相关的判例进行了比较，指出日本的判决是基于“最佳证据或替代证据的存在与否作为利益衡量的因素而否定了证言拒绝”，德国的判决则是“围绕遗嘱人是否没有遗言能力也默示要求医生保密的意愿，以及围绕该秘密的客观性质进行判断”。在此基础上，对于“应当保持沉默的事项”要件的判断标准，存在两种对立的观点：一种是以日本判决为基础，考虑最佳证据或替代证据的存在与否等公益因素的“综合性利益衡量”框架；另一种是伊藤真提出的“考虑技术或职业秘密的重大性”的客观性质观点。然而，由于这是一个“应当保护的秘密价值与法庭寻求真相和公正审判之间尖锐对抗”的场景，也需要考虑对方案件的明确利益，因此综合性利益衡量说似乎更为妥当。此外，如果扩充证据收集手段，就可以解决对方证据的匮乏问题，因此客观性质说也有一定的道理，并保留了这一结论（伊藤眞「文書提出義務と自己使用文書の意義」法協114巻12号(1997年)1453頁以下参照)。

正如德国《民事诉讼法》的解释所示，关于保密事实的范围，即使是偶然得知的事实，如果涉及委托人的利益就应包含在内。然而在日本，通常认为与职务无关、在职务外偶然得知的事实是不包括在内的。

2. 秘匿特权对象的文件范围

第一，记录了委托人与律师之间诉讼协商或联系内容（委托人律师之间的交流）的文件（以下简称“记录文件”）。律师与委托人之间沟通内容的书面记录，因为涉及委托人的后续诉讼策略，属于委托人的个人秘密。因此，在律师未被免除守秘义务的情况下，律师对于这类关于委托人秘密的记录文件拥有秘匿特权，这是属于文件提交义务的例外事由（《民事诉讼法》第 220 条第 4 号第 8 款，第 197 条第 1 项第 2 号、第 3 号）。

第二，律师为委托人诉讼而准备的书面文件（以下简称“诉讼等准备资料”），在美国被称为工作产品，以记载内容可以推断出作为法律关系文件或一般义务文件的文件提交义务为前提，就可以成为文件提交义务的例外。

第三，律师拥有的委托人个人秘密相关的文件，只要内容属于律师应保密的内容，承认律师的秘匿特权，这些文件就不属于文件提交命令的对象。然而，即使是律师制作的文件，如果文件属于委托人所有或者委托人同意提交的，就不属于拒绝提交权的对象。

四、律师委托人之间通信秘密的比较法视角

（一）日本民事程序中律师委托人之间通信秘匿特权规定的必要性

在日本，现行《民事诉讼法》的证据收集制度（相对方的披露请求仅限于当事人查询和律师会见查询，之后仅限于文件提交命令的情况）是否需要修改，应考虑是否有必要在美国式强制披露信息原则的基础上明确规定律师委托人之间的通信秘匿特权，以及将诉讼准备资料（工作产品）作为极为有限的提交例外事由。目前看来，在日本的民事诉讼制度中似乎无此必要。

在美国，律师与委托人之间的交流和律师为诉讼准备的相关书面文件作为秘匿特权受到特别保护。而德国和日本等大陆法系国家，没有讨论这些内容是否属

于秘密事项，也从未考虑过将其作为相对方证据收集程序中的披露对象。在美国，由于以上文件在证据开示程序中可能成为概括性的披露对象，因此有必要在联邦民事诉讼规则中明确指出例外情况。而在德国和日本，制度的前提是当事人可以选择只提交对自己有利的信息的自愿提交主义，但这些国家缺乏这种前提情况。

此外，在现在跨国纷争日益增多的情况下，特别是为了应对与美国相关的民事诉讼，尽管日本法律没有规定，我们还是需要在日常业务中区分律师与委托人之间的通信秘密内容，以应对与美国相关的诉讼。在美国的程序中，如果不明确区分，这些文件也可能被披露，律师的诉讼准备资料也是如此。

（二）日本刑事程序和行政程序中通信等秘匿特权规定的必要性

与民事程序不同，日本是否需要在刑事程序或反垄断法等行政诉讼中特别设立律师与委托人间的通信秘匿特权规定，是一个值得单独考虑的问题。

刑事诉讼程序或反垄断行政程序，与民事程序中平等当事人之间的程序不同。在审判程序开始之前，存在由国家权力机构进行的单方面搜查或调查的程序和阶段。有观点认为，在这些程序中，出于查明事实的需要，应当注重有关当局能否广泛收集证据。因此，在日本也有人认为，应该像美国的证据开示程序一样，保护律师与委托人之间的通信秘密，将其作为应对广泛强制披露的当事人防御的例外权利。[①]承认律师与委托人间的通信秘匿特权后，如果要将秘匿特权事实用于司法交易，或者在特别法中另行规定通报义务，都应当在后续进行进一步研究。日本也应该完善各种规定，即使在搜查阶段或调查阶段无法承认所有审判中的排除事由，也应该保护作为二手资料的律师与委托人之间的通信秘密。

如果在搜查阶段或调查阶段原则上必须披露一手资料，那么从作为当事人防御权的堡垒和司法国家程序保障的角度来看，也应该承认律师与委托人之间的通信的秘匿特权。即便如此，公司在通常业务中应该明确律师的参与，将可能属于秘匿特权信息的通信内容单独处理。并且，如果不将事业秘密或诉讼准备资料等与通常业务特别区分开来，那么在相关当局无差别收集后，当事人可能会在后续的审判中被解释为当时已有放弃秘密的意思。因此，在搜查或调查阶段，有必要保留关

① 手賀寛「守秘義務」ジュリスト1529号（2019年）64頁以下参照。

于在审判中行使秘匿特权的可能性，或者考虑将这些秘密信息密封后交给其他人判断。特别是现在，反垄断法调查程序中的秘密信息的处理已经成为立法课题。

日本在反垄断法相关诉讼的调查阶段中对通信秘密的特别保护，可以类比于刑事诉讼程序中的保护。在民事程序中，由于当局没有单方面信息收集的阶段，在这一程序阶段几乎没有必要考虑保密义务或秘匿特权。但在行政程序方面，德国和法国仿照刑事程序法，在行政程序的调查阶段赋予了当事人和辩护人特权保护。

日本与德国和法国一样，对于行政程序中的调查，鉴于当局接收了全面的信息和证据，可以考虑类比刑事搜查程序来为当事人和辩护人的通信保密提供特权保护。美国基本上是从审判开始前就承认秘匿特权，但大陆法系国家规定了证言拒绝权和文件提交拒绝权，因此秘匿特权很难被承认。

在日本的反垄断法等行政程序中，应该考虑例外的具体通信秘密保护特权的要求和限制，对审判前的保密制度进行明确的立法。例如，审判程序的秘匿特权是否仅限于搜查或调查程序开始之后。然而，在预期阶段咨询的内容也需要得到保护，否则秘匿特权的宗旨将无法贯彻。因此，从客观上预料到可能对自己不利的制裁措施开始之后，不承认秘匿特权似乎是没有意义的。①

与刑事程序相比，违反反垄断法等行政程序中的制裁程度通常相对较轻，因此也有观点认为秘匿特权应该只包括公正交易委员会调查程序开始后的律师与委托人之间的通信。

此外，在现场搜查或调查中，对于难以立即区分的资料，应该以密封的形式暂时移交，让参与搜查或调查的人员与其他人一起判断该资料内容是否属于秘匿特权对象，这对于保护本应保密的内容免受不当披露而言至关重要。

---

① 宇賀克也「『独占禁止法審査手続についての懇談会報告書』について」ジュリスト1478号(2015年)20頁、川出敏裕「独禁法審査手続の論点—刑事法からの分析」ジュリスト1478号(2015年)36頁参照。

道德趋同:职业责任规则应适用于商业伦理中的律师

[美]里亚兹·特贾尼(Riaz Tejani)*

赵博禹、何大勇** 译

本文主张,律师在为企业提供伦理建议时,应遵循职业责任规则。首先,文章探讨了律师如何胜任企业伦理顾问的角色,并指出法律与商业伦理的基本原则正逐渐融合,使得原本分明的界限变得模糊。其次,文章通过分析两个方面来支持这一立场:一是近年来企业界发生的一系列丑闻,这些事件可能预示着更广泛的伦理问题;二是法律教育中日益强调利润最大化的价值观,这种趋势影响了律师的伦理观念。这两个方面的共同点在于,它们都反映了伦理价值观的趋同现象。尽管这种趋同①可能使决策更加简化,但削弱了企业内部对伦理问题的严格审查。最后,文章进一步提出两个相关的主张:其一是这种道德趋同导致管理者和律师在面对伦理问题时,更加依赖于彼此认可的"正确"概念,而不是依据独立的道德标准来作出判断,商业环境中伦理决策的质量因此而降低;其二是为了解决这一问题,文章建议应将职业责任规则扩展到律师提供商业伦理咨询的领域,以确保他们在提供建议时能够遵循更高的伦理标准。

---

* [美]里亚兹·特贾尼,雷德兰兹大学商业与社会学院副教授,普林斯顿大学博士。原文刊载于《乔治城法律伦理学期刊》2022年第35卷第1期。

** 赵博禹、何大勇,上海外国语大学2022级法律硕士研究生。

① 译者注:本文所称"趋同"指律师的"法律道德"与商业行为的成本效益思维正在逐渐交融。

一、引　言

专业的法律道德可以有效地补充商业道德,以防止损人利己的公司行为。不过,这一说法只有在法律和商业道德保持独立时成立。正如本文将要讨论的,法律和商业道德之间的界限变得日益模糊。尤其是在那些坚持股东至上原则的企业中,商业道德与法律道德产生了趋同。在这种情况下,二者在决策框架方面可能随着时间推移而趋于一致,从而降低了它们在决策层面上原本具有的互补性。另一种理解方式是,我们可以回顾一下罗纳德・德沃金(Ronald Dworkin)在《法律帝国》(*Law's Empire*)中的基本观点:法律具有广泛的道德权威,这种权威覆盖了所有领域,即便在法律的局限性和特殊性受到审视时也不例外。①本文基于这一观点,进一步探讨了法律在整合其自身的道德原则与商业道德原则时可能遇到的问题,尤其是在这样的道德原则还未被法律所明确之时。

法律职业道德规范旨在教导律师直接或间接为公共利益服务。②但究竟什么是"公共利益"③,谁有权来决定其定义? 在美国接受法律培养的律师对这个术语有两种相左的看法,每种看法都对"道德品质和适应性"④有着独特的理解。一方面,许多律师仍然将道德视为社会的一部分。即道德存在于人与人之间,在人际交往中发挥着重要作用。对于这些律师而言,正义体现为个体与集体间的公平公正。另一方面,其他律师通过个人主义的框架,以自我主义看待伦理,他们认为正义有助于实现个人利益的追求。社会和个人主义两种形式的正义都可由功利主义的共同道德框架所支持,事实也正是如此。

---

① 法律行为难免涉及道德层面,因此存在一种显失公正的风险。法官不仅要决定当事人的权责,还要判断谁表现良好、谁履行了公民身份的责任。如果这种判断不公,则易对当事人造成道德伤害。

② *Model Rules of Professional Conduct*, pmbl. 6, 2016, p.78.

③ George P. Fletcher, *Fairness and Utility in Tort Theory*, 85 Harv. L. Rev. 537, 1972, pp.544—545; Izhak Englard, *The Basis of Tort Liability: Moral Responsibility and Social Utility in Tort Law*, 10 Tel Aviv U. Stud. L. 89, 1990, pp.91—92.

④ Timothy Dinan, *Bar Application Character and Fitness Background*, https://www.nationaljurist.com/national-jurist-magazine/barapplication-character-and-fitness-background-check-part-1, last visited on 22/3/2018.

全球企业已经越来越依赖法律顾问来判断是非对错。[①]由于21世纪初期一系列企业的丑闻频出，商学院课程中的伦理教育比重显著提升，这一趋势值得鼓励。但是，当时的伦理教育课通常强调律师的作用，即向公司提供建议，告诉他们应该作"正确"的决策。随着法律经济学在法学院的兴起，及其对法律专业人士产生越来越深的影响，企业比以往更倾向于将律师作为独立道德判断的来源。[②]换言之，商业和法律之间的道德趋同关系日益增强。因此，本文主张，在就企业伦理问题向公司提供建议时，律师的行为应受到《职业行为示范规则》的约束。

为便于商业、法律和社会科学领域的学者理解本文论点，本文将首先提供一个概念性的基础作为背景，并简要讨论律师在组织伦理和文化中的角色，展望近期法律界与商业组织的未来。其次，本文将基于三个全球企业伦理行为缺位的具体案例，探讨律师在这些案例中所扮演的角色。随后，本文将讲述20世纪后期的法律经济学运动如何影响法律思想的发展，特别是那些对法律理论形成有关键影响的理论。接着，本文将列明并解释本文的核心论点，即商业领域和法律领域已经出现道德趋同的现象，并讨论这一趋势在过去几十年的企业丑闻中可能起到的作用。最后，本文将提出解决上述问题的建议，即将职业责任规则的适用范围，延伸到为企业组织提供建议的律师群体中。

二、研究背景

本文的讨论背景涉及商业伦理、法律与组织、法律与市场及社会法学。由于文中的论点涉及多方面议题，因此有必要先作一些定义。

本文有一些术语与道德和伦理有关。在日常用语中，这些术语常常是同义词，但在哲学中，它们有着不同的含义。在日常用语中，"道德"指对对错的直觉。在本文中，"道德趋同"一词描述了两个或两个以上社群之间出现的相互依存现象，以至

① Benjamin W. Heineman, *The Inside Counsel Revolution*: *Resolving the Partner-Guardian Tension*, 2016.

② 在此，笔者认为这种趋同是一种良好的趋势。这种负面评价是由于其与法律专业知识假定的道德独立性融合。如果当事人求诸专业法律咨询，只是为了通过律师得到法律上的建议，则商业和法律可以共享同一道德框架并用于决策的论调无可非议。

于它们之间的“独立”道德判断变得在逻辑上难以成立。①伦理则被定义为一套规则体系，可以为涉及是非的问题提供答案，而道德描述了一个可以支持这些规则的思维系统或心态。在实际生活中，这两个术语常被用作同义词。但正如标题所示，本文中其表示的含义略有不同。在本文中，“伦理”仍然指在专业或政界语境下应用的道德判断系统。“法律伦理”是对律师行为施加的重要约束，尤其是在他们作为专业人士追求市场利益时的限制。“商业伦理”则指商业组织在确定“正确”行动方向时的思维和行为准则。本文关注的是法律道德，以及商界领袖在商业伦理领域对律师的依赖。

在过去三十多年中，作为管理学下的子学科，商业伦理学蓬勃发展，并对许多重大企业丑闻作出回应。企业社会责任的最新理论强调，在商业组织追求利润的过程中，社会为其提供了权利和特权，故作为代价，商业组织应该对整个公民社会承担一定责任。当今时代，关于企业社会责任的两种观点显得尤为重要：一方面，大多数商业组织、管理专业人士和商业学者公开表示，盈利企业理应履行一定程度的社会责任；②另一方面，弗里德曼在1970年提出的观点至今仍有其影响力，即许多人通常在私下仍然抵制在宏观社会层面上定义“正确行为”。③这种情况在许多如安然（Enron）和英国石油一般陷入道德困境的组织中尤为突出。④

从20世纪80年代开始，律师在企业组织中逐渐承担更大的责任，这一趋势可能源于法律职业结构的变化。一方面，企业内部法律咨询岗这一职位逐渐兴起；另一方面，拥有法律学位的人在就业市场上愈发抢手。⑤自21世纪00年代中期以来，

---

① Riaz Tejani, *A Working-Class Profession: Opportunism and Diversity in U.S. Law*, 42 Dialectical Anthropology 131, 2018, pp.135—136.

② David Gelles, “David Yaffe-Bellany, Shareholder Value Is No Longer Everything, Top C.E.O.s Say”, *N.Y. Times*, https://www.nytimes.com/2019/08/19/business/business-roundtable-ceoscorporations.html, last visited on 19/8/2019.

③ John M. Mason, “Maximizing Shareholder Value Comes First: The GE Example”, *Seeking Alpha*, https://seekingalpha.com/article/4295958-maximizing-shareholder-value-comes-first-and-geexample, last visited on 10/10/2019.

④ Robert Bryce, “Enron's Ken Lay and BP's Tony Hayward Were Paid to Be Reckless”, *The Daily Beast*, https://www.thedailybeast.com/enrons-ken-lay-and-bps-tony-hayward-were-paid-to-be-reckless, last visited on 24/6/2010.

⑤ 译者注：原文中称这种职位为“JD优势”。JD指法律博士（Juris Doctor，简称JD），是美国法律教育系统中十分受认可的一种法律学位。

这种发展使得商界对“律师作为领导者”的关注日益增加。[①]在过去，律师仅仅被视作降低企业交易成本的人，但是现在越来越多人将律师视为积极引导（或误导）公司朝着正确的方向发展的关键人物，律师扮演着连接组织行为和社会利益的关键角色。

总的来说，学界研究表明，法律理论的变化可能会影响更广泛的法律文化道德。因此，美国法学院三年的教育对法学生毕业后的行为模式有着深远的影响。因为成为一名律师不仅要学习法规，正如默茨（Elizabeth Mertz）精心证明的，还要学习如何“像一名律师一样思考”。[②]这是一个广泛流传的短语，“像……一样思考”所包含的内容很多，既包括对法律和现实事实的理性分析，又包括对是非道德的反思和归类。

简而言之，新一代美国律师总会步入职场，他们怀着对法律和道德的理解，而这样的理解受到美国法学院教育的影响，甚至由其所建构。下文即将描述的内容正是由此得来，法律经济学对法学院的影响不断增强，已经成为组织中法律行为的主要影响因素。之后将更深入地探讨这种行为，以及与之相关的法学院教育和培训的最新发展。

三、组织道德和商业法

想要将法律专业责任延伸到商业法律中，形成新的事实范式，我们可以以最终目标为起点，逆向思考。通过案例分析，本节将探讨三起近年来的企业丑闻，以及公司律师在其中所起的关键作用，并将多维度探讨律师在企业丑闻发生前后所能扮演的角色。

（一）波音公司

2018年10月29日，某航班在印度尼西亚海岸附近坠入爪哇海，189名乘客和机组人员全部遇难。2019年3月10日，另一家航空公司的某航班在埃塞俄比亚农

---

① Deborah L. Rhode, *Lawyers as Leaders*, 2016; Paula Monopoli, Susan McCarty, *Law and Leadership: Integrating Leadership Studies into the Law School Curriculum*, 2016.

② Elizabeth Mertz, *The Language of Law School: Learning to Think Like a Lawyer*, 2007.

村坠毁，157 名乘客和机组人员全部遇难。这两起灾难都涉及波音公司(Boeing)的新型波音 737 MAX 客机，该机型为 737 的重新设计版本，新型波音 737 MAX 客机比之前的飞机更轻的同时有着更大的容量，能够消耗更少的燃料。①据飞行数据记录器和地面雷达显示，两个航班在最后时刻都迅速坠落，当时两组飞行员都正在努力实时操控 MCAS②，但是最后，载有乘客的飞机仍分别冲向地面和水面。一个备受推崇的飞机制造商，怎会制造出一个以改善消费者航空旅行体验为目标，却实际上如此危险的产品呢?

问题的答案将两个关键议题联系在一起，并贯穿于企业伦理中。第一个议题是自我监管。2005 年，美国联邦航空管理局(FAA)在完成航空航天工业界的大力游说之后，建立了一个新的自我授权制度，允许制造商实质上成为自己的安全监管机构。在 FAA 实践这一政策的过程中，一位美国参议员试图对其进行改革，但直接遭到波音和其他公司的密集游说。在两起案件中，采取自我监管的理由耳熟能详：为了效率，监管需要被委托给那些最熟悉产生风险的商业活动的人，而哪有主体比行业自身对此更加熟悉呢?

第二个议题是对短期利润的强烈追求。在波音 737 MAX 的案例中，员工意识到安全文化恶化造成的巨大风险。公司的安全文化被置于股价之后，尤其是在备受期待的新机型发布前夕。内部消息和电子邮件体现了该公司以利润为重心的管理文化，这个世界上规模最大的飞机制造商在短期股东回报的压力下，似乎对安全问题置若罔闻。

企业律师处于一个独特的专业位置，他们既是所在组织的雇员，又是其法律顾问。这种双重身份长期以来一直引发所谓的“合伙人——守卫者”的紧张关系。一方面，法律顾问有责任以切实且有保护性的视角，向公司提供针对法律风险和法律责任的建议。另一方面，他们通过股票期权和其他收入激励方式获得报酬，这可能使他们成为潜在的违规或逃避责任的受益者。

---

① Gwyn Topham, “Boeing’s 737 Max Wooed Airlines With Its Cost-Saving Fuel Economy”, *The Guardian*, https://www.theguardian.com/business/2019/mar/12/boeings-737-max-wooed-airlines-cost-saving-fuel-economy, last visited on 12/3/2019.

② 译者注：Maneuvering Characteristics Augmentation System 指一个波音公司安装在客机上，用于失速时纠正俯仰的软件系统，但此系统飞行员并不知情，也不知道如何使用。

在两起重大事故发生后，波音总裁将法律总顾问麦克尔·卢蒂格（Michael Luttig）调至危机管理岗。在这个职位上，卢蒂格领导了一支由世界顶级律所组成的“高能”辩护律师团队。在扮演一个顶级法律辩护者的角色时，他看起来表现良好。但对于灾难期间向总裁提出道德责任的建议时，卢蒂格也许未能充分履行道德责任，而是采用了一些所谓的“不认错策略”。在第一次事故和第三次事故之间的几个月里，公司根据其法律团队的建议，选择不公开 MCAS 系统的已知问题，否认责任，并选择不召回其制造的存在安全隐患的产品。①

（二）凡利亚

2015 年 8 月 5 日，凡利亚制药公司（Valeant）的股票售价为每股 262.52 美元。在此之前的两年里，该公司的价值已翻了一番有余。一年后，即 2016 年，其股价暴跌至不到 30.82 美元。②按照弗里德曼的标准，凡利亚的首席执行官迈克尔·皮尔森（Michael Pearson）在公司遭受巨大失败之前，就已然存在巨大的“社会责任”缺位。③

凡利亚自 20 世纪 50 年代以来一直存续于南加州，经营状况历经沉浮，并在 2008 年聘用皮尔森作为外部顾问。2010 年，皮尔森策划了凡利亚与加拿大的白奥威尔（Biovail）公司的合并，并迁移公司总部，使得凡利亚的税收义务降低到仅有 5％的水平。④与此同时，凡利亚展开了一场收购其他制药公司的运动，要么剥夺后者的研发预算，要么提高后者已生产的关键药物的价格。这种策略使得生物技术领域产品的涨价情况变得越来越普遍，这招来了公众和美国立法者的批评，皮尔森则否认其行为是一系列早有预谋的举措。此外，对于一家因专利得利丰厚而备受尊敬的行业巨头而言，凡利亚对其制定的收购计划是“着重将研发成本削减 90％，以实现节省数十亿美元的开支，并创造巨额短期利润”。

---

① 参见《波音被控 737Max 欺诈阴谋并同意支付超过 25 亿美元》，载美国司法部新闻稿 2021 年 1 月 7 日版。

② Emma Court：“Valeant Gets a New Name to Shed Its Scandals，but Will It Work?”，*Market Watch*（*July 17*，*2018*），https：//www.marketwatch.com/story/valeant-will-get-a-new-name-again-hoping-to-shed-its-scandals，last visited on 8/5/2018.

③ Milton Friedman，“The Social Responsibility of Business Is to Increase Its Profits”，*N.Y. Times Mag*，https：//www.nytimes.com/1970/09/13/archives/a-friedman-doctrine-the-social-responsibility-of-business-is-to.html，last visited on 13/9/2017.

④ Maureen Farrell，“Valeant-Salix Deals Show Why Inverted Companies Will Keep Winning”，*Wall St. J.*，https：//www.wsj.com/articles/BL-MBB-33568，last visited on 23/2/2015.

除了侵略性和不讲政治规则的行为外，凡利亚还被指控利用小型“特殊”药房费力多尔(Philidor)进行欺诈。凡利亚利用自己的员工冒充费力多尔的员工，让该药房向消费者推销其药物，并最终将费力多尔的销售额作为自己的销售额进行会计处理。皮尔森的杠杆战略是利用公司收入收购更多公司，而非重新投资用于研究。在这一战略被揭露之际，公司的估值受到了审查。尽管社会中曾经存在对CEO皮尔森的个人崇拜，但少数持批评态度的卖空者迫使投资市场向凡利亚要求提高透明度和启动问责制度。凡利亚股票因此最终崩盘，投资者在崩盘中损失了数十亿美元。在这一过程中，律师的角色和责任何在？

罗伯特·柴安(Robert Chai-Onn)于2004年加入凡利亚担任总法律顾问和执行副总裁。据报道，2014年，柴安的收入比首席执行官迈克尔·皮尔森高出约500万美元。更重要的是，在2015年中期，柴安的名字还出现在一份涉及欺诈的关键证据上，即将凡利亚与其套壳药房费力多尔联系起来的证据。但根据加利福尼亚州律师协会的记录，截至2021年8月，柴安没有受到任何纪律调查。同样，柴安在任职期间向证券交易委员会提交了大量内部交易报告，当时这些报告似乎没有涉及与凡利亚相关的非法交易。但是，撇开合法性不谈，他作为凡利亚的公司法律顾问，却间接促成费力多尔欺诈计划，这种行为是否合乎道德呢？在回答这个问题之前，还有一个案例值得参考。

（三）富国银行

在波音和凡利亚的案例中，公司法律顾问提供了不当建议，且公司的激励结构存在缺陷。而富国银行的案例，是一个由内部法律团队直接参与并随后被内部调查追责的例子。

富国银行的方案始于一次内部活动，该活动鼓励地方银行员工每天尽可能地开设更多新账户。活动的具体内容是，如果一名客户求助银行员工帮其开设支票账户，则该员工会被指示要“交叉销售”储蓄账户、经纪账户、信用卡账户和其他账户，以便达到每周开设新账户的严格数字配额。这一政策给员工带来了沉重的心理负担。到2016年，据估计，富国银行已经开设了多达500 000张未经授权的信用卡和超过1 500 000个支票账户。当客户投诉时，银行的内部惯例是惩罚个别员工，但继续给其他员工施加压力开设更多账户。值得注意，在公司欺诈案件中，律师往往没有被直接指名为罪犯。2017 年，富国银行董事会独立董事发布了一份内部“销售实践调查报告”，评估了丑闻的根本原因。该报告在专门讨论银行法律部门失位的章节中认为，公司内部法律团队的两个部门，在公开丑闻之前就已经深度涉及销售诚信问题。

（四）总结

尽管股东承担企业社会责任是社会所鼓励的，但波音、凡利亚和富国银行都表现出对弗里德曼股东至上主义原则的默许，也就是在“法律和道德习惯”的约束下，公司对股价的追求仍为首要关切。同时，弗里德曼“护栏”最重要的构建者之一，即联邦州监管，在过去四十余年里的作用已经被严重削弱。里格主义、新自由主义以及反国家主义，无论名称如何，都力求减少联邦对企业诸多方面的监管，从形式和实质上削弱了“法律和道德习俗”对企业股东利益最大化的限制。

除了公共法律之外，本文提出了一个更为直接的观念：企业利润追求的伦理与法律职业的伦理之间的趋合，部分得益于法律与经济学的兴起。如上述案例所示，当法律咨询反映了弗里德曼持续推动的后果伦理时，结果如何？这可能意味着企业律师越来越像组织的代理人，而不是监护人或顾问。在上述三个案例中，功利主义的伦理框架，尽管混淆了社会与个人效用，似乎还是主导了法律顾问对组织决策的影响。这种伦理框架显然成为美国主要公司内部法律服务的核心，考虑到长期以来社会对律师专业独立性的期许，这样的事实着实令人讶然。因此，我们需要审视当下美国法律理论和专业培训的变化。

四、法律思想和职业的变化

美国的法律行业在历史上一直在不断变化更新。本节简要追溯了这一历史①，并表明，其整体发展轨迹就是法律和商业行业之间基本伦理观念的逐渐趋同。法律经济学运动的关键学理发展，在被保守法律运动采纳之前就已提出。在 20 世纪 60 年代和 70 年代，芝加哥大学的经济学家开始主张经济学是法律得以实

① 译者注：对于美国法律理论的历史回顾因篇幅原因省去。

现的基础。在接下来的几十年里，法律学者开始深入研究芝加哥经济学，其产出的法律理论和解释的创新至今仍然具有很高的影响力。在那个时期的法律与经济学领域，四个理论的突破性创新极大地推动了生产力的爆发：科斯定理、有效违约理论、最优威慑理论和汉德公式。

（一）科斯定理

科斯定理最早来自科斯（Ronald H. Coase）1960 年的论文《社会成本问题》（*The Problem of Social Cost*）。该定理指出，在不存在交易成本的情况下，一个社会可以通过市场交易达到最有效的资源分配。①这一观念假设人们是理性的价值最大化者，并且他们会在可承受的范围内，尽可能追求他们最看重的商品。在这一定理中，许多因素都属于“交易成本”。这意味着，法律作为商业中常见的最大交易成本之一，应该尽量对市场让步。国家监管应该降到最低限度，法官应根据哪方更重视争议标的来裁决争议。最重要的是，该定理还表明，司法结果实际上可能是“无关紧要的”，因为当事人可能只是在诉讼事实发生后，为维护所涉及的权利进行谈判。②在经济学理论进入法律领域的早期，科斯定理可能是最为吸睛的创新之一。如今，合同、财产和侵权法的案例教材都包含了对这一观念的提及。对于新入门者来说，这可能令人惊讶：经济理论在法律教材中的作用是什么？在一个将市场效率视为至上的体系中，倡导正义有何意义？

（二）有效违约

在合同领域，法律经济学研究促成了“有效违约”概念的发展。在合同法的传统上，当合同的要件齐备，并且一方违反了该协议的重要条款时，则该方被认为是“违约”的。一般来说，判断是否违反了这样的条款并不困难；相反，案件的关键点在于合同的有效性、具体条款或导致的损失。当然，合同违约可能因为一些客观原因而被容许，这些原因使得履行协议实际遇阻。“履行不能”“目的落空”和“不可抗力”都是违约正当化的不同情形。③这些法律理论源自商业合同早期的实践。那时

① R.H. Coase, “The Problem of Social Cost”, *J.L. & Econ.*, Vol.3, 1960, p.1.

② Steven G. Medema, “Debating Law's Irrelevance: Legal Scholarship and the Coase Theorem in the 1960s”, *Tex. A&M L. Rev.*, Vol.2, 2014, p.159.

③ Charles G. Brown, “The Doctrine of Impossibility of Performance and the Foreseeability Test”, *Loy. U. Chi. L.J.*, Vol.6, 1975, p.575.

人们认为，不履行对某人作出的承诺的话，唯一可以接受的原因是在履行过程中出现了障碍。由于类似的困难可能出现于不同情境，因此在普遍适用的过程中需要设立特定的宽恕义务。

如果合同义务的履行没有任何障碍，但合同所追求的商业目的已不存在时，那又该怎么办？这种情况下，法院只能出于义务论来维护契约义务。但是，未来利益的损失对协议的执行而言应是致命的。“有效违约”理论认为，如果一方可以证明继续执行合同对社会总财富造成的损害大于利益，便可主张不履行合同，从而逃避执行。①但是，这显然意味着社会效用滑向了个人效用：在“卡尔多-希克斯效率”(Kaldor-Hicks efficiency)制度下，一些个体可以通过资源分配的改善而获益，但主张有效违约的受益人没有权利分享解除义务带来的收益。

简而言之，对合同的经济分析假定“做正确的事情”可以用货币盈亏来定义。出于在社会层面“更合算”的考虑，组织之间由协议带来的义务可以因此解除。但是，在“卡尔多-希克斯效率”理论下，这种违约行为产生的收益并无义务进行分配。商业组织的道德品质和诚信，也就是商誉，会发生什么变化？无论他们是否采用有效违约，通常商业组织都可能因此失去可信度，并为了规避被诉风险，被迫按约履行合同。

（三）最优威慑

法律与经济学的第三项创新是最优威慑理论。这个理论在侵权责任领域应用最为广泛。它认为，在民事损害案件中作出的裁决，例如商业产品伤害了终端客户而产生的产品责任，应该以对整个社会最有益的方式来进行。②其基本思想是，在确定责任时，法院不仅仅是在进行针对个人的司法裁决，还在制定公共政策。例如，一个装有花生罐的玻璃罐在打开时碎裂并割伤了原告的手，某家公司对该产品承担严格责任。③那么不仅仅是这家公司，所有公司都必须确保其产品，直到到达消费者手中都是安全的。最佳威慑理论认为，法官应该确定责任，以阻止不安全的

---

① Richard A. Posner & Andrew M. Rosenfeld, “Impossibility and Related Doctrines in Contract Law: An Economic Analysis”, *J. Leg. Stud*, Vol.6, 1977, p.83.

② Guido Calabresi, “Optimal Deterrence and Accidents”, *Yale L.J.*, Vol.84, 1974, p.656.

③ Welge v. Planters Lifesavers Co., 17 F.3d 209(7th Cir. 1994).

行为，只有这样做才不会浪费资源。在最优威慑理论下，决策应将避免事故发生的成本降至最低。①

（四）汉德公式

法律经济学中最后一个突破性创新理论，或许也是最普遍的结论，来自美国第二巡回法院法官勒纳德·汉德的美国诉卡罗尔拖船公司案中的公式。②本案中，一艘装有供给美军的面粉的驳船脱离锚地并撞到邻近的船只和码头，汉德法官必须决定其所有者是否在监管上勤勉尽责。这个问题可以引申到所有关于过失责任的一个更重要的问题上：我们如何确定一个行为人的行为何时低于“合理谨慎”的必要标准？汉德法官说，寻找答案的过程可以提炼成一个简单的演算：(1)脱锚的概率；(2)若造成伤害，造成伤害的严重性；(3)充分预防措施的责任。如果概率称为P，伤害称为L，负担称为B，责任取决于B是否小于L乘以P，即只需看B是否小于PL。

普斯纳(Richard Posner)后来总结道，汉德计算法是表达边沁效用主义的一种系统化方式。③在裁定疏忽与否时，公式表明，“正确”的决定是采取某种避免风险的措施，这一措施带来的经济利益超过一开始选择承担这些风险的成本。

这些法律经济学的基本原则，自这一学术运动伊始，就渗透到许多法律案件中。④此外，它们得到了一系列新智库和大学研究中心的支持，这些机构的创建主要得益于私人捐助者的资助。其中一些捐助者曾是侵权和合同案件的被告，他们不满这些案件结果对其公司活动带来的深远影响。⑤这种资金支持的注入还促使这些智库和大学研究中心对教职员工的大规模招募，从而建立和扩展了法律界内的学术机构。这种增长是有意为之的，反衬了美国律师越来越倾向于追求公共利益的趋势。

---

① Jules Coleman, Scott Hershovitz, Gabriel Mendlow, *Theories of the Common Law of Torts*, *in Stanford Encyclopedia of Philosophy*, ed. Edward N. Zalta, https://plato.stanford.edu/entries/tort-theories/, last visited on 2015.

② United States v. Carroll Towing Co., 159 F.2d 169(2d Cir. 1947).

③ Richard Posner, “A Theory of Negligence”, *J. Legal Stud*, Vol.1, 1972, pp.32—35.

④ Keith Kendall, “The Use of Economic Analysis in Court Judgments: A Comparison between the United States, Australia, and New Zealand”, *U.C.L.A. Pac. Basin L.J.*, Vol.28, 2011, p.107.

⑤ McCarthy v. Olin Corp., 119 F.3d 148(2d Cir. 1997).

法律经济学因以上原因在学术界日益盛行，对新律师的教育和培训产生了深远影响。它强调量化排名对于法学院质量的决定性作用①，促进了“人力资本”方法在法律教育中的发展，并合理化学生债务的持续增加。它还可能促成了法学院认证流程的去监管化和营利性法学院的出现。②此外，它塑造了一种将法律服务视为一种商业活动形式的法律伦理观，和同期金融资本主义的兴起相呼应。

五、道 德 趋 同

回顾过去几十年的企业丑闻，我们会发现，大型商业公司的道德决策往往更在意利润，而非避免对乘客、股东和存款人产生伤害。这种行为的例子比比皆是，波音、凡利亚和富国银行的案例只是曝光度高的个例。在这些案例中，企业律师本有能力向高管建议正确的行为方式。每个案例中，公司内部法律顾问也都有望从公司或其子公司采用的不当行为中获益丰厚。

在这一阶段，想要重新审视植根于功利主义的道德立场的微妙之处，可以通过这一问题来分析：备受关注的产品案例是否是对功利主义的忠实贯彻？例如，在历史悠久的福特平托案中，福特（Ford）获悉，其著名的小型车内部燃油箱的布置不安全，会导致车辆在撞击时发生爆炸。福特的律师计算了这类事故发生的可能性和频率、造成的身体伤害和死亡的成本，并将这些因素与召回危险车辆的成本进行了权衡。③随后公司确认，相较于消除风险，直接赔偿事故反而成本更低，公司因此选择了对事故进行赔偿而非召回车辆。后来，法院审理了基于某事故的起诉，在评估惩罚性损害赔偿金数额时，揭露了这个内部、事前、故意的选择，法院认为这是公司恶意行为的铁证。

也许福特的行为和上文的波音、凡利亚和富国银行一样，是出于利己主义而非功利主义，看重的是个人利益而非社会利益。关键是，为公司的利益而作出的道德

---

① Brian Z. Tamanaha, *Failing Law Schools*, University of Chicago Press, 2012, p.78.

② Riaz Tejani, *Law Mart: Justice, Access, and For-Profit Law Schools*, Sranford University Press, 2017.

③ Grimshaw v. Ford Motor Co., 174 Cal. Rptr. 348, 360—361(Cal. Ct. App. 1981).

决定，在大多数情况下，并不会被简单归类为利己主义，因为公司往往在外观上被看作一个微观社会。因此，也许本质上从功利主义到个体主义的滑移，是由于对“社会”的定义具有固有模糊性。诚然，即使不考虑这种情况，法律经济学家也会以帕累托最优分配为指引，强调追求个人利益所带来的社会效益。本文的主要议题，正是将这种观点纳入法律分析和法律制度的框架中。

在西方伦理框架中，某些情况下，对义务的违反应受到制约，不论其结果和影响如何；在其他情况下，品德最为重要，正如法院认为“道德败坏”是加重处罚的原因一样。①与此同时，尽管功利主义是一种始于 18 世纪英国的伦理体系，但它一段时间后才会真正深入普通法的裁判理论。律师们很少主张，法官也很少全面接受“用结果证明手段是适当的”这一观点。

但是，法律经济学的兴起带来了历史性的转变，以义务和美德为基础的伦理体系推进至功利主义视角，使得判断是非变得更加简单。②法律经济学认为，“公正”是一个微观经济问题，而不是社会或哲学问题。上文引用的法律理论，包括科斯定理、有效违约、最优威慑和汉德公式，都是法学教育的最初阶段（第一学期或第一学年）就会涉及的，而大多数专业的社会化都出现于这一时间节点。这些理论蕴含于教授们用于合同、侵权、财产甚至民事诉讼的示范案例中。

与此同时，当利益与其他形式的社会责任发生冲突时，一些大型企业选择利润为先也并不稀奇。但是，前所未有的是，目前声浪最大的分支法律经济学，其代表的法学界的普遍共识表明，道德选择可以经常基于功利主义的成本或效益思维来进行评估，由此促成商业和法律展现出更加明显的道德趋同趋势。

总的来说，这种趋同包含了几个平行的趋势。首先，律师在商业组织领导层中比例上升。如本文第一部分所述，这种增长意味着专业法律培训在企业组织文化中的角色愈发重要。其次，法律经济学的蓬勃发展，使得法律教育中提倡的结果为中心的正义观成为重要思想。最后，正如第三部分的三个案例研究所展示的那样，企业管理范式对股东至上主义的选择，已然加剧了在效率的庇护下的道德不端行

① David G. Owen, *The Philosophical Foundations of Tort Law*, 1997.

② Tejani, Riaz. “The Life of Transplants: Why Law and Economics Has ‘Succeeded’ Where Legal Anthropology Has Not.”, *Ala. L. Rev.*, Vol.73, 2021, p.733.

为。简而言之，公司越来越依赖律师帮助他们判断是非对错，律师却越来越多地接受以企业利益为核心的职业教育，并以这种20世纪70年代以来风靡的逻辑进行是非判断。

在罗马帝国和早期殖民地美国，律师可以是“外行”，但应当是社区中受尊敬且博学的成员。①在大多情况下，他们被认为是具有最高品德的人。如今，在国际商事仲裁中，律师资格不再为品德背书，但这一职业对品德的强调仍然非常突出。这表明，纵观古今，缺少严格的许可制度时，道德品质是关乎法律专业知识信仰的关键独立变量之一。在需要律师资质的地方，道德品质仍然名义上是一个重要因素。

六、解 决 方 法

本文主张对《职业行为示范规则》的序言进行修订，针对会导致重大且可预见的道德违规的行为提出专业建议，增加有罪化的描述。应修改第2.1条规定，使道德反思成为法律咨询的必要环节。前文已经提出，在伦理框架的层面上，商业和法律之间存在着一种趋同。虽然这并不意味着每个商业律师都受到法律经济学、卡尔多-希克斯效率或利己主义原则的影响，但当代法律教育传递出的主流伦理倾向确实是一种成本效益思维。将这一点与传统企业社会责任中的股东至上观点相比较，我们看到了前所未有的相似性。本文将这种道德趋同视为一种危险信号，尽管商业伦理并非首要关切，但很多高管和经理担心作出“错误”的商业行为，因而逐渐依靠商业律师来帮忙作出判断。②这时，伦理意义上的“错误性”超越了法律层面。正如本文所描述的，过去二十多年中，一些大公司的道德违规行为就是这一困境的例证。

为了解决这个问题，律师的伦理培训必须重新回到法律教育的中心地位。我们应该从最早的阶段就教导法学生，教导他们关于“什么是合法的”决定和建议与

---

① Anton-Hermann Chroust et al.，“The Legal Profession in Ancient Imperial Rome”，*Notre Dame Law*，Vol.30，1954，p.521.

② Benjamin W. Heineman，*The Inside Counsel Revolution*：*Resolving the Partner-Guardian Tension*，American Bar Association，2016.

分辨“什么是道德的”不是两码事。这与在课堂和考试环境中通常使用的问题发现的模式相悖。它并非取代法律学生习得的问题发现能力，而是作为一种补充。这些新的举措可以让伦理在法律教育中“看起来”更关键。但是，法学院的变化是缓慢的，短时间内可能不会接受这样新的建议和制度。如果不这样做，我们如何激励法学院、专业的法律责任学者和教师，让他们强调伦理在法律中的重要性呢？此外，尽管有些法律建议合法，却导致对员工、客户、环境或公众造成伤害的道德违规行为的产生，我们是否应该对提出这些建议的律师进行更严厉的追责？

想要实现这种问责，最可靠的方式是调整现有的专业责任制度，以便适用于涉及公司、商业或商业伦理问题的法律咨询环节。以大多数州目前采用的版本来看，《职业行为示范规则》并不适用于上述对象。在某些地区，所使用的规则已经接近这一目标。①

在评估人体研究的风险和收益时，IRB委员会培训中的许多原则都支持本文的论点，比如“仁爱”。根据所有研究人员在提交IRB协议之前必须审查的培训材料来看，所有人体研究人员都必须遵守仁爱原则。②

为什么仁爱应该适用于科学研究而不适用于专业法律实践，这有些令人费解。诚然，科学家在更大意义上是“自然公仆”，而律师并没有被赋予这样的角色。然而，即使他们可能产出巨大的社会效益，我们对待他们的标准也不是基于他们的“自然”角色，而是基于他们产生伤害的可能性和范围。在这种情况下，随着跨国公司的崛起，可能有大量企业不当行为随之出现，因此对律师施加类似于仁爱的期望是合理的。在《职业行为示范规则》中增加额外的语言来拓宽适用范围，可以促进这一期望的实现。

七、结　论

本文认为，企业高管和律师之间的道德趋同状态日益显著。在企业中，持续存

① 译者注：后续作者对于《职业行为示范规则》提出了详细的修改意见，篇幅原因本文省略。

② Dep't of Health and Human Serv.'s, "Office for Human Research Prot.'s", *Consideration of the Principle of Justice*, 45 C.F.R. part 46, 2021.

在的弗里德曼观点将利润置于其他目标之上，在法律中，大多数法律经济学理论已经削弱了职责、美德和关怀伦理的要求，普遍倾向于支持对个人利益的追求。或许对于企业组织是否算作“个体”尚有争议，但关键是，企业通常只管理其内部事务，仿佛与外部的社会结构是隔绝的。

鉴于此，美国律师协会应该对大型企业组织中的律师的专业责任作出更明确的说明。在这些组织中，“表面上合法的建议”有时支持的是严重的道德失位。鼓励更多的独立道德判断，将有助于保护法律不至于成为商业的附庸，从而让法律坚守自己的“独立性和权威性”。①

① 译者注：原文表示要让法律保持自己的“帝国”。

庇护法的道德实践:庇护法律援助律师在“无胜诉可能案件”中的道德推理方法

[荷兰]塔玛拉·巴特(Tamara Butter)*

荣泽华　沈志韬**　译

一、引　　言

在学术界对律师职业道德和职业精神①的研究中,主要存在两种观点:一种是规范主义,关注应以何种职业标准来指导律师的行为;另一种是经验主义,侧重于分析律师如何理解并执行其职业准则。②本文主要讨论后者。职业规则和行为准则(道德“硬法”)③旨在确立适当的行为标准,指导律师应对道德问题。然而,这些规则往往具有模糊性,它们允许对律师的职业准则进行多元解读,并为各种情境下

---

* [荷兰]塔玛拉·巴特,阿姆斯特丹大学法院助理教授。本文原载于《法律伦理》2022年第25卷。

** 荣泽华,上海外国语大学2022级法律硕士研究生。沈志韬,上海外国语大学法学院教师。

① “职业精神”一词经常在重合和不同的意义上使用,参见 Robert E. Atkinson, A Dissenter's Commentary on the Professionalism Crusade, *Texas Law Review*, Vol.74:2, 1995, pp.259, 271—279。但在此与“道德”同义。

② Scott L. Cummings, *The Paradox of Professionalism: Lawyers and the Possibility of Justice*, Cambridge University Press, 2011. 后者涉及对律师职业道德的研究。Lynn Mather, Craig A. McEwen & Richard J. Maiman, *Divorce Lawyers at Work: Varieties of Professionalism in Practice*, Oxford University Press, 2001; Leslie C. Levin & Lynn Mather, *Lawyers in Practice: Ethical Decision Making in Context*, The University of Chicago Press, 2012.

③ Deborah L. Rhode, David J. Luban, *Legal Ethics Stories*, Foundation Press, 2006.

的灵活解释留有空间。[1]纳尔逊(Nelson)和特鲁贝克(Trubek)通过实证研究探讨了律师职业,他们认为,若要充分理解律师的行为模式,就不能忽视职业意识形态的影响,"律师的行为本质反映了对特定规范的遵循,这些规范可能是正式的或非正式的。忽视律师行为背后的理念,就无法理解其行为"[2]。在此背景下,克里斯汀·E.帕克(Christine E. Parker)对律师批判道德发展的研究显得尤为重要。她提出四种法律实践中的道德推理方法:对抗式辩护策略、负责任律师策略、道德行动主义策略以及关怀伦理(关系型律师)策略。[3]这些方法有助于指导律师在实务中作出决策,而且在笔者看来,它们更深刻地揭示了律师在实务中所秉持的职业道德。通过运用伦理学的方法分析律师的道德推理方法,可以更好地理解律师如何考量各种利益,以及如何在个人道德和职业责任间进行权衡。

本文研究了荷兰庇护法律援助律师的道德推理方法。尽管这些方法起源于澳大利亚的普通法体系,但笔者将论证这些方法同样适用于大陆法系国家。

本文将首先介绍政府援助的庇护法实践的基本情况,说明本文探讨的伦理问题("无胜诉可能案件");其次,将说明本文的研究方法;再次,将讨论如何使用帕克提出的四种律师伦理方法,并分析这些方法对庇护程序中法律援助律师工作的影响;最后得出结论。

二、政府援助的庇护法实践中的伦理挑战

政府援助的庇护法实践中,存在几个特征,这些特征共同揭示了法律援助律师在工作中面临的道德挑战。[4]

第一,寻求庇护的委托人在很大程度上依赖法律援助律师来维护权利、保障

---

① David B. Wilkins, *Legal Realism for Lawyers*, Harvard Law Review, 1990, Vol.104, p.468.

② Robert L. Nelson, David M. Trubek & Rayman L. Solomon, *Lawyers' Ideals/Lawyers' Practices*, Cornwell University Press, 1992.

③ Christine E. Parker, A Critical Morality for Lawyers: Four Approaches to Lawyers' Ethics, *Monash University Law Review*, Vol.30:1, 2004, p.49; Christine E. Parker & Adrian H. Evans, *Inside Lawyers' Ethics*, Cambridge University Press, 2018.

④ 尽管荷兰的制度有一些特殊性,但下文所述庇护法的许多特点适用于大多数国家的法律援助律师,尤其是在受欧盟法律管辖的欧洲国家执业的法律援助律师。

利益。庇护申请人可能存在心理创伤或健康问题。他们通常不熟悉所在国家的语言、法律制度，也不清楚对庇护程序的期望，以及对自身的期待。因此，法律援助律师在协助委托人处理法律问题时，往往需要投入大量的“情绪劳动”。①此外，庇护程序的特点是当事人之间存在不平等，其中，委托人通常是“一次性诉讼人”，国家则是“重复诉讼人”②，在许多方面都拥有战略优势，国家甚至可以被视为“终极重复诉讼人”。③在庇护程序中引入法律援助律师，作为在某种意义上的重复诉讼人，旨在缓解这一政治敏感领域的不平等现象，但决策者可能对此持有不同看法。④

第二，除了政治敏感性之外，庇护法还存在法律与事实两个方面的复杂性与模糊性。首先，从法律角度看，庇护法的法律制度持续发展。近年来，欧盟共同庇护体系法规的制度，对成员国庇护政策产生了显著影响⑤，《欧洲人权公约》在庇护法领域也发挥着重要作用。国家、欧盟（欧盟共同庇护体系和《欧洲人权公约》）和国际（如《难民地位公约》）法律框架的适用性问题，引发了关于各国庇护政策是否符合欧盟和国际庇护立法标准的讨论。欧洲法院对这些争议问题的判决，可能会对成员国的政策产生影响，从而使庇护法的内容变得不确定，并可能降低诉讼的胜诉机会。其次，事实层面存在着很大的不确定性。庇护申请人返回原籍国后是否真

---

① Chalen Westaby, “Feeling Like a Sponge”: The Emotional Labour Produced by Solicitors in their Interactions with Clients Seeking Asylum, *International Journal of the Legal Profession*, 2010, Vol.17:2, p.153.

② Marc Galanter, Why the “Haves” Come Out Ahead: Speculations on the Limits of Legal Change, *Law and Society Review*, 1974, Vol.9:1, p.95.

③ Ibid. Bert Niemeijer, “Galanter Revisited: Do the ‘Have’(Still) Come Out Ahead?”, in Bernard Hubeau, Ashley B. Terlouw eds, *Legal aid in the Low Countries*, Intersentia, 2014, p.90; Herbert M. Kritzer, “The Government Gorilla. Why Does Government Come out Ahead in Appellate Courts?”, in Herbert M. Kritzer, Susan S. Silbey eds, *In Litigation: Do The “Haves” Still Come out Ahead?*, Stanford University Press, 2003, p.362.最重要的可能是：由于某个特定案件的利害关系可能没有那么大，国家可以“按规则办事”，而对于大多数“一次性诉讼人”来说，情况并非如此。特别是对于庇护申请人来说，这可能是一个生死攸关的问题。

④ Maria Appelqvist, Refugee Law and Cause Lawyering: A Swedish Study of the Legal Profession, *International Journal of Refugee Law*, 2000, Vol.12:1, p.79; Thomas Spijkerboer, *De Nederlandse rechter in het vreemdelingenrecht*, Sdu, 2014.

⑤ 1997年至2005年间，欧盟通过了几项协调庇护最低共同标准的立法措施，其中包括《都柏林条例》，该条例确定由哪个成员国负责审查庇护申请。近年来这些措施进行了修订。

的面临被迫害的风险，这一点很难确定。再次，在申请庇护期间，庇护申请人在原籍国的安全状况可能会发生变化。最后，庇护法与移民法间的交叉效力，以及委托人个人情况的变化，都可能为其提供合法居留的其他途径（如健康或家庭原因）。因此，庇护法与移民法的内在联系，可能影响诉讼的结果，即申请人是否有资格在接受国合法居留。

第三，庇护和法律援助制度的组织结构因素对法律援助律师的工作环境产生了重要影响。庇护申请过程可能很漫长，也可能很迅速，这要求法律援助律师必须在很短的时间内采取行动。在荷兰，法律援助律师的职责受到庇护申请程序的限制。法律援助委员会在为期八天的普通庇护程序（该期限可延期）中，为申请人指派法律援助律师，这在很大程度上决定了法律援助律师与委托人的会面地点、时间及谈话内容。委托人在完成移民局的普通庇护程序后，可能向国内地区法院提出上诉，再向国内行政法院提起上诉，甚至可能将案件上诉到欧洲人权法院。尽管法律规定律师应当基于诉讼请求进行道德事实调查，但这一要求在实践中没有得到严格执行。①法律援助律师依赖于国家法律援助制度开展工作，只有法律援助机构先获得法律援助计划的准入资格，法律援助律师才能获得报酬，报酬主要为固定费用，且一直受到法律援助资金削减的影响。②因此，法律援助律师的工作条件在很大程度上取决于国家（他们的诉讼对手）的充足财政支持。这种制度背景，给律师执业带来了道德压力。③

总之，庇护申请人作为受庇护对象的特殊性，加之庇护法的政治敏感性、复杂性及不时的模糊性，以及法律援助律师所处的制度环境，共同导致了政府援助的庇护法实践面临的道德挑战。所谓“无胜诉可能案件”就是不同利益冲突的道德问

---

① 参见《法律援助法》第12(2)(a)条及《关于提供法律援助标准的法令》第3条规定。只有在随后提出庇护申请时，才会核实是否存在值得给予法律援助的新事实或新情况。

② 其中，法律援助资金的削减和庇护程序的加快使人们对欧洲庇护程序中法律援助的有效提供感到担忧。

③ Butter(n 13); Tamara T. Butter, Merits Testing in the English Legal Aid System: Exploring its Impact in Asylum Cases, *Recht der Werkelijkheid*, 2015, Vol.36:3, p.156; Tamara T. Butter, *A Study into the Professional Decision Making of Asylum Legal Aid Lawyers in the Netherlands and England*, Eleven International Publishing, 2018; Deborah James & Evan Killick, Ethical Dilemmas? UK Immigration, Legal Aid Funding Reform and Case Workers, *Anthropology Today*, 2010, Vol.26: 1, p.13.

题，特别是在委托人利益和公共利益间冲突的道德问题。[1]在荷兰，符合法律援助条件的庇护申请人，不需要负担法律援助费用。这一制度，结合案件的高风险性，往往导致他们会尝试所有可能的手段以争取其请求得到批准，包括提起上诉和持续上诉。虽然这些程序可能对申请人有利，但可能不符合公共利益，因为这可能会给行政、司法和法律援助制度带来额外的负担。这一问题在该领域的受关注度，为探讨庇护法律援助律师的道德推理提供了重要的平台。

三、研 究 方 法

2013年，笔者为撰写论文，与荷兰庇护法律援助律师进行了22次半结构式深度访谈，本文是基于访谈内容形成的。[2]受访法律援助律师均在荷兰律师协会(Nederlandse Orde van Advocaten)注册，他们根据政府的法律援助制度获得授权，在庇护申请程序中协助和代表委托人。受访法律援助律师是根据档案的相关因素被挑选出来的，旨在确保受访者具有较高程度的多样性。[3]在访谈中，笔者询问受访者处理“无胜诉可能案件”的策略。笔者没有实际使用这个术语，而是采用间接询问的方式，来了解他们面对这个问题时所做的决策。在分析访谈内容时，笔者重点关注受访者对狭义的“无胜诉可能案件”——指法律援助律师评估在特定诉讼程序中胜诉概率几乎为零的案件或法庭程序——的应对策略及其背后的动机。

本文采用了探索性研究方法。在研究中，笔者接触到帕克的一套理论框架。在完成对法律援助律师的访谈及对实务操作进行了初步的调研和分析后，笔者才着手使用该框架。这一过程避免了笔者在访谈中过度聚焦于根据文献划分的律师道德方法论，也避免了(在无意识中)引导受访者的回答以适应某一类型。在访谈中，笔者事先收集了关于案件何时被认定为“真正无胜诉可能”的不同观点，以及支

---

① 法律援助律师的报酬或生存的利益因素也有一定影响，但不是本文的重点。律师对利润或生存的兴趣在此也起作用，但这也不是本文的重点。有关“道德与市场”紧张关系的分析，见 Butter 2018(n 16)。

② Butter 2018(n 16).

③ 参见 Butter 2018(n 16) 24—32 有关方法的详细介绍，请参阅本书的附录一，其中详细介绍了样本的状况以及划分的具体准则。接下来的访谈引用代码正是基于这些标准来表示的。

持或反对启动此类案件的一系列理由。可以发现，在这些动机背后，我们可以辨识出帕克所描述的四种道德推理方法。尽管文献还讨论了其他类型①，但我同意埃文斯(Evans)和福加斯(Forgasz)的观点，即帕克的框架试图“捕捉众多作家和研究者通过案例观察所揭示的律师的基本且经常矛盾的道德立场”，这一框架全面覆盖了法律援助律师可能持有的不同道德取向。②他们进一步认为，这些分类在不同的司法管辖区都适用，笔者的研究也证实了这一点。③

四、法律实践中道德推理的四种方法

本章将详细阐述帕克的四种道德推理方法(笔者对其中一种进行了重新命名)，讨论它们在庇护法领域的适用性。笔者还将通过荷兰庇护法律援助律师的案例，说明这些方法的实际应用。帕克将法律实践中的道德推理归纳为四种方法：对抗式辩护策略、负责任的律师策略、道德行动主义策略，以及关系型律师策略(即关怀伦理)。④这些方法基于法律援助律师可能采用的主要道德方法构建，并突出了每种方法的独特性质，可以被视为“理想类型”。⑤笔者选择将“负责任的律师”重新命名为“尽职律师”，以避免“负责任”一词可能带来的歧义——所有方法都体现了某种形式的责任，只是侧重点不同。其余三种方法更多强调了除维护法律体系和现行法律制度以外的其他责任。因此，笔者将用“尽职”代替“负责”，因为这一术语更加准确地表达了法律援助律师对于法律与现行法律体系的忠诚，同时避免了过多的价值判断。下表概述了各种道德推理方法的思路及其基本区分：

---

① 阿特金森(Atkinson)区分了三种类型：中立的党派人士、法院官员和道德个人主义者。帕克的前三种方法在很大程度上与阿特金森的方法重叠，但增加了关爱伦理的方法。

② Adrian H. Evans and Helen J. Forgasz, Framing Lawyers' Choices: Factor Analysis of a Psychological Scale to Self-Assess Lawyers' Ethical Preferences, *Legal Ethics*, 2014, Vol.16:1, p.134.见138(n 14)。

③ Ibid., 138(n 13).

④ Parker(n 6).

⑤ Ibid.; Max Weber, *Economy and Society: an Outline of Interpretative Sociology*, University of California Press, 1978, p.6.

表 1　道德推理方法的思路及其基本区分

	角色道德	个人道德
委托人利益	对抗式辩护策略	关系型律师策略
公共利益	尽职律师策略	道德行动主义策略

（一）对抗式辩护策略[①]

在对抗式辩护策略中，法律援助律师的道德源自其在对抗式法律程序和复杂法律体系中所扮演的角色（角色道德）。这种方法被广泛认为是多数英美法系国家律师角色的核心理念，有时也被称为“雇佣枪手”（the hired gun）。这种方法融合了党派原则和非归责原则。党派原则要求律师无条件地支持委托人，即律师应代表委托人做后者愿意做的所有事情。非归责原则要求律师在代表委托人时，不对行动手段或目的承担道德责任，只要这些行动是合法的。对抗式辩护律师认为，对委托人未来的“出庭”进行预判，等同于否定所有希望寻求法律援助者追求正义。如果从逻辑极端考虑，这种方法要求法律援助律师为了维护委托人的利益，利用法律的任何模糊之处，并履行其职责。

庇护案件中的对抗式辩护策略如下。

对抗式辩护的理念普遍存在于受访法律援助律师的叙述中。在法律体系中，法律援助律师作为委托人代理人的角色体现在多个方面。受访法律援助律师自称“党派”[②]，强调他们在法律体系这一“游戏”中的角色（“各司其职”）[③]，并强调法律援助律师的职责在于协助委托人实现其目的。正如一位受访者所说：

> 首先，委托人想要什么？这是法律援助律师应该努力实现的目标。大多数庇护申请人都想获得庇护，有些人知道这不容易，但他们期望法律援助律师尽可能延长法律程序。这意味着法律援助律师有时会采取一些措施，这些措施虽然不得移民局喜欢，但符合申请人利益……作为申请人的辩护律师，这是首要任务。[④]

① Parker(n 6) 49.

② Interview nl17-med--3-n-f.

③ Interview nl10-so-＋10-y-f.

④ Interview nl19-med-＋10-y-f.

这句话凸显了法律援助律师对党派原则和保障委托人自主权的高度重视。

几位受访者强调，无论情况如何，也无论法律援助律师个人对案件或委托人看法如何，他们都应当维护委托人的利益。正如这位受访者所解释的：“尽管你可能会听到很多不合理的说法，但你还是要设法通过各种途径让委托人留在国内，毕竟他们是你的委托人。”①另一位法律援助律师强调，他的职责不是对委托人的动机进行评估或评判，而是根据委托人的指示行事：“有些情况下，委托人可能并不是在真正寻求庇护，只是希望尽可能地拖延程序。那么，你是否应该这么做？每个人都有自己的理由……我不能为他们作决定。”②

这些言论表达了一种立场，即人们应避免作出道德评判，法律援助律师的个人道德观念不应该成为作用因素。这种做法主要是基于法律援助律师作为委托人在法律体系中的代理人的角色。

此外，大多数受访者认为，一旦庇护申请被驳回，当事人原则上有权起诉。他们指出，法律允许起诉，当事人有权经历完整的司法程序。尽管在特殊情况下，委托人可能会决定撤诉，但即使在法律援助律师认为案件没有胜诉可能的情况下，当事人也有权起诉。一位受访者解释说，这需要法律援助律师投入大量精力，但他认为这是基于维护委托人享有起诉权利的基本原则：

> ……这种情况经常发生，或者说，确实发生过，你可能会想，我要去法庭上陈述那些我勉强拼凑的诉讼理由，同时希望法官不会提出太多质疑，因为我自己清楚这个案子没有胜诉的可能，我只能有所隐瞒。这种情况确实发生过。③

另一位对绝对起诉权持保留态度的受访者表示，为了让委托人有机会出庭，他同意了委托人的要求：

> ……我知道这个案子没有希望，我并不愿意这么做。但我给了这位年轻人一个机会，让他再次解释案情。我知道不太可能成功，但如果他真的想要在法庭上讲述自己的故事，我愿意去做。我告诉他我没有更多的意见。我向他

---

① Interview nl13-so- + 10-y-f.

② Interview nl2-s- + 10-n-f.

③ Interview nl17-med--3-n-f.

解释了我的想法，并告诉他这可能是徒劳的，但如果他坚持要在法庭上表达自己的想法，我们就去做。①

在上文中，受访者表示，尽管他们认为案件胜诉机会渺茫，但仍会继续上诉，因为这可以为委托人提供向法官陈述案情的机会。

（二）尽职律师（负责任的律师）策略②

与对抗式辩护策略一样，尽职律师策略认为法律援助律师的道德责任也源于其在法律体系和社会中扮演的角色（角色道德），但二者对法律援助律师角色的理解有所不同。对抗式辩护律师策略认为法律援助律师是委托人在法律体系中的代理人，尽职律师策略则认为法律援助律师是司法公正和法律制度的捍卫者。即便作为委托人的辩护人，尽职律师首要承担的也是维护法律制度的责任。其为了公共利益，依法推动实现司法公正、维护法律制度所追求的社会公益。尽职律师要为委托人的利益辩护，也要向委托人解释法律并帮助他们遵守法律。尽职律师在履行辩护职责时，有责任保障法律的完整性并遵循法律精神。但其不会利用程序规则的漏洞或不成立的观点来违背法律的本质和精神。尽职律师还为委托人充当法律守门人的角色。

一些受访者倾向于（或同等地）使用尽职律师这一术语来描述自己在庇护程序中的角色。有人称自己是在庇护程序中为委托人提供指导的人。一位法律援助律师解释说："我确实与委托人保持适当的距离。委托人才是案件当事人，我只是在确保程序顺利进行，并保障委托人在程序中得到最好的法律援助。"③他强调了法律援助律师在法律和委托人之间的协调作用。另一位受访者强调自己在促进公共司法、依法行政方面所发挥的作用：

……移民局的存在是有正当理由的，他们有责任依法拒绝申请。如果委托人的申请符合拒绝条件，就应当被拒绝。我不愿成为拒绝他们的人，但我理解这样做的必要性。委托人需要机会讲述自己的案情。如果他们符合庇护的条件，他们就应当被授予许可。他们逃离原籍国，如果仅仅出自失业或是其他

① Interview nl1-s-+10-y-m.

② Parker(n 6) 60.

③ Interview nl15-s-3-10-n-m.

原因，而非面临危险，那么他们就必须返回原籍国。①

当谈到他们在庇护程序中的职能时，受访者强调，他们的责任是向委托人阐释法律，并说明他们获得庇护许可需要满足的条件。这表明法律援助律师在适用程序法时应遵守其目的。至于案件的实质性问题，应当由法院来判决，或者由移民局在审查中决定。“移民局负责作出决定，但所提供的法律援助应当达到高标准”。②因此，这些受访者表明，不论委托人对案件的看法如何，只要诉求在法律上站得住脚，他们就会提出诉求。他们会利用法律上的可能性推进委托人案件，但始终以现行法律为依据。这是一种审慎而非积极的态度。

总结来说，前两种方法是基于角色道德，通常不涉及个人道德信念。相比之下，后两种方法不是基于角色道德，而是基于个人道德，即将一般道德原则与法律实践相结合，尽管二者的实践方式有所不同。

（三）道德行动主义策略③

道德行动主义策略要求法律援助律师根据其内化的一般道德原则来促进善行。④具体来说，法律援助律师应致力于伸张正义，因为这是法律制度的本质。如果现行法律制度、法律程序与法律援助律师的正义理想相符合，那么道德行动主义的实践与尽职律师的策略不会有太大区别。然而，当现行法律与律师的正义理念不符时，法律援助律师可能不会认为自己受到法律义务的约束。相反，法律援助律师可能认为自己有责任伸张正义，即使这意味着改变或挑战现行法律。法律援助律师有责任为了公共利益，努力促使法律和法律机构在实质上更加公正。这种行为也可被称为“公益律师行为”或“社会律师行为”。⑤尽职律师的工作是为了维护现行法律的公正性，他们意识到自己受到公共制度的约束，于是并不主动寻求改变。相比之下，道德行动主义律师挑战现行法律是为了促使国家法律在实质上更加公正，以符合超国家义务（例如庇护和人权法）或法律之外的社会正义，这被视为

① Interview nl5-so-2-10-n-f.

② Interview nl15-s-3-10-n-m.

③ Parker(n 6) 65.

④ 这不一定是正式的哲学理论，可能只是法律援助律师的个人道德和人生哲学。

⑤ Austin Sarat & Stuart A. Scheingold, *Cause Lawyering: Political Commitments and Professional Responsibilities*, Oxford University Press, 1998, p.7.

道德行动主义的特征。

对现行庇护法律制度的适用存在异议，是采用道德行动主义策略的另外一个主要动机，这可以从受访者关于处理某些“无胜诉可能案件”的叙述中看出。一些受访者解释说，在特定时期的政策和判例法的背景下，有些案件看似没有胜诉的可能，但他们会继续推进，因为他们认为现状存在错误，需要改革。有人认为：

> 从目前的判例法和荷兰的实践来看，在法律上的处理确实是正确的。但我认为应该有所改变。这就是我的动机。我认为在法律上应该有不同的处理方式，我不同意目前的权衡方式。这似乎是一场注定失败的战斗，但我仍然认为我们应该继续这样做，直到国务委员会改变立场。因为如果我们接受了现状，那么它将永远不会改变。所以这是一种抗议……①

还有受访者提到，他们继续处理在国家层面看似没有胜诉希望的案件，目的是最终能够向欧洲人权法院提起上诉。他们的主要动机不是为了帮助个别委托人，而是希望改变法律或政策，促进制度变得更加公正。这要求在某些情况下持续进行诉讼，这种做法被称为提供“结构性法律援助”的一种形式。②受访者解释说，他们会相互交流案件进展和策略，并讨论可能带来的积极成果。“最终，欧洲人权法院证实了我们的观点是正确的。当时有 12 个案件在欧洲人权法院审理。国家法院驳回诉讼请求并不意味着我们应该放弃。”③

在这些叙述中，有一种观点认为，法律从业者的职责是“对政府持批判态度”。④下面这段话很好地说明了这一观点：

> 这就像用锤子敲门，直到门被打破。如今，我们唯有坚持上诉到斯特拉斯堡的欧洲人权法院，才有可能促成变更。政府持坚定立场，认为我们应该接受现状。我们只能思考政策的适用问题：“他有资格成为基督徒，而他没有。”我们不必以改变政策为出发点。“作为政府，我们做得非常好”，作为法律援助律师，我们不会接受这种说法，我们会继续努力。⑤

① Interview nl17-med--3-n-f.
② Interview nl8-s- + 10-y-m.
③ Interview nl2-s- + 10-n-f.
④ Interview nl11-med-3-10-y-m.
⑤ Interview nl20-med- + 10-y-m.

在这些叙述中，我们看到了道德行动主义策略的推理模式，即法律援助律师有责任推动法律制度变得更加公正，使其最终服务于司法的公共利益。这包括不断测试法律的界限，并启动无胜诉可能的案件程序，以期最终产生一个更加公正的制度。

（四）关系型律师（关怀伦理）策略①

与道德行动主义策略一样，关系型律师策略涉及个人道德与法律实践的结合，它建立在个人道德而非角色道德上。道德行动主义策略着重于正义和社会变革，而关系型律师策略侧重于维护个人关系而非推动社会变革。这种策略关注的是避免伤害，同时“试图全面服务于委托人和其他相关方的最佳利益，将道德、情感和关系的维度整合进法律解决方案中”。②因此，与对抗式辩护不同，它强调法律援助律师对委托人及其个人关系的责任，将委托人的最佳利益放在人际关系网络中考量。这种方法认为，人际关系的价值高于法律制度、社会正义的观念。帕克认为，“关怀伦理”对法律实践产生了重要影响，因为它鼓励法律援助律师以更全面的视角审视委托人及其问题（考虑委托人可选择方案的非法律性后果、非经济性后果），强调法律援助律师的参与方式、法律援助律师与委托人之间的交流，并提倡预防性的问题解决方式（非对抗性）。关系型律师策略与对抗式辩护策略的区别还在于，前者没有偏离角色道德（法律援助律师是否理解或赞同委托人的意愿并不重要，因为法律援助律师持有中立的、非道德性的立场），但是偏离了个人道德（法律援助律师确实理解并赞同委托人的意愿，在特定案件中追求委托人的利益与个人道德相一致）。关系型律师可能会不愿或不能向个人道德妥协，而有选择性地放弃职业义务，或根据自己的信仰改变职业义务，法律制度和职业行为的规则虽然经过权衡，但并不提供道德正确与否的最终答案。以上是笔者所理解的关系型律师的一个方面。③总之，关系型律师的服务涵盖了委托人案件的所有情况和特殊性（包括法律和非法律

---

① Parker(n 6) 68.

② Parker(n 6) 70.帕克将其称为“关爱伦理”，并得出结论认为，这是所讨论的两种方法的核心所在。Carol Gilligan, *In a Different Voice: Psychological Theory and Women's Development*, Harvard University Press, 1982. Thomas L. Schaffer, Robert F. Cochran, *Lawyers, Clients and Moral Responsibility*, West Publishing Company, 1994.

③ Rand Jack, Dana C. Jack, *Moral Vision and Professional Decisions: The Changing Values of Women and Men Lawyers*, Cambridge University Press, 1989, p.120.他们提到这是“最低限度的角色识别”的一个方面，如采用一种关心的道德，而不是一种权利的道德方法。

方面），并在职业道德和个人道德等方面进行权衡。

在庇护案件中，一些受访者表示，他们会协助委托人起诉，让其有机会出庭。他们认为，这样的做法也是出于人道主义考量。从“人性的角度”出发，他们不能让当事人感到失望，“你可以想象，人们总是希望尝试一切可能的方案”。①此外，几位受访者提到，法院判决有助于委托人更容易地接受判决结果并继续生活，“这对人们来说意味着结束”。②接下来的叙述明显地展现了法律援助律师对个人、社群和人际关系的责任，以及法律援助律师对委托人和相关问题的全面理解，法律援助律师还在与委托人的对话中确立了自己的方法：

> 如果委托人向我解释他想拖延程序的原因——例如文件还在途中，或者他的妻子即将分娩——这些都可以成为启动案件程序或提出异议的理由，即使胜诉的可能性不大。但这样至少可以争取时间……是的，这些都是暂时的，但如果人们表示他们需要几个月的时间，这也是可以接受的。这可以成为我们采取行动的一个理由。

在这里，个人道德与法律实践相结合。法律援助律师不仅评估并了解委托人的意愿，还帮助委托人从多角度解决问题，而不再局限于寻求法律解决方案。

一位受访者所举的例子是应用这种方法的典型案例，尽管这种情况较为罕见。该案件涉及法律援助律师帮助委托人通过“假皈依”来取得居住许可证，目的是使其正式成为基督徒。③委托人原本持有居留许可，但后来该许可被撤销。他是一名在荷兰生活、学习的年轻人，拥有稳定的恋情，荷兰语流利，是一个“非常好的人”。受访者解释说，虽然这不是她通常的做法，但她认为这个年轻人足够聪明，能够做到这一点，因此她决定提供帮助。当被问及她是否因此感到不安时，她说：

> 不，考虑到具体情况……你看，有很多人都获得了许可证……有时人们获得了许可证，但我在想，这是怎么回事呢……所以我想，这次我要充分利用这个制度……因此，我并不为此感到困扰。事实上，我觉得这很有趣，我想看看这样做是否真的有效。④

① Interview nl12-med--3-n-m.

② Interview nl16-so-+10-y-m.

③ 基于宗教的迫害是获得保护和合法居留权利的理由。

④ Interview nl10-so-+10-y-f.

这一做法可以被视为关系型律师策略，因为它是一种参与型律师方法，认为人际关系的重要性超越了法律制度和社会正义理念。在这种情况下，她选择性地放宽了对职业义务的坚持。

五、结论与讨论

在研究荷兰庇护法律援助律师处理“无胜诉可能案件”的道德推理过程时，笔者发现帕克的分类法与访谈中提炼出的道德推理方法相一致。因此，笔者同意埃文斯和福加斯的观点，即这些道德方法不仅适用于澳大利亚的普通法制度，也“很可能适用于具有不同法律传统的司法管辖区”①。

庇护申请人的特点(通常处于弱势、面临高风险、孤立无援地对抗“终极重复诉讼人”——国家)，在某种程度上解释了受访者为何高度重视委托人的利益(对抗式辩护策略和关系型律师策略的结合)。②此外，庇护法是一个政治性很强的法律领域。庇护制度的运作方式及其是否形成公正的裁决，是理解受访者选择不同的道德推理方法的关键。道德行动主义策略和关系型律师策略在协助委托人时所采用的推理方法，与法律援助律师关于法律及庇护制度的道德观念紧密相关。在庇护和移民法领域，阿佩尔克维斯特(Appelqvist)和莱文(Levin)的研究表明，法律援助律师对法律的看法、对他们所处制度的理解，对于揭示他们的选择及对自身角色的看法而言非常重要。③阿佩尔克维斯特在研究瑞典法律援助律师对难民法的态度和工作动机时发现，法律援助律师对庇护案件的投入与他们对法律缺陷的认识，以及他们为维护庇护申请人权利而作的斗争紧密相关。④她发现，那些对裁决程序持怀疑态度并持批评立场的律师，会利用自己的专业技能来对抗他们所感知到的不公正和不平等。因此，庇护法的实质性内容，如限制性的庇护政策和决定机构的运作方式，以及法律援助律师对这些内容的不认可，对他们如何执行工作具有显著影

① Evans & Forgasz(n 22) 138(n 13).

② 荷兰的专业和法律机构背景也在这方面发挥着作用。Butter 2018(n 16).

③ Appelqvist(n 11); Levin & Mather(n 2).

④ Appelqvist(n 11) 85.

响。同样,莱文的研究揭示了一些美国移民律师的态度,尽管许多人认为移民制度存在不公平,但他们不会拒绝可能撒谎的委托人,他们的理由是政府有责任去核实真相。①这些研究表明,个人价值观对法律和律师职业的信念在塑造他们的职业道德方面具有显著的重要性。

笔者对庇护法律援助律师的研究结果印证了莱文和马瑟(Mather)的观点,即法律援助律师对法律道德的看法会影响他们处理道德困境的方式。"当法律援助律师认为其所处的特定法律体系或制度存在不公平、不公正或不真实的情况,就可能会导致法律援助律师采取更具有争议的行为,或形成与现行法相悖的规范"。②至于让个人道德超越角色道德的行为是否"有问题",这是一个规范性议题,本文不作评判。③

所有关于庇护法律援助律师道德推理的研究结果,应当放在荷兰的制度背景下进行解读。尽管庇护法在欧盟乃至国际层面上没有太大差异,但每个国家的专业和制度环境都有不同的具体情况。这些差异可能会规定或要求特定的角色道德,并可能影响法律援助律师为庇护申请人提供法律援助时根据个人道德采取行动的自由程度。虽然这些背景因素不在本文的讨论范围之内,但在理解寻求庇护法律援助律师的职业道德时,它们的作用不能被忽视。④尽管本文提出的研究结果应当结合访谈时荷兰的实际情况来理解⑤,但笔者要指出的是,采用不同的推理方法、考虑庇护申请人的特点,以及对庇护法具体内容的观察,对于理解研究结果具有更普遍的意义。⑥

---

① Levin(n 69) 87.

② Levin & Mather(n 2) 369.在荷兰,我们可以讨论启动没有胜诉可能的程序是否与实在法相抵触的问题。Tom Barkhuysen, Vooraf, *Nederlands Juristenblad*, 2014, Vol:1675:32, p.2227. Butter 2018(n 16) 43.

③ 休(Hew)警告说,在为难民提供法律援助时,尤其是在决定向谁提供帮助及如何提供帮助方面,在作出专业决定时不要受到个人道德的影响。Jonathan Hew, Fighting the Good Fight? Lessons from the Global South on Providing Legal Aid to Refugees in Difficult Situations, *Legal Ethics*, 2019, Vol.22:1—2, pp.89, 92.尼科尔森(Nicolson)主张"对情景敏感的道德行动主义"。Donald Nicolson, Afterword: In Defence of Contextually Sensitive Moral Activism, *Legal Ethics*, 2004, Vol.7:2, p.269.

④ 关于荷兰和英国的专业和制度背景的作用见 Butter 2018(n 16)。与此相关的是,荷兰强调党派原则,而英国的专业规则规定,在原则冲突的情况下,在特定情况下应优先考虑最符合公共利益的原则,尤其是适当司法的公共利益。

⑤ 值得注意的是,访谈是在庇护申请人人数相对较少的时期进行的,因此法律援助律师的工作分配也较少。在工作较多的情况下,实际的决定可能会有所不同。见 Butter 2018(n 16) 64 ff。

⑥ Ibid.,与英国的比较也表明了这一点。

忠诚、良心与回避：政府律师与众不同吗？

[英]安德鲁·马丁(Andrew Martin)*

蔡艳娟　吴　鑫** 译

一、引　言

作为一名独立执业的律师，个人良知在决定是否接受客户委托时发挥着至关重要的作用。然而，在实际操作中，律师往往面临诸多限制，在联邦或省级政府供职的律师更是如此。本文深入分析了法律伦理中的“忠诚”“良心”和“回避”三大概念，并探讨了这些概念如何适用于政府律师的实践。

政府律师很特别，他们的身份具有双重性——既是国家工作人员又是律师。他们肩负着伊莎贝拉·桑德森(Elizabeth Sanderson)所描述的三层职责①，每层职责又有自己的一套责任体系。第一层职责是“政府的律师”：一是参与政府职能部门的规范文件的审查；二是对政府的重大事项进行法律论证，提出可行性分析；三是代理政府及相关部门进行诉讼。第二层职责是“困难群众的律师”，即协助法律援助机构承办法律援助案件，解决困难群众打官司难的问题，促进社会公正，维护

---

* [英]安德鲁·马丁，加拿大安大略省律师协会会员，达尔豪斯大学法学院助理教授。本文原载于《马尼托巴省法律期刊》第46卷第2期。

** 蔡艳娟，上海外国语大学2022级法律硕士研究生。吴鑫，上海外国语大学2022级法律硕士研究生。

① Elizabeth Sanderson, *Duties and Ethical Challenges of Government Lawyers*, Toronto: LexisNexis, 2018, p.2.

公民的合法权益。第三层职责是“公益诉讼的律师”，为涉及政府和社会公众的重大利益纠纷提供专项法律服务。

正如洛恩·索辛（Lorne Sossin）指出，政府律师需要在许多相互冲突的职责之间寻求平衡。这些职责包括对立法机关负责、对公众公开透明、对申请人及其家属负责、兼顾个人职业责任和道德信仰及法治、对政府和王室荣誉负责、平衡各个政府部门的利益、进行自我保护等。在特定情况下，如何协调这些责任，体现了制度结构和个人取向的相互作用。①

在政府律师的职责履行过程中，“制度结构”与“个人偏好”之间的相互作用尤为显著。②对于政府律师而言，他们不仅要履行律师的职责，还要承担公务员的角色，这使得他们在平衡“个人良知”与制度所规定的“职业责任”时面临更为复杂的挑战。尽管政府律师的职业责任与私营部门律师的责任在本质上相似③，但二者在具体实施过程中呈现出显著的差异。这些差异主要源于政府律师在执行公务时必须遵循的特定规则和程序，以及他们在代表公共利益时所承担的特殊职责。因此，对于政府律师而言，如何在维护个人良知与履行职业责任之间找到平衡点，成为一个需要特别关注和深入探讨的问题。这不仅关系到律师个人的职业发展，还关系到法律服务的质量和公共利益的实现。

虽然在实践中要求政府律师辞职的情况并不常见，但作为承担双重身份的法律专业人士，政府律师确实应当具备随时准备辞职的意识。这种准备不仅仅是职业上的警觉，更是一种职业道德上的自觉。这种自我反思和准备是政府律师职业素养的重要组成部分，有助于他们在复杂的法律环境中保持职业的正直和效能。

本文的分析包括以下四个方面。第二章探讨了在律师行业中被广泛应用的法

---

①② Lorne Sossin, “From Neutrality to Compassion: The Place of Civil Service Values and Legal Norms in the Exercise of Administrative Discretion”, *University of Toronto Law Journal*, Vol.55:3, 2005, pp.427—428.

③ 参见 e. g. Federation of Law Societies of Canada, *Model Code of Professional Conduct*, Ottawa: FLSC, 2009, last amended 2022。参见 esp rr 1.1-1，“在本法典中，除非上下文另有说明……”律师事务所“包括一名或多名律师，执业于：……（d）政府、皇家公司或任何其他公共机构”；3.4-19：“规则 3.4-20 至 3.4-22 不适用于联邦、省或地区政府雇用的律师，该律师从一个部门、部委或机构调到另一个部门或机构后继续受雇于该政府。”另见第 3.4-17 条规定，“事项”指案件、交易或其他客户陈述，但在此类陈述中不包括提供一般“专业知识”，对政府律师来说，指提供政策建议。

律伦理概念——个人良心、忠诚和回避；第三章分析了这些伦理对政府律师所产生的特殊影响；第四章讨论了司法部部长作为官方首席法律官员的特殊性；第五章则探析了政府律师适用回避制度的一些门槛；第六章对上述分析中存在的问题进行反思。

首先，根据《加拿大权利与自由宪章》(以下简称《宪章》)第2(a)条规定，个人良心在法律伦理领域得到了明确规定。①该宪章所保障的信仰自由和个人良心权利，不仅约束政府行为，还适用于律师协会等监管机构，并且对政府律师具有特别的适用性。②然而，考虑到与个人良心相关的判例法尚不完善，本文将不以《宪章》中规定的权利为重点。

其次，《宪章》第2(b)条规定的追求自由的权利，在律师职业实践中可能受到限制。即律师为了适应环境变化而辞职的行为，可能会受到检举法规的制裁，这似乎有些极端。正如下文所述，良心自由也许是一个参考框架或切入视角，来评估律师决策的正确性。③

再次，尽管检举法规在法律体系中具有优先效力，但本文并未集中讨论检举的概念。④这是因为检举法规的适用范围相对有限，且受到"律师—委托人特免权"原则的限制。⑤本文分析的焦点在于，在检举法规不适用的情况下，一个秉持良心的政府律师应当做什么，以及可以做什么。在此基础上，本文预设了一个前提，即政府律师不应出于公共利益的考量而选择回避。

此外，政府律师的角色具有复杂性，其主导身份是律师还是公务员？这不仅是一个法律问题⑥，在某些情况下，还是一个涉及个人价值观的问题。因此，对这一

① Canadian Charter of Rights and Freedoms, Part I of *the Constitution Act 1982*, being Schedule B to the Canada Act 1982(UK), 1982, c 11.

② 参见 e.g. Histed v. Law Society of Manitoba, 2007 MBCA 150 at para 43, leave to appeal to SCC refused, 2008, p.32478。

③ 参见 Matthew Windsor, "The Special Responsibility of Government Lawyers and the Iraq Inquiry", *British YB Int'l L 159*, Vol.87:1, 2016, p.175。

④ 参见 Andrew Flavelle Martin, "Legal Ethics for Government Lawyers: Confronting Doctrinal Gaps", *Alta L Rev 169*, Vol.60:1, 2022, pp.174—191。

⑤ 参见 John Mark Keyes, "Loyalty, Legality and Public Sector Lawyers", *Can Bar Rev 756*, Vol.97:1, 2019, p.756。

⑥ 参见 Andrew Flavelle Martin, "Legal Ethics for Government Lawyers: Confronting Doctrinal Gaps", *Alta L Rev 169*, Vol.60:1, 2022, pp.172。参见 Allan C. Hutchinson, "In the Public Interest: The Responsibilities and Rights of Government Lawyers", *Osgoode Hall LJ 105*, Vol.46:1, 2008, p.115。"可以说，所有政府律师，包括起诉律师，先是政府官员，而后才是律师。"

问题的深入分析和回答，可能会对政府律师在特定情境下的决策产生显著影响。

最后，在少数情况下，律师可能会认为违反职业准则是出于道德责任。正如大卫·鲁班所指出的，“当道德义务与职业义务严重冲突时，律师有时必须扮演不服从职业规则的公民角色”。①本文更加关注职业规则具体允许和要求律师采取哪些行动，这对于明确哪些规则必须遵守而言，具有紧迫的道德意义。

二、法律伦理中的良心、忠诚和回避

在加拿大法律实践中，普遍接受的原则是，除非律师是由法院指定的，否则他们有权基于任何非歧视性的人权理由，对任何客户或案件作出回避。②然而，律师在决定回避特定客户或案件时，应行使审慎原则。正如麦肯锡（MCK）所阐释的，“审慎”意味着律师应评估客户是否难以找到其他代理人。③至少有四个原因使得律师必须拒绝一个客户或案件：利益冲突、能力不足、轻率行为，以及成为该案件证人的可能性。④

相较之下，加拿大对于已经接受客户委托的律师施加了更为严格的回避条件⑤

---

① David Luban, *Legal Ethics and Human Dignity*, Cambridge: Cambridge University Press, 2007, p.63.

② 例如，参见 FLSC《示范法》，第 6.3-1 条规定：“律师不得直接或间接歧视同事、雇员、客户或任何其他人。”Alice Woolley, *Understanding Lawyers' Ethics in Canada*, Toronto: LexisNexis Canada, 2016, at paras 3.7—3.8.（现为阿尔伯塔省法院法官 Woolley）; Mark M Orkin, *Legal Ethics*, Toronto: Thomson Reuters, 2011, p.89. Beverley G Smith, *Professional Conduct for Lawyers and Judges*, Fredericton: Maritime Law Book, 2011, Chapter 2, para 10; Allan C Hutchinson, *Legal Ethics and Professional Responsibility*, Toronto: Irwin Law, 2006, pp.75—76.[Hutchinson, Legal Ethics]; Gavin MacKenzie, *Lawyers & Ethics: Professional Responsibility and Discipline*, Toronto: Thomson Reuters, 2019, Chapter 2, 42.2. Hutchinson 的 *Legal Ethics* 第 75—76 页指出，如果没有具体的职业行为规则，省级人权法将禁止这种歧视。

③ 参见 Alice Woolley, *Understanding Lawyers' Ethics in Canada*, Toronto: LexisNexis Canada, 2016, r 3.13。“与诉诸司法有关的义务通常是时间性的，并没有赋予律师拒绝在任何特定案件中采取行动的一般自由选择权。”另见 Hutchinson 所著 *Legal Ethics*，“虽然向律师协会随叫随到的宣誓通常包含‘拒绝任何人的正当理由’的承诺，但这更像是一种象征性的窗口着装姿态”。

④ Alice Woolley, *Understanding Lawyers' Ethics in Canada*, Toronto: LexisNexis Canada, 2016, at paras 3.11—3.12.

⑤ Brent Olthuis, “Professional Conduct”, in Adam M Dodek, ed, *Canadian Legal Practice: A Guide for the 21st Century*, Toronto: LexisNexis Canada, 2009, vol 1 at Chapter 3, para 3.193.

最基本的要求是，律师必须有充分且正当的理由，并提供合理的通知。①根据加拿大法律协会联合会（FLSC）《职业行为示范法》（*Model Code of Professional Conduct*，本文简称 FLSC《示范法》）第 3.7-7 条规定，正当充分的理由如下："a)被客户解雇；b)客户要求律师违反职业道德；c)该律师没有能力继续处理该事项。"②沃利（Alice Woolley）指出，在以下情况下，已获得授权的律师也应考虑回避：与客户存在利益冲突；③客户涉嫌从事不诚实、欺诈、犯罪或非法的行为；④律师和客户之间存在严重的信任缺失；客户未能支付约定的费用。具体而言，信任缺失的情况可能包括律师被客户欺骗，客户在重大问题上拒绝接受律师的建议，客户在重大事项上不合作，或律师难以从客户那里获得充分明确的指示。⑤

尽管如此，关于律师在接受委托后应何时回避的问题，FLSC《示范法》并未提供明确的指导，学术界也对此缺乏共识。沃利认为，律师可能出于以下原因回避客户或案件：客户或案件要求律师违背其良心；律师的辩护可能与其道德信仰相悖；律师的立场与客户的要求不一致。⑥沃利在此提出三个关键观点，一是尊重职业规则所强调的人权，二是对利益冲突进行专业监管，三是对律师的能力进行监管。沃利指出，当存在利益冲突时，律师的个人信仰可能会影响其工作效果，如果律师的个人感受或道德评价影响其代理行为，则表明律师的能力不足。⑦这种监管旨在确保律师不从事违法行为，并促使客户遵守法律。

关于强制性退出或选择性退出的问题，政府律师在何种情况下可以这样做，仍然基于职业行为相关规则。FLSC《示范法》明确指出，能力不足是强制性退出的一

① *FLSC Model Code*, r 3.7-1.

② *FLSC Model Code*, r 3.7-7.

③ Alice Woolley, *Understanding Lawyers' Ethics in Canada*, Toronto: LexisNexis Canada, 2016, at para 3.134; *FLSC Model Code*, r 3.4-1.

④ Alice Woolley, *Understanding Lawyers' Ethics in Canada*, Toronto: LexisNexis Canada, 2016, at para 3.136; *FLSC Model Code*, r 3.2-8. See also r 3.2-7.

⑤ *FLSC Model Code*, r 3.7-2, 3.7-3. See also rr 3.7-4, 3.7-5,关于在刑事案件中因未付款而退出的规定。

⑥ Alice Woolley, *Understanding Lawyers' Ethics in Canada*, Toronto: LexisNexis Canada, 2016, at paras 3.14—3.24.

⑦ Alice Woolley, *Understanding Lawyers' Ethics in Canada*, Toronto: LexisNexis Canada, 2016, at para 3.20.

个理由。[①]同样，在存在利益冲突时，只有当客户同意，且律师相信继续代理不会对客户或他人造成重大不利影响时，律师才能继续代理。[②]因此，如果律师认为自己无法胜任工作，或可能对客户或案件产生重大不利影响，他们必须退出。

学术界对于可选择性退出存在争议，因为“严重丧失信心”可能包括律师对客户或代理事项的主观反感。对此我们可以将加拿大的法律与美国的法律进行对比，[③]美国律师协会《职业行为示范规则》规定了“当对客户或委托事项极度反感时，律师可以拒绝接受法院指派。因为这种反感可能会损害客户与律师的关系，或影响律师代理事项时的能力表现”。[④]如果律师仅因反感就可以拒绝接受法院的指派，那么他们更有理由拒绝接受非法庭指派的客户或案件。美国律师协会《职业行为示范规则》与加拿大的规定相似，都涉及律师的“反感”情绪。但需要注意的是，接受委托后，律师退出的理由不再是对客户本人或案件的反感，而是对客户行为的反感。也就是说，如果“委托人坚持采取律师反感或与律师有根本分歧的行动”，律师可以退出委托。[⑤]这种反感的重心转移表明，接受委托前，反感客户或案件是律师回避的正当理由，接受委托后，对委托人行为的反感成为退出的正当理由。

美国律师协会《职业行为示范规则》对“反感”的规定，为加拿大职业规则中最模糊的部分提供了相对明确的指导。无论是从利益冲突、能力冲突还是丧失信心的角度来看，关于律师事前回避或接受委托后退出的问题中，都存在如何认定“反感”的分歧。沃利认为，尽管可以开发一个客观的反感度测试，但认定“反感”主要还是取决于特定律师的个人主观反应。当律师主观上认为特定的委托人或行为令人反感时，就可能构成潜在的利益冲突。这种反感并非基于客观测试，而是律师对特定委托人或行为的主观感受。

尽管这种主观因素似乎妨碍了客观判断，但值得注意的是，主观因素也存在于

---

① *FLSC Model Code*, r 3.7-7(b)：“如果出现以下情况，律师必须退出：……律师没有能力继续处理某一事项。”

② *FLSC Model Code*, r 3.4-2.

③ American Bar Association, *Model Rules of Professional Conduct*, Chicago: American Bar Association, 2020[ABA Rules].

④ Ibid., r 6.2(c).

⑤ Ibid., r 1.16(b)(4).

职业行为规则中。例如,FLSC《示范法》规定:“律师在担任辩护人时,不得有意协助或纵容客户做律师认为不诚信或不道德的事情。”①如果用客观标准来评估律师的真诚,存在的问题是这种真诚可能只是表面上的,而非真实的主观意图。

将《宪章》中规定的良心自由纳入这一分析框架,可以激发学术界对主观性的探讨。良心自由原则之所以发展缓慢,部分原因是在诉讼程序中有争议的信仰往往具有宗教性质。②据报道,首次根据良心自由原则成功实现自己主张的是一名囚犯。该囚犯曾出于宗教原因成为素食者,但根据良心自由原则选择放弃宗教信仰,并提倡日常饮食。③正如安大略上诉法院最近重申:“良心自由超越了宗教自由,保护的是坚定的道德伦理信仰,而不仅仅是宗教信仰。”这种信仰的真实性才是关键,而非其准确性。④良心自由可以保护某一职业的基本伦理,如律师的是非判断能力,这种能力植根于法律伦理本身,而非外部宗教信仰。尽管这可能会超出社会共识或法律对职业行为规则的要求,但真诚在一定程度上缩小了主观性的范围。然而,鉴于良心自由原则尚不完善的现状,尚不清楚它是否会为律师提供更多的保护。⑤

三、良知、忠诚和回避对政府律师产生的特殊影响

政府律师在以下两个方面与其他律师不同。一是所有内部法律顾问(即法务)都有一个特点——身份更像公司的员工,因为他们只为一个公司服务。二是政府律师的业务具有独特性,并受到特定规范的约束。

政府律师和公司内部法律顾问一样,在接受聘用时,即同意无限制地为组织类型的客户服务。沃利指出,接受政府律师职位的决定意味着“对特定案件中客户的

---

① *FLSC Model Code*, r 5.1-2(b).

② e.g. Christian Medical and Dental Society of Canada, *2019 ONCA 393*, at para 85.

③ Maurice v. Canada(Attorney General), 2002 FCT 69[*Maurice*].据一位评论员称,“Maurice代表了加拿大基于良心的自由法学的最高点”。Richard A Haigh, “A Burl on the Living Tree: Freedom of Conscience”, in Section 2(a) of the Canadian Charter of Rights and Freedoms, *University of Toronto Faculty of Law*, SJD Thesis, 2012,[unpublished] at 136[Haigh]。

④ e.g. Haigh, citing Syndicat Northcrest v. Amselem, 2004 SCC 47 at para 56.

⑤ Andrew Flavelle Martin, “The Future of Mandatory Reporting Laws: Developing a Legal and Policy Framework for Determining What Reporting Obligations to Impose on Professionals”, *University of Toronto Faculty of Law*, *SJD Thesis*, 2017, pp.286—291.[unpublished]

选择施加了一定的预先限制”。尽管沃利认为选择在律师事务所工作也同样如此①，当成为律所的员工时，律师大多失去了一些拒绝某些案件的自由，至少从雇主的角度来看是这样。正如我将在下文中再次提到的，律师不能以合同的形式免除他们的职业义务。因此，如果律师接受案件会违反职业行为规则，雇主就无权要求律师承接该案件。②除此之外，政府律师和内部法律顾问若想继续受雇，则似乎并没有真正的权利去拒绝某项事务。

与所有内部法律顾问一样，政府律师的回避可能意味着辞职。③正如约翰·马克·基尼斯(John Mark Keyes)所指出的，“公共部门的律师选择回避等于拒绝继续为指定的案件或特定的政府单位工作，这可能会导致纪律处分，甚至被终止雇佣关系”。④与此类似，伊莎贝拉·桑德森也写道，对于政府律师来说，“拒绝代理客户是完全不同的，这是一个非常严肃的决定”。⑤桑德森进一步阐明了两种不同的回避情形：一是通过请求调任其他部门来回避案件，在这种情况下，委托人仍然是政府；另一种是通过辞职来完全回避案件。⑥

然而，与内部法律顾问不同的是，接受并继续担任政府律师意味着成为非政治性公共服务部门的一员，并接受“官僚中立的宪法惯例”，以及认识到在一个负责任的政府体系中，王室所具有的独特角色⑦(事实上，律师被期望对宪法惯例有特殊的

① Alice Woolley, *Understanding Lawyers' Ethics in Canada*, Toronto: LexisNexis Canada, 2016, at para 3.22.

② e.g.Federation of Law Societies of Canada, *Model Code of Professional Conduct*, Ottawa: FLSC, 2009, last amended 2022, r 3.7-7(b):“如果……客户坚持指示律师违反职业道德，律师必须退出。”

③ 参见 Alice Woolley, Understanding Lawyers' Ethics in Canada, Toronto: LexisNexis Canada, 2016 at para 3.136:“有效离职可能意味着辞职。”关于“代表一个组织行事的律师”，“在某些但不是所有情况下，退出意味着辞去他或她与该组织的职位或关系，而不仅仅是退出在特定事项上的行动”。

④ John Mark Keyes, “Loyalty, Legality and Public Sector Lawyers”, *Can Bar Rev 756*, Vol.97: 1, 2019, p.765.

⑤ Elizabeth Sanderson, “Duties and Ethical Challenges of Government Lawyers”, *Toronto: LexisNexis*, 2018, pp.173—174.

⑥ Elizabeth Sanderson, “Duties and Ethical Challenges of Government Lawyers”, *Toronto: LexisNexis*, 2018, p.174.

⑦ Lorne Sossin, “From Neutrality to Compassion: The Place of Civil Service Values and Legal Norms in the Exercise of Administrative Discretion”, *University of Toronto Law Journal*, Vol.55:3, 2005, p.431; Elizabeth Sanderson, “Duties and Ethical Challenges of Government Lawyers”, *Toronto: LexisNexis*, 2018, pp.101—103, 106—107, 237—238.

敏感性)。要做到这一点,律师必须在努力区分作为一个持续性实体组织的王室和当今政府的同时,为两者服务。①与所有客户一样,政府也可能会改变其法律立场和战略,并且如所有的企业组织客户一样,其立场的改变往往是由管理层的变动引起的。而与企业组织客户不同的是,政府管理层发生的巨大变动一般会随着选举定期产生;与其他所有客户不同的是,政府至少间接地通过政府律师为公共利益服务。②

为公共利益服务的承诺并不等同于具有决定公共利益的特殊能力或责任③,也不必然表明政府律师更倾向于回避某些案件。事实上,通过接受政府的聘任,成为非政治公共服务的一员,意味着律师不仅承认无论当今政府的意识形态和决定如何,他们都将为其服务,还承认他们将为未来可能有着截然不同的意识形态和决定的政府服务。这就提出了一个问题:政治意识形态与是非对错之间是否存在真正意义上的区别?加入公务员队伍时,政府律师所作的非政治和无党派承诺显然包括执行自己在政治上不同意的决定和指示。笔者认为,鉴于一个负责任的政府所具有的民主合法性,以及是由政府而非政府律师来决定哪些事情符合公众利益,公众更加能够容忍政府律师可能犯下的过错。④

此外,当政府律师收到了违背道德的指示时,为了尽可能地维护公共利益,不管是劝说当事人还是采取其他缓和措施,律师们都会选择拒绝回避。当律师怀疑他们的继任者会遵循不道德的指示,甚至可能正是因为他们愿意遵循这些指示而被选择时,他们坚守岗位,拒绝回避或退出就是非常必要的。⑤艾丽卡·纽兰(Erica

---

① 参见 e.g. Elizabeth Sanderson, "Duties and Ethical Challenges of Government Lawyers", *Toronto*: *LexisNexis*, 2018, pp.106—107。

② 参见 e.g. Elizabeth Sanderson, "Duties and Ethical Challenges of Government Lawyers", *Toronto*: *LexisNexis*, 2018, pp.91—98。

③ Elizabeth Sanderson, "Duties and Ethical Challenges of Government Lawyers", *Toronto*: *LexisNexis*, 2018, pp.98—99。欲了解对公共利益作为政府律师指导概念的深思熟虑的批评,请参阅 Jennifer Leitch, "A Less Private Practice: Government Lawyers and Legal Ethics", *Dal LJ 315*, Vol.43:1, 2020, pp.327—328。

④ Elizabeth Sanderson, "Duties and Ethical Challenges of Government Lawyers", *Toronto*: *LexisNexis*, 2018, pp.98—99.

⑤ 参见 e.g. Andrew Flavelle Martin, "The Legal Ethics Implications of the SNC-Lavalin Affair for the Attorney General of Canada", *Crim LQ 161*, Vol.67:3, 2019, pp.165—172。Luban 将这一概念称为"典型论点"。David Luban, "Complicity and Lesser Evils: A Tale of Two Lawyers", *Geo J Leg Ethics 613*, Vol.34, 2021, p.656.

Newland)将这种是否有必要退出的矛盾称为“留下的义务”和“离开的义务”。①对于一个政府及其行动确实在道德上十分令人厌恶的情况下，我们是应该避开它，还是应该继续工作？②例如，大卫·鲁班明确表示，“继续工作的唯一理由是不断努力实现一些善，或至少防止一些具体的恶”，他还提醒道，“在更重要的事情出现之前忍耐一下，冲动完全可以理解，但结果可能是永远裹足不前”。③同样，香农·普林斯(Shannon Prince)强调了这种考虑中的“紧迫性”。④丽贝卡·罗普赫(Rebecca Roiphe)指出，鲁班的分析即使在“正常时期”和没有“恶”的情况下也适用：“边缘地带总是存在着律师可以发挥影响力的空间……然而，对……相关性和影响力的渴望……绝不应取代律师的专业判断和对法治的义务。”⑤这也是笔者所赞同的。尽管如此，职业行为规则不允许律师以继任律师的道德水平较低为由拒绝回避或退出某项事务。⑥

在加入公职时，政府律师是否同意放弃律师对事务的自由选择权，包括拒绝处理某件事，以及在严重丧失信心的情况下回避某个案件的权利？如果不是，律师是否默许一项条款：如果他们行使这种自由决定是否回避的权利，他们将辞职；如果他们不辞职，他们可能会受到作为雇主的政府的纪律处分。根据沃利的论点，如果代理会违背他们的信仰，从而违反他们的职业道德和避免利益冲突的专业义务，律师当然不能同意放弃他们的自由选择权。

---

① Erica Newland, “A Practitioner's Perspective on Complicity and Lesser Evils”, *Geo J Leg Ethics 681*, Vol.34, 2021, pp.682—687.

② Leora Bilsky, Natalie R Davidson, “Legal Ethics in Authoritarian Legality”, *Geo J Leg Ethics*, Vol.34, 2021, p.665; Shannon Prince, “A Good and Virtuous Nature May Recoil: On Consorting With Evil To Do Good,Geo J Leg Ethics”, *Geo J Leg Ethics*, Vol.34, 2021, p.695.

③ David Luban, “Complicity and Lesser Evils: A Tale of Two Lawyers”, *Geo J Leg Ethics 613*, Vol.34, 2021, p.661; Leora Bilsky, Natalie R Davidson, “Legal Ethics in Authoritarian Legality”, *Geo J Leg Ethics*, Vol.34, 2021, p.665.

④ Shannon Prince, “A Good and Virtuous Nature May Recoil: On Consorting With Evil To Do Good,Geo J Leg Ethics”, *Geo J Leg Ethics*, Vol.34, 2021, pp.698—700.

⑤ Rebecca Roiphe, *Is Obedience Always Support? Government Lawyers in Evil Regimes*, online (blog) Jotwell, https://legalpro. jotwell. com/isobedience-always-support-government-lawyers-in-evil-regimes/.

⑥ Andrew Flavelle Martin, “Legal Ethics for Government Lawyers: Confronting Doctrinal Gaps”, *Alta L Rev 169*, Vol.60:1, 2022, p.172.

从加拿大最高法院在对克里格诉阿尔伯塔律师协会一案的裁决来看，显然，政府律师不能在合同中免除其作为律师的职业义务。政府的标准可以高于律师协会的标准，但不能低于律师协会的标准。①受雇于私人雇主的内部法律顾问所适用的标准也是如此。然而，目前尚不清楚的是，律师是否可以超出其职业自由选择权签订合同？笔者认为，这里的自由选择权指拒绝潜在客户事务，以及在“律师和客户之间严重失去信心”的情况下退出案件的权利。②

可以这么说，根据职业行为规则赋予律师的自由选择权，就像这些规则赋予他们的任务一样，对律师坚守职业精神来说是同样重要的。一方面，拒绝某些事务，或回避退出某些事务是保护其职业道德所必需的。如果一个律师自己确实有理由相信某些（违背伦理）行为是恰当的，他不会拒绝或者避免离开，这就会违背职业精神。回到沃利的观点，对案件或客户丧失信心的后果可能非常严重，这会使一个律师面临利益冲突，或不能完成他的工作，甚至两种情况都有。但即使没有达到这个程度，律师退出回避的自由决定权也可能有其重要之处和值得被保护之处。另一方面，当政府律师拒绝遵守政府的指示时，他们就是拒绝履行与政府间的雇佣条款。尽管个人的拒绝并不妨碍政府运作，也不会削弱个体的政府律师为其提供法律服务的能力，但是，拒绝的频度和广泛性将会对此产生影响。③雇主没有义务继续雇用一名不能或不愿履行其职责的律师，除非根据人权法，在该律师极其困难的情况下为其提供合理便利。正如拉尔夫·纳德（Ralph Nader）和艾伦·赫希（Alan Hirsch）所说，“如果政府律师经常发现任务在道德上难以让其接受，那么对他来说这份工作不适合他，他也可能会意识到这一点（从而辞职）”。④

---

① Krieger 诉阿尔伯塔省律师协会，2002 SCC 65，第 50 段：“在某些情况下，司法部部长要求保留工作的行为可能会超过律师协会的标准，但这种行为绝对不会低于律师协会的要求。”另见加拿大律师协会诉 Neinstein，2015 年 ONLSTA 5 第 49 段：“律师不能因其专业义务而签订合同”；Pham（Re），2015 LSBC 14，第 72 段：“律师在与客户关系相关的所有事项上必须始终公平、诚信地行事。律师不能出于其义务而签订合同。”另见《史密斯公司示范法》第 6.1-1 条：“律师对委托给他的所有业务负有完全的职业责任。”

② *FLSC Model Code*，r 3.7-2.

③ Elizabeth Sanderson，“Duties and Ethical Challenges of Government Lawyers”，*Toronto*：*LexisNexis*，2018，pp.173—174.

④ Ralph Nader，Alan Hirsch，“A Proposed Right of Conscience for Government Attorneys”，*Hastings LJ 31*，Vol.55：2，2003，p.317[emphasis in original].

如果政府律师的雇佣条款与他们的职业职责相冲突，那么简单的答案是他们必须拒绝聘用或辞职。根据这个简单的观点，在不辞职的情况下，政府律师无权要求政府作为其客户或雇主来履行其专业义务。正如法律职业规范所明确的，律师“不得……在知情的情况下协助或允许委托人做出以下任何律师认为不诚实或不光彩的事情”。例如，詹妮弗·莱奇（Jennifer Leitch）认为，在涉及政府和土著人民或其他弱势群体的诉讼中，纯粹的对抗性立场是有问题的。①

更复杂的是，政府通过强加一些条款来限制政府律师行使其专业自由决定权的行为违背了公共政策，更具体地说，违背了律师协会的独立性。在此观点下，政府强加条款的行为是不恰当的。这些条款对任何内部法律顾问来说都是具有挑战性的，对政府律师来说尤其如此。对他们而言，律师协会的独立性意味着既独立于国家，又独立于客户。

因此，与私人执业律师相比，政府律师在行使其职业自由决定权，并从一件工作中抽身而退时更加困难，但他们必须准备好在一些不可避免的情况下退出——尽管他们对无党派公共服务的理想作出了无私奉献。未来的政府律师在加入公共服务部门之前，必须了解并适应这种双重现实。

四、一个特例：司法部部长作为政府首席法律官员

本章考虑了加拿大联邦、省或地区司法部部长的特殊情况，以及政府律师回避或拒绝回避带来的影响。作为政府的首席法律官员，司法部部长是特殊的政府律师，所有政府律师的权力和职能都由其授权。②

笔者认为，相较于政府律师，司法部部长在某些情况下更有责任辞职。也就是说，在很多案件中，司法部部长的辞职要比政府律师的辞职更为恰当，甚至更必要。这种差异一方面源于司法部部长的特殊职责，另一方面是因为司法部部长辞职比

---

① Jennifer Leitch, “A Less Private Practice: Government Lawyers and Legal Ethics”, *Dal LJ 315*, Vol.43:1, 2020, pp.352—354.

② Elizabeth Sanderson, “Duties and Ethical Challenges of Government Lawyers”, *Toronto: LexisNexis*, 2018, p.2.

政府律师辞职具有更大的指示作用。相关文件确认了司法部部长可以或必须辞职的一系列情形：

> 如果内阁试图干预有关刑事诉讼的决定，司法部部长必须辞职；如果内阁拒绝接受司法部部长的建议，认为某项拟议行动违反宪法或存在其他违法行为，司法部部长必须辞职。相反，若内阁拒绝接受司法部部长的政策或法律建议（违宪或其他违法行为除外），如果司法部部长对首相作为领导人失去信心，或希望与首相或其他部长的行为划清界限，那么司法部部长可以辞职。①

笔者认为，当内阁干预司法部部长的刑事职责时，辞职是职业行为规则特别要求的，而不仅仅是因为遵循宪法惯例。②

例如，请看一位司法部部长的经典辞职演讲，不列颠哥伦比亚省的布莱恩·史密斯（Brian Smith）在1988年的演讲中说道：

> 这是一个在司法工作中具有高度敏感性和中立性的办公室，其独特的独立性是司法部部长发挥职责的基石。我现在辞去这一职务，是希望能保护其独特的独立性。只有辞职，只有现在发声，我才有希望阻止这些削弱其独立性和侵蚀其传统的行为。③

从史密斯的演讲中我们可以清楚地看出，他对他的雇主（政府）显然严重失去了信心，在他看来辞职是绝对必要的。

司法部部长的这些特殊性是通过其对其他政府律师的代表性作用而逐渐渗透，还是随着职能的授权而延续？④鉴于副司法部部长的特殊角色⑤，副司法部部长

---

① Andrew Flavelle Martin, "Legal Ethics for Government Lawyers: Confronting Doctrinal Gaps", *Alta L Rev 169*, Vol.60:1, 2022, p.156.

② Andrew Flavelle Martin, "The Legal Ethics Implications of the SNC-Lavalin Affair for the Attorney General of Canada", *Crim LQ 161*, Vol.67:3, 2019, pp.170—172.

③ British Columbia, *Official Report of Debates of the Legislative Assembly* (*Hansard*), 34th Parl, 2nd Sess, 1988, p.5498 (https://www.leg.bc.ca/documents-data/debate-transcripts/34th-parliament/2ndsession/34p_02s_880628p).

④ 同时，考虑司法部部长确保政府事务符合法治的积极义务是如何赋予政府律师作为其代表的。Brent Olthuis, "Professional Conduct", in Adam M Dodek ed., *Canadian Legal Practice: A Guide for the 21st Century*, Toronto: LexisNexis Canada, 2009, Vol.1 at Chapter 3, pp.21—22.

⑤ Elizabeth Sanderson, "Duties and Ethical Challenges of Government Lawyers", *Toronto: LexisNexis*, 2018, pp.216—218.

辞职的义务与司法部部长本人的义务大致相同。如果司法部部长本人未能辞职，并且其拒绝采纳副司法部部长提出的建议，认为某项行动违反宪法或不合法，则副司法部部长应该辞职。①类似的考虑可能也合理地适用于担任高级管理职务的律师。然而，职业行为规范似乎不要求，甚至可能不允许管理层之外的典型政府律师仅仅因为司法部部长、副司法部部长或高级管理人员未能辞职而辞职，虽然律师在对委托人严重失去信心的情况下可以酌情决定回避②，但该规则似乎没有预见到或表明，在层次分明的执业环境中，律师可能不是对委托人而是对上级律师严重失去信任。

五、政府律师适用回避的门槛

如果存在一个门槛，一旦超过这个门槛，政府就不再有权要求其律师效忠，政府律师也可以自由回避，那么这个门槛是什么？是否可以根据良心来界定？马修・温莎（Matthew Windsor）在英国法律的背景下认为，将政府律师的良心这一概念本身作为辞职的依据是有问题的，因为这种定性使选择变得"个人主义"，从而"意图排除专业审查"。③同样，在美国，玛丽卡・E.穆尔基（Marcia E. Mulkey）认为，"对政府律师而言，真正的良心危机很可能是一种罕见的、强烈的个人现象"④，这表明学术界对这一门槛几乎没有任何客观的定性。

仅仅意见分歧显然不构成门槛。在许多问题上，任何政府律师，与任何公务员和律师一样，都可能在许多问题上与客户（政府）的选择意见相左，而他们的建议却得不到采纳。无论是否辞职，回避退出通常都是"完全不相称的（过激）反应"。

同样，本文重点讨论的单纯回避退出的门槛应低于美国证券交易委员会（SEC）规定的书面退出的门槛。约翰・马克・基尼斯认为，无论是作为公务员还

① Elizabeth Sanderson, "Duties and Ethical Challenges of Government Lawyers", *Toronto: LexisNexis*, 2018, pp.221—226.

② *FLSC Model Code*, r 3.7-2.

③ Matthew Windsor, "The Special Responsibility of Government Lawyers and the Iraq Inquiry", *British YB Int'l L 159*, Vol.87:1, 2016, pp.165—166.

④ Marcia E. Mulkey, "A Crisis of Conscience and the Government Lawyer", *Temple Political & Civil Rights L Rev 649*, Vol.14:2, 2005, p.661.

是律师，回避的门槛都是“明显不合法”。[①]遗憾的是，在不合法，特别是明显不合法之外，还有很大的不法空间。

在门槛究竟是双方产生分歧还是委托明显违法的观点之间，存在着一些中间地带。一种可行的办法是，只要政府律师愿意因此辞职，那么拒绝或回避某一事项就是正当的，在道德上也是被允许的。正如桑德森所言，结束自己的职业生涯，意味着政府律师在应用一种标准（尽管是一种主观标准）并传递一种信号（尽管只有律师才能识别这种信号）。[②]换句话说，只要政府律师愿意辞职，其回避就是正当的和被允许的。然而，对于作为雇主的政府来说，这样的标准是有问题的。因为律师个人的辞职意愿是主观的，受许多变量的影响而无法预测。这一标准与笔者在其他地方根据艾伦·赫希（Alan Hirsch）的研究成果提出的“职业赌博”标准相似，即政府律师违反保密规定的标准。[③]

那么，个人政府律师应该如何确定何时有理由辞职呢？至少有一些客观的迹象触及辞职的义务或自由决定权。根据基尼斯的分析，这些迹象包括明显的非法性，其他迹象不可避免地具有主观性。根据沃利的分析，当政府律师的意见分歧过大，以至于存在利益冲突（有损害代理工作的重大风险）或能力受损时，他们必须拒绝或回避政府指派。然而，一旦达到这一门槛，除了回避别无选择——即使律师真诚地认为，他们可以通过继续担任这一角色来减轻政府作为委托人的行为影响。在这些层面之外，只有律师个人的良知或是非观念会导致“律师和客户之间严重丧失信心”。[④]

可以说，不仅是政府律师，任何内部法律顾问都面临着同样的现实。不同的是，可以说有许多对政府而言是错误的事情，或政府律师可能合理地认为对政府而言是错误的事情，对于公司或其他非政府组织客户而言却不是错误的。律师在决

---

① John Mark Keyes, “Loyalty, Legality and Public Sector Lawyers”, *Can Bar Rev 756*, Vol.97:1, 2019, pp.776—783.

② Matthew Windsor, “The Special Responsibility of Government Lawyers and the Iraq Inquiry”, *British YB Int'l L 159*, Vol.87:1, 2016, pp.165—166.

③ Andrew Flavelle Martin, “Folk Hero or Legal Pariah?” A Comment on the Legal Ethics of Edgar Schmidt and Schmidt v. Canada(Attorney General), *Man LJ 198*, Vol.43:2, 2021, pp.208—209.

④ *FLSC Model Code*, r 3.7-2.

定辞职时大概会考虑到这些分歧。然而,律师在接受聘用时应首先考虑到这些差异。同样,在政府律师在加入非政治性的公务员队伍时,至少从理论上讲,他们已经放弃了对政府决策的评判,而这是其他公司的法律顾问所无法做到的。

六、反思与结论

对任何律师来说,客户的不满或客户提议的不当行为是其拒绝接受某项事务的适当理由。有关律师执业权限和利益冲突的规定,不但允许而且实际上要求律师在遇到这一情况时,拒绝接受某项事务,或在事务开始后退出。作为非政治性公务员队伍的一部分,政府律师应当预见到与客户(政府)在决策上的分歧可能会更加常见,因此,与私人执业律师相比,政府律师作出退出决定应当更加审慎,速度应当更慢。虽然政府律师不能以合同形式免除其专业义务,但他们在行使专业自由决定权时应放慢速度。尽管如此,当客户(政府)反感到质疑律师的能力或发生实质性冲突时,即使其无私地致力于无党派公共服务的理想,政府律师也必须退出。

归根结底,良心固有的主观性并不能改变这样一个事实,即对于无法真诚地继续履行其职责的政府律师而言,良心是唯一适当的参照基准。在某些情况下,即使是完全致力于民选政府和公务员各自职业理想的政府律师,也无法继续有效地提供适当的专业服务。而强迫任何政府律师继续提供服务,不仅会对他们自身和客户造成损害,还会损害公共利益。

如果一名政府律师因退出某项事务或辞职而面临职业纪律处分,该律师可以根据《宪章》第2(a)条规定所保障的良心自由原则,提出有力的辩护。虽然律师享有的言论自由保护较一般公众而言更加有限,但是,仅仅是退出和辞职(而非SEC规定的书面退出),与适用较少保护的情况(即公开批评司法系统或其参与者)有着本质区别。

本文强调,政府律师应积极考虑这些问题,而不是等到情况出现时才进行思考。尽管特定情况一旦出现,预先计算的方式可能会发生变化,但一个能够及时发现并解决这类问题的思维架构,应该能够使政府律师在履行专业职责时感到安心。

律师惩戒制度研究

——以2003年日本《律师法》修改为视角

[日]藤井笃*

漆丽琼** 译

一、律师惩戒制度改革

日本《律师法》第八章详细阐述了律师惩戒制度，从第56条规定至第71条第7款规定，共计42条条文。该法修订之前，第八章仅由18条条文构成，而2003年修订后，条文数目实现了倍增。在接下来的论述里，除特别注明外，《律师法》专指日本《律师法》。

1999年7月，内阁成立了司法制度改革委员会，该委员会于2001年6月提出了一系列改革建议，这些建议促成了2003年《律师法》第八章的根本性修订。委员会下设司法制度改革推进部，该部门经过深入讨论，决定对《律师法》实施部分修订。这次部分修订涉及对律师资格的特殊规定（第5条第1—6款）、律师营利业务的报告程序（第30条）及律师协会规则中的法定事项内容（第33条）的调整。作为律师制度改革的一部分，这次修订的核心目标是改革律师惩戒制度，这是2003年

* 藤井笃，律师，Altair律师事务所主任，日本律师协会联合会律师职务正当化委员会委员，律师自治工作组委员等。本文原刊载于《法学新报》2015年3月第121卷11・12号。

** 漆丽琼，上海外国语大学2022级法律硕士研究生。

《律师法》修改的主要目的①。

与之前的制度相比，改革后的律师惩戒制度具有以下特点。

首先，惩戒事宜的调查与审查工作，原先由地方律师协会的纪律委员会和惩戒委员会，以及日本律师联合会（以下简称“日律联”）的惩戒委员会分别主导的三个阶段共同完成。其中，日律联惩戒委员会负责在同一案件中涉及两个或两个以上律师协会的律师时，执行处分程序的调查工作，然而，该委员会并不属于《律师法》明确规定的调查机构。依据修订后的《律师法》，律师惩戒处分的执行现由五个机构共同负责，分别是地方律师协会的纪律委员会、地方律师协会的惩戒委员会、日律联的纪律委员会、日律联的惩戒委员会，以及日律联的纪律审查会。

根据修订后的《律师法》，对提起的处分申请案件，由各地律师协会纪律委员会率先启动调查程序。若该委员会认为案件适宜提交给惩戒委员会，案件将被转交至各地律师协会惩戒委员会进行审查。若对律师协会惩戒委员会的审查结果持有异议，申请人有权要求日律联惩戒委员会进行复审。这一流程与改革前的制度保持一致。然而，改革后的新变化在于，如果律师协会纪律委员会在调查后认定“处分不适当”，申请人可以直接向日律联的纪律委员会及惩戒委员会提出上诉，这意味着在处分程序中确立了三审制度。此外，新成立的日律联纪律委员会作为日律联的一个内部机构，其成员全部由非律师身份的学者组成。

其次，在各地律师协会的纪律委员会中，以往不具备表决权的外部成员（包括法官、检察官及学者）现在被赋予了表决权，且委员会内部至少有三名成员为外部委员。《律师法》亦明确规定，日律联纪律委员会至少应包含三名外部委员。新成立的日律联纪律委员会最多由十一名成员组成，所有成员均为未担任过律师、法官或检察官职位的学者。引入众多非律师身份的委员参与律师惩戒处分程序，旨在使该程序更加透明、迅速、有效。

再次，《律师法》明确规定，一旦律师协会启动了处分程序，即纪律委员会已经开始对案件进行调查，那么在该处分程序结束之前，涉案律师不得提出注销其律师

① 1999 年 7 月，内阁成立了司法制度改革委员会，由京都大学名誉教授佐藤浩二担任主席，委员会由 13 名成员组成，该委员会于 2001 年 6 月 12 日就最终意见（副标题为“支撑 21 世纪日本的司法制度”）作出决议。

登记的请求(《律师法》第58条第2款和第62条第1款)。

最后,倘若律师协会决定不对相关律师实施处分,提出处分申请的个人(惩戒申请人)有权在60天内对此决定提出异议(《律师法》第64条),若日律联裁定驳回或撤销该异议,申请人则可在30天之内要求进行纪律复审(《律师法》第64条第2—3款)。①

二、律师惩戒制度的特殊性与普遍性

在深入分析2003年《律师法》中律师惩戒制度改革的意义之前,应先对日本律师惩戒制度本身,以及构成此次改革基础的日本律师制度进行简要介绍。

所谓惩戒,指"由权威机构或监督部门对那些违反相关法律法规或存在失信行为的特定身份或资格人员所施加的惩罚或警告"②。这种制裁措施在不同职业体系中均有体现,例如《国家公务员法》第82条、《地方公务员法》第29条、《律师法》第57条、《注册会计师法》第29条等。

对律师实施的惩戒,指在律师或律师法人出现"违反《律师法》规定,或违反其所属律师协会及日律联的章程,损害律师协会的声誉,或在其任职期间及离职后有任何其他损害其廉洁形象的不当行为"的情形下,由其所属的律师协会执行相应的惩戒措施(《律师法》第56条第1—2款)。

律师惩戒制度规定了四种惩戒措施:一是警告;二是暂停执业,时间不超过两年;三是取消会员资格;四是除名(《律师法》第57条第1款)。一旦律师受到暂停执业的惩戒,其律师注册资格将被吊销,且其在惩戒期间无法执业。同样地,律师被"除名"或接到律师协会的"退会命令"时,也会面临律师注册资格被取消并丧失律师身份的后果。然而,值得注意的是,"除名"与"退会命令"虽然具有禁止律师执业的作用,但并不会剥夺其根本的执业权。具体来说,"退会命令"不是由日律联直接下达,而是由地方律师协会宣布,随后相关律师的注册资格将被从日律联的律师

① 日律联创立六十周年纪念策划委员会编:《日律联六十年》,日本律师联合会2009年版,第167页。

② 《法律用语词典》,有斐阁出版社1998年版。

名册中移除。这一做法凸显了日本律师制度(包括惩戒制度)的独特性。

三、取得律师执业资格与成为律师之间的差别

在日本律师制度框架内,只有在律师名册上完成登记的个人方可被认定为律师(《律师法》第 8 条),相对地,一旦从律师名册上注销,该个体便丧失了律师身份。除《律师法》第 5 条规定及其他特定情形外,欲成为律师者,必须先通过司法考试,这是成为律师的第一道门槛。司法考试由法务省负责组织并判定合格情况。通过考试者将进入法律学徒阶段(《律师法》第 4 条),此时其获得"成为律师的资格",这是第二道门槛。法律学徒的培训与管理由最高法院下属的司法研修所负责,该机构依据《法律学徒管理规定》决定学徒是否成功度过见习期。见习期满后,有意加入律师协会的个人需向日律联提出注册申请(《律师法》第 9 条),唯有在律师名册上注册成功,方可正式成为律师。律师协会设立的资格审查委员会将对注册申请进行审查,并作出批准或驳回的决定。日律联有权据此决定批准或驳回注册申请(《律师法》第 5 条),这是成为律师的第三道门槛。这种严格区分"获得律师资格"与通过注册"成为律师"的做法,源自第二次世界大战后日本司法系统的根本性改革。

《日本国宪法》于 1947 年 5 月 3 日生效,其中第 77 条第 1 款规定,最高法院被赋予制定有关诉讼程序、律师、法院内部规章及司法事务管理等方面规则的权利。为了确保司法权的完全独立,现行的《法院法》与《日本国宪法》同步实施。在此框架下,法官(包括助理法官)、检察官及律师被明确定义为司法机构中的法律专业人员,由最高法院授予其法律专业资格。1948 年 8 月,《法律学徒管理规定》(最高法院第 15 号条例)正式实施,该规定先于 1949 年 5 月 31 日生效的现行《司法考试法》出台,明确了成为法律学徒的基本条件,即必须通过司法考试。此制度奠定了"统一见习制"的基础,要求所有志在成为法律专业人员的个体均需完成法律学徒的培训。根据该制度,个体只有在完成法律学徒培训后,方具备成为法律专业人员的资格。自此,法律学徒制度的核心性质保持稳定,未发生根本性变化。

当一位具备"成为律师资格"的法律专业人士有意成为律师时,日律联及地方

律师协会将会决定是否接纳其加入律师行列。由于篇幅所限，未能详尽列举所有情况，但确实存在律师协会拒绝为那些被最高法院解除职务的法官、因不当行为被辞退的法官和检察官（即便他们拥有律师资格）进行注册的情形。

《律师法》第 17 条第 1—4 款规定了律师注册资格被撤销的具体情形。在撤销律师资格的理由中，如《律师法》第 7 条规定的"被判处拘禁刑以上刑罚者"不仅适用于撤销律师资格，也是注销律师注册的依据。除了这些普遍受认可的撤销资格条件，针对惩戒处分的相关规定亦明确指出，"律师被命令退会、除名，或依照本法第 13 条的规定确定撤销注册"（《律师法》第 17 条第 3 款），同样是导致律师注册被撤销的合法情形①。

四、律师惩戒事由

依据《律师法》第 56 条第 1 款，律师惩戒的事由被明确列出：(1)律师违反《律师法》的规定；(2)律师违反律师协会或日律联的章程；(3)律师的行为损害了律师协会的秩序或信誉；(4)律师在任职期间或离职后有其他损害其廉洁形象的不当行为。尽管对于这四种惩戒事由存在多种不同的学说解释，但其核心标准主要集中在第三项"损害了律师协会的秩序或信誉"，以及第四项"在任职期间或离职后有其他损害其廉洁形象的不当行为"。第三项要求律师的行为必须实际上已经损害了律师协会的秩序和信誉，然而在实际的惩戒处分案例中，这种情况的应用较为有限。因此，在大多数情况下，第四项"在任职期间或离职后有其他损害其廉洁形象的不当行为"成为评判是否应当实施惩戒处分的关键依据。

---

① 在有关司法书士的规定中，也有区分资格和在登记簿上登记的制度，以及根据有资格者的要求在登记簿上登记，从而授予能够开展业务的资格的制度。若法务局局长（或地方法务局局长）对司法书士实施业务禁止处分，且禁令期限未满三年，司法书士联合会有义务注销其在登记簿上的注册（《司法书士法》第 5 条、第 15 条和第 47 条）。相对地，对于根据许可证制度执业的人员（如建筑师），"任何希望成为一级建筑师的人都必须从国土交通大臣那里获得相应的许可证"（《建筑师法》第 4 条第 1 款）。获得许可者自然在建筑师登记册上注册登记（《建筑师法》第 5 条），注册完成后即可作为一级建筑师开展执业活动。吊销执照的情形包括因国土交通大臣及其他部门的纪律处分而吊销执照（《建筑师法》第 7 条和第 10 条），一旦执照被吊销，其在登记册上的注册也将随之被撤销。在此种情形下，登记簿上的注册是获得许可证的直接结果，其主要目的在于向公众提供查询服务，并不构成独立的法律效力。

自现行《律师法》实施以来，有关律师何种不当行为应被视为惩戒处分的依据，以及律师协会是否应当执行惩戒处分等问题，在众多案件中引发了广泛的讨论。除了未缴纳会费的情形(《日本律师联合会章程》第97条)之外，判定案件中的行为是否构成惩戒处分事由的标准还包括《律师法》第四章中关于律师权利与义务(第20—30条)、律师职业伦理(1990年日本律师联合会大会第61号决议)以及其他相关法规。

关于惩戒事由，2003年的法律修改并未直接涉及对该内容的修订。遵循司法制度改革委员会的提议，日律联不仅对纪律及惩戒程序的相关规定和会规进行了修订，还于2004年11月废除了原有的《律师职业伦理》，并制定了新的《律师职业行为基本准则》(共82条)作为会规的一部分。①在这部《律师职业行为基本准则》中，鉴于律师职业领域的不断拓展以及职业伦理面临的挑战，日律联致力于明确律师职业伦理，并努力为律师在履行日常工作职责时提供尽可能具体的行为规范。②

学术界有观点认为，《律师职业行为基本准则》中所设定的行为规范部分，既是用以判定律师"在任职期间或离职后是否有损其廉洁形象的不当行为"的标准，又是用以确定某一行为是否构成惩戒处分事由的标准(可被视为惩戒处分事由的构成要素)。《律师职业行为基本准则》中尽管存在某些条款对于行为规范有着明确的指导意义，但也存在一些条款以较为抽象的方式描述了律师职业道德的理念及其追求的目标。作为行为规范，每一项条款的性质各异，且存在一定的解释空间。然而，《律师职业行为基本准则》所包含的内容总体上构成了对律师职业行为的规范，并提供了一套评估律师行为是否构成"有损于其廉洁形象的不当行为"的标准体系。

《律师法》第56条第1款明确规定了与律师职业行为相关的惩戒事由。近年来，日律联在《律师职业行为基本准则》的基础上，进一步制定了若干具体规则。这

---

① 司法体制改革委员会提出要求，"律师协会应当严格行使自治权，进一步完善律师职业道德状况，以适应不断变化的社会需求，提高律师职业道德水平"(第84页)。为此，日本律师联合会制定并实施了《纪律委员会和纪律程序规则》《纪律审查委员会和审查程序规则》《惩戒委员会和惩戒程序规则》《惩戒处分公告和通知规则》《律师收费标准》和《律师职业行为基本准则》等规章制度。各单位律师协会还根据日本律师联合会中与律师职业道德有关的状况，对其章程和附则进行了重大修订。

② 《律师职业行为基本准则》序言指出，律师的使命是保护基本人权和实现社会正义，为实现这一使命，要求律师自由、独立地履行职责，并保证律师的高度自治。律师意识到自己的使命，并负有规范自身行为的社会责任，制定《律师职业行为基本准则》是为了明确有关律师职业的道德规范和行为准则。

些规则包括《律师报酬规则》(2004 年第 68 号)、《委托人身份识别和记录保存规则》(2002 年第 95 号),以及《预付款处理规则》(2005 年第 97 号)等。这些规则的制定旨在进一步明确律师在与委托人的关系中应遵守的职业操守,尤其是在金钱处理方面。这些规则还具体规定了可能触发对律师实施惩戒处分的情形。

当前,我们所面临的挑战在于进一步细化律师职业行为准则。在致力于优化制度和提升系统运作效率的过程中,确保律师职责的恰当性和透明度至关重要,这要求我们对律师在各种具体情境下的行为规范进行明确界定。此外,这一过程还涉及界定何种行为会损害律师的廉洁形象,以及何种行为可能导致对律师实施惩戒处分。

五、律师履职过程中处理金钱的行为准则

(一) 律师费、预付款等财务问题的产生

在众多涉及律师职业行为的问题中,尤为显著的一点是律师在职务行为中对金钱的处理。虽然财务问题可能涉及律师与案件相对方或法院的关系,但大部分财务问题发生在律师与委托人之间。

"律师费",指律师与委托人之间的经济交易,通常包括律师在接受案件时收取的启动费、在案件结案时收取的酬金以及在办案过程中产生的差旅费和劳务费等。除此之外,还有律师为了支付案件代理成本而向委托人收取的"预付款",律师管理的委托人或其他当事人的财产,以及对方当事人支付的由律师代收的款项。在处理涉及巨额资金委托的法律事务中,出现了若干职业操守问题,其中包括律师未按职责退还委托人预付的保证金,从而引发了严重的法律后果。此类行为不仅可能引发对律师的惩戒处分,还可能导致贪污和其他刑事案件的发生。

(二) 律师协会关于律师费的规定

过去,律师费是由律师和委托人根据各律师协会制定的"律师收费标准"来确定的①,律师费由双方在律师协会章程规定的范围内协商确定。双方没有明确约

① 该法第 33 条第 2 款第 8 项在 2004 年 4 月 1 日经修订删除。

定的情况下，律师有权按照律师协会制定的标准向委托人收取律师费。

日律联制定的《律师收费标准章程》对律师自委托人处收取的费用进行了详尽的规定，共计46条。在处理案件的过程中，律师需对争议事实进行价值评估，并依此评估来确定律师费的金额。同时，该章程根据案件处理的不同程序，例如诉讼、调解、破产申请、和解协商、合同谈判等，对律师在接受案件时收取的启动费、结案后的酬金，以及差旅费等各项费用，均力求精确地规定了具体数额。

公平贸易委员会提出，日律联制定的《律师收费标准章程》对律师间公平竞争构成了障碍，随后该章程被正式废止，取而代之的是《律师收费条例》。该条例规定律师与委托人之间的委托协议应当以书面形式订立，且律师个人的收费标准需在其所属律师事务所内予以保存。根据该条例第2条的规定，律师费"应当根据案件的经济价值、复杂程度、所投入的时间和精力，以及其他相关因素来确定，做到公正合理"①。

（三）律师费问题的现状

历经十余年的发展，律师与委托人之间签订书面授权协议已成为一种常规做法。除非存在无法签订书面合同的特殊情况，否则未与委托人签订书面合同的律师无权索要报酬。

然而，律师事务所依据收费标准计算公式所确定的律师费往往高于案件的实际争议金额。此外，存在一些律师以免费或极低的案件启动费用吸引客户，最终却收取高额的律师费；或者以出庭和诉讼的日常费用为名，收取远超实际所需的高额补助。此类案例层出不穷，由此引发的委托人与律师之间的纠纷案件数量日益增多，包括律师协会在纠纷调解中处理的因律师费过高而产生的争议案件，以及律师因委托人未支付律师费而提起诉讼的案件。律师与委托人之间的收费协议不够明确，以及不合理收费案件的增多，可能导致公众对律师行业的信任度下降。

（四）委托人预付款问题

律师滥用委托人的大额预付款、未经委托人同意擅自动用被监护人的财产，以

---

① 日本律师协会联合会的《律师收费标准章程》经过多次修订，最后一次修订于1995年9月11日作为协会第38号规则颁布，并于2003年11月12日废止。2004年2月26日颁布了《律师收费条例》（协会规则第68号）以取代这些规则。该规则于2004年4月1日生效。

及未经允许从预付款中扣除高额律师费等情况屡见不鲜。此类行为甚至已演变为刑事案件，导致部分律师被追究刑事责任。尽管为规范预付款的管理，国家已经实施了《预付款处理条例》等相关法规，但这些措施并未从根本上解决问题。

（五）明确律师在执业活动中金钱交易行为的规范与指导原则

律师接受委托后需承担众多工作。委托伊始，律师需核实委托人身份，与委托人协商委托协议条款，包括律师费的计费标准与金额（如案件启动费、报酬、日常津贴等），而后接收委托书，并就后续的诉讼程序及案件可能的发展向委托人作出说明，同时收取相应的案件启动费和预付款。为确保这些工作的顺利进行，律师尚需解决诸多相关问题。

鉴于个案的独特性和办案方法的多样性，制定律师行为准则时，应首先明确律师费和预付款的收费标准，并确保这些标准在委托协议中得到体现。其次，应禁止律师在未收取案件启动费的前提下开展办案活动。最后，应建立一套确定案件启动费和报酬的标准，并允许双方在此标准框架内进行协商，以保障律师能够顺利进行案件处理工作。当务之急是制定针对律师行为的专门准则，尤其需关注律师费用和预付款的问题，确保准则内容明确、易懂，以便委托人和律师均能充分理解。

有关律师收费行为的准则应当明确规定律师向委托人解释收费方法，包括基于争议金额百分比的计费方式、每小时的收费率，以及预估工作时长的计算方法。若收费为固定金额，则应详细说明该金额及其确定的依据。此外，应设立专门机构，以便在律师与委托人就律师费发生争议时，对双方提出的调解或裁决请求作出响应（目前由律师协会的争议调解委员会处理此类事宜）。

关于预付款的处理，相关行为准则应要求律师向委托人报告预付款的收入与支出情况、当前余额及管理方式，明确预付款的保管流程，确保大额预付款的退还机制，并建立一套在预付款无法退还时保护委托人权益的制度。

图书在版编目(CIP)数据

法律职业的伦理规范 / 张海斌主编. -- 上海 ：上海人民出版社，2024. -- ISBN 978-7-208-19069-6

Ⅰ. D90-053

中国国家版本馆 CIP 数据核字第 2024AM8255 号

责任编辑 冯 静 宋 晔

封面设计 一本好书

法律职业的伦理规范

张海斌 主编

沈志韬 副主编

出　　版 上海人民出版社
（201101 上海市闵行区号景路 159 弄 C 座）

发　　行 上海人民出版社发行中心

印　　刷 上海景条印刷有限公司

开　　本 720×1000 1/16

印　　张 28.25

插　　页 2

字　　数 437,000

版　　次 2024 年 11 月第 1 版

印　　次 2024 年 11 月第 1 次印刷

ISBN 978-7-208-19069-6/D・4375

定　　价 138.00 元